西藏自治区社会科学院重大项目
《历辈班禅额尔德尼传》系列丛书之一

一世、二世、三世班禅额尔德尼传

克珠杰格列贝桑布、班禅索南确朗、
温萨巴罗桑顿珠传——辑录宝串

益喜坚赞　等著
夏吾李加
米玛次仁　译注
还 格 吉

西藏藏文古籍出版社

《历辈班禅额尔德尼传》系列丛书编委会

图书在版编目(CIP)数据

一世、二世、三世班禅额尔德尼传/益喜坚赞等著
夏吾李加等译. --拉萨:西藏藏文古籍出版社,
2022.4
ISBN 978-7-5700-0354-9

Ⅰ.①一… Ⅱ.①益… ②夏… Ⅲ.①班禅一至三世
(1385-1566)-传记 Ⅳ.①B949.92

中国版本图书馆CIP数据核字(2022)第283211号

《历辈班禅额尔德尼传》系列丛书之一

一世、二世、三世班禅额尔德尼传

作　　者　益喜坚赞 等
译　　注　夏吾李加　米玛次仁　还格吉
责任编辑　普琼旺堆
译　　校　涂　健
封面设计　嘎东普琼
排　　版　阿旺曲吉
出　　版　西藏藏文古籍出版社
印　　刷　安徽省桐城市神州书刊印务有限公司
发　　行　西藏新华书店
开　　本　787×960　1/16
印　　张　31.6
字　　数　323千字
版　　次　2022年4月第1版
印　　次　2022年4月第1次印刷
印　　数　1-3,500
书　　号　ISBN 978-7-5700-0354-9
本套定价　48.00元

目　录

总 序

2013年3月，西藏自治区社会科学院启动《历辈班禅大师传记》编辑出版项目。其中，由西藏自治区社会科学院与扎什伦布寺合作编撰的藏文版《历辈班禅大师传记》，于2014年7月正式出版发行。该丛书汇集了扎什伦布寺收藏的第四世至第九世班禅额尔德尼传记的木刻本和从全国各地搜集到的第一世、二世、三世班禅额尔德尼的传记，共12册380余万字。此次出版的汉文版《历辈班禅额尔德尼传》是该丛书的藏译汉版本，包括《一世、二世、三世班禅额尔德尼传》《四世班禅额尔德尼·罗桑确吉坚赞传》《五世班禅额尔德尼·罗桑益西传》《六世班禅额尔德尼·罗桑班丹益西传》《七世班禅额尔德尼·罗桑班丹旦白尼玛传》《八世班禅额尔德尼·罗桑班丹旦白旺秋传》《九世班禅额尔德尼·确吉尼玛传》等七册。

"班禅额尔德尼"是藏传佛教教格鲁派最负盛名和影响力的活佛转世系统之一。"班"是梵语"班智达"的简称，意为"学者"；"禅"是藏语"钦波"的简称，意为"大"；"额尔德尼"是满语，意为"珍宝"。1645年，蒙古固始汗封罗桑确吉坚赞为"班禅博克多"，"博克多"是蒙语，意为"睿智英武"。格鲁派确认罗桑确吉坚赞为四世班禅，追认宗喀巴门徒克珠杰为一世班禅，索南确朗为二世班禅，罗桑顿珠为三世班禅。1713年，清朝康熙皇帝封赐五世班禅为"班禅额尔德尼"，并将此封号加封以前历辈班禅，"班禅额尔德尼"遂成这一活佛系统的封号。自1792年清朝乾隆皇帝设立金瓶掣签制度后，于八世班禅额尔德尼开始，历辈班禅转世灵童均须经中央政府批准金瓶掣签认定，或须报请中央政府批准免于金瓶掣签认定①。

通过该丛书可以看到，历辈班禅额尔德尼一脉相承，继承和发扬藏传佛教历史悠久的爱国主义传统，高举祖国统一、民族团结、爱国利民的旗帜，在维护中央政府权威、协助治理西藏地方、抗击外敌侵略、维护国家主权和领土完整统一等方面，发挥了重要的历史作用。如四世班禅额尔德尼·罗桑确吉坚赞积极与入关前的清朝皇太极政权联系，主动要求归于新的中央政权管辖之下，极力劝说五世达赖进京朝觐。五世班禅额尔德尼·罗桑益西全力配合中央政府平定准噶尔部叛乱和噶伦争权造成的内乱。六世班禅额尔德尼·罗桑班丹益西坚决站在中央政府一边，听闻珠尔默特那木扎勒杀害驻藏大臣，阴谋叛乱，立即派人前往拉萨慰问幸存的驻藏大臣家属及其随从，送去物资。后来，他又在英国侵略不丹时，拒绝英国人控制的东印度公司对他的拉拢和利诱，还不远万里专赴北京，朝觐大皇帝，庆贺乾隆皇帝70大寿。七世班禅额尔德尼·罗桑班丹旦白尼玛协助中央政府治理西藏，帮助医治因廓尔喀人入侵带来的战争创伤，同时动员群众支援前线，驱逐森巴侵略军，维护国家领土和主权的完整。清朝进入衰落时期后，历辈班禅仍一如既往，坚定地站在维护祖国统一的立场上，坚决维护中央政府对西藏的主权，恭顺历代皇帝，尊重历任驻藏大臣，赞翊中央。八世班禅额尔德尼·罗桑班丹旦白旺秋时期，正值晚清政局不稳、国家动荡之际，但他始终坚持拥戴中央政权、维护国家主权的立场，全力抵制英国入侵我国西藏，还在当时西藏大众向驻藏大臣呈递立誓不准外国人入藏的公禀上列名并出具图章。九

① 十世班禅由国民政府代总统李宗仁于1949年6月3日颁发免于金瓶掣签的命令继任为第九世班禅额尔德尼。

世班禅额尔德尼·确吉尼玛早年积极开展抗英斗争，在辛亥革命后坚持反对英帝国主义侵略及西藏上层反动势力分裂祖国的活动。1923 年，他流寓祖国内地后，始终坚持祖国统一、维护民族团结，积极从事抗日斗争，被民国政府任命为“护国宣化广慧禅师”“西陲宣化使”。他在南京新亚细亚学会所作的《西藏是中国的领土》的讲演，充分体现了他坚持西藏是中国不可分割的一部分的爱国主义立场。他临终遗言说：“我如此全力做事，是为了拥护中央，发展佛教，各民族团结和睦，国家稳定。”他指示“所属的火枪除了留给卫兵和勒参巴护身需要外，其余全部献给中央，有利于帮助消除国家的危难”，并叮嘱“最后一定要为我们藏族僧俗官民和其他诸民族共同一道心思国家建设、汉藏和睦而努力。”由此可见，历辈班禅额尔德尼始终坚持维护祖国统一、增进民族团结的爱国利民立场。

此次出版的《历辈班禅额尔德尼传》系列丛书，大部分内容是首次汉译面世，具有极高史料价值，不仅是研究历辈班禅额尔德尼的第一手重要中文史料，也是研究扎什伦布寺历史及日喀则社会、经济、宗教、文化等方面历史状况的重要史料；对于了解藏传佛教的教规教义及其历史发展，以及近 600 年来中国西藏的社会状况和历史发展、西藏地方与中央政府的关系、各民族间的交往交流交融史等，也具有重要参考价值；同时，还有利于研究和总结藏传佛教爱国爱教的优良传统，充分挖掘和发扬藏传佛教教规教义中有利于社会进步、人民幸福的积极因素，进一步推动藏传佛教中国化，引导藏传佛教与社会主义社会相适应。特别是对历辈班禅额尔德尼维护祖国统一、促进民族团结、反对民族分裂光辉事迹的挖掘、宣传，有利于引导广大僧俗群众爱国爱教、遵规守法，大力弘扬藏传佛教和谐向善的理念，做增进民族团结的典范；高举爱国主义伟大旗帜，做维护祖国统一的典范，坚定不移地与十四世达赖集团的分裂破坏活动作斗争。

本丛书的翻译工作得到社会有关各界的大力支持，一些译者还亲赴扎什伦布寺学习考察，并得到了寺管会的热情接待和指教，特别是得到了十一世班禅额尔德尼·确吉杰布的接见和鼓励。丛书编委会要求翻译人员严格按照西藏藏文古籍出版社 2014 年出版的藏文版《历辈班禅大师传记》(12 册)丛书内容进行翻译，并增加注释和引言、后记、汉藏人名地名对照；要求责任编辑通篇核对原文，译校人员做好编较、统一专用词语等工作。但应指出的是，由于传记作者所处的社会历史背景使然，他们在写作时难免会受到当时西藏社会思想的影响，如一些关于佛教高僧的神奇故事和传说的描述等；在写作体例和内容侧重上，有的流于枯燥烦琐和冗长，多有对求法、讲经、谒见、馈赠等宗教活动方面的记述。另外，译文中涉及到的不少专有术语，特别是一些历史地名、人名、职官、寺院名称、宗教仪轨、佛学典故和确切时间等，还需进一步研究，以使翻译更加准确。为此，尚祈读者鉴察。

编　者

2021 年 4 月 25 日

引　言

班禅额尔德尼是藏传佛教活佛转世系统中影响最为深远的达赖喇嘛和班禅额尔德尼两大世系之一，为藏传佛教特别是格鲁派的形成与发展作出了卓越贡献。历辈班禅额尔德尼传记文献开展整理、翻译，有利于深入挖掘、整理、宣传西藏自古以来各民族交往交流交融的历史事实，不断铸牢中华民族共同体意识，推动中华民族成为认同度更高、凝聚力更强的命运共同体。

一、《班禅一、二、三世传记》版本考述

本书作为西藏社科院重大项目“班禅一、二、三世传记翻译与研究”成果，西藏社科院要求必须《〈历辈班禅大师传记〉藏译汉的基本要求及翻译体例》完成，遴选版本上要以西藏社科院和扎什伦布寺联合整理出版的《历辈班禅大师传记丛书(1)》《一、二、三世班禅额尔德尼传》作为母本，对勘其他版本进行注释性补译完善。

(一)《班禅一、二、三世传记》中收录文献内容

西藏社科院联合扎什伦布寺整理出版的藏文《历辈班禅大师传记》(共计12册)系列丛书中一、二、三世班禅传记共收录了8部，包括永增益喜坚赞所著《克珠杰格列贝桑的生平传记》、德勒所著《贤哲遍智一切克珠杰传·贤者意乐》、群杰曲登饶觉所著《贤哲遍智一切克珠杰小传》、色拉杰尊确吉坚赞所著《克珠杰秘传·起信大海》、七世班禅旦白尼玛所著《克珠杰内外秘

传·起信大海之月光》、四世班禅罗桑确吉坚赞所著《温萨巴索南确朗生平传记》、永增益喜坚赞所著《嘉瓦温萨巴罗桑顿珠生平传记》、四世班禅罗桑确吉坚赞所著《温萨巴罗桑顿珠小传》。这些传记的作者和版本有详述,个别传记无作者署名或者不太清晰,故按此序简略考述。

1. 永增益喜坚赞所著《班禅一、二世生平传记》

居原书之冠的《克珠杰格列贝桑的生平传记》①和第七部《嘉瓦温萨巴罗桑顿珠生平传记》②引自永增益喜坚赞(1713 – 1793 年)所著《菩提道次第师承传记·佛法庄严无上宝鬘论》(བྱང་ཆུབ་ལམ་གྱི་རིམ་པའི་བླ་མ་བརྒྱུད་པའི་རྣམ་ཐར་རྒྱལ་བསྟན་མཛེས་པའི་རྒྱན་མཆོག་ཕུལ་བྱུང་ནོར་བུའི་ཕྲེང་བ།)③。这是根据八世达赖喇嘛的特别启请,为了不浪费,永增益喜坚赞将众弟子供养的物资作为基金,1787 年泽仲噶钦洛桑索朗(རྗེ་དྲུང་དཀའ་ཆེན་བློ་བཟང་བསོད་ནམས།)为管理者,组织卫藏地区著名的画师绘制了 77 幅以慈氏的广行道论、龙树的甚深中观、寂天的伟大加持传承体系为主轴的菩提道次第师承传记系列唐卡(ལམ་རིམ་བླ་མ་བརྒྱུད་གསུམ་གྱི་བླ་ཐང་།)。此前 1780 年 4 月在吉隆扎西桑定林寺,为了弘扬宗喀巴耳传法脉,在扎喀特钦林寺(བྲག་ཁ་ཐེག་ཆེན་གླིང་།)用旃檀木质建造了释迦牟尼佛起始的所有历辈菩提道次第师承的塑像,并著有《菩提道次第师承塑像能现明镜》(བྱང་ཆུབ་ལམ་གྱི་རིམ་པའི་བླ་མ་བརྒྱུད་པའི་སྐུའི་སྣང་བརྙན་གསལ་བར་བྱེད་པའི་མེ་ལོང་།)④。在此基础上,1787 年永增益喜坚赞在拉萨布达拉宫写成《菩提道次第师承传记·佛法庄严无上宝鬘论》

① 一、二、三世班禅额尔德尼传(藏文),拉萨:西藏藏文古籍出版社,2014:1 – 49。

② 一、二、三世班禅额尔德尼传(藏文),拉萨:西藏藏文古籍出版社,2014:196 – 249。

③ 永增益喜坚赞所著《菩提道次第师承记·佛法庄严无上宝鬘论》(藏文),拉萨:西藏人民出版社,1990:449 – 474。

④ 永增益喜坚赞文集(藏文第 17 函),木刻版,2014 年,第 291 – 340 页;永增益喜坚赞文集(藏文第 14、30 册),北京:中国藏学出版社 2018 年版,第 190 – 223 页;2011 年版,第 224 – 264 页。

全2函共972叶,西藏人民出版社将其合为一册正式出版①,并收录于西藏色昭佛教古籍编委会和百慈藏文古籍研究室分别整理出版的《永增益喜坚赞文集》②。其次,在五世班禅额尔德尼所著《菩提道次第师承传记·白莲花环》(བྱང་ཆུབ་ལམ་གྱི་རིམ་པའི་བླ་མ་བརྒྱུད་པའི་རྣམ་པར་ཐར་པ་པདྨ་དཀར་པོའི་ཕྲེང་བ།)之后③,该书成为菩提道次第师承研究领域的扛鼎之作,故有郭和卿和钦则阿旺索巴嘉措翻译的两个译本④。这次汉译过程中参考了他们翻译名作的技巧及方法,并对存疑内容文中作了注释和说明。

2. 德勒所著《贤哲遍智一切克珠杰传·贤者意乐》

上述永增益喜坚赞所著《克珠杰格列贝桑的生平传记》与德勒所著《贤哲遍智一切克珠杰传·贤者意乐》(འཇམ་དབྱངས་ཀུན་དགའ་བདེ་ལེགས་རིན་ཆེན་རྒྱལ་མཚན་གྱིས་མཛད་པའི་མཁས་གྲུབ་ཐམས་ཅད་མཁྱེན་པའི་རྣམ་ཐར་མཁས་པའི་ཡིད་འཕྲོག),结构与内容基本相同,只是前者详于后者,前者显然参考、借鉴了后者德勒所著的著作。但德勒著作的题记中作者署名不详,即"དེ་ལྟར་སངས་རྒྱས་སྣང་བ་མཐའ་ཡས་ཀྱི་རྣམ་སྤྲུལ་མཁས་གྲུབ་ཆོས་ཀྱི་རྒྱལ་པོ་ཐམས་ཅད་མཁྱེན་པ་དགེ་ལེགས་དཔལ་བཟང་པོའི་རྣམ་པར་ཐར་པ་མདོར་བསྡུས་ཀྱི་ཚུལ་དུ་བཀོད་པ་མཁས་པའི་ཡིད་འཕྲོག་ཅེས་བྱ་བ་འདི་ནི། གཞོན་ནུ་ཉིད་ནས་རྗེ་ཡབ་སྲས་ལ་དད་སྤོབས་དང་ལྡན་པ་རྗེས་འཇུག་གི་ཐ་ཤལ་སུ་སྟིའི་མིང་ཅན་གྱིས་དམ་པ་འགའི་གསུང་ལ་བརྟེན་ནས་སྦྱར་བ་འདིས་ཀྱང་ཚེ་རབས་ཐམས་ཅད་དུ་རྗེ་ཡབ་སྲས་ཀྱི་རྗེས་སུ་འཛིན་པར་གྱུར་ཅིག །"⑤。其关键在于"持'སུ་སྟི་'之名者依据若

---

① 永增益喜坚赞所著《菩提道次第师承传》(藏文上下册),拉萨:西藏人民出版社1990年版,第415－436、449－474页;2011年版,第1－43、690－725页。

② 永增益喜坚赞文集(藏文第4、5;7、8册),北京:中国藏学出版社2018年版,第1－40、640－673页;2011年版:第1－46、365－406页。

③ 第五世班禅洛桑益喜文集(藏文第3函),北京:中国藏学出版社2019版:第1－94页(本册部分译注中出现的书名和作者的人名与正文不一致,应属原出版社出版时的写法,故未加修改统一。——编者)。

④ 郭和卿译:《菩提道次第师师相承传·庄严圣教最胜宝鬘》(未见正式出版),第552－577页;钦则阿旺索巴嘉措译:《菩提道次第师承传记》,北京:宗教文化出版社2012年版,第729－758页;以下简称郭和卿译本、钦则阿旺索巴嘉措译本,不逐一交代出版社及相关信息。

⑤ 一、二、三世班禅额尔德尼传,拉萨:西藏藏文古籍出版社2014年版,第78页。

干贤哲之语立传”（སུ་སྟིའི་མིང་ཅན་གྱིས་དམ་པ་འགའི་གསུང་ལ་བརྟེན་ནས་སྦྱར།）。那么，所谓“持‘སུ་སྟི’之名者何许人？西藏自治区古籍保护中心色昭办公室整理出版的《中华大典·藏文卷·克珠杰文集》和《克珠格列贝桑文集》两个版本都明确写到，“绛央贡噶德勒仁钦朗嘉所著《贤哲遍智一切克珠杰传·贤者意乐》”①；但在四世嘉木样协巴的永增仲钦喜饶嘉措（1803－1875年）在《罕见经眼录·开启求学者心意青莲华的十万月光之穗》中，写到“曲登饶觉、色拉杰尊巴、德勒尼玛等为克珠杰立传（ཆོས་ལྡན་རབ་འབྱོར། སེ་ར་རྗེ་བཙུན་པ། བདེ་ལེགས་ཉི་མ་རྣམས་ཀྱིས་མཛད་པའི་མཁས་གྲུབ་རྗེའི་རྣམ་ཐར།）”②；同一时期拉卜楞寺的智贡巴关却乎丹巴饶杰（1801－1866年）也在其《安多政教史》中写到，“《克珠杰传记》由曲登饶觉、色拉杰尊巴、德勒尼玛等所著”（མཁས་གྲུབ་རྗེའི་རྣམ་ཐར་ཆོས་ལྡན་རབ་འབྱོར། སེ་ར་རྗེ་བཙུན་པ། བདེ་ལེགས་ཉི་མ་རྣམས་ཀྱིས་མཛད་པ།）③。尽管在此没有写明书名，然有人以此断定本传作者为德勒尼玛，但其及门弟子昆顿班觉林珠（1561－1637年）所著《大威德源流》中对德勒尼玛专门立传，其中所列著作中《律藏总义》《俱舍论总义》《向位及住位圣僧十二种辨析》《缘起理论》《辨了不了义论》《中观总义》《驳贡觉索朗僧格之论》《色拉杰尊巴传》《君臣民三部道歌注疏》《灌顶金刚鬘现观及坛城仪轨》《班钦索朗扎巴驳噶玛巴二品之反驳善慧庄严论》等11部之外，没有克珠杰的这个传记④。那么，这些文本中对此没有提供任何证明的资料，而仅靠前述题记中的关键词“持‘སུ་སྟི’之名者”进行臆测。因为这里

① 克主杰文集（藏文第1册），北京：中国藏学出版社2014年版，第7页；2019年版，第12页。

② 阿哥喜饶嘉措文集（藏文第7卷），西宁：青海民族出版社2016年版，第323、357页。

③ 智贡巴关却乎丹巴饶杰著《多麦政教史》（藏文），兰州：甘肃民族出版社1985年版，第9页；吴钧等译《安多政教史》，兰州：甘肃民族出版社1989年版，第12页。

④ 昆顿班觉林珠著《大威德源流》（藏文）拉萨：西藏色昭佛教古籍编委会内部书刊2016年版，第175－180、184页。

的"སྭསྟི"为梵语,其意可解读为藏文"བདེ་ལེགས།"之义,故将《贤哲遍智一切克珠杰传·贤者意乐》作者视为绛央贡噶德列仁钦朗嘉或德列尼玛。其实,只要我们稍微用心解读该传就会发现不少破绽,如该传文首的"མཁས་གྲུབ་རྣལ་འབྱོར་གྱི་དབང་ཕྱུག་རྒྱལ་བ་གཡུང་སྟོན་རྡོ་རྗེའི་དེ་མ་ཐག་པའི་སྐུའི་སྐྱེ་བ་བདག་གི་བླ་མ་མདོ་སྔགས་བསྟན་པའི་མངའ་བདག་མཁས་ཤིང་གྲུབ་པའི་དབང་ཕྱུག་ཐམས་ཅད་མཁྱེན་པ་དགེ་ལེགས་དཔལ་བཟང་པོ་འདི་ཉིད་དེ།"中的"བདག་གི་བླ་མ་"即"吾之师"不得不引起注意①。如此,既然有"吾之师",说明该传作者是克珠杰的亲传弟子。那么,前述"绛央贡噶德勒仁钦朗嘉"是乃宁寺群杰绛央贡噶德勒仁钦朗嘉(1446－1496年),他曾以克珠杰的胞弟帕索确吉坚赞(1402－1473年)的亲传弟子为荣②。德勒尼玛是色拉杰尊巴确吉坚赞(1469－1544年)的高足帕傲喀班钦德勒尼玛,而其师又是绛央贡噶德勒仁钦朗嘉的高足,并在色拉杰尊巴确吉坚赞所著《克珠杰秘传·起信大海》中屡屡引证乃宁寺群杰之语③。由此可见,上述绛央贡噶德勒仁钦朗嘉或德勒尼玛二位都生于克珠杰圆寂的1438年之后,故不可能是克珠杰的亲传弟子。但他俩与克珠杰具有学缘关系,在此层面能否称其"吾之师"也需要思考。这样以来,《贤哲遍智一切克珠杰传·贤者意乐》作者"持德勒之名",到底是乃宁寺群杰绛央贡噶德勒仁钦朗嘉还是帕傲喀班钦德勒尼玛还是另有其人,目前尚未发现可靠的史料,故笔者不敢妄下定论。

3. 群杰曲登饶觉所著《贤哲遍智一切克珠杰小传》

上述传记与群杰曲登饶觉所著《贤哲遍智一切克珠杰小传》

---

①　一、二、三世班禅额尔德尼传,拉萨:西藏藏文古籍出版社2014年版,第52页。

②　《后藏乃宁教史》(藏文),拉萨:西藏藏文古籍出版社2011年版,第189页;班钦索朗扎巴著《新旧噶当史籍》(藏文),拉萨:西藏藏文古籍出版社2001年版,第84页。

③　一、二、三世班禅额尔德尼传,拉萨:西藏藏文古籍出版社2014年版,第121、142、151－153、177页。

(མཁས་གྲུབ་ཐམས་ཅད་མཁྱེན་པའི་རྣམ་ཐར་བསྡུས་པ་དད་པའི་འཇུག་ངོགས་ཞེས་བྱ་བ་ཆོས་ལྡན་རབ་འབྱོར་གྱིས་མཛད་པ།)引自《克珠杰文集》木刻版。据笔者了解,《克珠杰文集》有十余种木刻版,按塔尔寺印经院 1827 – 1832 年 16 函版和拉萨雪印经院 1865 –1897 年 12 函版而言,《贤哲遍智一切克珠杰传 · 贤者意乐》收录于塔尔寺版第 1 函第 2 部共 15 叶,拉萨雪版第 1 函第 1 部共 14 叶①;群杰曲登饶觉所著《贤哲遍智一切克珠杰小传》收录于塔尔寺版第 1 函第 3 部共 13 叶,拉萨雪版第 12 函第 9 部第 25 叶下 6 至 37 叶上 6 行间共 13 叶②,与色拉杰尊巴确吉坚赞所著《克珠杰秘传 · 起信大海》合编于此,因而该函文首目录中没有其书名和页码等信息,只能在正文中寻求。但是,群杰曲登饶觉所著《贤哲遍智一切克珠杰小传》是迄今发现的克珠杰的所有传记中最早的文本。正如其题记中所言"ཅེས་མཁས་ཤིང་གྲུབ་པ་བརྙེས་པ། བདག་གི་ཡོངས་འཛིན་ཆེན་པོ་ཐམས་ཅད་མཁྱེན་པ་དགེ་ལེགས་དཔལ་བཟང་པོའི་ཞལ་སྔ་ནས་ཀྱི་རྣམ་པར་ཐར་པ་ཅུང་ཟད་བརྗོད་པ་འདི། རྗེ་བཙུན་བློ་བཟང་གྲགས་པའི་ཞལ་སྔ་ནས་དང་། བླ་མ་འདིའི་ཞབས་རྟུལ་སྤྱི་བོས་ནོད་པ་མང་དུ་ཐོས་པའི་དགེ་སློང་ཆོས་ལྡན་རབ་འབྱོར་གྱིས་སྣང་བ་ཐམས་ཅད་སྒྱུ་མར་རྟོགས་ཤིང་། སྲིད་གསུམ་དྲི་ཟའི་གྲོང་ཁྱེར་ལྟར་གཟིགས་ནས། ཚེ་འདི་བློས་བཏང་གི་སྒྲུབ་པ་སྙིང་པོར་མཛད་པ། རྗེ་བཙུན་རེད་མདའ་བའི་སྒྲུབ་གནས་གངས་བུ་ལའི་མགུལ་རྒྱན་དུ་སྦྱར།"③,该传作者群杰曲登饶觉是宗喀巴与克珠杰的亲传高足,撰于仁达瓦雄努洛珠(1348 –1412 年)成就圣地冈布喇,史称《克珠杰小传》(མཁས་གྲུབ་ཅད་མཁྱེན་པའི་རྣམ་ཐར་བསྡུས་པ།)或《克珠杰秘传》(མཁས་གྲུབ་ཐམས་ཅད་མཁྱེན་པའི་གསང་བའི་རྣམ་ཐར།)。正如色拉杰尊巴确吉坚赞在《克珠杰秘传 · 起信大海》中所云,"群杰曲登饶觉亦是通过若干生世不间断地修习显密之道,生起重他轻己之菩提心和证悟生起圆满二次第的殊胜

① 《克珠格勒白桑文集》(藏文第 1 册),北京:中国藏学出版社 2014 年版,第 1 – 23 页。

② 《克珠格勒白桑文集》(藏文第 12 册),北京:中国藏学出版社 2014 年版,第 367 – 385 页。

③ 《克珠格勒白桑文集》(藏文第 12 册),北京:中国藏学出版社 2014 年版,第 385 页。

乐空不二本智。故此，具足随念无碍了知自他若干生世的神通等诸多殊胜功德，就如那措译师次成嘉瓦转世亦是自己应允而著称。所以，他所著《克珠杰秘传》，大多由克珠杰亲自口述与他，还有一部分内容是他自己亲身所经历，通过回忆撰写成文”①。群杰曲登饶觉以此将自己上师克珠杰的口述记录成文的文本较多，四世班禅也有这方面的明确记述②。还有据隆朵喇嘛阿旺洛桑（1719－1794年）记述，“克珠杰的弟子桑达瓦曲登饶觉所著传记·五现图（མཁས་གྲུབ་པའི་སློབ་མ་གསང་མདའ་བ་ཆོས་ལྡན་རབ་འབྱོར་གྱིས་མཛད་པའི་རྣམ་ཐར་གཟིགས་པ་ལྔ་ལྡན།）有口授传承，即从班禅确吉坚赞、洛桑顿珠、班禅罗桑益西、嘉木样群培、洛桑丹增、鲁奔格敦嘉措、二世嘉木样协巴、象雄巴益喜塔宇，传到隆朵喇嘛阿旺洛桑”③。由此可见，该传记不仅是克珠杰亲自口述而成，而且是宗喀巴异彩纷呈的各种唐卡艺术中闻名于世的“宗喀巴五现图”（རྗེ་གཟིགས་པ་ལྔ་ལྡན།）的最早的文本来源之一，故有极其重要的史料价值和学术意义。

4.色拉杰尊确吉坚赞所著《克珠杰秘传·起信大海》

这是迄今发现的克珠杰各种传记中最为翔实的文本，其史料源自克珠杰胞弟帕索确吉坚赞的亲传弟子乃宁寺群杰绛央贡噶德勒仁钦朗嘉的口述史，着重评述克珠杰的不共殊胜功德，故该传记载于塔尔寺版《克珠杰文集》塔尔寺版第一函之首，名曰《色拉杰尊确吉坚赞所编〈善巧成就一切智克珠杰格列贝桑传记·起信大海〉》（མཁས་གྲུབ་ཐམས་ཅད་མཁྱེན་པ་དགེ་ལེགས་དཔལ་བཟང་པོའི་རྣམ་ཐར་རྗེ་བཙུན་ཆོས་ཀྱི་རྒྱལ་མཚན་གྱིས་བསྒྲིགས་པ་དད་པའི་རོལ་མཚོ།）共39叶。而且，其结构与克珠杰高足

---

① 《杰尊确吉坚赞文集》（藏文第1册），北京：中国藏学出版社2012年版，第95页；《克珠格勒白桑文集》（藏文第12册），北京：中国藏学出版社2014年版，第329页。

② 《第四世班禅洛桑确吉坚赞文集》（藏文第4函），北京：中国藏学出版社2009年版，第504－505页；2019年版，第592－593页。

③ 《隆朵喇嘛阿旺洛桑全集》（藏文下册），拉萨：西藏藏文古籍出版社2002年版，第52、58页。

群杰曲登饶觉所著《贤哲遍智一切克珠杰小传》较为相似，因而这两部传记合编于《克珠杰文集》拉萨雪版第12函第9部第1叶上1至25叶上5行间，名曰《色拉杰尊确吉坚赞所著〈善巧成就一切智克珠杰秘传〉》(མཁས་གྲུབ་ཐམས་ཅད་མཁྱེན་པའི་གསང་བའི་རྣམ་ཐར་རྗེ་བཙུན་ཆོས་ཀྱི་རྒྱལ་མཚན་གྱིས་མཛད་པ།)共25页①。正如该传题记中所言“这部传记是群杰曲登饶觉所著《克珠杰秘传》中的词句不作任何修改的基础上，弥补了其他至关重要而希有生平事迹部分，源自文殊师利绛白央贡噶德勒仁钦坚赞白桑布口述史。这些口述史料均属笔者亲耳所闻，而且未作任何增删修改，直接引用于本文。并且，通过修辞学理论和方法进行了必要的修饰、润色，使词语更加优美雅致。如此，谙熟至尊上师克珠杰殊胜功德之后，获得胜解之信的论理者确吉坚赞撰写成文”②。但是，本传塔尔寺版和拉萨雪版的语言表述上略有差异，如笔者所依据的《一、二、三世班禅额尔德尼传》中缺失了“རྗེ་འདིས་མཁས་གྲུབ་གཡག་པ་ཕམ་པར་མཛད་འདུག་སྟེ། རྗེ་བླ་མ་འདི་ཉིད་ལྷག་པའི་ལྷས་རྗེས་སུ་བཟུང་ཞིང་། སྐྱེ་བ་མང་པོར་རིག་གནས་ལ་སྦྱངས་པའི་སྟོབས་ཀྱིས་མཁས་སྙེམ་སུས་ཀྱང་འདིའི་སར་སྤྲོ་བའི་རྗེ་མི་ཐོགས་པ་དང་ཚུལ་ཡིན་ནོ། །དེ་ནས་དུས་ཕྱིས་བླ་མ་འདི་རྗེ་བཙུན་ཙོང་ཁ་པའི་སྲས་ཀྱི་ཐུ་བོར་གྱུར་ཏེ། གསུང་གི་བདུད་རྩི་རྒྱུན་མར་བཞེས་པའི་མཐུས། སྡེ་སྣོད་གསུམ་དང་རྒྱུད་སྡེ་བཞི་ལ་འཁྲུལ་པ་མི་མངའ་བའི་ཤིང་རྟ་ཆེན་པོའི་གོ་འཕང་ནི་བརྙེས། འགྲོ་བ་མཐའ་དག་བུ་གཅིག་པ་ལྟར་བརྩེ་བའི་ཐུགས་རྗེ་ཆེན་པོ་མངའ་བའི་མཐུས། སྐལ་པ་དང་ལྡན་པའི་གདུལ་བྱ་སྐུ་དངོས་ཀྱིས་འདུལ་བ་མང་པོ་ཞིག་ལེགས་པར་བཤད་པའི་བདུད་རྩིས་ཚིམ་པར་མཛད་ལ། མ་འོངས་པའི་གདུལ་བྱ་རྣམས་ལ་ཡང་ཐར་པ་དང་ཐམས་ཅད་མཁྱེན་པར་བགྲོད་པའི་ལམ་གྱི་ལུས་སྟོན་གྱི་རྒྱལ་བ་རྣམས་ཀྱིས་གཤེགས་བཤུལ་རྗེ་ཙོང་ཁ་པའི་བསྟན་པའི་ལམ་རྣམ་པར་དག་པ་འདི་ལྟ་བུ་ཞིག་ཡིན་ནོ་ཞེས་གཙོ་བོའི་ཕྱིར་དུ། སྙིང་བཀའ་དང་བསྟན་བཅོས་ཀྱི་དགོངས་པ་འགྲེལ་པའི་གསུང་རབ་མང་དུ་མཛད་ཅིང་། ཁྱད་པར་དུ་རྒྱལ་བ་ཙོང་ཁ་པའི་གསུང་

① 《杰尊确吉坚赞文集》(藏文第1册)，北京：中国藏学出版社2012年版，第94－132页；《克珠格勒白桑文集》(藏文第12册)，北京：中国藏学出版社2014年版，第328－366页。

② 《杰尊确吉坚赞文集》(藏文第1册)，北京：中国藏学出版社2012年版，第132页；《克珠格勒白桑文集》(藏文第12册)，北京：中国藏学出版社2014年版，第366页。

རབ་རྡོ་རྗེའི་ཚིག་ལྟར་བསྒྲིང་ཞིང་བརྗོད་བྱ་མཆོག་ཏུ་ཟབ་པ་རྣམས་ཀྱི་དོན་ལག་མཐིལ་དུ་སྐྱུ་རུ་ར་བཞིན་དུ་གསལ་བར་སྟོན་པའི་བསྟན་བཅོས་མང་དུ་མཛད་པ་ན། མདོ་སྔགས་སྤྱི་དང་ཁྱད་པར་མགོན་པོ་ཀླུ་སྒྲུབ་ཀྱི་དགོངས་པ་རྗེ་བཙུན་ཚོང་ཁ་པས་ཇི་ལྟར་བཀྲལ་བའི་" 这一段①,笔者从拉萨雪木刻版《克珠杰文集》第 12 函第 9 部第 6 叶下 5 行至第 7 叶上 4 行间予以补阙②。显然,《一、二、三世班禅额尔德尼传》中的《克珠杰秘传·起信大海》源自塔尔寺版,故我们对于这两种版本逐字逐句地进行了对勘,其中出现的异同甚至阙失部分予以补充完善,力争译解较为完整的克珠杰生平传记。

5. 四世班禅罗桑确吉坚赞所著《班禅二、三世生平传记》

笔者所依据的《一、二、三世班禅额尔德尼传》中《温萨巴索南确朗生平传记》(པཎ་ཆེན་བསོད་ནམས་ཕྱོགས་གླང་གི་རྣམ་ཐར་ཤིན་ཏུ་མདོར་བསྡུས།)③和《嘉瓦温萨巴罗桑顿珠略传》(རྒྱལ་བ་དབེན་ས་པ་བློ་བཟང་དོན་གྲུབ་ཀྱི་རྣམ་པར་ཐར་པ་བསྡུས་པ།)④,节选于四世班禅罗桑确吉坚赞(1570 – 1662 年)所著《三位贤哲功德传略 · 夺取智者之意成就庄严》(མཁས་གྲུབ་ཆེན་པོ་གསུམ་གྱི་ཡོན་ཏན་མདོར་བསྡུས་པའི་སྒོ་ནས་རྟོགས་པ་བརྗོད་པ་མཁས་པའི་ཡིད་འཕྲོག་གྲུབ་པའི་རྒྱན།)。该文收录于《四世班禅罗桑确吉坚赞文集》扎什伦布寺版第一函第三部,共 51 叶,主要论述第三世班禅罗桑顿珠和他的上师觉巧白藏(སྐྱབས་མཆོག་དཔལ་བཟང་པོ།)以及三世班禅的高足桑杰益喜(མཁས་གྲུབ་སངས་རྒྱས་ཡེ་ཤེས།)三位贤哲一生的不共殊胜功绩⑤。其中,二世班禅索南确

① 《一、二、三世班禅额尔德尼传》,拉萨:西藏藏文古籍出版社 2014 年版,第 119 页。

② 《杰尊确吉坚赞文集》(藏文第 1 册),北京:中国藏学出版社 2012 年版,第 102 – 103 页;《克珠格勒白桑文集》(藏文第 12 册),北京:中国藏学出版社 2014 年版,第 336 – 337 页。

③ 《一、二、三世班禅额尔德尼传》(藏文),拉萨:西藏藏文古籍出版社 2014 年版,第 186 – 195 页。

④ 《一、二、三世班禅额尔德尼传》(藏文),拉萨:西藏藏文古籍出版社 2014 年版,第 250 – 297 页。

⑤ 第四世班禅洛桑确吉坚赞文集(藏文第 1 函),北京:中国藏学出版社 2009 年版,第 340 – 413 页;2019 年版,第 371 – 451 页。

朗(1439－1504 年)作为三世班禅罗桑顿珠(1505－1566 年)的先辈和前世,该书记述了其主要生平事迹,这是迄今发现的较为翔实的二世班禅传记,显得弥足珍贵。这里的三世班禅罗桑顿珠传记以阿玉尼群杰所著《嘉瓦罗桑顿珠传》为蓝本,在引证三世班禅的相关论著尤其道歌的基础上,克珠桑杰益喜(1525－1591 年)将其生平事迹亲授给四世班禅的口述史作为主要的史料来源,撰文于温萨寺。正如其题记中所言:“མཁས་གྲུབ་ཆེན་པོ་གསུམ་གྱི་རྣམ་པར་ཐར་པ་མཁས་པའི་ཡིད་འཕྲོག་གྲུབ་པའི་རྒྱན་ཅེས་བྱ་བ་འདི་ནི། བདེ་བར་གཤེགས་པའི་མཚན་སྙན་དབྱར་སྐྱེས་ཀྱི་རྒྱུད་མངས་གངས་ཁྲོད་ཀྱི་སྐལ་བཟང་མདོངས་ལྡན་གྱི་རྣ་བའི་རྒྱན་དུ་རྒྱུན་མི་འཆད་པར་སྒྲོགས་པའི་རྗེ་བོ་སྟོན་གཅིག་པ་རྣམས་ཀྱི་ཅོད་པཎ་མཁན་རིན་པོ་ཆེ་ནོར་བཟང་རྒྱ་མཚོ་དང་། རྗེ་རྒྱལ་བ་གཉིས་པའི་བསྟན་པ་བསྟན་འཛིན་དང་བཅས་པ་ལ་མི་ཕྱེད་པའི་དད་པ་དང་ལྡན་ཅིང་མཆོག་ཏུ་མ་སྨད་པའི་བློ་གྲོས་མཚུངས་པ་མེད་པ་གངས་རིའི་ཁྲོད་ཀྱི་མགོན་མེད་ཟས་སྦྱིན་གཉིས་པ་ནང་སོ་ལྷུན་གྲུབ་གླིང་པ་སོགས་བུ་སློབ་སྦྱིན་བདག་དང་བཅས་པ་དུ་མས་བསྐུལ་ཞིང་། ཁྱད་པར་བདག་ཉིད་ཆོས་ཀྱི་རྗེས་སུ་འབྲང་བའི་དད་པས་ཉེ་བར་བསྐུལ་བ་ལ་བརྟེན་ནས་རྒྱལ་བ་བློ་བཟང་དོན་གྲུབ་ཀྱི་རྣམ་ཐར་ཨ་ཡུ་ནས་ཆོས་རྗེས་མཛད་པ་ལ་གཞི་བྱས། རྗེ་བླ་མའི་གསུང་གིས་བརྒྱན་ཅིང་ཉམས་མགུར་དུ་མས་ཁ་བསྐང་། རྗེ་བཙུན་སངས་རྒྱས་ཡེ་ཤེས་ཀྱི་རྣམ་ཐར་བདག་ཉིད་ལ་སྩལ་བ་རྣམས་གཅེས་པར་བཟུང་སྟེ། རྗེ་བཙུན་དེ་ཉིད་ཀྱི་བཀའ་འབངས་ཐ་ཆུང་མང་དུ་ཐོས་པའི་རྒྱལ་ཁམས་པ་བློ་བཟང་ཆོས་ཀྱི་རྒྱལ་མཚན་གྱིས་དབེན་ས་ཆོས་ཀྱི་ཕོ་བྲང་དུ་སྦྱར་བའི་དངོས་གཞིའི་ཡི་གེ་པ་ནི་དགེ་སློང་དགེ་འདུན་དར་རྒྱས་སོ། །”①由此可见,这两部本非单独立传的专题性生平传记,系二、三世班禅传中十分珍贵的史料。

6. 七世班禅旦白尼玛所著《克珠杰内外秘传·起信大海之月光》

本文是上述色拉杰尊巴所著《克珠杰秘传·起信大海》高度概括的祈愿文偈颂体,引自《七世班禅旦白尼玛文集》第 6 函第 1 部共 5 叶②,藏语全称为《三界法王宗喀巴大师唯一心传高足无比善

① 《第四世班禅洛桑确吉坚赞文集》(藏文第 1 函),北京:中国藏学出版社 2009 年版,第 411－412 页;2019 年版,第 499 页。

② 第七世班禅丹贝尼玛文集(藏文第 6 函),北京:中国藏学出版社 2019 年版,第 1－7 页。

巧成就论日妙善贤哲格列贝桑布内外密三种解脱之道方面的祈愿文·起信大海之月光》(ཁམས་གསུམ་ཆོས་ཀྱི་རྒྱལ་པོ་ཙོང་ཁ་པ་ཆེན་པོའི་ནང་ཐུགས་ཀྱི་སྲས་གཅིག་བླ་མེད་པ་མཁས་གྲུབ་སྨྲ་བའི་ཉི་མ་དགེ་ལེགས་དཔལ་བཟང་པོ་ལ་ཕྱི་ནང་གསང་གསུམ་གྱི་རྣམ་པར་ཐར་པའི་སྒོ་ནས་གསོལ་བ་འདེབས་པ་དད་པའི་རོལ་འཚོ་སྐྱེལ་བའི་ཟླ་འོད།),简称《善巧成就妙善贤哲格列贝桑布内外密三种解脱之道方面的祈愿文·起信大海之月光》(མཁས་གྲུབ་དགེ་ལེགས་དཔལ་བཟང་པོ་ལ་ཕྱི་ནང་གསང་གསུམ་གྱི་རྣམ་པར་ཐར་པའི་སྒོ་ནས་གསོལ་བ་འདེབས་པ་དད་པའི་རོལ་འཚོ་སྐྱེལ་བའི་ཟླ་འོད།)或《克珠杰内外秘传·起信大海之月光》(མཁས་གྲུབ་ཆོས་རྗེའི་ཕྱི་ནང་གསང་གསུམ་གྱི་རྣམ་ཐར་སྒོ་ནས་གསོལ་བ་འདེབས་པ་དད་པའི་རོལ་འཚོ་སྐྱེལ་བའི་ཟླ་འོད།)①。顾名思义,此乃一世班禅克珠杰的诸多祈愿文献中具有代表性的一篇,即应北方佛法弘扬者堪钦诺门罕的祈请,七世班禅旦白尼玛(1782 – 1853 年)从克珠杰的各大传记中结集而成,主要从常人可见的外显功德、讲辩著三业的内在证德、超越常人认知领域的秘密不共证悟的解脱之道三方面,高度凝炼了一世班禅最为突出的丰功伟绩。

二、《班禅一、二、三世传记》主旨述要

(一)一世班禅克珠杰生平事迹

藏历第六饶迥木牛年(明洪武十八年,1385 年)4 月 8 日,一世班禅出生于今西藏自治区日喀则市拉堆降的朵雄家族,父名为扎西贝桑,母名为布展嘉姆。其祖上来自古代黎域江热穆布的塞氏持密咒师(ལི་ཡུལ་ལྗང་ར་སྨུག་པོ་ནས་འོངས་པའི་སེའི་རིགས་ཀྱི་སྔགས་འཆང་།),后迁至昂仁嘉噶城(ངམ་རིང་རྒྱང་མཁར།)世代繁衍生息②。他们有三个兄弟,克

① 一、二、三世班禅额尔德尼传(藏文),拉萨:西藏藏文古籍出版社 2014 年版,第 178 – 185 页。

② 《克珠格勒白桑文集》(藏文第 1 册),北京:中国藏学出版社 2014 年版,第 3 页;二世嘉木样协巴晋美旺布文集第 5 函第 3 部第 1 叶上 1 – 5 行间,拉卜楞寺木刻版。

珠杰居长，次子即第六任甘丹金席座主帕索确吉坚赞，三子名曰索朗扎西。在此值得注意的是，第悉桑结嘉措的《格鲁派教法史 · 黄琉璃》中所载“克珠杰生于藏历第七个饶迴木牛年”，似为笔误①。

当时世传他是江孜法王及其父辈的主要上师“克珠拉旺巴”的转世灵童，以此自幼就被人冠以“克珠”之名，其义为指善巧理论且实践体验成就的伟大贤哲。这也就是至今人们尊称为“克珠杰”的最初由来。同时也有认为，克珠杰在其名著《释量论大疏正理大海》中，遵循古代南亚量理学家克珠拉旺罗对其师法称所著《释量论》的阐释及其学术观点②，故此得名。

现有各种史籍中，唯有昆顿班觉林珠所著《大威德源流》明确给出了克珠杰受沙弥戒的具体时间，即“克珠杰年迈三岁的第七饶迴开启之时（第七饶迴火牛年迈十三岁之时），僧格坚赞白桑布作为授戒堪布，嘉玛瓦云旦傲作为轨范师，受得沙弥戒”③。但是，该书正文及其注释中的时间不一，加注者视“年迈三岁”为“年迈十三岁”的笔误，故作了勘误校正。其余各种传记中几乎都写到“克珠杰已到出家年龄……出家为僧并接受沙弥戒”④。那么，关于出家年龄在律典中界定为“能驱乌”（བྱ་རོག་སྐྲོད་ནུས་པའི་དུས།）之时，即小孩已达能够驱赶乌鸦的年龄，以此为出家年龄的下限。但是，每个孩子的发育情况不一样，因此只有个体而论。所以，依据宗喀巴在《苾刍学处》所述“身圆满者，谓受沙弥戒，须满 7 岁且能驱乌。受近圆

① 第悉桑结嘉措著《格鲁派教法史》（藏文），北京：中国藏学出版社 1991 年版，第 73 页。

② 多吉杰博编《量理海论》（藏文），北京：民族出版社 1990 年版，第 1 – 1122 页；《克珠格勒白桑文集》（藏文第 10、11 册），北京：中国藏学出版社 2014 年版，第 545 – 884、1 – 746 页。

③ 昆顿班觉林珠著《大威德源流》（藏文），拉萨：西藏色昭佛教古籍编委会内部书刊 2016 年版，第 153 页。

④ 一、二、三世班禅额尔德尼传（藏文），拉萨：西藏藏文古籍出版社 2014 年版，第 2 页。

戒者，从生计须年满二十岁，若计胎分，虽满亦不可。”[①]故“克珠杰已到出家年龄”似可解读为7岁，可仍无直接证明史料的情况下，我们只能列举克珠杰于三、七、十三岁受得沙弥戒之说，暂不作定论，以备留待进一步考证。

克珠杰自幼师从前述授戒堪布僧格坚赞和轨范师嘉玛瓦云旦傲以及仁达瓦循努洛珠座前，专心闻思《七量论》《俱舍论》《大乘阿毗达磨集论》《慈氏五论》和《中观六论》以及律藏等经典理论，日臻成为无碍善巧的智者。尤其在金刚持益喜白瓦门下，系统听受《喜金刚灌顶仪轨》和《道果》所有支分为例的金刚密乘理论。还在至尊上师索朗坚赞和那萨巴为首的许多大德座前，圆满听受大量经藏和续藏方面的殊胜教授，从而获得善说广大显密理论的无畏勇气，而且对于自他所有宗派义理精通无余，如善渡大海的航海家。随后，克珠杰游学后藏[②]各地巡回辩论，立宗破敌无数，也因其超群的辩才获得“噶究巴”（དཀའ་བཅུ་པ།）学位。

克珠杰年近16岁时来到拉堆北部昂仁寺，正值因辩才无碍而名冠卫藏的博东班钦群列朗杰也莅临该寺向全藏各地发出关于萨迦班智达所著《量理藏论》义理进行辩论的邀请，尽管当地索朗杰等人与之辩论，但不能破其立论。这样昂仁、萨迦、博东等地名流都不敢前去应战反驳，唯有克珠杰挺身而出并用缜密的逻辑思维加以反驳，迫使博东班钦不得不应许经量论者主张“无因而生起实有法”，此乃经量论者宗义内部的相违之处。他们以此开展学术交流与互动的内容由昂仁善知识端桑坚赞专门负责作笔记，而且后

① 《宗喀巴文集》（藏文第1册），北京：中国藏学出版社2012年版，第614页；《宗喀巴大师集》（法尊汉译本第五卷），北京：民族出版社2000年版，第29页。

② “前藏”“后藏”是历史上的用法，西藏自治区成立后不再使用。历史上“前藏”大致指的是拉萨、山南一带，“后藏”大致指的是日喀则周围。在不同历史时期、不同语境中，“前藏”“后藏”所指地域有所不同。——编者

来克珠杰自己在他所著的《量理七论除意暗庄严疏》中也引用了当时辩论的诸义理①。克珠杰如此批驳博东班钦的学术勇气和善于反驳的严谨态度，亦令博东班钦倍感欣慰。因此，他专门为克珠杰高超的辩才和严谨的学风作了《克珠群杰格列贝桑赞颂蜂戏琵琶之妙音》（མཁས་གྲུབ་ཆོས་ཀྱི་རྗེ་དགེ་ལེགས་དཔལ་བཟང་པོ་ལ་ཆེད་དུ་བརྗོད་པའི་བསྔགས་པ་བུང་བ་རྣམ་པར་རྩེན་པའི་རྒྱུད་མངས།）为例的许多称赞妙文。但是，二世嘉木样协巴晋美旺布所著《克珠杰传记》中提出“列钦贡噶坚赞所著《噶当派源流》中所述‘后来博东班钦撰写《克珠杰仁布切赞颂·蜂戏琵琶之妙音》’实属未能详加考证之过，此《赞颂》作者是象雄曲旺扎巴所著。当然很有可能是一位笔受者把晋美扎巴误写为曲旺扎巴所致。不过可以确定的是博东班钦特别欣赏克珠杰的学识，故在别处经常赞扬他的才华”②。与此同时，克珠杰在昂仁寺的夏居期间，在该寺大会上与雅洲桑杰白开展激烈辩论使其辩倒③，名震雪域高原。所以，这种经过严格辩论后以智者为代表的高层次发言和学术争鸣，不同于个别良莠不齐的吵闹和所谓“挑战权威”的文字谐谑。传统藏族一流学者的辩论，因为经过了一环扣一环地严密逻辑的推论，以及贤哲正士对言论等级的承认和遵守，才形成了对智者不限制言论，但必须遵循规则的理性高层思维的学风。同时也造就了藏族传统文化中精英知识分子对这一原则的珍爱和自觉维护的传统。特别在对诤辩论的互动交流中完成了一个个由智能聚会而产生的多向思考与个人智慧的表达空间。正是有了这一

---

① 永增益喜坚赞著《菩提道次第师承传记佛法庄严无上宝鬘论》（藏文），拉萨：西藏人民出版社 1990 年版，第 417 页；《克珠格勒白桑文集》（藏文第 9 册），北京：中国藏学出版社 2014 年版，第 651 页。

② 《二世嘉木样协巴晋美旺布文集》（藏文）第 5 函第 3 部第 2 叶下 5 行至第 3 页上第 1 行，拉卜楞寺木刻版。

③ 《克珠格勒白桑文集》（藏文第 12 册），北京：中国藏学出版社 2014 年版，第 336 页；一世嘉木样协巴著《大威德金刚源流》（藏文上册），拉萨：西藏藏文古籍出版社 2012 年版，第 280 页。

表达空间的学术思想自由与辩论规则，才造就了藏族文化史上许多学者高质量的学术话语权和表达权。故永增益喜坚赞对这场世纪之辩讲到："这时他们两位智者辩论的时候，那种无垢而清净理智的仪容，可谓与众不同。这些殊胜善巧弘扬佛学思想的高僧大德们，喜作无垢理智的辩论，实为佛学理论光大之庄严，故理应生起敬仰之心"①。这样，他们二人在世纪之交的大辩论成为藏族传统学术交流史上世代传颂的佳话。

正如克珠杰在《三士道定论 · 难作体修饰法庄严》（སྐྱེས་བུ་གསུམ་གྱི་ལམ་རྣམ་པར་ངེས་པ་བྱ་དཀའ་བའི་མཛེས་རྒྱན།）结尾所言"此文作者对于此诗学，与生俱来天性而无碍，智者所学善巧且无比，格列妙语戏作此诗词"②，他年近十八岁时创作了《文殊论狮赞》（རྗེ་བཙུན་འཇམ་དབྱངས་སྨྲ་བའི་སེང་གེ་ལ་བསྟོད་པ།），圆满彰显了他在文学创作方面与生俱来的天赋异禀。因此，才旦夏茸教授把克珠杰所著《文殊论狮赞》列为藏族古典文学史上印度东方高智派文学（རྒྱ་གར་ཤར་ཕྱོགས་གོ་ཊའི་ལུགས།）的代表作③，尤其贡塘丹贝卓美认为克主杰创作的偈颂体格律诗歌几乎可与宗喀巴的文学造诣媲美④。更为重要的是，在雪域高原盛行印度南派文学创作时，克珠杰创造性地继承和发展了印度东派文学创作之风。他创作的不少文学作品早已入选格鲁派常诵经典之列，而且培养了象雄曲旺扎巴为首的一大批文豪⑤。无论是母语文学创作还是梵藏文学理论返本开新方面，克珠杰在藏族古典文学史

① 永增益喜坚赞著《菩提道次第师承传记 · 佛法庄严无上宝鬘论》（藏文），拉萨：西藏人民出版社 1990 版，第 425 页。

② 《克珠格勒白桑文集》（藏文第 9 册），北京：中国藏学出版社 2014 年版，第 423 页。

③ 才旦夏茸著《诗学概论》（藏文），兰州：甘肃民族出版社 1981 年版，第 18 – 19 页；嘉扬智华整理，才旦夏茸所授《诗学通论》笔记（藏文），西宁：青海民族出版社 2001 年版，第 30 – 31 页。

④ 万芒班智达贡觉坚赞著《贡塘丹贝卓美传记》（藏文），兰州：甘肃民族出版社 1991 年版，第 78 – 79 页。

⑤ 仁欠扎西等选编《藏族历代文学经典文库》（藏文第 7 卷），西宁：青海民族出版社 2020 年版，第 241 – 322 页。

上已经达到了登峰造极的境界。所以，他在《具德上师贾曹杰功德赞颂梵音》（དཔལ་ལྡན་མཁས་པ་མ་ལུས་པའི་ཅོད་པཎ་འཛིན་པའི་ཞབས་ཀྱི་བསྔོས་ས་ཆེན་པོ་ལ་དབུགས་འབྱིན་པར་མཛད་པ་དེ་ཉིད་ལ་ཡོན་ཏན་རབ་ཏུ་བསྔགས་པའི་ཚིགས་སུ་བཅད་པ་ཚངས་པའི་དབྱངས།）中讲到："此首诗乃雪山矗立间，自居诗圣之众冠首上，善赋登顶格列贝桑布，未饰溢美虚辞而述咏！"①由此可见，克珠杰集写实、议论、抒情于一体的沉博绝丽之文，意境优美，气势恢宏，感情奔放，胸襟豪迈，充分展示了一世班禅雄阔豪放、气势磅礴的创作风格。

在仁达瓦雄努洛珠的特别引荐下，克珠杰年近二十三岁途径聂塘赶到拉萨时，正值宗喀巴在色拉群顶（སེ་ར་ཆོས་སྡིངས།）夏居。尽管在这里第一次拜见宗喀巴，但一见如故，眉目成书。从此，师徒二人建立了藏族文化史上最具示范引领效益的师生关系。同时，在贾曹杰、堆增扎巴坚赞、嘉噶巴班丹桑布、朵旦巴绛白嘉措为主的宗喀巴心传高足门下听受了经典理论及法脉传承，为逐渐成为初创阶段的格鲁派以善规人，之舰乘风破浪、扬帆起航的掌舵人奠定了深厚的理论基础。

按照宗喀巴的指示，1413年克珠杰在今西藏日喀则市白朗县建立了日熬顶金寺（རི་བོ་མདངས་ཅན།）。在该寺，克珠杰潜心实践宗喀巴传授给他的各大经典理论，相继撰写了《具德时轮坛城仪轨密意彰显论》《世尊薄伽梵时轮身语意圆满坛城之轮成就法·白莲教言》《具德时轮身语意圆满度量绘制法》《鲁俄巴所传具德妙轮胜乐金刚坛城仪轨·大乐游戏之海》《具德二品解说·金刚空行母秘藏》《九尊喜金刚坛城仪轨·大乐入门》

① 这是1419年贾曹杰代替宗喀巴荣登甘丹寺金席宝座之时克主杰即兴发挥的诗词，史称"དཔལ་ལྡན་ཡོན་ཚིགས་མ།"，收录于《克珠格勒白桑文集》（藏文第9册），北京：中国藏学出版社2014年版，第390页；仁欠扎西等选编《藏族历代文学经典文库》（藏文第7卷），西宁：青海民族出版社2020年版，第19－21页。

《喜金刚坛城之轮上供仪轨》《三律仪摄义抉择品·佛宝洗涤》《论菩提地道·智者心悦诚服》《世尊薄伽梵轮胜乐金刚父母现证礼赞品》等传世之作①。这一时期江孜法王饶丹贡桑帕主政江孜地方政权,邀请克珠杰出任江热寺首席堪布,故他享有"江热噶究巴"(ལྕང་ར་དཀའ་བཅུ་པ།)或"克珠江热巴"(མཁས་གྲུབ་ལྕང་ར་པ།)或"江热堪布"(ལྕང་ར་མཁན་པོ།)等美誉②。这里克珠杰撰写了《释量论广疏理路大海》和《量理七论除意暗庄严疏》等名著③。其中喜金刚坛城仪轨方面的经典著作于1826年被译成蒙古文④,充分体现了克珠杰在萨迦派续藏理论方面的学术造诣。所以,霍尔群杰阿旺华丹为首的蒙古族学者创作了《宗喀巴唯一的心传高足克珠杰格列贝桑布赞美诗梵天之子妙音》(རྗེ་བདག་ཉིད་ཆེན་པོའི་ནང་གི་ཐུགས་སྲས་གཅིག་པུ་མཁས་གྲུབ་དགེ་ལེགས་དཔལ་བཟང་པོར་བསྟོད་པའི་ཚིགས་སུ་བཅད་པ་ཚངས་སྲས་སྙུ་དབྱངས།)⑤等沉思翰藻的文学名篇,足见一世班禅学术思想的生命力和影响力。

在江孜法王饶丹贡桑帕的资助下,1418年克珠杰始建江孜白居寺。该寺由七个格鲁派札仓、四个萨迦派札仓、四个夏鲁派札仓、一个萨迦派和格鲁派合住的一个札仓,共由十六座札仓组成。在此,他把重心放在教学授课和人才培养方面,课余期间还撰写了最能凸显宗喀巴创新思想的《甚深空性真实义理彰显论贤劫启明之目》和《续藏至王具德密集生起次第解说·悉地大海》为主的鸿

① 《克珠格勒白桑文集》(藏文第5、6、7、8、9册),北京:中国藏学出版社2014年版,第691－814、1－118、145－152、595－684、704－838、427－885、1－78、126－147、148－371、249－271、404－408页。

② 《宗喀巴文集》(藏文第1册),北京:中国藏学出版社2012年版,第130页。

③ 多吉杰博编《量理海论》(藏文),北京:民族出版社1990年版,第1122页;《量理七论除意暗庄严疏》(藏文),北京:民族出版社1984年版,第404页。

④ 恰日嘎藏陀美编《历辈德瓦仓活佛传》(藏文),北京:中国藏学出版社2018年版,第71、239－240页。

⑤ 《霍尔群杰阿旺华丹文集》(藏文)第6函第5部共3叶,木刻版。

篇巨著[①],这些几乎都由其高足即第五代甘丹赤巴洛珠群迥笔受而成,足见其举世无双的学术含金量。

1419 年宗喀巴圆寂后,贾曹杰达玛仁钦接替宗喀巴荣登甘丹寺金席宝座之时克珠杰即兴创作了《具德上师贾曹杰功德赞颂梵音》(དཔལ་ལྡན་མཁས་པ་མ་ལུས་པའི་ཙོད་པཎ་འཛིན་པའི་ཞབས་ཀྱི་པདྨོས་ས་ཆེན་པོ་ལ་དབུགས་འབྱིན་པར་མཛད་པ་དེ་ཉིད་ལ་ཡོན་ཏན་རབ་ཏུ་བསྔགས་པའི་ཚིགས་སུ་བཅད་པ་ཚངས་པའི་དབྱངས།),史称《具德功德颂》(དཔལ་ལྡན་ཡོན་ཚིགས་མ།)[②]。尽管一世达赖喇嘛·根顿珠巴也创作了《贾曹杰达玛仁钦普贤赞》(ཆོས་ཀྱི་རྗེ་ཐམས་ཅད་མཁྱེན་པ་དར་མ་རིན་ཆེན་ལ་བསྟོད་པ་ཀུན་ཏུ་བཟང་པོ།)和《贾曹杰达玛仁钦赞颂起信之树》(རྒྱལ་ཚབ་དར་མ་རིན་ཆེན་གྱི་ཞལ་སྔ་ནས་ལ་བསྟོད་པ་དད་པའི་ལྗོན་ཤིང་།)两篇[③],而且影响很大,但克珠杰的《具德功德颂》是唯一一篇收录于《格鲁派常诵课本》中关于贾曹杰的赞美诗[④],足见其文学价值和历史意义。

为了深刻领悟宗喀巴思想内核,1423 年克珠杰觉得除了勤于修习其心要为主要任务之外,一刻也不松弛、懈怠,故在今西藏日喀则市桑珠孜区联乡切林寺立下誓愿撰文《十大心许誓愿》[⑤](དམ་བཅའ་བཅུ)。这对于每个人的修身养性具有启迪智慧和砥砺品德的重要意义,因此东噶教授把这十大誓愿精简成十条[⑥]。我们深入挖掘有助于化解人类思想危机的这些具体而行之有效的对治方法,

① 《克珠格勒白桑文集》(藏文第 1、7 册),北京:中国藏学出版社 2014 年版,第 263 – 682、1 – 348 页。

② 普觉永增阿旺强巴著《四大寺及上下密院史》(藏文),拉萨:西藏人民出版社 2008 年版,第 12 页。

③ 这两篇收录于《一世达赖喇嘛·根顿珠巴文集》第 6 函第 13 部《杂集》第 1 – 2 部,参见西藏色昭佛教古籍编委会整理《杰旺根顿珠巴文集》(藏文第 9 册)第 351 – 358 页,北京:中国藏学出版社 2013 年版。

④ 诺章吴坚编《格鲁派念诵仪轨经集》(藏文),拉萨:西藏人民出版社 2011 年版,第 213 – 216 页;《克珠格勒白桑文集》(藏文第 9 册),北京:中国藏学出版社 2014 年版,第 390 页;《普觉阿旺强巴文集》(藏文第 3 册),北京:民族出版社 2012 年版,第 175 页。

⑤ 《克珠格勒白桑文集》(藏文第 10 册),北京:中国藏学出版社 2014 年版,第 540 – 544 页。

⑥ 东噶洛桑赤列编纂《东噶藏学大辞典》(藏文),北京:中国藏学出版社 2002 年版,第 1072 – 1073 页。

将其转化为守护青藏高原生态文明建设成果，对进一步筑牢世界第三极生态安全屏障具有重要的借鉴意义。

宗喀巴在充分考量青藏高原地域特征和社会结构的前提下，对藏传佛教各派戒律松弛的种种流弊进行了整饬和矫正，以此强力推行严持戒律之举，招致不同程度的诽议。当时面对这样的时局，克珠杰在西藏白朗县的日敖顶金寺撰写的《三律仪摄要抉择·佛法净化宝镜论》从别解脱戒、菩萨戒、密乘戒以及一个人心续中三律仪自性一与异等四大方面聚焦各种极端思想一一击破①。比如俄钦贡噶桑布于1425年1月5日在萨迦寺所撰《致自己众徒总体教诫·利益弟子书》（རང་གི་གྲྭ་པ་སྤྱི་ལ་གདམས་པའི་སྤྲིང་ཡིག་སློབ་མ་ལ་ཕན་པ།）第二部分专题阐述禁止食肉的问题②，就是一个典型的矫枉过正的案例。于是，克珠杰在《三律仪摄要抉择·佛法净化宝镜论》第一部分别解脱戒的受持者不犯律仪而遵守（ཐོབ་པ་མི་ཉམས་པར་བསྲུང་བ།）《甘珠尔》《丹珠尔》为主的权威经典中旁征博引，予以猛烈抨击，特别依据《中观心要》以及本注《正理火焰论》将其揭露为古代南亚外道的极端思想。具体而言，这一思想源于耆那教一贯主张的“无食者则无屠宰”推导出来的“不可食肉”之说，故不可取③。克珠杰的律仪建树既符合佛制律仪，又合乎青藏高原的经济结构和生产方式，更契合藏族社会文化特性和与时俱进的时代发展要求，因此藏传佛教格鲁派把《三律仪摄要抉择·佛法净化宝镜论》奉为制定寺院清规戒律和个人修身饬行的圭臬。所以，这对坚持我国佛教的中国化方向，积极引导藏传佛教与我国社会主义社会相适应，也有重要的借鉴意义。

---

① 《克珠格勒白桑文集》（藏文第8册），北京：中国藏学出版社2014年版，第148－371页。

② 《艾旺文集》（藏文第7册），北京：中国藏学出版社2010年版，第315－351、321－349页。

③ 《克珠格勒白桑文集》（藏文第8册），北京：中国藏学出版社2014年版，第208－210页。

应荣顿释迦坚赞的再三提议，1427 年江孜法王将其邀请到白居寺拟与克珠杰对阵辩论，最终荣顿不战而屈，仓皇出逃。藏历 8 月 10 日，克珠杰即兴吟诗《致予荣顿释迦坚赞之教授》并张贴在江孜白居寺大门上，让大众齐观[①]。这是藏族传统学者开展文化交流互鉴过程中最有效的辩论方式。克珠杰与荣顿二位的此次辩论在破惑证真方面具有代表性，故对荣顿晚年的著书立说事业产生了巨大的影响。

贾曹杰于 1430 年赴后藏乃宁寺召唤克珠杰，命其务必入主甘丹寺，以此他们二人来到拉萨，受到哲蚌寺创建者嘉木样群杰扎西班丹、色拉寺的首席讲座贡日坚赞桑布、甘丹寺的上座乃丹仁钦坚赞为主的各大善知识和各大施主的热烈欢迎。故于 1431 年贾曹杰辞去甘丹寺赤巴一职，继升克珠杰为甘丹寺赤巴之主，替代贾曹杰荣登宗喀巴金席宝座之上，真正成为格鲁派初创阶段的领军人物。

1433 年杰增喜饶僧格赴甘丹寺，依止时任甘丹赤巴的克珠杰门下听受时轮金刚[②]。1434 年克珠杰撰写了鸿篇巨制《时轮大疏》[③]，成为藏传佛教时轮续释和藏族天文历算学方面的圭臬。这期间克珠杰命杰增喜饶僧格在此修建金刚密乘学院，由此相继建立了密乘学院上、下两座，逐步成为获得拉然巴格西学位后继续深造金刚四续理论及其引导八部的专科学院。仅此而言，宗喀巴视克珠杰为密宗尤其是时轮思想的受命者[④]，名不虚传。

克珠杰（一世班禅）于 1438 年以示圆寂，享年 53 岁，可谓英年

---

① 该诗词收录于《克主杰文集》第 9 函第 10 部《散论合编》第 28 部，参见《克珠格勒白桑文集》（藏文第 9 册），北京：中国藏学出版社 2014 年版，第 450 – 451 页；仁欠扎西等选编《藏族历代文学经典文库》（藏文第 7 卷），西宁：青海民族出版社 2020 年版，第 132 – 133 页。

② 第悉桑结嘉措著《格鲁派教法史》（藏文），北京：中国藏学出版社 1991 年版，第 257 页。

③ 《隆朵喇嘛阿旺洛桑全集》（藏文上册），拉萨：西藏藏文古籍出版社 2002 年版，第 264 页。

④ 《一、二、三世班禅额尔德尼传》（藏文），拉萨：西藏藏文古籍出版社 2014 年版，第 10 – 12、58 – 60、111 页。

早逝，却留下了一座又一座后人难以超越的理论创新不朽丰碑。尤其应对格鲁派初创阶段重大挑战、抵御重大风险、克服重大阻力、化解重大矛盾，深刻把握宗喀巴创新思想最本质特征，充分发挥清净戒律和闻思学制的最大优势，使格鲁派建设成为具有强大内生动力的学术共同体，故被誉为宗喀巴唯一的心传高足并居于历世班禅额尔德尼之冠。

（二）二世班禅索南确朗生平事迹

藏历第七饶迥土羊年（明英宗正统四年，1439 年）1 月 12 日，二世班禅出生于右翼茹江边与毗邻德杰茄玛林寺的拉沟之地的沟头温萨之域（གཡས་རུ་གཙང་འགྲམ་བདེ་རྒྱས་བྱེ་མ་སྒྲིང་གི་གཙུག་ལག་ཁང་དང་འདབ་ཆགས་པ་ན་ཆུ་བོ་སོ་ཧི་ཏ་དཔལ་གྱིས་འབབ་པའི་འགྲམ་ལྷ་ཁུད་ཞེས་བྱ་བའི་ཡུལ་གྱི་ཕུ་དབེན་ས།），即今西藏日喀则市桑珠孜区境内的温萨寺所在山沟里的当氏（མདོངས།）家族，自幼在觉敦索南仁钦（རྗེ་གདན་བསོད་ནམས་རིན་ཆེན།）座前出家为僧，尤其在帕索群德寺依止克珠杰胞弟第六代甘丹赤巴帕索确吉坚赞（པ་སོ་ཆོས་ཀྱི་རྒྱལ་མཚན།）和德瓦增巴洛珠贝巴桑珠扎巴班丹（འདུལ་འཛིན་བློ་གྲོས་སྦས་པ་བསམ་གྲུབ་གྲགས་པ་དཔལ་ལྡན།）为根本上师，系统闻思宗喀巴师徒经典理论获得格鲁派殊胜耳传教授。随后游学桑普寺、甘丹寺、扎什伦布寺、格培寺等地继续深造，通过辩论交流成为学贯显密的量理学家。

二世班禅学成返回故里，建立温萨群阔卫顶寺（དབེན་ས་ཆོས་འཁོར་དབུས་སྡིངས་ཀྱི་དགོན་པ།），通过广收门徒讲学授课，将其中的可造之材都派遣到扎什伦布寺和格培寺（དགེ་འཕེལ།）继续深造，建立了良好的学缘关系。其中就由觉巧白藏（སྐྱབས་མཆོག་དཔལ་བཟང་།）代替二世班禅承继温萨寺座主之位[①]，进而培养三世班禅委以继任。以此功德圆满

① 《第四世班禅洛桑确吉坚赞文集》（藏文第 1 函），北京：中国藏学出版社 2019 年版，第 378 页。

后，二世班禅于1504年藏历3月25日以示圆寂，享年65岁，其灵塔供奉于温萨群阔卫顶寺。这样，二世班禅为后世留下了依据显密各大理论实践体验的道歌为例的《文集》两函①，尤其他理论联系实际开创了藏传佛教格鲁派温萨耳传的文风（དགེ་ལུགས་པའི་བསྟན་པ་རྒྱས་པར་གསུངས་པའི་དབེན་ས་སྙན་བརྒྱུད་ཀྱི་རྩོམ་སྲོལ་བཏོད།）②，成为广大学界和教界雅俗共赏的名篇佳作。

总之，二世班禅从第六代甘丹赤巴帕索确吉坚赞为主的克珠杰亲传徒众，很好地承继了一世班禅的学统。以此为契机，建立温萨群阔卫顶寺，成为历辈班禅额尔德尼的祖庭③。所以，他在温萨寺和甘丹寺、温萨寺和扎什伦布寺尤其在班禅一、二世之间起到了一个承前启后、继往开来的关键作用。这方面的历史事实显得尤为重要却长期被学界忽视，通过系统挖掘整理相关史料，可以衔接班禅一、三世之间看似脱节的多重内在联系，进而在破解相关学术疑难问题的基础上更好地填补该领域的历史空白。

（三）三世班禅罗桑顿珠生平事迹

藏历第八饶迥木牛年（明孝宗弘治十八年，1505年）1月10日，三世班禅出生于卫藏右翼茹江边的盖杰茄玛林寺毗邻，享有拉沟之域的山谷深处的温萨之地，即二世班禅出生的当氏家族。其生父名为索朗多杰，生母名为白宗吉。从娘胎降生之初，就获得香朵日熬格培寺的第七代堪布至尊列巴洛珠的特别关怀，为此亲自举行沐浴之后讲到“该童子必将成为世间怙主、皈依之主、良师益

---

① 《第四世班禅洛桑确吉坚赞文集》（藏文第1函），北京：中国藏学出版社2009年版，第354页。

② 《东噶藏学大辞典》（藏文），北京：中国藏学出版社2002年版，第2122页。

③ 《第四世班禅洛桑确吉坚赞文集》（藏文第1函），北京：中国藏学出版社2009年版，第35页、2019年版，第39页；《五世达赖喇嘛阿旺洛桑嘉措文集》（藏文第11册），北京：中国藏学出版社2009年版，第235页。

友”,故赐名“贡布觉”(མགོན་པོ་སྐྱབས།)。

1515 年 1 月 10 日,在温萨群阔卫顶寺,由拉日则巴扎巴顿珠任授戒堪布,次成仁钦任轨范师,乃丹确吉坚赞和然坚巴列巴等作为补足,在应具定数的虔诚僧众的中央,脱俗出家为僧,赐名“罗桑顿珠”。这一年夏季学期,在香朵格培寺随次仁巴赴哲蚌寺游学深造,一直到秋季学期结束为止。这期间在克珠杰的胞弟帕索确吉坚赞的高足即第九任哲蚌寺座主吞巴群杰拉日巴云丹嘉措(1443–1521)门下导入金刚密乘之门。返回香朵格培寺后,继续听受金刚密宗灌顶。冬季又到扎什伦布寺,依止洛桑喜宁门下学习摄类学开始的各大经典理论。

1519 年,三世班禅年近十五岁时在温萨寺撰写《般若道次第三士所缘编成祈愿文》(ཕར་ཕྱིན་གྱི་ལམ་གྱི་རིམ་པའི་སྐྱེས་བུ་ཆུང་འབྲིང་ཆེན་པོ་གསུམ་གྱི་དམིགས་སྐོར་རྣམས་གསོལ་འདེབས་སུ་བསྒྲིགས་པ།),其中宗喀巴、克珠杰、帕索群杰、索南确朗、觉巧白藏等五位明确列为根本师承①。由此可见,三世班禅自幼天赋异禀,表现出扎实的理论功底和独特的创新思维。与此同时,更为重要的是通过师承的方式指明了班禅一、二、三世之间一脉相承的传承关系。这样的文本记述在以往的历辈班禅额尔德尼转世系统研究中很少有人关注,故形成了班禅系统转世始于四世班禅之说。

1521 年,克珠杰的胞弟帕索确吉坚赞的心传高足大成就者确吉多杰来到温萨寺,治疗了身患天花的三世班禅,命其康复后到今西藏日喀则市巴郎县境内的扎西宗噶普山沟里的噶日莫群宗寺。按照大成就者约定的时间,如期抵达寂静之处噶日莫群宗寺,虔诚

① 这收录于《温萨巴洛桑端智文集》(藏文)第 1 函第 3 部《菩提道次第编成祈愿文》(ལམ་རིམ་གསོལ་འདེབས་སུ་བསྒྲིགས་པ་དངོས་གྲུབ་ཀུན་འབྱུང་།)第 8 页下 5 行至第 16 页下 4 行,参见第三世班禅温萨洛桑端智文集(藏文第 1 函),北京:中国藏学出版社 2019 年版,第 14 页。

祈求圆满传授第二佛陀宗喀巴耳传诀窍。大成就者确吉多杰于此甚感欢喜，故首先随喜授予总摄一切显密经典理论及其注疏心要为一个人的实践体验的次第而圆满具足由初学入门至成佛之间的所有基、道、果之关键扼要——《菩提道次第》的导引、诀窍及其面授获知等系列。并且，还圆满授予胜乐、密集、大威德等无上瑜伽的灌顶以及生圆二次第之殊胜诀窍，使三世班禅培养成为文殊师利宗喀巴耳传法脉之主①。

从此，大成就者确吉多杰和三世班禅二人游学和参访卫藏各地，通过见、闻、忆、触等方式有效结下能使成就当前与究竟利乐的殊胜因缘，几乎踏遍了雪域高原的名胜古迹，最终返回白朗具莲圣地，长期遁入禅轮，专心修行，以此大成就者确吉多杰将《幻化秘籍》托付给嘉瓦温萨巴，要求必须严加密封。并且，特别嘱咐道，“现今暂时断除世俗琐事，潜入非常寂静的山谷，专心修行为要。如此，圆满完成一切显密之道的修行，最终获得不退信心之后，方可将这一殊胜耳传教授为有缘高足予以传授”②。这就是藏传佛教格鲁派温萨耳传教授系统（དབེན་ས་སྙན་བརྒྱུད།）形成之源付之笔端的记述。

1537 年，三世班禅来到哲蚌寺，在二世达赖喇嘛·根敦嘉措（1476－1542 年）座前受比丘戒，并赴大昭寺、小昭寺、甘丹寺、热振寺等地参访，回到色拉寺，依止二世达赖喇嘛门下，听受成就王母所传之长寿法导引、长寿佛灌顶、别解脱经、宣法经，以及二世达赖喇嘛自己文集中散论合编的所有口授传承。从此，继一世班禅

① 《第四世班禅洛桑确吉坚赞文集》（藏文第 1 函），北京：中国藏学出版社 2009 年版，第 364－378、414－427 页、2019 年版，第 397－413、452－467 页；第三世班禅温萨洛桑端智文集（藏文第 1 函），北京：中国藏学出版社 2019 年版，第 11－12 页。

② 第三世班禅温萨洛桑端智文集（藏文第 2 函），北京：中国藏学出版社 2019 年版，第 646、669－670 页。

和一世达赖喇嘛结下师生关系之后，再次续上这一师承，以至传至后世，成为后人敬仰的互为师徒之典范。

总之，三世班禅一生潜于白朗觉姆拉日神山、黑色黄斑崖金刚宫殿、温玛日大食朗钦、郭扎等幽静山林，隐居修证宗喀巴耳传要义，开创了藏传佛教格鲁派独一无二的温萨耳传教授系统，并在二世班禅建立温萨群阔卫顶寺的基础上加以扩建（དབེན་ས་ཆོས་ཀྱི་ཕོ་བྲང་）之后，通过授课讲学培养了大量利益他人的高端人才，遍布青藏高原及其周边地区。以此功德圆满后，遂向克珠桑杰益喜正式授权绍袭自己座主之位。据《四世班禅文集》记载，三世班禅于 1566 年藏历 1 月 23 日以示圆寂①，而在才旦夏茸所著《藏族历史年鉴》以及《藏汉大辞典》和《东噶藏学大辞典》附录大事记年表所载“温萨巴罗桑顿珠圆寂于 1565 年”似为笔误②。最为难得的是，为后世留下了文集两函 150 余部（篇），成为藏传佛教格鲁派温萨耳传教授系统研究的文献资源。

综上所述，一、二、三世班禅生活在十四世纪末至十六世纪中期，他们的贡献主要表现在著书立说和人才培养方面，由此奠定了他们在藏族文化发展史上独树一帜的学术地位，并与后期历辈班禅额尔德尼在参政议政方面的生平事迹形成鲜明的对比。这既是藏传佛教活佛转世制度形成的一般规律，也是历辈班禅额尔德尼相对重教轻政的处世之道的根由，更是新时代积极引导藏传佛教与社会主义社会相适应并坚持中国化方向的鲜明特征和总体要求。

---

①　《四世班禅文集》（藏文第 1 册），北京：中国藏学出版社 2009 年版，第 4、385 页。

②　才旦夏茸著《藏族历史年鉴》（藏文），兰州：甘肃民族出版社 1982 年版，第 335 页；张怡荪著《藏汉大辞典》，北京：民族出版社 1985 年版，第 3258 页；东噶洛桑赤列著《东噶藏学大辞典》（藏文），北京：中国藏学出版社 2002 年版，第 2324 页。

三、《班禅一、二、三世传记》的研究意义

藏传佛教活佛转世制度是国内外藏学界研究的重要课题之一，尤其达赖喇嘛和班禅额尔德尼两大转世系统更是重中之重，其研究热度始终不减，足见其研究价值和意义。但令人遗憾的是，班禅一、二、三世作为选题的研究进度迟迟未能跟上，探其缘由固然多方面所致，其中最为明显的是可资研究的相关史料比较匮乏。那么，这次较为系统地翻译班禅一、二、三世传记若干篇，我们透过这些译本的内容有必要进一步探讨相关历史问题。

（一）班禅一、二、三世所处时代背景

一、二、三世班禅在世于1385－1556年间，历时181年。这一时期正值欧洲文艺复兴并开启了大航海时代，我国经历了明代洪武、建文、永乐、宣德、正统、弘治、正德、嘉靖年号，西藏地方历史处在帕竹政权从鼎盛走向衰亡时期。那么，当时面对全球千年未有之大变局，西藏宗教文化正在经历宗喀巴带领的一批智者力挽狂澜，进行拨乱反正与革新发展的黄金时代，贤哲云集，守正出新，呈现出“百花齐放、百家争鸣”的文化盛况。

一世班禅生活在1385－1438年即明洪武十八年至英宗正统三年间，历时53年。这期间我国郑和七次出使西洋、侯显五使绝域①，锐意通四方，示中国富强，把海、陆双轨丝绸之路推向了顶峰。这样的时代背景下，克珠杰出生于西藏地方官宦家庭，是从黎域江热穆布一带迁徙过来的塞氏家族，自幼闻思萨迦派经典理论并捍卫其合理性屡次迎接挑战者的辩论逐一击破。基于这样出类拔萃的品德，萨迦派仁达瓦循努洛珠的特别举荐下，有幸依止雪域高原

---

① 侯显，藏族，今甘肃临潭县圆成寺（ཡེར་བ་དགོན་）的创建者，参见《二十四史》（简体字版第63册），北京：中华书局2012年版，第5200－5202页；智贡巴关却乎丹巴饶杰著《多麦政教史》（藏文），兰州：甘肃民族出版社1985年版，第666页。

千载难逢的贤哲之冠宗喀巴为根本上师继续深造，进而赴年楚河流域建立江孜白居寺和日熬顶金寺以及年楚河汇入雅鲁藏布江的南北两岸维修切林寺和帕索寺等寺院，成为日喀则一带传播宗喀巴思想的第一站，也为一世达赖喇嘛兴建扎什伦布寺创造了有利的条件。随后，应邀出任甘丹寺座主开创闻思院学制，破除似是而非的邪说谬言，有效推动了青藏高原的文化生态净化。那么，我们以此审视其生平事迹，将有助于全面而客观地评价一世班禅的历史功绩。

二世班禅生活在1439－1504年即明英宗正统四年至明孝宗弘治十七年间，历时65年。这期间哥伦布开辟新航路发现新大陆，欧洲人持续不断地向美洲迁移，掀起了人类迁徙史上的第三次高潮。明代宗封宗喀巴的弟子班丹扎释师徒为“大智法王”和“广通精修妙慧阐教弘慈大喜[善]法王”[①]，扎什伦布寺闻思学院堪布曲觉白桑在日喀则达那地区寻访了一世达赖喇嘛的转世灵童，成为格鲁派首次寻访认证的转世活佛[②]。诸如此类，当时宗喀巴开创的格鲁派在青藏高原及其周边地区取得了突飞猛进的发展壮大，正如《青史》作者所云：“彼时宗喀巴学说如擎赍之白盖伞一般遍布诸方”[③]。基于这样的形势，就由荣顿释迦坚赞和俄钦贡噶桑布等师徒几人试图从学理层面予以遮止，却被一世班禅的反驳使他们变得理屈词穷，无言以对。所以，宁玛派的居米旁在《第二佛

① 《明实录藏族史料》(第一集)，拉萨：西藏人民出版社1982年版，第546、572页；智贡巴关却乎丹巴饶杰著《多麦政教史》(藏文)，兰州：甘肃民族出版社1985年版，第680－681页；张润平、苏航、罗炤著《西天佛子源流录——文献与初步研究》，北京：中国社会科学出版社2012年版，第25、101、167、244、257、262、281、345－346页。

② 《二世达赖喇嘛根敦嘉措文集》(藏文第1册)，北京：中国藏学出版社2010年版，第3－13、38－44页。

③ 《第四世班禅洛桑确吉坚赞文集》(藏文第1函)，北京：中国藏学出版社2009年版，第35页；2019年版，第461页。

陀文殊心要宗喀巴四大殊胜功德礼赞起信之花》(རྒྱལ་བ་གཉིས་པ་འཇམ་དཔལ་སྙིང་པོ་ལ་ཁྱད་པར་བཞི་ལྡན་གྱི་ཚུལ་དུ་རབ་སྔགས་དད་པའི་མེ་ཏོག)中对于这段历史概括性地讲到“一轮善慧大智明日,驱除大地所有无明障,运用量理思辨深广法,使之论辩雄狮遍大地”(བློ་བཟང་མཁྱེན་པའི་ཉི་མ་གཅིག་གིས་ནི། །ས་སྟེང་གནས་པའི་རབ་རིབ་རྣམས་བཅོམ་པས། །ཡང་དག་རིགས་པའི་ལམ་ནས་ཐབ་རྒྱུས་ཆོས། །སྨྲ་བའི་སེང་གེས་ས་ཆེན་རྣམ་པར་བཀང་། །)①。这样的文化氛围中,二世班禅自幼赴雪域高原的闻思之源桑普寺学习因明逻辑贯穿的五部大论,成为名副其实的量理学家。尤其值得注意的是,据《六世班禅班丹益西传记·日光》记载“索南确朗出生于藏绒交汇处,肤色和姿态恶劣的一位孩子来到帕索群杰担任甘丹寺赤巴的座前,帕索群杰问他叫什么名字?这位孩子回复曰‘贝俄(བེའུ།,意为犊)’。帕索群杰讲到:‘贝俄(བེའུ།)长大后将成为朗(གླང་།,意为牛)’,故赐名‘索南确吉朗布’(简称‘索南确朗’),并将其视为有缘的门徒,圆满授予灌顶、教言、经藏续部及其义理阐释的论著和诀窍等,遂成伟大的贤哲。其后,返回日喀则地区,聚集了依止他为上师的十六位弟子,为此广泛授予善说喜宴,点燃了正法明灯”②。显然,二世班禅从小就被克珠杰的兄弟第六代甘丹赤巴帕索确吉坚赞收为门徒,思想步步得到洗礼和升华,如虎添翼般地实现了完美蜕变。如此以来,一世班禅的密意主要通过其兄弟帕索群杰传于二世班禅再经周折传于三世班禅,其后经克珠桑杰益喜再传于四世班禅。

三世班禅1505－1566年即明孝宗弘治十八年至明嘉靖四十

---

① 《居米旁全集》(藏文第32卷),成都:四川民族出版社2019年版,第76页;《藏传佛教念诵大全》(藏汉对照),拉萨:西藏藏文古籍出版社2012年版,第844页;仁欠扎西等选编《藏族历代文学经典文库》(藏文第16卷),西宁:青海民族出版社2020年版,第36页。

② 《第六世班禅洛桑班丹益喜文集》(藏文第1函),北京:中国藏学出版社2019年版,第26－27页。

五年间，历时 61 年。明武宗“自号大庆法王，所司铸银以进”[①]，“帝好习番语，引入豹房，由是番僧复盛”[②]。蒙古土默特部首领俺答汗征服青海，兵临北京。帕木竹巴政权旁落，先是被仁蚌巴架空，后由辛夏巴取代。这样的历史背景下，三世班禅出生于藏绒交界处的雅鲁藏布江畔二世班禅家族，自幼在温萨寺出家为僧后，按照二世班禅确定的寺规，先求学于香朵日熬格培寺和扎什伦布寺闻思学院，后赴哲蚌寺和色拉寺在二世达赖喇嘛座前受比丘戒，特别依止大成就者确吉多杰门下系统听受了从一世班禅兄弟帕索确吉坚赞秘传而来的宗喀巴殊胜耳传，而且用毕生的时间隐居山间密修实证，洞悉万事万物的本质属性，最终开创了温萨耳传教授系统。

明初对西番采取广行招谕、多封众建、贡市羁縻的施政策略，乌斯藏社会稳定，经济得到了进一步发展，尤其藏传佛教文化异常繁荣，最具代表性的是百川归海般的格鲁派破竹之势传遍雪域高原。基于这样的形势，初由荣顿释迦坚赞和俄钦贡噶桑布等师徒几人试图从学理层面予以遮止，后由八世噶玛巴弥觉多杰和竹巴白玛噶布等人提出质疑，却被一世班禅克珠杰、蒋央噶帏洛智、色拉杰尊确吉坚赞等人的据理反驳使他们变得哑口无言[③]。故由萨迦派的达仓译师所著《雪域高原无与伦比的后发先哲宗喀巴本性略记·能使起信莲花盛开明日》（གངས་རིའི་ཁྲོད་འདིར་བསྟན་འཛིན་ཆེན་པོ་འགྲན་ཟླ་དང་བྲལ་བ་བློ་བཟང་གྲགས་པའི་དཔལ་གྱི་ངང་ཚུལ་མདོ་ཙམ་བརྗོད་པ་དད་པའི་པདྨོ་རྒྱས་པར་བྱེད་པའི་བསྟོད་ཚིག་གི་ཉི་མ།）中彻底放弃宗派门户之见归信真理之意表现得淋

① 《二十四史》（简体字版第 58 册），北京：中华书局 2012 年版，第 137 页。

② 《二十四史》（简体字版第 63 册），北京：中华书局 2012 年版，第 5750 页。

③ 《辩论文选编》（藏文），成都：四川民族出版社 1997 年版，第 1－68、71－173、177－518、521－605、609－645、649－743 页。

漓尽致，以示虔诚的忏悔①。宁玛派的居米旁在《第二佛陀文殊心要宗喀巴四大殊胜功德礼赞起信之花》中对此特别讲到“心胸狭隘偏执嫉妒者，恶意攻击汝示诸理论；然因善规自宗光不灭，就像暮夜之月更明亮”（བློ་ཆུང་ཕྲག་དོག་གཡོ་བའི་ངང་ཚུལ་གྱིས། །ཁྱོད་ཀྱི་བསྟན་ལ་ལྷག་པར་གཤེན་ཡང་། རང་ཚུགས་བཟང་པོའི་འོད་བཟང་མ་ཉམས་པས། །སྨག་ལ་ཟླ་རྒྱས་བཞིན་དུ་ལྷག་པར་གསལ། །）②。这些人对宗喀巴的创新思想以此在学术上进行反驳不仅不能以理服人，而且他们的偏执引发的臆断思维暴露无遗。执此观点的保守派无奈之下，只有联合武装力量粗暴而野蛮地试图消灭格鲁派③。最具代表性的是，仁蚌巴及其属下辛夏巴相继作乱，破坏了帕木竹巴政权治理下祥和安宁的乌斯藏地方政局，并开始用武力遏制格鲁派，从此青藏高原上战火四起，生灵涂炭。如此将四世班禅被动地推到历史的风口浪尖，特别以二世达赖喇嘛在哲蚌寺青石房旧址建立的甘丹颇章和三世达赖喇嘛应邀赴蒙古以及四世达赖喇嘛英年早逝等事件为契机④，客观上促成了五世达赖喇嘛初期甘丹颇章政权的形成与发展，从此历辈班禅额尔德尼踏上了政教双轨之道。

（二）班禅一、二、三世传所载历史功绩

1. 一世班禅传所载主要贡献

克珠杰的建树表现在方方面面，既有著书立说，又有人才培

① 《达仓译师喜饶仁钦文集》（藏文第2册），北京：中国藏学出版社2007年版，第161－163页；《藏传佛教念诵大全》（藏汉对照），拉萨：西藏藏文古籍出版社2012年版，第840页；仁欠扎西等选编《藏族历代文学经典文库》（藏文第7卷），西宁：青海民族出版社2020年版，第328－329页。

② 《居米旁全集》（藏文第32卷），成都：四川民族出版社2019年版，第77页；《藏传佛教念诵大全》（藏汉对照），拉萨：西藏藏文古籍出版社2012年版，第844页；仁欠扎西等选编《藏族历代文学经典文库》（藏文第16卷），西宁：青海民族出版社2020年版，第36页。

③ 贵译师循努白著《青史》（藏文），成都：四川民族出版社1986年版，第413－414页；拉巴平措、陈庆英主编《西藏通史·明代卷》，北京：中国藏学出版社2015年版，第119－120页。

④ 《二世达赖喇嘛根敦嘉措文集》（藏文第1册），北京：中国藏学出版社2010年版，第18－19、55－56页；《三世达赖喇嘛索朗嘉措文集》（藏文第1册），北京：中国藏学出版社2010年版，第353－354、363－365页。

养,更有学术交流,还有寺院建制与管理等等。如果按照藏族传统学科体系而言,他在大小五明十大学科领域都有难以逾越的杰出成就,其中仅就内明方面来看,三藏四续各个领域达到了令人可望而不可即的学术高度。主要贡献如下:

(1)秉持尊师重道品德

在藏族传统文化中教师的地位至高无上,如云"无师之前,无佛生源;原始佛祖,实为师尊(བླ་མ་མེད་པའི་གོང་རོལ་ན། །སངས་རྒྱས་ཞེ་བ་ཟླུང་ས་མེད། །ཐོག་མའི་སངས་རྒྱས་བླ་མ་ཡིན།)"①,因而将其置于佛、法、僧三宝之前。尤其宗喀巴在《菩提道次第广论》中把拜师之道立为觉悟之道的根由进行论证②,提升到前所未有的理论高度。那么,克珠杰从小依止绛白多杰宁布、兰哲巴益喜白、仁达瓦循努洛珠等50多位名师,后经仁达瓦的引荐下拜宗喀巴为根本上师。这样以身作则、知行合一,可谓自觉践行拜师之道的典范。而且深刻影响着历辈班禅额尔德尼为主的格鲁派历代学者,从思想意识根源杜绝了欺师灭祖、离经叛道的滋长,进而成为藏传佛教闻思学院尊师重教的根本之道,接力赛式地涌现出修身养心、学富五明的大德正士遍布蒙藏各地,不断开辟藏传佛教理论创新的新境界。

(2)推崇辩论启智学风

克珠杰自幼系统闻思萨迦派经典理论,面对博东班钦赫然提出萨班的《量理藏论》义理相违的集合体时年仅16岁的他只身前去迎接挑战,以理雄辩不仅维护了萨班的《量理藏论》义理的逻辑合理性,而且令博东班钦深受启迪,特地为一世班禅高超的辩才和严谨的学风作了《克珠确杰格列贝桑赞颂 · 蜂戏琵琶之妙音》(མཁས་གྲུབ་ཆོས་ཀྱི་དགེ་ལེགས་དཔལ་བཟང་པོ་ལ་ཆེད་དུ་བརྗོད་པའི་བསྟགས་པ་བུང་བ་རྣམ་པར་རྩེན་

① 《宁玛密续集》(藏文第30册),北京:中国藏学出版社2015年版,第142-143页。

② 《宗喀巴文集》(藏文第13册),北京:中国藏学出版社2012年版,第32-77页。

པའི་རྒྱུད་མངས།)①。当时享誉雪域高原的荣顿释迦坚赞难以解读宗喀巴开创性的中观应成派的哲学思想而试图提出质疑，1427 年专程到江孜白居寺声称与克珠杰一决胜负，却不战而屈，仓皇出逃。一世班禅当场赋诗《致予荣顿释迦坚赞之教授》并张贴在白居寺大门上②，让大众齐观。与此同时，克珠杰在年楚河流域期间，宗喀巴重整戒律的善举遭受质疑，因而克珠杰在日熬顶金寺撰写《三律仪摄要抉择·佛法净化宝镜论》逐一反驳了各种极端思想，可谓立竿见影。随后，俄钦贡噶桑布从喜金刚身坛城层面对宗喀巴的大圣龙树所传具德密集生起次第论中有关“身之坛城”义理提出似是而非的质疑，当时入主甘丹寺金席宝座的克珠杰不负重托立即撰写驳文《粉粹惯于倒行逆施的邪说谬论·天钢之轮》（ཀྱཻ་རྡོ་རྗེའི་ལུས་ཀྱི་དཀྱིལ་འཁོར་ལ་རྩོད་པ་སྤོང་བའི་ཟློལ་གྱིས་རྒྱུད་སྡེ་དུ་མའི་དོན་ལོག་པ་འབའ་ཞིག་ཏུ་སྨྲ་བའི་ཕྱིན་ཅི་ལོག་གི་གཏམ་གྱི་སྦྲུར་བ་ལ་ཞུགས་པའི་སྨྲ་བ་ངན་པ་རྣམ་པར་འཐག་པའི་བསྟན་བཅོས་གནམ་ལྕགས་འཁོར་ལོ།）③。还有雅德班钦、绛巴朗嘉扎巴、官东国师等名冠雪域的学者进行辩论交流④，打破了宗喀巴创新理论被遏制、围堵、遏制和打压的被动局面。

（3）创立闻思学院的建制

应江孜法王饶丹贡桑帕之邀，克珠杰出任江热寺（རྒྱང་སྟོད་རིག་པའི་འབྱུང་གནས་ལྷང་ར་དཔལ་འབར་ལེགས་བཤད་སྒྲོགས་པའི་ཚལ།）座主的基础上，建立日熬顶金寺作为根本据点，维修帕索列周德钦寺后委任胞弟确吉坚赞为其座主。特别于 1418 年在江孜法王饶丹贡桑帕的资助下始

① 列钦贡噶坚赞著《噶当派源流》（藏文），拉萨：西藏人民出版社 2003 年版，第 733 页。

② 《克珠格勒白桑文集》（藏文第 9 册），北京：中国藏学出版社 2014 年版，第 450 – 451 页。

③ 《辩论文选编》（藏文），成都：四川民族出版社 1997 年版，第 1 – 68 页；《克珠格勒白桑文集》（藏文第 2 册），北京：中国藏学出版社 2014 年版，第 1 – 77 页。

④ 《克珠格勒白桑文集》（藏文第 1、9、12 册），北京：中国藏学出版社 2014 年版，第 216 – 223、633 – 661、336 页。

建江孜白居寺(དཔལ་འཁོར་བདེ་ཆེན།),设置十六座札仓,其中七个格鲁派札仓,四个萨迦派札仓,四个夏鲁派札仓,萨迦派和格鲁派合住的一个札仓,不仅体现了宗喀巴首倡的“一切圣教互不相违而证悟之殊胜”的各派融通共进思想①,而且格鲁派在日喀则地区的传播发挥了重要作用。1430 年应邀荣登甘丹寺金席宝座之后,借鉴桑普寺辩论教学的基础上,让班钦巴释迦师日、暖巴班丹、雅卓巴、曲智白瓦四人牵头开创性地建立闻思院学制,全力推广闻思修紧密相扣、讲辩著有机统一的藏传佛教经典哲学理论教学模式,有效破除歧解臆说,确立新知而谛实不谬之见。从此,雅典学院式的闻思院在青藏高原及其周边地区遍地开花,进一步成为有效守护世界第三极的文化安全屏障。

(4)坚持创新理念

克珠杰在著书立说方面始终恪守正道的基础上,聚焦学术疑难问题推出系列创新之作,成为藏族传统大小五明学科领域更有活力、极具价值的传世经典。具体而言,《宗喀巴传记·起信津梁》和《宗喀巴秘传·宝穗》是宗喀巴生平研究的第一部评传②;《六十四种语言文字》和《入语极难明论》是古代青藏高原及其周边地区语言文字尤其是藏文书面语与口语辨析的拓荒之作③;《文殊论狮

---

① 《宗喀巴文集》(藏文第 13、14 卷),北京:中国藏学出版社 2012 年版,第 11 - 15、8 - 9 页;《普觉阿旺强巴文集》(藏文第 3 册),北京:民族出版社 2012 年版,第 177 页;《松巴益喜班觉文集》(藏文第 3 卷),西宁:青海民族出版社 2015 年版,第 63 - 64 页。

② 《宗喀巴小传》(藏文),西宁:青海民族出版社 1982 年版,第 1 - 140 页;《宗喀巴文集》(藏文第 1 册),北京:中国藏学出版社 2012 年版,第 1 - 114、133 - 160 页;《克珠格勒白桑文集》(藏文第 1、9 册),北京:中国藏学出版社 2014 年版,第 24 - 139、451 - 477 页。

③ 《克珠格勒白桑文集》(藏文第 1 册),北京:中国藏学出版社 2014 年版,第 226 - 227 页;Leonard W. J. van der Kuijp. Studies in the Life and Thought of Mkhas - grub - rje IV: Mkhas - grub - rje on Regionalisms and Dialects, Berliner Indologische Studien 2(1986), pp. 23 - 49(克主杰的生平与思想研究之四:克珠杰的地方特性与地方话语,柏林印度学研究 1986 年第 2 期,第 23 - 49 页;[德]范德康.《克主杰生平思想研究之四:关于克主杰的地方语和方言的研究》,熊文彬译,收录于王尧主编《国外藏学研究译文文集》(第七辑),拉萨:西藏人民出版社 1990 年版,第 32 - 53 页。

赞》是古印度东方高智派文学在卫藏地区首次开创的代表作①；《时轮大疏》既是密乘方便与智慧无二续集大成又是藏族天文历算理论研究的圭臬②；《释量论广疏理路大海》和《量理七论除意暗庄严疏》是藏传因明学科史上融理论与实践一体的顶峰之作③；《三律仪摄要抉择·佛法净化宝镜论》是别解脱戒、菩萨戒、密乘戒以及一个人心续中三律仪自性一与异等领域的最权威界说④，比如受戒者不犯律仪而遵守（སོབ་པ་མི་ཉམས་པར་བསྲུང་བ།）中喇钦所传东律的合法性为主的系列疑难问题进行释疑解惑⑤，特别当时俄钦贡噶桑布等人禁止食肉的行为⑥，依据《中观心要注解·正理火焰论》揭露为古印度外道的极端思想，源自耆那教主张的“无食者则无屠宰”推导出来的“不可食肉”之说等创见闪烁着智慧光芒⑦，至今仍有重要现实意义；《甚深空性真实义理彰显论贤劫启明之目》是宗喀巴创新理论《辨了不了义论》第一部系统解读与阐释的鸿篇巨制⑧。诸如此类，一世班禅文集的数量宏富而内涵精深，仅塔尔寺木刻版就有十六函之多。经六百多年的披沙炼金，克珠杰付之笔端的论著都成为权威。

（5）开显宗师究竟密意

① 《克珠格勒白桑文集》（藏文第9册），北京：中国藏学出版社2014年版，第408－411页；仁欠扎西等选编《藏族历代文学经典文库》（藏文第7卷），西宁：青海民族出版社2020年版，第21－23页。

② 《克珠格勒白桑文集》（藏文第2、3、4、5册），北京：中国藏学出版社2014年版，第78－960、1－799、624－884页。

③ 多吉杰博编《量理海论》（藏文），北京：民族出版社1990年版，第1－1122页；《量理七论除意暗庄严疏》（藏文），北京：民族出版社1989年版，第3－405页；《克珠格勒白桑文集》（藏文第10、11册），北京：中国藏学出版社2014年版，第1－407、545－884、1－746页。

④ 《克珠格勒白桑文集》（藏文第8册），北京：中国藏学出版社2014年版，第148－371页。

⑤ 《克珠格勒白桑文集》（藏文第8册），北京：中国藏学出版社2014年版，第193－235页。

⑥ 《艾旺文集》（藏文第7册），北京：中国藏学出版社2010年版，第321－349页。

⑦ 《克珠格勒白桑文集》（藏文第8册），北京：中国藏学出版社2014年版，第208－210页。

⑧ 《克珠格勒白桑文集》（藏文第1册），北京：中国藏学出版社2014年版，第263－682页。

不同时代有着不同的历史使命，宗喀巴视克珠杰为甚深中观正见尤其是金刚密乘的受命者①。一世班禅不辱使命，在中观领域著书立说的基础上，对于色拉寺的贡日坚赞桑布为例的格鲁派内外招来非议挑战时据理明辨是非，将其发展成为整个藏传佛教哲学的主导思想。在密宗方面隐居实修的基础上，充分发挥辩论交流的独特优势逐一开除执着臆断，通过深刻解读和阐释宗喀巴密意获得究竟显示。那么，克珠杰文集塔尔寺木刻版而言，第五至十六函间的共十二函都是续藏注疏②，占据整个文集的百分之七十五的篇幅，其中第六至十二函间的共七函均属时轮注疏，占据其续藏论著的百分之五十八的篇幅。由此可见，一世班禅在密乘四续尤其是无上瑜伽顶端的无二续藏领域不仅自成体系，而且独树一帜。因此，杰增喜饶僧格依止克珠杰门下系统听受金刚大威德和时轮大疏等续藏之后，1433 年按照克珠杰的指示建立了拉萨的麦举札仓即下密院。而且，杰增喜饶僧格之前在后藏伦布孜寺建立密宗讲授之风，尤其在桑格孜建立藏堆举巴札仓即塞举甘丹颇章，由此形成格鲁派的塞举密宗传承体系。那么，其中的伦布孜寺的首席堪布贡庆帕欧云丹嘉措和塞举甘丹颇章的首席堪布德那巴班丹桑布都是克珠杰的亲传弟子③。所以，一世班禅是宗喀巴钦定的中观

① 《一、二、三世班禅额尔德尼传》（藏文），拉萨：西藏藏文古籍出版社 2014 年版，第 10、12、58、60、111 页。

② 《克主杰文集》，塔尔寺木刻版第 15 函中有诗歌、驳文、问答等杂集部分有些论著内容不涉及密宗，但比重不大。

③ 列钦贡噶坚赞.《噶当派源流》（藏文），拉萨：西藏人民出版社 2003 年版，第 732、751－752、822 页；班钦索朗扎巴著《新旧噶当史籍》（藏文），拉萨：西藏藏文古籍出版社 2001 年版，第 73－75、99－100、138－139、152－153 页；喀尔那译师班觉嘉措著《格鲁派源流·如意宝树智者能喜》（藏文），拉萨：西藏藏文古籍出版社 2013 年版，第 56－58、225－226 页；第悉桑结嘉措著《格鲁派教法史》（藏文），北京：中国藏学出版社 1991 年版，第 257 页；昆顿班觉林珠著《大威德源流》（藏文），拉萨：西藏色昭佛教古籍编委会内部书刊 2016 年版，第 162－163、165－166、168 页；一世嘉木样协巴著《大威德金刚源流》（藏文），拉萨：西藏藏文古籍出版社 2012 年版，第 293、300、303、323－325、369 页；《普觉阿旺强巴文集》（藏文第 3 册），北京：民族出版社 2012 年版，第 231－233 页。

和密宗之受命者当之无愧,实至名归。

(6)注重人才培养

一世班禅极其注重学生的德育为前提,通过授课和辩论紧密相结合的教学方式,一方面夯实了学生的专业理论基础,另一方面提升了学生的思辨能力。尤其让学生们直接参与著书立说的环节有效得到学术训练和理论素养,以此培养的利益他人的高足遍布阿里、卫藏、多康各地,为当地的文化传承发展做出了卓越贡献。譬如代替宗喀巴荣登甘丹寺金席宝座的第四任夏鲁列巴坚赞、第五任雅德洛珠群迥、第六任帕索确吉坚赞,一世达赖喇嘛的上师杰增喜饶僧格,那塘寺第十五任堪钦索朗觉主,《贤哲遍智一切克珠杰小传》作者桑达成就者曲登饶觉,伦布孜寺的第四任堪布贡庆帕欧云丹嘉措,仲则解脱林寺创建者拉增仁钦嘉措洛珠,昌都强巴林寺第二任主持象雄曲旺扎巴,菩提道次第理论与实践完美结合的楷模坚俄洛珠坚赞,嘉绒地区蔡廓阿旺扎巴侄子曲吉扎巴、多康蚌博日岗的日熬德钦寺创建者桑杰白瓦等等,克珠杰培养出许多功德无量,青史流芳的学僧。

(7)独具建筑工艺匠心

在江孜法王的资助下,克珠杰参照蔡公堂寺建筑风格设计建造的江孜白居寺是藏传佛教寺塔交相辉映、相得益彰的集建筑、雕塑、绘画艺术于一体的杰出代表。他建立的白朗日熬当金寺及其护法殿中的雕塑和壁画各个威光凛凛,给人身临其境的真实感。他出任甘丹寺首席之后,宗喀巴真身灵塔安置的大殿屋顶之上设计建造了金顶,成为雄伟壮观的甘丹寺建筑群中最具灵性的地标建筑。还有他即兴创作的雕塑和绘画艺术珍品被哲蚌寺、色拉寺、甘丹寺等名寺古刹奉为镇寺之宝,比如他塑造的宗喀巴雕像供奉在甘丹寺阿曲殿，特别是蒙藏各地家喻户晓的宗喀巴五现图等等[①]。毋庸置疑，这样匠心独运、别开生面的建筑设计、工艺理念、雕塑寓意、艺术风格都离不开一世班禅与生俱来的创作灵感和高超的艺术造诣，但更重要的是其丰富的人生阅历和深厚的理论功底，由此造就了克珠杰这样千年难逢的旷世奇才。

综上所述，克珠杰不仅在声明学、因明学、般若、律仪、文学、历史等诸多领域竖立了一座又一座常人难以逾越的丰碑，而且一世班禅与阐化王、吉雪巴、江孜法王、绛巴等地方政权的首领亦有不同程度的交往，为弘扬藏族文化做出了贡献。

2. 二世班禅传所载主要贡献

(1)承继一世班禅真传

克珠杰师从宗喀巴一直到应邀出任甘丹寺金席宝座之主以前的这段时间里，按照宗喀巴旨意，他在年楚河流域及其汇入雅鲁藏布江的南北两地的江热寺、顶金寺、白居寺、仲孜寺、切林寺、那塘寺、帕索群德寺、香朵格培寺、伦布孜寺为主的地区笃志述学立论。其中，克珠杰把吐蕃第三十二代赞普松赞干布建立的十二镇边寺之一即卫藏翼茹女魔右足上的切林寺作为据点逐步向四周发展了那塘寺、帕索群德寺、香朵格培寺、伦布孜寺等格鲁派寺院群体。因为克珠杰在此立下《十大心许誓愿》潜心修行的基础上[②]，还于讲学授课之余创作了《宗喀巴殊胜功德略赞·起信大海》(རྒྱལ་བ་ཐམས་ཅད་ཀྱི་མཁྱེན་བརྩེ་གཅིག་ཏུ་བསྡུས་པའི་ངོ་བོ་རྗེ་བཙུན་བླ་མ་ཆོས་ཀྱི་རྒྱལ་པོ་ཙོང་ཁ་པ་ཆེན་པོའི་ཡོན་ཏན་རྨད་དུ་བྱུང་བ་ལ་མདོར་བསྡུས་པར་བསྟོད་པའི་རབ་ཏུ་དད་པ་དང་པའི་རོལ་མཚོ།)为主的精品力作[③]。特

① 《普觉阿旺强巴文集》(藏文第3册)，北京：民族出版社2012年版，第179、181、184－185、226页；《松巴益喜班觉文集》(藏文第3卷)，西宁：青海民族出版社2015年版，第62页。

② 《克珠格勒白桑文集》(藏文第10册)，北京：中国藏学出版社2014年版，第544页。

③ 《克珠格勒白桑文集》(藏文第9册)，北京：中国藏学出版社2014年版，第379页。

别值得注意的是，克珠杰在此维修帕索列周德钦寺（པ་སོ་ལྷུན་གྲུབ་བདེ་ཆེན།）之后[①]，委任自己的胞弟确吉坚赞为该寺座主，几乎一直到应邀出任第六代甘丹寺赤巴为止在此修持证得不共殊胜的乐空不二妙理[②]，史称"帕索确吉坚赞"。那么，二世班禅在自己的出生地温萨毗邻的这些寺院自幼依止克珠杰培养的徒众座前求学，以此看到其天赋异禀、辩才出众，尤其出生于克珠杰圆寂的次年初，故视为克珠杰的转世灵童。这里起决定性作用的自然是克珠杰胞弟帕索确吉坚赞，故将其带到帕索群德寺培养成才。但是，现有汉文撰写的二世班禅生平事迹中，几乎异口同声地记载温萨巴索朗群列自幼被送到甘丹寺时任其金席宝座的克珠杰弟弟确吉坚赞足下出家为僧并学经[③]。显然此说难以成立，因为一世班禅的高足雅德洛珠群迥出任第五代甘丹寺赤巴一职已有十二载意欲卸任，于是1462年遣使赴日喀则邀请扎什伦布寺建立者一切智根顿珠巴接替却因故推辞，进而重新遴选并改请克珠杰胞弟帕索确吉坚赞，途径扎什伦布寺时一切智根顿珠巴向帕索确吉坚赞磕头行礼却没让他回礼，以示荣登宗喀巴宝座的崇高敬意。随后动身启程，1463年抵达甘丹寺出任第六代赤巴，直到1473年委任达波洛珠丹巴为甘丹寺第六代赤巴后不久圆寂[④]。由此可见，首先帕索确吉坚赞出任甘丹寺赤巴之前在日喀则一带，第二帕索确吉坚赞担任第六代甘丹寺赤巴的十年间二世班禅的年龄在24－34岁，这样的年龄段一

① 《一、二、三世班禅额尔德尼传》（藏文），拉萨：西藏藏文古籍出版社2014年版，第142页；一世嘉木样协巴著《大威德金刚源流》（藏文上册），拉萨：西藏藏文古籍出版社2012年版，第292、298、311页。

② 班钦索朗扎巴著《新旧噶当史籍》（藏文），拉萨：西藏藏文古籍出版社2001年版，第80－81页。

③ 牙含章著《班禅额尔德尼传》，拉萨：西藏人民出版社1987年版，第9页；苏发祥著《历辈班禅额尔德尼》，西宁：青海人民出版社2009年版，第9页。

④ 《第一世至四世达赖喇嘛传》（藏文），北京：中国藏学出版社2012年版，第47页；列钦贡噶坚赞著《噶当派源流》（藏文），拉萨：西藏人民出版社2003年版，第736页。

定会不用“自幼”一词。这一说似乎源自二世嘉木样协巴晋美旺布所著《六世班禅班丹益西传记·日光》①,却难以令人信服。因此,二世班禅自幼师从帕索确吉坚赞之处,决非甘丹寺,而是克珠杰维修的帕索群德寺。那么,十五世纪末完成的《噶当派源流》中列钦贡噶坚赞讲到“帕索确吉坚赞的教证功德几乎都源自克珠杰”②,尤其高足班钦索朗扎巴讲到“帕索确吉坚赞在桑普寺饶麦札仓讲师一职辞去后赴联帕索寺践行教授,内心生起不共大乐方便与空性本智一昧双运的甚深定力,并给清净门徒证实”③。还有三世班禅也明确讲到“克珠杰殊胜教授持有者帕索确吉坚赞”④。所以,这里二世班禅依止帕索确吉坚赞为根本导师,得以承继一世班禅传给其胞弟的殊胜教授。正如永增益喜坚赞所云“克珠杰一生培养的传承其思想的后继之人,西起赞蓝达饶,东至大海之滨,遍于各处,谁能逐一统计呢?即以此方雪域高原本土而言,家喻户晓的传承大德也为数甚多。这当中获得克珠杰殊胜耳传诀窍圆满受持的首要高足之冠,则是他的兄弟帕索确吉坚赞。”⑤

(2)创建历辈班禅祖庭

克珠杰胞弟帕索确吉坚赞应邀出任第六代甘丹寺赤巴后,二世班禅赴桑普寺和甘丹寺等古刹名寺游学深造,通过辩论对诤的方式破题立论,成为辩才无碍的量理学家。这样学成而归后,在自

---

① 《第六世班禅洛桑班丹益喜文集》(藏文第1函),北京:中国藏学出版社2019年版,第26－27页。

② 列钦贡噶坚赞著《噶当派源流》(藏文),拉萨:西藏人民出版社2003年版,第736页。

③ 班钦索朗扎巴著《新旧噶当史籍》(藏文),拉萨:西藏藏文古籍出版社2001年版,第80－81页。

④ 《第三世班禅温萨洛桑端智文集》(藏文第2函),北京:中国藏学出版社2019年版,第515页。

⑤ 永增益喜坚赞著《菩提道次第师承记·佛法庄严无上宝鬘论》(藏文),拉萨:西藏人民出版社1990年版,第436页;《一、二、三世班禅额尔德尼传》(藏文),拉萨:西藏藏文古籍出版社2014年版,第49页。

己的故里建立了温萨群阔卫顶寺。通过讲学培养了不少人才，其中始终追随自己的十六人视为可造之材派到格培寺和扎什伦布寺继续深造。以此后来代替二世班禅荣登温萨寺的第二任主持拉布拉雄觉巧白藏（ལྷ་བུ་ལྷ་གཞོངས་པ་སྐྱབས་མཆོག་དཔལ་བཟང་།）就是从格培寺和扎什伦布寺学成而归，把三世班禅罗桑顿珠从小接到温萨寺培养成才，进而委任成为温萨寺第三任主持，尤其在原有基础上 1550 年扩建了温萨寺①。最后，三世班禅委任自己的高足克珠桑杰益西（མཁས་གྲུབ་སངས་རྒྱས་ཡེ་ཤེས།）为温萨寺第四任主持，由他正式寻访三世班禅转世灵童迎请到温萨寺举行坐床仪式，把四世班禅委任为温萨寺第五任主持。这样，克珠桑杰益西圆寂后其转世灵童吞巴益西嘉措十三岁时不辛夭折，四世班禅再次寻访其转世灵童洛桑丹增嘉措并委任为温萨寺第六任主持，第七代由四世班禅罗桑确吉坚赞再次担任，第八代由五世班禅罗桑益西担任②。由此可见，二世班禅建立的温萨寺成为历辈班禅尔德尼的祖庭是多方面的因素所决定的③，然而起关键性作用的无疑是二世班禅筚路蓝缕以启山林之功，故其重要的历史地位显而易见。

（3）制定游学教育模式

二世班禅晚年正值仁蚌巴极力遏制格鲁派时期，而且居于藏、绒、香三地（གཙང་རོང་ཤངས་གསུམ།）中心地段的温萨寺又属于仁蚌巴直接管辖区，致使二世班禅在此进一步扩建闻思学院的设想未能如

① 群培著《雪域圣迹志——日喀则》（藏文），北京：民族出版社 2008 年版，第 164 - 165 页。

② 喀尔那译师班觉嘉措著《格鲁派源流·如意宝树智者能喜》（藏文），拉萨：西藏藏文古籍出版社 2013 年版，第 205 - 214 页；第悉桑结嘉措著《格鲁派教法史》（藏文），北京：中国藏学出版社 1991 年版，第 231 页；《松巴益喜班觉文集》（藏文第 3 卷），西宁：青海民族出版社 2015 年版，第 52 - 58 页。

③ 《第四世班禅洛桑确吉坚赞文集》（藏文第 1 函），北京：中国藏学出版社 2009 年版，第 35 页；2019 年版，第 39 页；《五世达赖喇嘛阿旺洛桑嘉措文集》（藏文第 11 册），北京：中国藏学出版社 2009 年版，第 235 页。

愿,故确定了温萨寺学僧必须到格培寺和扎什伦布寺深造的学制。那么,二世班禅为什么指定这两座寺院呢?其一,温萨寺主要是隐居修证密宗的最佳道场,但前提是次第闻思五部大论后方可进入金刚四续修习环节。这既是宗喀巴倡导的闻有所思、闻有所修、思有所闻、思有所修、修有所闻、修有所思融会贯通的求学思路,更是克珠杰以此推广闻思学制的创新路径。当时温萨寺周围的这两座寺院建立了以格鲁派思想为主旨的闻思学制,如格培寺就有次成岗巴(ཚུལ་ཁྲིམས་སྒང་པ།)和德央巴(བདེ་ཡངས་པ།)以及诺丁巴(ནོར་སྡིང་པ།)三座札仓。其二,从地缘上看,这两座寺院与温萨寺毗邻,坐落于今西藏自治区日喀则市境内的雅鲁藏布江南北沿岸的桑珠孜区和南木林县。其三,克珠杰与这两座寺院有着殊胜的学缘关系。我们仅就格培寺而言,克珠杰于 1420 年赴该寺依止喜饶白桑门下受得时轮金刚灌顶,并应次成白桑和木雅格西次桑等人的再三启请下创作了《具德上师富有无法夺取智慧和慈悲的喜饶白桑赞颂并祈愿文 · 加持满愿》(དཔལ་ལྡན་བླ་མ་དམ་པའི་མི་འཕྲོགས་པའི་མཁྱེན་རབ་དང་ཐུགས་རྗེ་མངའ་བ་ཀུན་མཁྱེན་ཤེས་རབ་དཔལ་བཟང་པོའི་ཞལ་སྔ་ནས་ལ་བསྟོད་ཅིང་གསོལ་བ་གདབ་པ་བྱིན་རླབས་ཀྱི་འདོད་འཇོ་ཞེས་བྱ་བ་བཞུགས་སོ།)①。同时克珠杰的《具德密集三十二尊坛城之轮略赞》(དཔལ་གསང་བ་འདུས་པ་ལྷ་སུམ་ཅུ་སོ་གཉིས་ཀྱི་དཀྱིལ་འཁོར་གྱི་འཁོར་ལོ་ལ་མདོར་བསྡུས་པའི་བསྟོད་པའི་རབ་ཏུ་བྱེད་པ།)和《致仁蚌巴诺桑之书》(ཟླ་བ་བཅུ་གཉིས་པའི་ཚེས་གཉིས་ལ་རི་བོ་དགེ་འཕེལ་ནས་ཕུལ་བ་དགེ་ལེགས་སུ་གྱུར་ཅིག)等名篇亦撰于格培寺②。与此同时,二世班禅游学桑普寺和甘丹寺轮回辩论,切实体验到了这种学制对于经典理论的闻思修三业有着绝妙的促进作用。所以,他在温萨寺与格培寺、扎什伦布寺为主的闻思学院之

① 《克珠格勒白桑文集》(藏文第 1、9 册),北京:中国藏学出版社 2014 年版,第 168 – 169、391 – 394 页。

② 《克珠格勒白桑文集》(藏文第 9 册),北京:中国藏学出版社 2014 年版,第 402 – 404、632 – 633 页。

间搭建这样轮回游学模式，不仅推动了温萨寺自身的蓬勃发展，而且周边有着学缘关系的寺院携手并进，以期联动激活日喀则一带格鲁派闻思学院高质量发展的关键动力源起到了至关重要的作用。

（4）建立与扎什伦布的联系

基于多重因缘使二世班禅规定温萨寺赴格培寺和扎什伦布寺轮回游学。那么，扎什伦布寺始建于1447年，当时克珠杰圆寂已有九年的时间了。故以扎什伦布寺创建者根顿珠巴与克珠杰之间结下的学缘关系为契机，温萨寺与扎什伦布寺之间形成良性的互动模式就历史性地落在二世班禅的肩上，让他起到承前启后的作用。我们从现有史料来看，二世班禅师从帕索确吉坚赞的同时还有一位重要上师就是德瓦增巴洛珠贝巴（འདུལ་བ་འཛིན་པ་བློ་གྲོས་སྦས་པ།）[①]，这位曾到二世班禅求学之地帕索群德寺讲授中观正见引导文期间撰写了《离一异因广论（གཅིག་ཏུ་བྲལ་གྱི་རྣམ་བཤད་རྒྱས་པ།）》，以此作为一切智根顿珠巴讲学的备忘录。这里他们二人建立师生关系的基础上，进而结识一世达赖喇嘛的可能性较大。随后，帕索确吉坚赞出任甘丹寺赤巴的途中经扎什伦布寺受一世达赖喇嘛的行礼时二世班禅是否与之随行暂无史料支撑。由此看来，二世班禅与扎什伦布寺结下学缘关系的关键人物是德瓦增巴洛珠贝巴，而且此人对扎什伦布寺建设居功甚伟。因此，当时人对他的评价是“这位德瓦增巴是一切智根顿珠巴所建扎什伦布寺初创期的奠基者、中期发扬光大者、最后圆满一切智根顿珠巴的后事及委任继承者，与一切智根顿珠巴功德无异。故一切智根顿珠巴的门徒、施主们也把他们师徒二人奉为无二别至尊”（དེ་ལྟར་ན་རྒྱལ་སྲས་འདུལ་འཛིན་ཆེན་པོ་འདི་ནི་

① 第悉桑结嘉措著《格鲁派教法史》（藏文），北京：中国藏学出版社1991年版，第231页。

ཐམས་ཅད་མཁྱེན་པ་དགེ་འདུན་གྲུབ་ཀྱི་གྲྭ་ཚང་གི་དང་པོའི་རྩ་བ་འཛིན་པ། བར་དུ་མི་ཉམས་པར་སྐྱོང་བ། མཐར་ཕྱིན་ལས་སྲོལ་ཞིང་དགོངས་རྫོགས་དང་གདན་སའི་བསྐོ་བཞག་གི་བར་མཛད་དེ་ཆོས་རྗེ་ཉིད་དང་བཀའ་དྲིན་ཁྱད་པར་མེད་ཅིང་། བུ་སློབ་སྦྱིན་བདག་རྣམས་ཀྱིས་ཀྱང་ཡབ་སྲས་དབྱེར་མེད་དུ་འཁུར་བར་མཛད་པ་ཡིན་ནོ།)①。基于这样的因缘，二世班禅立下了温萨寺学僧赴扎什伦布寺求学深造的规定，循此学制不断延续的一轮又一轮游学互动，不仅揭开了历辈班禅与扎什伦布寺建立关系的序幕，而且即将迎来扎什伦布寺发展过程中新的历史纪元。

(5)开创温萨耳传学修文风

据四世班禅所述，“温萨索南确朗通过讲、辩、著三业使究竟真谛显现于自己心智的举世无双之贤。因此，这时依托宗喀巴及其高足们的一切论典均现为教授之功德，并视为后辈具有殊胜意义而著有依据显密各大理论的论著和授予其他所化徒众的教授以及实践体验的道歌，合编后约有两函的《文集》。这些论著不仅从经典理论和逻辑理路各方面都能破解疑难问题。而且，居心叵测的敌论者如何观察分析，无法寻求破绽之处。同时语言精练而丰富，措辞精准而圆满，尤其内容除了佛示密意之外，决不引申出其他似是而非之义。这样的《文集》我们亲自整理完成，故可呈现于世人眼前。”②显然，这是四世班禅对二世班禅的教学实践、辩论交流、著书立说的总体评价，尤其用更多的笔墨着重阐述二世班禅著书立说的理论来源、分类、意义、特点以及篇幅和留存状况。更令人庆幸的是，四世班禅节选了雅俗共赏的一篇优美诗词，通过问答的方式与飞禽对诤交流，创作了如何求真明理的励志情景，有些学者冠以《与鸟赋诗》(འདབ་ཆགས་བྱ་དང་གླེང་མོལ་མཛད་ཚུལ་གྱི་སྙན་ངག)为篇

① 列钦贡噶坚赞著《噶当派源流》(藏文)，拉萨：西藏人民出版社 2003 年版，第 766、805 页。

② 《第四世班禅洛桑确吉坚赞文集》(藏文第 1 函)，北京：中国藏学出版社 2009 年版，第 354 页；2019 年版，第 386－387 页。

名①。这与藏文古典文学史上佚名的大作《飞鸟喻示人文思想·理路藏论》(ཀ་ལན་ཏ་ཀ་འདབ་ཆགས་མི་ཆོས་སུ་བཤད་པ་རིག་པའི་གཏེར་མཛོད་ཅེས་བྱ་བ་བཞུགས་སོ།)在托物言志、借物抒情方面具有重要的比较研究价值②。二世班禅晚年独自在修习课间以达散心解闷,经常即兴创作的行云流水、挥洒自如的诗词名作层出不穷③。基于这样独特的文学创作风格,东噶教授认为二世班禅索南确朗开创了藏传佛教格鲁派昌盛的温萨巴耳传文风(དགེ་ལུགས་པའི་བསྟན་པ་རྒྱས་པར་གསུངས་པའི་དབེན་ས་སྙན་བརྒྱུད་ཀྱི་རྩོམ་སྲོལ་བཏོད།)④。但令人遗憾的是,当代藏族古典文学研究界关于这方面几乎处于空白。那么,我们只有通过搜集整理该系列文学作品进行鉴赏、评析,以此可以为和世存典、盛世修典提供可再生性的文献资源,也可以填补该领域的学术缺憾。

综上所述,二世班禅索南确朗的生平事迹中表现出克珠杰善巧利益他人的悲心、自净其意的定力、破惑解疑的辩才、建寺授课的宏愿、文学创作的天赋等鲜明特征,故被克珠杰的徒众视为转世灵童培养成才,以此有缘承袭了克珠杰的真传。通过建立温萨寺培养人才,逐一派到格培寺和扎什伦布寺为首的闻思院游学深造,由此涌现出大量后继之人,把温萨寺发展成为历辈班禅额尔德尼转世系统的活水源头。与此同时,二世班禅隐居山林调伏自心撰写了富有哲理的论著和诗情画意的道歌以及应用实践的教授诀窍,其中独具特色的温萨耳传文风不仅成为淡泊名利、与世无争、

---

① 喀尔那译师班觉嘉措著《格鲁派源流·如意宝树智者能喜》(藏文),拉萨:西藏藏文古籍出版社2013年版,第205页;一世嘉木样协巴著《大威德金刚源流》(藏文下册),拉萨:西藏藏文古籍出版社2012年版,第509页;《松巴益喜班觉文集》(藏文第3卷),西宁:青海民族出版社2015年版,第52页。

② 旦正才让整理、道周校订《飞鸟喻示人文思想·理路藏论》(藏文),兰州:甘肃民族出版社1993年版,第1－168页。

③ 《第四世班禅洛桑确吉坚赞文集》(藏文第1函),北京:中国藏学出版社2009年版,第355－358页;2019年版,第387－391页。

④ 《东噶藏学大辞典》(藏文)北京:中国藏学出版社2002年版,第2122页。

超凡脱俗的隐士高人创作修行感悟的叙述方式,而且流传到蒙藏各地成为广大农牧民喜闻乐见的文学作品。

3. 三世班禅传所载主要贡献

藏传佛教思想源远流长、流派纷呈、名人辈出,却被冠以“嘉瓦”(རྒྱལ་བ།)之名的先哲屈指可数。但是,三世班禅罗桑顿珠就是这样被尊称为“嘉瓦温萨巴”(རྒྱལ་བ་དབེན་ས་པ།)的历史名人。那么,他在藏族文化发展过程中作出了哪些杰出贡献呢?我们主要结合其生平传记,借鉴相关历史文献简要归纳总结如下。

(1)开创温萨耳传教授

宗喀巴思想在青藏高原及其周边地区极短的时间内迅速遍地开花,关键在于由衷而彻底生起出离心的基础上,广发菩提心,证悟无我而圆满获得本智正见的道之三要,尤其龙树所传密集续释和应成中观上的创见。这些都集中体现在宗喀巴所著无上续释(བདེ་གསང་འཇིགས་གསུམ་གྱི་རྒྱུད་འགྲེལ།)、五大见地善说(ལྟ་བའི་ལེགས་བཤད་ཆེན་མོ་ལྔ།)、显密二宗道次第(མདོ་སྔགས་གཉིས་ཀྱི་ལམ་རིམ།)理论体系①。那么,如此博大精深的思想体系如何成为一个人在一生之内从最初的入门开始一直到最终圆满觉悟的修习次第之道呢?宗喀巴觉得必须因材施教,否则容易误入歧途甚至走火入魔。因此,他针对具备即身成佛的利根者开示了殊胜耳传教授,严格规定受命者必须是口耳亲授的单传,史称“甘丹殊胜教授甚深妙道”(དགེ་ལྡན་བཀའ་བརྒྱུད་རིན་པོ་ཆེའི་ཟབ་ལམ།)。该教授系统的传承是文殊师利传给宗喀巴和朵旦巴绛白嘉措,后者传给克珠杰胞弟帕索确吉坚赞,彼传给大成就者确吉多杰,彼传给三世班禅,彼传给克珠桑杰益喜,彼传给

① 《宗喀巴文集》(藏文第2、3、4、5、6、7、8、10、13、14、15、16册),北京:中国藏学出版社2012年版,第198-203、275-280、1-770、1-822、1-672、1-627、1-611、308-707、1-141、1-822、1-668、1-663、1-460页。

四世班禅[①]。还有一种近传是宗喀巴传给克珠杰，彼传给帕索确吉坚赞，其传给大成就者确吉多杰，彼传给三世班禅，其后同上[②]。无论那一种传承系统，三世班禅是其中最为关键的受命者。他于1521年在今白朗县境内的觉姆拉日神山上师从大成就者确吉多杰获得《幻化秘籍》(སྤྲུལ་པའི་གླེགས་བམ་ཆེན་མོ།)为主的宗喀巴耳传殊胜教授之后[③]，从十七岁至四十二岁之间隐居山林极为猛烈地实践诀窍，最终修证自心、上师、本尊集于一体的究竟妙理，得以总摄显密二宗所有道次第关要于瑜伽上师，以此开创了温萨耳传教授系统。具体而言，该耳传教授总摄一切显密经典理论及其注疏心要为一个人的实践体验的次第而圆满具足由初学入门至成佛之间的所有基、道、果之关键扼要——菩提道次第的导引、诀窍及其面授获知等系列，以及胜乐、密集、大威德等无上瑜伽的灌顶以及生圆二次第之殊胜诀窍系统。这种百川归海式的宗喀巴耳传教授付诸实践的仪轨，经三世班禅和克珠桑杰益喜传到四世班禅时应有缘所化之机的需要将其付之笔端形成了《上师无上供养行法》(བླ་མ་མཆོད་པའི་ཆོ་ག)书系[④]，并与塞举传承系统(སྨད་རྒྱུད།)的《兜率上师瑜伽法》(དགའ་ལྡན་ལྷ་བརྒྱ་མ།)文本一并成为格鲁派两大瑜伽上师耳传体系[⑤]，从而圆满解答了格鲁派是否有自成体系的显密二宗圆融实修仪轨的诘问。

① 《第四世班禅洛桑确吉坚赞文集》(藏文第1、4函)，北京：中国藏学出版社2009年版，第414－427、58－59页；2019年版，第453－466、63－65页；《松巴益喜班觉文集》(藏文第3卷)，西宁：青海民族出版社2015年版，第57－58页。

② 一世嘉木样协巴著《大威德金刚源流》(藏文下册)，拉萨：西藏藏文古籍出版社2012年版，第508－563页；《第四世班禅洛桑确吉坚赞文集》(藏文第1函)，北京：中国藏学出版社2009年版，第605－607页；2019年版，第665－667页。

③ 《第四世班禅洛桑确吉坚赞文集》(藏文第1函)，北京：中国藏学出版社2009年版，第414－427页；2019年版，第452－467页。

④ 《第四世班禅洛桑确吉坚赞文集》(藏文第1、4函)，北京：中国藏学出版社2009年版，第358－388、414－427、553－566、53－104页；2019年版，第391－424、452－467、607－621、58－113页。

⑤ 宗喀巴等著《颂辞汇编》(藏文)，西宁：青海民族出版社2008年版，第17－19页；《藏传佛教念诵大全》(藏汉对照)，拉萨：西藏藏文古籍出版社2012年版，第16－17页。

（2）延续达赖喇嘛师生传承

一切智根顿珠巴在乃宁寺依止克珠杰建立师生关系的基础上，二世班禅师从德瓦增巴洛珠贝巴受得一世达赖喇嘛的学统。为了赓续这一优良的师承关系，三世班禅于1515年冬季初到扎什伦布寺闻思学院求学时就拜迎请二世达赖喇嘛到扎什伦布寺更庆班觉桑布（ཀུན་མཁྱེན་དཔལ་འབྱོར་དཔལ་བཟང་།）的心传高足洛桑喜聂（ཀུན་མཁྱེན་དཔལ་འབྱོར་དཔལ་བཟང་།）座前始习经典理论。基于这样的学缘关系，1537年在哲蚌寺拜二世达赖喇嘛作为授戒堪布受得比丘戒，进而又在色拉寺拜二世达赖喇嘛座前听受其文集为主的口授传承。在此值得注意的是，扎什伦布寺第十四任首席堪布班钦旦确雅培（པཎ་ཆེན་དམ་ཆོས་ཡར་འཕེལ།）曾在该寺第九任首席堪布班钦洛珠列桑（པཎ་ཆེན་བློ་གྲོས་ལེགས་བཟང་།）座前受得克什米尔班钦所传西律的比丘戒，但是班钦旦确雅培的根本上师嘉瓦罗桑顿珠拜二世达赖喇嘛受得喇钦所传东律的比丘戒，故重新依止三世达赖喇嘛受得东律的比丘戒，从此扎什伦布寺比丘戒传授史上形成了克什米尔班钦所传西律和多麦喇钦所传东律汇流的“东西律承合一”（སྨད་པཎ་སྡོམ་རྒྱུན་ཚ་བོ་གཅིག་འདྲེས།）的比丘戒传授系统。这一过程中三世班禅作为班钦旦确雅培的根本上师起到了关键性作用，因而四世班禅以此受得比丘戒[①]。同时，在三世班禅的文集中《心要诀窍释疑及转世活佛索朗嘉措授记等次第开显悉地生源》（སྙིང་པོའི་མན་ངག་གི་དོགས་གཅོད་དང་སྤྲུལ་སྐུ་བསོད་ནམས་རྒྱ་མཚོའི་ལུང་བསྟན་སོགས་རིམ་པར་ཕྱེ་བ་དངོས་གྲུབ་ཀུན་འབྱུང་།）所载“事业广大，寿元难尽”[②]与《明史》中的“时乌斯藏僧有称活佛者，诸部多奉其教……时有僧锁南坚错者，能知以往未来事，称活佛，

---

① 《第四世班禅洛桑确吉坚赞文集》（藏文第1、2函），北京：中国藏学出版社2009年版，第23、625－626页；2019年版，第26、688－689页。

② 《第三世班禅温萨洛桑端智文集》（藏文第2函），北京：中国藏学出版社2019年版，第650－651页。

顺义王俺答亦崇信之……此僧有异术能服人，诸番莫不从其教，即大宝法王及阐化诸王，亦皆俯首称弟子”[①]等记述遥相呼应。于是，三世班禅圆寂后，克珠桑杰益喜按照其遗志将其肉身作为核心组织曼唐派画师洛桑嘉措修建了三世班禅塑像，为此 1569 年邀请三世达赖喇嘛莅临温萨寺举行了开光仪式。当时三世达赖喇嘛的额头长久贴紧三世班禅肉身作为核心的塑像，将其视为大威德真身，产生无量虔诚之信[②]。基于这样的因缘，三世班禅委任的温萨寺第四代主持克珠桑杰益喜于 1577 年 3 月专程到拉萨为三世达赖喇嘛与俺答汗会晤饯行[③]。这一事件不仅承袭了萨班贡噶坚赞与阔端在凉州会盟、八思巴与忽必烈在乌斯藏设置十三万户的优良传统[④]，而且开启了满蒙藏汉各民族交往交流交融的崭新时代。

（3）形成班禅转世定制

嘉瓦温萨巴罗桑顿珠自幼被代替二世班禅荣登温萨寺第二任座主的拉布拉雄觉巧白藏培养，年近十一岁时在温萨群阔卫顶寺出家为僧，然后随授沙弥戒堪布扎巴顿珠和格培寺次成岗巴札仓卸任堪布次仁到哲蚌寺在二世班禅的根本上师帕索确吉坚赞的高足吞巴群杰拉日巴云丹嘉措（ཐོན་པ་ཆོས་རྗེ་ལྷ་རི་བ་མཁས་བཙུན་ཡོན་ཏན་རྒྱ་མཚོ།）座前正式引入金刚密乘之门，1521 年他染天花时帕索确吉坚赞的高足大成就者确吉多杰专程来找他治病且收为门徒传授甘丹殊胜

---

① 《二十四史》（简体字版第 63 册），北京：中华书局 2012 年版，第 5727 – 5729、5747 – 5748 页。

② 《五世达赖喇嘛阿旺洛桑嘉措文集》（藏文第 11 函），北京：中国藏学出版社 2009 年版，第 114 页；《第四世班禅洛桑确吉坚赞文集》（藏文第 1 函），北京：中国藏学出版社 2009 年版，第 400 – 402 页；2019 年版，第 437 – 439 页。

③ 《第四世班禅洛桑确吉坚赞文集》（藏文第 1 函），北京：中国藏学出版社 2009 年版，第 403 – 404 页；2019 年版，第 440 – 441 页；一世嘉木样协巴著《大威德金刚源流》（藏文下册），拉萨：西藏藏文古籍出版社 2012 年版，第 471、514 页。

④ 《松巴益喜班觉文集》（藏文第 3 卷），西宁：青海民族出版社 2015 年版，第 14 – 15 页。

教授甚深妙道[①]。我们梳理以上史实获知其中一次次改变三世班禅人生轨迹的这些关键人物都与二世班禅有着千丝万缕的联系，这就足以说明至少这些人视温萨巴罗桑顿珠为二世班禅索南确朗的转世灵童，因而将其视如己出地进行重点培养，引导他出色地完成了作为宗喀巴殊胜耳传教授受命者的历史使命。尤其三世班禅所著《般若道次第三士所缘编成祈愿文》中把宗喀巴、克珠杰、帕索群杰、索南确朗、觉巧白藏等五人列为根本师承[②]，其中直言不讳地点明了班禅一、二世之名，可见他们之间的殊胜关系。与此同时，据《四世班禅自传》记载，温萨巴罗桑顿珠于1566年1月23日以示圆寂之际，不仅亲口给高足克珠桑杰益喜开示了将要转世的确切地名“སྦེལ་བ།”，而且高足梦中所示相一致，还请朗目巴确吉坚赞(རྗེ་སྣང་མིག་པ་ཆོས་ཀྱི་རྒྱལ་མཚན།)观察后证实此地出生的转世灵童无疑，并经温萨寺僧众反复求证后，一致确认为温萨巴罗桑顿珠转世灵童，故于1583年2月3日在温萨寺正式举行庄严的坐床仪式，并于1586年11月3日赴扎什伦布寺求学时也被遵奉作为温萨巴罗桑顿珠的转世灵童享受无以复加的系列待遇[③]。这期间克珠桑杰益喜给扎什伦布寺的善知识班觉坚赞明确交代了“这位是克珠杰的转世灵童，必将成就与其并肩齐驱的事业”[④]。那么，从现有史料来看，嘉瓦温萨巴罗桑顿珠的转世灵童是通过严格仪式寻访认证的[⑤]，因而

① 《第四世班禅洛桑确吉坚赞文集》(藏文第1、4函)，北京：中国藏学出版社2009年版，第358－388、414－427、53－104页；2019年版，第391－424、452－467、58－113页。

② 《第三世班禅温萨洛桑端智文集》(藏文第1函)，北京：中国藏学出版社2019年版，第14页。

③ 《第四世班禅洛桑确吉坚赞文集》(藏文第1函)，北京：中国藏学出版社2009年版，第3－18页；2019年版，第5－20页。

④ 喀尔那译师班觉嘉措著《格鲁派源流·如意宝树智者能喜》(藏文)，拉萨：西藏藏文古籍出版社2013年版，第210页；第悉桑结嘉措著《格鲁派教法史》(藏文)，北京：中国藏学出版社1991年版，第131页。

⑤ 《五世达赖喇嘛阿旺洛桑嘉措文集》(藏文第11函)，北京：中国藏学出版社2009年版，第235－236页。

至少此时已经形成班禅系统寻访、认证、坐床的活佛转世定制，决非停留在后世追认的层面。因此，温萨巴罗桑顿珠的转世灵童罗桑确吉坚赞列为一世班禅之说后来学界没有采纳，而沿用传统公认的观点：克珠杰为一世班禅，温萨巴索南确朗为二世班禅，嘉瓦罗桑顿珠为三世班禅，一切智罗桑确吉坚赞为四世班禅①，以此类推。这样的转世活佛系统在嘉瓦罗桑顿珠生平事迹中充分得到证明。所以，在四世班禅所著《嘉瓦罗桑顿珠本生传祈愿文》（རྗེ་བཙུན་དམ་པ་གྲུབ་པའི་དབང་ཕྱུག་བློ་བཟང་དོན་གྲུབ་ཀྱི་སྐྱེས་པའི་རབས་དང་མཐུན་པར་གསོལ་བ་འདེབས་པའི་ཚིགས་སུ་བཅད་པ་ཐུབ་དབང་ཞལ་པད་མ།）为首的论著中逐一列举赞颂。正如其跋中所言"应若干善知识三藏论师之请罗桑确吉坚赞所闻经得起逻辑考量之说无碍记述于温萨寺正法之宫（དགེ་བའི་བཤེས་གཉེན་སྡེ་སྣོད་འཛིན་པ་དུ་མས་བསྐུལ་བའི་ངོར་ཚད་མར་གྱུར་པ་ལས་ཐོས་པ་བཞིན་དུ་རྒྱལ་ཁམས་པ་བློ་བཟང་ཆོས་ཀྱི་རྒྱལ་མཚན་གྱིས་དབེན་ས་ཆོས་ཀྱི་ཕོ་བྲང་གི་གཙུག་ལག་ཁང་དུ་ཐོགས་མེད་དུ་སྨྲས་པའོ། །）"②，可谓颠扑不破、毋庸置疑。

（4）扩建温萨主属寺院

温萨巴索南确朗建立温萨群阔卫顶寺的基础上，1550 年嘉瓦罗桑顿珠在卫日则顶上进一步扩建温萨寺③，以母子寺方式形成了温萨寺主属寺关系。而且，从多康、阿里、卫藏等地慕名而至的求学者络绎不绝，呈现出后来者居上之势，得到了空前发展。特别后经历辈班禅额尔德尼和克珠桑杰益喜转世系统轮值主持并不断加以建设，使其成为宗喀巴耳传甘丹殊胜教授甚深妙道闻思修行融

---

① 喀尔那译师班觉嘉措著《格鲁派源流·如意宝树智者能喜》（藏文），拉萨：西藏藏文古籍出版社 2013 年版，第 205 – 213 页；第悉桑结嘉措著《格鲁派教法史》（藏文），北京：中国藏学出版社 1991 年版，第 131、231 页。

② 《第四世班禅洛桑确吉坚赞文集》（藏文第 1 函），北京：中国藏学出版社 2009 年版，第 337 – 339、605 – 607 页；2019 年版，第 368 – 370、665 – 667 页。

③ 群培著《雪域圣迹志——日喀则》（藏文），北京：民族出版社 2008 年版，第 164 – 165 页。

会贯通的母寺。就在此时拉萨面临格鲁派耳传教授传承系统几乎接近失传的危机，于是二世章嘉阿旺洛桑曲丹（ལྕང་སྐྱ་ངག་དབང་བློ་བཟང་ཆོས་ལྡན།）和一世嘉木样协巴阿旺宗主（ཀུན་མཁྱེན་འཇམ་དབྱངས་བཞད་པ་ངག་དབང་བརྩོན་འགྲུས།）共议寻求其学统脉络，1681 年他俩分两路踏上探寻之旅。其中二世章嘉阿旺洛桑曲丹先到温萨寺依止四世班禅高足金刚持贡觉坚赞（རྡོ་རྗེ་འཛིན་པ་དཀོན་མཆོག་རྒྱལ་མཚན།）门下闻得温萨殊胜耳传教授系统，一世嘉木样协巴阿旺宗主赴塞举甘丹颇章师从举钦贡觉雅培（རྒྱུད་ཆེན་དཀོན་མཆོག་ཡར་འཕེལ།）闻得格鲁派殊胜耳传教授系统①。尤其二世章嘉阿旺洛桑曲丹于 1682 年再拜举钦贡觉雅培座前听受密集和大威德灌顶以及引导文，他返程拉萨后将其传到前藏（卫地）②。1687 年随第四十四任甘丹寺赤巴洛珠嘉措赴京面圣，1693 年应康熙皇帝邀请再次进京，1706 年封灌顶普善广慈大国师，命其掌管西藏以东格鲁派。虽然二世章嘉阿旺洛桑曲丹只是温萨殊胜耳传教授传承者当中的冰山一角，但通过他的上述事迹得知温萨寺对宗喀巴殊胜耳传教授抢救和传承的非凡意义。而且，仅此一人将其传到清廷为首的满蒙汉各地造就了一批又一批温萨殊胜耳传教授实践体验的成就者，呈现出其无比强大的创造力和生命力，并客观上促进了我国各民族交往交流交融历史进程，进而推动民族团结进步事业。

（5）扎什伦布的求学与作为

温萨巴索南确朗规定温萨寺学僧必须赴格培寺和扎什伦布寺等地闻思院游学深造的学制以后，其徒众遵循师命砥砺践行，仰取俯拾、捆载而归。他们一手培养的嘉瓦罗桑顿珠也不例外，一步一

---

① 二世嘉木样协巴晋美旺布著《一世嘉木样协巴传》，兰州：甘肃民族出版社 1987 年版，第 54－55 页。

② 一世嘉木样协巴著《大威德金刚源流》（藏文上下册），拉萨：西藏藏文古籍出版社 2012 年版，第 366－369 页；《普觉阿旺强巴文集》（藏文第 3 册），北京：民族出版社 2012 年版，第 233 页。

个脚印地循此轨则笃行致远，取得了实质性突破。具体而言，他在哲蚌寺第九任首席堪布吞巴群杰拉日巴云丹嘉措足下听受帕索确吉坚赞所传甚深妙道后，返回家乡进入扎什伦布寺闻思学院第三任堪布洛桑喜聂座前从摄类学开始闻思五部大论，尤其隐居山林理论联系实际成就宗喀巴殊胜耳传教授之后，扎什伦布寺夏孜札仓第五任堪布列巴顿珠（ཀུན་མཁྱེན་ལེགས་པ་དོན་གྲུབ།）结为金刚密友，严格按照仪轨将《幻化秘籍》中所需内容传于列巴顿珠，将其略义逐渐付至笔端形成了《授记秘镜》系列弥足珍贵的文本①。但是，按要求决不能广而告之，如木刻版每年只能付梓两本，故如今藏文典籍整理与数字化过程中必须考虑这类文献加以特殊处理。同时，在列巴顿珠的祈请下嘉瓦罗桑顿珠在扎什伦布寺黄舍中撰写了《金刚密集》和《大威德导引》两部，还与扎什伦布寺第七代首席堪布辛达巴洛珠坚赞（བཞི་པ་བློ་གྲོས་རྒྱལ་མཚན།）及其闻思学院堪布达那根敦洛桑（རྟ་ནག་དགེ་འདུན་བློ་བཟང་།）为主的各大善知识进行了深度交流与互动②，使三世班禅理论联系实际所取得的超凡脱俗的成就在扎什伦布寺理论界获得了高度认同。基于这样的影响力，四世班禅于1586年正式进入扎什伦布寺求学时将其视为嘉瓦罗桑顿珠的转世灵童给予了无以复加的崇高待遇。其一是扎什伦寺全体行礼，特别与扎什伦布寺第十三任首席堪布班钦桑珠白桑（པཎ་ཆེན་བསམ་གྲུབ་དཔལ་བཟང་།）峰会期间彼此行礼后有人问班钦"今日拜会了嘉瓦罗桑顿珠尊者吗？"班钦答道"拜会了，但我俩没有相互行礼。"又问道"何故？"班钦答复"他给一切智根顿珠巴行礼，我给嘉瓦罗桑顿珠行礼，故我俩没有相互行礼。"其二是扎什伦寺各学院堪布和监寺

① 《第三世班禅温萨洛桑端智文集》（藏文第2函），北京：中国藏学出版社2019年版，第13-14、243-246、642-648、653-656、661-676页。

② 《第三世班禅温萨洛桑端智文集》（藏文第2函），北京：中国藏学出版社2019年版，第128-145、249-250、657-660页。

以及诸师行礼后,他们一致要求无论如何四世班禅在大经堂内必须登上高广宝座,以此强烈而反复请示后屡次拒绝,无奈之下接受了穗边栽绒褥毯制成的加厚软垫为坐席,以示独特地位。其三1591年在扎什伦布寺第十四任首席堪布班钦旦确雅培座前受得东西律承合一的比丘戒①,四世班禅的授戒堪布班钦旦确雅培因自己的根本上师嘉瓦罗桑顿珠的律承而相继受得克什米尔班钦和多麦喇钦所传两种律承,从此成为扎什伦布寺所传律承的一大特色。诸如此类,扎什伦布寺全体对年仅十几岁的四世班禅为何有如此强大的向心力和虔诚之信,显然是三世班禅罗桑顿珠不断推进理论创新。当然四世班禅也不负众望,后来对于扎什伦布寺的全面建设和格鲁派的繁荣昌盛乃至整个西藏社会稳定与文化发展做出了不可磨灭的卓越贡献。

(6)加强与周边寺院的友好关系

嘉瓦罗桑顿珠一生游学参访修行的活动范围,覆盖卫藏和阿里等地区。但是,最终落脚点仍然是温萨寺,可谓仰取俯拾、捆载而归。这是一、二世班禅以切林寺为中心联动发展日喀则地区格鲁派的夙愿一脉相传。最初克珠杰在帕索德钦寺撰文《绛巴之主朗嘉扎巴启问书 · 制伏诽谤邪说》(བྱང་བདག་པོ་རྣམ་རྒྱལ་གྲགས་པའི་དྲིས་ལན་རྩོལ་ངན་ཚར་གཅོད།),深刻揭露了班钦释迦确丹(པཎ་ཆེན་ཤཱཀྱ་མཆོག་ལྡན།)和自称“白玛林巴(པདྨ་གླིང་པ།)”的二人合谋诽谤宗喀巴而羊卓湖畔埋下伏藏后装作发掘继而四处散布谣言的阴谋诡计②。后来克珠杰委任其胞弟主持该寺培养二世班禅建立温萨寺,并规定该寺学僧必须轮回游学格培寺和扎什伦布寺等闻思院的学制,以此三世

① 《第四世班禅洛桑确吉坚赞文集》(藏文第1、2函),北京:中国藏学出版社2009年版,第23、625–626页;2019年版,第26、688–689页。

② 《克珠格勒白桑文集》(藏文第1册),北京:中国藏学出版社2014年版,第216–223页。

班禅不仅自己在这两座寺院完成了学业，而且他自幼培养的克珠桑杰益喜也在帕索德钦寺相继受得优婆塞居士和沙弥戒，临近受比丘戒年龄时命其赴格培寺大成就者确列朗杰座前受戒①。在此值得注意的是，据《三世达赖喇嘛传》记载“1564 年三世达赖喇嘛受比丘戒时邀请班钦乃巴却遭仁蚌巴斥责而未能成行，则以香格培寺群杰确列朗杰担任屏教师”（པཎ་ཆེན་གནས་པ་གདན་འདྲེན་གནང་ཡང་རིན་སྤུངས་པའི་བཀའ་བཀྱོན་པར་སོང་བའི་འབྱོན་མ་བདེ་བས་ཤངས་དགེ་འཕེལ་ཆོས་རྗེ་ཕྱོགས་ལས་རྣམ་རྒྱལ་བས་གསང་སྟོན།）②。其中出任三世达赖喇嘛受比丘戒的屏教师和克珠桑杰益喜受比丘戒的授戒堪布都是同一个人即香格培寺大成就者确列朗杰，曾任日喀则一带狂士仁钦喜聂所建香博陀寺第五代主持，此人与三世班禅似有学缘关系。然而有些学者把“班钦乃巴”解读为三世班禅值得商榷③，因为这里的“班钦乃巴”很有可能是指扎什伦布寺第十任首席堪布班钦乃宁巴确吉坚赞④。简而言之，从克珠杰开始就以雅鲁藏布江中上游南北沿岸的藏、绒、香三地作为根本据点发展宗喀巴创新思想，三世班禅时期取得突破性进展，再到四世班禅得以开花结果。所以，第九世班禅额尔德尼之前每一世都出生于该区域，一世班禅在此广发宏愿不无关系。

（7）谙熟天竺语言文字

按照松赞干布之命，吞米桑布扎赴天竺留学返回吐蕃后，仿照

① 《第四世班禅洛桑确吉坚赞文集》（藏文第 1 函），北京：中国藏学出版社 2009 年版，第 388－390、396、400 页；2019 年版，第 424－427、433、437 页。

② 《五世达赖喇嘛阿旺洛桑嘉措文集》（藏文第 11 函），北京：中国藏学出版社 2009 年版，第 106 页。

③ 陈庆英、马连龙等译《一世—四世达赖喇嘛传》（汉译本），北京：中国藏学出版社 2006 年版，第 203 页；苏发祥著《历辈班禅额尔德尼》，西宁：青海人民出版社 2009 年版，第 17 页。

④ 《五世达赖喇嘛阿旺洛桑嘉措文集》（藏文第 11 函），北京：中国藏学出版社 2009 年版，第 115 页；《松巴益喜班觉文集》（藏文第 3 卷），西宁：青海民族出版社 2015 年版，第 59、61 页；《毛尔盖桑木旦全集》（藏文第 6 册），成都：四川民族出版社 2009 年版，第 102 页；黄明信、谢淑婧编著《藏族历史人物年代手册》（藏文），北京：民族出版社 2000 年版，第 290 页。

梵文创制了藏文及其语法理论体系。经过南亚各地班智达与藏族译师接力赛式地交流与合作,梵文逐渐成为藏族传统教育体制下教学的第一门外语,使藏族传统学者能够直接阅读和研究梵文原典。这就像一世班禅克珠杰在《释量论广疏理路海论》和《量理七论除意暗庄严疏》中直接引证《正理门论》为例的古印度各派正理梵本的基础上辨析因明内涵与外延[①]。因此,三世班禅罗桑顿珠也继承了这一优良传统,善巧应用梵藏合璧的方式进行著书立说,使其论著的字里行间透露着法脉和学理上的正本清源、固本培元的纯洁性。更为难能可贵的是,他云游日喀则一带及其边疆地区参访修行,精通梵文书面语和口语。具体而言,有一次他途径今西藏南木林县境内的香曲河流域时遇到了游访此地的几位印度瑜伽师(ཛོ་ཀི།),于是同伴而行。一路上三世班禅与他们直接用阿阇梨(ཨཙྪ།)的俚语(འཕྲུལ་སྐད།)进行交谈,令同行的商贾们大为惊奇。又有一次三世班禅赶赴今西藏仁布县,当时萨迦法王多杰林巴(ས་སྐྱའི་བདག་ཆེན་རྡོ་རྗེ་གླིང་པ།)、强钦寺(བྱམས་ཆེན་པ།)的诸多论师、吉擦寺(སྐྱིད་ཚལ་པ།)的若干格西、达那寺(རྟ་ནག་པ།)的自称大译师者均聚于喀茹顶(ཁ་རྟེང།)之地,关于声明学科方面都在高谈阔论。这时三世班禅来到他们所在之处,通过梵语雅言(སཾསྐྲྀཏ།)宣读《般若八千颂》(བརྒྱད་སྟོང་པ།)的同时一并进行解说。其实这些人的声明学科的专业功底未达善境,因此他们对于三世班禅宣读并讲解《般若八千颂》义理,无论从理论还是方法各方面都无法找到任何瑕疵,自然也就难以进行反驳[②]。我们通过这些生平事迹获知,三世班禅的梵语功底没

---

① 克主杰著《释量论广疏理路海论》(藏文),北京:民族出版社 1990 年版,第 25、87、931 - 937、959、974、980 - 985、990、1000 - 1001、1017 页;《量理七论除意暗庄严疏》(藏文),北京:民族出版社 1984 年版,第 16、250、351 - 352 页。

② 《第四世班禅洛桑确吉坚赞文集》(藏文第 1 函),北京:中国藏学出版社 2009 年版,第 370 - 371 页;2019 年版,第 404 - 404 页。

有停留在从南亚各地传入青藏高原的各大梵语语法理论层面，而能够熟练应用于学术研究和日常交流的实践过程中的才华令人耳目一新。历辈班禅等藏族先哲们对我国青藏高原与古代南亚文明交流互鉴方面所发挥的积极作用可见一斑。

综上所述，三世班禅罗桑顿珠几乎用毕生的时间隐居山林，潜心理论联系实际方面所取得的卓越成就，远远超出常人的认知领域，故无法逐一阐明。但是，他作为宗喀巴殊胜耳传教授系统的重要受命者，由胜乐、密集、大威德三本尊的圆满次第以及统摄无上密续的所有圆满次第的关键要义《那若六法》的修证体验已达究竟，得以解开三轮根本脉结，能以古典梵语滔滔不绝地吟诵佛说经典书系。尤其最为突出的成就是，关于心寂与幻身光明诸次第已证究竟，因而荣获双运觉悟果位①。这是系统承继甘丹殊胜教授甚深妙道的古德圣贤们众所周知的史实，故由“现证三身佛果温萨巴”这样妙语连珠的偈句来歌颂其创造性的功德。这也是宗喀巴创新思想圆满传承的贤哲正士们众口一致的评价。最终，三世班禅把克珠桑杰益喜委任温萨寺第四代主持的同时还授权了温萨耳传教授系统，继而传给四世班禅之后成就了震古烁今的不世之功。

（三）班禅一、二、三世可持续研究方向

明代以来600多年的青藏高原文化史上，历辈班禅额尔德尼越来越扮演着极为特殊的角色，始终发挥着重要作用。具体而言，一世班禅开显宗喀巴究竟密意，二世班禅创建温萨寺，三世班禅开创温萨耳传教授系统，四世班禅入主扎什伦布寺等等。尤其他们以创造性的思想、典范性的实践、历史性的贡献启迪智慧、砥砺品德，成就筚路蓝缕奠基立业之功，进而成为学界泰斗，释家大师，一

① 一世嘉木样协巴著《大威德金刚源流》（藏文下册），拉萨：西藏藏文古籍出版社2012年版，第532－535页。

代宗匠。这些充分说明了一、二、三世班禅在青藏高原历史文化上有着举足轻重的作用。但是，这次翻译与研究仅限于藏文所著生平传记，而且未能竭泽而渔式地全部收齐。因此，本书只是系统研究历世班禅额尔德尼生平事迹的良好开端，唯有进一步调查研究、抉隐索微才能更好地开启他们各个独具特色的思想天地，显示出藏传佛教经典哲学及其方法所具有的无法尽测的深邃活力。本研究成果中的不足之处、尚待推进之处以及可持续研究的方向主要归纳以下几点。

1. 搜求历世班禅各种史料

本书总共收录译注了一、二、三世班禅传记 11 部（篇），却难以反映他们生平事迹的严整性，还有不少传记和相关史料散装于蒙藏历代学者文集中，需要我们广泛搜集整理付梓，比如博东班钦和象雄曲旺扎巴结合克珠杰生平事迹创作的名篇①，以及三世班禅高足阿玉尼群杰所著《嘉瓦罗桑顿珠传记》和四世班禅所著《嘉瓦罗桑顿珠本生传祈愿文》②等等。这些都是传主同一时期的人撰写的弥足珍贵的文本，具有重要的史料价值。同时，擦哈尔格西洛桑次成所著《宗喀巴传》和松巴益喜班觉所著《如意宝树史》为主的蒙古族学者论著中专门为历世班禅立传③，还有《明实录》《明史》《清实录》等汉文史书④，以及意大利人 Ippolito Desideri（依波利多·德西迪利）的《Notizie Istoriche del Thibet》（藏族历史记录）和英国

① 仁欠扎西等选编《藏族历代文学经典文库》（藏文第 7 卷），西宁：青海民族出版社 2020 年版，第 242 – 252 页。

② 《第四世班禅洛桑确吉坚赞文集》（藏文第 1 函），北京：中国藏学出版社 2009 年版，第 337 – 339、411 页；2019 年版，第 368 – 370、449 页。

③ 擦哈尔格西洛桑次成著《宗喀巴大师传》，北京：中国藏学出版社 2006 年版，第 376 – 415 页；《松巴益喜班觉文集》（藏文第 2、3 卷），西宁：青海民族出版社 2015 年版，第 530 – 564、52 – 58、61 – 62 页。

④ 《明实录藏族史料》（全书共三集），拉萨：西藏人民出版社 1982 年版；《二十四史》（简体字版第 58 – 63 册），北京：中华书局 2012 年版；《清实录》（全六十册），北京：中华书局 2012 年版。

人 Captain Samuel Turner(塞缪尔·特纳)的《Tashilhunpo》(扎什伦布寺)等外文史料中也有不同程度的记述[①]。这些文献资源中相关史料深入挖掘后,将有助于补充和完善历世班禅大师生平事迹。

2. 出齐历世班禅文集

西藏藏文古籍出版社从2015年至2020年间作为西藏社会科学院重大项目相续出版了一至九世班禅额尔德尼的《历辈班大师传》(全五册)、《历辈班禅大师因明学著作集成》(全二册)、《历辈班禅大师佛学著作集成》(全十一册)和《历辈班禅大师综合著作集成》(全十六册)共计三十四本精装图书。中国藏学研究中心《中华大典·藏文卷》编纂委员会于2019年编纂出版了《宗喀巴三师徒文集》和《历世班禅文集》书系,其中包括《第一世班禅克珠杰文集》(全十二册)、《第三世班禅温萨巴罗桑顿珠文集》(全四册)、《第四世班禅罗桑确吉坚赞文集》(全五册)、《第五世班禅罗桑益西文集》(全四册)、《第六世班禅罗桑班丹益西文集》(全九册)、《第七世班禅罗桑旦白尼玛文集》(全九册)、《第八世班禅罗桑旦白旺秋文集》(全三册)、《第九世班禅罗桑土登确吉尼玛文集》(全四册)、《第十世班禅罗桑确吉坚赞文集》(全三册)共计五十一册,可谓盛世修典之壮举。但令人遗憾的是两种版本中《二世班禅索南确朗文集》尚未正式出版。拉卜楞寺的仲钦喜饶嘉措(1803－1875年)在《罕见经眼录·开启求学者心意青莲华的十万月光之穗》中写到“温萨巴索朗群列文集二函”[②],而且在《四世班禅文集》中亦有明确交代[③]。所

① [意]依波利多·德西迪利撰、菲利普·费立比编《西藏纪行》,杨民译,拉萨:西藏人民出版社2004年版;[英]塞缪尔·特纳著《西藏扎什伦布寺访问记》,苏发祥、沈桂萍译,拉萨:西藏人民出版社2004年版。

② 《阿哥喜饶嘉措文集》(藏文第7卷),西宁:青海民族出版社2016年版,第415页。

③ 《第四世班禅洛桑确吉坚赞文集》(藏文第1函),北京:中国藏学出版社2009年版,第354页;2019年版,第387页。

以,我们只有将其出齐才能便于开展系统研究,从而更加全面地勾勒出每一世班禅的心路历程图景。

3. 深挖历世班禅论著义理

通常情况下,每一部人物传记都是了解传主生平事迹的最好文本,但要系统梳理其思想脉络、精准把握其精神内核,则必须对学术论著进行深挖细掘,否则流于表面,难以呈现深层次的内心世界。那么,克珠杰的诗词几乎都成为格鲁派常诵功课、理论著作皆成为藏传佛教闻思学院的教科书、宗喀巴评传成为研究传主生平事迹的圭臬。二世班禅索南确朗开创了藏传佛教格鲁派温萨耳传的文风,篇篇经典,成为藏族僧俗两界喜闻乐见的不朽之作。三世班禅罗桑顿珠的论著分为黄金典籍和密封典籍两大部分,而且每一部都被奉为宗喀巴耳传教授开示的殊胜诀窍[①]。诸如此类,历世班禅是博学至善、慎思至精的典范,因而深入解读他们论著义理才能准确把握思想品质和精神世界,进而对生平事迹做出更加客观而公正的评价,为积极引导新时代藏传佛教发展提供借鉴意义。

4. 坚持佛教中国化方向

正如陈庆英所言"格鲁派与此前的各个教派不同,它是在印度佛教已经完全衰亡的时代由藏族的高僧完全依靠自己的力量创立的一个教派。格鲁派不像藏传佛教的其他教派那样把本派的祖师归结到印度的佛教大师,而是以藏族的佛教大师宗喀巴作为自己教派的祖师"[②]。那么,历辈班禅额尔德尼始终肩负起宗喀巴创新思想发扬光大为己任,他们的闻思修行、建寺立塔、安僧办道、辩论交流、著书立说、培养人才为主的广行善举中蕴藏着佛教在青

① 《松巴益喜班觉文集》(藏文第 3 卷),西宁:青海民族出版社 2015 年版,第 54 页。

② 陈庆英著《格鲁派的兴起和一世达赖喇嘛的青少年时期》,收录于《陈庆英藏学论文集》(上册),北京:中国藏学出版社 2006 年版,第 486 页。

藏高原上实现本土化、民族化、时代化的智慧结晶。我们通过全面研究历辈班禅思想，锲而不舍地主攻藏传佛教哲学义理阐释是管方向、管根本的最为重要而基础性工作，这也是藏传佛教自身发展的内在要求。我们要结合时代发展要求，不断探赜索微，将这些历史经验和具体做法有序地提炼出来，逐步推出具有西藏特色的佛教中国化方向研究成果，进一步夯实藏传佛教与社会主义社会相适应的思想理论基础，让新时代中国藏传佛教哲学义理阐释这篇文章大放异彩。只有这样藏传佛教才具有鲜明的时代特征和生命活力，才能根深叶茂、可久可大，为构建人类命运共同体把薪助火。

5. 阐发民族交往交流交融史实

藏传佛教是人类文明交流互鉴的集大成，而班禅额尔德尼本生传记恰恰就是反映这一历史进程的真实写照。我们结合本研究成果而言，克珠杰祖上是从西域江热穆布一带迁徙至乌斯藏的塞氏家族，其高足曲登饶觉和贡觉班贡等人赴边疆地区建寺讲学，嘉瓦温萨巴毕生游学参访乌斯藏及其边疆地区达到梵文书面语和口语交流无碍的境界，继承其位者克珠桑杰益喜专程去拉萨为三世达赖喇嘛与俺答汗会晤饯行，其寻访认证的四世班禅与五世达赖喇嘛协同乌斯藏社会各界名流遣使赴盛京向清朝通好。诸如此类，历辈班禅额尔德尼始终以慈悲为怀，广发利益众生的菩提之心，不同程度参与了青藏高原及其周边地区各民族交往交流交融的重大历史事件，为铸牢中华民族共同体意识贡献了高超智慧。所以，从清朝开始就把克珠杰所著《喜金刚坛城仪轨》为首的代表性论著翻译成满蒙汉多种语言文字①，促进了我国各民族文化兼容

① 恰日嘎藏陀美编《历辈德瓦仓活佛传》（藏文），北京：中国藏学出版社 2018 年版，第 71、239 – 240 页。

并蓄。我们对这些历史事实要客观看待、正确评价，则必须坚持继承与创新相统一、研究与运用相贯通的基础上，深入挖掘、整理、宣传历辈班禅文集内含的进步思想，从而彰显藏传佛教注重文化交流互动的特质及其表现方式，为世界多元文化走向深度交流的理论研究和实践创新提供一个崭新的思想维度和一种新的理论再生度，进而助推人类命运共同体建设。

综上所述，藏传佛教格鲁派形成与发展史上，历辈达赖喇嘛和班禅额尔德尼发挥了举足轻重的作用，深度影响了青藏高原的文化面貌、民族特征、发展轨迹和历史命运。他们每一世都殚精竭虑，不断探索出解脱人生苦难、觉悟生命真谛、延续慧命之道。尤其面对仁蚌巴在哲蚌寺和色拉寺之间修建嘎玛贡桑寺（ཀརྨ་དགོན་གསར་ཕྱིབ་བསྟན་ཆོས་འཁོར།）和藏巴汗在扎什伦布寺与桑珠孜宫之间树立扎西瑟妏（བཀྲ་ཤིས་ཟིལ་གནོན།）为例的一系列打压乃至扼杀事件[①]，他们始终难解能接、难行能行、难忍能忍，卓然成为藏传佛教界表率的高士，一方的大德。所以，我们深入挖掘整理历辈班禅额尔德尼全集是一项长期的、全面的系统工程，而其中一项基础性的课题就是对历世班禅传记文本的解读与阐释，作出比较客观而公正的评述，以便人们于其中汲取设计人生、充实人生、安顿人生的有益借鉴，进而拓展到历辈班禅代表性论著的义理研究，通过开阔的学术视野、夯实的文献功底、厚重的理论素养，有序推出一套兼具思想性、学术性、时代性、大众性的历辈班禅研究书系，使之成为国内外广泛认同、传之久远、影响深远的范本。该书系上起克主杰，下至十世班禅，包括哲学、逻辑学、语言学、医学、文学、艺术、历史、天文

① 一世嘉木样协巴著《大威德金刚源流》（藏文下册），拉萨：西藏藏文古籍出版社 2012 年版，第 550 页；才旦夏茸著《藏族历史年鉴》（藏文），兰州：甘肃民族出版社 1982 年版，第 227 页；《毛尔盖桑木旦全集》（藏文第 6 册），成都：四川民族出版社 2009 年版，第 95－98 页；拉巴平措、陈庆英主编《西藏通史 · 明代卷》，北京：中国藏学出版社 2015 年版，第 144、429、475 页。

历算等领域的传世之作，旨在搭建藏文典籍与大众之间的桥梁，激活藏族优秀传统文化的价值，使其贴近现实生活，滋养世人精神世界。

译者：夏吾李加、还格吉

2019 年 8 月撰于甘肃夏河之滨

2020 年 12 月修订于西南民族大学

克珠杰祈愿偈颂

一世达赖喇嘛·根敦珠巴①著　夏吾李加　还格吉 译注

愿吉祥!

一切妙善圆满生源尊,

---

① 藏语“རྗེ་དགེ་འདུན་གྲུབ་པ།”,是指一世达赖喇嘛(1391 - 1474 年),1391 年诞生于后藏萨迦寺附近格摩茹巴(ཀུར་མོ་རུ་པ)一牧民家庭,也就是今西藏日喀则市萨迦县东部木拉、塞、拉洛 3 个乡境内的塞曲河流域(该下游称“布曲河”,是雅鲁藏布江支流)的夏与班宁两地之间的拉热之地。他的父名公保多杰,母名觉姆朗喀吉,共有四个兄弟,一个姐姐,他排行第三。这一地区曾为萨迦寺主要护法神宝帐怙主提供酥油灯源,故此命名。但是,后来宗喀巴高足喜饶僧格在此建立后藏地区第一座密宗札仓,史称“塞举密宗传承”(སད་རྒྱུད)。这地区分有俄尔巴、弥宙巴、崇宙巴、萨措等四大家族,其家族是俄尔巴,最初从康区迁徙至此,与噶当派创始人仲敦巴同宗同源。令人匪夷所思的是,他出生的当晚因遭盗匪其母匆忙中将新生婴儿藏于附近的岩石间逃之夭夭,次日清晨返回一看,许多飞禽走兽围观欲食婴儿,却由一个大慈乌(བྱ་རོག་ཆེན་པོ)护佑婴儿免遭伤害。相传该大慈乌是具德护法怙主的化身,并曰“汝般执法大德必须依我这样的护法神”。他取“白玛多吉”为俗名,因遭遇盗匪抢掠之后一贫如洗,自幼寄住邻村谋生,为村民充当放山羊的牧童。年仅 5 岁时暂寄住在“坚噶”村,每天独自到附近岩石上雕刻六字真言为主的明咒,被姐姐发现后询问后却说:“为如母众生净治罪孽而刻画”,后来其高足班钦益喜泽摩赚其《传记》时仍可目睹。7 岁时父亲去世,同年进入那塘寺在该寺第十四代堪布至尊珠巴喜饶门下受优婆塞戒,沿用“白玛多吉”之名。随后,在嘉敦赞智足下始习藏文拼读书写方法,特别在释迦白门下系统学习以梵藏霍尔文为例的各种不同的书法,此时他学习书法用的手本都成了后人临摹学习的字帖,遂成为那塘寺的书法导师,培养了大量书法大家,故冠以“书法家根敦珠巴”(དཔོན་ཡིག་དགེ་འདུན་གྲུབ)之名。后来创建的扎什伦布寺内的各种上师佛菩萨名号以及大经堂内的梵文蓝扎、瓦德字体联额、题匾也都出自他的手笔。15 岁时(1405 年)在该寺堪布珠巴喜饶和罗丹门下,受出家和沙弥戒,赐名“根敦珠巴”为法号。其后,在那塘班智达僧伽师利门下学习以《诗镜》和《辞藻学·不死藏论》以及《声明五种拼合法》为代表的理论知识,同时听受以《白威猛随许灌顶》为主的殊胜法脉。20 岁时(1410 年)至尊珠巴喜饶作为堪布,罗丹作为羯磨师,扎巴喜饶作为屏教师,圆满接受比丘戒,特别在堪布足下听受喜金刚和不空羂索等仪轨。并且,通过背诵《释量论》及其注疏,进行游学答辩,声名鹊起。25 岁时(1415 年)赴前藏在塘波且寺依止荣顿释迦坚赞,听受般若理论为期一个半月,然不得其粹。故后来在甘丹寺和乃宁寺依止贾曹杰门下,多次闻思《现观庄严论》;在昌珠寺依止桑白钦波贡桑闻思因明和中观义理,并作为其侍从赴扎西朵喀玛。此时恰好帕竹第悉阐化王扎巴坚赞邀请宗喀巴讲授《明量论》《中论》《辨了不了义论》《上师五十颂》等经典理论。这期间获得宗喀巴青睐,视为量理学科特别是律藏弘扬的可造之材,授予宗喀巴曾用的“五衣”或“禅裙”(མཐང་གོས་སྣམ་ཤམ་ཐབས),以示授记预祝。宗喀巴将其委托至尊喜饶僧格予以授课、培养。还在塘波且依止尼玛坚赞门下听受密集不动金刚、十三尊大威德金刚、十三尊红色大威德金刚等金刚密乘法脉。又在桑普寺和甘丹寺之间往返听课 3 年有余,27 岁时赴哲蚌寺和色拉群顶以及澎域卓巴等

地，依止玛尔敦白丹仁钦和嘉措仁钦门下听受俱舍论和律藏课程为期两年，35岁时（1425年）出任桑普寺主持闻思工作。这样在前藏游学12年之后，于1426年随喜宗喀巴高足饶僧格返回后藏，主要在绛钦、日库、扎玛尔等地讲学授课。40岁时（1430年）撰写《入中论疏・密意明镜》，并赴以今日喀则市的昂仁县、拉泽县、定日县为主的拉堆南北等地朝圣，闭关，之余进行了游学辩论。当时在协噶尔寺辩论期间结识了博东巴的高足克珠白丹桑杰，借此因缘赴白玛群顶参访博东群列朗嘉，听受了度母二十一尊、十七尊和白色尊胜度母、绿色尊胜度母、妙音天女、白伞盖佛母随许灌顶。博东巴也向他请教了若干疑难问题，均逐一轻松回复，使博东巴甚为欢喜，并讲到：“以后你应该尊称为一切遍智根敦珠巴”。这是历辈达赖喇嘛被尊称“一切遍智”最初的由来。1432年3月4日在协噶尔寺写成《释量论注释善说》一书，该书依据拉卜楞寺木刻版整理出版，并由法尊法师结合法称《释量论》偈颂一并译成汉文，参见恰日嘎藏陀美等人整理《释量论疏善说》（藏文），兰州：甘肃民族出版社2011年版，第1－271页；沙门法尊译编《释量论・释量论释》，北京：中国佛教协会印行1982年版，第1－316页。1433年在那塘寺撰写《中论语义解说・金鬘伦》，并在该寺讲授此书。46岁时（1436年）在施主释迦白瓦的资助下，今日喀则市西南20多公里处那塘寺北面其后山顶上绛钦岗日修建的具德大菩提幽静隐居之地大乘宫殿，也就是这篇《克珠杰祈愿偈颂》所造之处。1437年九月底在具德大菩提幽静隐居之地大乘宫殿，以宗喀巴曾在扎西朵喀玛讲授的《明量论》和贾曹杰在甘丹寺讲授的《释量论》为基础，撰写了藏族量理学科史上赫赫有名的《量理庄严论》。该书以拉卜楞寺的木刻版整理出版，参见一世达赖喇嘛根敦珠巴著《量理庄严论》（藏文），兰州：甘肃民族出版社1996年版，第1－487页。48岁时（1438年）赴拉萨甘丹寺听受香泽群杰朗喀白瓦和索康索朗林周以及坚俄仁钦白等讲授的大量宗喀巴经典理论。50岁时（1440年）随至尊喜饶僧格返回后藏，在那塘寺撰写了鸿篇巨制《律藏起源及其事记・四分律广集宝藏论》和《别解脱戒解说・能现义理明日》，以及后来在扎什伦布寺写成的《律藏要义善说・能现密意金鬘论》。这些律藏论师被格鲁派奉为闻思理论的圭臬，尤其措那巴的《律藏广疏・明日光论》与后者被喻为律藏理论之一体两翼。参见青海省民宗委少数民族古籍办公室整理《律藏起源及其事记・四分律广集宝藏论》（藏文），西宁：青海民族出版社1990年版，第1－1097页；《律藏要义善说・能现密意金鬘论》（藏文），北京：民族出版社1999年版，第1－631页。57岁时（1447年）根据宗喀巴和喜饶僧格等人的授记，在施主达杰和索朗白桑等人的资助下，始建扎什伦布寺。随后根据克珠杰的特别嘱托修建慈氏塑像，这期间从昂仁邀请雕塑家扎西仁钦，因遭遇唐东杰布宗珠桑布（1361－1485年）的作梗而被阻止。竣工后，依具德金刚密集举行开光仪式，后来举办祈愿大法会，很快聚集3000多学僧。从此直到他圆寂为止，开展了为期28年的讲学授课，通过培养大量著名学者为后藏地区格鲁派的推广发展发挥了重要作用。故以“班钦根敦珠巴”之名享誉雪域高原，而且历任扎什伦布寺主持均以“班钦”载入史册，包括历辈班禅额尔德尼之“班禅”尊号。最后于1474年藏历十二月七日圆寂，享年84岁。其高足班钦益喜泽摩和贡噶坚赞著有传记《至尊一切遍智根敦珠巴白桑波传・奇妙希有宝鬘记》和《导师一切遍智传・奇妙十二功业记》等，参见五世达赖喇嘛・阿旺洛桑嘉措等著《第一世至四世达赖喇嘛传》（藏文），北京：中国藏学出版社2012年版，第1－124页；陈庆英、马连龙等译本《一世—四世达赖喇嘛传》，北京：中国藏学出版社2006年版，第1－85页；列钦贡噶坚赞著《噶当派源流》（藏文），拉萨：西藏人民出版社2003年版，第754－813页。至尊根敦珠巴一生依止了当时雪域高原50多位德高望重的学者为师求学，他认为其中此生恩德无比者当属那塘寺的珠巴喜饶和宗喀巴高足喜饶僧格二位，但世代恩德最大者则是宗喀巴洛桑扎巴。这在他的名作《在那东方雪山顶上》（ཤར་གངས་རི་མ）中流露得淋漓尽致。该文也写于具德大菩提幽静隐居之地大乘宫殿山顶上，另一篇名作《度母妙绘赞》（ལེགས་བྲིས་མ）也写于此，这在其题记中有明确交代（རྗེ་བཙུན་བཅོམ་ལྡན་འདས་མ་སེང་ལྡེང་ནགས་ཀྱི་སྒྲོལ་མ་ལ་བསྟོད་པ་མཁས་པའི་གཙུག་རྒྱན་ཞེས་བྱ་བ་འདི་ནི། ཤཱཀྱའི་དགེ་སློང་དགེ་འདུན་གྲུབ་པ་དཔལ་བཟང་པོས་ཡུན་རིང་དུ་གསོལ་བ་བཏབ་སྟེ། བྱང་ཆུབ་ཆེན་པོའི་དབེན་གནས་ཐེག་ཆེན་ཕོ་བྲང་དུ་ལེགས་པར་སྦྱར་བའོ། །）。换句话说，此地就是本译作《克珠杰祈愿偈颂》所造之处。参见西藏色昭佛教古籍编委会整理《杰旺根敦珠巴文集》（藏文第9册），北京：中国藏学出版社2013年版，第408－412、418－419页；诺章吴坚编《格鲁派念诵仪轨经集》（藏文），拉萨：西藏人民出版社2011年版，第206－208、304－308页；第悉桑结嘉措著《格鲁派教法史》（藏文），北京：中国藏学出版社1991年版，第237、261－262页。总之，一世达赖喇嘛著有大量论著，其中最具代表性的论著是在扎什伦布寺编刻的木刻版，有5函23部，约有2061张。这些均已整理出版，参见西藏色昭佛教古籍编委会整理《杰旺根敦珠巴文集》（藏文）第1－9册，北京：中国藏学出版社2013年版。

智严明日三界众生友，
十方善举广为传播者，
克珠群杰座前我祈愿！
妙善照耀东方山顶上，
皎洁善说画卷甚出彩，
佛法青莲盛开具德者，
善论如月门下我祈愿！
此处升起明日般汝身，
邪说魑魅鸱鸮目尽盲，
经典莲苑百瓣得盛开，
空前明日足下我祈愿！
天朝以及所有诸国政，
随欲圆满善于转法轮，
法之圣王克珠格列贝，
贤哲座前恭敬而祈愿！
往昔勤积广大福资力，
自他千百轮回诸生世，
彻知宿住随念智力等，

（译者注：知宿住随念智力，藏语“སྔོན་གནས་རྗེས་དྲན་མཁྱེན་པའི་སྟོབས།”，如来具足之十力功德之一，是指随念过去世间所有一切自他有情之生处、因、相，洞悉无碍的智力。所谓“十力”收录于吐蕃时期编纂的《钦定梵藏翻译名义集》第十类，随后还胪陈了菩提萨埵之十力。同时，在藏传佛教典籍中有般若前行十力、十大发力、十力十道、圆满十力，等等。其中，据《甘珠尔·宝积经》第6函（ཚ་པོད།）303页记载，一诸法始无源前行；二诸法始无相前行；三诸法始无生前行；四诸法始非有前行；五诸法始无贪前行；六诸法无入前行；七诸法无体前行；八诸法无实体性前行；九诸法始终等同前行；十诸法如来性入分别与无分别前行，为是般若前行十力。据《甘珠尔·经藏》第13函（པ་པོད།）154页记载，一不忘之性而发起忆力；二善于辨法而发起慧力；三谙熟经藏而发起悟力；四守戒律行而发起信力；五护自佑人而发起知耻的愧力；六智慧圆满而发起闻力；七总持诸闻而发起持力；八佛之被加护持而发起威力；九甚闻五种神通而发起甚深之力；十圆满速成遍智而发起耐受无生之法的忍力，为是十大发力。据《甘珠尔·律藏》第11函（ད་པོད།）38页记载，一遍知适处与非处的智力；二遍知业力异熟果报的智力；三遍知诸信受胜解的智力；四遍知诸烦恼染污清净解脱的智力；五遍知众生优胜及其劣根的智力；六遍智一切众生之道的智力；七遍知诸界种趣的智力；八遍知前世随忆的智力；九遍知生死迁识的智力；是遍知尽漏寂静的智力，为是十力或十道。据《甘珠尔·经藏》第18函(ཚ་པོད)函53页记载，一无法胜伏之力圆满等；二无法等量之力圆满等；三福报之力圆满等；四智力圆满等；五眷属之力圆满等；六神通之力圆满等；七自在之力圆满等；八总持之力圆满等；九永恒不动之加持力圆满等；十无法违命之力圆满等，为是圆满十力。据佛子论师的《大乘阿毗达磨集论解说》中所云，由十力心生而明，一为习之力；二为欲之力；三为合之力；四为趋入定力；五为引发之力；六为因之力；七为境之力；八为忆之力；九为作意思惟之力；十为结生相续之力，为是十力。这样一来，在汉文《智度论》二十五、《俱舍论》二十九中所云的以下十力略有差异，即一知觉处非处智力，处者道理之义，知物之道理非道理之智力；二知三世业报智力，知一切众生三世因果业报之智力；三知诸禅解脱三昧智力，知诸禅定及八解脱三三昧之智力；四知诸根胜劣智力，知众生根性之胜劣与得果大小之智力；五知种种解智力，知一切众生种种知解之智力；六知种种界智力，于世间众生种种境界不同而如实普知之智力；七知一切至所道智力，如五戒十善之行至人间天上八正道之无漏法至涅盘等，各知其行因所至；八知天眼无碍智力，以天眼见众生生死及善恶业缘无障碍之智力；九知宿命无漏智力，知众生宿命又知无漏涅槃之智力；十知永断习气智力，于一切妄惑余气，永断不生能如实知之智力。但是，这与藏传佛教俱舍论中所阐述的十力基本相仿，还可参阅在《皈依三宝始终学修摄要颂浅解》中能海大师对“十力”的集述。参见《丹珠尔对勘本》(藏文)，北京：中国藏学出版社2004年版，第76卷第1022－1025页；第115卷第6、31页；普布次仁主编《内明辞汇》(藏文)，拉萨：西藏人民出版社1994年版，第670－671页；索朗才培主编《荣顿释迦坚赞文集·俱舍论解说所知彰显》(藏文第8册)，成都：四川民族出版社2007年版，第330－333页；钦·降白央著《俱舍庄严论》(藏文)，北京：中国藏学出版社1989年版，第683－686页；智敏法师主编《能海上师全集第三辑教理初基》，上海：上海佛学书局1998年版，第20－21页。)

具足无碍通慧前祈愿！
自幼之始汝身须弥山，
如霞法衣童子甚受持①，
众贤犹如金山般中央，
功德巍巍高山前祈愿②！
世代获得殊胜诸本尊，

① 藏语“ཆོས་གོས་མཚམས་སྦྱིན་གཞོན་ནུ།”，指自幼获得文殊师利的随摄加持。

② 这一偈颂似乎引自《赠齿授记》(ཚེམས་ཡིག་ལུང་བསྟན།)宗喀巴给予克珠杰的评价：“ལྷུན་པོའི་དྲུང་ན་གསེར་རི་ལྟ་བུར་གནས། །འགྲན་ཟླ་མེད་པའི་དགེ་ལེགས་ཁྱོད་ལ་སྦྱིན། །”之意，其意为“须弥山前如立黄金山，赐予举世无双格列汝”。这篇收录于《宗喀巴文集》拉萨木刻版第1函第7部，参见西藏色昭佛教古籍编委会整理《宗喀巴文集》(藏文第1册)，北京：中国藏学出版社2012年版，第175－176页。

随摄加持而善以修习，
对于一切经论之词义，
最为善巧至尊前祈愿！
三学义理视如眼之珠①，
佛以破立开许三项之②，
逐一遮戒红线从不触，
清净具戒尊前我祈愿！
随念知而不放逸习得，
极为温和胜德而威严，
众生平等悲心无上尊，
贤慧师友座前我祈愿！
每日汝心玛旁雍错湖③，
波涛汹涌般著书立说，
善说江河十万多支流，
滔滔不绝尊前我祈愿！
妙法雷鸣传遍十方响，

① 这里的藏语“བསླབ་གསུམ།”，通常指经律论三藏的主旨戒、定、慧三学，也就是律藏的主旨持戒、经藏的主旨入定，论藏的主旨增慧。但是，观其语境，在此似乎指三律仪。

② 这里的藏语“དགག་སྒྲུབ་གནང་གསུམ།”，是律藏中的专业术语“དགག་པའི་བཅས་པ།”“སྒྲུབ་པའི་བཅས་པ།”“གནང་བའི་བཅས་པ།”三者。这与藏族量理学科中的遮止与成立的理路相通，主旨却相异。所谓“破立开许三项”主要是针对受持比丘戒的具法比丘而言，其一，如不可杀生，基于杀生必然伤害生命，因而予以否定。这就是否定性的遮止戒律。其二，如布萨长净（གསོ་སྦྱོང་།）和解制仪轨（དགག་དབྱེ།）以及闻思修三业为例的一切向善之举，便是肯定性的成立戒律。其三，如比丘不可触摸女性，但被大河冲走的女性不仅可以触摸，而且必须舍命相救。这就是特殊情况下开许之戒，但有个明确的前提条件，即河中救女必须出于救其性命的悲悯之心，决不能因贪恋情欲。又如非时之食，作为比丘自从当日午后至次日黎明前的这段时间禁止用膳。但因染疾不进食必将死亡的个别比丘，则开许用膳。诸如此类，253条比丘戒可以此类推，参见措那巴喜饶桑布著《律藏广疏明日光明善说语录大海》（藏文），北京：中国藏学出版社1998年版；根敦珠巴著《律藏要义善说宝鬘论》（藏文），北京：民族出版社1999年版。

③ 藏语“མ་དྲོས་མཚོ།”，通常指今西藏自治区阿里普兰县中部的玛旁雍错湖。但亦有争议，如萨班在《三律仪辩析》中对此提出了异议，参见萨迦班智达贡噶坚赞著《三律仪辩析》，拉萨：西藏藏文古籍出版社2012年版，第84－88页。

理路天钢破立如闪电，
邪说谬论攻击如山倒，
诸方尊胜面前我祈愿！
经典理论广聚园林中，
所生诗学新论诸花环，
庄严童子之首善巧者，
妙语自在王前我祈愿！
于此吹响法之大海螺，
至今除汝尚无再胜者，
具誓护法海会齐声赞，
殊胜怙主座前我祈愿！
摧毁邪恶威力无边者，
内外具誓护法海会众，
谨遵汝敕令而不违约，
如理成办事业前祈愿！
一切戏论化静而入定，
出关所显法相如幻化，
亦如阳焰又如水中月，
如是见性汝前我祈愿！
即使梦中亦蒙宗喀巴，
阐明迦叶品义那一刻，
中观误区诸垢均除尽，
圆满现证法性前祈愿！
为了引渡苦海众生命，
广发自他等换菩提心，
抵达伟大广行海彼岸，

一切佛子之首前祈愿！
上师以及佛语之宝藏，
执持所有而如理修习，
其义善于教授与他者，
征得无畏功德前祈愿！
事行瑜伽无上等四续，
各部之道趋往成佛式，
有条不紊圆融之关要，
善巧成就自在前祈愿！
断除庸俗贪恋诸染垢，
所显坛城化为妙之轮，
善显第一次第之甚道①，
征得坚固成就者祈愿！
切中金刚身要之威力，
妄念诸气乌云咸消散，
光明之日高照于心田，
金刚持主座前我祈愿！
以此佛典特别于续藏，
闻思究竟修习为要务，
佛陀欢喜此道引众生，
饶益汝前恭敬而行礼！

---

① 藏语“རིམ་པ་དང་པོ།”，亦有译为“首始次第”，通常可解读为无上密乘中的第一次第是生起次第之道，第二次第是圆满次第之道。譬如：总摄胜乐之轮第一次第之道；具德时轮之第一次第之道。但是，这里指金刚密集为主的生起次第，可参见《二世达赖喇嘛·根敦嘉措文集》（藏文第2册）第265－337页之间的《具德金刚密集第一次第之道修习方式》（དཔལ་གསང་བ་འདུས་པའི་རིམ་པ་དང་པོའི་ལམ་ལ་སློབ་པའི་ཚུལ།），北京：中国藏学出版社2010年版。总体而言，这一偈和随后的一偈颂都阐释的是，克珠杰对于无上密乘生圆次第之道如何获得自在成就的内容，故其义理甚为广大，笔者难以解释。

一切悉地生源法之王，
遍主金刚总持无二别，
如是见后最大恭敬心，
稽首可依而加被护持！
暇满难得又将速衰亡，
后世能见恶趣之险境，
对于除恶修尽所有善，
值此勤勉而加被护持！
百患之源世间的财富，
于此顷刻亦不可保安，
见此证悟无我之智慧，
斩断轮回之根而加持！
不忍视母众生之苦难，
广发空性慈悲庄严心，
对于一切佛子广大行，
勤奋学习而加被护持！
进入无上金刚胜乘门，
即生证得金刚总持位，
善于引导二次第甚道①，
于续生起而加被护持！
由此福德一切生世中，
无敌妙音对于诺桑尊，
善于教授一般我等众，

① 藏语“རིམ་གཉིས་ཟབ་མོའི་ལམ།”，这里指金刚密乘中的生起次第和圆满次第，参见宗喀巴著《密宗道次第广论》（藏文），西宁：青海民族出版社 1995 年版，第 431 – 617 页；法尊译《宗喀巴大师集》（第 2 卷），北京：民族出版社 2000 年版，第 357 – 497 页。

（译者注：藏语“མི་ཕམ་འཇམ་པའི་དབྱངས་ཀྱིས་ནོར་བཟང་ལ། །”，这一偈颂源自文殊师利为诺桑逐一讲授显密所有义理后圆满成就的历史。本文作者之前印藏历史上是否存在冠以“ནོར་བཟང་།”之名的贤哲，笔者尚未发现。但是，比本文作者年轻将近30岁且在其门下听受菩提道次第论的克珠诺桑嘉措，在藏族天文历算和金刚密集、时轮等领域均具有里程碑式的学术成就，因而被永增益喜坚赞誉为“圆成三身果位诺桑尊”（སྐུ་གསུམ་གོ་འཕང་མངོན་གྱུར་ནོར་བུ་བཟང་།）。在此指的若是这位大德，1423年出生于后藏达那饶迥之地，父名为“朗喀白桑”，母名为“曲吉邦”。自幼学习藏文拼读法，13岁时赴扎玛群当寺（བྲག་དམར་ཆོས་སྡིངས།）出家为僧，并由群杰洛珠贡布担任授戒堪布和向桑群培坚赞担任羯磨师受出家戒。随后，为了广学博闻赴日科（རི་ཁུད་ཆོས་སྡེ།）依止扎巴桑布为导师，次第闻思经典理论。当时宗喀巴高足喜饶僧格、根敦珠巴、堆增洛珠贝巴等一批著名学者应邀莅临该寺进行学术交流，受益匪浅。其后游学曲德钦寺（འཆུམས་བདེ་ཆེན།）和群阔岗寺（ཆོས་འཁོར་སྒང་།）等地，参访达仓译师喜饶仁钦为首的名家宗师，特别在扎什伦布寺依止本书作者根敦珠巴门下，系统听受以菩提道次第论为主的五部大论，尤其结合自己的实践过程获得证悟。尔后赴桑普寺为首的卫地各大寺院进行游学辩论，声誉日隆。35岁时赴甘丹寺，由时任赤巴的雅德洛珠群迥担任授戒堪布、群杰扎巴奥塞担任羯磨师、绒布洛桑担任屏教师，圆满接受比丘戒。并且，依止第五代甘丹赤巴雅德洛珠群迥为导师，系统听受从宗喀巴一脉相传的显密殊胜法脉。37岁时赴今山南桑日县境内的沃喀仁钦岗寺（རིན་ཆེན་སྒང་།），在群杰曲智门下广闻经典理论。从此之后，如米拉日巴一般彻底断除世间名利，云游艾底饶（ཨོའི་ཏི་ཙ་ར།）、沃喀群隆（འོལ་ཁ་ཆོས་ལུང་།）、嘉索普（རྒྱ་སོག་ཕུ།）、拉当寺（ལྷ་སྡིངས།）等地，寻访宗喀巴足迹潜心修习40余年，因而常显诸多本尊，与之交流切磋。本文作者所述很有可能是这期间的实践体验，详情有待进一步考证。他一生培养了大量名震雪域的学者，其中举世无双的是二世达赖喇嘛·根敦嘉措，故此著有《三世诸佛悲智摄受一体之具德导师至尊克珠诺桑嘉措生平事迹大海蠡测式祈愿·二悉地宝藏》（དུས་གསུམ་རྒྱལ་བ་ཐམས་ཅད་ཀྱི་མཁྱེན་བརྩེ་གཅིག་ཏུ་བསྡུས་པའི་ངོ་བོ་དཔལ་ལྡན་བླ་མ་དམ་པ་མཁས་གྲུབ་ནོར་བཟང་རྒྱ་མཚོའི་ཞལ་སྔ་ནས་ཀྱི་རྣམ་པར་ཐར་པ་རྒྱ་མཚོ་ལྟ་བུ་ལས་ཆ་ཤས་ཙམ་གྱི་སྒོ་ནས་གསོལ་བ་འདེབས་པ་དངོས་གྲུབ་གཉིས་ཀྱི་བང་མཛོད།），参见《二世达赖喇嘛·根敦嘉措文集》（藏文第1册），北京：中国藏学出版社2010年版，第155－160页。他一生著书无数，编纂木刻版的共有三函，如《天文历算善说·白莲言教》（429叶）、《具德时轮内外他三者能显无垢光明庄严论》（319叶）、《具德金刚密集生起次第之义能现明灯论》（180叶）、《五次第之义再现灯论》（83叶），等等。这些都是各自领域标志性的上乘之作，尤其是《天文历算善说·白莲言教》是藏族天文历算学的圭臬。尽管该论由扎普巴林周嘉措（གྲ་ཕུག་པ་ལྷུན་གྲུབ་རྒྱ་མཚོ།）所著，克珠诺桑嘉措只作了补遗之说，一世嘉木样协巴、第悉桑杰嘉措、松巴益喜班觉和才旦夏茸以及东噶教授都进行了驳斥。他们认为扎普巴林周嘉措篡改了题记，还增加遮止部分，参见才旦夏茸久美瑞贝洛珠著《藏族历史年鉴》（藏文），西宁：青海民族出版社1982年版，第220页；东噶洛桑赤列编纂《东噶藏学大辞典》（藏文），北京：中国藏学出版社2002年版，第438－439页。这样功德圆满之后，于1513年藏历六月二十五日示寂，享年91岁。其灵塔供奉于沃喀仁钦岗寺,历史上成为镇寺之宝。参见永增益喜坚赞著《菩提道次第师承传记·佛法庄严无上宝鬘论》(藏文成书于1787年),拉萨:西藏人民出版社1990年版,第766－768页。但是,上述克珠诺桑嘉措比本文作者小将近30岁,而曾成为其学生,并且本文撰写时间比较模糊,故可质疑作者撰写的《克珠杰赞》中是否引证自己学生的事迹呢?不过,本文如果撰于作者晚年,则有可能指这位克珠诺桑嘉措。因为作者于1474年圆寂时,当时克珠诺桑嘉措年近62岁,从37岁开始如米拉日巴一般闭关修习已有25年,早已得见文殊等本尊了。基于这样的疑虑,我们还要从藏文古典中探寻本文作者之前尤其在古印度是否有同名的贤哲大德,亟待补充完善。例如吐蕃时期的大译师益喜德藏译并审定的《大方广佛华严经第四十五品》也就是最后一品之首就有至尊文殊给童巨贾之子诺桑讲授字、数、名、历算等,将他引向了精通一切工巧的本智之门,因而他虔诚供养众善知识。于是,普贤菩萨为诺桑(汉译"善财童子")所示大愿《普贤菩萨行愿王经》盛传于汉藏各地,可谓家喻户晓。由此看来,本文中是否指佛在世期间的这位巨贾之子诺桑(ཚོང་དཔོན་གྱི་བུ་ནོར་བཟང)与文殊师利之间殊胜的师生关系呢?虽不敢妄下定论,但可能性较大。因为宗喀巴在《菩提道次第广论》中,从《大方广佛华严经第四十五品》中旁征博引之后特别强调:"若能如此,不久将会成为如同意志力希有殊胜的佛子常啼和对于寻求善知识无餍足的善财童子"(དེ་ལྟར་བྱས་ན་རིང་པོར་མི་ཐོགས་པར་སྙིང་སྟོབས་ཐུལ་དུ་བྱུང་བའི་རྒྱལ་སྲས་རྟག་ཏུ་ངུ་དང་བཤེས་གཉེན་འཚོལ་བས་ངོམས་པ་མི་ཤེས་པའི་གཞོན་ནུ་ནོར་བཟང་ལྟ་བུར་འགྱུར་རོ། །)。同时,博道巴仁钦塞所著《菩提道次第喻示聚宝论释》中感念师恩侍奉随喜篇,最后也引证这个典故。显然,在藏族传统教育中,把善财童子喻为拜师之道的典范。参见《甘珠尔对勘本》(藏文第38卷),北京:中国藏学出版社2007年版,第4－801页;《宗喀巴洛桑智华文集》(藏文第13函),西宁:青海民族出版社1985年版,第55页;法尊译《宗喀巴大师集》(第1卷),北京:民族出版社2000年版,第64页;中国藏语系高级佛学院编《藏文文选之十七喻法论·聚宝及注释》(藏文),北京:民族出版社1991年版,第500页。)

愿得诸师欢喜而教授!
至尊导师随摄受持时,
丝毫不作不悦之言行,
奉行身语意之诸善举,
如是侍奉之供而随喜!
证悟经典体验诸正法,
如是执持佛示之旨意,
于此丝毫不遇阻碍障,

顺缘水到渠成而祈愿[①]!

三界法王克珠杰格列贝桑布的这首祈愿偈颂,是对于该尊者具有坚固不退虔诚之信的若干善知识再三恳请之下,说法沙门根敦珠巴白桑布善写于具德大菩提幽静隐居之地大乘宫殿[②]。

(该文系夏吾李加先生从其它藏文典籍中搜寻翻译,西藏藏文古籍出版社出版的《一、二、三世班禅额尔德尼传》藏文版里没有收录。——编者)

---

① 本文收录于《一世达赖喇嘛·根敦珠巴文集》第5函第13部《杂集》,参见西藏色昭佛教古籍编委会整理《杰旺根敦珠巴文集》(藏文第9册),北京:中国藏学出版社2013年版,第358-362页。

② 藏语"དཔལ་བྱང་ཆུབ་ཆེན་པོའི་དབེན་གནས་ཐེག་ཆེན་ཕོ་བྲང",第六代那塘寺堪布桑杰贡巴桑杰嘉卜建立绛钦寺,圆寂火葬后骨灰制成擦擦装藏修建菩提佛塔,故名"大菩提静处"(བྱང་ཆུབ་ཆེན་པོའི་དབེན་གནས)。在此基础上,一世达赖喇嘛·根敦珠巴46岁约于1436年在施主释迦白瓦的资助下,在今日喀则市西南20多公里处那塘寺北面后山顶上绛钦岗日修建的修习本尊的禅房。这期间他想到曾与克珠杰在乃宁寺建立了学缘关系,打算赴甘丹寺依止克珠杰听受时轮金刚方面的所有殊胜教授。于是,他动身前往拉萨甘丹寺,到达日熬格培寺时惊闻克珠杰圆寂。因此他没有立刻前往拉萨,而停留在后藏日熬格培寺闭关修行一个多月。由此看来,这篇文章似乎写于此时,也就是1438年前后。但是,后来他们也有多种渠道的联系,如扎什伦布寺初建阶段,通过克珠杰的托梦嘱托修建了赫赫有名的扎什伦布寺的至尊慈氏铜像,这期间从昂仁邀请雕塑师之时还遭遇唐东杰布的阻扰。又如1450年在扎什伦布寺依据帝释慧的《释量论释》和克珠杰的《释量论广疏理路海论》为首的大量梵藏注疏讲学,留下了大量早期门徒们所造笔记。因此,本文的具体撰文时间有待进一步考证。参见五世达赖喇嘛·阿旺洛桑嘉措等著《第一世至四世达赖喇嘛传》(藏文),北京:中国藏学出版社2012年版,第29-30、47、51、53、57、60-61、103、105、109-110页;陈庆英、马连龙著《一世—四世达赖喇嘛传》,北京:中国藏学出版社2006年版,第24、35、38-39、41、43-44、72-73、81页;班钦索朗扎巴著《新旧噶当史籍》(藏文),拉萨:西藏藏文古籍出版社2001年版,第22-24、148页;喀尔那译师班觉嘉措著《格鲁派源流·如意宝树智者能喜》(藏文),拉萨:西藏藏文古籍出版社2013年版,第216-217页;第悉桑结嘉措著《格鲁派教法史》(藏文),北京:中国藏学出版社1991年版,第237、261-262页。

克珠杰之赞①

二世达赖喇嘛·根敦嘉措②著　夏吾李加　还格吉 译注

为天等宇宙一切众生，

正法八万四千之法门；

狮吼一般讲授无双者，

① 藏语"མཁས་གྲུབ་རྗེའི་སྟོད་པ།"，关于赞颂克珠杰功德的文章，后来格鲁派凡有学术成就的贤哲都留下了赞颂诗篇或祈愿文，可谓多如繁星。但是，这一篇因逐一梳理克珠杰的本生传，并简明扼要地总结和归纳其殊胜功德，故唯一入选格鲁派常诵功课的克珠杰之赞。基于这样的情况，笔者试着翻译而成。参见西藏色昭佛教古籍编务会整理：《二世达赖喇嘛·根敦嘉措文集》（藏文第1册），北京：中国藏学出版社2010年版，第148页；诺章吴坚编：《格鲁派念诵仪轨经集》（藏文），拉萨：西藏人民出版社2011年版，第217－218页。

② 藏语"རྒྱལ་བ་སྐུ་ཕྲེང་གཉིས་པ་དགེ་འདུན་རྒྱ་མཚོ།"，1476年农历12月3日诞生于日喀则市的达那地方，俗名"桑结培"。自幼随父学习藏文拼读与书写，7岁时被更庆群杰巴桑认证为第一世达赖喇嘛·根敦主转世灵童，8岁时被迎请至扎什伦布寺，10岁时依班禅隆日嘉措足下接受剃度为僧，授予"根敦嘉措"为法名，并研习《释量论》。当年还从鼐宁群杰贡噶德勒足下接受沙弥戒，从此一直到18岁为止，潜心闻思以般若和中观哲学为代表的五部大论。19岁时被蒋央噶帏洛智或蒋央莱巴群觉邀请到拉萨入主哲蚌寺，21岁时在鼐宁群杰贡噶德勒足下接受比丘戒。23岁时被班禅乔拉维赛邀请至琼结日沃德钦等地进行讲学，因其闪烁的慧光而名震雪域。随后在乃东贡玛阿旺扎西智华嘉措的邀请下，赴泽塘寺在墙壁上绘制宗喀巴，并开创了纪念宗喀巴圆寂之日的"甘丹安群"会供燃灯佳节。25岁返回拉萨，依止蒋央噶帏洛智和克珠诺桑嘉措为首的贤哲，系统研习菩提显宗和金刚密乘方面的经典理论。34岁在今西藏山南桑日县东部建立了群可杰寺，37岁开启拉姆兰措圣湖之门。由此沿袭了寻访活佛转世灵童时，需先到此后观湖看景而显示的征兆作为主要依据之一。当年赴扎什伦布寺担任第五代赤巴一职，42岁委任代理赤巴，后返回拉萨。43岁担任哲蚌寺的第九代赤巴，扭转了桑普寺和楚浦寺独自举行拉萨传召大会的被动局面，在宗喀巴大师开创拉萨传召大会91年以后，正式恢复了三大寺被剥20年的参与权，从此又成为以三大寺为代表的藏传佛教各派学僧均可参与的传召大会。同时在哲蚌寺青石房旧址新建了甘丹颇章，其后冬、春季大都住在哲蚌寺，夏、秋季大都在群可杰寺居住。49岁时在群可杰寺塑造金铜制作的至尊大慈像，52岁担任色拉寺赤巴，66岁时建立阿里札仓。他一生著有《了不了义释难·彰显密意灯论》《入中论解说·彰显密意庄严论》《七十空性解说·彰显中观正道灯论》《缘起理赞词义解说·无上津梁》《宗海入岸之舟》《二十一尊度母解说》《七十祈愿文献注解》和《大威德会供》以及《诗境第二品三十五种意义修辞法举例解说》为首的5函旷世之作，最终于1542年在哲蚌甘丹颇章示寂。他是格鲁派首次寻访认证的转世活佛，通过上述非凡功德确立了他在格鲁派中领军人的历史地位。这些内容摘自其文集第1函第1部《自传》，共有38叶，中国藏学出版社2010年版，第1册第1－63页。另外还有五世达赖喇嘛所著：《传记如意宝树》，五世达赖喇嘛·阿旺洛桑嘉措等著：《第一世至四世达赖喇嘛传》（藏文），北京：中国藏学出版社2012年版，第125－446页；陈庆英、马连龙：《一世—四世达赖喇嘛传》（汉译本），北京：中国藏学出版社2006年版，第87－126页；《陈庆英藏学论文集》（上），北京：中国藏学出版社2006年，第486－504页。

克珠群杰足下我敬礼！

成就圣地具德香巴拉，

历辈法胤之主称法王①；

转世成为众贤之庄严，

世称格列贝桑而祈愿！

此地许多矜夸自大者，

宛如原野粗犷的走兽；

难以忍受您犀利论调，

犹如森林之王狮子吼；

使人畏惧闻风而丧胆，

故此称为善言之庄严；

名扬三千世界而祈愿！

证悟如幻如电诸法义，

幻景一般我乃佛菩萨②；

以此教授有缘众门生，

金刚总持您而作祈愿！

尽管常驻于大乐法身，

却以龙树高足清辨师③，

① 香巴拉国王妙吉祥称法王，传时轮金刚灌顶时，把日车仙人等许多不同法种的梵净仙人合为一个金刚法种兄弟同时传授，因而获得这个称号。他们的后世亦袭该称号，共传妙吉祥称、白莲、佳善、尊胜、善友、宝手、遍入藏、日称、报善、海胜、难胜、太阳、众色、月光、无边、护国、拥祥、狮子、镇服、巨力、不灭、人中狮王、大自在、无边尊胜、勇武轮王等廿五代。详情参见百慈藏文古籍研究室编：《时轮金刚汇编》（藏文），拉萨：西藏藏文古籍出版社 2012、2014 年版，第 1－40 页。

② 藏语“སྒྱུམ”，如幻是真谛相对应的世俗假立概念，也就是指遮蔽事物本质的如幻虚景的一切现象。在藏传佛教中，如幻有十二喻示意：幻景、水月、光影、阳焰、梦、谷响、寻香城、魔术、彩虹、电、水泡和影像。

③ 藏语“ལེགས་ལྡན་འབྱེད”，古印度南部玛哈喇饶的刹帝利种姓（མ་ལ་ཡ་རའི་རྒྱལ་རིགས），出家后广闻三藏理论，逐渐成为五十座寺院之主，授课讲学。为了阐明龙树所创中观思想，通过撰写《中论大疏·智慧灯论》和《中观宝灯论》等论著，批驳佛护对中论的注释，进而详细论述了富有思辨性的自续因理。在此基础上，把龙树师徒的思想解读阐释为中观自续派，著有古印度各派哲学思想梳理、辨析的《中观心要注解·正理火焰论》以及《中观摄义》等论典。他认为：立论者将自己欲证的命题，开创了中观自续派。这些均收录于印度古代学术思想精品藏译系列丛书集大成《丹珠尔》对勘本第 57、58 册（中国藏学出版社 2000 年版）。

以及阿巴雅等贤哲身，

（译者注：藏语“ཨ་བྷ་ཡ་ཀ”，是梵语，即阿巴雅噶饶（1004－1125年）。在他的论著藏译本的题记（丹珠尔对勘本》（藏文第63卷），北京：中国藏学出版社2000年版，第1613－1615页）中明确译为“无畏生源或无畏生源遮蔽”，特别在许多梵藏辞典中异口同声地把梵语“阿巴雅”对译为“无畏”。觉囊派的达罗那它认为，阿巴雅噶饶生活在天竺罗摩波罗国王时代。所谓“罗摩波罗国王”，可译为护爱国王（贵·循努白：《青史》，成都：四川民族出版社1986年版，第986页），是诃悉提波罗王之子，他自幼继位，极富智慧及才能，因而其权势迅速大增而疆域得以拓宽。他在位46年，随后大位传给其子药叉波罗，3年后罗摩波罗国王去世，一年之后被大臣罗婆斯那篡夺王位。从此罗摩波罗王朝终结，但是这个时期佛教极为兴盛。尤其罗摩波罗国王继位不久，特别邀请阿巴雅噶饶委任金刚座堪布，随后相继担任戒香寺（或译毗札玛喇释拉、毗讫罗摩尸罗或超严寺）和那烂陀寺堪布一职。此时与历代传统有所不同，仅就戒香寺平时有160位班智达，常住比丘1000名学僧，会供期间聚集5000多名学僧。而在金刚座国王专门供养的大乘上师40名，小乘声闻比丘200名。这些是常住于此的僧数，遇节庆大会时聚集声闻比丘约10000名。奥旦达卜罗寺常住学僧大小乘两部共有1000名，相传时而来会学僧12000名。当时所有大乘上师们的顶头如意至宝就是阿巴雅噶饶，更为难得的是小乘声闻部众亦称赞他为“戒律精严的伟大尊者”。因为他的功德极为殊胜，尤其他对浊世佛法大加整饬，所以他撰写的以《佛陀意旨庄严论》和《入时轮》以及《金刚宝鬘》为代表的论著后来特别盛行。而且，他与后世的阿阇黎然那噶饶贤达巴（意为宝生寂）二人，除了时运的原因在利益众生和佛教方面存在大小之外，在学识功德层面与先哲世亲为首的论师并无差异。从前的达摩波罗国王（法护王）逝世以后，在孟加拉国和恒河北部的无斗城等自雅穆纳河东西两岸各地，以及从婆罗奈斯（意为江绕城）至摩腊婆之间的钵罗耶伽、莫土罗、俱卢、般遮罗多、阿伽罗、娑伽梨、提利等地外道盛行，特别是奉持蔑戾车教（通常藏文典籍中指信奉穆斯林者）的日益增多，同时在迦缕摩波、底罗呼底、欧提毗舍等地外道日趋兴盛。但是，只有摩揭陀国佛教比以前更为繁荣昌盛，因而僧伽和瑜伽行者尤为增多。这位伟大的阿阇黎无畏生源尊者，也就是上述阿巴雅噶饶，他在智慧、慈悲、威力和权势等方面均已圆满，故此，他又被称为“圆满护持佛教著名而伟大的阿阇黎的殿后者”，这是世人中肯而一致的评价。他的论著犹如把佛陀释迦牟尼及其高足们的意旨如是转达给后世有情众生一样，因此他所造殊胜论典的含金量远远超过二胜六庄严以后出世的诸位阿阇黎的论著。并且，阿巴雅噶饶善说的殊胜之处，还能得到实证。所以，我们把他的论著可视为古代印度二胜六庄严般的论典，并以此尊奉为大乘诸论的圭臬。最后，罗摩波罗国王在位末期，阿巴雅噶饶示寂，具体年代有待考证。参见其《印度佛教史》（藏文），成都：四川民族出版社1986年版，第300－302页；张建木汉译的1988年版，第238－240页。宗喀巴对于阿巴雅的学术思想给予一分为二的评价，即密宗方面给予高度评价，而显宗方面进行了严厉批评。这说明宗喀巴的治学极其严谨，决不以偏概全。令人痛心的是，当今很多人只看到宗喀巴对阿巴雅的赞美或批评的一部分，缺乏整体把握和全面认识，进而做出“只见树木不见森林"的片面判断。值得注意的是,噶洛译师认为,这一时期印度最伟大的班智达是赞弥桑结智华,他是中国历史上唯一兼任古代印度金刚座和那烂陀寺堪布一职的班智达(巴卧祖拉陈瓦:《智者喜宴》(藏文),北京:民族出版社1986年版,第530、1498页;竹巴白玛噶波:《竹巴教史》,拉萨:西藏藏文古籍出版社1992年版,第313页)。布敦仁钦珠认为:他是宗喀人,并用梵藏多种文字撰写或互译的部分论著,散见于印度古代学术思想精品藏译系列丛书集大成《丹珠尔》(《佛教史·经典藏论》,中国藏学出版社1991年版,第203-308页)。其中署名较多,如伟大的木雅译师就是指赞弥桑结智华,较为著名的是宗喀地区、拉堆王统、噶达惠远寺为中心的地区等等。因而在《绛巴世系》中认为赞弥桑结智华就是中尼边境上的拉堆南北地区的人,也就是说《克主杰文集》第1函第4部《散论合编》第2部《绛巴之主朗索朗嘉扎巴启问书·制伏诽谤邪说》中的请教者"绛巴之主朗嘉扎巴"就是赞弥桑结智华的侄子(曲贝塔羌、朗喀索朗等著:《西藏六部世系谱汇编》第113、132页,拉萨:西藏藏文古籍整理出版社2014年)。当然,如今四川甘孜州道孚、雅江、康定等县的个别学者认为是诞生于他们当地,但尚未发现可靠的史料支持此说。因此就目前情况而言,拉堆南北和宗喀地区是藏族早期权威史家的主张,尚未发现新史料的情况下只能认可这种说法。同时,在《帕竹多吉杰布文集第七函第十一部具德本智黑天护法史》中记载到,首先龙树所造《具德本智黑天护法》传于圣天,其后依次传于龙菩提、大时轮师、小时轮师、阿巴雅、赞弥桑结智华、噶洛译师、喇嘛阿桑、帕竹多吉杰布等。其中阿巴雅和赞弥桑结智华之间建立了互为师生关系,而且双方都成就了延年益寿的殊胜悉地,故阿巴雅分别以身语意为大小方便法门命名著书,赞弥桑结智华著有《黑顶盖方便法门》。同时,他们都相继担任那烂陀寺和金刚座的堪布一职,还与金刚座师亦有彼此益友关系。喇嘛赤列朗嘉和堪布协珠旦增兄弟二人于2002年在尼泊尔编纂的《帕竹多吉杰布文集》(共有9函,包括最后补遗的1函150页)第7函第270-278页。总之,藏文古典中关于阿巴雅噶饶的生平事迹记载的较多,其中最为著名的是四世班禅罗桑确吉坚赞所著《阿巴雅噶饶传记·梵天妙音》,这与克主杰的本生传有着紧密的联系,参见《四世班禅文集》(藏文第1册),北京:中国藏学出版社2009年版,第437-442页。)

转世利众上师而祈愿!

诸佛化身至尊宗喀巴,

心传高足无双克珠杰;

格列贝桑略赞之福泽,

众生获得妙乘之怙主!

宗喀巴师徒所创善规,

正如日光辐射人世间;

彻底断除邪说黑势力，

利乐莲花常开而祈愿！

此乃由持戒敦肃者根敦嘉措为满足若干希求善举者的再三委托之愿，于泽塘寺撰写而成。①

（该文系夏吾李加先生从其它藏文典籍中搜寻翻译，西藏藏文古籍出版社出版的《一、二、三世班禅额尔德尼传》藏文版里没有收录。——编者）

---

① 藏语“རྩེ་ཐང་།”，又名泽塘寺，又名泽当寺，1351 年由帕竹政权创建者大司徒绛曲坚赞所倡建，坐落于卫藏雅鲁藏布江南岸乃东腹心地段。今山南市乃东县中部，世代成为山南地区的中心城镇。参见朗氏绛曲哲科等：《朗氏家族史·灵犀宝卷》（藏文），拉萨：西藏人民出版社 1983 年版，第 103－115、320－342、362－365、433－439 页；大司徒绛曲坚赞：《大司徒绛曲坚赞遗教》（藏文），拉萨：西藏人民出版社 1989 年版，第 1－13、239－253、271－274、340－346 页。

贤哲遍智一切克珠杰小传

曲登饶觉 著　　米玛次仁 译注

卷首礼赞

南无敏祖郭喀雅！

向空性大悲洛桑扎巴师徒顶礼！

妙善深广之佛法，

无阻趋赴具智慧，

洛桑扎巴所化众，

至尊上师顶足莲！

圣贤克珠杰拥有智慧，能无阻通达一切知识，通晓显密经典，是具有无畏的智者和精通五明的大班智达。据自在成就师格列贝桑布之传记，对其一小部分进行叙述。

克珠杰其重要稀奇之前世有哪几位、圣人得到哪几位本尊神护佑、至尊上师宗喀巴在梦中如何显现等。其出生地、学法经过、有何亲戚、住于何地等内容将不再赘述。①

一、历辈前世

很多世前，上师克珠杰转世为阿毗雅噶热②，并追随至尊文殊。

① 这段话似乎表明传记作者曲登饶觉应著有另一部专门叙述克珠杰生平历史的传记。

② 古印度佛教大师，约10世纪出生在南印度一婆罗门家庭，从小精通声明、因明等，后得金刚瑜伽母授记，前往邦嘎拉受戒出家，学习密法，成为重要的佛教高僧。据传杂米桑结扎（ཙ་མི་སངས་རྒྱས་གྲགས）和噶译师循努贝（ཀ་ལོ་གཞོན་ནུ་དཔལ）等都曾依止阿毗雅噶热学法。

文殊菩萨曾让其撰写《修行法大海》①(སྒྲུབ་ཐབས་རྒྱ་མཚོ།),此外,还著有其他许多经典。

又,在古印度,克珠杰转世为大杜鹃②(རིགས་པའི་ཁུ་བྱུག་ཆེ་བ།),广行利他事,曾得到吉祥月称③的全部教法。④

某日,月称言:"在未来,至尊文殊将化作一比丘身相,转世于未开化之地,到时汝也将一同转世,听从其教诲,弘扬佛法。"

如理检之,毫无疑问,至尊上师宗喀巴系文殊菩萨化身。

上师转世为圣者迦叶⑤的沙弥莲花性(པདྨའི་ངང་ཚུལ།),后在至尊上师梦中显现,据说每次迦叶都会传授一章佛法。

当克珠杰转世为杜鹃时,圣人龙树向其传授深邃的见地,使其执实之误见从根拔除。

龙树曰:"吾等印度成就师们皆依止至尊文殊,其因是当对佛经中的难点产生极细微的疑惑时,只要向至尊文殊祈祷,就能明辨甚深义。所以汝也应依止至尊文殊。"

上师曾言:"在依止的所有本尊神灵中,属至尊文殊最殊胜。吾依止至尊文殊,因而正确地领悟了缘起之意。"

龙树曰:"吾祈愿在未来,能够转世到未开化之地,行利生事,

---

① 据贡斯曲吉囊瓦(ཀུན་གཟིགས་ཆོས་ཀྱི་སྣང་བ།)所著《修行法大海简介·利他珍宝》(སྒྲུབ་ཐབས་རྒྱ་མཚོའི་མཚམས་སྦྱོར་ཞུང་བསྡུས་གཞན་ཕན་ནོར་བུ།)记载,对本尊神身、语、意进行加持之法,由古印度大贤者阿毗雅噶热在获得金刚母的授记后,通过对释迦牟尼教法中关于本尊神方面的内容进行汇总后所撰写的一部修行书,里面共有本尊神各阶段修行的242种修行法门。详见贡斯曲吉囊瓦著《修行法大海简介·利他珍宝》,收录于《贡斯曲吉囊瓦文集》(第4卷),木刻本,第181-190页。

② 据《菩提道师承传》记载,大杜鹃年少时就受戒出家,曾在毗噶玛拉希拉寺学习三藏,遂成为佛教高僧;依止月称系统地学习龙树大师所传教法;当纳措译师前往毗噶玛拉希拉寺迎请阿底峡大师时,大杜鹃系该寺诸班智达之首,而且阿底峡也曾依止大杜鹃学习佛法。详见永增益喜坚赞著《菩提道师承传》,第221-223页。

③ 古印度佛教论师,约7世纪出生在南印度一婆罗门家庭,曾依止龙树大师学习佛法,后成为那烂陀寺堪布,著有《中论释句》(དབུ་མའི་གཞུང་ཚིག་གསལ།)、《入中论》(དབུ་མ་འཇུག་པ།)等,其教法传统后来发展成为中观应成派。其生平详见永增益喜坚赞著《菩提道师承传》,第214-221页。

④ 原文用边执之绳完全拴住来形容获得了全部的教法。

⑤ 即迦叶波尊者,又称饮光尊者,释迦牟尼佛十大弟子之一,系头陀第一,结集论藏之上首,也是第一代付藏法师。

到时汝将转世为吾之首批所化徒众中的最殊胜者。”

如理检之，至尊上师宗喀巴系龙树菩萨之化身。

上师克珠杰几乎是追随至尊上师宗喀巴而同时转世。

薄伽梵时轮对至尊言：“月称，请汝追随香巴拉王白莲法王和妙吉祥称法王！尤其是后者。”此句之寓意是白莲法王系杰曹吉，妙吉祥称法王为克珠杰。

克珠杰的转世几乎都是为了追随文殊菩萨而来，至尊上师亦是为了己教法而来。当圣天①（འཕགས་པ་ལྷ།）、寂天②（ཞི་བ་ལྷ།）和佛护③（སངས་རྒྱས་བསྐྱངས།）显现时，曰：“至尊文殊菩萨已转世至未开化之地，弘扬佛法，汝为其所化弟子，应以头顶礼其足下，完全依照其所说修习精华。”

如理检之，此为特殊的信念，即至尊上师宗喀巴系文殊菩萨之化身。

在克珠杰的某一前世，至尊文殊菩萨显现，对克珠杰言：“可怜未开化之地的有情众生皆落入不知无明之取舍的窘境，因无明而走上邪道，从而徘徊在生死轮回中。吾为将众生引向解脱和遍智一切的果位，依愚痴者的意乐而转世为比丘身，汝也将为所化，所以也请汝与吾一同转世。”

如理检之，可确信至尊上师宗喀巴乃至尊文殊菩萨之化身。

又一前世，大婆罗门萨乐和④（ས་ར་ཧ།）显现，对其言：“在未开化

---

① 梵文音译为阿离野提婆，亦作圣提婆。古印度佛教论师，系龙树大师重要弟子之一，著有《中观四百论》（དབུ་མ་བཞི་བརྒྱ་པ།）等著作，以阐释龙树所传中观要义。

② 7、8世纪古印度佛教论师，系当时古印度国王善铠之子，在那烂陀寺受戒出家，著有《入菩提行论》（བྱང་ཆུབ་སེམས་དཔའི་སྤྱོད་པ་ལ་འཇུག་པ།）和《集菩萨行论》（བྱང་ཆུབ་སེམས་དཔའི་བསླབ་པ་བཏུས།）等。

③ 古印度佛教大师，系中观派，对龙树所造《中观论》进行注疏，从而完成了重要的佛教经典《佛护论》（ཙ་བ་ཤེས་རབ་ཀྱི་འགྲེལ་པ་བུདྡྷ་པ་ལ།），是当时著名的中观应成派上师。

④ 出生于古印度一婆罗门家庭，他是最初弘传大乘密教者，是龙树大师的上师。其生平详见多罗那他著《受教七传承传》（བཀའ་བབས་བདུན་ལྡན་གྱི་བརྒྱུད་པའི་རྣམ་ཐར།），收录于《觉囊·多罗那他文集》（第33卷），中国藏学出版社2008年版，第272－274页。

的黑暗之地,薄伽梵金刚大威德亲临该地,行利生之事。汝以头顶礼其足下,依此法行利生事。”

据说,古印度一切成就师皆视金刚大威德为密法本尊神。克珠杰曾询问萨乐和:“您是修习胜乐的主要成就师,若以阎罗敌为本尊神,妥否? 如有不妥,又该如何?”

萨乐和哈哈大笑,答道:“吾和拉利达巴扎①系亲友,而且存在法缘。总的来说,吾等印度的所有班智达都会依止至尊文殊菩萨,成就师们都依止阎罗敌,如此依止有其特殊目的。如果没有这些本尊神,就无法消除五浊②恶世之有情和三毒四魔③。”

如理检之,至尊上师宗喀巴系至尊文殊菩萨化身。

据说上师克珠杰是至尊廓译师④的转世。当阿底峡来到阿里时⑤,曾对廓译师言:“汝极具智慧,追随至尊文殊菩萨者皆具大智慧。如果汝生在印度,那功德将能与贤底巴⑥相提并论。”

对此,至尊宗喀巴也曾亲言:“汝为至尊廓译师的转世,对龙树所传密集极为精通。”

---

① 古印度摩羯陀国修习密乘的一位佛教徒,据说曾在那烂陀寺求法,获得成就。

② 即寿浊、烦恼浊、众生浊、劫浊和见浊。

③ 三毒指贪、嗔、痴;四魔指蕴魔、烦恼魔、死魔和天子魔。

④ 这里指的是廓·库巴列杂。

⑤ 阿底峡来到阿里的时间,据郑堆考证,阿底峡1037年启程赴藏,1039年抵达阿里,1044年与仲敦巴相见。参见郑堆著《阿底峡在西藏传法历史考》,载《西藏大学学报》(社会科学版)2010年第2期,第60页。

⑥ 古印度84成就者之一,据《古印度八十四位大成就师传》中记载:在马加达(མ་ག་དྷ།)地区国王提瓦帕拉(དེ་ཝ་པཱ་ལ།)(神护)执政时,贤底巴出生于维嘎马希拉(བི་ཀྲ་མ་ཤཱི་ལ།)地方一婆罗门家庭,名为拉那阿嘎阿贤底(རཏྣ་ཀ་ར་ཤཱནྟི།)。他精通五明,因学问渊博、持戒谨严著称。贤底巴大师率领了2000人左右随从弟子,由象马等满满驼运经典三藏。众人依次经过了那烂陀(ན་ལེནྡྲ།)、由登打布力(ཨོ་ཏ་ཡནྟ་པུ་རི།)、王舍城(རྒྱལ་པོའི་ཁབ།),以及菩提嘎雅(རྡོ་རྗེ་གདན།)等地,来到了斯里兰卡大海附近,并在该地传法3年,其后贤底巴返回印度。大师100岁时,有12年时间在妄念里,而大师的弟子多杰巴则心无妄想地来禅修。12年后他得到了大手印的究竟证悟,住于真实本性中。而在钦·囊喀扎所著《阿底峡尊者传》中关于阿底峡学习佛法之传承中多次提到贤底巴,且许多教法皆在贤底巴前授受,而这些教法传承包括:一切密咒总传承、密集传承、共显密传承、证得成就传承、宗派传承、种种教授传承。贤底巴是阿底峡所依根本上师之一。其生平详见阿巴雅噶热著《古印度八十四位大成就师传》,西藏人民出版社2005年版,第18-21页。

有一次，在克珠杰梦中见到胜乐金刚，其曰："在印、藏佛典中，关于修习胜乐的经典，没有比洛桑扎巴[1]更好的了。"

克珠杰请求道："那么，请允许我也依据至尊上师的经典修习胜乐！"

胜乐金刚答道："吾与洛桑扎巴无分别，只有疱那落伽[2]（ཆུ་བུར་ཅན།）将金刚持[3]视为平凡。"

克珠杰曰："我并没有将上师视为佛，所以将进行忏悔！"

胜乐金刚听完，感到欢喜。

因上师和胜乐金刚无分别，因此，至尊宗喀巴将胜乐轮法传授给了克珠杰，并言："当前吾之坛城在五台山[4]，自上弦、下弦十日始，吾都将亲临。前往空行刹土易行，但付出实践者甚少。"

又有一次，一位美丽、身色泛绿的女子来到克珠杰面前，言："善男子，请你撰写佛藏喜金刚之现观和坛城及注释！"

当克珠杰著完二品注疏之现观和坛城，以及供鬘、誓愿和祝福等著作首尾完整之时，喜金刚现身，出现了灌顶加持等诸多吉兆，曰："汝正确地领悟了吾生圆次第的重点，撰写如此善说，甚是稀奇！"

二、本尊神灵护佑之情形

两位至尊上师初见时，克珠杰在梦中迷失在一片黑暗当中许久。当时从东方升起一具足千辐之剑轮，剑柄朝内，每一剑尖皆升起百轮红日，如此之剑轮上方环绕着五色彩虹；其内现起至尊文殊，身色红黄，手持智慧之剑和经箧，还有无数珍宝作庄严；并以童

① 指宗喀巴。

② 即泡地狱，佛教经典将其视为八寒地狱之第一地域。

③ 诸佛共主，佛教经典中记载其为释迦牟尼宣讲密乘时所现身相。

④ 位于今陕西省境内，是佛教一著名圣地，佛教经典中将其说成是文殊菩萨的道场。

子之装容，发辫顶髻的珍珠链上系有般若二万颂，极亮而合意，妙曼庄严，视而不厌，此般文殊欢喜而至，融入其身。当日轮从东方升起之时，除尽一切黑暗，光芒普照所有世间。

次日，与至尊宗喀巴相见时，克珠杰问至尊："昨晚梦境如此，是何原因？"

至尊回答："汝能无分别地看待上师和本尊，极好！汝乃专修习密乘而来，如珍宝般的所化之人，汝能见到至尊文殊菩萨则是合情合理的，愚者眼里只能见到寻常之物。汝对众多所化将有极大利益。"

如理检之，上师宗喀巴系至尊文殊菩萨化身。

对此，至尊自己曾亲口应允。因而对此只能相信而无需教理的佐证。

至尊上师宗喀巴问："汝依哪位本尊？"

因克珠杰依文殊语狮和红色大威德金刚为本尊神，所以依上述而作答。

宗喀巴言："通常依红、黑、大威德三尊任何一位为本尊，皆为至尊文殊菩萨渐次显现忿怒。至尊虽依止，但吾之法脉传承皆依文殊菩萨，从而获其加持，汝需知晓。故，以吉祥大威德金刚为本尊，在因果二时皆能亲见文殊菩萨，且具特殊意义。他人根本不懂其奥秘，文殊静猛合修是至尊文殊菩萨亲口所授特殊法门，没有一种善说是印、藏圣贤们闻所未闻的，这是至尊文殊特意视吾为所化而传授的教法。对此，有些人不但没有将其视为自己心脏般进行呵护，甚至对甚深义表现出有苦难言之状，还口出藐视之言，虽拥有日夜勤勉之心，却不惜身体和生命，甚是可怜。密乘性相身业皆俱，不精进于其所指上师及具性相殊胜共通速得成就的本尊，反而寄希望通过无根本、不全面的脉、气、断和口诀获得金刚持之果位，此等做法甚是可怜。”

话毕，克珠杰还未开口，宗喀巴曰：“吾将大威德金刚教法传授于汝！”上师欢喜地将教法传授给了克珠杰。从此，克珠杰努力修持本尊，且自受灌顶。

某日，薄伽梵大威德金刚显现真身，将大上师金刚持的全部密乘三昧耶身业进行传授，克珠杰称赞道：“怙主汝为殊胜！”

又有一日，本尊显现，赞曰：“大上师金刚持吹响了佛法的海螺！”

又，恩扎菩提王显现，言：“大上师金刚持精通父续密集，并已获成就，汝应以头顶其足下！”

复次，宝帐怙主显现，曰：“汝不应遗弃萨迦①，请您长住于此！”

上师言：“住在萨迦，内无清净之见行，又无前辈上师之宗义，后世所化也仅如此；寺内挤满女性、毛驴、黄牛和卖酒女；如此悲伤之地，又有谁愿长留；虽身在他处，心却常念，尤其人生短暂，因而心想至尊上师应住在何处?! 吾再向萨迦空性护法母们供献食子。”

怙主言：“如要前往，就要选择佛法衰落之地，佛法昌盛的地方做任何事情皆有可能。吾住在萨迦并非因为见行，因有前辈上师的三昧耶和嘱咐。吾等主仆皆护佑汝之上师，萨迦巴们对汝生厌，且也不喜之，向吾供奉食子，让吾迫害洛桑扎巴师徒，尤其是汝。”为了不与人反目成仇，且心中念起前辈上师之嘱咐，怙主以怖畏装束，从萨迦来到喀热②(ཁ་རག)，后来又返回了萨迦。

---

① 即萨迦派教法，应克珠杰最初依止仁达瓦等萨迦派上师学习佛法，遂精通该派教法。

② 山名，位于卫藏两地交界处，即今天的日喀则市仁布县，因被视为藏传佛教护法神多吉玉珍玛(རྡོ་རྗེ་གཡུ་སྒྲོན་མ)的神山，所以被称为“觉姆喀热”(ཇོ་མོ་ཁ་རག)。

某日，四臂大黑天显现，言："汝应继承萨迦之传承，是否要让其衰败？若汝不留萨迦，那么汝前往何地，吾将追随。"

复次，萨迦的巴扎、布扎和丹玛皆显现，曰："汝将亲近于层次更高的神灵，谁不知至尊洛桑扎巴是大威德金刚，汝是否要放弃自己的传承，反而亲近更高级的神灵？这就像从乞丐手中夺来的东西，转而赠予富人一般。至尊文殊的化身萨钦贡嘎坚赞①已不驻世，吾等希望汝能继承，不料汝将此任如擦完屁股的石头一样将其舍弃。萨迦法脉将有谁来继承？!"说完，便泣之。

克珠杰见状，答道："两位神灵莫要哭泣！萨迦教法由吾来继承，本尊喜金刚同样也由吾来依止，大、小两位护法神亦由吾来供奉食子，两位土地神由吾来供奉！"

听完，二位地方神说道："无法做到的事情，答应了也无用，吾等也无法。"话毕，便离开了。

一次，妙音佛母显现，言："吾乃至尊文殊菩萨之母，如想精通声明、诗歌，就应依止吾。"

又曰："吾所精通广博，至尊上师之足下属汝精通诗歌。""对汝无人能及，但勿自大，不然会树敌太多。"

复次，六臂大黑天显现，口诵夏萨娜②（ཤྲཱ་ས་ན།）之密咒，并右旋，言："请对吾之教法文本进行补充！"

又，阎罗王及其身边围绕着八男八女显现，曰："大威德金刚的随从是至尊上师的护法神，吾等皆护佑至尊上师的教法，守持至尊上师教法者都应依止和修持吾等主仆。"

值得一提的是，内修阎罗王被四位牛头神所围绕而显现，曰：

---

① 即萨迦五祖第四位，也就是西藏历史上著名的萨迦班智达贡嘎坚赞。

② 即一种咒语的名称。关于该咒内容及解释，详见《命咒及夏萨娜咒释义》（སྲོག་སྔགས་དང་ཤྲཱ་ས་ནའི་སྔགས་དོན་བཤད་པ།），收录于《吉祥香巴噶举教法五部经典》（དཔལ་ལྡན་ཤངས་པའི་ཆོས་སྐོར་རྣམ་ལྔའི་རྒྱ་གཞུང་།）（第11卷），第40－47页。

“阎罗敌命吾担任至尊上师的护法,汝等要依止吾为本尊!”说完,外修阎罗王将梃杖交到克珠杰手中。

在克珠杰一前世,弥勒佛显现,言:“为了让南赡部洲[1]与本师无异的释迦牟尼之佛法如太阳般灿烂,至尊文殊菩萨的化身佛子珍宝亲临,汝也应弘扬此人之教法!”

如理检之,弥勒菩萨也认为至尊上师宗喀巴是至尊文殊菩萨之化身。

又,四面大黑天显现,曰:“萨迦巴们日夜修持吾之教法,并向汝抛打驱魔食子。上师的嘱咐,加上他们的引导,使吾来到汝前。”

当时,大黑天暗想,哦哟!此人是位持佛法者,将其摧毁会如何?!迫害正确地继承龙树观点的至尊上师宗喀巴师徒,那吾又应护佑谁呢?!因此,返回了萨迦,临走前说道:“请汝勿要松懈,一定要保持警惕!”

后,四面大黑天又显现,曰:“遍智一切洛桑扎巴是佛法之根本,尤其是龙树的清净观点,只有他通晓。吾虽常现他身边,但他却未曾供献食子于吾,所以心中生起怒气。”

三、至尊宗喀巴圆寂后常现于梦中之情形

当至尊上师示寂后,[2]常现于克珠杰梦中,并传授了许多佛法。

有一次,当法会结束,克珠杰回到僧舍后,心想有情众生前世未积累大福泽,究其原因,一是未遇到具相的上师;二是显现有为教法皆无常,却被视为有常;三是将一切佛法本性显现为空,却要执着为实有;四是将财富显现为无义,却日日勤勉于此;五是一世

① 佛教经典中所说须弥山南方海中大洲名。此洲有树,结实堕海,击水发响,如云“赡部”,名赡部树。生此树故名赡部洲。洲形如车,近须弥及左右三面,各二千由旬,其余一面三由旬半。

② 宗喀巴大师于1419年圆寂。

美名犹如回声般短暂，却要视为终极目标。

总之，大上师金刚持的密乘性相之善说对于克珠杰而言，不仅消除了对金刚持所传重要教法的疑惑，并与自在成就者无二异。佛法之根本法蕴八万四千法，就像究竟优昙钵罗上的花朵一般难得。克珠杰日夜勤勉于至尊上师所授亲训口诀，犹如此生能够证得金刚持果位之甚深道。而无福分者，则无法认清宗喀巴所授教法为甘露喜宴，不将经师至尊上师视为金刚持，还将其说成是不良上师，说其愚昧，未学而不知佛法，不知取舍，没有最上无间之教授，持自造之谬论，不具有精通五明的智慧，反而义无反顾地坠入错误的深渊。更有说其没有本尊神追随，反被鬼怪引向邪路而遇到障碍；舍弃解脱和遍智一切之果位，掉入三恶趣；此生只追随利养、妙欲和欲望，视不知羞耻为功德；整个人生都用来修持没有任何意义的愚痴，或如畜生般，在善行上师跟前听闻谄曲奉承、作赞欲得、得到、侍奉、美名、绮语、喧嚷、战争和盗贼之语，还听从和口说赞誉自己、诽谤他人之语，作风如猪狗般腐臭。哎嘛！如此神志常住于口，请放下执着心，看看那些懂得取舍之人，说真话会触动骗子的罪恶，不说则可怜有情众生，于心不忍，为了阻止继续追随邪见之人而不得不言。有些人不思死亡，这一世掉举于利养恭敬之事，妙欲被邪魔拿走，请看看被引向邪道的有情众生！

思毕，克珠杰感到十分伤心，潸然泪下。当时，他献上了极好的供奉，并向至尊上师宗喀巴恳切祈祷，热泪盈眶。至尊上师骑着一头白色七足、年满 16 且具六颗长牙、色如皑皑雪山、身裹黄金网、系有无法想象的黄金铃铛，被珍宝装饰的大象，至尊上师宗喀巴则以自己的身相显现，言："吾之弟子，请勿悲伤！念起上师会消除汝过去积累的罪恶之力，能积累无比的福德资粮。吾师徒二人之目的从根本上是好的，大瑜伽师米拉日巴也因极度思念上师而著有道歌，汝定要弘扬吾之教法！”

一日，克珠杰对一些极深邃的见地和特殊的生圆次第产生了疑惑。心想，如果上师在世的话，吾就可以向他询问，只可惜至尊已不在，又没有一位能给吾确切答案之人。上师如果还在世的话，那该有多好！不知我的上师现在何处？想到这里，克珠杰深感伤悲，当从一方传来阵阵声响时，献上了极好的曼札等供物，用极度伤感的语气大声祈祷“珍宝至尊上师宗喀巴”并潸然泪下。此时，至尊上师由珍珠、莲花等装饰示现其前，他坐在由很多神子抬着的黄金宝座上，解答了克珠杰的疑惑，给予了许多教诲和加持，并传授了许多教法。

复次，克珠杰翻阅了以显密菩提道为主的至尊上师之著作，还阅读了其它关于三藏、四续等的许多作品。简要来说，这些主要讲述了关于性相经典注释等的数量和次序；各经典作者自己的观点；宗轮开派师们通过事理对经典义理进行伺察；证得成就的瑜伽师们则通过身体的脉点而获得空乐珍宝、幻身和光音天等甚深妙道之论述。以上所述经典的真谛并非像冷热那样相悖。调伏下界所施净水和无上密乘无戏论之间的教诫并未变得琐碎而不完整，反而将证觉的条件或方法整合起来进行宣扬。当然，对此不仅仅是宣扬，还需精通宣扬和听闻二者的上师共同讲授，对此付出实践的话，无论此人天资是好是坏或是中庸，虽都可通过自相续学习和实践，但每个人都需有适合自己心性的方法来调伏内心。简单来说，首先要从如何依止上师开始，通过共通渠道来学习相续，从而引入大乘，最后通过仪轨，以六般若获得自我解脱，以梵行四摄事度他人等，如此具法器，具有一生即可获得金刚持果位的全部甚深妙道金刚乘法门之身。如此，除了吾之上师至尊文殊菩萨之化身大至尊宗喀巴外，在印度和藏地的噶当巴、大手印二种宗派中皆无人通晓，因而心中极其思念至尊的身功德，并生起无比信仰，流下的泪水弄湿了衣衫，克珠杰虔诚地祈祷道：“不会再有上师珍宝的恩惠，不会再有报答世间一切有情众生的恩惠，至尊宗喀巴！”

话毕，至尊上师骑着一头威猛无比、身上由无法想象之珍宝所装饰的白狮，宗喀巴大师则是红黄身色，手中持有宝剑和经箧，童子身相，发辫扎于顶髻，由各种珍宝装饰，以菩萨身相显现，曰：“吾之弟子，切莫哭泣！吾将一教法传授于汝！”

一般来说，浊世会有各种有情众生，特别是当前没有人常念无常死亡，也不思三恶趣之苦，贪恋利养、美名和衣食等平常之事，常做利于此生之事，不但从未设想来世的计划，且少有人去想来世会变成什么样子。有的人虽有一点想法，但也仅是当时广行利生事；有的人总想先制伏敌人、扶助亲党，等纠纷全部解决后一定行利生事；有的则想着这个月就算了，下个月一定行利生事；有的是今日算了，明日再做；有的是早上算了，下午再做，如此推迟而渐行渐远；有的人虽付出实践，却很难遇到具性相的合格上师，也很难听懂其所讲授的善说，听懂了也犹如白天的繁星一样，很少有人能够强迫自己舍弃此生的欲望，而前往幽静之地专心修行。

宗喀巴对克珠杰言：“吾向上师和本尊虔诚祈祷，积福除障，通读那些已被正确辨析的大论著，并相信其学说；在僻静的地方专心致志地修行，佛陀就在手掌中。诚然，却很少有人付出实践，尤其以生死轮回利益一些有法器的所化徒众！特别是要极力弘扬吾之密乘方面的善说！来世吾俩可以很快相见。”

某日，克珠杰十分想念自己的上师，心想，吾之上师当前身在何处？何时能够再次相见？想到这里，不禁落泪。当克珠杰试图努力平复心情而不能时，全身颤抖，汗毛竖起，并向至尊上师宗喀巴祈祷：“请您看看吾，再看看有情众生残暴的性格！您的佛法是否像天空的闪电，还是像寻香城一样一晃即逝？如果是那样，那么吾何时能够再次来到您的足下？”

克珠杰如此虔诚祈祷时，至尊上师骑着一头威猛的大虎显现，身为瑜伽师相，身色为红，眼鼻皆大，右手向天高举燃烧着的宝剑，左手握着灌满甘露的颅器于胸间，红色发辫顶髻系上了红绸，由骨饰所装饰，微笑而极具光泽，由80位大成就师①所环绕，上师欢喜显现，言：“善男子，汝之心神勿需不安！吾与汝一直心心相依，吾是不会弃汝而去。如念吾，就看看密乘性相二菩提道为主的吾之著作，那些都是吾之遗言和代理。有情众生因为烦恼，使他们的福泽渐小，汝已经开始了佛法的收尾工作，现在可以祈愿往生空行刹土！”

又有一日，克珠杰心想，是时候该祈愿往生之事了。如向上师进行供养和祈祷，他定会显现，到时不仅要询问至尊上师身在何处，吾还有其他所求之事。当时克珠杰敬献了黄金曼札等极好且

① 藏传佛教传统一般认为有84位大成就师，分别是：(1)咕噜卢伊巴、(2)咕噜黎拉巴、(3)咕噜毕鲁巴、(4)咕噜宗比巴、(5)咕噜沙瓦力巴、(6)咕噜沙拉哈巴、(7)咕噜吉嘎力巴、(8)咕噜米那巴、(9)咕噜果阿嘎、(10)咕噜卓朗卡、(11)咕噜韦那巴、(12)咕噜贤底巴、(13)咕噜登底巴、(14)咕噜札马力巴、(15)咕噜嘎卡巴、(16)咕噜龙树菩萨、(17)咕噜嘎那巴、(18)咕噜嘎拿力巴、(19)咕噜达卡那巴、(20)咕噜那若巴、(21)咕噜夏力巴、(22)咕噜底洛巴、(23)咕噜札查巴、(24)咕噜巴查巴、(25)咕噜杜甘帝、(26)咕噜阿卓基、(27)咕噜嘎拉巴、(28)咕噜多毕巴、(29)咕噜甘嘎那、(30)咕噜甘巴拉、(31)咕噜顶嘎巴、(32)咕噜班德巴、(33)咕噜当底巴、(34)咕噜古古力巴、(35)咕噜古吉巴、(36)咕噜达马巴、(37)咕噜马希巴、(38)咕噜阿津达、(39)咕噜巴瓦希、(40)咕噜那力拿巴、(41)咕噜布苏固巴、(42)咕噜印打菩提、(43)咕噜梅果巴、(44)咕噜果达力巴、(45)咕噜甘巴力巴、(46)咕噜札连达拉、(47)咕噜拉呼拉、(48)咕噜丹马巴、(49)咕噜多卡力巴、(50)咕噜梅帝尼、(51)咕噜山卡札、(52)咕噜甘帝巴、(53)咕噜卓吉巴、(54)咕噜札鲁吉、(55)咕噜葛鲁拉、(56)咕噜鲁吉卡、(57)咕噜拿古纳、(58)咕噜札雅南达、(59)咕噜巴札力巴、(60)咕噜赞巴卡、(61)咕噜毕夏拿、(62)咕噜帝力巴、(63)咕噜古马力巴、(64)咕噜札巴力巴、(65)咕噜玛尼巴札、(66)咕噜梅卡拉、(67)咕噜噶拿卡拉、(68)咕噜噶拉噶拉、(69)咕噜甘大力、(70)咕噜达忽力、(71)咕噜邬笛力巴、(72)咕噜嘎巴拉、(73)咕噜吉拉巴拉、(74)咕噜沙嘎拉、(75)咕噜沙瓦巴噶、(76)咕噜纳卡波笛、(77)咕噜达力嘎巴、(78)咕噜布达力巴、(79)咕噜巴拿哈、(80)咕噜郭卡力巴、(81)咕噜阿南科、(82)咕噜拉克希米噶拉、(83)咕噜沙母达、(84)咕噜恰力巴。古印度84位大成就师皆为在修行上有大成就的圣者。其中包括80位男性，4位女性。5位比丘，其余则是在家瑜伽士。这些人物是金刚乘、大乘佛教中各派祖师及传承源泉，其中即包含龙树、无著等大比丘众，亦包含那若巴、底洛巴等大成就瑜伽士，是各派教法真实缘起，乃各派修行者皆当供奉的祖师。详见阿巴雅噶热著《古印度八十四位大成就师传》，西藏人民出版社2005年版。

无法想象、十分丰富的供物，并在心中长时间地强烈祈祷：“上师三世佛！无依众生的唯一怙主！无比金刚持至尊文殊菩萨！”

至尊上师在累积重叠的新白云间，以出家人的装束显现，言：“善男子，速速准备往生！吾会派人前来迎接。”

克珠杰问：“至尊上师现在何处？吾愿前往！”

上师答：“吾有很多化身在空行刹土、兜率天和赡部洲，现身在汉地五台山，正向 8 万名比丘密宗师传法，早上讲授中观和菩提道，下午则传授密集、胜乐和大威德的生圆次第。汝也可以强烈长久地祈愿往生此处，过不了多久，就能相见。”

克珠杰又问：“吾之所化弟子也向至尊上师您强烈祈祷，且极具誓愿之力的话，那么他们是否也能往生该处听闻您的佛语甘露？”

上师答道：“吾与至尊文殊菩萨无异。如果向吾祈祷，就会往生此处跟随于吾。若有不妥，那也只因无人祈祷而已。”

克珠杰问：“何为追随至尊上师和至尊文殊菩萨之因？”

上师回答：“吾与至尊文殊菩萨无异，追随吾等之因属特殊，心中要生起出离、菩提心和正见，而且还需信受。”

克珠杰追问还有哪些其它因时，上师回答：“要修建吾和至尊文殊菩萨身、语、意之所依；要无分别地强烈祈祷；不要空话假话，而需赞颂和誓愿；要修习相信因果的信仰；通过四力忏悔罪过等。如此一来，不仅是追随于吾，还能往生该处，对此无需疑惑！”

克珠杰听完，祈愿道：

至尊上师洛桑扎巴贝，
感恩戴德心意行祈祷，
您往何地所处之净土，
吾也祈愿速往得加持。

四、圆寂

当上师希望行利生事时,速成智慧怙主显现,言:“若没有法主汝,至尊上师的清净教法有谁来主持弘扬?!”并为此表现出极为不舍的样子。

又,阎罗法王主仆显现,曰:“阎罗敌亲自命令吾等担任至尊上师的护法神,此次是至尊上师派遣吾等前来迎接!”据说还有很多稀奇之事发生。

复次,四面大黑天显现,言:“如果没有汝,从龙树传至至尊上师的清净见地,由谁主持都会受到他人诋毁。”说完,仰天长叹。

又言:“吾亦是龙树的护法,至尊与龙树无异。不守誓言和律仪,无视因果的观点不能称之为见地。”

二十日夜晚,很多神子手持华盖和宝幢等前来迎接克珠杰。有些人看到克珠杰坐着大象前往兜率天;有的看到他前往香巴拉;有的看到他骑着食子前往五台山,总之产生了很多不同的幻想。

此等净善对于诸世代,
圣贤师友汝将摄持之,
讲说深邃广博之佛法,
一切有情都将跟随您!

撰写德行高妙吾[①]之大经师遍智一切格列贝桑布亲授简短传记,由曾在至尊洛桑扎巴座下,以头顶礼上师足莲的多闻比丘曲登饶觉[②](ཆོས་ལྡན་རབ་འབྱོར།)证得诸法现似梦幻无有自性,看成三界熏香

① 指传记作者,也是克珠杰的弟子曲登饶觉。

② 系这篇克珠杰小传的作者,也是克珠杰的重要弟子之一。据《格鲁派教法史·黄琉璃》记载,甘丹寺第三任赤巴克珠杰的弟子曲登饶觉的名字前冠以“桑达”(གསང་མདའ།)二字。笔者推测其为曲登饶觉的出生地,位于今西藏拉萨市堆龙德庆区桑达村。该村位于山口,延山谷往南直行就能见到噶当派重要道场桑普寺,具体生平不详。参见第悉桑结嘉措:《格鲁派教法史·黄琉璃》,第76页。

城，舍弃此生行修行之要义，在至尊仁达瓦的修行地岗布拉山腰写成。祈愿佛法，尤其是至尊师徒的佛法珍宝能够得到弘扬和常驻，也希望能够成为摄持其法的善因！

愿得吉祥！

佛教莲苑利乐具芳香，
讲修辦盛解脱之蜜味，
众生享受古苯强巴林，
如此大寺布下法施雨。

愿诸事吉祥！

克珠杰秘传·起信大海①

色拉杰尊确吉坚赞 著　　夏吾李加 还格吉 译注

（译者注：藏语“རྗེ་བཙུན་ཆོས་ཀྱི་རྒྱལ་མཚན།”（1469－1544年），色拉寺色系札仓新学派创始人。1469年出生于年楚河上游日囊齐俄之地（མྱང་སྟོད་རིག་པའི་འབྱུང་གནས་ཀྱི་སའི་ཆ་རི་སྣང་ཞེས་པའི་ཆར་གཏོགས་པ་ཁྱིའུ་ཞེས་པ་ཡིན།），今西藏日喀则市康马县内。他们家族源自宗喀地区金刚密集的受命大成就者朵·益西僧格一脉（རྡོག་ཡེ་ཤེས་སེང་གེ），从宗喀地区迁移至后藏达那地区以后成为地方官员，阿底峡莅临卫藏时期被列为藏族九大望族之一（སྟོད་ན་འདར་རྡོག་འཁོན་གསུམ། སྨད་ན་ཁུ་རྡོག་འབྲོག་གསུམ། བར་ན་སོ་ཟུར་གནུབས་གསུམ་སྟེ་བོད་ན་ཆེ་བ་མི་དགུའམ་བོད་ཀྱི་རྗེ་སྲས་མི་དགུར་གྲགས། 参见曲贝塔羌、朗喀索朗等著《西藏六部世系谱汇编》，拉萨：西藏藏文古籍出版社2014年版，第142－206页），后又成为梦舟琼泽为首的大圆满之主（རྨིད་དྲུག་ཁྱུང་རྩེ་སོགས་རྫོགས་ཆེན་གྱི་བདག་པོར་གྱུར།）。这样的官宦家庭中的生父为地方长官宗本，名囊索索朗培，母亲为江孜法王帕巴之臣齐俄坚桑之女仁青卓玛，后来更名为卓玛本。当时的甘丹赤巴为克珠杰之弟帕索确吉坚赞（1402－1473年），他曾在后藏修行时成为该夫妇的根本上师，故这时赴甘丹寺拜见第六代甘丹赤巴。当时帕索确吉坚赞看着怀孕的妇人讲到：“你腹中胎儿必将成为饶益佛法的大德正士，出生后用此作衣裳，赐予一条‘吉祥哈达’，并取名‘确吉坚赞’！”后来帕索确吉坚赞圆寂后，他的父母带着他赴甘丹寺朝拜帕索确吉坚赞的银质灵塔。当时虽仍在哺乳期，但向其母请示右奶乳汁作为儿之供养奉献，从此右奶中无乳汁。他年满6岁时，一世达赖喇嘛赴当地温泉疗养，那时多次听受成就王母所传之长寿佛灌顶（མ་གཅིག་གྲུབ་པའི་རྒྱལ་མོའི་ལུགས་ཀྱི་ཚེ་དབང་།），后来记忆犹新。随后，在乃宁群杰贡噶德勒仁钦坚赞贝桑布门下受优婆塞居士戒，为了不错乱殊胜而吉祥征兆，在保持其师帕索确吉坚赞赐名的基础上，增加“贝桑布”一词，故得名“确吉坚赞贝桑布”。从此，为期5年之久，在其门下听受常诵仪轨和殊胜随许灌顶，还背诵了《四部大论》本注、《中论》《入中论》《般若摄经》《菩提道炬论》《文殊名号》等经典理论。13岁时依止乃宁群杰受沙弥戒后，赴扎什伦布寺学习，踏入该寺时正值打击法之声鸣（ཆོས་ཀྱི་གཎྜི་བརྡུངས་པ་དུས་མཚུངས།），故当时担任第三代扎什伦布寺赤

---

① 藏语“མཁས་གྲུབ་ཐམས་ཅད་མཁྱེན་པ་དགེ་ལེགས་དཔལ་བཟང་པོའི་རྣམ་ཐར་རྗེ་བཙུན་ཆོས་ཀྱི་རྒྱལ་མཚན་གྱིས་བསྒྲིགས་པ་དད་པའི་རོལ་མཚོ་ཞེས་བྱ་བ་བཞུགས་སོ།”，参见《历辈班禅大师传记》丛书（1）《一、二、三世班禅额尔德尼传》，拉萨：西藏藏文古籍出版社2014年版，第100－177页。并且，还对勘了《克珠杰文集》第12函第9部第1页上1行至第25页下5行间，拉萨雪木刻版、塔尔寺木刻版；西藏色昭佛教古籍编委会整理《克珠格列贝桑文集》（藏文第12册），北京：中国藏学出版社2014年版，第328－366页，以及《杰尊确吉坚赞文集》（藏文第1册），北京：中国藏学出版社2012年版，第94－132页。

巴班钦隆日嘉措(1418－?)讲到:“如同觉敦柔瑞(1227－1305年)刚入那塘寺的事迹,具有成就大业的吉祥征兆”。随后,依止更庆曲觉班桑为主要启蒙导师,从“若是存在,则非性相”(གཞི་གྲུབ་ན་མཚན་ཉིད་མ་ཡིན་པར་ཁྱབ།)开始次第闻思摄类学、因明学、心明学等入门学科,成为当时扎什伦布寺摄类学界的佼佼者。在此基础上,继续依止更庆曲觉班桑为师,系统闻思一世达赖喇嘛所著《量理庄严论》为主的量理概论和贾曹杰所著《释量论·能现解脱之道》为首的释量论注疏。同时,在班钦隆日嘉措门下,潜心闻思一世达赖喇嘛所著《释量论疏》、格西博多瓦所著《喻法聚宝论》和笃巴喜饶坚赞所编《菩提道次第论·蓝色手册》以及若干本尊随许灌顶等。这样圆满完成量理学业后,仍在更庆曲觉班桑座前,结合宗喀巴师徒的论著并就关于《现观庄严论》《俱舍论》《入中论》等经典理论的概要和辨析,依理抉择了诸论疑难问题。16岁时,班钦益西泽摩(1433－?)担任第四代扎什伦布寺的赤巴一职。那时,凡是承担扎什伦布寺的堪布职务者,必须不间断地讲授四部大论和金刚密集注疏明灯论等显密课程。因此,这期间在班钦益西泽摩门下,听受一次功德光所造《律藏根本颂》、世亲所造《俱舍论》、法称所造《释量论》等注疏。同时,还听受《菩提道次第广论》《菩提道次第略论》《噶当宝卷全套》《阿底峡入二谛论》《杰司陀美传记》及其文集《宗喀巴文集》《克珠杰文集》《十三种怙主梵典》等论典,主要通过辩论方式领略要义,故成为辩论五部大论之首。18岁时,依止琼布夏珠次成益西座前,专心听受《菩提道次第行论》教授、三事仪轨、三律仪回改等,确立了佛法根本为律藏的价值观。随后,继续依止更庆曲觉班桑门下,闻思功德光所造《律藏根本颂》、大圣无著所造《大乘阿毗达磨集论》、慈氏所造《慈氏五论》后四部、龙树所造《中观六聚理论》《中观论释瑜伽行四百颂》等本注,故视更庆曲觉班桑为众师中恩德最大者之一。这期间扎什伦布寺的讲修事业达到了登峰造极的高度,而逐一被杰尊确吉坚赞辩倒,特别其中赫赫有名的桑杰白仁也从《释量论》中的不可得真因(མ་དམིགས་པའི་རྟགས་ཡང་དག)为主题展开辩论后,使其变得理屈词穷。23岁时,被推举委任扎什伦布寺的引善求学的“盖贵喇嘛”(དགེ་བསྐོས།),有效规范和完善了该寺的清规戒律。这期间,还依止格鲁派耳传塞举派(སྙན་བརྒྱུད།)的开创者杰尊喜饶僧格(1382－1445年)心传弟子克珠仁钦喜聂为师,听受呢格六法和马头明王秘密成就方便法为主的香巴噶举派的若干甚深法脉,以及《中观六聚理论》口授传承特别是中观正见引导等,得以正确而无误地辨认所破事体的教学方法,进而深刻领悟通过“观诸法自性而离一异因”“观因而金刚火花之因”“观果而破有无生因”“观因果双方而破四句生因”“因理至尊缘起妙理”为主的五大因理层面(བདག་མེད་གཏན་ལ་འབེབས་པའི་གཏན་ཚིགས་ཆེན་པོ་ལྔ།)的遮止法,故此克珠仁钦喜聂也被视为众师中恩德最大者之一。随后,又在乃宁群杰贡噶德勒座前,听受《印藏各种修心理论》《菩提道次第论》《克珠杰耳传甚深二十一部小字注释》四臂天女和乃宁寺所传《具德六臂怙主成就法》等口授传承以及随许灌顶,故此乃宁群杰贡噶德勒也被视为众师中恩德最大者之一。同时,还在达那群杰确吉班觉和群杰央巴扎桑等门下,听受成就王母所传之长寿佛灌顶、狮面空行母随许灌顶、黑色文殊护佑回遮法、金刚密集和胜乐金刚灌顶以及生起圆满次第等。在后藏地区显密各大经典理论闻思完成后,23岁时在白居寺和乃宁松竹等地游学答辩,获得格西然坚巴学位。当时,在场的萨迦派和格鲁派的诸贤惊叹:"如此年轻之人却拥有这样令人仰慕起信的无量功德!"为了能够继续深造,尤其渴望朝拜拉萨大昭寺和宗喀巴银质灵塔,加之早被聂敦班觉林周(1427–1514年)的学识所吸引,故于24岁时赴拉萨色拉寺,依止聂敦班觉林周为师,听受《中论》和《入中论》本注、《辨了不了义论释》、戒律品解说、修心梵典、甚密马头明王随许灌顶等殊胜教授。同时,在第十任色拉寺堪布端悦班丹(1445–1524年)门下,听受宗喀巴所造《中论广疏正理大海》和《入中论广疏明显密意》以及《辨了不了义论》、克珠杰所造《中观纲目贤劫启明之目》、佛护所造《中论释》、月称所造《中论句明》和《入中论释》、贾曹杰所造《入行论释》《沙弥戒律》、一世达赖喇嘛所著《律仪缘起广记》、卓隆巴所造《正法次第广论》《三律仪》等课程。这期间在甘丹寺的金刚持喜饶桑布作为授戒堪布,群杰次成桑布作为羯磨师,在具足定数的虔诚僧众的中央,严格按照律仪,正式受得比丘戒。并且,在授戒堪布座前,听受律藏教授和密宗灌顶以及本尊随许灌顶。27岁时返回后藏,在乃宁群杰贡噶德勒的千叮咛、万嘱托之下,于当年岁末不得已而出任乃宁寺色拉札仓(གནས་རྙིང་སེ་ར་གྲྭ་ཚང་།)的讲学座主,为期3年。这期间在乃宁群杰贡噶德勒门下,还听受帕索确吉坚赞所传大量殊胜教授。其后,31岁时应邀出任藏绒仁布地区的绛钦德瓦坚寺(བྱམས་ཆེན་བདེ་བ་ཅན།)的讲学座主,四面八方前来求学者络绎不绝。这期间名冠萨迦派的诸多学者前来与其辩论,均被辩倒,故招来不少辩手,逐一被辩得一败涂地,以此有效提升了格鲁派在该地区的影响力。总之,历时十三年来,在绛钦德瓦坚寺,从摄类学开始系统学成五部大论,进而答辩并获得然坚巴格西学位者已达数十位,通晓二三部经典理论者多如牛毛。为该地区发扬光大格鲁派,作出了积极贡献。43岁时,应色拉端悦班丹之邀,出任色拉寺色系札仓讲学座主,常来听课者多达300余名学僧,始终人满为患。此时第巴噶尔巴(སྡེ་པ་སྒར་པ།)召集萨迦派众多知名学者,在布达拉宫和奚卡乃俄(གཞིས་ཀ་སྣེའུ།)等地与色拉寺、哲蚌寺的善知识们进行辩论,色拉确吉坚赞成为无敌辩手,依理辩倒前来挑战的所有敌论者。在色拉端悦班丹座前听受菩提道次第广、略论为主的课程之时,扎什伦布寺派人邀请他出任该寺闻思学院的堪布。基于曾在扎什伦布寺入学时具有良好的征兆,故乐意赶赴担任堪布一职,但因未获得护法神的允许而未能如愿。此时色拉端悦班丹以示圆寂,则由二世达赖喇嘛·根敦嘉措(1475–1542年)担任色拉寺堪布,在其门下听受《四时续疏》、克珠诺桑所造《时轮总论》《噶当宝卷》《喻法聚宝论》《菩提道次第广论》《佛本生传如意藤树》和《诗镜》以及《二世达赖喇嘛文集》为例的大小五明学科理论知识。随后担任甘丹寺香泽札仓的保管员数载,约57岁时(1325年)出任达孜仁钦岗寺堪布,讲授《菩提道次第广论》和《嘛呢全集》以及金刚密集和胜乐金刚的生圆次第。70岁时(1538年),代替二世达赖喇嘛出任色拉寺堪布,为期3年内还兼任色系札仓堪布。约于1540年,将群杰喜饶僧格委任为色系札仓堪布,而自己一心专注于讲学事业。73岁时(1541年)出任德钦桑俄喀寺的堪布,直到圆寂为止在该寺每年定期讲学2个月。这期间八世噶玛巴弥觉多杰(1507–1554年)致书讲到:"自他各宗都认为您是当今众贤之首,故寄去我造般若注疏两部,请作破立,以便饶益佛法尤其我造注疏得以发扬光大"。为此,征得二世达赖喇嘛同意后,专门撰写《答噶玛巴龙树密意庄严论》(ཀར་ལན་ཀླུ་སྒྲུབ་དགོངས་རྒྱན།),命人寄到八世噶玛巴手中,当时八世噶玛巴昭告雪域高原的名流们作出回应,均束手无策、一筹莫展。于此,不仅博得八世噶玛巴的高赞,还令八世噶玛巴对宗喀巴思想产生原未有过的坚固信念。针对释迦确丹(1428 – 1507 年)和果然巴(1429 – 1489 年)二人因嫉恨之心,不愿看着格鲁派势如破竹地发扬光大而对宗喀巴思想提出似是而非的诸多谬论。为避免善男信女误入歧途而专门撰写反驳文,并由八世噶玛巴作为中证人。后来它的高足帕傲喀德勒尼玛补充完善后,命人送到八世噶玛巴手中时获大加赞赏。这样撰写的经典之作非常之多,尤其是关于五部大论方面的论著成为色拉寺色系札仓的法定教科书,传遍蒙藏各地,至今仍在应用创新。他的文集藏区各地都有多寡不一的木刻版,其中比较权威的拉萨雪木刻版和塔尔寺木刻版,可参见西藏色昭佛教古籍编委会整理《杰尊确吉坚赞文集》(藏文)第 1 – 14 册,北京:中国藏学出版社 2012 年版。最后,以此功德圆满后,于 1544 年霍历 11 月 19 日以示圆寂,享年 76 岁。尽管,杰尊确吉坚赞的心传弟子们撰写了不少生平传记。但是,迄今为止我们仍能拜读的传记,似乎只有其高足帕傲喀德勒尼玛所著《色拉杰尊确吉坚赞传记》(རྗེ་བཙུན་ཆོས་ཀྱི་རྒྱལ་མཚན་དཔལ་བཟང་པོའི་རྣམ་པར་ཐར་པའི་ཆ་ཤས་ཙུང་ཟད་ཅིག་བརྗོད་པའི་གཏམ་དུ་བྱ་བ་དངོས་གྲུབ་ཀྱི་ཆར་འབེབས་ཞེས་བྱ་བ་ཕ་བོང་ཁ་པ་པཎ་ཆེན་བདེ་ལེགས་ཉི་མས་མཛད་པ་བཞུགས་སོ། །)色拉寺色系札仓木刻新版以及夏尔日甘丹嘉措所著《色拉杰尊确吉坚赞传记散文体》(སེ་ར་རྗེ་བཙུན་ཆོས་ཀྱི་རྒྱལ་མཚན་དཔལ་བཟང་པོའི་རྣམ་ཐར་ཚིག་ལྷུག་མ་ཞེས་བྱ་བ་ཤར་སྐལ་ལྡན་རྒྱ་མཚོས་མཛད་པ་བཞུགས་སོ། །)和《色拉杰尊确吉坚赞传记偈颂体》(སེ་ར་རྗེ་བཙུན་ཆོས་ཀྱི་རྒྱལ་མཚན་དཔལ་བཟང་པོའི་རྣམ་ཐར་ཚིགས་བཅད་མ་ཞེས་བྱ་བ་ཤར་སྐལ་ལྡན་རྒྱ་མཚོས་མཛད་པ་བཞུགས་སོ། །),参见更登罗藏等校订《夏日甘丹嘉措文集》(藏文第 3 册),兰州:甘肃民族出版社 1999 年版,第 149 – 179 页。)

向文殊师尊作敬礼!

于具足无缘大悲的至尊上师们座前,以极大的虔诚恭敬之心,特此行顶礼!

一、敬礼词

智悲宝藏能仁法之王,
佛法太子遍智宗喀巴,
其徒之首克珠格列贝,
三师不离住于吾心莲!
无垢智慧圆满如月轮,
无缘慈悲宛如月中兔,

利乐光芒照耀于十方，
克珠如月彼前行敬礼！
早已获证殊胜佛果位，
却现第二佛陀之高足，
广行饶益佛法之善举，
故请克珠群杰护佑吾！
彼师极为广大之传记，
虽然凡夫心中无容处，
然而具信大众起信念，
故由吾赞大圣之功德！

于此，吾辈具德至尊上师，即以“善巧成就一切智者”美名享誉三界的彼师，若干生世之前的古昔就依止文殊菩萨为善知识，圆满教授了甚深而广博的诸法妙理。并且，通过付诸实践修行，对于大乘菩提萨埵十地五道证得究竟，进而荣登现观金刚持佛果位。这些事迹不仅在理论和逻辑等诸多方面得以成立，而且在此次所述生平传记的字里行间均能彰显无余。即使如此，在凡夫愚钝之辈心中，却无法容纳此等殊胜功德。基于这样的情况，在此仅以一般所化大众的视角，略述圣贤克珠杰如何获得解脱之道。

本文所依据的是，瑜伽自在之王曲登饶觉所著《克珠杰秘传》(译者注：笔者发现该传记共有拉萨雪印经院和塔尔寺印经院两种木刻版，而且两种版本在语言表述上略有差异。但是，标题均统一，即“མཁས་གྲུབ་ཐམས་ཅད་མཁྱེན་པའི་རྣམ་ཐར་བསྡུས་པ་བཞུགས་སོ། །”，而未发现“秘传”(གསང་བའི་རྣམ་ཐར།)一词。当然，从色拉杰尊巴在此所述“གསང་བའི་རྣམ་ཐར་དུ་གྲགས་པ།”语境而言，也只是世称或史称《克珠杰秘传》。这就像色拉杰尊巴所造《克珠杰传记》塔尔寺木刻版封面上所写全称是“མཁས་གྲུབ་ཐམས་ཅད་མཁྱེན་པ་དགེ་ལེགས་དཔལ་བཟང་པོའི་རྣམ་ཐར་རྗེ་བཙུན་ཆོས་ཀྱི་རྒྱལ་མཚན་གྱིས་བསྒྲིགས་པ་དད་པའི་རོལ་མཚོ་ཞེས་བྱ་བ་བཞུགས་སོ། །”，然而史称《克珠杰秘传》(མཁས་གྲུབ་ཐམས་ཅད་མཁྱེན་པའི་གསང་བའི་རྣམ་ཐར་རྗེ་བཙུན་ཆོས་ཀྱི་རྒྱལ་མཚན་གྱིས་མཛད་པ་བཞུགས་སོ། །)，甚至拉萨雪版本上也如此标题。所以，这样的命名方式在藏文典籍文献史略见不鲜。这本传记的作者“瑜伽自在之王曲登饶觉”，是宗喀巴特别是克珠杰的亲传高足隐居者。正如该文题记中所云："ཅེས་མཁས་ཤིང་གྲུབ་པ་བརྙེས་པ། བདག་གི་ཡོངས་འཛིན་ཆེན་པོ་ཐམས་ཅད་མཁྱེན་པ་དགེ་ལེགས་དཔལ་བཟང་པོའི་ཞལ་སྔ་ནས་ཀྱི་རྣམ་པར་ཐར་པ་ཅུང་ཟད་བསྡེབས་པ་འདི། རྗེ་བཙུན་བློ་བཟང་གྲགས་པའི་ཞལ་སྔ་ནས་དང་། བླ་མ་འདིའི་ཞབས་རྟུལ་གྱི་ཐོས་ནོད་པ་མང་དུ་ཐོས་པའི་དགེ་སློང་ཆོས་ལྡན་རབ་འབྱོར་གྱིས་སྣང་བ་ཐམས་ཅད་སྒྱུ་མར་རྟོགས་ཤིང་། སྲིད་གསུམ་དྲི་ཟའི་གྲོང་ཁྱེར་ལྟར་གཟིགས་ནས། ཚེ་འདི་བློས་བཏང་གི་སྒྲུབ་པ་སྙིང་པོར་མཛད་པ། རྗེ་བཙུན་རེད་མདའ་བའི་སྒྲུབ་གནས་གངས་བུ་ལའི་མགུལ་རྒྱན་དུ་སྦྱར་བ་འདིས་ཀྱང་། རྒྱལ་བའི་བསྟན་པ་སྤྱི་དང་། ཁྱད་པར་དུ་ཡང་རྗེ་ཡབ་སྲས་ཀྱི་བསྟན་པ་རིན་པོ་ཆེ་དར་ཞིང་རྒྱས་ལ་ཡུན་རིང་དུ་གནས་པ་དང་། རྗེས་སུ་འཛིན་པའི་རྒྱུར་གྱུར་ཅིག"。由此看来，这是如今我们能够拜读的克珠杰生平传记中比较早期的传记之一，因此具有重要的史料价值。该文收录于《克珠杰文集》塔尔寺木刻版第1函第3部，共有13叶。但是，在拉萨雪木刻版中收录于最后一函，也就是第12函第10部，参见西藏色昭佛教古籍编委会整理《克珠格列贝桑文集》（藏文第12册），北京：中国藏学出版社2014年版，第367－385页。笔者在译注过程中，对于这两种版本逐字逐句地进行了对勘，其中出现的异同甚至缺失部分予以补充完善，力争译解较为完整的生平传记。）（རྣལ་འབྱོར་གྱི་དབང་ཕྱུག་ཆོས་ལྡན་རབ་འབྱོར་གྱིས་མཛད་པའི་གསང་བའི་རྣམ་ཐར་དུ་གྲགས་པ།）。群杰曲登饶觉亦是通过若干生世不间断地修习显密之道，生起重他轻己之菩提心和证悟生起圆满二次第的殊胜乐空不二本智。故此，具足随念无碍了知自他若干生世的神通等诸多殊胜功德，就如那措译师次成嘉瓦转世亦是因自己应允而著称（译者注：又名"格西贡塘巴"（དགེ་བཤེས་གུང་ཐང་པ།）或"善知识译师"（དགེ་བཤེས་ལོ་ཙཱ་བ།），1011年出生于阿里芒域贡塘的宗噶喇东之地的那措氏，也就是今日喀则市吉隆县境内。自幼出家并勤学律藏，享有"持戒大师"（འདུལ་བ་འཛིན་པ།）之美誉。其后赴印度戒香寺（ཤཱི་ལ་མ་ལ་ཤྲཱི་ལ།），在嘉·宗主僧格（རྒྱ་བརྩོན་འགྲུས་སེང་གེ）和阿底峡尊者门下学习梵藏翻译及俱舍论等知识，两年后返回故里领取口粮时被古格王朝拉喇嘛降曲沃派遣到印度邀请阿底峡尊者，1039年正式迎请阿底峡至阿里，后来追随到卫藏各地，先后勤恳侍奉19年，当时被藏族学者们称其为"导师"（སློབ་དཔོན།）。他从聂塘离开阿底峡赴阿里以后，邀请印度的画家智那班智达（ཀྲྀཥྞ་པཎྜི་ཏ།，意为"黑天"）在16尺的布上绘制阿底峡师徒像，背面撰写其殊胜功德八十颂（ཇོ་བོ་རྗེའི་བསྟོད་པ་བརྒྱད་ཅུ་པ།），享誉雪域高原。其后，还依止甲那阿噶然（ཛྙཱ་ན་ཨཱ་ཀ་ར།）、尼泊尔释那达巴杂（བལ་པོ་ཤཱནྟི་བྷ་དྲ།）、黑天誓言金刚（ནག་པོ་དམ་ཚིག་རྡོ་རྗེ།）等南亚班智达，进一步深造的同时，还翻译了大量梵典。最后，根据阿底峡的嘱托，通过闭关修习获得圆满成就。约于1064年圆寂，享年53岁。他一生潜心翻译了《中观心要及其注解·正理火焰论》和《摄大乘论释》以及慈氏五论释为例的梵典150种，均收录于《甘珠尔》和《丹珠尔》，并培养了以绒巴莱索巴（ལག་སོར་པ།）为主的门徒，由他建立莱索寺（ལག་སོར་དགོན་པ།），形成噶当麦巴一系（བཀའ་གདམས་སྨད་པ།），代表人物有恰德巴宗主班（དགེ་བཤེས་ཟུལ་ཕུ་བ་བྲ་འདུལ་བརྩོན་འགྲུས་འབར།）、饶强普巴（རོག་སྟག་ཅན་པ།）、格西朗巴尔巴（དགེ་བཤེས་རྣམ་འཕར་བ།）、格西许兰巴喜饶智（དགེ་བཤེས་ཞུ་ལྡན་པ་ཤེས་རབ་གྲགས།）、甲然敦基（རྒྱ་ར་སྟོན་བརྗིད།）等学者，其中前4位史称"莱索巴四徒（ལག་སོར་བའི་བུ་བཞི།）"，后一位是居士之身，故没有列入其中。他们都撰写了噶当派正法次第论（བསྟན་རིམ།），着重从中士道开始讲授道之次第。特别值得注意的是，莱索巴四徒都写有绒巴莱索巴授课备忘录，有些侧重于口授诀窍，有些侧重于传承史实，后来这些都被格西苏普巴（དགེ་བཤེས་ཟུལ་ཕུ་བ།）整理成《阿底峡大史记》（ཇོ་བོའི་ལོ་རྒྱུས་ཆེན་མོ་སྟེ་ཇོ་བོ་རིན་པོ་ཆེ་རྗེ་དཔལ་ལྡན་ཨ་ཏི་ཤའི་རྣམ་ཐར་རྒྱས་པ་ཡོངས་གྲགས་བཞུགས་སོ། །）。可参见仲敦巴等著《噶当祖师问道语录之一阿底峡传》（藏文），西宁：青海民族出版社1994年版，第444－228页；《阿底峡尊者传》（藏文），拉萨：西藏人民出版社2014年版，第1－456页；贵译师循努白所造《青史》（藏文上册），成都：四川民族出版社1986年版，第109－110、303－320页；列钦贡噶坚赞所造《噶当派源流》（藏文），拉萨：西藏人民出版社2003年版，第15、27、53、77、83－89、93－94、97－98、133－134、665－673页；旺堆次仁、赤列嘉措著《藏族翻译史及历代译师传略明鉴》（藏文），北京：民族出版社2001年版，第245－246页。）（ནག་ཚོ་ལོ་ཙྪ་བ་ཚུལ་ཁྲིམས་རྒྱལ་བ།）。所以，他所著《克珠杰秘传》，大多由克珠杰亲自口述予他，还有一部分内容是他自己亲身经历的事迹，通过回忆付之笔端成文。

那么，这样的解脱之道作为本文主旨，主要从往昔生生世世如何觉悟成佛的本生传和今生如何成就解脱的心路历程中遴选关键部分，予以简要阐述克珠群杰的生平事迹。

二、本生传

首先，从克珠杰亲自回忆自己往昔生世开始，略示其情形，如下：释迦牟尼佛在世时，这位师尊出生于大迦叶门下①（འཕགས་པ་འོད་སྲུང་།）沙弥莲花戒之身②（དགེ་ཚུལ་པདྨའི་དང་ཚུལ་ཅན།）。那时，沙弥莲花戒成为学富三藏、善于论法、持明解脱的无畏者。因此之故，克珠杰此生在梦境中获得宗喀巴讲授《宝积经·迦叶品》的殊胜证德③，于此情景留待以后详述。

---

① 又名“饮光尊者”，梵音译作“迦叶波尊者”或“摩诃迦叶波”。释迦牟尼佛十大弟子之一，为头陀第一，结集论藏上首，也是第一代付法藏师。相传，最后在鸡足山入定，未来佛慈氏未出世为止暂不圆寂。参见《甘珠尔对勘本》（藏文第2卷），北京：中国藏学出版社2008年版，第665－667页；《东噶藏学大辞典》（藏文），北京：中国藏学出版社2017年版，第1376页。

② 大迦叶之徒，笔者尚未发现其生平事迹。

③ 本书是《宝积经》十万品之第四十三品，共有2卷（བམ་པོ་གཉིས་པ་སྟེ་ཐ་མའོ།）。本品由印度堪布泽那牟智、释蓝扎博德、吐蕃大译审益西德等人藏译修订，后厘定文字时再次审定而成，按照对勘本的序号104，参见《甘珠尔对勘本》（藏文第44卷），北京：中国藏学出版社2008年版，第332－409页。

复次，彼师无量生世之前，就被至尊文殊摄受为门徒。据说，彼师本生传中的阿巴雅噶绕①（ཨབྷྱ་ཀཱ་ར།），依托曾获得至尊文殊的加持力，成为一切经典理论无碍精通的智者。其名著《成就方便法海》②，亦是蒙受至尊文殊的策励而撰编成书（སྒྲུབ་ཐབས་རྒྱ་མཚོ།）。于此另有一种传说，寂静的甘丹寺曾有一位四面护法怙主圆满成就的禅师③（རི་ཁྲོད་དགའ་ལྡན།），某日有几位邪见者来到他处，询问克珠杰是谁的转世？这位禅师无奈之下便向护法神请示，却回复到："克珠杰是阿巴雅噶绕的转世化身"。如是所闻。当然，并不是仅靠这些传说历史就能成立克珠杰是阿巴雅的转世化身，而是克珠杰自己亲口应允的事实。

还有克珠杰曾转世为班智达正理杜鹃长者之时④（པཎྜི་ཏ་རིགས་པའི་ཁུ་བྱུག་ཆེ་བ།），就被具德月称论师摄受为高足⑤（དཔལ་ལྡན་ཟླ་བ་གྲགས་

---

① 1004 年出生，1125 年圆寂，享年 122 岁。他是 11 世纪印度大小乘佛教一致公认的班智达，故后来应邀出任金刚座堪布、戒香寺（或译毗札玛喇释拉、毗讫罗摩尸罗或超严寺）和那烂陀寺堪布一职。这在佛教发展史上极为罕见，足见其殊胜功德。藏族历代学者关于阿巴雅噶饶生平事迹记载较多，其中最为著名的是四世班禅罗桑确吉坚赞所著《阿巴雅噶饶传记·梵天妙音》，参见《四世班禅文集》（藏文第 1 册），北京：中国藏学出版社 2009 年版，第 437－442 页；《东噶藏学大辞典》（藏文），北京：中国藏学出版社 2002 年版，第 2266、2276 页。

② 全称"ལོ་ཙཱ་བ་གྲགས་པ་རྒྱལ་མཚན་གྱིས་བསྒྱུར་བའི་ལྷ་སོ་སོའི་སྒྲུབ་ཐབས་རྒྱ་མཚོ།"，由雅隆译师扎巴坚赞翻译而成。尽管不同版本的《丹珠尔》中，关于《成就方便法海》所收录的数据不一致，甚至布敦仁钦珠在《佛教史》和《丹珠尔编纂史》中有着不同的数据。但是，根据《丹珠尔对勘本》进行统计，共有 244 部，编号 2099－2343 参见《丹珠尔对勘本》（藏文第 40 卷），北京：中国藏学出版社 1999 年版，第 308－1219 页。

③ 似为今西藏拉萨市达孜县境内的甘丹寺，有待考证。

④ 古印度恒河岸边的戒香寺（བི་ཀ་མ་ལ་ཤཱི་ལ།）中，曾出现过大小两位正理杜鹃，大者为月称论师高足，小者为长者高足，又名"阿瓦德底巴"（ཨ་ཝ་དྷཱུ་ཏི་པ།）。阿底峡尊者依止他们二位为师，后者阿瓦德底巴尤为重要，历时 7 载。他们都为中观应成派的思想发扬光大作出了重要贡献。不过，在此指月称论师的高足正理杜鹃长者，因为永增益喜坚赞对此有明确交代，即为克珠杰本生传主之一。参见永增益喜坚赞著《菩提道次第师承传记》（藏文），拉萨：西藏人民出版社 1990 年版，第 133－136 页。

⑤ 约于 7 世纪诞生于印度南部的萨曼达日之地（ས་མནྟ།），中年担任那烂陀寺堪布，晚年返回故里建寺讲学。尽管《红史》中把他列为古印度二胜六庄严之一，但圣天与月称二者之间仍有争议。依据佛护论师的中论思想，通过撰写以《中观明句论》和《入中论》为主的大量经典之作，系统阐明了中观应成派之宗。参见《丹珠尔对勘本》（藏文第 60 卷），北京：中国藏学出版社 2000 年版，第 3－1768 页；蔡巴贡噶多吉著《红史》（藏文东噶洛桑赤列校注版），北京：民族出版社 1993 年版，第 8、183 页；永增益喜坚赞著《菩提道次第师承传记》（藏文），拉萨：西藏人民出版社 1990 年版，第 129－133 页。

བ།），使其从根上解除了边执见[1]（མཐར་འཛིན། 或 མཐར་འཛིན་གྱི་ལྟ་བ།）的束缚。某次月称论师对他讲到："将来至尊文殊示现比丘之身，乘愿降生于边远之地。故汝亦转世于此，受命办事，弘扬佛法"。那时又于某次，大圣龙树（འཕགས་པ་ཀླུ་སྒྲུབ།）来至他处[2]，为他开示极其细微的正见关键要点，从根上纠正和消除了实执观[3]（དངོས་འཛིན།）的谬误性认识。并且，龙树对他讲到："凡是印度的成就者，均依止文殊。其原因是，每当遇到经典理论上的极其细微的核心难点时，可以通过祈愿至尊文殊深入观察其精神义理，故此汝亦依止至尊文殊吧！"又云："众本尊中最为殊胜者，即是至尊文殊。吾亦曾通过依止至尊文殊，得以获证缘起义理的未颠倒性的真知灼见"。龙树还讲到："将来吾亦愿赴边远地区从事利益众生的事业，届时你也将成为我的开门弟子及其所化徒众之首"。复于某次，圣天（译者注：梵语"ཨཱརྱ་དེ་ཝ"，出生于斯里兰卡国王班杂释嘎（སིཾ་ཧ་ལའི་རྒྱལ་པོ་པཉྩ་ཤྲི་ཀ）的王子，依止亥玛德瓦（ཧེ་མ་དེ་ཝ）足下出家为僧，并受比丘戒。其后，赴印度大陆参访佛教名胜古迹。这时在南印度拜见龙树，逐渐成为龙树晚年的高足。通过辩论使外道马鸣改信佛教，撰写以《中观

---

① 即"边执见"或"边见"，属于萨迦耶见、边执见、邪见、见取见和戒禁取见五类见之一。该见由于堕入常见与断见两边，故成为趋入离二边中观之道的主要阻碍者。在《菩提道次第论》中宗喀巴讲道"边执见者，缘于坏见所执之我，或计恒常，或执此后无结生之断见，以染慧为性"。略说有常见与断边二类。前者由我见增上力故，计有现前诸物，攀援不舍，谓当常住；后者亦由我见增上力故，于物怙常不得，转计为断。古代印度把非佛教的知识论分为二重哲学立场，即断见和常见。所以，通过应成中观哲学，排除自性实有和现象虚无二边，万法处于中性状态，故名"中道"。《宗喀巴洛桑扎巴文集》（藏文），西宁：青海民族出版社1987年版，第14函第1部第118页；法尊译《宗喀巴大师集》（第三卷），北京：民族出版社2000年版，第98页；中国藏语系高级佛学院编《藏文文选系列之九·心与心所本注》（藏文），北京：民族出版社1988年版，第65–66页；刘梦溪主编《中国现代学术经典·熊十力卷》，石家庄：河北教育出版社1996年版，第84页；熊十力著《佛家名相通释》，上海：东方出版中心1996年版，第36–37页；林镇国著《空性与方法：跨文化佛教哲学十四论》，台北：政大出版社2012年版，第8页。

② 约150–250年，出生于印度南部韦达巴（བི་དརྦ）之地的婆罗门家庭，自幼到那烂陀寺依止萨绕哈尊者门下，听受大量密乘经典。后来赴龙域迎请般若十万颂，其中缺常啼菩萨品、法胜菩萨品等，故由《般若八千颂》中补阙。以此为契机，在缘起性空理论的基础上，撰写以《中观六论》为主的大量旷世巨著，开创了中观哲学乃至大乘佛教，成为大乘佛教史上的广行、深观两大轨辙师之首。参见《丹珠尔对勘本》（藏文第57卷），北京：中国藏学出版社2000年版，第1–81、270–423页；百慈藏文古籍研究室编《觉囊多罗那他文集》（藏文第33卷），北京：中国藏学出版社2008年版，第274–279页；永增益喜坚赞著《菩提道次第师承传记》（藏文），拉萨：西藏人民出版社1990年版，第117–129页。

③ 执事物表象为真实，这是一种无明的表现。

论释瑜伽行四百颂》为首的大量论著阐释中论义理，使其成为龙树齐名的中观哲学家。参见以《丹珠尔对勘本》(藏文第 57 卷)，北京：中国藏学出版社 2000 年版，第 771－855 页；蔡巴贡噶多吉著、东噶洛桑赤列校注《红史》(藏文)，北京：民族出版社 1993 年版，第 181－183 页。)(འཕགས་པ་ལྷ།)、佛护①(སངས་རྒྱས་བསྐྱངས།)、寂天②(ཞི་བ་ལྷ།)三位来到他处讲到："至尊文殊莅临边远地区，将复兴佛法。汝为彼有所为的殊胜化机，故将至尊文殊莲座置于头顶，勤于修习为要"。

总之，通过逐一梳理这些事迹，我们发现其中暗含着一层关系，那就是宗喀巴、至尊文殊、大圣龙树等属于同一脉络的心相续。这是非常清晰的、显而易见的心续脉络。

故此云：

福泽广大海中来至此，
智轮圆满伟大善巧者，
世称善论明日妙吉祥③，

---

① 印度南部达玛喇人(རྒྱ་གར་ལྷོ་ཕྱོགས་ཏྲམ་ལའི་ཡུལ་གྱི་བྱེ་བྲག་ངང་པས་རྩེ་བ།)，依止龙树门下学习并对《中论》作注，将《中论》义理阐释为中观应成派思想。可参见以《丹珠尔对勘本》(藏文第 57 卷)，北京：中国藏学出版社 2000 年版，第 443－745 页。

② 7－8 世纪人，印度金刚座西部的善甲国王之子(དགེ་བའི་གོ་ཆ)，乳名"寂甲"(ཞི་བའི་གོ་ཆ)，自幼学习各门学科成为智者。父王去世后，举行继位登基仪式的前一夜私自逃到那烂陀寺出家为僧，赐名"寂天"。在该寺 500 位班智达之首胜天(རྒྱལ་བའི་ལྷ།)门下系统闻思三藏理论知识，精通显密教授。但是，凡夫开来每天只知道吃喝拉撒睡的庸人，而不见看书温习，故有"懒猪"的外号。某年正月僧众轮流诵经期间，不少比丘把他推到那烂陀寺中心论坛上，强行让他讲经。此时处于无奈之下，他向众僧问到："今日讲授古经还是新经呢？"僧众答道："从未听闻之经"。于是，首次开示《入菩萨行论》十品一千首偈颂，成为佛教哲学见行合一的创新之作。可参见以《丹珠尔对勘本》(藏文第 61 卷)，北京：中国藏学出版社 2000 年版，第 951－1038 页。

③ "སྨྲ་བའི་ཉི་མ་དགེ་ལེགས་མཚན་ཅན་དེ།"，克珠杰之名，在此直译为"世称善论明日妙吉祥"，而未音译。在此需要注意的是，第 21 代甘丹赤巴也被冠以"སྨྲ་བའི་ཉི་མ་དགེ་ལེགས་དཔལ་བཟང་པོ།"之名，他于 1505 年出生于今西藏山南的沃喀绛萨之地(འོལ་ཁ་གྱང་སར།)，依止以二世达赖喇嘛和班钦索朗扎巴为主的学者闻思显密经典理论，成为名副其实的贤哲。因此，相继担任上密院和甘丹寺夏泽札仓的首席堪布，并于 1558 年荣升为甘丹赤巴，1564 年卸任后入住聂塘德瓦金寺，故又称"ཁྲི་ཆེན་བདེ་བ་ཅན་པ།"或"ཆོས་རྗེ་བདེ་བ་ཅན་པ།"或"བདེ་བ་ཅན་དགེ་ལེགས་དཔལ་བཟང་།"。三世达赖喇嘛在他足下受比丘戒，并听受大量课目。因此，1567 年圆寂后，由三世达赖喇嘛主持火葬仪式。除此之外，还对墨竹仁钦岗寺和帕姆曲德寺的闻思学业贡献颇大，特别向达赖喇嘛和吉雪第巴扎西饶丹提议：桑普寺的聂绒札仓和甘丹寺的甘丹寺夏泽札仓联合办学，将有利于振兴五部大论教学事业。所以，一世班禅和第 21 代甘丹赤巴二人需要加以区分。永增益喜坚赞著《菩提道次第师承传记》(藏文)，拉萨：西藏人民出版社 1990 年版，第 783－784 页。

瞻部洲中佛法莲友日。
彼师往生天竺及蕃域，
屡现善巧成就班钦身，
能破一切非法言论者，
广行利法惠民诸善举。
古昔具足三藏佛之子，
示现名曰莲花戒之身，
荣登菩提果位大迦叶，
谨遵其命勤修为要务。
复次善巧班钦阿巴雅，
开示希有解脱殊胜道，
现观真实义理克珠杰，
实乃具德贤哲庄严彼。
转世正理杜鹃长者时，
月称论师亲口如是云：
浊世边地文殊作教化，
那时汝亦赴此勤侍奉。
某次怙主龙树莅临此，
浊世吾愿转生于边地，
奉行利益众生之事业，
你将成为我徒众之首，
如此开示甚深诸教授。
复由圣天论师及佛护，
寂天等师众口一致曰：
汝赴蕃域而特作策励。

如是所云，乃是这位至尊上师在圣地天竺如何转生成著名班智达和三藏论师的重要事迹，特别转生成正理杜鹃论师期间则由龙树和月称二圣如何策励他赶赴边远地区从事利益众生之举的情形。

又有一次往昔生世中，至尊文殊现身后讲到："边地有情众生极为愚昧，这些不懂取舍之道的人们非常可怜。他们游荡于轮回，则由无明所致，故误入歧途。为了彼等引向解脱及遍智成佛果位，我愿转生成适应凡夫劣根大众心相续的比丘之身，来此边地。你作为我的化机之徒，赶赴此地"。显然，由此非常清晰地论证了宗喀巴为至尊文殊菩萨的转世化身。所以，我们可以心生坚定的无上信心。

复有一次往昔生世中，无敌弥勒佛[①]（རྒྱལ་བ་མི་ཕམ་པ།）现身讲到："为了与佛陀自身无别的释迦牟尼佛法如日中天一般照耀整个南瞻部洲[②]（འཛམ་བུའི་གླིང་།），该地即将诞生一位诸佛菩萨，将其视如眼珠甘露、心中明点一般的至尊文殊菩萨的转世化身，故你也让彼之正法发扬光大"。

又有一次往昔生世中，大婆罗门萨饶哈尊者[③]（བྲམ་ཟེ་ཆེན་པོ་ས་ར་ཧ།）现身讲到："如今薄伽梵大威德金刚转生于边远未教化的黑暗地，正在从事利益有情众生的事业。汝前往此地依止其足下，通过

---

① 指《慈氏五论》造者，即未来佛慈氏。但是，藏传佛教与汉传佛教对此存在分歧，参见能海著《现证庄严论显明义疏清凉记》，上海佛学书局1994年版，第1－9页；多识著《藏传佛教疑问解答集萃》，兰州：甘肃民族出版社2003年版，第166－167页。

② 四大洲和八小洲之一，是小乘婆沙论者和经量论者的宇宙观。根据世亲论师一脉的《俱舍论释》中的记载，坐落于须弥山四方大海的东胜身洲、南瞻部洲、西牛贺洲和北俱卢洲，为四大洲；坐落于须弥山四隅八方的提诃洲、毗提诃洲、遮末罗洲、筏罗遮末罗洲、舍摭洲、嗢怛罗漫怛里拏洲、矩拉婆洲和骄拉婆洲，为八中洲。这些作为四大洲的附属岛屿，四大洲侧各有二中洲。

③ 萨饶哈是梵语，具有"射箭"（མདའ་བསྣུན།）之意。他是印度古代具有里程碑意义的班智达，是大乘佛教中观哲学的创始人龙树的导师，亦被奉为梵藏一切大成就者之祖。但是，觉囊多罗那他依据梵文写卷认为佛教史上曾出现过大婆罗门罗睺罗和上座比丘罗睺罗两个萨饶哈，甚至还有一个小萨饶哈。在此指大婆罗门罗睺罗萨饶哈，参见百慈藏文古籍研究室编《觉囊多罗那他文集》（藏文），北京：中国藏学出版社2008年版，第33卷第272－280页；第38卷第272－282页。

大威德金刚成就方便法做出利益众生的善举!”复云:“我们天竺的所有成就者将大威德金刚视作秘密本尊”。于此彼师询问道:“汝本为胜乐金刚成就之主,却把大威德金刚奉为本尊。如此一来,不是自相矛盾吗?”大成者萨饶哈尊者听后,忍不住哈哈大笑,便答道:“拉乐达班智[①](རོལ་པའི་རྡོ་རྗེ།)和我不仅是亲密好友,而且彼此建立殊胜法缘,结下了互为师生关系。总体而言,我们天竺的所有班智达无一不依止文殊和大威德金刚,而众成就者均依止大威德金刚,具有特殊的意义。倘若不具有这样的本尊,岂能调伏五浊恶世[②](སྙིགས་མ་ལྔ།)的有情及其四魔(译者注:分别是染污之魔、蕴魔、死主之魔和天

---

① 梵语“ལཱལི་ཏ་བཛྲ།”,汉译或可译为“游戏金刚”。但是,藏传佛教阎摩敌法脉约有6种,各自的称谓上略有差异,相继出现了“ལཱལི་ཏ།”或“ལཱལི་ཏ་བཛྲ།”或“ལཱལི་པ།”或“ལཱལི་བཛྲ།”等,如觉系(སྐྱོ་ལུགས།)冠以“ལཱལི་པ།”之名。觉囊多罗那他从梵藏翻译角度分析,认为觉系似有“ལཱལི་པ།”或“ལཱལི་བཛྲ།”与“ལཱལི་ཏ་བཛྲ།”混为一谈之嫌,故有不妥之处。然而我们可以肯定的是,阎摩敌源流上确实出现了两个“ལཱལི་ཏ་བཛྲ།”。通常情况下,将其分为大拉乐达(ལཱལི་ཏ་ཆེ་བ།)和小拉乐达(ལཱལི་ཏ་ཆུང་བ།)两人,在此指大拉乐达。这位法号文殊利器(འཇམ་དཔལ་མཚོན་ཆ།)密名拉乐达班智(ལཱལི་ཏ་བཛྲ།)之能人,自幼在古印度那烂陀寺系统闻思大小五明,成为名震天竺的班智达。后来游学天竺各地参访修行,尤其是依照授记赴乌仗那国从金刚空行母处迎请了大黑阎摩敌(དགྲ་ནག་གི་ཆོས་སྐོར།)和六面童天续(གདོང་དྲུག་གི་རྒྱུད།)以及能怖(འཇིགས་བྱེད་ཆོས་སྐོར།),使三部法脉得以传承和弘扬。其一大黑阎摩敌是,示现金刚持忿怒相,为制伏和教化天子之魔;其二六面童天是,示现金刚手忿怒相,为制伏和教化阎罗;其三能怖是,示现文殊忿怒相,为制伏和教化自在天。关于这一法脉传承,梵藏译著并齐,仅其历史源流方面论著丰富,主要代表作有觉囊多罗那他所造《阎摩敌源流抉择奇妙具信》(གཤིན་རྗེ་གཤེད་ཀྱི་ཆོས་འབྱུང་གནད་ལ་བབ་པ་ཡིད་ཆེས་ངོ་མཚར་ཅན་ཞེས་བྱ་བ་བཞུགས་སོ། །)和萨迦阿尼阿旺贡噶索朗所著《具德阎摩敌红黑能怖三尊源流》(དཔལ་གཤིན་རྗེ་གཤེད་དམར་ནག་འཇིགས་གསུམ་གྱི་དམ་པའི་ཆོས་བྱུང་བའི་ཚུལ་ལེགས་པར་བཤད་པ་ཟབ་ཡངས་ཆོས་སྒོ་འབྱེད་པའི་རིན་པོ་ཆེའི་ལྡེ་མིག་དགོས་འདོད་ཀུན་འབྱུང་ཞེས་བྱ་བ་བཞུགས་སོ། །)以及一世嘉木样协巴阿旺宗主所造《具德金刚大威德源流·尊胜三界之悉地宝藏论》(དཔལ་རྡོ་རྗེ་འཇིགས་ཀྱི་ཆོས་འབྱུང་ཁམས་གསུམ་ལས་རྣམ་པར་རྒྱལ་བ་དངོས་གྲུབ་ཀུན་གྱི་གཏེར་མཛོད་ཅེས་བྱ་བ་བཞུགས་སོ། །)等论著,参见百慈藏文古籍研究室编《觉囊多罗那他文集》(藏文第11卷),北京:中国藏学出版社2008年版,第1-138页;四川省藏文古籍搜集保护编务院编《萨迦阿尼文集》(藏文第21卷),拉萨:西藏藏文古籍出版社2012年版,第14-15、65、69、124-133页;《一世嘉木样协巴文集》第5函,共有417叶,拉卜楞木刻版。

② 亦有“སྙིགས་པ་ལྔ།”这样的写法,故又译为“五浑”或“五渣”等,即寿浊、染污浊、有情浊、时浊、观浊等五浊。其一寿浊,人命体弱多病而日趋短浅,如人寿10岁,故此命名;其二染污浊,又译为“染垢浊”或“烦恼浊”,是指无贪无瞋诸善行之德丧尽,而贪瞋嫉悭等诸染污极度盛行,最下不净者,故此命名;其三有情浊,也可译为“众生浊”,是指从俱卢舍闻距或一庹身高等善寿缩减为一尺之身,且演变成恶相、恶意等具足者,故此命名;其四时浊,旧译“劫浊”,因适逢瘟疫横行、兵连祸结、饥荒不断的衰世而遭受痛苦,故此命名;其五观浊,又译为“见浊”,是指堕入常、断两边,败坏真知灼见,所观尤为极端者,故此命名。除此之外,在以《甘珠尔》和《丹珠尔》为主的梵藏典籍中关于“无浊”还有多重分类以及不同的解读,可参见诺章吴坚编《数称词释义大全》(藏文上册),北京:中国藏学出版社2008年版,第1052-1053页。

子之魔,即为四魔。其一染污之魔,亦可译为“染垢魔”或“烦恼魔”,此乃因贪瞋等主宰心所而阻碍行善之魔;其二蕴魔,是指蕴由业力及烦恼生成,故此蕴不由自主地引起病老衰变而阻碍行善之魔;其三死主之魔,可简称“死魔”,此乃毁灭长寿之行,舍离生命之根,中断行善心续之魔;其四天子之魔,可简称“天子魔”,此乃欲界天子众因嫉妒心盛而阻碍行善之魔。除此之外,在以《丹珠尔》为首的梵藏典籍中关于“四魔”还有多重分类以及不同的解读,可参见诺章吴坚编《数称词释义大全》(藏文上册),北京:中国藏学出版社2008年版,第674-675页。)(བདུད་བཞི།)?”

这些生生世世转世的事迹是,宗喀巴和克珠群杰二者长期作为师生的无上解脱之道。因此,所有具缘徒众将其铭记于内心深处,更加注重对于殊胜妙乘的善知识如何起信之道,使其日渐倍增而勤于观想修习。故此云:

诸佛之父怙主文殊尊,
生生世世将其依本尊,
所知无碍精通具慧者,
居于诸贤之冠克珠杰。
前生屡次转生于天竺。
无量化身利益众生时,
至尊文殊现身于彼前,
边地有情众生堪哀悯,
我执使其飘荡于轮回。
缺乏引道师友之怙主,
大多勤作均属恶趣因,
为了摄受彼等有情众,
吾于浊世愿赴此边地。
示现比丘菩提萨埵身,
佛法如日中天般阐明,
那时汝亦赶赴此方隅,

弥勒亲口如是作策励。
未来文殊转世之化身，
慈心解救无边有情众，
全面复兴佛法之火种，
为此示现释迦比丘身，
此乃诸佛菩萨护法众，
视为眼珠及心中明点，
故兴彼示正法而策励。
萨绕哈师于彼如是云：
三界魔军无余摧毁者，
十地自在文殊忿怒相，
乘愿转生于边地之域。
此乃我的秘密之本尊，
难以教化之徒彼能化，
那时汝亦转生于此地，
侍奉化身令其生欢喜。
如是本尊及大成就者，
学富五明班智达等师，
教化边地而不断策励，
由此怙主摄受此方隅。

以上是法王克珠群杰的生平事迹中,关于克珠杰身于往昔诸世经历的本生传,为一节。

三、今世传

此部分简要阐述今世解脱之道的主要内容,共分为五个小节。

第一,初次拜见宗喀巴时,如何示现希有奇妙吉兆;第二,通过讲学和修行双轨,广行利益佛法昌盛不衰之举;第三,如此行事后博得具誓护法诸神会海之盛赞,而且为其立下誓约,自此唯命是从;第四,宗喀巴往生兜率天之后,仍然屡次现身讲法;第五,克珠杰心向往生净土时,如何示现希有奇观。

(一)初次拜见宗喀巴

这位至尊上师初次拜见宗喀巴之时,就像菩提萨埵常啼①(བྱང་ཆུབ་སེམས་དཔའ་རྟག་ཏུ་ངུ།)看见法圣菩萨②(འཕགས་པ་ཆོས་འཕགས།)一般,当他目睹宗喀巴之身的第一刻油然起敬,就不由地竖起全身的毛发,眼泪溢满眼眶,礼赞的颂词滔滔不绝。并且,脑海里不断地涌现出“此乃吾从轮回苦海中引渡的舵手和小乘悬崖中解救的善知识”这样的感想。由于往昔殊胜关系,当他们初次相见的第一刻起就生成坚定不退的无上信心。

初次拜见宗喀巴的前一天晚上,克珠杰的梦境中显现出如下景象:

黑暗遮蔽所有去处,故不知何所是从,迷失方向,晕头转向,这样飘无定所地游荡了很长时间之后,从东方显现出数百幅宝剑循环而成的坛城,并且每个剑柄向内,彼剑顶端照耀着数百轮明日。如此构成的宝剑坛城环绕的中央,五彩虹光的宝珞之网美饰的中间,至尊文殊端坐其中,身现红黄色,手握宝剑和典籍,无量珍宝庄

① 该典故源自佛说般若书系倒数第三品常啼菩萨,常被誉为师生关系的典范。因此,宗喀巴著有《大思想勇士常啼菩萨传 · 如意宝树》(བྱང་ཆུབ་སེམས་དཔའ་སེམས་དཔའ་ཆེན་པོ་རྟག་ཏུ་ངུའི་རྟོགས་པ་བརྗོད་པའི་སྙན་དངགས་དཔག་བསམ་གྱི་ལྗོན་པ།),其中高度评价了常啼菩萨舍身寻求般若的非凡事迹。这篇收录于《宗喀巴文集》拉萨木刻版第2函第72部,参见西藏色昭佛教古籍编委会整理《宗喀巴文集》(藏文第2册),北京:中国藏学出版社2012年版,第357－398页;《甘珠尔对勘本》(藏文),北京:中国藏学出版社2006、2007年版,第25卷第865－896页、第28卷第802－822页、第31卷第440－475页、第33卷第625－663页。

② 该典故源自佛说般若书系倒数第二品法圣菩萨,常被誉为师生关系的典范。参见《甘珠尔对勘本》(藏文),北京:中国藏学出版社2006、2007年版,第25卷第896－905页、第28卷第822－839页、第31卷第475－491页、第33卷第663－680页。

严美饰,妙龄童子之相,束发成顶髻状,以双股珍珠链条饰边。这样,晶莹剔透、心旷神怡、美不胜收、百看不厌的文殊随喜融入体内。彼日轮升起的刹那间黑暗荡然无存,太阳的光环一波又一波地布满宇宙间的所有时空。

翌日,克珠杰拜见宗喀巴时如是报告了昨夜梦见的种种情形,还祈求予以解梦?宗喀巴答道:“汝将上师与本尊无别而见,妙哉!特意为修持密宗专门而来的如宝一般的殊胜化机之人,汝见吾为至尊文殊菩萨。虽然如你所见,符合实际。但是,其他庸俗劣根之徒,并不如此看待。相反,他们把我视为凡夫之人。汝必将对广大所化徒众做出巨大饶益之业”。

复次,宗喀巴又讲到:“汝以何为作本尊修行呢?”克珠杰回复道:“吾以文殊论狮和红阎摩敌作为本尊修行”。宗喀巴对此讲到:“总体而言,红、黑阎摩敌和大威德三者中,无论将哪一位作为本尊,均属至尊文殊渐趋忿怒相,次第增大。因此,这三者都能获得至尊文殊的摄受。但是,我的这一法脉传承获得至尊文殊的亲自摄受和加持,这必须了知。所以,必须以具德大威德金刚作为本尊,于此因时和果时这两种时候均有至尊文殊亲授面相,因而具有非常特殊的意义。其他人根本不知晓这一关键要点。”这样没有经过请求赐法而立即获得薄伽梵大威德金刚的成就方便法,从此以后克珠杰常修本尊的自受灌顶,从未间断。因此,贾曹杰(རྒྱལ་ཚབ་རྗེ།)、大德瓦增巴①(འདུལ་བ་འཛིན་པ་ཆེན་པོ།)、克珠杰三位是宗喀巴众化

① 世称“འདུལ་འཛིན་གྲགས་པ་རྒྱལ་མཚན”,堆增扎巴坚赞在宗喀巴门徒中居于成就伟业的五大高祖之首,1374年出生于今西藏拉萨河上游的直贡达孜宗沿河一带。他曾担任哲蚌寺创建者嘉木样群杰扎西白丹受比丘戒时的羯磨师,1409年起在修建甘丹寺时全权负责监工重任,宗喀巴圆寂后负责修建灵塔,并力排众议推举贾曹杰入主甘丹金席宝座,从而得以形成格鲁派举贤任能的甘丹赤巴制度。最后于1434年在该寺中圆寂,享年61岁。参见班钦索朗扎巴著《新旧噶当史籍》(藏文),拉萨:西藏藏文古籍出版社2001年版,第61－62页;周加巷著《宗喀巴传》(藏文),西宁:青海民族出版社1981年版,第603－629页;第悉桑结嘉措著《格鲁派教法史》(藏文),北京:中国藏学出版社1991年版,第71－73页。

机中的首要。正如具德列吉多杰①(དཔལ་ལྡན་ལས་ཀྱི་རྡོ་རྗེ།)所传《宗喀巴寿命、徒众等授记》中所云:“汝将有三位殊胜高足,获证资粮道的门生无数”②(དཔལ་ལྡན་ལས་ཀྱི་རྡོ་རྗེས་རྗེ་ཙོང་ཁ་པའི་སྐུ་ཚེའི་ཚད་དང་འཁོར་ལ་སོགས་པ་ལུང་བསྟན་མཛད་པ།”,似为“ལྷོ་བྲག་གྲུབ་ཆེན་དང་མཇལ་ཚུལ། མཁས་གྲུབ་རྗེ་ལ་ཆེམས་གནང་སྐོར་བཞུགས་སོ།)。这里所述三位殊胜高足就是贾曹杰、德瓦增巴、克珠杰三者。那么,这三位无疑是证得大圣菩提萨埵果位之人。因为某日夜里宗喀巴梦中显现:“月贤!汝将摄受香巴拉国王白莲法王和妙吉祥称法王,尤其是妙吉祥称法王倍加摄受”。在群杰曲登饶觉所著《克珠杰秘传》中,其义所作的解释中白莲法王指贾曹杰,妙吉

① 似指洛扎大成就者朗喀坚赞“ལྷོ་བྲག་མཁན་ཆེན་ནམ་མཁའ་རྒྱལ་མཚན།”,又名“ལྷ་མ་ཕྱག་རྡོར་པ།”或“གྲུབ་ཆེན་ལས་ཀྱི་རྡོ་རྗེ།”等。1326年出生于今西藏洛扎县谢普氏(ཤུད་བུའི་རིགས།),父亲叫朗喀桑布,母亲叫仁钦坚。7岁开始在其叔叔堪钦杰塞桑布(མཁན་ཆེན་རྒྱལ་སྲས་བཟང་པོ།)足下,相继受居士、沙弥戒并出家为僧,系统学习了噶当派的《菩提道次第论》和以律藏为主的经典理论。约于1344年赴拉萨朝圣,某日夜里在小昭寺内住宿时获得授记,因此前往今西藏墨竹工卡县境内的甲玛仁钦岗寺,在该寺扎西嘉布门下受比丘戒,并听受《菩提道次第论》《修心论》以及《密宗方便法门》。返回洛扎后,约于1347年开始获得殊胜证悟。从此,在卓瓦寺(གྲོ་བ་དགོན།)其叔堪钦杰塞桑布足下,圆满获得措那巴喜饶桑布(མཚོ་སྣ་པ་ཤེས་རབ་བཟང་པོ།)和蒙扎巴次成扎西(མོན་གྲ་པ་ཚུལ་ཁྲིམས་བཀྲ་ཤིས།)所传噶当派殊胜教授。1356年其叔堪钦杰塞桑布以示圆寂,应当地广大信众的祈请,荣登卓瓦寺的法台。从此以后,金刚密主如影随形,授予二十二种发心教授和三律仪犯戒之罪净治法等方便法门。特别依照其授记,1395年宗喀巴得以在其门下获得噶当派的教授及金刚手殊胜法门,成为宗喀巴的四大殊胜导师之一。劝诫宗喀巴赴印求学,并建议留在藏地必将利大于弊。宗喀巴采纳他的建议后,对他的著书立说起到了至关重要的意义。1401年以示圆寂,相传其灵塔在今西藏达孜区饶夏沟村(ར་ཁ་ཕྲུག་གྲོང་ཚེའི་ཉེ་འདབས་ཀྱི་ལྷོ་བྲག་འབྲུམ་པ།)。由于亲见密主金刚手而得名“大成就者”,相传起信门徒达10万人,获得解脱者达50人。其中,圆满成就无疑者8人,即宗喀巴、扎巴罗珠、桑巴钦布贡桑巴、曼朵日嘉沃、杰确摩兰巴、各日贤攀多杰、门巴阿玉、群杰卓玛巴等人,宗喀巴居于首位。宁玛派的有些学者认为,宗喀巴在洛扎朗喀坚赞门下,听受大圆满法后,所有疑难均烟消云散,获得顿悟。故有“业之金刚导师之楷模,洛桑扎巴学生之楷模,甘露上药居于法之冠”(ལས་ཀྱི་རྡོ་རྗེ་བླ་མའི་མཆོག །བློ་བཟང་གྲགས་པ་སློབ་མའི་མཆོག །བདུད་རྩི་སྨན་མཆོག་ཆོས་ཀྱི་མཆོག །)之说。参见班钦索朗扎巴著《新旧噶当史籍》(藏文),拉萨:西藏藏文古籍出版社2001年版,第41页;永增益喜坚赞著《菩提道次第师承传记·佛法庄严无上宝鬘论》(藏文),拉萨:西藏人民出版社1990年版,第303-307页;《巴珠文集》(藏文第1卷),成都:四川民族出版社2003年版,第302-305页。

② 这篇收录于《宗喀巴文集》拉萨木刻版第1函第7部,参见西藏色昭佛教古籍编委会整理《宗喀巴文集》(藏文第1册),北京:中国藏学出版社2012年版,第171-176页。但是,现在发现该文有两种不同的版本,内容详略不一,到底指哪一部,有待考证。其一由更瑟班布(ཀུན་གཟིགས་དཔོན་པོ)所造《ལྷོ་བྲག་གྲུབ་ཆེན་དང་མཇལ་ཚུལ། མཁས་གྲུབ་རྗེ་ལ་ཆེམས་གནང་སྐོར་བཞུགས་སོ།》,其二由当巴桑杰仁钦(དམ་པ་སངས་རྒྱས་རིན་ཆེན)所造《དགའ་བ་གདོང་དུ་རྗེ་བཙུན་གྱིས་ལུང་བསྟན་མཛད་པ་དང་ཆེམས་རིང་བསྒྲིལ་གནང་བའི་སྐོར་བཅས་བཞུགས་སོ།》,参见青海民族大学宗喀巴研究院编《宗喀巴传记系列三》(藏文第3册),兰州:甘肃民族出版社2016年版,第58-68、233-235页。

祥称法王指克珠杰。由此看来,贾曹群杰是至尊观自在的转世化身,对此我们深信不疑。而克珠群杰示现圆寂之时,若干清净所化门徒亲眼看到其往生于北方香巴拉。显然,这与以上传记所述紧密相扣。关于贾曹杰是登地大圣菩提萨埵的清净信史很多,然而在此唯恐篇幅过于冗长而未作阐述。此外,关于大德瓦增巴的传记另有所著,以此可以阅览。故此如是云:

手握梵典宝剑之身相,
顶饰五髻之冠文殊尊,
身披褐黄法衣来雪域,
示现凡夫之相利于众,
那时未被烦恼染垢者,
具缘门生意之明镜中,
显现文殊菩萨之身相,
丝毫未能隐藏而暴露。
请看希有信力甚妙哉,
即使潜藏隐居之化身,
只能应允自己之身世,
终未寻得保密之计策。
然而清净无垢意镜中,
显现诸佛身相是法性,
故于无浊清澈湖泊中,
投射中秋月圆何足奇?
如前众贤之首克珠杰,
大圣怙主初受随持等,
岂能由我解说圆满乎?
而遵正士之语略述之。

这些是法王克珠杰的生平传记中，初次拜见宗喀巴时所显现的种种奇妙稀有之相，略示一斑。

（二）广行利益佛法之举

这位至尊上师通过讲学和修行实践等各方面对佛法事业所做出的全部功绩，在此不予详述，而示意性地作一番阐述。这位克珠杰的前世几代系统闻思五明学科，且被至尊文殊摄受随持。基于这样的习气，克珠杰此生不足青年之龄时，不仅成为无碍辩论三藏四续义理之才，而且通过妙语连珠使雪域高原的众贤变得哑口无言，进而成为大轨辙师。

于此，若问何以见得呢？这位大善巧者年仅 16 岁时，尊胜诸方的班智达晋美扎巴向各地庄严宣布："我将遮止《量理藏论》，哪一位萨迦派的学者能够反驳呢？"这时所有人除了畏缩之外，从未出现能够前去反驳答复之人。于是，绛巴之主①（བྱང་པའི་བདག་པོ།）召集昂仁境内的所有学者讲到："这位珞巴妄人②（ལྷོ་པའི་མཁན་སློབ།）试图

---

① 全称"བྱང་བདག་རྣམ་རྒྱལ་གྲགས་པ།"，元代划分十三万户中设立拉堆南北两个万户区，即拉堆绛和拉堆洛，前者指今昂仁县和拉孜县的部分地区，后者指今定日县。因此，这里的"北"指拉堆区域内的北方。此外，拉堆北区的拉堆绛万户长祖上，从西藏北方的木雅国王即西夏王朝后裔迁徙而至，故名"བྱང་པའི་བདག་པོ།"。其中最为著名的是藏医北派的创始人绛巴朗嘉扎巴，也就是此人。同时，他曾向克珠杰请教有关宗喀巴生平事迹方面的问题，收录于《克珠杰文集》第 1 函中的《绛巴之主朗索朗嘉扎巴启问书·制伏诽谤邪说》，参见西藏色昭佛教古籍编委会整理《克珠格列贝桑文集》（藏文第 1 册），北京：中国藏学出版社 2014 年版，第 216 – 223 页。关于绛巴朗嘉扎巴的传记，觉囊贡噶卓确著有《绛巴之主朗嘉扎桑传记·盛赞雷鸣》（བྱང་བདག་རྣམ་རྒྱལ་གྲགས་བཟང་གི་རྣམ་པར་ཐར་པ་རབ་སྤྲགས་སྙན་པའི་འབྲུག་སྒྲ་ཞེས་བྱ་བ་བཞུགས་སོ），参见艾措千主编《藏医药大典》（藏文第 2 册），北京：民族出版社 2011 年版，第 348 – 414 页。

② 正如格苏鲁巴米觉多杰所造《至尊群列朗杰传记·奇妙大海》中所云："ཁྱེད་རྣམས་ཀྱིས་ཤེས་དཀའ་བའི་མཁན་སློབ་དེ་ལ་བུ་ཐེ་སྒྲ་བརྗོད་པ་ལྟ་བུ་ཞིག་འཚོས་དགོས་པས། ལེགས་པར་གོས་ཀྱིས་ལ། པོ་ཏི་མང་པོའི་ཁ་ཡ་མ་བྱེད། རྣམ་འགྲེལ་གཅིག་པུ་ལ་ཁ་འདྲིས་ཀྱིས་ལ། བགྲོ་གླེང་རྒྱལ་བའི་ཐབས་འདུ་འཚོལ། དེ་ལྟར་བྱེད་མ་ནུས་ན་ངའི་གཞི་འདིར་མ་སྡོད་ཅིག་ཅེས་སྨྲ་ཞིང་། ཆགས་ཁྲོའི་ནད་ཆེན་པོས་བཏབ་ཏེ། བསོད་ནམས་རྩལ་ལྡན་ཙམ་ཞིག་མ་ལུས་པར་བྱས་སོ །"，似为博东班钦的蔑称。因为"珞巴"（ལྷོ་པ།）是指拉堆地区的南部定日，相对于拉堆地区的北部（བྱང་པ།）昂仁而言，即今日喀则市定日县境内。该地影响最大的是协噶寺，博东班钦任该寺第四代堪布，故名"珞巴堪（布）"（ལྷོ་པའི་མཁན།）。所谓"སློབ།"是口出谎言或浮夸之词，这是因为博东班钦曾对萨班的《量理藏论》提出质疑而被人误解，甚至故意血口喷人，因而以此蔑称。参见才让多吉主编《伯东班钦全集》（藏文第 1 册），北京：民族出版社 2014 年版，第 490、494 页；阿旺格典嘉措著《协噶史籍》（藏文），拉萨：西藏藏文古籍出版社 2012 年版，第 90 – 95 页。

要否定至尊萨迦班钦的经典①(རྗེ་བཙུན་ས་སྐྱ་པཎ་ཆེན་གྱི་གསུང་རབ།),尔等与斯辩个落花流水,如拔尽凶禽之毛使其落羽。谁能以此辩倒他,我将重赏”。其后,北昂仁地区所有立论者②(རྒོལ་བ།)和敌论者③(ཕྱི་རྒོལ།)齐聚一堂,并于昂仁寺会海一般的中央布置了尊胜诸方的班智达晋美扎巴的坐垫。这次组织辩论的施主绛巴之主也登上宝座,彼前方为该地区的所有智者铺好了坐垫,让他们入座。一切工作就绪之后,首先由以善知识端桑坚赞为首的凡享有智者之名的许多敌论者与之辩论,却被这位班智达简单组织两、三轮应成式④(ཐལ་འགྱུར།)就轻易使他们所抛出的反驳折服,迫使他们不得不应许立论者的观点。最终立敌双方都达成了《量理藏论》就是一堆内部义理自相矛盾的集合体的共识。次日施主的内心极为不安,故严厉斥责论师们以示惩治。同时询问道:“现在你们当中还有谁能前去反驳呢?”无奈之下他们答道:“这位噶究巴格列贝桑拥有无碍智慧,要不让他去试着参与辩论,如何?”按此提议协商后,就决定派他去参与辩论。第二天如上所述,照样铺好坐垫,堪钦巴⑤(མཁན་

① 指萨迦班智达贡噶坚赞所著《量理藏论》,收录于《萨迦五祖文集》(藏文第18卷),北京:中国藏学出版社2015年版,第2－398页。

② 又称“སྔ་རྒོལ།”或“དམ་བཅའ་བ།”,即原立者或首先组织并举出能立之因以立宗者。

③ 又称“ཕྱོགས་ཕྱི་མ།”或“ཡང་དག་བཟུང་།”,即负责反驳立论者或依理指出其过失之人,名曰敌论者。

④ 梵语“prasavga”,英译“consequence”,对此有“反驳论证”“驳论”“应成式”等多种译法。应成式指具有反驳功能的推理论式,反驳论证以自己的因理否定对方不同观点的言行,藏语文化圈中多指具有反驳性质的论著及其论证格式。因此,藏传因明史上关于“应成式”(ཐལ་འགྱུར།)与“能破”或“反驳”(སུན་འབྱིན།)同义与否,争议较大。但是,从应成与反驳的内涵与外延上分析,这二者是既有联系又有区别的两个概念,也就是说,应成是反驳的手段,反驳是应成的目的,二者没有等同关系。参见克珠杰格列贝桑著《量理七论除意暗庄严疏》(藏文),北京:民族出版社1989年版,第371页;一世达赖喇嘛·根顿珠巴著《量理庄严论》(藏文),兰州:甘肃民族出版社1996年版,第306页;塞氏阿旺扎西著《因明学概要及其注释》(藏文),北京:民族出版社2009年版,第217－250页;堪钦根敦嘉措著《堪钦摄类学》(藏文),西宁:青海民族出版社1988年版,第565页。

⑤ 指第四任协噶寺堪布的博东却列朗嘉(1375－1451年),可参见阿旺格典嘉措著《协噶史籍》(藏文),拉萨:西藏藏文古籍出版社2012年版,第90－95页。同时他的生平事迹,现存晋美邦居士所造《博东班钦群列朗杰传记·奇妙喜宴》和格苏鲁巴米觉多杰所造《至尊群列朗杰传记·奇妙大海》两种生平传记,收录于才让多吉主编的《伯东班钦全集》(藏文第1册),北京:民族出版社2014年版,第1－364、367－556页。

ཚིག་ཡ)从《量理藏论》之首开始依次逐一否定,随即克珠杰次第断除对方所立诸过失①,就连他自己安立的宗义也一并用无垢理路予以反驳,使他变得无言以对。这时他除了回复"此乃经量论者宗义本身的内部相违所在"之外,并无其他立论之词。此次的辩论内容甚多,恐于篇幅而未作详述。故此所云:

年华树木虽未全成熟,
学识结果载重而庄严,
令誉芬芳遍布十方御,
善巧之冠如意树尊胜。
就连初升皎洁之新月,
亦能顿除日幕之黑暗,
就像汝于童年之时期,
彻底折服诸贤的傲气。
于是对此不足为奇也,
彼师事实理路之宝剑,
如同拔根而除执实树,
请看摧毁染污之敌军。
如是尊胜十方班智达,

① 又名"རྩོད་སྤོང་",藏族量理摄类学中的每一品义理都以驳他宗、立自宗、断除争论三种结构进行论述,使其论证更加趋于严密而透彻。其中,最后的断除争论,是为彻底破解他人疑惑,消除彼此间的争论而设立的一环演绎推理过程。当敌论者对立论者所论证的观点心生疑惑而提出种种质疑或反驳之时,作为立论者根据自己所立的论点解答和破除敌论者的疑惑,进而依理论证自宗的逻辑合理性,此乃所谓的断除争论。通常情况下,断除争论中敌论者很少在现场,一般主要基于学科史和学理上的种种问题,作者自己假设疑难或者假想敌式的辩论,通过反驳应成式层层释解。尽管上述驳他宗和断除争论二者的论证形式基本一致,主要由反驳应成论式进行演绎推理。但是,它们的不同之处主要有以下两点:其一驳他宗通过破除一个伪命题而揭示该命题周遍不定或没有周遍关系的过失;断除争论通过破除一个反驳应成论式而揭示论式结构的过失。其二驳他宗先由立论者组织提出反驳应成论式,后由敌论者进行答复性论辩;断除争论先由敌论者组织提出反驳应成论式,后由立论者进行答复性论辩。可参见拙文《藏族量理摄类学形色与显色译解》,刊载于郑堆主编《因明》(第7辑),兰州:甘肃民族出版社2014年版,第145页。

博览一切经典具慧者，
无畏论狮博东班钦曰：
量理藏论相违重重体，
示于遵奉该论众门人，
宣告之后该论追随者，
无偏见之名置于中立。
彼时于此不满之大吏，
井底之蛙一般之见识，
岂有否定量理藏论者，
却闻晋美扎巴欲遮止。
为此召集彼处众贤哲，
矫饰智者亦至他座前，
故为量理藏论之破立，
展开唇枪舌剑之辩论。
彼时班钦善论狮子吼，
列举该论相违廿五处①，
此方大多学者被折服，
悉数转依班钦为上师。
于是北主大吏便回想：

① （གཞུང་དེའི་དོན་ལ་ནང་འགལ་ཉེར་ལྔ་བཟུང་།），在格苏鲁巴米觉多杰所造《至尊群列朗杰传记·奇妙大海》（རྗེ་བཙུན་ཕྱོགས་ཐམས་ཅད་ལས་རྣམ་པར་རྒྱལ་བ་ལྷའི་ཞལ་མངའ་ནས་ཀྱི་རྣམ་པར་ཐར་པ་ངོ་མཚར་གྱི་རྒྱ་མཚོ་ཞེས་བྱ་བ་ཀུ་སུ་ལུ་པ་མི་བསྐྱོད་རྡོ་རྗེས་མཛད་པ་བཞུགས་སོ།）中，博东大师应邀莅临昂仁寺时针对索朗嘉卜的挑衅，在充分肯定萨班贡噶坚赞所著《量理藏论》的学术价值的基础上，提出了“所谓《量理藏论》自注是否为萨班所造？”“境之定义心所明，识之定义是明了”（ཡུལ་གྱི་མཚན་ཉིད་བློས་རིག་བྱ། བློ་ཡི་མཚན་ཉིད་རིག་པ་ཡིན།）、“所量唯有一自相”（གཞལ་བྱ་རང་མཚན་གཅིག་པོ་ན།）与“有无自相察而许”（རང་མཚན་ཡོད་མེད་དཔྱོད་ཕྱིར་འཐད།）、“凡有彼灭如瓶性”（གང་ཡོད་དེ་འཇིག་བུམ་པ་བཞིན།）等方面25处彼此相违的质疑，并对挑衅者索朗嘉卜制造了13回“三轮”（འཁོར་གསུམ།）之难，使其变得颓堕萎靡、溃败不可收拾。具体参见才让多吉主编《伯东班钦全集》（藏文第1册），北京：民族出版社2014年版，第490－493页；萨班贡噶坚赞著《量理藏论》（藏文），北京：民族出版社1988年版，第2、3、4、16、23、43、47、60、144、214页。

冒充智者彼与雅德等①，
大量智者辩倒有所闻，
贤哲云集昂仁殊胜处，
众贤若被斯彻底辩倒，
那么量理学家萨班尊，
定无后继传人而担忧，
同时无奈堕入黑洞中，
恶语利器惩治众属民。
彼时文殊门生之首徒，
幻化童子妙身克珠杰，
受命赶赴智者彼前曰：
今为量理藏论我作主。
随即班钦三藏论师彼，
次第遮止该论诸义理，
善巧成就初始佛子彼，
断除量理藏论诸过失。
复次班钦所创之宗义，
无垢理路反驳其谬误，
彼时诸贤之首班钦尊，
未获据理力争之时机，
却言经部内在相违处，

① （མི་ཕམ་གཡག），藏族历史上冠以“雅”（གཡག）的学者较多，这一时期较著名的是雅德班钦宗珠达杰（1299－1378年，གཡག་སྡེ་པཎ་ཆེན་བརྩོན་འགྲུས་དར་རྒྱས）和雅洲桑杰白（གཡག་ཕྲུག་པ་སངས་རྒྱས་དཔལ）或雅敦桑杰白（གཡག་སྟོན་སངས་རྒྱས་དཔལ）二人。显然是指后者与博东班钦曾在昂仁寺辩论一事。据格苏鲁巴米觉多杰所造《至尊群列朗杰传记·奇妙大海》记载，拉堆南部之主大司徒拉赞嘉的主持下，在协噶寺围绕《慈氏五论》和《释量论》义理进行了辩论，以雅敦桑杰白被辩倒而告终。参见才让多吉主编《伯东班钦全集》（藏文第1册），北京：民族出版社2014年版，第483－490页；阿旺格典嘉措著《协噶史籍》（藏文），拉萨：西藏藏文古籍出版社2012年版，第11－12、25、62－65、90－95页。

如是依靠虚构来诡辩。
殊胜智者鹏王之新雏，
无畏论狮彻底辩倒后，
追随量理藏论诸象群，
远离畏惧方可随意行。
大吏亦生欢喜而想到：
何方安驻此般大智者，
此方必成众人敬仰处，
于是克珠杰前行敬礼。

这是克珠群杰年近16岁时，与博东班钦三藏论师晋美扎巴如何进行正法辩论的事迹。详细情况可参阅专门的辩驳之书。

复次，在昂仁寺夏居期间，克珠杰在该寺大会上与群杰雅巴开展激烈辩论①(ཆོས་རྗེ་གཡག་པ།)，使善巧成就者雅巴被辩倒②。至尊上师克珠杰不仅被殊胜本尊摄受护佑，而且往昔诸多生世也勤学不辍。基于这样的功德，一般的学者于彼前不敢班门弄斧，而有些自命不凡之徒试图与其辩驳论争，纯属刚愎自用之举，徒劳无益。随

---

① 雅洲桑杰白(གཡག་ཕྲུག་པ་སངས་རྒྱས་དཔལ།)或雅敦桑杰白(གཡག་སྟོན་སངས་རྒྱས་དཔལ།)，1350年出生于萨迦昌地(ས་སྐྱ་འཕྲང་།)，自幼在萨迦寺和泽塘寺学习，特别在宗主白门下闻思显宗，贡觉益西白门下听受道果法。后来在桑普寺等地培养了荣顿释迦坚赞和桑巴钦布勋努罗珠等门徒，于1414年以示圆寂。参见《萨迦文献丛书》(藏文第4卷)，北京：中国藏学出版社2009年版，第342－343页。

② 本文依据的《一、二、三世班禅额尔德尼传》(西藏藏文古籍出版社2014年，第119页)中缺失了"རྗེ་འདིས་མཁས་གྲུབ་གཡག་པ་ཕམ་པར་མཛད་འདུག་སྟེ། རྗེ་བླ་མ་འདི་ཉིད་ལྷག་པའི་ལྷས་རྗེས་སུ་བཟུང་ཞིང་། སྐྱེ་བ་མང་པོར་རིག་གནས་ལ་སྦྱངས་པའི་སྟོབས་ཀྱིས་མཁས་རློམ་སུས་ཀྱང་འདིའི་སར་སླེབ་པའི་རྗེ་མི་ཐོགས་པ་དང་ཚུལ་ཡིན་ནོ། །དེ་ནས་དུས་ཕྱིས་བླ་མ་འདི་རྗེ་བཙུན་ཙོང་ཁ་པའི་སྲས་ཀྱི་ཐུ་བོར་གྱུར་ཏེ། གསུང་གི་བདུད་རྩི་རྒྱུན་མར་བཞེས་པའི་མཐུས། སྡེ་སྣོད་གསུམ་དང་རྒྱུད་སྡེ་བཞི་ལ་འཁྲུལ་པ་མི་མངའ་བའི་ཤིང་རྟ་ཆེན་པོའི་གོ་འཕང་ནི་བརྙེས། འགྲོ་བ་མཐའ་དག་བུ་གཅིག་པ་ལྟར་བརྩེ་བའི་ཐུགས་རྗེ་ཆེན་པོ་མངའ་བའི་མཐུས། སྐལ་པ་དང་ལྡན་པའི་གདུལ་བྱ་སྐུ་དངོས་ཀྱིས་འདུལ་བ་མང་པོ་ཞིག་ལེགས་པར་བཤད་པའི་བདུད་རྩིས་ཚིམ་པར་མཛད་ལ། མ་འོངས་པའི་གདུལ་བྱ་རྣམས་ལ་ཡང་ཐར་པ་དང་ཐམས་ཅད་མཁྱེན་པར་བགྲོད་པའི་ལམ་གྱི་ལུས་སྟོན་གྱི་རྒྱལ་བ་རྣམས་ཀྱིས་གཤེགས་བཤུལ་རྗེ་ཙོང་ཁ་པའི་བསྟན་པའི་ལམ་རྣམ་པར་དག་པ་འདི་ལྟ་བུ་ཞིག་ཡིན་ནོ་ཞེས་གཙོ་བོའི་ཕྱིར་དུ། སྤྱིར་བཀའ་དང་བསྟན་བཅོས་ཀྱི་དགོངས་པ་འགྲེལ་པའི་གསུང་རབ་མང་དུ་མཛད་ཅིང་། ཁྱད་པར་དུ་རྒྱལ་བ་ཙོང་ཁ་པའི་གསུང་རབ་རྗེ་རྗེའི་ཚིག་ལྟར་བཀྲིང་ཞིང་བརྗོད་བྱ་མཆོག་ཏུ་ཟབ་པ་རྣམས་ཀྱི་དོན་ལག་མཐིལ་དུ་སྐྱུ་རུ་ར་བཞིན་དུ་གསལ་བར་སྟོན་པའི་བསྟན་བཅོས་མང་དུ་མཛད་པ་ན། མདོ་སྔགས་སྤྱི་དང་ཁྱད་པར་མགོན་པོ་ཀླུ་སྒྲུབ་ཀྱི་དགོངས་པ་རྗེ་བཙུན་ཙོང་ཁ་པས་རྗེ་ལྟར་བཀྲལ་བའི"这一段，笔者从拉萨雪木刻版《克珠杰文集》第12函第9部第6页下5行至第7页上4行间予以补阙；亦可参阅西藏色昭佛教古籍编委会整理《克珠格列贝桑文集》(藏文第12册)，北京：中国藏学出版社2014年版，第336－337页。

后，虔诚依止宗喀巴，逐渐成为其首席高足，特别是圆满受用其殊胜教授甘露后，对于三藏四续经典理论证得悟性已达正确无误的大轨辙师高度，进而广发视一切有情众生为己出之子一般的大慈悲心。以此为契机，对于有缘所化徒众，通过克珠杰亲自授课教化，令众多门生满足于其善说甘露；对于未来的所化大众，为了深刻领会宗喀巴依据古昔所有如来善逝的足迹而明确开示的趋入解脱及一切遍智之道统体系，深入浅出地撰写了系统阐释《甘珠尔》和《丹珠尔》义理的大量论著，特别著有第二佛陀宗喀巴所造经典如金刚语句一般深邃而所诠义理极为甚深等内容，就像掌心的庵摩罗迦①（ལག་མཐིལ་དུ་སྐྱུ་རུ་ར་བཞིན།）鲜果一样非常清晰地呈现的诸多论著。依托如此撰述的大量传世之作，克珠杰依照宗喀巴如理阐释的中观应成派的不共殊胜宗义，将显密二乘宗义尤其是具德怙主龙树的甚深密意在雪域高原全面推广。这对具缘门徒而言，以此真实体验和享用空前善说妙语之喜宴，令人心满意足。而对于冒充智者之徒而言，他们所立宗义如泥沙制成的球一般不攻自破。特别对于那些颠倒是非的邪说恶徒而言，则是引火烧身，自食其果。如是，能仁法宝将更趋繁荣昌盛，犹如水中莲花一般日臻枝繁叶茂。

这时名称荣顿释迦坚赞②之人难以接受这些闻所未闻的创新善说，从此生起无法忍受的嫉妒瞋心，肆无忌惮地直接否定具德月

① 梵语音译为“庵摩罗迦”，又名“余甘子”或“油柑”。一般情况下，指新鲜庵摩罗迦，果如橄榄，表里莹洁，清澈透明。故此，古代印度著名量理学家律天论师在以《二十颂疏解》和吐蕃时期编纂的梵藏对照辞典《钦定声明要领二卷》为代表的印藏论典中记载道：遍智的量识观一切所知，决无任何障碍，洞悉世间和超世间的一切事物的本质属性，如视掌上庵摩罗迦鲜果，晶莹剔透，一目了然。参见《丹珠尔对勘本》（藏文第77卷），北京：中国藏学出版社2001年版，第516页；西藏博物馆编《旁塘目录；声明要领二卷》（藏文），北京：民族出版社2005年版，第91页。

② 绒地指出生于嘉绒地区，今四川省阿坝州境内。释迦指其名，这里指荣顿释迦坚赞（1367－1449年），他出生于苯教世家，苯教著名寺院曼日寺创建者喜绕坚赞就是他培养的弟子，晚年即1435年建立今西藏林周县卡孜乡牟莫村附近的那兰扎寺，后来成为萨迦派道果法脉蔡系的主要道场之一。参见索朗次培主编《荣顿释迦坚赞文集》第1－10册，成都：四川民族出版社2008年版；才让多吉主编的《伯东班钦全集》（藏文第1册），北京：民族出版社2014年版，第501－510页；《毛尔盖桑木旦全集》（藏文第6册），成都：四川民族出版社2009年版，第214页。

称。实际上,他肩负着破除宗喀巴所创宗义的重任。即便如此,他怎敢与宗喀巴辩驳,即使他与克珠杰实际上也无法辩驳,只是嘴上放出将与克珠杰一起辩论之声而已,其目的也只不过是他非常渴望博得护持萨迦派的美名。在一切遍智克珠杰安驻于年域上部期间,屡次寄来"与我相聚辩论"的书函。这期间萨迦地区具有一些有口诵能力之称的愚夫,丝毫不解如何分辨法与非法之理,却被贪嗔及其引发的对抗心彻底占据内心却完全不能自拔的诸多人造谣宣称:"宗喀巴师徒遮止萨迦派宗义"。如此别有用心捏造的谣言四处散布,还给宗喀巴师徒掷朵玛食子等。这样,彼等制作了开启恶趣之门的诸多事端,将在下文中阐述。

还有名曰俄巴贡桑巴人[①](ངོར་པ་ཀུན་བཟང་པ།),萨迦派门人将他尊奉为如同金刚持。但是,斯人极为贪恋此生的名利,因此他虽曾依止宗喀巴门下听受诸多甚深金刚妙乘之法,然而把金刚誓约和戒律视如草茆抛在脑后,堂而皇之地加入诽谤宗喀巴师徒之列[②],斯含血喷人,脏话连篇,其恶意诬蔑的粗言,即使常人随声附和,亦令人心惊肉跳,不堪入耳。

复次,享有萨迦派善知识之名的官东国师人[③](ས་སྐྱ་པའི་དགེ་བཤེས

① 全称"ངོར་པ་ཀུན་དགའ་བཟང་པོ།",俄钦贡噶桑布1382年出生于今西藏萨迦县,1429年建立俄艾旺曲丹寺,1456年圆寂。他曾为宗喀巴的弟子,在萨迦派的诀窍尤其是续藏事部和行部传播方面功勋显著。但是,后来对于宗喀巴的喜金刚之身坛城妄生诽议,当时似乎异常猖獗。因为一世达赖喇嘛名作《在那东方雪山顶上》中所云:"总之如今雪域高原上,自己声称护持佛法者,他人视为谤佛之祸首,见此情景悲痛而欲绝",就是指俄钦贡噶桑布的这种口是心非的作风(参见《杰旺根顿珠巴文集》(藏文第9册),北京:中国藏学出版社2013年版,第418－419页)。于是,克珠杰挺身而出撰写《粉粹惯于倒行逆施的邪说谬论·天钢之轮》,从所依身坛城、能依身坛城、梵文续藏未论等3个层面逐一断除争论,使对方理屈词穷、哑口无言。这篇收录于《克珠格列贝桑文集》(藏文第2册),北京:中国藏学出版社2014年版,第1－77页。

② 参见《克珠杰文集》拉萨雪木刻版第2函第1部《粉粹惯于倒行逆施的邪说谬论·天钢之轮——致俄钦贡噶桑布》,共有47叶;《辩论文选编》(藏文),成都:四川民族出版社1997年版,第1－68页。

③ 参见《克珠杰文集》拉萨雪木刻版,第9函第10部《散论合编》第153叶上第1行至第169叶下第1行间的第43部《致予大善知识官东国师之答复》(共17叶);西藏色昭佛教古籍编委会整理《克珠格列贝桑文集》(藏文第9册),北京:中国藏学出版社2014年版,第633－661页。

ཀོན་ཏིང་གུ་ཤྲི),写有一篇致予克珠杰的辩驳争论书,却内含暴露自己过失之处。于此,克珠杰著有拒斥其谬误百出的答复等驳文,这一切在《克珠杰文集》中彰显得淋漓尽致①(ཐམས་ཅད་བཀའ་འབུམ་ན་གསལ་བར་ཡོད།)。

虽然如此,但那些丝毫不解经典理论关键要义的愚昧之辈,以及不具足公正不阿之心的彼等,岂能被无垢理路摄受随持乎!不过,真实受教于宗喀巴亲口教授的甘露,或者宗喀巴亲授善说付至笔端的论著所见的贤哲具慧者,或者对于佛说经典修习非凡者,或者中立不倚的智者,他们对于宗喀巴所造经典,除了知而起信之外,并无其他。譬如:具足广大正法慧眼的仁达瓦门生中浩瀚佛说经典善巧的7位善知识中辩论第一的浊世一切智者达玛仁钦,专门前往聂之饶仲②(གཉལ་གྱི་རབ་སྒྲོང་།)之地与宗喀巴辩论争胜。当时宗喀巴以礼相待,让贾曹杰平行安坐于自己的坐垫之上,他入座的第一刻便开门见山地向宗喀巴提出了许多有关经典理论方面的关键性的质疑,对此宗喀巴逐一作了翔实的解答,令这位量理学家产生极大的意乐。这使他如坐针毡,多次试图从宗喀巴同坐的坐垫上下来。从此,因获知宗喀巴的举世无双的功德而生起不退金刚之信,立即行磕头拜师之礼,恭敬地聆听讲课。当天夜晚几乎没有入睡,而因殊胜起信之力连续发出深长的叹息。随后向宗喀巴的侍从们讲到:"我先回去一趟,请示至尊上师。其后,回到宗喀巴座前侍从"。这些事迹源自证据确凿的传承,即闻自我的上师口述③。

---

① 参见西藏色昭佛教古籍编委会整理《克珠格列贝桑文集》(藏文),北京:中国藏学出版社2014年版,第1册第216-223页、第2册第1-77页、第9册第633-661页等。

② 似为今西藏自治区山南市隆子县或洛扎县境内,具体有待考证。

③ 文本作者曾依止诸多上师,在此似乎指乃宁寺群杰加央贡噶德勒仁钦朗嘉(1446-1496年),因为本文中四次提到他的全称,而且他还著有《克珠杰传记·智者夺意》(待考,拉卜楞寺喜饶嘉措大师认为是文本作者的高足班钦德勒尼玛)。参见《克珠杰文集》拉萨雪木刻版,第1页上第1行至第14页上第3行;西藏色昭佛教古籍编委会整理《克珠格列贝桑文集》(藏文第1册),北京:中国藏学出版社2014年版,第1-23页;更登罗藏等校订《夏日甘丹嘉措文集》(藏文第3册),兰州:甘肃民族出版社1999年版,第149-179页。

群杰雅德也曾向宗喀巴请教了关于了不了义方面的问题，作为答复，宗喀巴专门撰述《辨了不了义论》①（དྲང་ངེས་རྣམ་འབྱེད་མཚན་གཞན་ལེགས་བཤད་སྙིང་པོར་གྲངས་པ།），将其写完后直接寄给萨迦寺。群杰雅德看此鸿篇巨制，扣人心弦，产生强烈的共鸣。于是，群杰雅德决定依止宗喀巴为师，并赴其门下听受教授时，却受到陷入贪瞋嫉妒之心而不能自拔的门徒们的百般阻扰而未能如愿前行。

复次，尊胜诸方的班智达晋美扎巴看见宗喀巴所造论典后，也通过以非常优美的诗词形式撰写的书信，赓续不断地致予宗喀巴。其中，有一篇中写到：

贤哲鸿雁之王善慧尊，
名望雁喉鸣声响彻者，
善说展翅自在王座前，
无畏蜜蜂童子如是云：
佛法明日堕入西山顶，
具慧六足蜂群陷悲痛，
邪说凶恶飞禽盛行时，
降生论日洛桑扎巴尊，
自由翱翔所知天空中，
千万正士如星围成圈，
正法无量光明照耀时，
误入歧途之辈可安息②。

① 又名《善说精要》，宗喀巴最具原创性的代表作，与《缘起理赞》合称"善说心要二论"，参见色拉、大昭寺古籍搜集整理室《宗喀巴文集》（藏文第 14 册），北京：中国藏学出版社 2012 年版，第 367 – 557 页。

② 这一段引自博东班钦所著《བླ་མ་རྗེ་བཙུན་ཙོང་ཁ་པ་ཆེན་པོ་ལ་ཆེད་དུ་བསྟོད་པ་བཞུགས་སོ།》，参见才让多吉主编的《伯东班钦全集》（藏文第 8 册），北京：民族出版社 2014 年版，第 34 – 35 页。但在此值得注意的是，最后一句在各种版本的《克珠杰秘传》中写为"ལམ་ངོར་ངལ་བ་བརྒྱ་རྣམས་དབུགས་ཕྱུང་ཞིང་།"，不过在《伯东班钦全集》中却写为"ལམ་སྟོན་ངལ་བ་བརྒྱ་ཕྲག་དབུགས་ཕྱུངས་ཤིག"，故可以有不同的解读和阐释。

复次，又有一篇中讲到：

自他无乐而执安乐心，
如是颠倒邪识之黑暗，
义理明灯彻底消除者，
除去汝外他处无二人。
无此讲修水中泡一般，
生起不动出离解脱心，
获知戒律深意勤修持，
佛法根本知而汝依止。
虽有律仪却不博闻者，
修行如同盲人观戏般，
汝以清净见行现证等，
闻思量理清除诸增益。
若无正见不能除魔障，
若无广行难以促成效，
若无禅修次第之现证，
无法直至究竟成就故，
汝依彼之三处甚为妙。
若欲解脱除此无别道，
为此世界及蕃域诸方，
远离低俗歪道遵奉俗，
理应执持唯此殊胜道！

诸如此类，在萨桑译师阿旺巴①（ས་བཟང་ལོ་ཙྪ་བ་ངག་དབང་པ།）呈献给

① 若为“ས་བཟང་མ་ཏི་པཎ་ཆེན།”则为同一人，其名为“ས་བཟང་པཎྜི་ཏ་བློ་གྲོས་རྒྱལ་མཚན།”，他生于1294年，1376年示现圆寂。

宗喀巴的一篇书信中,又讲到:

能仁法王汝于此方隅,
阐明佛法事业如此兴,
那么佛法太子作何用,
无敌慈氏如是不嫉乎?
汝心所载功德积聚蕴,
文殊慧藏所知二者间,
是否异同长期做思考,
然而至今我心仍存疑。
一切经典合集唯有汝,
满足相异化机三希求,
能载究竟所愿之重担,
大地具此福祉甚为妙!

如是所云,等等。而且,其跋语中还特别记载:“我能够拜见汝,就像拜见菩提萨埵常啼寻师一般艰难”①(བྱང་ཆུབ་སེམས་དཔའ་རྟག་ཏུ་ངུས་བཤེས་གཉེན་འཚོལ་བ་དང་འདྲ་བར་ཡོད།)。这样通过诗歌的形式撰文后,呈给宗喀巴座前。

一切遍智贾曹杰、善巧法王克珠杰、德瓦增巴等大德,无疑是专门弘扬宗喀巴所示正法而乘愿转世于此的化身,因此他们成为宗喀巴的心传首徒不足为奇。除此之外,雪域高原所有具慧智者如上所述,其中一部分是通过听受宗喀巴师徒的论典而起信,还有一部分是依止宗喀巴师徒亲自闻得他们的殊胜教授甘露,进而心

① 关于常啼菩萨寻师的典故,堪称藏传佛教历史上拜师之道的楷模,主要引自佛说般若书系倒数第三品常啼菩萨、第二品法圣菩萨,参见《甘珠尔对勘本》(藏文),北京:中国藏学出版社2006、2007年版,第25卷第865-905页、第28卷第802-839页、第31卷第440-491页、第33卷第625-680页。

智倍增。所以，那时雪域高原上，对于宗喀巴师徒不以恭敬之心亲近的善知识，除了以噶玛巴关循（ཀརྨ་པ་དཀོན་མཆོག་གཞོན་ནུ།）为代表的桀骜不驯的三人之外①，其余所有贤哲中无一不恭敬依止宗喀巴师徒。如是闻自我的导师口述②。

复次，享有大勇士美誉的觉巧巴桑（觉巧白藏）③也把宗喀巴开创的善道视为希有之举，故自觉承担了策励撰述《菩提道次第广论》和《密宗道次第广论》（མདོ་སྔགས་ཀྱི་ལམ་རིམ་ཆེན་མོ་གཉིས།）④等鸿篇巨著的发起者。同时，还承担了激励宗喀巴撰述显密二乘诸多经典论著的主要委托人，并完全依照这些论典的义理付诸实践修行，以达开悟解脱。

---

① 藏语“ཀརྨ་པ་དཀོན་གཞོན་ལ་སོགས་པ་རྟོགས་པས་སྨྲས་པ་གསུམ་ཙམ་ཞིག་བྱུང་།”，他是三世噶玛巴让炯多杰尤其是四世噶玛巴绕必多杰的学生，自幼在桑普寺系统闻思四部大论，成为名震卫藏的辩论家。据说，1400年仁达瓦雄努洛珠和罗钦觉巧桑布以及宗喀巴 3 人在今西藏拉萨市堆龙德庆区境内的噶瓦东寺举行盛大的浪卡泽法论期间位列 500 名善知识会众之首。当时上述三位尊者和噶玛巴关却循努以及桑普寺善知识丹玛关却僧格进行了辩论，并著有《噶玛巴关循驳文》（ཀརྨ་དཀོན་གཞོན་གྱིས་མཛད་པའི་རྩོད་ཡིག）。但是，东噶教授发现了此文，即由藏文邬梅草体撰写的八叶长条版，他仔细研究后得出的结论是“只是记录当时辩论过程的史料性笔记，而非驳论文书”。同时，堪钦雅巴和荣顿释迦坚赞等人曾依止他闻思《庄严经论》《宝性论》《辨法及法性论》《辨中边论》等经典理论。由此可见，荣顿释迦坚赞师徒质疑宗喀巴思想，也拜他所赐。除此之外，阿里桑杰泽摩所著《具德仁达瓦传记 · 奇妙希有》中记载，噶玛巴关循多次与仁达瓦进行辩论，他们的讨论主要集中在时轮的溯源和中观正见等领域。参见《仁达瓦雄努洛珠文集》（藏文第 1 册），拉萨：西藏藏文古籍出版社 2015 年版，第 41、48、53 – 54、66、85 页；巴卧祖拉陈瓦所著《智者喜宴》（藏文下册），北京：民族出版社 1986 年版，第 972 页；司徒班钦曲吉迥乃、巴洛次旺贡觉著《噶玛噶举派源流 · 水晶明月》（藏文上册），北京：民族出版社 2013 年版，第 416 页；《东噶藏学大辞典》（藏文），北京：中国藏学出版社 2002 年版，第 24 页。

② 乃宁寺群杰加央贡噶德勒仁钦朗嘉（1446 – 1496 年），曾依止克珠杰之弟帕索确吉坚赞和一世达赖喇嘛为师，二世达赖喇嘛于 1495 年在其门下次第受持沙弥及比丘戒，故著有《贡噶德勒仁钦朗嘉祈愿文》和《贡噶德勒仁钦朗嘉礼赞》等三部，参见西藏色昭佛教古籍编务会整理《二世达赖喇嘛 · 根敦嘉措文集》（藏文第 1 册），北京：中国藏学出版社 2010 年版，第 151 – 155 页。

③ 又名“མཁན་ཆེན་ཆོས་སྐྱབས་བཟང་པོ།”，他出生于藏族历史上赫赫有名的聂氏“གཉག”，约在今西藏山南市隆子县境内。自幼在措那巴喜饶桑布门下学习，7 岁时在其座前相继受出家、沙弥、比丘戒，主攻噶当教典派讲学理论。措那巴喜饶桑布圆寂后，拜其高足蒙扎巴次成扎西为师，圆满研习和实践噶当教典派的三士道次第，以达究竟。故此，宗喀巴依止他听受噶当教典派理论体系，进而该学说得以发扬光大，遍布四面八方。可参见永增益喜坚赞著《菩提道次第师承传记》（藏文），拉萨：西藏人民出版社 1990 年版，第 271 – 272 页；百慈藏文古籍研究室主编《永增益喜坚赞文集》（藏文第 7 册），北京：中国藏学出版社 2011 年版，第 91 – 93 页。

④ 在这两部跋语中有明确交代，参见色拉、大昭寺古籍搜集整理室《宗喀巴文集》（藏文），北京：中国藏学出版社 2012 年版，第 3 册第 769 页、第 13 册第 822 页。

此外，班智达端悦多吉①（པཎྜི་ཏ་དོན་ཡོད་རྡོ་རྗེ།）转世化身，具足广大如法慧眼的三藏论师雄努洛珠，虽为宗喀巴所依止的众上师中无可比拟的主要导师之一。但是，显密圆融的总体道统之轨，特别是中观应成派不共正见的关键要义等方面，均以宗喀巴开创的宗义进行修持证悟，更何况那些惯于矫饰善巧的其他人。然而这些只是予以备考的一些插叙，现在言归正传，仍以本文主旨进行阐述。

如上所述，群杰绒钦巴亦在恩扎西多喀②（འོན་གྱི་བཀྲ་ཤིས་དོ་ཁ།）和吉雪布达拉宫③（སྐྱིད་ཤོད་པོ་ཏ་ལ།）等地依止宗喀巴门下听受众多法门，即便如此荣顿巴却拘泥于“自己是萨迦派最为优秀的善知识”这样的说辞和念头，将曾与宗喀巴结下的所有法缘恣意抛之于脑后，似乎重新开创自成体系的宗风。

某时一切遍智克珠杰一行利用假期④（ཆོས་བར།）时间赴日敖当金寺，正当忙于显密二乘各大经典理论的讲学事业时，群杰绒巴师徒应江孜法王饶旦帕之邀来到江孜度假。这一消息传到日敖当金寺，克珠杰听闻后觉得这是辩论的最佳时机，故立即停下手中所有授课工作，准备赶赴白居寺。这期间的某日克珠杰在寝室周围散步时忽然发出辩论之初的击掌声⑤（ཐལ་སྐད།），惊扰了他平静的心。

---

① 克什米尔的班智达，与当时作为宗喀巴前世的克什米尔朱丹地区的“班智达弥德巴智师利”（ཁ་ཆེའི་གྲིབ་སྟན་གྱི་ཡུལ་དུ་པཎྜི་ཏ་མི་ཏྲ་ཛ་ཌ་ཤྲཱི།）为同一时代人，他俩广行利益佛法及众生的善举。参见《仁达瓦雄努洛珠文集》（藏文第1册），拉萨：西藏藏文古籍出版社2015年版，第33页；《宗喀巴文集》（藏文第1册），北京：中国藏学出版社2012年版，第245页。

② 今西藏山南市乃东县境内，宗喀巴在此讲学多次，如1414年应帕竹第悉阐化王扎巴坚赞之邀，宗喀巴年迈58岁时莅临讲学。那时阐化王以宗喀巴的头发作为装藏塑有8尊宗喀巴像，让他亲自进行开光仪式，以此纪念此次重要的讲学活动。从此之后，开始以造像地命名这尊宗喀巴塑像，史称“བཀྲ་ཤིས་དོ་ཁམ།”。历史上该寺作为达波札仓的静修处，然而1984年以后二者融为一体。

③ 这里的“སྐྱིད་ཤོད།”指拉萨河下游沿岸，即指今西藏拉萨市。荣顿释迦坚赞在布达拉宫依止宗喀巴听受讲课一事在班钦释迦确丹所著《荣顿释迦坚赞传记·妙信戏海》中也能得到旁证，参见《班钦释迦确丹文集》（第16册），北京：中国藏学出版社2013年版，第267页。

④ 似为“ཆོས་ཐོག་གི་བར།”的缩写法。这里的“ཆོས་ཐོག”是指学期，而“ཆོས་བར།”应该是各个学期间的空闲时间，即假期。

⑤ 在藏传佛教教学实践中，立敌双方进行辩论时在击掌之余口中同时发出表示智慧心咒的“དྷཱི་སྐད།”之音，以示正式进入辩论之声。

这时身旁一位有缘具信的学生问他："为何如此惊异呢?"便答道："方才我在慎思经典义理时忽现一位黑人曰：'如今该辩论了'。如此策励我辩论，此黑人就是六臂本智护法怙主"。这样的情形，则由班钦确坚亲自口述于杰扎桑巴尊者①(རྗེ་གྲགས་བསམ་པ།)。

其后，一切遍智克珠杰师徒来到白居寺，首先为群杰绒巴作律仪三事②(གཞི་ལེན།)，此亦作为克珠杰曾赴桑普寺③(གསང་ཕུ།)辩论时群杰绒巴为他作了细致的布萨长净仪轨的回馈。而且，当时荣顿邀请他去桑普寺做客，为了尽地主之谊这次克珠杰必须设宴回请他，因而邀请荣顿师徒到克珠杰寝室用膳。但是，群杰绒巴却认为此乃引诱之举，无疑是招我去辩论。如是疑心重重，始终未敢去赴宴。

随后，克珠杰分别从乃宁寺和夏鲁寺④(ཞ་ལུ།)中邀请了两位著名的三藏论师作为辩论裁判人，还教导了施主如此辩论的意义。并且，在江孜白居寺以大经堂中间的左右两根柱子为核心搭建了克珠杰和群杰绒巴二位入座辩论的坐垫，并保持相同高度的平台。同时为作为辩论中证人的两位裁判者也搭起了与此完全相仿的坐垫，还将供给会众的饮茶等所有准备工作就绪。这样敲定以后，一切工作正在紧锣密鼓地进行时，群杰绒巴也随之心急如焚。因为那时群杰绒巴在寝室中就连肩帔都不穿，只光着肩膀急速地重复

---

① 似为一世达赖喇嘛·根顿珠巴中年时期的亲传弟子，参见列钦贡噶坚赞著《噶当派源流》(藏文)，拉萨：西藏人民出版社2003年版，第812页。

② 指"三事仪轨"(གཞི་གསུམ་ཅོ་ག་ཕྱག་ལེན།)之"长净"(གསོ་སྦྱོང་།)仪轨，此乃按律仪每月十五、三十日分别奉行一次长净说戒仪式。克珠杰赴桑普寺辩论时，曾在荣顿门下接受长净仪轨，而现在荣顿释迦坚赞来到克珠杰主持的寺院时，就让荣顿在其门下受长净仪轨，作为当年的回馈。

③ 今西藏拉萨市堆龙德庆区境内的桑普寺，由阿底峡高足俄·勒贝喜饶始建，曾为藏族传统教育的发源地。

④ 坐落于今西藏日喀则市桑珠孜区驻地东南甲措雄乡境内，曾为吐蕃八大集市之一，1002年由藏传佛教后弘期复兴者"十大卫藏智者"之一洛敦多杰旺秋高足杰尊喜饶迥乃初建，其后裔格香扎巴坚赞于元代赴汉地请来工匠修建了著名的夏鲁金殿，1314年布敦仁钦珠建立讲学院时得以扩建，现为格鲁派寺院。参见曲贝塔羌、朗喀索朗等著《西藏六部世系谱汇编》，拉萨：西藏藏文古籍出版社2014年版，第59－93页；洛色丹迥著《夏鲁寺历代上师传记》(藏文)，拉萨：西藏藏文古籍出版社2014年版，第1－427页。

转圈,还不停地跑去茅厕。这些并非我们增益虚构之事,而是当时在场的一般学僧们所谈论的话题。

由于群杰绒巴曾亲自发布了“我与克珠杰进行辩论”的告示,因而此时他又不能说:“我不与之辩论”。但是,如今眼看着布置辩论场地的情景正在进行,他非常清楚地知道,自己除了主攻慈氏五论以外,未能系统学习所有经典理论,而克珠杰能够无碍地讲授经藏和续藏及其注疏的所有广深义理。这样一来,自己无法与之进行辩论,现已陷入进退两难的境地。所以,此时群杰绒巴心里无非在想:“闻此克珠杰年幼时期也能辩倒诸方尊胜的博东班钦,如今谁还有能辩驳克珠杰所有智慧的容量呢!况且,我曾被诸方尊胜的博东班钦辩倒,落得哑口无言的被动局面”。继而他无奈之下想到:“总之,现在该轮到使诈的时候了,此次决不能辩论”。因此,他给克珠杰致以书信讲到:“我曾与你的导师贾曹杰辩论,后将其辩倒,故现不与你辩论”。克珠杰对此回复道:“至尊贾曹杰是否被你辩倒?至今仍留有当时你们辩论的笔记,咱俩会面时一看便知谁输谁赢。其实,我的导师始终没有被你辩倒,相反你的上师雅德班钦在昂仁寺僧众大会上却被我当众辩倒,这事难道你忘了吗?我住在远处时你屡次来信说‘务必与我辩论’,现如今近在咫尺怎么又不能辩论呢?所以,请维护拥有智者之名的尊严,千万不能败坏尊贵贤哲的名誉,现在我们就展开辩论,不可逃避!”

因开展辩论的预定时间将至,正要吹响开会辩论的法螺时,群杰绒巴师徒更加忙乱了起来。首先派来一名门徒,愚昧透顶的斯人通过恶言粗语的利器,故意搅乱了早已布置好的辩论会场,还声称:“克珠杰没有资格充当群杰荣顿巴的辩论对手”。这样,试图通过各种渠道阻止这场辩论,以期不用参加此次辩论。为此,荣顿释迦坚赞一伙使出了浑身解数。无奈之下,克珠杰再次致书给荣顿巴,特别强调:“既然如此,昨天就不该说与我辩论。现如今从乃宁寺和夏鲁寺邀请了两位作为辩论中证的裁判者,他们不辞辛劳至此,实属不易。并且在白居寺大经堂中铺好坐垫等各项前期工作均已完毕。现已万事俱备,为何不辩论呢?倘若你内心深处根本不敢与我辩论。那么,从今往后对于宗喀巴和龙树师徒的甚深宗义,决不可腹诽心谤。并且,你自己所撰论著,必须悉数付之一炬”。虽然克珠杰如此词严义正地阐明了辩论的必要性,令人惊讶的是群杰荣顿巴却给出“我不与你辩论”的答复。这完全是掩耳盗铃之举,曾接二连三地寄信给克珠杰要求辩论一事悉数被群杰荣顿巴自己全盘否定。

这样,为辩论准备好的白居寺大经堂内铺好的坐垫等,也只有收拾后放置原处。此时克珠杰也来到大经堂屋顶上发出辩论击掌之声,即刻以偈颂体写下尊胜诸方的诗篇,以示不战而胜之功。这篇诗词,可见于《克珠杰文集》[①]。

这时荣顿巴师徒自惭形秽,伺机从克珠杰身上吹毛求疵,却始终未能得逞。于是,他们动起即使招摇撞骗,也要挽回此次丧尽的些许面子的歪脑筋。故此,他们逮住克珠杰赴会作回向的时机,又派遣一名门徒前来去捣乱。心存芥蒂的斯人来到法会上瞄准一事准备抛出一轮应成式时,法会上的众僧正在诵经。这时克珠杰作出了暂停诵经的指示,僧众诵经声顿时停了下来,这位坏心眼和斯人顿时变得惊慌失措起来,故抛出一轮有过失的应成式。此时,克珠杰随即问道:“这位愚夫欲想说什么呢?”那位极为惊慌者没能继续组织应成式进行辩论,反而慌慌张张地丢弃自己抛出的应成式逃之夭夭。难道世上还有比之更可耻之事吗?

① 该诗词收录于《克珠杰文集》第9函第10部《散论合编》第28部,参见西藏色昭佛教古籍编委会整理《克珠格列贝桑文集》(藏文第9册),北京:中国藏学出版社2014年版,第450-451页。

如是,群杰荣顿巴及其追随者在法王克珠杰座前,暴露出格外懦弱而畏缩之相。故此,在卫藏地区广传:“在克珠杰面前群杰荣顿巴一行理屈词穷,无奈保持了哑口无言的默然状态”。所以,该派系自命不凡的所有名流都变得胆颤心惊,从此以后有效制止了无端的讥责和面谩腹诽的恶言粗语。

故此云:

佛祖授记佛子龙树尊,
转生雪域高原众贤王,
名称善慧大智文殊尊,
无别化身法王师尊降。
彼时具慈菩萨若干尊,
受用甚深正见的喜宴,
以及初佛文殊宗喀巴,
所示正法阐明降此方。
尤其月称高足之首要,
荣登殊胜悉地班智达,
度母摄受正理杜鹃尊,
妙善广大宝藏克珠杰,
正法具足福德而降生。
总之大轨辙师龙树尊,
圆满摄受雪域高原时,
天竺善巧五明班智达,
悉数转生此方边远地。
如是现观真理之功德,
善立假有缘起之贤哲,
如法正士遍布此方隅,

犹如大雁美饰的莲湖。
佛曾预言智度彼岸经，
般若此论传到北方域，
由此再传北方获光大。
如此授记意指格鲁派，
彼时雪域具慧正士们，
皆具前世殊胜之业报，
追随第二佛陀宗喀巴，
均获显密善说之甘露。
然而耽悦古人所传道，
蕃域个别自命智者曰：
断除作意便是中观见，
远离承许殊胜应成派。
故此世俗成量之说等，
因明逻辑建构的宗义，
视作应成中观不合理，
如此愚夫暗自发牢骚。
呜呼哀哉驳斥业之果，
以此安立真理声称者，
如实现观缘起性空义，
龙树善道欲以遮止乎？
后来自命智者荣顿巴，
洛桑扎巴所作月称见，
尽管如是阐释而明了，
然而月称之宗不合理，
如此妄议而大肆散布。

智慧圆满水晶般月轮，
无垢量理光明照十方，
佛法天空庄严月称之，
殊胜宗义诋毁者凶禽，
却对龙树化身宗喀巴，
所示不敢直接辩驳故，
果真遮止月称之宗义，
为何不能否定无比佛？
如是自命智者荣顿巴，
欲成智者熏心之魔力，
龙树高足之中善巧首，
无畏月称之宗不合理，
如此广传于愚徒之众。
阐明应成中观无比者，
善慧心传高足克珠杰，
与之辩论而屡次相约，
某时大名鼎鼎荣顿巴，
善巧成就论狮克珠杰，
威力吸引一般赴彼前，
善论雄狮于此如是云：
即将汝与我俩辩论时，
除此之外勿记其它事：
欲驳月称之宗无知汝，
吾以金刚义理破摧之！
那时荣顿巴却如是想：
尽管吾曾立誓反驳他，

实则岂能与之辩论乎？
无非博得美名而言之，
彼乃即使年幼之时期，
亦能辩倒须弥般贤哲，
如今还有谁能与之辩？
以此极惧而试图逃跑，
此时心怀嫉贤妒能之，
愚昧徒众则恶言詈辞，
故意破坏辩论交流会，
智者主攻破立视断处。
贤哲曾经安居远方时，
屡次请战且广而告之，
如今觌面却想逃脱法，
除此岂有可耻之举乎？
源自智慧主体之能量，
事实理路之爪挥舞故，
夺取敌论群象之性命，
此乃善巧成就论狮子，
克珠群杰雄辩之本色。
其后法王克珠群杰尊，
对于荣顿特作此教戒：
我处示现怯弱畏缩相，
铭记于心且严整谨慎，
龙树善慧具德月称宗，
置于心田不忘恭敬心。
如此所云被卫藏众贤，

高度评价其功德而曰：
不学法性却达诸法理，
不辩能使屈服敌论者，
不勤而立佛法之宝幢，
克珠群杰座前行敬礼！

这是善论明日克珠杰格列贝桑布彻底辩倒群杰荣顿巴的情形，在此略述而已。

如上所述，这位善巧成就法王克珠杰通过讲、辩、著三个方面，为利众佛法事业做出大量善举，并且将所闻诸义理进行如法实践验证后，具足无量现观功德。这些主要体现在教学实践中，因为克珠杰仅在教学过程中唯念佛法和以众生为本的清净之心起意，为了将所化徒众引向不误正道而心怀厌离之心从事授课、辩论、著书立说等工作，因而丝毫不存在试图获得名声远闻与以利养身等颠倒性分别认识滋生的任何缝隙。正如克珠杰自己所造《证悟之词》①（རང་གི་ཡིད་ལ་གཅགས་པའི་གཏམ།）中所云：

比佛珍贵殊胜之教授，
齐全无误前无甘露续，
不顾辛劳悲悯而授予，
却被劣缘凡夫违执毒。
伟大义理解说化作舟，
广大理论大海引渡时，
智力尚未发育如婴者，
懒惰昏沉畏缩终不解。

① 或“རང་གི་རྟོགས་པ་གཏམ་དུ་བསྙད་པ་ཡིན།”本文收录于《克珠杰文集》第9函第10部《散论合编》（མཁས་གྲུབ་རིན་པོ་ཆེའི་གསུང་འབུམ་ཐོར་བུ་གཞུགས་སོ།）第25部第35叶下3行至37叶下6行间，参见西藏色昭佛教古籍编委会整理《克珠格列贝桑文集》（藏文第9册），北京：中国藏学出版社2014年版，第433－437页。

理论善说如草般抛弃，
就连摄类应成理路之[1]，
指导亦视因小寿尽业，
为此我弃此事而勤勉。

复云：

危如残灯般之此正法，
虽然我以善说披慧甲，
堪当圆劫兴法般大任，
缘劣之徒伏藏般埋没。
现如今已然时不我待，
青春年华飞逝如秋云，
故见凡夫大众无此缘，
博闻我乃独居观法理，
今世只求谋利眷属中，
忙于贪瞋纷扰之余时，
试图辩论讲授句义者，
若称智者我却视如唾。

又曰：

故此显密按师诀究义，
善以领会引发为契机，
何时其义必成之信心，
圆满善巧乃是唯我思。

① 这里作为藏传佛教哲学五部大论的入门学科藏族量理摄类学应成理路，对于该句诸多摄类学论著经常引证，旨在从反面强调其重要性。如《堪钦·摄类学》（藏文），青海民族出版社 1988 年版，第 111－112 页。

若干君王冠冕珠宝光，
获得足尘游戏之荣耀，
草尖上之露珠染指供，
二者相比后者利于我。
繁华享乐如梦中财富，
如此明见而且我佛讥，
故而我将视如供碱水，
为了名利决不能苟同。
名如回声难促我慢心，
非时名誉如魔之使者，
如此非理违心之言语，
善于恭维并非我希求①。

如是所云，该《证悟之词》收录于《文集》，其中便知究竟。只有细读克珠杰自己所造《证悟之词》，方才得以知晓他是无碍通达佛说一切密意的大轨辙师。而且，对于任何隐蔽性对象都能够认识透彻，具足这样的慧眼他自己也已承许。当然，心眼内核完全被遮蔽的人们，如何观察都无法显见其证德。

总之，这位至尊上师自始至终不观待获利、名誉、颂词，而只关注利益佛法与众生之业。因此，通过讲、辩、著三个方面广行饶益佛法的无量善举，乃是克珠杰一生中最为主要的事迹。

复次，这位至尊上师若干往世因惯于清净梵行之习气，故即使

① 1427年，江孜法王饶旦帕从今拉萨邀请荣顿释迦坚赞至今江孜县的白居寺（རྒྱལ་རྩེ་དཔལ་འཁོར་ཆོས་སྡེ།），却又百般阻扰克珠杰与荣顿巴进行公开辩论。因此，克珠杰也就无心继续留在白居寺，而赴今白朗县日熬当金寺潜心从事著书立说之业。这时江孜法王如到手的如意珍宝得而复失一般，心生难以忍受的懊悔，却又不敢亲自到克珠杰座前直面请求，而对克珠杰的侍从施与不少黄金，乞求转达再次诚邀莅临之意。然而未得克珠杰的应允，故赋诗《克珠杰在日熬当金山上证悟宣言》。以上引文均属这首诗中的部分摘引，可参见永增益喜坚赞著《菩提道次第师承传记·佛法庄严无上宝鬘论》（藏文成书于1787年），拉萨：西藏人民出版社1990年版，第423－428页。

耗尽此生也将增上戒学修持，视如眼珠，倍加珍惜。因此，他被当时的高僧大德们一致尊奉为佛门顶髻珠宝。而且，每当念及有情众生之苦，立即心生大悲怜悯之心，如风起云涌，泪如雨下，难以克制。这些就算是三世诸佛菩萨也会用一轮又一轮的颂词，必然盛赞的现观证悟的无上功德。但是，克珠杰圆满具足如彼大悲德相，在此省略而不述，而在下文中略作阐述。

总体而言，正如大勇常啼菩萨依止法圣菩萨为师一般，这位至尊上师也依止宗喀巴，通过正行供养[①]（སྒྲུབ་པའི་མཆོད་པ།）使其欢喜，并不间断地受用其语之甘露。基于这样的功德，在他对地道究竟之见获证于心续，尤其对于中观正见的关要问题产生细致入微的疑惑之时强烈祈请宗喀巴给予指导，故于当天夜里托梦宗喀巴，为他完整地讲授了一次《迦叶品》[②]。这样的梦境示现之后，从根上彻底消除了执实之惑，进而生起诸法本质属性如是现观的殊胜证悟。于是，关于这方面的殊胜事迹则由班智达根顿珠巴特此讲到：

即使梦中亦蒙宗喀巴，
阐明迦叶品义那一刻，
中观误区诸垢均除尽，
圆满现观法性前祈愿[③]！

除此之外，诸多本尊和大成就者屡次现身于克珠杰面前，请求赐予殊胜加持等，示现种种思不周遍之相。某次，亥噜伽[④]（ཧེ་རུ་ཀ།）

① 指以为饶益众生而自己修行佛法所招福德资粮和本智资粮为主的一切善果，无任何遗漏地完全奉献给应供养的对象。此乃一切供养中，最为殊胜之供。

② 本书是《宝积经》十万品之第 43 品，共有 2 卷，本品由印度堪布泽那牟智、释蓝扎博德、吐蕃大译审益西德等人藏译修订，后厘定文字时再次审定而成，按照对勘本 104 编号。参见《甘珠尔对勘本》（藏文第 44 卷），北京：中国藏学出版社 2008 年版，第 332 – 409 页。

③ 本文收录于《一世达赖喇嘛 · 根顿珠巴文集》第 5 函第 13 部《杂集》，参见西藏色昭佛教古籍编委会整理《杰旺根顿珠巴文集》（藏文第 9 册），北京：中国藏学出版社 2013 年版，第 360 页。

④ 暗含多层含义，主要有饮血、胜乐、忿怒类神明总称等多重意义，在此似乎指胜乐金刚。

现身后,对他讲到:“关于修行我的各类印藏成就文本中,属洛桑扎巴所造文本最为殊胜。除此之外,尚未出现最善本。”于是,克珠杰对此请示到:“那么,我也以至尊上师宗喀巴的文本为圭臬,予以修行!”亥噜伽闻后,甚为欢喜,顷刻间上师与亥噜伽融为一体,成为无二别之身,授予胜乐金刚的殊胜教授。并且,亥噜伽还特别讲到:“如今我的坛城在须弥山之顶,唯有执持每月上弦初十和下弦初十方才降至①(ཡར་ངོ་མར་ངོའི་ཚེས་བཅུ།)。故对往赴空行并非难事,只是以此修行者少见”。

又于某次,美丽的青女现身后,对克珠杰讲到:“善男子,请你撰写心要喜金刚之现观、坛城及其注释等书系”。于是,在克珠杰系统撰完《喜金刚续二品》之注释、现观、坛城、会供、祈愿等完整内容后②,喜金刚现身于克珠杰面前授予灌顶及其加持等,显现奇妙希有的诸多殊胜之相。还特别讲到:“你这个人能够无任何谬误而如实地证悟我的生起圆满二次第之关键要义,而且能够写出如此精湛的空前善说论典,甚为奇妙”!

又于某次,妙音天女现身后,对克珠杰讲到:“吾乃至尊文殊师利之母,若欲通达声明学、修辞学,必须依止吾为师。如今自命不

---

① 上弦初十即藏历每月初十;下弦初十即藏历每月廿五日。

② 现有《克珠杰文集》木刻版中,关于喜金刚续方面的论著有《具德二品解说·金刚空行母秘藏》(བཅོམ་ལྡན་འདས་དཔལ་ཀྱི་རྡོ་རྗེ་ཞེས་བྱ་བའི་རྒྱུད་ཀྱི་རྒྱལ་པོ་བརྟག་པ་སུམ་ཅུ་རྩ་གཉིས་པ་ལས་མདོར་བསྡུས་པའི་རྩ་བའི་རྒྱུད་ཆུང་ངུ་དཔལ་བརྟག་པ་གཉིས་པའི་རྣམ་པར་བཤད་པ་རྡོ་རྗེ་མཁའ་འགྲོ་མ་རྣམས་ཀྱི་གསང་བའི་མཛོད།)、《薄伽梵九尊具德喜金刚坛城仪轨·大乐津梁》(བཅོམ་ལྡན་འདས་དཔལ་ཀྱི་རྡོ་རྗེ་ལྷ་དགུའི་དཀྱིལ་འཁོར་གྱི་ཆོ་ག་བདེ་བ་ཆེན་པོའི་འཇུག་ངོགས་ཞེས་བྱ་བ།)、《具德喜金刚成就法·断舍谬误》(དཔལ་ཀྱི་རྡོ་རྗེའི་བསྒྲུབ་ཐབས་འཁྲུལ་སྤོང་ཞེས་བྱ་བ།)、《具德喜金刚供鬘金刚萨埵念诵修习》(དཔལ་ཀྱི་རྡོ་རྗེའི་མཆོད་འཕྲེང་རྡོ་རྗེ་སེམས་དཔའི་བསྒོམ་བཟླས་དང་བཅས་པ་བཞུགས་སོ།)、《具德喜金刚增补附论仪轨》(དཔལ་ཀྱི་རྡོ་རྗེའི་ཟུར་འདེབས་ཀྱི་ཆོ་ག་བཞུགས་སོ།)或《喜金刚供养、祈愿、吉祥颂词》等专著。除此之外,震惊雪域高原的《粉粹惯于倒行逆施的邪说谬论·天钢之轮》以及《克珠杰散论合编》第43部《致予大善知识官东国师之答复》(དགེ་བའི་བཤེས་གཉེན་ཆེན་པོ་ཀོང་སྟོན་གུ་ཤྲཱི་བའི་རྩོད་ལན་ཅེས་བྱ་བ་བཞུགས་སོ།)等驳文中主要围绕喜金刚续展开讨论。这些收录于《克珠杰文集》拉萨雪木刻版,第2函第1部,共有47叶;第7函,第3部,共247叶;第8函第1、2、3、4部,共84叶;第9函第10部《散论合编》第153叶上第1行至第169叶下第1行间的第43部,共17叶,参见西藏色昭佛教古籍编委会整理《克珠杰格列贝桑文集》(藏文),北京:中国藏学出版社2014年版,第2册第1-77页;第7册第427-885页;第8册第1-147页;第9册第633-661页。

凡者很多,然而宗喀巴之后,数你精通声明学和修辞学,可谓举世无双。但是,不可骄傲自大,容易招致世人的嫉恨”。

又于某次,恩扎布德①(ཨིནྡྲ་བྷཱུ་ཏི།)国王现身后,便对克珠杰讲到:“这位上师的金刚持是善巧成就大圣龙树所传金刚密集的大德,你也依止彼师座前顶礼,以接受其殊胜教诲”。这句话显得极为重要,点明了密集根本续最为殊胜的法脉渊源,因为宗喀巴直接亲授与克珠杰。还讲到:“你是至尊贵氏的转世妙身②(རྗེ་འགོས་ཀྱི་སྐུ་སྐྱེ),故对大圣龙树所传金刚密集非常善巧”。由此看来,我们必须要知晓至尊贵氏成就解脱之道均属克珠杰往生践行觉醒之道的本生传记。

那么,我们又如何解释克珠杰是克珠拉旺洛的转世呢? 克珠杰自幼就能够清晰地回忆前世种种身世,而且与实际情况非常吻合。显然,克珠杰是克珠拉旺洛的转世之身,于此并无质疑。这位克珠拉旺洛不仅是一位无碍精通广大经典理论微言大义之人,而

① 印藏佛教史上,相继出现了3位“国王恩扎布德”,在此指释迦牟尼佛在世期间,居于古印度西部的乌仗那国王迎请佛陀,祈求引向遍智佛果之位。这时佛曰:“必先出家为僧,进而修习三学处”。国王恩扎布德再次请示:“吾辈无法舍弃妙欲,故请开示吾辈受用妙欲之余,仍可成就佛果之法”。为此,顷刻间佛陀示现金刚密集之身,在其坛城中央为乌仗那国有缘君臣授予金刚密集根本续及其论释,托付给金刚手。国王恩扎布德把这些续部用琉璃汁书写在金纸上,还专门修建了一座馆藏该续藏之殿用于收藏此部经文,后来命名为“亥噜伽自生之殿”(ཧེ་རུ་ཀ་རང་བྱུང་གི་གཙུག་ལག)。关于这方面史料,可参见贵译师循努白著《青史》(藏文上册),成都:四川民族出版社1986年版,第434-454页;四川省藏文古籍搜集保护编务院编《萨迦阿尼文集》(藏文第18卷),拉萨:西藏藏文古籍出版社2012年版,第10-11、158页。但是,在《五世达赖喇嘛自传》中讲到:“国王恩扎博德(ཨིནྡྲ་བོ་དྷི།)之子为国王恩扎布德,藏译‘བྱང་ཆུབ་དབང་པོ།’和‘འབྱོར་བའི་དབང་པོ།’,意为‘菩提之王’或‘圆满之王’。故不同时期的历史人物进行分期研究,显得比较重要”,参见《五世达赖喇嘛自传》(藏文上册),拉萨:西藏人民出版社1989年版,第21-22页。

② 全称“འགོས་ཁུག་པ་ལྷས་བཙས།”或“འགོས་ཁུག་པ་ལྷ་སྤུངས།”,后藏达那普沟巴人,最初赴素氏门下学习,但每天除了苦役之外从未教授知识,后转到卓弥译师座前结下法缘后,便说:“若欲闻续,拿金来取”,不授法。故无奈之下赴天竺各地先后依止70位班智达和两位空行母,在大圣龙树所传金刚密集方面取得举世无双的成就。所以,返回藏区后翻译和审定了大量密集续藏书系,其法脉传遍雪域高原者当属宗喀巴。参见贵译师循努白著《青史》(藏文上册),成都:四川民族出版社1986年版,第438-445页。

且还是一位被殊胜本尊亲自加持的瑜伽自在大师。譬如：克珠拉旺洛在杜琼①(མདོ་ལ་ཆུང་།)时，某次杜琼一带因被军方包围后困在当地无法脱离。当时无奈之下只有祈祷至尊度母赐予救助，其后高空中示现至尊度母，还讲到："善男子！请你上来！"并伸手把他带到空中，按其意愿送往目的地。诸如此类，克珠拉旺洛还有许多这样思不周遍的神奇事迹。

因此之故，这位至尊上师在藏区虽然数次转生，但是最为主要的是转生为一切智格列贝桑布。因为他的这一生中，为至尊文殊菩萨的化身宗喀巴所示正法成就了无量事业。而且，曾在印度的诸往世中，许多殊胜本尊和班智达屡次策励他转世于藏区，其目的在于他能使宗喀巴所示清净无垢正法发扬光大，为此策励故。

那么，克珠杰的若干往世转生于藏区，无疑是为了饶益第二佛陀宗喀巴圣教相续趋于成熟。虽然，这些内容在往世的生平传记中也会出现，但在此作为附论的形式予以补充。前文所述本生传中的生平事迹，作为克珠杰转世于印度的方式作了阐述。

总之，克珠杰的生生世世得到诸本尊的特别摄受以及殊胜加持，进而得以现观诸法本质属性——空性。因此，在烦恼染污的战场上拥有得以打败对方的重他轻己的菩提心，而且这种菩提心真实不谬地无时无刻不在心续中，故视一切有情众生如子一般用悲悯之心予以爱护。所以，享有"瑜伽自在格列贝桑布"美誉。基于这样的殊胜功德，克珠杰在烦恼染污的战场上拥有尊胜一切魔军的威力，因而外界别有用心的恶徒始终找不到伺机谋害或制作障碍的点滴缝隙。譬如：这位至尊上师在白阔德钦寺担任堪布一职期间，于某年夏季学期结束后爬山云游，在众师徒一个草坪上端坐

① 指今西藏日喀则市白朗县杜琼乡境内，也就是克珠杰未任甘丹赤巴以前的常驻之地日熬当金寺以及附近盖当寺(དགེ་སྡིངས་དགོན།)之间的山沟。

用膳时，天空中忽然乌云密布，突降雷阵雨。而且偏偏向他们师徒所在处投以轰轰雷鸣，这一刹那间克珠杰对着扑来的雷鸣做了一个期克印①（སྡིགས་མཛུབ།），顿时雷鸣被定位在空中，没有下落。这一情形被当时在场的所有人亲眼目睹，故无可疑之处。其后，克珠杰问到："现在此雷转向何处呢？"随从的学僧们便答道："转向远处的山岩"。当时克珠杰的鼻孔中发出铮铮作响之气，随即把期克印指向山岩方向，弹指间闪电飞光，雷声轰鸣。该雷也偏向山岩之上，将其炸成灰烬。这是周围所有人共同目睹的情形，故此传遍各地，成了妇孺皆知的事实。我从加央贡噶德勒仁钦坚赞贝桑布②（འཇམ་དབྱངས་ཀུན་དགའ་བདེ་ལེགས་རིན་ཆེན་རྒྱལ་མཚན་དཔལ་བཟང་པོ།，1446－1496年）口中，也得以亲耳听闻。

复次，这位至尊上师在维修帕索列周德钦寺③期间，背靠大殿后面的内殿中，临时暂住着贪欲"嘉布"魔王的厉鬼"穆恩卓"④（སྨན་འགྲོ་རྒྱལ་པོ་ཆགས་པ་གཅིག་བྱུང་།）。通过"嘉布堆"⑤（རྒྱལ་པོའི་མདོས།）仪轨，克

① 又名"契克印"，译自梵语"tarjani"，由于仅用食指结印，故具有威胁意义的上翘食指实际上不能划归手印之类。而作为恐怖或威胁的手势，食指像钩子一样从紧握或松弛的拳头中伸出。许多具有忿怒相的神明都结此手印，尤其是当他们手握套索或铁钩这样的降魔器物或是从智慧火中喷射出火球之时更需要借此手印。上翘的食指象征着不动如来之明咒"Hum"的凶煞特质。这种特质可以恫吓一切邪恶势力，上翘的食指也叫"铁钩印"。黑色马头明王或许能最生动地彰显其恫吓力。该神明被刻画成左手挥舞着喷焰铁钩，铁钩上趴着一只伺机啃咬上翘食指之尖的黑色铁蝎。上翘和弯曲的食指、铁钩和蝎尾说明了这个强力手印内含的恶意令人发指。参见［英］Robert Beer（罗伯特·比尔）著《The Handbook of Tibetan Buddhist Symbols》《藏传佛教象征符号与器物图解》向红茄汉译，北京：中国藏学出版社2014年版，第239页。

② 据帕傲喀德勒尼玛所著《色拉杰尊确吉坚赞传记》中记载，色拉杰尊确吉坚赞著有《乃宁群杰贡噶德勒传记偈颂体》一部（གནས་རྙིང་རྗེ་ཀུན་དགའ་བདེ་ལེགས་ཀྱི་རྣམ་ཐར་ཚིགས་བཅད་མ་གཅིག）。但是，笔者尚未找到该文本，留待征集补充。如今笔者收集到的关于他的生平事迹，收录于郎卡等编《后藏乃宁教史》（藏文），拉萨：西藏藏文古籍出版社2011年版，第184－204页。

③ 坐落于今西藏日喀则市境内，由克珠杰之弟帕索确吉坚赞的修行地扩建而成，参见第悉桑结嘉措著《格鲁派教法史》（藏文），北京：中国藏学出版社1991年版，第231页。

④ 这里的"སྨན་འགྲོ།"似为名称，而"རྒྱལ་པོ་ཆགས་པ་གཅིག་བྱུང་།"是因前世的业力或颠倒性祈愿或遇到恶师等因缘而生为贪欲魔王乃至主宰魔障者，同时民间还有"མོན་འགྲོ་སྤྲུ་བཙན།"之名的厉鬼，与此是否有关联，值得考究。

⑤ 是藏区原生态宗教中民间常用的一种仪轨，主要是指为世间神明供献由彩线绕成的所需施品，以达祈福禳灾之愿。如以堆之灵器仪轨（མདོས་ཆོག）为例的堆文化，参见拙文《噶玛噶举派分支流派在玉树地区的传承及其特色》，载《西藏研究》2013年第5期。

珠杰举行了一次将一切所依转外的盛大的驱魔法会[1](བགེགས་བསྐྲད།)。因此,当时居住于该殿附近的人和狗等,纷纷晕倒在地变得昏迷不醒,出现了种种怪相。这些是圣贤克珠杰生平事迹中最为细小零碎的琐事,然作为备考附注。

总而言之,正如续藏中如是所云,这位至尊上师已达生圆二次第的究竟证悟,在现实生活中已得到证明。而且,护法诸神会众也如奴仆一般待命侍奉。基于这样的威力,凡这位至尊上师所到之处决不会出现任何非人之害。万一出现一次,只要看到克珠杰之身如幢一般威武而庄严地树立于此,或寄去法衣等具有加持力的所依圣物,这些非人自然就消失得无影无踪。

如果有人问:何以具足续藏中所云生圆二次第的殊胜证德呢?于此天资聪颖的利根者能够了知的殊胜事迹,前文已经阐述。但是,这方面的详细情况,除了无上密乘如法合格的不共所化徒众之外,其余不堪教育的非法根器者均不可宣示,亦不宜广传。只有秘而不授,作为始终坚持的根本准则。

故此云:

悲悯三界一切众生母,
无误导行至尊文殊子,
佛子菩萨摄受格列贝,
显密之主座前行敬礼!
多闻经典如水凝结云,
无垢理路如电闪织网,
善于破立如雷贯耳者,

---

① 通常情况下,在设立坛城、灌顶授权之初,会依托本尊的傲慢之性,放出忿怒明王会众,对于观修密乘坛城的一切魔障,通过施放朵玛食子,彻底驱逐。

智圣如龙座前行敬礼！
文殊慧光开启师之心，
犹如千瓣花开的智力，
承办有缘蜂群之喜宴，
善说生源座前行敬礼！
居于佛法须弥山顶端，
智慧千眼尤为明亮者，
空前帝释天王格列贝，
欲界怙主座前行敬礼！
汝之无垢理路如火焰，
彻底挫败敌论非天军，
与此同时月称之理论，
邪智遮蔽亦获根除之。
总之天界法王克珠杰，
全托汝之恩德而成树，
善巧成就三世之王彼，
主宰一切经典如意树。
众贤之首克珠杰座前，
所谓智者唯默然无语，
即使学富五明之班钦，
汝前依靠使诈之把戏。
著书立说白莲之花环，
美饰佛法如湖具德相，
有缘所化徒众心悦者，
文殊高足汝乃法之福！
如前尔以讲辩著三业，

广行饶益正法之善举，
格外注重修行为要法，
教证之主座前行敬礼！
由你观察正见关要时，
举世无双法王宗喀巴，
梦中阐明迦叶品义理，
断除执实之惑行敬礼！
胜乐圆满授予四灌顶，
喜金刚劝慰尤其加持，
恩扎布德国王致赐教，
贤哲汝乃成就自在王！
妙音自在天女央金玛，
摄受歌颂之词连续赞，
赐予谙熟诸论之信心，
贤哲汝乃妙语自在王！
凶煞魔军所示怪异相，
雷鸣火团投向你身上，
汝将其滞留于手指尖，
难道未能恶徒自愧乎？
或者彰显忿怒明王相，
汝将火团置于期克印，
极速盘旋不落此游戏，
难道非是护法神变化？
汝身明日之轮见一眼，
或者仅闻汝语光之波，
邪恶势力抱头而鼠窜，

善巧成就论日护佑我！

此乃法王克珠杰的生平传记，通过讲学和修行并行不悖的方式，饶益众生及佛法的无量善举，作了一番示意性概述。

（三）具誓护法诸神协助完成事业

第三部分是如此广行善举之后，博得殊胜本尊以及具誓护法诸神会海之盛赞，而且护法诸神为其立下誓约，自此协助完成利民兴佛事业。下面将这方面的事迹进行如下综述。

如上所述，在这位至尊上师以讲学授课和修行实践双轨并举地从事佛教发展的无量事业期间，不仅引得积极向善的天、龙、夜叉等众一环扣一环的赞颂之花，而且殊胜本尊和具信护法诸神会海大众也以将其奉为法王的方式不止一次地歌颂其功德。如是所闻，譬如：某次薄伽梵金刚大威德现身后，对克珠杰安慰性地讲到："至尊上师，金刚持的甚深道体能够完整圆融的怙主中数你最为殊胜，以此赞颂"。又于某次，本尊现身后，对克珠杰讲到："吹响上师及金刚持的法螺，称赞你为殊胜者"。又于某次，六臂本智怙主偕眷现身后，口诵"啸萨那"明咒（ཤུ་ས་ནའི་སྔགས།），旋绕克珠杰周匝后讲到："请你撰写我的成就法之仪轨诀窍补遗"，以此作了特别策励。

复次，阎罗法王及其随从八男八女主眷一行现身后，对克珠杰讲到："我们是阎摩敌金刚大威德之待命护法神和至尊上师宗喀巴的奉命护法神，因此凡承继至尊上师宗喀巴所示正法者，必须依止我等主眷，且勤于修习我等主眷的成就法"。尤其是阎罗法王内修及其随从牛面四尊一行现身后，对克珠杰讲到："我被阎摩敌金刚大威德正式封为至尊上师宗喀巴的受命护法神，汝等于我的誓约必须坚定不渝"。还有阎罗法王外修把梃杖交付于克珠杰之手。

如上所述,这位至尊上师自幼系统学习萨迦派宗义[①](ས་སྐྱ་པ།),已达究竟。但是,在他的若干往世中,曾持续依止宗喀巴作为大乘善知识。而且,此生也为第二佛陀宗喀巴所示无垢正法在世界上得以发扬光大而乘愿转世为克珠杰之身。因此,正如阿难(ཀུན་དགའ་བོ།)追随释迦牟尼佛一般[②],这位至尊上师也追随宗喀巴,通过讲辩著三种方式大力弘扬佛法事业时,有冒充萨迦派正统智者的一帮人因嫉妒之魔纷扰自心,就像在"只闻水声便脱鞋"的观念误导下,不见因而妄下结论的形式四处散布"克珠杰已经否定了萨迦派宗义"这样蛊惑人心的谣言。即使如此,正如前文所述,在此方各地充当的智者中,无人能与克珠杰开展佛典义理层面的辩论。因此,这帮人无奈之下都转向投朵玛食子等在施咒方面力争见效的作风。为此,召集萨迦所有口诵本领出众者聚于一处,让他们集全力朝着克珠杰安居的方向投了若干次朵玛食子。在这以前克珠杰把宝帐怙主眷属作为自己的修习护法诸神之主[③](གུར་ཞལ།),但那时获得了以六臂怙主成就法予以回遮的授记,故以此回遮他们的诅咒,产生了非常明显的效果。这些内容均有确凿而可靠的证据来源,以此所闻。

---

① 指藏传佛教萨迦派,源自以卓弥译师和瓦日译师的道果法为主的经典理论。但是,萨迦班智达时期,在此基础上,还建构了以大小五明学科为首的创新性文化工程。

② 在释迦牟尼佛十大弟子中,为多闻第一;在历代付法藏师中,位列第二代付法藏师;在第一次结集时,负责领诵经藏。

③ 通常指"宝帐怙主"(གུར་མགོན།)和"四面怙主"(དཔལ་མགོན་ཞལ་བཞི་པ)二尊,故名"萨迦派的两尊护法神"(གུར་ཞལ་གཉིས་སྟེ་ས་སྐྱ་པའི་ཆོས་སྐྱོང་གུར་ཞལ་རྣམ་གཉིས་སུ་གྲགས།)。他们的仪轨在萨迦阿尼阿旺贡噶索朗所著《དཔལ་ས་སྐྱ་པའི་ཆོས་སྐྱོང་རྡོ་རྗེ་གུར་གྱི་མགོན་པོའི་ལས་ཚོགས་གཏོར་མ་བསྙེན་ནས་དགྲ་བསད་པའི་མན་ངག་དྲག་ཏུ་པའི་ཚིག་དགྲ་བགེགས་གནད་གཅོད་ཀྱི་སྤུ་གྲིའི་རྟེན་གཞིའི་ཡི་གེ་སྙིང་མའི་དོན་རྣམས་དྲིས་ལན་གྱི་སྒོ་ནས་ལེགས་པར་བཤད་པ་སོག་རྟོག་འཇོམས་པའི་ལྷ་དབང་རྡོ་རྗེ།》《གུར་གྱི་མགོན་པོ་ཁྲ་བོ་བཅུ་གཅིག་གི་རྗེས་གནང་བྱ་ཚུལ་བདུད་ཀྱི་དཔུང་ཚོགས་ཟིལ་གནོན་པར་བྱེད་པའི་མེ་ལོང་།》《དཔལ་གུར་གྱི་མགོན་པོའི་ཞི་བའི་སྦྱིན་སྲེག་གི་ལག་ལེན་དོན་གཉེར་དགའ་བསྐྱེད་པར་ཆད་ཞུན་སེལ།》《གུར་ཞལ་གཉིས་ཀྱི་རྟེན་གྱི་གཟུངས་དང་ཞལ་བཞི་རྟག་གཏོར་གྱི་གཟུངས་ཚར་ཆེན་གྱི་ཕྱག་བྲིས་ལ་ཇི་ལྟར་འབྱུང་བ་བཞིན་བཀོད་པའི་ཡི་གེ》《དཔལ་ས་སྐྱ་པའི་ཆོས་སྐྱོང་རྣམས་ཀྱི་རྟེན་གྱི་གཟུངས་གཞུག་ཚུལ་ཐུན་མོང་ཡིན་པ་འཕྲིན་བཅོལ་རྒྱས་པ་དང་བཅས་པ་བཞུགས་སོ།》等文献中较为翔实。同时在他的另一部力作《དཔལ་རྡོ་རྗེ་ནག་པོ་ཆེན་པོའི་ཟབ་མོའི་ཆོས་སྐོར་རྣམས་བྱུང་བའི་ཚུལ་ལེགས་པར་བཤད་པ་བསྟན་སྲུང་ཆོས་ཀུན་གསལ་བའི་ཉིན་བྱེད།》中就关于"པུ་ཏྲི་གཉིས"的源流作了专题阐述,参见四川省藏文古籍搜集保护编务院编《萨迦阿尼文集》(藏文),拉萨:西藏藏文古籍出版社 2012 年版,第 35 卷第 113 – 138、143 – 151、161 – 179 页;第 36 卷第 41 – 47 页。

后来一切遍智克珠杰赴甘丹寺担任赤巴[①]期间，尽管萨迦派再次做出向甘丹寺方向投朵玛食子等从事诸大德的正士心底里所耻作恶行的勾当，但这些见不得人的勾当只能开启施咒者堕入恶趣之门，除自食其果之外，对于这位瑜伽自在克珠杰岂能有丝毫损害！这期间克珠群杰讲到：“从昨天开始萨迦派以往甘丹寺方向投朵玛食子等方式施咒，然而在此我保证一年之内甘丹寺的任何一名沙弥都不会受任何伤害”。这样，克珠杰在甘丹寺大会上，如是所云。正如其庄严承诺，在甘丹寺内从未出现任何不祥之兆，而在萨迦却出现大殿坍塌等作法自毙之相。所以，若无施咒本领，则反害自身，此乃诸法属性。

这一时期俄巴贡桑巴自命承担萨迦派之业，遂与享有“群杰绒钦巴”[②](ཆོས་རྗེ་རོང་ཆེན་པ།)和“群杰索罗巴”之名的二位智者致信讲到：“江热噶究巴[③]正在遮止萨迦派宗义，故由我来辩论密宗部分；请群杰绒钦巴来辩论般若部分；请群杰索罗巴来辩论量理部分，以此执持萨迦派宗义，加以重视显得极为重要”。但是，群杰绒钦巴和群杰索罗巴二位的回复是，“于此辩论，孰高孰低，高下立判，故为不善”。因此，他们二人没有接受俄巴贡桑巴的约请。随后，俄巴贡桑巴表现出自己可以独自担当萨迦派宗义执持任务，撰

---

① “དགའ་ལྡན་ཀྱི་གདན་ས”“དགའ་ལྡན་རྣམ་པར་རྒྱལ་བའི་གླིང་།”，指今西藏拉萨市达孜区境内旺波日山上的甘丹寺。1409 年由宗喀巴创建，被称为藏传佛教格鲁派众寺之母。

② 是指荣顿释迦坚赞(1367 – 1449 年)，参见索朗次培主编《荣顿释迦坚赞文集》第 1 – 10 册，成都：四川民族出版社 2008 年版。

③ 这里的“江热”(ལྕང་ར།)是指江孜法王饶丹贡桑帕于 1413 年在以帕巴贝桑布和帕巴仁钦为主的父辈们的基础上，邀请克珠杰建立的江热寺，故此克珠杰得名“江热噶究巴”(ལྕང་ར་དཀའ་བཅུ་པ།)或“克珠江热巴”(མཁས་གྲུབ་ལྕང་ར་བ།)或“江热堪布”(ལྕང་ར་མཁན་པོ།)。据噶陀司徒却吉嘉措在《卫藏游记》(四川民族出版社 2001 年版，第 360 页；西藏藏文古籍出版社 1999 年版，第 284 页)中记载，“在乃宁寺下面就有克珠杰的主要寺院江热寺，然现已变成村落，据说还留有具有加持力的黄铜佛像”，由此看来，江热寺遗址在今日喀则市康马县境内，但也有学者认为在今江孜县白居寺河对面 5 公里处。如今看来 2 个不同的县，然而就藏族传统区域划分而言，均属娘年楚河上游即“མྱང་སྟོད་རིག་པའི་འབྱུང་གནས”。其后“噶究巴”(དཀའ་བཅུ་པ།)是指今拉萨市境内的桑普寺夏季大会上，通过答辩获得的学位名称。这在以上有脚注，故不予赘述。

写了一部遮止宗喀巴师徒所示宗义的文章,专门派人送到克珠杰座前。在俄巴贡桑巴的辩驳书中,未能领悟“所持相”①(གཟུང་རྣམ།)之义,故把“识之所持相”(ཤེས་པའི་གཟུང་རྣམ།)写成“识之色相”(ཤེས་པའི་གཟུགས་རྣམ།);又把“色分为土、水、火、风四种”②(གཟུགས་ལ་དབྱེ་ན་ས་ཆུ་མེ་རླུང་བཞི།);智藏所著《二谛》③(བདེན་གཉིས་ཡེ་ཤེས་སྙིང་པོས་མཛད་པ།)被误写成“引自寂命所著《二谛自注》”(译者注:寂命论师所著相关论典全称为“བདེན་པ་གཉིས་རྣམ་པར་འབྱེད་པའི་དཀའ་འགྲེལ་ཞི་བ་འཚོས་མཛད་པ།”,特别在其题记中讲到:“བདེན་པ་གཉིས་རྣམ་པར་འབྱེད་པའི་དཀའ་འགྲེལ་སློབ་དཔོན་ཞི་བ་འཚོས་མཛད་པ་རྫོགས་སོ། །རྒྱ་གར་གྱི་མཁན་པོ་པྲཛྙཱ་ཝརྨ་དང་ཛྙཱ་ན་གརྦྷ་དང་ཞུ་ཆེན་གྱི་ལོ་ཙྪ་བ་བནྡེ་ཡེ་ཤེས་སྡེ་ལ་སོགས་པས་བསྒྱུར་ཅིང་ཞུས་ཏེ་གཏན་ལ་ཕབ་པ།”,这是关于智藏论师所造《二谛分辨本注》的释难,而非上

① 即“གཟུང་བ་ཡུལ་གྱི་རྣམ་པ།”的简称,梵语“grāhyākāra”,英译“apprehension aspect”,亦可译为“所持相”。与此对应的藏语“འཛིན་པ་ཡུལ་ཅན་གྱི་རྣམ་པ།”简称“འཛིན་རྣམ།”,梵语“grāhakākāra”,英译“apprehending aspect”,亦有译为“内向了相者”或“所感之觉”等。刘余光依据《藏汉逻辑学词典》译为“所取行相与能取行相”,并认为:藏语“གཟུང་རྣམ།”可兼用于主客双方。为清晰起见,按情节需要分别译作“影像(subjective)所取行相”或“本质(objective)所取行相”。在此,中译用“影像”及“本质”二词是参考玄奘法师一系唯识宗的用语。唯识宗的“相分”有“影像相分”及“本质相分”之分,又或“所缘缘”有“亲所缘缘”、“疏所缘缘”之分。当然,译者也充分理解唯识宗与经量部有其基本差异,因此与唯识宗不同的是:在此影像及本质这一区分各别指表像及对象自身。正如《塞氏·摄类学》所云:见青蓝色之眼识应当是青蓝色的具相者,能使青蓝色作为自境之具相者故。如果我们准确解读青蓝色之具相者,针对所缘之缘青蓝色,通过增上之缘眼根,执持青蓝色的等无间缘眼识来认识。这样的眼识能生青蓝色的具相之主为所缘之缘,自主能生者为增上之缘,能生照明而显见体性之主为等无间缘。其中,青蓝色就是“所持相”(གཟུང་བ་ཡུལ་གྱི་རྣམ་པ་སྟེ་གཟུང་རྣམ།)及“境相”(གཟུང་དོན་གྱི་རྣམ་པ་སྟེ་དོན་རྣམ།),见青蓝色之眼识就是能持相(འཛིན་པ་ཡུལ་ཅན་གྱི་རྣམ་པ་སྟེ་འཛིན་རྣམ།)及能识有境之相(ཤེས་བྱེད་ཡུལ་ཅན་གྱི་རྣམ་པ་སྟེ་ཤེས་རྣམ།),还有“似境相”(ཡུལ་དང་འདྲ་བའི་རྣམ་པའམ་ཡུལ་གྱི་འདྲ་རྣམ།),等等。参见《藏汉逻辑学词典》,成都:四川民族出版社1989年版,第270、286页;[美]Anne C. Klein(安妮·克莱因)《Knowledge and Liberation:Tibetan Buddhist Epistemology in Sup-port df Transformative Religious Experience》(《知识与解脱:促成宗教转依体验的藏传佛教知识论》刘宇光汉译本),上海:上海古籍出版社2012年版,第92、102、209页;塞氏阿旺扎西著《因明学概要及其注释》(藏文),北京:民族出版社2009年版,第360页;《毛尔盖桑木旦全集》(藏文第3册),成都:四川民族出版社2009年版,第237页。当然,以上仅从经量论者层面稍加阐释,只是初步解读,还有待进一步深入解析。

② 在藏族量理摄类学中,最终和最高概念“无我”分为有与无;其中“有”分为实有法与常住两种;“实有法”又复分为色、识、不相应行三种;“色”分为外色及内色两种;其中“外色”复分为色处、声处、香处、味处、触处五种;最后一种“触”分为种能造之触、种所造之触两种;“种能造之触“分为地、水、火、风四种。如此看来,上述“色分为土、水、火、风四种”,完全混淆了最基本的次序。参见塞氏阿旺扎西著《因明学概要及其注释》(藏文),北京:民族出版社2009年版,第44-48、54-56页。

③ 该文书系收录于《丹珠尔》中观部,共有本注两部。其根本颂全称为“བདེན་པ་གཉིས་རྣམ་པར་འབྱེད་པའི་ཚིག་ལེའུར་བྱས་པ་ཡེ་ཤེས་སྙིང་པོས་མཛད་པ།”,由天竺堪布释蓝扎博德和吐蕃译师比丘益西德合作翻译审定而成(བདེན་པ་གཉིས་རྣམ་པར་གནས་ལ་ཕབ་པ་ཡང་དག་པར་མཐོང་བར་བསྟན་པ་སློབ་དཔོན་ཡེ་ཤེས་སྙིང་པོས་མཛད་པ་རྫོགས་སོ། །རྒྱ་གར་གྱི་མཁན་པོ་ཤཱི་ལེནྡྲ་བོ་དྷི་དང་ཞུས་ཆེན་གྱི་ལོ་ཙྪ་བ་བནྡེ་ཡེ་ཤེས་སྡེས་བསྒྱུར་ཅིང་ཞུས་ཏེ་གཏན་ལ་ཕབ་པའོ། །)。其自注全称为“བདེན་པ་གཉིས་རྣམ་པར་འབྱེད་པའི་འགྲེལ་པ་ཡེ་ཤེས་སྙིང་པོས་མཛད་པ།”,正如题记中所载:“བདེན་པ་གཉིས་རྣམ་པར་གཏན་ལ་དབབ་པ་ཡང་དག་པར་མཐོང་བར་བསྟན་པ་སློབ་དཔོན་ཡེ་ཤེས་སྙིང་པོས་མཛད་པ་རྫོགས་སོ། །པཎྜི་ཏ་ཤཱི་ལེནྡྲ་བོ་དྷི་དང་བནྡེ་ཡེ་ཤེས་སྡེའི་འགྱུར། །”,译者同上。由此可见,均由智藏论师(སློབ་དཔོན་ཡེ་ཤེས་སྙིང་པོ།)所著,而非寂命(ཞི་བ་འཚོ།)。参见《丹珠尔对勘本》(藏文第62卷),北京:中国藏学出版社2000年版,第755-760、761-792页。

述俄巴贡桑巴所云“《二谛自注》(ཞི་བ་འཚོས་མཛད་པའི་བདེན་གཉིས་རང་འགྲེལ)”。同时,仅在《丹珠尔》中冠以“二谛”之名的论典较多,例如阿底峡尊者所著《入二谛论》(བདེན་པ་གཉིས་ལ་འཇུག་པ་སློབ་དཔོན་མཁས་པ་ཆེན་པོ་དཔལ་མར་མེ་མཛད་ཡེ་ཤེས་ཀྱི་མཛད་པ)。这些作为最基本的常识,不应该混淆是非。所以,在此克珠杰直言不讳地指出其谬误,也有其必要性。参见《丹珠尔对勘本》(藏文),北京:中国藏学出版社2000年版,第62卷第793－888页、第63卷第1050－1053页。)(ཞི་བ་འཚོས་མཛད་པའི་བདེན་གཉིས་རང་འགྲེལ་ལས),等等。总之,经典理论中极为简单的术语都没有学通,纯属正士大德们视为可羞之事。但是,还大言不惭地妄谈诸多谬论,试图通过这些无稽之谈来进行辩论。为了驳斥以此散布的种种谣言,克珠杰通过撰写《回诤文·天钢之轮》①(རྩོད་ལན་གནམ་ལྕགས་འཁོར་ལོ་ཞེས་བྱ་བ),以此彻底反驳了一切颠倒性分别识。

这样一来,萨迦派未能从义理层面予以辩论②,而转向投朵玛食子等施咒下作的勾当。这期间宝帐怙主现身后,对克珠杰讲到:“汝心中不可放弃萨迦派,移住于萨迦寺”。克珠杰回复道:“在萨迦寺中,若有清净见行③(ལྟ་སྤྱོད་རྣམ་པར་དག་པ),愿住于此。但是,先哲们开创的宗义,现已化为乌有。后世所化徒众,已经变成这般模样。在寺院的各大经堂中,全是女人、毛驴、黄牛、酿酒者等。这样的厌恶之处,有谁能坐得住呢?尽管我的身不在萨迦,心中始终却

① 全称《粉粹惯于倒行逆施的邪说谬论·天钢之轮》,这篇收录于《克珠杰文集》第2函第1部,约有47叶,参见西藏色昭佛教古籍编委会整理《克珠格列贝桑文集》(藏文第2册),北京:中国藏学出版社2014年版,第1－77页;格列贝桑等著《辩论文选编》(藏文),成都:四川民族出版社1997年版,第1－68页。

② 关于克珠杰的这篇回诤文,俄钦贡噶桑布也未写回复,他的高足中以批评宗喀巴思想著称的贡然巴索朗僧格也在《关于〈具德喜金刚成就法广论生起次第关要月光〉断除争论之关要能现说明》中,也只是点到克珠杰和博东班钦群列朗杰之名,一笔带过以外,未能专题驳论。参见四川宗萨寺康谢五明佛学院编《贡然帕索朗僧格文集》(藏文第12册),北京:中国藏学出版社2013年版,第376、411页。迄今为止,笔者尚未在俄钦贡噶桑布门徒中发现,专门撰写回诤克珠杰这篇论著的文章。

③ 就藏传佛教而言,所谓“清净见行”包括两层内容,第一龙树所创中观正见,第二说一切有部的戒律之行。这是吐蕃时期引发顿渐之争后,以从印度邀请的莲花戒和汉地和尚摩诃衍那公开辩论的结果为依据,由当时的赞普赤松德赞钦定而成。这一史事在克珠杰所造《三律仪摄义抉择品佛宝洗涤》中略有阐述,参见西藏色昭佛教古籍编委会整理:《克珠格列贝桑文集》(藏文第8册),北京:中国藏学出版社2014年版,第148－371页。

装着萨迦。尤其是在如此短暂的一生之中,愿追随至尊上师宗喀巴的足迹,安驻于他所到之处。而且,您及萨迦派空行护法诸神,我一直在不断供养”。以此请示之后,宝帐怙主回复到:“安驻于正法衰落之处,而正法兴旺之处,凡所为均能昌盛。我在此也并非观待其见行而守住,而因前贤上师们的誓约以及全权嘱托,故留住于此。复次,我及眷属也在追随你的上师之宗。现在萨迦派那些人压根儿不喜欢你,给我供养朵玛食子后说:‘竭尽全力迫害洛桑扎巴师徒,特别是你克珠杰。’对此,一来他们的情面难却,二来念及前贤上师们的嘱托,故直到卡热①(ཁ་རག)为止才装出一副恐怖姿态前来,然未作任何迫害而归”,如是所云。

某次,四面怙主现身后,对克珠杰讲到:“你本该承继萨迦派之宗,现在是否想让它破败不堪乎?倘若你不住于此,我也将追随你到所到之处”。又于某次,四面怙主现身后,对克珠杰讲到:“萨迦派那些人不分昼夜地修我的成就法,于你连续不断地投朵玛食子。根据上师曾经的嘱托,作为他们施咒的引导者前来,以此抵达您处才发现:哦哟!原来是一位护持正法的大德,如果这位正士不在,该怎么办呢?如果从龙树正见开始善以传承的宗喀巴师徒都遭到肆意迫害,那么我们依谁为怙主呢?因此,你不可放怀纵心地悠闲自在,必须提高警惕。依此转身而归”。如是所云。又于某次,四面怙主现身后,对克珠杰讲到:“一切遍智洛桑扎巴实属佛示正法

① 亦有“ཁ་རེག”之写法,今西藏自治区山南市浪卡子县卡热乡境内地名,特别是“卡热觉姆雪山”(ཇོ་མོ་ཁ་རག་གངས་རི།)曾作为卫藏两地的分界线,被视为修行成就圣地。譬如雪域高原一位享有顶髻珠宝(གཙུག་གི་ནོར་བུ་སློབ་དཔོན་པདྨ་འབྱུང་གནས,即为莲花生大师)和两位耳饰(རྣ་བའི་རྒྱན་ཆ་ཁ་རག་སྒོམ་ཆུང་དང་མི་ལ་རས་པ་གཉིས,即为卡热禅师和米拉日巴尊者)美誉的“卡热禅师旺秋洛珠”(ཁ་རག་སྒོམ་ཆུང་དབང་ཕྱུག་བློ་གྲོས)在此修行成就后,开创了集阿若益西迥乃所传大圆满心部和阿底峡所传道次第论教授以及二者合二为一的“菩提修心”(བྱང་ཆུབ་སེམས་སྦྱོང་།)于一体的引导之宗《卡热三部经典》(ཁ་རག་སྐོར་གསུམ)。卡热禅师曾依止贡巴瓦和博多瓦二位噶当派大师获得道次第殊胜教授。最后,经其高足珞巴和格西阿尔,传给帕竹多杰加布,参见贵译师循努白著《青史》(藏文下册),成都:四川民族出版社 1986 年版,第 1162 - 1169 页;列钦贡噶坚赞著《噶当派源流》(藏文),拉萨:西藏人民出版社 2003 年版,第 226 - 231 页。

核心，尤其是关于龙树的清净正见，除他之外无人能够领悟。因此，我始终围绕着他左右待命侍从，但他却不愿给我供品朵玛食子。还曾出现过一些令人恼火之事”。于此还有一段历史，某日在宗喀巴座前夏尔巴仁钦坚赞①（ཤར་པ་རིན་ཆེན་རྒྱལ་མཚན།）安居时，宗喀巴对他讲到：“现在四面怙主来领取朵玛食子②（གཏོར་མ།），通过表功正在策励，却还在抱怨。你到屋内找些供佛之馐③（ལྷ་བཤོས།），代为朵玛食子供给他。现在你就去承办此事”。于是，宗喀巴未能亲自供养，而命夏尔巴仁钦坚赞代替他去供养朵玛食子给四面怙主。对此事具有诸多殊胜意义，然在此从略而不述。这一段历史也是我从加央贡噶德勒④（འཇམ་དབྱངས་ཀུན་དགའ་བདེ་ལེགས།，1446 – 1496 年）口

---

① 今拉萨市堆龙德庆区人，甘丹寺建立后其住处在宗喀巴寝殿东边，故又名“夏尔巴群杰”或“夏尔巴仁布切”。他建立甘丹寺中夏尔，担任副教授，后发展成为甘丹寺夏泽札仓。参见班钦索朗扎巴著《新旧噶当史籍》（藏文），拉萨：西藏藏文古籍出版社 2001 年版，第 60 页；喀尔那译师班觉嘉措著《格鲁派源流·如意宝树智者能喜》（藏文），拉萨：西藏藏文古籍出版社 2013 年版，第 54 – 55 页。

② 其概念界定及其分类参见扎西嘉措等所造《密宗服饰与法器》（藏文），拉萨：西藏藏文古籍出版社 1996 年版，第 60 – 64 页。

③ 在藏语中“གཏོར་མ།”与“ལྷ་བཤོས།”之间的差异比较明显。通常情况下，所谓“ལྷ་བཤོས།”指主要供奉给佛菩萨的食子，其形式比较单一，常见的有锥形和丸形；而“གཏོར་མ།”指主要供奉给护法神的食子，形式多样，每一尊护法神都有自己与众不同的朵玛食子。当然，该二者也有些共性，如其材质为糌粑以及用于供奉等方面。

④ 关于乃宁群杰加央贡噶德勒的生平事迹以上略有所述，故在此不予赘述。本文作者色拉杰尊确吉坚赞一生中遇到的众师有 5 位享有恩德最大者，这里的乃宁群杰加央贡噶德勒便是其中之一。他们二人的师徒关系约始于 1475 年，那时色拉杰尊确吉坚赞依止乃宁群杰贡噶德勒仁钦坚赞贝桑布门下，受优婆塞居士戒，在原来甘丹赤巴第六代帕索确吉坚赞赐名的基础上，增加“贝桑布”一词，故得名“确吉坚赞贝桑布”。从此，为期 5 年之久，在其门下听受常诵仪轨和殊胜随许灌顶，还背诵了《四部大论》本注、《中论》《入中论》《般若摄经》《菩提道炬论》《文殊名号》等显密经典理论。约于 1481 年在乃宁群杰座前，受沙弥戒，并委派到扎什伦布寺，系统闻思五部大论，成为名震卫藏的善知识。约于 1491 年，又在乃宁群杰贡噶德勒座前，听受印藏各种修心理论、《菩提道次第论》、克珠杰耳传甚深二十一部小字注释、四臂天女和乃宁寺所传具德六臂怙主成就法等口授传承以及随许灌顶。约于 1495 年，从拉萨色拉寺色系札仓学成返回后藏时，在乃宁群杰贡噶德勒的特别嘱托下，担任的为期 3 年乃宁寺色拉札仓（གནས་རྙིང་སེ་ར་གྲྭ་ཚང་།）座主一职，有效推动了该札仓乃至乃宁寺的讲修事业。这期间在乃宁群杰门下，继续听受帕索确吉坚赞所传大量殊胜教授。鉴于此，色拉杰尊确吉坚赞视乃宁群杰贡噶德勒为众师中恩德最大者之一。参见帕傲喀德勒尼玛所著《色拉杰尊确吉坚赞传记》（རྗེ་བཙུན་ཆོས་ཀྱི་རྒྱལ་མཚན་དཔལ་བཟང་པོའི་རྣམ་པར་ཐར་པའི་ཆ་ཤས་ཙམ་ཞིག་བརྗོད་པའི་གཏམ་དུ་བྱ་བ་དངོས་གྲུབ་ཀྱི་ཆར་འབེབས་ཞེས་བྱ་བ་པ
བོང་ཁ་པ་ཁྲ་ཆེན་བདེ་ལེགས་ཉི་མས་མཛད་པ་བཞུགས་སོ། །），色拉寺色系札仓木刻新版；夏尔日甘丹嘉措所著《色拉杰尊确吉坚赞传记散文体》和《色拉杰尊确吉坚赞传记偈颂体》，后两篇收录于更登罗藏等校订《夏日甘丹嘉措文集》（藏文第 3 册），兰州：甘肃民族出版社 1999 年版，第 149 – 179 页。

中,亲耳所闻。

至尊上师宗喀巴特别嘱托六臂本智怙主和具誓法王二者护佑他所示正法,他们二位也承诺必将合理合法地护持他所示正法。因此,该派的护法神主要遵奉此二尊。即使如此,宗喀巴作为龙树所传金刚密集和清净正见的受命者,且宗喀巴无疑是龙树转世妙身。基于此,这一教授传承系统自动获得四面怙主的护佑。四面怙主在宗喀巴和克珠杰等格鲁派早期先哲们亲自现身之后,如奴一般奉命侍从,正如前文所述。

随后,承继宗喀巴所示正法大德班钦根顿珠巴①(པཎ་ཆེན་དགེ་འདུན་གྲུབ།)也示现了四面怙主之身相。并且,在空中盘旋飞行后讲到:“汝般执法大德必须依我这样的护法神加以修行”等。还有以他自诞生之初就得到四面怙主的护佑为例的希有而神奇的事迹。

复次,德瓦增巴洛珠贝巴(译者注:1400 年出生于后藏上部(གཙང་སྟོད་ཆུ་སྨིའི་གཡོ་སྒྲོང།),自幼在那塘寺首席堪布珠巴喜饶门下出家为僧,赐予“桑珠扎巴班旦”(བསམ་གྲུབ་གྲགས་པ་དཔལ་ལྡན།)为法号。在那塘寺译师桑噶释日门下,广闻以声明学为主的基础知识。其后赴拉萨等地求学,在荣顿释迦坚赞等门下闻思般若 3 年后得闻甘丹寺的因明和中观极为殊胜,故依止贾曹杰门下释量论、般若、中观,使以往学习的般若义理获得颠覆性的新解。在此初次结识杰增喜饶僧格和一世达赖喇嘛,并在他们足下闻法。26 岁时,贾曹杰担任授戒堪布,堆增扎巴坚赞担任羯磨师,夏尔巴仁钦坚赞担任秘授师,具足三法僧众的中央受比丘戒。在堆增扎巴坚赞门下广闻以律藏及《菩提道次第论》为主的经典理论,从此享有“堆增巴”美誉。特别是在杰增喜饶僧格和一世达赖喇嘛门下,系统显宗五部大论和密宗四续理论,到使其成为杰增喜饶僧格和一世达赖喇嘛的首席高足。为了获得甚深诀窍心要加以实践,从芒域贡塘开始冈底斯雪山,以至克什米尔隐居修行,圆满成就殊胜

① 是指一世达赖喇嘛(1391 – 1474 年),关于这一段典故在其传记中如此讲到:他出生的当晚因遭盗匪,其母匆忙中将新生婴儿伏藏于附近的岩石间逃之夭夭,次日清晨返回一看,许多飞禽走兽围观欲食婴儿,却由一个大慈乌(བྱ་རོག་ཆེན་པོ།)护佑婴儿免遭伤害。相传该大慈乌是具德四面怙主的化身,并曰“汝般执法大德必须依我这样的护法神”。参见其高足班钦益西泽摩和贡噶坚赞所著传记《至尊一切遍智根顿珠巴贝桑布传·奇妙希有宝鬘记》和《导师一切遍智传·奇妙十二功业记》等,收录于西藏色昭佛教古籍编委会整理《杰旺根顿珠巴文集》(藏文第 9 册),北京:中国藏学出版社 2013 年版,第 20、114、133 页;五世达赖喇嘛·阿旺洛桑嘉措等著《第一世至四世达赖喇嘛传》(藏文),北京:中国藏学出版社 2012 年版,第 8、90、108 页;《一世—四世达赖喇嘛传》(陈庆英、马连龙等汉译本),北京:中国藏学出版社 2006 年版,第 8、63、75 页。

证悟。同时撰写了《中观纲要》《伽日伽广疏》《菩提道次第笔记》《玛久能断觉域》，以及方便法门和证悟道歌等2函文集，对后世产生深远影响，如二世达赖喇嘛所著《瑜伽自在洛珠贝巴成就道歌释义》。1474年一世达赖喇嘛圆寂后，负责处理各项后事，特别委任班钦桑布扎西为扎什伦布寺首席堪布。以此功德圆满后，1475年藏历五月二十八日圆寂，享年76岁。一世达赖喇嘛的门徒及施主对他的评价是：扎什伦布寺初创期的奠基者、中期发扬光大者、最后圆满一世达赖喇嘛的后事及委任继承者，与一世达赖喇嘛功德无异（དེ་ལྟར་ན་རྒྱལ་སྲས་འདུལ་འཛིན་ཆེན་པོ་འདི་ནི་ཐམས་ཅད་མཁྱེན་པ་དགེ་འདུན་གྲུབ་ཀྱི་གྲྭ་ཚང་གི་དང་པོའི་རྩ་བ་འཛིན་པ། བར་དུ་མི་ཉམས་པར་སྐྱོང་བ། མཐར་འཕྲིན་ལས་སྤེལ་ཞིང་དགོངས་རྫོགས་དང་གདན་སའི་བསྐོ་བཞག་གི་བར་མཛད་དེ། ཆོས་རྗེ་ཉིད་དང་བཀའ་དྲིན་ཁྱད་པར་མེད་ཅིང་། བུ་སློབ་སྦྱིན་བདག་རྣམས་ཀྱིས་ཀྱང་ཡབ་སྲས་དབྱེར་མེད་དུ་འཁུར་བར་མཛད་པ་ཡིན་ནོ། །）。这些内容参见列钦贡噶坚赞著《噶当派源流》（藏文），拉萨：西藏人民出版社2003年版，第758－807页；《二世达赖喇嘛根敦嘉措文集》（藏文第4册），北京：中国藏学出版社2010年版，第40－43页；永增益喜坚赞著《菩提道次第师承传记·佛法庄严无上宝鬘论》（藏文成书于1787年），拉萨：西藏人民出版社1990年版，第760－766页；班钦索朗扎巴著《新旧噶当史籍》（藏文），拉萨：西藏藏文古籍出版社2001年版，第150－153页；第悉桑结嘉措著《格鲁派教法史》（藏文），北京：中国藏学出版社1991年版，第231、238－239页；郭须扎巴军乃、嘉瓦罗桑开珠编著《雪域历代名人辞典》（藏文），兰州：甘肃民族出版社1992年版，第1827页。）自幼也获得四面怙主的特别护佑，而且在他的传记中这方面的事迹颇丰。正如在群杰若措巴所编其传记偈颂体中所云：

童子始起具德四面尊，
屡次示现护佑之幻化①。

还有我的堪布仁布切绛白央贡噶德勒仁钦坚赞贝桑布②（འཇམ་དཔལ་དབྱངས་ཀུན་དགའ་བདེ་ལེགས་རིན་ཆེན་རྒྱལ་མཚན་དཔལ་བཟང་པོ།，1446－1496年）讲到：“我不作四面怙主的修行成就法，却自动获得其护佑”。由此

---

① （ཆོས་རྗེ་རོག་ཆོས་པས་རྣམ་ཐར་ཚིགས་བཅད་དུ་བསྒྲིགས་པ་ལས།），这一生平传记尚未找到，留待搜集。但其作者群杰若措巴的全称若措巴阿旺多杰，曾依止喜饶僧格和德那巴班丹桑布以及举巴扎桑为导师，成为善巧金刚密乘引导文的大智者。德那巴班丹桑布之后出任塞举札仓的堪布，参见一世嘉木样协巴著《大威德金刚源流》（藏文上册），拉萨：西藏藏文古籍出版社2012年版，第339－340页。

② “五世达赖喇嘛认为，他是莲花生大师的亲传弟子嘉绛白桑瓦的后裔乃宁寺沙布隆贡噶德勒仁钦坚赞贝桑布，并受彼等大德正士们的频频委托撰写自传。但是，他们二者并非同一时期的人。而且，历任乃宁寺堪布中，尚未出现与此同名者，故值得考证。参见《五世达赖喇嘛自传》（藏文上册），拉萨：西藏人民出版社1989年版，第13－14页；郎卡等编《后藏乃宁教史》（藏文），拉萨：西藏藏文古籍出版社2011年版，第184－204页。

看来,这无疑是彼师不仅习得大圣龙树所传金刚密集殊胜教授之宝藏,而且早已证得清净正见的功德所致。虽然还有其他诸多成就事迹,然而唯恐篇幅冗长,故未能付之笔端。

那么,宗喀巴师徒及其追随者们不加以勤修而获得四面怙主的护佑一事,如同前文所述。但凡是宗喀巴的追随者,必先了知宗喀巴曾经嘱托给谁来负责护法大业一事。在此基础上,若能依止六臂本智怙主和具誓法王二者作为护法诸神的核心加以勤修,将有强烈递增加被护持的殊胜威力。相反,如果漫无目标地一味追求依止护法神的数量,必然过大于功。如是闻自我师口述①(བདག་གི་བླ་མའི་གསུང་ལས་ཐོས།)。

如此看来,这位至尊上师岂能旗帜鲜明地特意遮止萨迦派宗义?但是,宗喀巴善以抉择二胜六庄严的无垢正见以及佛说三藏四续密意之后将极为精准而非颠倒性地诠释之说在世界发扬光大之时,正所谓"若能阐明诸法真实性,即使破除他宗亦无咎"②(གལ་ཏེ་དེ་ཉིད་རྣམ་པར་བཤད་པ་ན། །གཞན་གཞུང་འཇིག་པར་འགྱུར་ན་ཉེས་པ་མེད།,萨迦派宗义中若干不合理之处也在客观上被破除。因此,此乃彼方宗义之过,岂能成为克珠杰之过。所以,凡有识之士的慧眼向内,理应深入观察。

又于某次,萨迦派的布扎二尊和丹玛护法神在于法王克珠杰

① 似乎指前述乃宁寺的贡噶德勒仁钦坚赞贝桑布,故在此不重述。

② 这句引自具德月称论师所造《入中论第六品》,参见《丹珠尔对勘本》(藏文第60卷),北京:中国藏学出版社2000年版,第532、575、773页。法尊依据宗喀巴所著《入中论善显密意疏》,把这两句译为"若由解释真实义,他宗破坏亦无咎",即意为"龙猛菩萨于《中论》中演说极多观察道理,当知非好诤论,为降服他故而说,是为解脱众生故,演说观察道理,显示真理;谓念云何能使众生无倒通达此真实义,而得解脱。汝于论中岂非列举实事师一切所计而破斥乎?故汝造论专为诤论,云何可说惟灭分别为所得果?曰:此诸观察虽非为诤论而发,然由显示真实义时,他宗本性脆弱,所有教理不能建立,如近光明冥暗自息,此于我等何咎之有!颂曰:若由解释真实义,他宗破坏亦无咎。若由解释真实义故,破坏他宗假立诸法,无有过咎。《四百论》云:'诸佛虽无心,说法摧他论,而他论自坏,如野火焚薪。'谓如然火意在煎茶,非为制造灰炭,然灰炭亦自然而有也",参见法尊译:《宗喀巴大师集》(第三卷),北京:民族出版社2000年版,第432-433页。

座前现身后，对他讲到：“你是一位喜欢高攀之人，有谁不知道宗喀巴是金刚大威德？你是不想承继自宗而另想攀附高人吗？通过劫贫济富，现今我们萨迦派竟落得如此境地，至尊文殊菩萨化身萨钦贡噶坚赞①（ས་ཆེན་ཀུན་དགའ་རྒྱལ་མཚན།）不在世，本以为你能继承复兴之业，然而你却视如粪土一般弃之不顾。现在谁能执持萨迦派宗义呢？”如是所云后，便坐下来哭啼，于此克珠杰讲到：“您二位不必哭泣，萨迦派宗义由我来执持，本尊喜金刚亦由我来依止，大小护法神也由我来供养朵玛食子，您二位山神亦由我来提供朵玛食子”。对此回复道：“不作之允有何用，现已别无他法”。如是讲完后，便回去了。

故在此所云：

世界众贤顶髻之庄严，
龙树善论明日于雪域，
无边正见光明照十方，
邪见暗昧破除如是闻。
那时善论明日克珠杰，
宗喀巴学说难忍之鸱，
倘若存在由我破除之，
以此追随正法明日尊。
其后护法诸神群星会，
目睹猛火焰炽之威严，
亦随主宰群星克珠杰。

① 指萨迦班智达贡噶坚赞（1182－1251年），1208年依止克什米尔班钦释迦师利受比丘戒，1216年主持萨迦寺，1247年赴凉州会晤阔端，1579年仁布阿旺久扎著有《萨班证悟传记·贤劫妙道》。他的论著木刻版共有3函，近年来经西藏林周县那兰扎寺堪布次成坚赞等人陆续增补后，现有5函，均收录于《萨迦五祖文集》（藏文）第17－21卷，北京：中国藏学出版社2015年版。

无余摧毁邪恶诸魔军，
汝于举世无双之佛法，
讲修双轨并举饶益时，
殊胜本尊文殊阎摩敌，
亲自现身盛赞其功业。
第二佛陀护法诸神首，
无碍摧毁魔障自在王，
六臂本智怙主法王等，
莅临你的座前如是云：
我乃宗喀巴之护法神，
汝亦依止吾为本尊神，
以此奉为正法之主后，
命你信守护法之誓约！

以上是法王克珠杰的生平传记中，佛教护法诸神会众对于克珠杰广行善举纷纷称道传颂，且为其立下誓约将奉命侍从助业方面的事迹，略示于此。

（四）宗喀巴圆寂后示现授法记

第四，宗喀巴往生兜率天以后，仍为克珠杰示现授法。关于这方面的主要事迹，以下作一番简要阐述。

这位善巧成就者克珠杰对于至尊上师宗喀巴所缘之信，既可引得诸佛菩萨纷纷献出一环又一环的赞美之花，亦有能使一切诸佛净土不由自主地浮动不停的威力。基于这样的坚定信念，宗喀巴虽示现善逝于具喜兜率天，然而通过现实和梦境等多种形式，使克珠杰频繁示现其身，而且屡次开示讲法。

某次，克珠杰下课回屋之后陷入沉思中，因为他想到："从本质上来说，这些有情众生因古昔未能积累大量福德资粮而此生未能遇到合格的导师。为此，若示诸行无常，却观修恒常；若示诸法皆空，却执为谛实；若示受用无意，却勤于追逐；若示此生名誉如回声，却视为究竟所得。总之，至尊上师金刚持宗喀巴开示的关于显密二宗方面的善说是？金刚持的诸密意丝毫没有点滴谬误地加以审慎抉择之论、所有成就自在瑜伽大师们之见无二别之论、佛法要义八万四千法蕴所诠究竟义理、比起昙花一现更加稀有难得之法、此生圆满现证金刚持果位的甚深妙道、至尊上师宗喀巴亲口传授方可领悟的诀窍。这样的殊胜教授，由我不分昼夜地勤于授课讲学，但仍有无缘之徒不愿领受这样弥足珍贵的语之甘露喜宴，断然舍弃金刚持一般的至尊上师，而依止在因执迷不悟而愚蠢透顶，丝毫不学而全然无知，不明最为基本的取舍之道，缺乏合格师承的殊胜诀窍，纯粹执持唯颠倒性的虚构杜撰邪说，远离善巧五明的智慧而堕入颠倒性分别认识的万丈悬崖，因无殊胜本尊的护持接纳而被引入歧途的魔障误导为纲，断然舍弃应得解脱觉醒及一切遍智果位而竭力追随能使众生堕入三恶趣的此生名闻利养和妙欲享乐的贪著之心，将寡廉鲜耻视为功德，形同畜生一般终生观想愚痴或不作任何意念①(ཅི་མེད་ཅང་མེད་སྒོམ་པ།)为修行或善行的恶师足下，听信于谄曲奉承②(ཁ་གསག)、巧取讹索③(གཞོགས་སློང་།)、利养恭敬、沽名钓誉、狂言绮语、盗贼武斗、自誉谤他等言论，修行及其作风如同猪狗一般受用等谬论中。嘿呀！请尚存良知而善于取舍之士注视于此般境相，倘若直抒己见，将揭露老奸巨猾者之短；如果将其置

① 指在吐蕃赤松德赞时期引发的“顿渐之争”中顿派代表人物汉地和尚摩诃衍那的主张影响下的思想误区。这方面克珠杰在其《三律仪摄义抉择品佛宝洗涤》中作了批评性的解读和分析，收录于《克珠杰文集》拉萨雪木刻版第8函第5部，共有136叶，参见西藏色昭佛教古籍编委会整理《克珠格列贝桑文集》（藏文第8册），北京：中国藏学出版社2014年版，第346－355页。

② 比丘五种邪命之一虚谈，为获得恭敬利养，通过诳骗等方式，曲从他人情面，恭维讨好之举。

③ 比丘五种邪命之一现相，为获得他人财富，赞叹其物资等方式，巧取讹索之举。

若罔闻,却因悲悯众生而于心不忍。更为重要的是,有效遮止仍然追随这批愚夫的大众,故特作此劝诫。"如此,克珠杰凝神谛视着这些从根上对于死亡丝毫不作正视及忆念,而心掉举于利养恭敬,随声色贪欲之魔而误入歧途的人们,使他忧心忡忡,哀思如潮,恸哭流涕。

这时,克珠杰陈设胜妙诸供以后,感激涕零地向至尊上师强烈启白,宗喀巴遂乘坐于具有八肢六牙的良象、善于分辨是非征兆、似现十六妙龄、毛色如雪山一般洁白、全身被黄金璎珞覆盖、不可思议的金铃装饰、诸宝镶嵌之鞍上,保持如昔在世的本身之相驾临于克珠杰眼前,为他讲到:"吾之子,无须于心不安!汝以此忆念上师,不仅能够净治往昔所造势大力强之恶业,还能积累思不周遍的福德资粮。我们师徒的究竟益乐,甚为妙哉!正如瑜伽自在之王米拉日巴亦由此特撰《上师六忆道歌》等①(བླ་མ་དྲུག་དྲན་གྱི་མགུར།)。所以,汝应以吾示正法发扬光大为己任!"如是所云。

故此云:

清净慧眼洞悉所知处,
无缘慈悲交融于众生,
唯善事业传遍人世间,
举世无双法王宗喀巴。
广行佛示正法大业后,
往生佛之绍圣慈氏处,

① 又名"བྲག་དམར་མཆོང་ལུང་གི་སྐོར།"和"མི་ལ་ཞིང་ཐུན་གྱི་སྐོར།"等,现在图书版式上的章节名为"མི་མ་ཡིན་གྱིས་མགོ་མཚམས་པ་དམ་ལ་བཏགས་པའི་སྐོར་ལས་མི་ལ་ཞིང་ཐུན་གྱི་སྐོར།"。在今西藏自治区吉隆县境内的扎玛琼隆宗(བྲག་དམར་མཆོང་ལུང་ཁྱུང་གི་རྫོང་།)之地米拉日巴大师苦行期间,由魔王布那雅伽(བགེགས་ཀྱི་རྒྱལ་པོ་བི་ནཱ་ཡ་ཀ)伺机谋害。这时因极为思念上师而吟诵道歌使玛尔巴译师得以现身并予以殊胜加持力,因而魔王的恶意未得逞,米拉日巴的修证也突飞猛进。以此为例,宗喀巴向克珠杰阐明感念上师所具有的无量功德。参见后藏狂士乳毕坚金著《米拉日巴传及其道歌》(藏文),西宁:青海民族出版社 1981 年版,第 196 - 203 页。

佛子文殊心要而著称①，
慈悲观照众生不间断。
第二佛陀宗喀巴高足，
一切经典合为一体者，
众贤之首克珠群杰尊，
成为宗喀巴之法太子。
某时雄心勇士克珠杰，
观照浊世众生之情形，
生起悲悯浓云翻腾后，
悲情泪水犹如下阵雨。
无我执而视有情如己，
不由自主生起悲云团，
没有痛苦而泪下如雨，
请看这位佛子菩萨行。
如此众生至亲此佛子，
举世无双导师宗喀巴，
请看游荡轮回之众生，
以此强烈悲情作祈请。

---

① （འཇམ་དཔལ་སྙིང་པོ།），指宗喀巴圆寂往生于具喜兜率天之后的法名。根据贵译师所著《青史》和四世班禅所著《格鲁派殊胜口传甚道师承略记・宝藏指南》以及喀尔那译师所著《格鲁派源流》中的记载，宗喀巴的前世今生及往生的名号是，最初在释迦牟尼佛前名“莲花戒”（ཀ་མ་ལ་ཤཱི་ལ་སྟེ་པདྨའི་ངང་ཚུལ།）；宗喀巴前世名为“克什米尔班智达弥德巴智”（པཎྜི་ཏ་མ་ཏི་བྷ་དྲ་སྟེ་བློ་གྲོས་བཟང་པོ།）；宗喀巴今世初名“贡噶宁布”（ཨཱ་ནནྡ་གརྦྷ་སྟེ་ཀུན་དགའ་སྙིང་པོ།），是受优婆塞戒之时被四世噶玛巴赐名；第二个名是“端悦多结”（ཨ་མོ་ག་བཛྲ་སྟེ་དོན་ཡོད་རྡོ་རྗེ།），这是被群杰东智仁钦引入金刚密乘之时赐名；第三个名是“洛桑扎巴”或“洛桑扎巴”（སུ་མ་ཏི་ཀཱིརྟི་སྟེ་བློ་བཟང་གྲགས་པ།），这是被群杰东智仁钦授予出家戒和沙弥戒时按照那塘寺堪布的授记赐名；宗喀巴圆寂后往生兜率天之名“文殊心要”（མཉྫུ་ཤྲཱི་ཧྲི་དང་སྟེ་འཇམ་དཔལ་སྙིང་པོ།），其后世为“班智达嘉那”（པཎྜི་ཏ་ཛྙཱ་ན་སྟེ་ཡེ་ཤེས།），最终成佛之名“如来佛桑哈索饶”（དེ་བཞིན་གཤེགས་པ་སེང་ཧ་ན་ད།），意为“善逝狮吼妙音”（སེང་གེའི་ང་རོའི་དབྱངས།）。参见贵译师循努白著《青史》（藏文下册），成都：四川民族出版社 1986 年版，第 1257 页；《四世班禅文集》（藏文第 1 册），北京：中国藏学出版社 2009 年版，第 417 – 419 页；喀尔那译师班觉嘉措著《格鲁派源流・如意宝树智者能喜》（藏文），拉萨：西藏藏文古籍出版社 2013 年版，第 17 – 18 页。

随后彼之虔诚的力量，
雪域高空浮现大象上，
乘坐论日文殊宗喀巴，
班智达相现身如是云：
善男汝无须悲痛欲绝，
广泛推行吾示正法业，
成就边地有情之大义，
以此劝慰且授法于他。

此乃至尊上师宗喀巴往生于具喜兜率天之后，仍以如昔在世之身相示现于善巧成就法王克珠杰之前，为其授课传法，以此真实现身的情形，略述于此。

又于某次，克珠杰遇到极为殊胜的若干经典理论的关键要义之疑难问题，尤其是关于生圆二次第扼要格外殊胜的关键难点。于是乎，克珠杰心想吾师尚在世，便可请教。但是，如今至尊上师不在世，又无能够切中要害、一语道破地可以抉择的其他可供依据之源。我的至尊上师尚在世该多好啊！吾师居于何处呢？如是思索后，内心不胜悲痛，故陈设以曼陀罗为主的胜妙供品，遂哀呼："吾师如意宝宗喀巴！"以此嚎啕恸哭，泪如泉涌地祈请之后，宗喀巴端坐于用宝石、珍珠、莲花等镶嵌的黄金宝座上，由众天子托举迎请而至，亲自为克珠杰讲授所有疑难问题以及诸多教授和随许灌顶等不共法脉。除此之外，还开示了大量殊胜法门。

复次又云：

善巧成就自在克珠杰，
审慎观察广大理论时，
忆念奥义如理开示师，

极为虔诚之意作祈愿。

随后大量天子托举之，

奇珍异宝美饰宝座上，

迎请佛子文殊心要尊，

彻底破除疑惑谬误网。

又于某时，克珠杰一次又一次地反复研读以宗喀巴的《菩提道次第广论》和《密宗道次第广论》为主所有论著，还在悉心通读印藏其他学者的大量经典理论后发现：以三藏四续为主的显宗和密宗的根本经典及其注疏的了不了义之次序、每一位论师的立论主旨、各大宗派开创者大轨辙师们以事实理路辨析经典义理的研究方法、圆满获得成就的瑜伽师们正面凝神谛视身之乐空不二禅定、幻身及光明等密宗殊胜之道建构等义理，并非如冷热一般的相违性①（འགལ་བ།），而是从底层最为基础的律藏中所云漱口仪式开始直到顶层密乘无上瑜伽中所云极无戏论之间的所有大小诀窍，圆满而完整无缺地归纳为一个人如何觉悟成佛的顺缘或方便成就之法而作显明开示，严禁将其支离剖析成碎片化。这不能仅仅停留在显明开示层面，一位善于讲学者授课给一位善于聆听者进行修证体

---

① 藏传因明中最为重要的逻辑概念，通常分为小相违相属（འགལ་འབྲེལ་ཆུང་བ།）与大相违相属（འགལ་འབྲེལ་ཆེ་བ།）两种。据《塞氏摄类学》记载，“彼此相异而又不能同位体者，乃是相违之性相。常住与实有法二者，应是相违之事相”。通过这个定义，提出相违的两个必要条件。第一，A、B 二事物务必相异，相异就是指 A、B 二事物从名言和所表意义均不相同。第二，A、B 二事物没有同位体，也就是说一种事物不能既是 A 又是 B，以此限定了它们的外延不存在任何重合的可能性。如果具足了这两个必要条件，可称之为相违。这是广义上对相违概念的界定，更为深入地在大相违相属中讨论包括相违性关系的多种分类形式。同时塞氏还归纳和界定了“不相违”关系。所谓“不相违”，就是指相违的负概念。在上述相违关系的两项必要条件中，如果一项条件不成立，那就是简单的不相违关系。于是，“彼此不异或同位体者之一”，被界定为不相违的性相。换句话说，不相违是指二概念具有同一关系和属种关系或交叉关系者。具有同一关系者，如壶与壶自体同一，实有法与无常自性同一，这类具备“不异”的条件，故为不相违；具有属种关系和交叉关系的二概念必然具有“同位”关系，故而亦是不相违。在这样的逻辑理路的指引下，《巴达瓦摄类学》更加系统地将其义理发展出“不相违相属”理论。参见塞氏阿旺扎西著《因明学概要及其注释》（藏文），北京：民族出版社 2009 年版，第 14－15、30－31、127－137、302－312、340、356、366－367 页；巴达瓦土登格勒嘉措著《摄类学·悟道灯论》，北京：中国藏学出版社 1990 年版，第 86－108 页。

验,必须结合上、中、下任何一种不同根器的心续,得以修行实践。而且,根据各自的实际情况,能够彻底净化心境。总之,从拜师之道起,通过共通之道净治自之心续后,便可进入大乘之道;尤其是从行戒律仪①(འཇུག་སྡོམ་ཚིག)起,能将成熟自己心续的六度②(རང་རྒྱུད་སྨིན་བྱེད་ཕར་ཕྱིན་དྲུག)和成熟他人心续四摄事③(གཞན་རྒྱུད་སྨིན་བྱེད་བསྡུ་བཞི། བསྡུ་བའི་དངོས་པོ་བཞི།)的教学方式结合,将有缘门徒培养为合法具器的可造之材。这样一生即身能够圆满现证金刚持果位的甚深之道金刚妙乘如何修行的圆融道体,除了吾师至尊文殊化身宗喀巴之外,无论是圣地天竺,还是藏区的噶当派④(བཀའ་གདམས་པ།)和手印派⑤(ཕྱག་རྒྱ་པ།)二者,均从未出现过第二人。

如此认定之后,通过忆念宗喀巴身之功德,生起不可思议的虔诚之信,因泣下沾襟。并且,还哀号:“如父恩师如意宝,德重恩弘,戴天履地,世间一切有情众生均无法报答您的恩德。宗喀巴!”以此至诚而强烈地祈请后,宗喀巴驾驭用堪畏恐怖而不可思议的珠宝装饰的白色雄狮,身现金红颜色,手握慧剑和梵典,童子妙相,以各种奇珍异宝庄严的心雄勇士菩提萨埵姿态现身后讲到:“吾之

---

① 是指根本罪和恶作,前者为菩萨戒所说十八无法忏悔的根本堕罪,后者为防护一切不饶益他十不善法如防恶毒的四十五律仪。

② 通过布施、持戒、忍辱、精进、定心、智慧,能使自己心续成熟的六度。

③ 是指佛菩萨摄持有情众生的四种方法。其一布施摄,随愿布施法及财;其二爱语摄,随善言慰藉;其三利行摄,随顺有情众生意乐行利益事;其四同事摄,随顺有情众生同其所作使得利益。

④ 指阿底峡及其高足仲·敦巴开创的噶当派,经仲·敦巴 3 位弟子的传播发展,遂成为藏传佛教各派之源。参见列钦贡噶坚赞著《噶当派源流》(藏文),拉萨:西藏人民出版社 2003 年版,第 130 页;恰日嘎藏陀美整理《阿嘉永增洛桑东智文集》(藏文下册),兰州:甘肃民族出版社 2011 年版,第 407 页。

⑤ 这里似乎指以大手印作为特色的藏传佛教噶举派。首先,噶举可直译语传,是指没有停留在“语句的传承(ཚིག་བརྒྱུད།)”层面,而是究其“意义传承(དོན་བརྒྱུད།)”,也就是大手印无垢证悟传承不断者,故又称“诀窍大手印(གདམས་ངག་ཕྱག་རྒྱ་ཆེན་པོ།)”。这又有显密两层含义,其一显宗方面主要以《宝性论》为圭臬,其二密宗方面主要指双运,即一切外在所现皆为现空双运、一切内在所明皆为明空双运。其次,在实践上有显、密、心 3 种方法。最后,在诀窍上有以噶举派四大八小传承系统为例的教授方式。这样的传承归根结底仍然是大手印及其那若六法,此乃解脱之道大手印之道次第理论,可参见中国藏语系高级佛学院编《藏文文选系列之十三·噶举派史略》(藏文),北京:民族出版社 1989 年版,第 306 – 324 页。

子，毋须哭泣，我给你讲授一法。”

如是所云后，便转入正题进一步讲到：“凡浊世有情众生千差万别，尤其是如今当下大众不顾忌死生无常和三恶趣而遭受苦难，而异常贪恋名闻利养、丰衣足食等庸言庸行，只求此生穷奢极欲。除此之外，不用说从事饶益后世的究竟善业，就连最为基本的后世我们将变成何种情况此等问题考虑者也寥寥无几。当然，虽有极个别希求成就者，却以先用若干年储备修法期间必需的口粮、后用若干年完成扶亲灭敌之业后专心修行为名，将本月之事拖到次月、今日之事拖到明日，以此惯于一拖再拖的延宕乃至推诿的心态，很难付诸于实践。即使到了真该修行的时候，他们也难以遇到合格的导师；纵使找到了合格的导师，他们也难以领悟该师所示善说义理；纵然略有所知者，能设法强制性地断除此生一切贪欲后通过隐居寂静处以修证为要者极为罕见，甚至比白昼星辰更加稀有难求。本人曾向上师及本尊致以虔诚而强烈的祈祷为切入点，在广泛积累福德资粮和净化遮蔽智障的基础上，深入辨析广大经典理论的微言精义之后审慎抉择而成的诸善说，由你悉心研读后必须获得胜解，以此隐居寂静处一心专注于修证体验。若能如此付诸于实践，解脱成佛如掌中之物，唾手可得，易如反掌，只可惜如是践行者却凤毛麟角。但即便如此，仍会有一些合法具器的可造之才，故通过讲学应当饶益他们。是以将我的这些金刚密乘方面的善说发扬光大为己任，我们于来世很快得以相聚！”宗喀巴如是所云。

复次又云：

此方开启佛法之莲花，
匆忙过往众贤如繁星，
尽管源源不断来者众，

均未显明经典莲花心。
戒律如宝法界中现成，
无缘慈悲七匹马接引，
显密诸论普明千光照，
空前善论明日宗喀巴。
雪域天空圆满彰显时，
无余显明经典莲花瓣，
善说芬芳密布十方域，
随增有缘蜂群之喜宴。
那时善说蜂蜜之结晶，
善于享用取义的智慧，
极具飞鸿羽翼之势力，
善巧智圣六足蜜蜂王，
传出清净理路之妙音，
由此涌现莲苑之恩德，
随后心有所思如是云：
地上具缘六足众蜂群，
得以享用善说蜂蜜汁，
源自善说明日宗喀巴。
于是更加怀念其恩德，
尽管身之所依已衰竭，
然而起信羽翼展开后，
高唱无量赞美之旋律。
如此善巧法王克珠杰，
忆念上师功德之信力，
身上毛发竖立而耸动，

随同泪下猛烈如阵雨。
不断翻越傲骨磷磷间，
即使枯竭热血泪水海，
怆然泪下无穷无尽此，
似引奇观异景而幻化。
妙哉善巧至圣克珠杰，
三大阿僧（བྲངས་མེད་གསུམ།）祇劫依师时[1]，
唯念宗喀巴的功德乎？
否则何以获此虔诚信？
汝心固若巍巍须弥山，
却对上师起信之风势，
宛如柳絮飞舞般此景，
岂非须弥山难为情乎？
洁净之信令大地动摇，
心眼通亮如所知明镜，
悲悯众生如独子之母，
克珠群杰座前行敬礼！
雄心勇士彼师之信力，

---

① 又名“无量数位”或“无央数位”，是古印度最大数位之名。有此大数目之长时，故曰“三大阿僧祇劫”。所谓“阿僧祇劫”，亦可简称“劫”，分有中劫、坏劫、成劫、住劫、空劫和大劫六类。这些诸劫由无数个不同单位构成，其中小劫就是通用的计量单位，因而我们首先必须要明确何为“小劫”。根据《俱舍论》的记载，人寿10岁起，100岁增一，直至84000岁，这中间经过的时段为一小劫；由此100岁减一，直至10岁为止，这中间经过的时段亦为一小劫。换句话说，这样一段时期，约为8399000年。所谓“大劫”，就是指这样的80小劫，约为671920000年，同时也有7个阿阂婆年为一大劫之说。3倍无量数大劫，便是三大阿僧祇劫，即三无量数大劫。其实，这就是古代印度60数位计算法的最后一数位，其中前9位数为单数名，随后25位叠数名。这些每一叠数以后，加一“大”词，为其十倍，故得50位，连前共得59位。最后，第60数位，便是上述“无量数位”。以上只是俱舍论体系对于度量的阐释方式，时轮本续对此似有不同之处。参见钦·降白央著《俱舍庄严论》（藏文），北京：中国藏学出版社1989年版，第329页；银巴主编《藏族古代历算学资料汇编》（藏文），北京：民族出版社2005年版，第1－301页。

具足黄丹颜色童子身，
手握梵典慧剑文殊尊，
百兽之王雄狮奋迅上，
随喜端坐驾临如是云：
切记浊世有情法缘低，
追求觉醒者寥如晨星，
却有少量合法具器者，
请以大悲护持此类人。
尤其我造密宗诸论典，
将其发扬光大为殊胜，
来世咱们相聚于净土。
妙哉金黄发髻文殊尊，
殊胜雄心勇士忆师时，
汝从远道而来有何益？
彼乃早已证得汝果位。
然而此举却有如下因：
凡夫化机之心合意身，
三界法王至圣宗喀巴，
亦是举典文殊之化身。
那么克珠起信大海中，
宗喀巴必然现身无疑，
因此诸佛将对自徒儿，
劝慰助兴不足以为奇！
驾驭百兽之王此一人，
八万四千法蕴之宝藏，
圆满无余携带其身上，

然而全无疲惫心观止!

此乃至尊上师宗喀巴把白狮作为坐骑,以至尊文殊师利法相现身后,为善巧成就法王克珠杰授课讲法的情形,略示于此。

又于某次,克珠杰特别思念宗喀巴,故心想:"吾师如今居于何方? 何时才能得以拜见呢?"如此不禁泪下如迸泉,本想压制情绪,却难以克制,以致全身颤抖,毛发耸动。藉此,克珠杰虔诚祈白:"至尊上师宗喀巴! 请您看看我,看看这些人的野蛮暴行,就连您所示正法也如空中闪电和寻香城市一般①(དྲི་ཟའི་གྲོང་ཁྱེར།),似乎也将面临收摄归灭的危机。因此,我何时才能前往世尊您座前呢?"以此强烈祈请之后,宗喀巴驾驭着一令人失魂落魄的猛虎,以瑜伽师装饰,身显红色,巨目高鼻,右手握着宝剑,剑端火焰冲向天空,左手端着盈满甘露的嘎巴喇②(ཀ་པཱ་ལ།)颅器紧扣胸前。青色丝巾缠着红色发髻,骨饰庄严,喜笑颜开,油光满面,神采飞扬。其周围被天竺80位大成就师环绕,以此随喜现身后,对克珠杰讲到:"善男子,心智无须悬念不定。除了你之外,我无人可想。你也一样,除了我还能想谁呢? 我不会弃你而远走他方,始终与你同在。若是思念我,请阅我所造密宗和显宗方面的诸论典,这些是我留给后世的遗书。总体而言,如今有情众生的福资渐趋微弱,但是染污烦恼却凸

① "དྲི་ཟ།"乃梵语"གནྡྷ།"的音译,汉译"乾达婆",意为寻香、香行、香遍、香风之域。通常指欲界中有身,各依因缘善恶,吸食各种香气,故名"寻香"。其国王(དྲི་ཟའི་རྒྱལ་པོ་ཏ་ཐུར།)居住城为"寻香城"或"乾达婆城",也喻示若有似无的海市蜃楼现象。在梵藏文学史上,指欲界天中司伎乐之神,如俳优乐神。这些内容看似比较玄虚而难以捉摸,但在梵藏典籍中记述颇多,故更敦群培依据这些史料于1937年8月赴实地调查后,再次解开了"དྲི་ཟའི་ཡུལ"的神秘面纱。他明确指出:此方就是古代"犍陀罗"即寻香之域(ཕྱོགས་འདི་ནི་སྔོན་གནྡྷར་སྟེ་དྲི་ཟའི་ཡུལ་ཅེས་བྱ་བར་གྲགས།),曾为印度六国王子以及婆罗门求学之地,北方与喜马拉雅山脉很近,地势与热贡隆务河谷相仿,古希腊风格的佛像造型栩栩如生,被称为"犍陀罗艺术",等等。参见奔嘉等编《更敦群培文集》(藏文上卷),成都:四川民族出版社2010年版,第92-94页。

② 颅器即天灵盖,私人的头盖骨所作碗状容器,作为法器其特征、识别鉴定以及象征意义等,可参见扎西嘉措等所造《密宗服饰与法器》(藏文),拉萨:西藏藏文古籍出版社1996年版,第64、117-119、180、192、283-313页。

显粗重。况且,现在已示正法即将趋于隐没甚至出现面临最后终结的先兆,故此你自己也应做往生于空行净土的计划以及准备。”如是所云。

过后不久的某时,克珠杰想到:“现在我做往生的打算似为最佳时期,通过供奉吾师作虔诚祈白,有望实现往生目标。以此请示至尊上师宗喀巴现居何处,还有若干事项亟需请示。”如是所想后,用心陈设一场以黄金曼荼罗等无边无际而不可思议的妙善供品为基点,遂即高呼:“吾师三世佛、无佑众生的唯一救主、至尊文殊无敌者、金刚持!”以此强烈而持久地至诚祈祷后,至尊上师宗喀巴得见于蒸蒸翻涌的一团白色祥云中央,保持往昔出家人之相,腾云驾雾而至,并给克珠杰讲到:“弟子,现当预备速来,我将遣人迎接你!”随即克珠杰询问道:“世尊现居何处?我亦随往彼处。”宗喀巴便回复道:“总体而言,在空行净土、具喜兜率天、南瞻部洲等地,都有我的许多化身。现正于汉地五台山上,向8万金刚持比丘,上午讲授中观和《菩提道次第论》,下午讲授密集、胜乐、大威德三大续部的生起圆满法。因你亦强烈而持久地发愿来此,不久当能相会。”

其后,克珠杰复问道:“那么,如果虔诚信仰至尊上师,您的其他所化徒众也如此强烈地启请、至诚极力地发愿,仍能往生彼净土,进而有缘享用汝示语之甘露吗?”于此宗喀巴答道:“若能对我与至尊文殊无别观想而作此祈愿,必然往生于彼净土并获随持摄受无疑。但是,现在的问题是缺乏如此祈愿者,故招致难成正果之患。”于是,克珠杰进一步问道:“那么,获得至尊上师宗喀巴与文殊师利随持摄受之因,当须如何作为呢?”宗喀巴复曰:“我与至尊文殊无二别地随持摄受的不共之因是,在自身心续中广发出离心、菩提心、清净正见三者。而且,于此务必希求胜解。”克珠杰再次问道:“请示其余如何做呢?”宗喀巴便答道:“通过塑造我与至尊文殊的身、语、意之所依,至诚强烈地启请我与文殊师利无别而不可分割性,所作赞颂祈愿等不能流于言辞表面上,而必须发自内心深处。与此同时,信奉业果原理,于此深信不疑,惯于起信不退。还以四力忏悔和净治诸罪过①(སྟོབས་བཞི),进而达到始终能够约束自己言行的目标。诸如此类,若能似彼勤勉进取者,随持摄受并往生于此无疑!”如是所云后,克珠杰随即赋诗一首祈愿如下:

具德师尊洛桑扎巴前,
信服恭敬至诚作祈愿,
怙主汝所居住之净土,
我亦希求速往而加持。

故此所云:

源自善慧智海宗喀巴,
善巧成就论日克珠杰,
自己所化庄稼成熟后,
边地凡夫心智已满足。
那时雄心勇士克珠杰,
慈悲明日直接引导下,
为了随持其他所化地,
似乎变得匆忙赶路者。
故云至尊上师宗喀巴,
请看野蛮之徒此暴行,

① 又名“四对治力”(གཉེན་པོའི་སྟོབས་བཞི)。这有多层含义,可归纳两大类。第一类分为因之力、加行力、自之力和他之力等四力,这是大圣无著之见。第二类之一所依对治力,是指皈依及发心;其二厌患对治力或完全能破之力,是指以前所犯罪过心生忏悔;其三返回对治力,是指将来不犯罪过而庄严立誓;其四现行对治力,是指为了净治罪过而所行诸善举。参见诸章吴坚编《数称词释义大全》(藏文上册)第628页,北京:中国藏学出版社2008年。

汝示正法亦似显隐没，
吾于何时往生汝座前？
以此甚悲之力作启请，
为此彼之导师宗喀巴，
无畏傲居恐怖猛虎上，
赤身右手举剑冲向天，
左握盛满甘露之颅器，
随喜环绕八十成就师。
如此身姿驾临后所云：
弟子无须作此般悲伤，
若忆上师拜读其论典，
生灭乃有为法之本性。
为此吾示正法也如此，
无缘之辈多信邪恶见，
故此汝亦来此清净土。
如是日后佛子克珠杰，
决定即将往生于净土。

如是所云，乃是善巧成就法王克珠杰的生平传记中，至尊上师宗喀巴往生具喜兜率天之后，仍然为克珠杰示现各种身相，并且讲法授课方面的主要情形，略示于此。

（五）随希有妙相示寂记

第五，克珠杰心向往生净土之时，示现希有奇观异景的情形如下：当克珠杰想到自己此生需要直接所化之业，现已圆满完毕。而且，如今自己也希求往生于宗喀巴座前。在这样的起心动念引发下，正在欲示圆寂之时，六臂本智怙主瞬间降临克珠杰面前，对他讲到“若无你这样的正法之主，谁能堪任主持宗喀巴所示清净正法的重任呢”，以示无法忍受的强烈抗议。随即具誓法王阎魔护法神丹坚群杰及其偕眷也至此，曰：“我们是阎摩敌能怖大威德亲自敕令授命给宗喀巴的奉命护法神，此次至尊上师宗喀巴特派我们眷属一行前来恭迎你”。如是所云后，四面怙主也莅临于此，并讲到：“倘若你这个人不在，从龙树开始所传清净正见，则由谁来主持？现在已有许多指责、非议者！”如是所云后，面向天空注视，还讲到：“我是龙树的护法神，故喜欢见以中观者、法以密集者。宗喀巴与龙树无二别，不严守誓约和戒律者，以及不禁忌业果原理者，实属邪见执持者。”如是所云。

因此，二十日夜晚[①]，诸多天子手握宝伞盖和宝幢等前来迎接克珠杰。与此同时，克珠杰的具缘徒众显现出各种不同的奇妙稀有景象。比如有人看见了克珠杰驾驭着大象去往具喜兜率天的情形；有些人看见克珠巴去往北方香巴拉；有人看见克珠巴去往五台山，等等。诸如此类，显现出诸多不可思议之相。这期间天降思不周遍的花雨以及虹光照射天空等稀有奇妙景观，将在场的所有人圆满引向起信之道。

据说，克珠杰入住光明期间，显现出大量不可思议的奇妙征兆。但是，先后持续了几天几夜等的详细情况仍然不明，故留待将来查明之后，复以补充完善。

故在此云：

是谁本为诸佛之师父，
幻化佛子妙龄孩童身，
专为众生阐明解脱道，
然非愚昧之徒所行境。

---

① 即1438年霍历2月20日夜晚。

随后遍智宝藏文殊尊，
妙音之语开示解脱道，
道之究竟二次第甚义，
如法领悟所示克珠杰。
若干往世师从宗喀巴，
依为妙乘善知识之力，
荣登宗喀巴法王宝座，
大圣克珠杰座前行礼！
古昔智源圣境天竺国，
佛子具德龙树菩萨曰：
执持佛示正法的宝幢，
以此宣告世界贤哲众。
如此时值末日此雪域，
无余摧毁非法诸大军，
洛桑扎巴所示之旗帜，
则由法王克珠杰擎起。
蕃域正法之主宗喀巴，
空前善说显密诸义理，
智者三业发扬光大后，
打算复往其他净土时，
立誓护佑佛示正法之，
受命护法诸神会海众，
若无佛法之主克珠杰，
正法将趋于名存实亡。
基于此情六臂怙主云：
若无承祧第二佛陀汝，

至尊上师无敌宗喀巴，
教证事业由谁继承呢？
四面怙主亦现如是云：
吾系大圣龙树护法神，
虽喜中观持为究竟见，
然无甚深中观之主汝，
誓约戒律视如草芥般，
遮止业果原理断见者，
必将遍布此地方无疑，
那时由谁承继龙树宗？
阎魔眷属莅临如是云：
我等宗喀巴之护法神，
今奉师命前来迎接你，
现往净土而特作策励。
那时天空布满天子众，
手握华丽供品仪仗队，
发出妙音之曲作祈愿，
以示迎接归西之礼仪。
为了成熟无量界众生，
汝将化现亿万多妙身，
为此清净所化众门徒，
各显往生净土之异景。
正在示现圆寂情形时，
妙现花雨以及虹光等，
覆盖天空希有奇妙相，
在场者引向起信之道。

这些是善巧成就法王克珠杰的生平传记中,克珠杰即将示现圆寂之时如何显现稀有奇观异景方面的主要情形,略示于此。

四、结语

在此将前述内容,如是归纳总结如下:

圆满利乐有情的重任,
落在增上意乐者肩上,
具德殊胜志向法之王,
众生唯一亲友前行礼!
古昔转生能仁佛之徒,
复现善巧成就班智达,
此方善论明日格列贝,
浊世一切遍智前行礼!
诸多班钦极为策励下,
得知所化徒众在蕃域,
为此乘愿转生于此方,
雪域佛法之主前行礼!
无碍精通诸论智慧藏,
讲辩著业弘扬佛法理,
护法神众不断盛赞之,
善巧成就法王前行礼!
文殊化身遍智宗喀巴,
所示正法绍愿成就者,
善论超群宗喀巴高足,
教证自在之主前行礼!

汝示善说妙论之大鼓，
无畏响彻四面八方时，
令敌论大军闻风而逃，
善巧成就法王前行礼！
那时具誓护法诸神曰：
汝乃浊世佛教之座主，
以此颂词屡屡推崇之，
称誉名副其实前行礼！
凡彼意之起信大海上，
宗喀巴所化身之形象，
虽示圆寂却频频再现，
具足无蔽净心前行礼！
彼之功德如天般广大，
无法如是付诸于笔端，
然为自他起信之依据，
吾依正士语录而略记。

这部传记是在群杰曲登饶觉所造《克珠杰秘传》中的词句不作任何篡改地如是引证的基础上[①]（ཆོས་རྗེ་ཆོས་ལྡན་རབ་འབྱོར་བས་མཛད་པའི་རྣམ་ཐར།），亟需弥补的其他至关重要而希有生平事迹部分，源自文殊师利绛白央贡噶德勒仁钦坚赞贝桑布口述史。这些口述史料均属笔者亲耳所闻，而且未作任何增删修改，直接引用于本文。并且，通过修辞学理论和方法进行了必要的修饰、润色，使文辞更趋于优美雅致。这样，谙熟至尊上师克珠杰殊胜功德之后，由获得胜解之

① 本文收录于《克珠杰文集》塔尔寺木刻版第1函第3部，共有13叶。但是，在拉萨雪木刻版中收录于最后一函，也就是第12函第10部，参见西藏色昭佛教古籍编委会整理《克珠格列贝桑文集》（藏文第12册），北京：中国藏学出版社2014年版，第367－385页。

信的论理者确吉坚赞撰写成文①（རྗེ་བླ་མ་དེ་ཉིད་ལ་ཤེས་ནས་དད་པ་ཐོབ་པའི་རིགས་པ་སྨྲ་བ་ཆོས་ཀྱི་རྒྱལ་མཚན་གྱིས་བཀོད།）。

愿得吉祥！

佛法莲苑利乐芬香者，

讲修莲瓣解脱蜂蜜汁，

饶益众生故由塔尔寺，

降此施法妙雨而付梓②。

愿一切吉祥！

① 指色拉寺色系札仓新学派的创始人杰尊确吉坚赞（1469－1544年），其生平事迹在文首有详细交代，在此不予赘述。可参见西藏色昭佛教古籍编委会整理《杰尊确吉坚赞文集》（藏文第1－14册），北京：中国藏学出版社2012年版；更登罗藏等校订《夏日甘丹嘉措文集》（藏文第3册），兰州：甘肃民族出版社1999年版，第149－179页。

② 这是杰尊确吉坚赞所造《克珠杰传记·起信大海》塔尔寺木刻版的跋语，具体编纂者和时间在此没有交代，留待进一步考证。

贤哲遍智一切克珠杰传记·贤者意乐

班钦德勒尼玛 著　　米玛次仁 译注

卷首礼赞

嗡愿得吉祥！
智慧遍通一切知识，
众生无法全部揣度，
悲悯深驻汝之心底，
使那生死如光清晰，
汝之事业遍及有情，
因而魔众皆生畏惧，
圆满功德文殊菩萨，
品德高尚守护有情。

一切佛陀所具智悲，
无垢珍宝坛城圆满，
智者心田十分庄严，
使其成为具德圣贤，
普遍流传所照光芒，
照耀一切汝之功德，
善德为众生显胜道，

向您恭敬顶足敬礼。

金刚持用殊胜灌顶，
以及时轮进行授记，
殊胜智者善说宝库，
有情众生皆能共享，
善流不断变成宝藏，
成为吉祥善巧之首，
妙贤足莲已经休憩，
请您赐吾等妙智慧。

第二佛陀宗喀巴①大师其首要弟子之最胜者，乃三界法王克珠遍智一切格列贝桑布传记似海，吾从中取一滴以信仰之心来讲述。

无量光佛的真性法身亦永固不变，但因大慈大悲，为调伏不净世间诸生灵，幻化无数不同身相，犹如天空中独一无二的月轮，能同时向世间不同根器者显示其身影，而无需精勤，特别是对于贤劫第四佛陀释迦牟尼②之教法，在印、藏两地，克珠杰幻化为恩泽浩大

---

① 宗喀巴（1357－1419年），名洛桑扎巴，系藏传佛教格鲁派创始人，于1357年出生于宗喀地方，3岁出家为僧，1363年在法王顿珠仁钦座下受比丘戒。1373年17岁时前往西藏中部学法，先后依止贡却迦、萨迦索南坚赞、浦东确列朗杰、至尊仁达瓦等藏传佛教各宗派上师学习佛法，遂成为当时著名的佛教高僧。1409年创立拉萨传召大法会，并在拉萨东部修建甘丹寺，以该寺为主要道场，形成了格鲁派。1419年圆寂，其生平可详见克珠杰所著《佛陀宗喀巴大师传记·信仰精梁》（རྗེ་བཙུན་བླ་མ་ཙོང་ཁ་པ་ཆེན་པོའི་ངོ་མཚར་རྨད་དུ་བྱུང་བའི་རྣམ་ཐར་དད་པའི་འཇུག་ངོགས）、恰哈尔格西洛桑次成（ཆ་ཧར་དགེ་བཤེས་བློ་བཟང་ཚུལ་ཁྲིམས）所著《至尊宗喀巴详传》（རྗེ་ཙོང་ཁ་པའི་རྣམ་ཐར་ཆེན་མོ），以及法王洛桑赤列朗杰（ཆོས་རྗེ་བློ་བཟང་འཕྲིན་ལས་རྣམ་རྒྱལ）所著《文殊法王宗喀巴详传》（འཇམ་མགོན་ཆོས་ཀྱི་རྒྱལ་པོ་ཙོང་ཁ་པ་ཆེན་པོའི་རྣམ་ཐར།）等。克珠杰著《佛陀宗喀巴大师传记·信仰精梁》，西宁：青海民族出版社1982年版；恰哈尔格西洛桑次成著《至尊宗喀巴详传》，北京：中国藏学出版社2010年版；法王洛桑赤列朗杰著《文殊法王宗喀巴详传》，拉萨：西藏人民出版社2009年版。

② 按照佛教的传统，前劫有毗婆尸佛（རྣམ་པར་གཟིགས།）、尸弃佛（གཙུག་ཏོར་ཅན།）和毗舍浮佛（ཐམས་ཅད་སྐྱོབ།），加上贤劫的拘留孙佛（འཁོར་བ་འཇིག།）、迦那迦牟尼佛（གསེར་ཐུབ།）、迦叶佛（འོད་སྲུང་།）和释迦牟尼佛（ཤཱཀྱ་ཐུབ་པ།），即七佛（སངས་རྒྱས་རབས་བདུན།），其中释迦牟尼佛被视为贤劫的第四位佛陀。

的莲花生[①]、觉卧阿底峡[②]等各种不可思议之化身，故而无法将其所有功德进行撰述。大贤哲克珠杰多世转生而不曾中断，其中第一世是能仁王[③]声闻弟子中的佼佼者，圣者大阿罗汉须菩提[④]（རབ་འབྱོར།）。此后分别转世为北方香巴拉妙吉祥称法王[⑤]（རིགས་ལྡན་འཇམ་

① 八世纪印度佛教高僧，以精通密乘而著称。据《巴协》记载，莲花生大师曾在吐蕃赤松德赞时期进蕃传法，并一路降伏吐蕃境内的各种神灵，修建佛塔，开凿泉水等。而在《贤者喜宴》中记载，赤松德赞在从莲花生大师处获得灌顶时，将王妃益西措杰作为报酬献给莲花生大师。可见，当时信奉莲花生大师的除了有吐蕃很多贵族子弟拜其学法，还有赞普的王妃。后来的藏传佛教宁玛派视莲花生大师为其宗派祖师，影响深远。法藏敦煌古藏文文献 P. T. 44 号卷第一部分主要记述了西藏佛教密宗本尊金刚橛的来历，其中就谈到了莲花生大师和其所传金刚橛教法。也有学者认为法藏 P. T. 849 中所记载的印度高僧德瓦布扎就是莲花生大师，而该卷的内容就是一篇简短的莲花生大师传。但也有学者提出了完全不同的见解。详见巴塞囊著《巴协》，北京：民族出版社 1980 年版，第 25 – 34 页；巴卧祖拉陈瓦著《贤者喜宴》，北京：民族出版社 2006 年版，第 175 页；罗秉芬著《西藏佛教密宗本尊金刚橛的来历——希和藏文手卷 44 号译注》，收录于《敦煌古藏文文献论文集》（下册），上海：上海古籍出版社 2007 年版，第 655 – 665 页；卡岗扎西才让著《敦煌文献 P. T. 849 中首次发现莲花生大师传记文献研究》，载《中国藏学》（藏文版）2009 年第 1 期，第 39 – 59 页；才让著《菩提遗珠：敦煌藏文佛教文献的整理与解读》，上海：上海古籍出版社 2016 年版，第 435 – 456 页。而关于莲花生大师的生平事迹，藏文文献中保存有大量其传记，其中较为著名的有：邬金林巴掘藏《莲花遗教》，成都：四川民族出版社 2006 年版；邬金林巴掘藏《五部遗教》，成都：民族出版社 1986 年版；娘·尼玛沃色掘藏《莲花生大师传·桑林玛》，成都：四川民族出版社 1987 年版；至尊多罗那他著《莲花生大师传记·明晰印度篇》，收录于《觉囊·多罗那他文集》（第 38 册），北京：中国藏学出版社 2008 年版，第 38 – 72 页。

② 古印度佛教大师，982 年出生在今孟加拉达卡，曾依止杜鹃、金洲等大师系统地学习显密佛法。1037 年从印度启程前往西藏，1039 年抵达阿里，开始在阿里地方传法 3 年；1044 年与仲敦巴相见；1045 年左右前往西藏中部，1054 年在聂唐地方圆寂。其所造《菩提道灯论》在藏传佛教发展史上有着重要的意义，由他所传教法传承后来发展成为藏传佛教噶当派，寺院遍布西藏中部地区，其佛教思想对藏传佛教其他宗派也产生了深远影响。其生平详见仲敦巴杰瓦迥乃著《具德阿底峡传·佛法之源》；纳措次成杰瓦等著《大至尊尊者我主之传记》；钦·囊喀扎著《至尊珍宝尊者具德阿底峡详传共许》；藏堪庆著《至尊阿底峡传》，收录于《觉卧至尊阿底峡传汇编》（藏文），西宁：青海民族出版社 2013 年版；阿底峡等著《觉卧至尊阿底峡传·噶当经函》（藏文），西宁：青海民族出版社 2012 年版。其生平研究可参阅胡继欧著《阿底峡的佛学思想及其对西藏佛教的影响》，载《法音》1983 第 4 期，第 26 – 28 页；郑堆著《阿底峡大师早年生平考》，载《宗教学研究》2010 第 2 期，第 137 – 139 页，等等；其生平思想及著作研究，可参阅 Alaka Chattopadhyaya, *Atish and Tibet. The Life and Works of Diepamkara Srijnana in Relation to the History and Religion of Tibet*, With Tibetan Sources Translated under Professor Lama Chimpa, Indian Studies: PAST&PRESENT, 1967；释如石：《〈菩提道灯〉抉微》，收录于《中华佛学研究所论丛 12》，法鼓文化事业股份有限公司 1997 年版；萨尔吉著《〈菩提道灯论〉涉及的相关问题及其对西藏佛教的影响》，载《中国藏学》2006 第 1 期，第 34 – 59 页；班班多杰著《阿底峡与藏传佛教上路弘传》，收录于《西部西藏的文化历史》，北京：中国藏学出版社 2008 年版，第 62 – 74 页，等等。

③ 佛的异名。

④ 释迦牟尼佛的十大弟子之一，对于解空无人能比。

⑤ 据藏传佛教经典记载，其为香巴拉第二十五代法王中的第一代，公元前 177 年即位。他曾经把《时轮根本经》节略成《时轮摄略经》。

དཔལ་གྲགས་པ།)；出生在东印度的自续派创始人清辨①(ལེགས་ལྡན་འབྱེད།)大论师；同样在该地出生，曾跟随至尊金刚瑜伽母学习佛法的大贤哲阿毗雅噶热②(འཇིགས་མེད་འབྱུང་གནས་སྦས་པ།)；在达纳③(རྟ་ནག)山谷的畜栏角落里出生，并以廓·库巴列杂④(འགོས་ཁུག་པ་ལྷས་བཙས།)著称的廓大译师旺秋嘉措；出生于文殊昆氏⑤(འཁོན།)家族纯种血脉，在雪域藏地精通一切知识，学识已达登峰造极的班智达贡嘎坚赞⑥；作为一名咒师之子，在集市夏鲁(译者注：其为寺名，位于今西藏日喀则市，是藏传佛教著名寺院。据《吉祥夏鲁色康大寺之主至尊杰家族史》记载，夏鲁寺1003年由佛教后宏期卫藏十人之罗敦多吉旺秋(ལོ་སྟོན་རྡོ་རྗེ་དབང་ཕྱུག)的弟子杰尊协热琼乃(ལྕེ་བཙུན་ཤེས་རབ་

---

① 是古印度中观派重要大师，著有《般若灯鬘》(ཤེས་རབ་སྒྲོན་མའི་ཕྲེང་བ)等，创立了中观自续派。

② 梵文"ཨ་བྷྱ་ཀ་ར།"的音译，全名为"ཨ་བྷྱ་ཀ་ར་གུཔྟ"，即晋美迥乃贝巴，古印度佛教大师。10世纪中叶出生在南印奥札俄夏(ཨོ་ཊི་ཤ)地方一婆罗门家庭，从小精通声明、因明、工巧和医学，后得到金刚瑜伽母授记，前往邦嘎拉(བྷྃ་ག་ལ)受戒出家，依止诸多获得成就的瑜伽师，学习密乘教法，遂成为重要的佛教上师。其弟子众多，其中较为著名的有杂米桑结扎(ཙ་མི་སངས་རྒྱས་གྲགས)、噶译师循努贝(ཀ་ལོ་གཞོན་ནུ་དཔལ)和年译师达玛扎(གཉན་ལོ་དར་མ་གྲགས)等。而据该传记载，他曾跟随至尊金刚瑜伽母学习佛法，遂为一重要佛教上师。

③ 地名，位于今西藏日喀则市谢通门县境内。

④ 西藏历史上重要的译师之一，据《噶当教法史明灯》记载，廓·库巴列杂出生在达纳山谷一处名为库巴(ཁུག་པ)的地方，其名"列杂"其实是"列嘉"(ལྷས་སྐྱབས)，他曾短时间依止卓弥译师，但因学费问题，遂前往印度学习佛法。据传他曾在尼泊尔和印度等地依止70位班智达和两位空行母为上师，系统地学习了密集等教法，翻译了密集、胜乐、喜金刚等三续的很多经典。其生平详见列钦贡嘎坚赞著《噶当教法史明灯》，西藏人民出版社2003年版，第118－119页。

⑤ 系萨迦家族之名称。关于昆氏一族之起源，《汉藏史集》中认为，昆氏先祖是由光净天神下降人间而来，即天神玉仁(གནམ་ལྷ་གཡུ་རིངས)娶穆氏女穆萨典布(སྨུ་བཟའ་ལྡེམ་བུ)为妻，生有7子，被称为"玛桑七兄弟"(མ་སངས་སྤུན་བདུན)。6个兄长和父亲一同沿着穆绳返回天界，而幼子娶托拉沃钦(ཐོག་ལྷ་འོད་ཆེན)之女托赞乌玛(ཐོག་ཙམ་ཨུ་རམ)为妻，生子托察巴沃达(ཐོག་ཚ་དཔའ་བོ་སྟག)；托察巴沃达娶龙族女鲁姜扎玛(ཀླུ་ལྕམ་བྲ་མ)为妻，生子鲁察达索沃钦(ཀླུ་ཚ་རྟ་སོ་འོད་ཆེན)；鲁察达索沃钦娶门萨措姆杰(མོན་བཟའ་མཚོ་མོ་རྒྱལ)为妻，生有一子，因出生于石山和草甸之间，故取名雅邦吉(གཡའ་སྤང་སྐྱེས)。雅邦吉因森·嘉仁擦麦(སྲིན་སྐྱ་རིངས་ཁྲག་མེད)之妻雅本斯丽玛(གཡའ་འབུམ་སི་ལི་མ)十分漂亮，因此杀死了森·嘉仁擦麦，夺占雅本斯丽玛为妻，生下一子。因该子是在与森氏结仇中出生，故取名昆巴吉(འཁོན་བར་སྐྱེས)(意为仇根中所生)，因此，家族之名称为昆(意为仇根)。详见达仓班觉桑布著《汉藏史集》，成都：四川民族出版社1985年版，第306－307页；汉译参考了陈庆英著《汉藏史集》(藏译汉)，西藏人民出版社1999年版，第171－172页。

⑥ 班智达贡嘎坚赞(1182－1251年)，即萨迦班智达，系萨迦五祖第四位，也是西藏历史重要人物之一。据《萨迦世系史·奇异宝库》记载，萨迦班智达出生于1182年，1206年25岁时依止卡其班钦学法，后由其担任亲教师，受比丘戒，取法名贡嘎坚赞贝桑布。曾系统学习五明之学，后在芒域辩败外道论师，故声名远播。因其精通五明，被称为大班智达。1216年继任萨迦寺法台，1244年受蒙古王阔端邀请前往凉州，1246年到达，1247年与阔端相见，1251年在西凉圆寂。其生平详见阿蔑阿旺贡嘎索南著《萨迦世系史·稀奇宝库》，北京：民族出版社1986年版，第90－118页；仁布阿旺晋扎著《萨班传·良缘善逝》(ས་པཎ་རྣམ་ཐར་བརྗོད་པ་བསྐལ་བཟང་ལེགས་ལམ)，成都：四川民族出版社1985年版。

འབྲུང་གནས།)修建。1320年布敦大师担任夏鲁寺法台，从此名噪一时，成为当时重要的学法之道场。关于夏鲁寺修建者家族之历史，详见《吉祥夏鲁色康大寺之主至尊杰家族史》，收录于《西藏六部世系谱汇编》，拉萨：西藏藏文古籍出版社2014年版，第66页。而关于夏鲁寺历史沿革，在夏鲁日普寺活佛洛赛丹迥(ཞ་ལུ་རི་ཕུག་སྤྲུལ་སྐུ་བློ་གསལ་བསྟན་སྐྱོང་།)所著《吉祥夏鲁佛法具大恩之圣贤传记历史·稀奇信仰入门》(དཔལ་ལྡན་ཞ་ལུ་པའི་བསྟན་པ་ལ་བཀའ་དྲིན་ཆེ་བའི་སྐྱེས་བུ་དམ་པ་རྣམས་ཀྱི་རྣམ་ཐར་ལོ་རྒྱུས་ངོ་མཚར་དད་པའི་འཇུག་ངོགས།)。详见夏鲁日普活佛洛赛丹迥著《吉祥夏鲁佛法具大恩之圣贤传记历史·稀奇信仰入门》，拉萨：西藏藏文古籍出版社2014年版。)

(ཞ་ལུ)飞檐下出生的旧密乘成道者永敦多吉贝巴①(གཡུང་སྟོན་རྡོ་རྗེ་དཔལ་བ།)。以上大师皆为克珠格列贝桑之前世。

一、降生

贤哲瑜伽师自在佛永敦多吉贝巴示寂后，随即转世为吾之上师，显密佛法之主，德行高妙自在遍智一切格列贝桑布。上师出生于黎域绛热穆布②(ལི་ཡུལ་ལྕང་ར་སྨུག་པོ།)，族属斯氏③(སེ།)的一户咒师家庭，其成员后来在昂仁迦喀④(ངམ་རིང་རྒྱལ་མཁར།)地方落户，其一脉代代相传而不衰，至上师父亲贡嘎扎西贝桑(ཀུན་དགའ་བཀྲ་ཤིས་དཔལ་བཟང་།)，母亲茹陈杰姆(རུ་འདྲེན་རྒྱལ་མོ།)，二人于乙丑木阴牛年⑤，在拉

---

① 藏传佛教宁玛派高僧，家族为连(སྣན།)，出生于1284年，曾依止噶玛巴让琼多吉(ཀརྨ་རང་བྱུང་རྡོ་རྗེ།)、苏尔强巴森格(ཟུར་བྱམས་པ་སེང་གེ)等学习佛法；15岁时曾前往汉地传法，依止布敦仁布切学习时轮教法，后半生则主要在门巴仲(མོན་པ་གྲོང་།)、彭布日吾其(ཕུང་པོ་རི་བོ་ཆེ)等寺广转法轮，1365年82岁时圆寂。其生平详见廓·循努贝著《青史》，成都：四川民族出版社1984年版，第189－191页。

② 黎域为古代藏族对于阗的称呼。在法藏敦煌藏文文献P.T.960为《于阗教法史》，这份文书内容包括于阗建国之传说、于阗守护神之名号、于阗的菩萨之名号、于阗的主要佛寺、于阗佛法寂灭之经过等。由此文献可以看出，古代于阗地区是佛教盛行的重要地区。西藏历史上许多著名的历史人物和事件，甚至是神灵的来源皆与于阗有关。如本文所涉及人物克珠杰的家族就来自于阗，藏传佛教重要护法神孜乌玛布也源自于阗，等等。可见西藏历史，特别是藏传佛教的形成和发展，曾受到于阗地区佛教的影响。

③ 家族名。

④ 昂仁系今西藏日喀则市昂仁县，地处雅鲁藏布江中游，东与谢通门和拉孜两县交接，南与定日、聂拉木两县接壤，西与萨嘎、阿里措勤两县毗邻，北与那曲尼玛县相邻。县区总面积27596平方公里，共17个乡。该县境内有多处佛教寺院，主要有昂仁曲德寺、迥日吾其寺、桑桑拉扎寺等，也是众多佛教高僧的出生地，如唐东杰布、博东确列朗杰、芒堆鲁珠嘉措等，当然也包括本传传主克珠杰。关于昂仁县的历史文化，可参阅索朗旺堆主编《昂仁县文物志》，拉萨：西藏人民出版社1992年版；边巴次仁著《昂仁县寺庙历史与现状》，拉萨：西藏藏文古籍出版社2013年版。

⑤ 指藏历第六饶迥木牛年，即1385年。

堆羌[①](ལ་སྟོད་བྱང།)的颇章噶布德丹[②](ཕོ་བྲང་དཀར་པོ་བདེ་ལྡན།)诞下了吾等之上师。

二、受沙弥、比丘戒

如此,至尊父母系圆满家族世系,诞下 3 子,至尊居长,次子为帕索曲吉坚赞[③](པ་སོ་ཆོས་ཀྱི་རྒྱལ་མཚན།),幼子为索南扎西。至尊刚降生时,得到了前世亦对至尊如影相随的双身宝帐怙主[④](གུར་མགོན་ལྕམ་དྲལ།)等护法神的庇佑。至尊遇到危难时,神灵都会相助,并示真身答应会如理助其完成事业。至尊年少时,其德行就不同于普通少年,常言通晓前世之语,众人称赞其为克珠拉旺布[⑤](མཁས་གྲུབ་ལྷའི་དབང་པོ།)等圣贤不停转世之化身,因而年少时亦被称为“克珠法王”。

通过前世所获习气,克珠杰前往各地听闻佛法经典,精进如常啼菩萨[⑥](བྱང་ཆུབ་སེམས་དཔའ་རྟག་ཏུ་ངུ།)乐于寻找般若真谛。至尊曾先后前往昂仁、萨迦[⑦]等地,在奉行三藏的诸多贤者中,克珠杰正确地闻

---

① 即以昂仁县为中心的所辖地区。据《吉祥叶茹羌巴家族史》(དཔལ་ལྡན་གཡས་རུ་བྱང་པའི་གདུང་རབས།)记载,拉堆羌之首领家族源自西夏王后裔,云钦多吉贝(ཡོན་ཆེན་རྡོ་རྗེ་དཔལ།)曾与萨迦扎巴坚赞建立供施关系;而云钦及其三子皆依止过萨迦班智达贡嘎坚赞。拉堆羌首领除了与萨迦建立师徒、供施关系外,还曾建立联姻关系,拉堆羌首领家族成员也曾出任萨迦本钦一职。与此同时,元朝还曾册封拉堆羌为十三万户之一,其势力强盛之时,曾派兵攻打拉堆洛万户,并占领其宗豁。关于拉堆羌首领家族之历史,详见佚名著《吉祥叶茹羌巴家族史》,收录于《西藏六部世系谱汇编》,拉萨:西藏藏文古籍出版社 2014 年版,第 95－118 页。

② 宫殿名,具体不详。

③ 系克珠杰胞弟,第六任甘丹赤巴。其生平在《格鲁派教法史·黄琉璃》中记载为,帕索曲吉坚赞出生于 1402 年,曾依止宗喀巴大师学习佛法;后在桑普寺热蔑札仓(གསང་ཕུ་ར་སྒྲེད།)学习佛法,在藏荣莲帕索(གཙང་རོང་ལྷུན་པ་སོ།)地方闭关修行,因此被称为“帕索法王”;1463 年 62 岁时出任第六任甘丹赤巴;其主要著作有《时轮生圆次第》《中观见解》等;1473 年 72 岁时圆寂。其生平详见第悉桑结嘉措著《格鲁派教法史·黄琉璃》,北京:中国藏学出版社 1998 年版,第 77 页。

④ 系藏传佛教密宗一智尊所现双身护法神。

⑤ 意为圣贤帝释天,应为一佛教高僧之名,具体待考。

⑥ 系佛教经典中的人物,因其一生精进于求法学法,常常哭啼,因而称为“常啼”。藏传佛教经典中,常常以常啼菩萨的例子教导弟子应当精进、勤勉于佛法。关于常啼菩萨的行状,可参阅宗喀巴著《常啼菩萨传·诗歌如意树》,收录于《至尊宗喀巴文集》(第 2 卷),北京:中国藏学出版社 2012 年版,第 357－398 页。

⑦ 地名,位于今西藏日喀则市西面,历史上是萨迦派的中心。

习性相乘理论，因具有无阻贯通的智慧，使很多贤者都心生意乐，称赞其为“确列囊巴杰瓦”①（ཕྱོགས་ལས་རྣམ་པར་རྒྱལ་བ།）。后由克珠森格坚赞贝桑布②（མཁས་གྲུབ་སེང་གེ་རྒྱལ་མཚན་དཔལ་བཟང་པོ།）担任亲教师，杰瓦云丹沃（རྒྱལ་བ་ཡོན་ཏན་འོད།）担任规范师，受沙弥戒，取法名克珠格列贝桑布。

在昂仁，博东班钦吉扎确列朗杰③（བོ་དོང་པཎ་ཆེན་འཇིགས་བྲལ་ཕྱོགས་ལས་རྣམ་རྒྱལ།）言：“萨班④的《正理宝藏》⑤（ཚད་མ་རིགས་གཏེར།）中有内伏相违蕴的内容，吾已从卷首依次对其进行了批驳。”

当时，萨迦的格西们没有一人敢作声，此至尊虽年幼，仅16岁，却自告奋勇，言：“我来作答！”至尊通过事理的道理和无垢的经典，对博东进行反驳，并将其辩败。后来将辩论之语记录成文。最善巧博东班钦心生意乐，专门用圆满、完美之词为克珠杰写下了《克珠格列贝桑布专述蜜蜂极为欢腾之弦子》（ཆེད་དུ་བརྗོད་པ་བུང་བ་རྣམ་པར་རྩེན་པའི་རྒྱུད་མང་།）的赞颂文。

萨班曾言：

智者在智者中显风采，

---

① 意为降伏四方，是对克珠杰的一种称赞。

② 笔者认为这位大师指的应是雅砻巴森格坚赞（ཡང་སྒང་པ་སེང་གེ་རྒྱལ་མཚན།），大师出生于1332年，曾依止坚俄扎巴坚赞，故赐名森格坚赞；1341年前往桑耶寺学习般若；1349年在达布喀尔鲁桑（དྭགས་པོའི་མཁར་ཀླུ་བཟང།）依止法王上师受比丘戒，并在上师座下学习萨迦派所传主要教法；还曾依止布敦（བུ་སྟོན།）、佛子陀美（རྒྱལ་སྲས་ཐོགས་མེད།）等30多位上师学习佛法；卒于1400年。

③ 博东班钦吉扎确列朗杰（1376－1457年），系藏传佛教高僧，据《博东班钦传·善妙喜宴》记载，博东班钦于1376年出生在后藏拉堆洛地方；七岁在桑顶林寺出家为僧；16岁前往萨迦巡游，讲辩《释量论》，并创作了大量诗歌；22岁前往前藏各大寺院巡游讲辩，并创作了15部大论，名声大振；据传博东班钦一生创作的著作达140多部；1451年77岁时圆寂。博东班钦曾在昂仁曲德寺与克珠杰进行辩论，这一历史被世人广为传唱。其生平详见班丹吉美邦著《博东班钦传·善妙喜宴》，拉萨：西藏藏文古籍出版社1991年版；古苏鲁巴弥觉多吉著《博东班钦至尊晋美扎巴传·稀奇大海》，收录于《博东班钦文集》（第1卷），北京：民族出版社，第365－556页。而博东班钦的著作，也已由名为喜马拉雅文库搜集整理室整理汇编，并正式出版，共计95册。

④ 指萨迦班智达贡嘎坚赞。

⑤ 是由萨迦班智达贡嘎坚赞所造一部关于因明学的著作，被视为藏传佛教重要经典。

愚人却不能领悟智者。

又曰：

智者用智慧理解格言，。
愚人却没有这种能力①

如前所述，愚者往往受嫉妒、怨恨、贪利、贪求名誉和贪嗔等所鼓动，因而与人争辩；智者则相反，他们仅仅是为了校正佛法，通过破除、能立和舍离三种方式进行辩论，最后也会在佛法中平息。

木阴羊年②昴宿月至清晨，由至尊大贤者仁达瓦循努洛珠③（རེད་མདའ་བ་གཞོན་ནུ་བློ་གྲོས།）担任亲教师，至尊班觉协热④（རྗེ་དཔལ་འབྱོར་ཤེས་རབ།）担任规范师，娘巴洛珠聪美⑤（མཉམ་པ་བློ་གྲོས་མཚུངས་མེད།）为屏教师，在足数具信之僧伽众前，克珠杰受清净比丘戒，从而成为持律中的佼佼者。

彼时，克珠杰在仁达瓦座前听闻中观、因明、戒律、阿毗和般若等噶钦⑥（དཀའ་ཆེན།）之根本经，另外还学习了外性相乘的无数经典、萨迦一系的喜金刚生圆次第、四续部难点的详授及灌顶传承等密乘方面不可思议的教法，而仁达瓦也是克珠杰诸多至尊上师中恩

---

① 萨迦班智达的这两段话引自其所造《萨迦格言》。

② 指1415年，但这一时间似乎与历史事实不符，也有学者认为克珠杰受比丘戒的时间应该是藏历第七饶迥木鸡年（1405），当时大师21岁。顿多、旦增曲扎编著《雪域历史人物简介》，拉萨：西藏人民出版社2014年版，第211页。

③ 仁达瓦循努洛珠（1349－1412年），据《吉祥仁达瓦大师传·稀有稀奇》记载，仁达瓦大师于1349年出生在萨迦附近的仁达地方；18岁时依止萨桑玛底（ས་བཟང་མ་ཏི།）大师；后在萨迦先后依止聂温贡嘎贝（ཉ་དབོན་ཀུན་དགའ་དཔལ།）、堪钦桑吉贝（མཁན་ཆེན་སངས་རྒྱས་འཕེལ།）、萨迦喇嘛丹帕索南坚赞（ས་སྐྱ་བླ་མ་དམ་པ་བསོད་ནམས་རྒྱལ་མཚན།）等，系统地学习了因明、般若、阿毗达磨等，特别是从堪钦强秋森格处学习了中观；宗喀巴和克珠杰等都曾依止仁达瓦学习佛法；大师于1412年64岁时圆寂。其生平详见桑结孜穆著《吉祥仁达瓦大师传·稀有稀奇》，手抄本，共39叶。

④ 即法王班觉协热，出生于14世纪，是仁达瓦之弟子，但他也是克珠杰的上师，具体生平不详。

⑤ 出生于13或14世纪，又称为聂瓦洛珠聪美（གཉལ་བ་བློ་གྲོས་མཚུངས་མེད།）或桑普瓦洛珠聪美（བསང་ཕུ་བ་བློ་གྲོས་མཚུངས་མེད།），从其名前冠以"聂"字看，应该是其家族名；而桑普指的就是桑普寺，应指其为该寺高僧。

⑥ 专指西藏日喀则市扎什伦布寺中对格鲁派必修的《五论本注》已经粗略通晓之格西。

情最大的一位上师。

三、第一次与上师至尊宗喀巴相见及受教

至尊依止无比囊喀乃觉①,听闻了香巴噶举②一派所传全部大黑天教法③,后撰写了朵玛注释和羯磨集等清净经典。另外,从道果益西贝瓦(ལམ་འབྲས་ཡེ་ཤེས་དཔལ་བ།)(1281－1365年)、强森贡嘎坚赞④(བྱང་སེམས་ཀུན་དགའ་རྒྱལ་མཚན།)、布达协热(བུདྡྷ་ཤྲཱི)、降央仁青巴(འཇམ་

---

① 指香巴噶举派大师穆钦囊喀乃觉(སྨུས་ཆེན་ནམ་མཁའ་རྣལ་འབྱོར།),在《香巴金鬘》(ཤངས་པ་གསེར་ཕྲེང་།)中记载,大师父亲名为多吉索朗(རྡོ་རྗེ་བསོད་ནམས།),是一位精通新旧一切般若教法者,母亲系修行观世音瑜伽母多吉苯(རྡོ་རྗེ་འབུམ།);大师年少之时就极具信仰和智慧;在洛隆曲德寺(ལྷོ་ལུང་ཆོས་སྡེ།)的堪布释澎(ཤཱཀྱ་འཕེན།)座下受戒出家,取名囊喀坚赞(ནམ་མཁའ་རྒྱལ་མཚན།),并系统地学习了显密经典;尤其值得一提的是大师依止穆钦坚赞贝桑(སྨུས་ཆེན་རྒྱལ་མཚན་དཔལ་བཟང་།),学习香巴噶举之尼古(ནི་གུ)教法,并依法修行,获得成就。据说大师大部分时间都在僻静的地方专心修行,并能驱使护法神。他的弟子众多,其中包括穆钦贡却坚赞(སྨུས་ཆེན་དཀོན་མཆོག་རྒྱལ་མཚན།)、大成就师唐东杰布(གྲུབ་ཆེན་ཐང་སྟོང་རྒྱལ་པོ།)和克珠杰等。具体生平详见贡珠洛珠塔耶整理《香巴金鬘》(木刻本),第664－667页。

② 系藏传佛教八大宗派之一,由克珠琼布乃觉(མཁས་གྲུབ་ཁྱུང་པོ་རྣལ་འབྱོར།)创立。关于克珠琼布乃觉之生平,据《克珠琼布乃觉传》记载,琼布乃觉,978年出生在尼木地方;早期学习苯教,后信仰佛教,曾先后3次前往古印度、4次前往尼泊尔学习佛法,曾依止多吉丹巴(རྡོ་རྗེ་གདན་པ།)、空行母尼古玛(ནི་གུ་མ།)和苏卡斯蒂(སུ་ཁ་སིདྡྷི།)等150多位上师,学习了后来属于香巴噶举派根本大法的尼古六法和其他一些法门;学成后返回西藏,在香(ཤངས།)地方修建了雄雄寺(ཞོང་ཞོང་དགོན།)等寺院,其所传教法传承后来发展成为香巴噶举派;大师于1127年圆寂。琼布乃觉之后,香巴噶举之传承形成了以"七宝法统"(རིན་ཆེན་བདུན་བརྒྱུད།)为主的传承体系;后来香巴噶举又产生了甲巴(འཇག)和桑顶(བསམ་སྡིངས།)两大世系。之后香巴噶举传承不曾间断,期间曾出现了唐东杰布和多罗那他等传承香巴噶举教法的高僧,直到17世纪后,香巴噶举渐渐走向了衰败。关于香巴噶举派的历史,详见贡珠洛珠塔耶整理《香巴金鬘》(木刻本);以及译者的论文《藏传佛教香巴噶举派综述》,载《西藏研究》2010年第4期,第25－33页。关于琼布乃觉之生平详见译者《藏传佛教香巴噶举派创始人琼布乃觉生平考述》,载《西藏研究》2014年第4期,第33－39页。

③ 此处所指为香巴噶举派所特有之六臂大黑天教法,该法据《吉祥智慧六臂大黑天教法源流·成就甘露雨水》(དཔལ་ཡེ་ཤེས་ཀྱི་མགོན་པོ་ཕྱག་དྲུག་པའི་ཆོས་སྐོར་བྱུང་ཚུལ་དངོས་གྲུབ་བདུད་རྩིའི་ཆར་འབེབས།)记载,六臂大黑天教法产生于古印度,后由香巴噶举派创始人琼布乃觉将该法引入西藏,传播该法。虽依止琼布乃觉学习此法者人数众多,但得以不间断地传承者有3、4人,即堪钦拉堆巴(མཁན་ཆེན་ལ་སྟོད་པ།)、贡却喀(དཀོན་མཆོག་མཁར།)、尚贡曲森(ཞང་སྒོམ་ཆོས་སེང་།)和穆觉巴仁青尊追(སྨོག་ལྕོག་པ་རིན་ཆེན་བརྩོན་འགྲུས།),形成六臂大黑天教法之传承。而据克珠杰的这部传记记载,克珠杰依止穆钦囊喀乃觉学习了六臂大黑天教法。详见多罗那他著《吉祥智慧六臂大黑天教法源流·成就甘露雨水》,收录于《香巴金鬘》(木刻本),第717－748页。克珠杰曾对大黑天教法的不同经典进行过搜集、筛选和整理,从而编辑了《智慧六臂大黑天续八章等·克珠手册》(ནག་པོ་ཆེན་པོ་ཡེ་ཤེས་ཀྱི་མགོན་པོ་ཕྱག་དྲུག་པའི་རྒྱུད་ལེའུ་བརྒྱད་པ་སོགས་མཁས་གྲུབ་བེ་བུམ།),收录了134篇六臂大黑天的教法。详见克珠杰整理《智慧六臂大黑天续八章等·克珠手册》(手抄本)。

④ 强森贡嘎坚赞(1338－1400年),系纳唐寺第十三任堪布,曾依止钦·洛桑扎巴(མཆིམས་བློ་བཟང་གྲགས་པ།)学习佛法,1375年担任纳唐寺堪布,宗喀巴大师也曾依止该上师学习佛法,1400年圆寂。

དབྱངས་རིན་ཆེན།)①、杰钦克珠森格坚赞等诸上师处，听闻了吉祥萨迦一派为主，且无分别地学习了其它宗派的教法。

当至尊前世还是龙树②大师的弟子大杜鹃③时，师徒二人皆祈愿："在未来，当雪域的能仁佛法只剩空名时，吾等皆愿转世于此！"

至尊文殊等本尊佛授记，祈祷能及时实现所许愿望，当时大至尊宗喀巴的声望早已传遍汉、藏、蒙三地，因克珠杰心中对其生起无比信仰，大至尊仁达瓦交给至尊一封荐函，让其交于遍智一切大至尊宗喀巴。当至尊 23 岁时（1407 年），为了见到遍智一切大至尊宗喀巴，遂前往前藏。

克珠杰在旅途中遇见了许多稀奇之事。当至尊珍宝宗喀巴在色拉曲顶坐夏时，至尊克珠杰前往色拉孜④（སེ་ར་རྩེ།）拜见。其先见到的是一位温文尔雅的比丘，克珠杰向他询问道："请问至尊宗喀巴的僧舍在何处？"

那位比丘默未作答，而是回到房中，焚起一柱香后返回。当途径一间黄色小房前，他先作三顶礼，然后双手持香，言："因汝方称师名而忌讳，吾之堪布仁布切洛桑扎巴住锡之所便在这间祖拉康内。"话毕，以香礼之。

---

① 译者推测此人应为纳唐强钦巴（སྣར་ཐང་བྱང་ཆེན་པ།），出生于约 14 世纪。

② 3 世纪南印度人，大乘佛教中观派开山鼻祖，也是瞻部洲六庄严之一。种姓为婆罗门，自幼学习四吠陀等婆罗门经典，青年时已是著名的婆罗门学者。所学知识极广，后皈依佛教，精通三藏。传说大师曾入海从龙族处取得大乘深奥经典，创中观学派，弘扬般若性空学说。著有《中观理据六论》（མཐའ་བྲལ་དབུ་མ་རིགས་ཚོགས་དྲུག）、《本续集论》（རྒྱུད་ཀུན་ལས་བཏུས་པ།）、《寿世经颂》（འཚོ་བའི་མདོ་ཚིགས་སུ་བཅད་པ།）、《珍宝药物次第》（སྨན་རིན་པོ་ཆེའི་རིམ་པ།）等佛学和医药学的诸多著作。其中观学说对藏传佛教各宗派影响巨大，而且在藏传佛教中地位颇高。其生平详见永增益喜坚赞著《菩提道师承传》（上册），拉萨：西藏人民出版社 2011 年版，第 195 – 214 页。

③ 古印度佛教大师，据《菩提道师承传》记载，大师年少时就出家为僧，在毗噶玛拉希拉寺（བི་ཀ་མ་ལ་ཤྲཱི་ལ།）学习佛法，后依止月称论师学习龙树所传教法。而纳措译师来到毗噶玛拉希拉寺迎请阿底峡时，大杜鹃已是长者，而且是阿底峡的上师。而根据克珠杰的这部传记，似乎认为大杜鹃为龙树的弟子，以此来宣说宗喀巴和宗喀巴皆为文殊菩萨的化身，而克珠杰则是大杜鹃的化身。关于大杜鹃的生平，详见永增益喜坚赞著《菩提道师承传》（上册），第 221 – 223 页。

④ 山名，即色拉乌孜（སེ་ར་དབུ་རྩེ།），此处指色拉曲顶及后来的色拉寺所在的那座山。

至尊克珠杰见该比丘具有律仪中所描述比丘的所有标志和装束，威仪柔和，而自身却着带袖僧装，犹如达官贵人。因大师觉察到其心生傲慢，即曾经遇到的智者皆无法与己相比，所以感到惭愧，并变得胆怯。

尔后，当第一眼见到至尊上师时，克珠杰脑中顿然变得天地不分。在将大至尊仁达瓦引荐克珠杰作宗喀巴之弟子的信函和礼物悉数敬献到至尊手中，并讨教诸如“对于二圣六庄严所造经典的根本意义，出现了印度班智达们也无法彻底了悟其真意之情况，因此需进行注疏；而在藏地，由心而生之宗派皆无此类注疏，如何才能领悟佛经的所有内容？……”等一系列问题。

不仅如此，克珠杰还恭敬地向宗喀巴询问心中对于佛经难点所产生的种种疑惑，不曾间断。

至尊微笑着，频繁发出笑声，接二连三地问：“还有什么？”如此，至尊感到无比喜悦。

当克珠杰询问完毕，至尊言：“汝有如此领悟，又有这样的疑惑，为何？”

克珠杰答：“因精勤于听闻无边佛法之要义，祈祷上师本尊无分别。”

至尊言：“理应如此，虽然对吾也应如此，但给汝传授的教法皆授受于至尊文殊之悲悯。”又问：“此次旅途中汝有何梦兆？”

克珠杰答道：“当黎明来到聂唐①(སྙེ་ཐང་།)时，我身处一片黑暗，并迷失了许久。尔时，从东方升起一具足千辐之剑轮，剑柄朝内，每一剑尖皆升起百轮红日；如此之剑轮由五色彩虹所环绕，其内现

① 地名，在《克珠琼布乃觉传》中，将聂唐写成了“གཉེ་ཚོང་།”，位于今西藏拉萨市西南面。据《阿底峡详传》记载，阿底峡曾在该地传法，并于1054年圆寂。阿底峡圆寂一周年时，仲敦巴在该地修建寺院，后来被称为“聂唐卓玛拉康”。钦·囊喀扎著《阿底峡详传》，收录于《纳唐金鬘》，拉萨：西藏藏文古籍出版社2015年版，第175页。

起至尊文殊,身色红黄,手持智慧之剑和经箧,还有无数珍宝作庄严;并以童子之装容,发辫顶髻的珍珠链上系有般若二万颂,极亮而合意,妙曼庄严,犹如双目之甘露,视而不厌。此般文殊欢喜而至,融入吾身。当日轮从东方升起之时,除尽一切黑暗,光芒普照世间。使吾产生一种殊胜愉悦之感。”

“汝能无分别地看待上师和本尊,甚好!此般作法与佛法相通,但愚者将上师和本尊视为分别。可怜那些身具密乘性相圆满的上师,不精勤于能够给予殊胜共通成就的本尊,而依片面的脉、气、断行、教授等无根本之法门,还希望自己能够成为金刚持[①]的人。汝为密乘珍宝之根器,能成为一名可以将一切佛法道括四方[②]之人。”至尊答道。

又,至尊宗喀巴问:“汝依哪位本尊?”

克珠杰答:“吾依文殊语狮和红色大威德金刚。”

至尊言:“通常依红、黑、大威德三尊任何一位为本尊,都是依止至尊文殊,但是,要知道吾之传承是得到了至尊文殊的加持。本尊也应依吉祥大威德金刚,在因果二时皆能亲见文殊,且有特殊意义。他人皆不懂其奥秘,文殊静猛合修是至尊文殊亲口所授特殊法门,没有一种善说是印、藏圣贤们闻所未闻的,这是至尊文殊特意视吾为所化而传授的教法,待将此法传授于汝。”

克珠杰虽未请求,却得至尊宗喀巴亲手绘制曼陀罗轴线,并赐予吉祥十三尊畏怖金刚之灌顶,以及《七观察续》《三观察续》和许多古印度论师和藏地高僧所造注疏,并对生圆次第进行了详细讲解,还欢喜地将全部吉祥大威德金刚的教法分支传授给了克珠杰。

---

① 诸佛共主。梵音译作伐折罗陀罗。佛教经典中认为是释迦牟尼佛讲演密乘佛法时所现之身相。关于金刚持的内容,详见穆觉巴著《金刚持之传记》,收录于《香巴金鬘》(木刻本),第1-36页。

② 指能够概括所有佛语为修道诀窍。

从此，克珠杰不懈地进行本尊大威德金刚的自受灌顶。

此外，克珠杰还依止杰曹达玛仁青、堆增扎巴坚赞、朵丹绛噶巴①（རྟོགས་ལྡན་འཇམ་དཀར་པ།）和至尊绛白嘉措②（འཇམ་དཔལ་རྒྱ་མཚོ།）等人，学习了很多显密教法。后又依止遍智一切至尊宗喀巴大师 10 个月，大师白天为其细致地讲解菩提道、中观、阿毗达磨、因明等法，以及密集、喜金刚、胜乐、时轮等无比灌顶，还传授下部三密乘之灌顶、加持等，以及显密经典注释等文本要义；夜晚则逐字逐句地讲解极其深奥的生圆次第之难点。如此，克珠杰犹如满瓶倾泻般从至尊宗喀巴那里获得了深奥、广博的教法。

至尊宗喀巴上师将特殊的秘传和诸密乘语决以秘法的形式传授给了克珠杰，并嘱咐："吾已将所有秘法传授于汝，对于这些密法秘笈中之难点，汝可做笔记，进而修持。今后如遇一、二根器所化，可传授之。汝可对吾之显密论著作清净注解，尤其要将密续诸法发扬光大。"

如是上师将己教法全部托付于克珠杰。

四、在后藏弘扬上师至尊宗喀巴之教法

克珠杰对至尊珍宝宗喀巴著作中的一些难点逐作笔记后，前往后藏，并担任了年堆③（མྱང་སྟོད།）江热寺④（ལྕང་ར།）的法台，因事业

① 名绛白曲桑（འཇམ་དཔལ་ཆོས་བཟང་།），宗喀巴弟子之一，生卒年不详。《噶当教法史明灯》中收录了一名为罗汉曲桑巴（གནས་བརྟན་ཆོས་བཟང་པ།）的简短传记，译者怀疑此人就是绛白曲桑，据史书记载，他是宗喀巴的重要随从，也是重要的上师之一，很多宗喀巴的弟子都曾依止绛白曲桑学习文殊教法。列钦贡嘎坚赞著《噶当派教法史明灯》，第 642 页

② 1356 年出生在安多宗喀地方，18 岁前往西藏中部学法；后依止宗喀巴，系统地学习了其所传显密教法；尔后前往桑普、堆龙、达布等地收徒传法，成为当时重要的宗喀巴教法之传承者；1428 年，大师 73 岁时圆寂。其生平详见列钦贡嘎坚赞著《噶当派教法史明灯》，第 608 – 618 页；永增益喜坚赞著《菩提道师承传》，第 668 – 680 页。

③ 地名，即年楚河上游，指今天的西藏江孜县至日喀则市之间的地方。

④ 全称为"年堆江热班巴寺"（མྱང་སྟོད་ལྕང་ར་དཔལ་འབར་དགོན།），该寺位于西藏江孜县江热乡，1413 年由江孜法王饶丹贡桑帕（རབ་བརྟན་ཀུན་བཟང་འཕགས།）创建。

极大,被冠以“克珠江热噶究”[①](མཁས་གྲུབ་ལྗང་ར་དཀའ་བཅུ།)之美名盛传。还新建了日吾当金寺[②],塑造了十分巨大且具神力光辉的大威德金刚神为主尊,左右为其随从六臂大黑天、阎罗王、药叉护国等,由诸神像所围绕的增胜护法神殿。开光之时,出现了阇那萨埵融入神像的神奇一幕等无法想象的稀奇之事。

复,由东方杰卡仔巴法王饶丹贡桑巴[③](ཤར་རྒྱལ་མཁར་རྩེ་པ་ཆོས་རྒྱལ་རབ་བརྟན་ཀུན་བཟང་པ།)担任施主,与克珠杰供施二人新建了白阔德庆[④]大寺,建立了诺布甘丹巴、强热拉康巴、悉奈巴、昌穆且巴、列珠巴、上下色康等很多格鲁派的札仓[⑤]。在该寺,犹如花朵吸引蜜蜂般聚集了众多通达三藏的僧人。在后藏,克珠杰如日轮般照射至尊遍智一切的教法。

五、与荣顿释迦坚赞之辩论

当时,克珠杰与法王饶丹贡桑巴之间的关系,就像八思巴(译者注:萨迦五祖之一,西藏历史上重要的人物,1235 年出生,是著名的萨迦班智达贡嘎坚赞的侄子;1244 年八思巴 10 岁时随叔父萨迦班智达前往凉州;1251 年忽必烈与八思巴初

---

① 是对克珠杰的一种赞名,意为通晓五论本注的江热寺圣贤。

② 位于西藏日喀则市白朗县,克珠杰于 1413 年创建,据传克珠杰的大部分著作是在该寺撰写完成。

③ 14 至 15 世纪西藏历史上重要的人物,一般称之为“饶丹贡桑帕”(རབ་བརྟན་ཀུན་བཟང་འཕགས།),1389 年出生在江孜,其父为萨迦本钦贡嘎贝(ཀུན་དགའ་དཔལ།);1413 年新建了江热寺;1414 年在年楚河上修建了大桥;1418 年获得大司徒头衔,并在当年与克珠杰建立供施关系,新建了白居寺;1442 年逝世。其生平详见博东确列朗杰著《法王饶丹贡桑帕传》,拉萨:西藏人民出版社 2013 年版。

④ 即著名的白居寺,位于今西藏日喀则市江孜县,1418 年由法王饶丹贡桑帕创建,克珠杰担任法台,成为当时后藏地区重要的寺院。关于白居寺的创建历史,详见博东确列朗杰著《法王饶丹贡桑帕传》;加央丹增著《白居寺简志》,北京:民族出版社 2007 年版。

⑤ 白居寺不仅以其著名的白塔建筑著称,更让人称道的是该寺囊括了藏传佛教不同宗派萨迦和格鲁共计 17 个札仓,是一座极具鲜明特点的寺院。关于白居寺的札仓,据《格鲁派教法史·黄琉璃》记载,白居寺有 7 个格鲁派的札仓,分别是:强热拉康巴(རྒྱང་རོ་ལྷ་ཁང་པ།)、诺布甘丹巴(ནོར་བུ་དགའ་ལྡན་པ།)、列珠巴(ལེགས་གྲུབ་པ།)、上色康(གསེར་ཁང་གོང་མ།)、悉奈(ཞིག་གནས།)、昌穆且巴(གྲང་མོ་ཆེ་པ།)、德觉(བདེ་འབྱོར།);有萨迦派的 4 个札仓、夏鲁派的一个札仓和时轮的 4 个札仓,以及萨迦、格鲁共通的一个札仓,即下色康(གསེར་ཁང་འོག་མ།),共计 17 个札仓组成。第悉桑结嘉措著《格鲁派教法史·黄琉璃》,第 244 – 247 页。

次相见;1253年在德格东边修建宗萨寺(རྫོང་གསར་དགོན།);1260年忽必烈继承汗位,封八思巴为国师;1265年返回萨迦,依止钦·囊喀扎(མཆིམས་ནམ་མཁའ་གྲགས།)、译师协热仁青(ལོ་ཙཱ་བ་ཤེས་རབ་རིན་ཆེན།)等20多位上师学习显密教法;1268年再次前往内地;1269年八思巴创制蒙古新字,并奉献给忽必烈;1270年八思巴向忽必烈授受密宗灌顶,元世祖忽必烈将八思巴封为帝师;1276年回到萨迦,举行了著名的曲弥大法会(ཆུ་མིག་ཆོས་འཁོར།);1280年八思巴在萨迦寺圆寂。其生平详见阿蔑阿旺贡嘎索南著《萨迦世系史·稀有宝库》,拉萨:西藏人民出版社2012年版,第187-269页。目前已有两部专门记述八思巴生平事迹的著作,分别是王启龙著《八思巴评传》,北京:民族出版社1998年版;陈庆英著《帝师八思巴传》,北京:中国藏学出版社2007年版。)与大皇帝①的供施关系般,处在一片赞美之中。虽人主饶丹巴已知晓障碍渐渐浮现,却依然从那烂陀寺②迎请遍智荣巴大师③,让其与克珠杰进行辩论。至尊获悉应允。消息传遍各地,卫藏的贤者们闻讯赶来见证,诸多佛经典籍也被用来当作证物。当人主饶丹巴和荣顿释迦坚赞二人改变心意,想方设法逃避辩论时,无畏语狮大克珠杰言:

妙乘正理之能量,
不缺二资④成宝界,
智慧速行之绿马,
引导虚空无阻碍,
经典大地已无余,
犹如阳光般灿烂,
如同往昔慧日下,
萤火如何能同显!

---

① 指元朝的开国皇帝薛禅汗忽必烈(1215-1294年)。

② 原指古印度著名的佛教寺院,此处指由荣顿释迦坚赞(རོང་སྟོན་ཤཱཀྱ་རྒྱལ་མཚན།)所创建的萨迦派寺院,位于今西藏拉萨市林周县卡孜乡,是拉萨市最大的萨迦派寺院。

③ 荣顿释迦坚赞(1367-1449年),萨迦派高僧,西藏那烂陀寺创建者,是一位博学多才、能言善辩的高僧。1367年出生,18岁前往西藏中部学法,最初入桑普寺学习佛法;22岁著成《量抉择论释》,并以此立宗辩经,因辩才了得,被称为语狮;荣顿曾先后3次前往后藏学法,遂成为精通佛法的一代高僧;1436年,荣顿新建那烂陀寺,并在该寺讲经传法达14年之久,著作颇丰;1449年圆寂。

④ 指二资粮,即福德资粮和智慧资粮。

然而荣生之释迦[1]，
心中怀恨释迦教，
持有辛饶[2]学说幢，
稚童自以为贤者，
身在远方而咆哮，
与吾一同争辩论，
心有诡诈之仙人，
接连发出诽谤语，
尔后来到其跟前，
不仅畏缩还怯懦，
不仅愧悔还羞惭，
无依而寻所依处，
吉祥皓月白光下，
想方寻隙黑影者，
吾以正理之金刚，
摧毁汝等先言明，
上师善说之阳光，
蔽嫉之树使茂盛，
汝之谬论似森林，
吾言今日要穿行，
尔时汝心生畏惧，
吾未阻挡彼等之，
叹其无计可施语，
常常逃至谎言洞，

① 指荣顿释迦坚赞。

② 苯教祖师，被苯教徒视为佛教的释迦牟尼一样的人物。这里指苯教。

不穿惭羞之外衣，
废弛戒律之腰绳，
诸多愚徒之恶语，
拉起帷幕遮贪痴，
彼方贤者之书信，
言曰暂不宜辩论，
依怙施主之言语，
对吾声称受大恩，
享用教理叠浪者，
各个来自天海角，
众多广慧之贤者，
莅临此地作见证，
汝依怙主为哪般？
汝之言语将自己，
投入大海不归路，
辩论之轮未圆满，
如此不敢显露之，
记住汝说之畏语，
后对贤者之善说，
切勿暗中言诽谤，
吾愿教导制伏汝，
言说谎话为己任，
羞愧使汝无适从，
贤者皆言似驴羊，
善逝教法住雪山，
十万佛经狮威武，

正理猛牙具雄力，
唯吾善巧自在天，
显现无垢正理笑，
傲慢来犯千头象，
格列贝[1]吾使畏惧，
除吾桑布还有谁！

就这样，克珠杰发出无畏之宣言，张贴在白阔曲德寺门上。

如此，克珠杰心想，人主绕丹巴三身之态表现出其并非善说之对象，言：

佛法犹如油尽之枯灯，
吾之善说守护之智慧，
犹如圆劫一般行事业，
福薄命浅之人埋地下，
已无时间停留在此处，
壮年福德犹如秋云逝，
见到众人皆无其福报，
唯有多闻吾念佛法事。

如此将自己的解悟道出。后来，前往幽静之地日吾当金，并独自一人修行。就在此时，大人主绕丹巴担心克珠杰会前往别处，所以让自己的近侍暗中向克珠杰奉献黄金等物作为奖赏，希望通过这种方法让克珠杰回心转意，返回曲阔曲德寺，但克珠杰言：

具有锋利獠牙劲足爪，
护守雪域之王兽中狮，

① 指传主克珠格列贝桑。

铁链拴住以脏水苟活，

充当看门狗被贤者嘲。

因而未允。

六、登上甘丹赤巴之宝座

克珠杰不仅在日吾当金寺撰写了很多著作，还曾住在联帕索①（སྙན་པ་སོ།）和切林②（ཅེད་གླིང་།）等地，向很多信徒讲授了许多教法。上师46岁铁阳猪年③，杰曹达玛仁青来到乃宁寺，克珠杰遂前往拜见，听取了让其登上狮子大宝座④的教诲。因此，克珠杰陪同杰曹仁布切前往前藏⑤（དབུས།）。

来到吉雪⑥（སྐྱིད་ཤོད།）时，法王叔侄弟兄⑦对克珠杰就像对至尊宗喀巴和杰曹吉一样恭敬，因对其生起极大的信受，所以头顶大师之足莲。当克珠杰前往哲蚌寺（译者注：拉萨格鲁派三大寺之一，位于西藏拉萨市西郊格培乌孜山腰上，1416年由宗喀巴的弟子加央曲吉扎西班丹（འཇམ་དབྱངས་

① 地名，位于日喀则市东面。据《四世班禅传》记载，四世班禅罗桑曲吉坚赞（1570－1662年）就出生于联地方；《格鲁派教法史·黄琉璃》中记载，克珠杰的弟弟曲吉坚赞（ཆོས་ཀྱི་རྒྱལ་མཚན།）曾在联地方修行，后来渐渐发展成为寺院，期间这座寺院成为土布加（ཐོབ་རྒྱལ།）噶玛噶举派寺院的属寺，四世班禅时与联帕索合并后改宗格鲁派。参见洛桑益西著《四世班禅罗桑曲吉坚赞传》，收录于《历辈班禅大师传记丛书》（藏文第2册），拉萨：西藏藏文古籍出版社2014年版，第2－3页；第悉桑结嘉措著《格鲁派教法史·黄琉璃》，第231页。

② 寺名，据克珠杰所造《大宗喀巴功德赞·品信仰戏海》（ཙོང་ཁ་པ་ཆེན་པོའི་ཡོན་ཏན་མདོར་བསྡུས་པར་བསྟགས་པའི་རབ་ཏུ་བྱེད་པ་དད་པའི་རོལ་མཚོ།）的跋文中记载，克珠杰是在联切林祖拉康（སྙན་ཅེ་གླིང་གཙུག་ལག་ཁང་།）完成了该赞颂文，因此，切林应是联地方的切林寺，也就是松赞干布所修建镇肢镇节寺庙中的藏张切玛祖拉康（གཙང་འགྲམ་ཅེ་མའི་གཙུག་ལག་ཁང་།）。克珠杰著《大宗喀巴功德赞·品信仰戏海》（木刻本），收录于《克珠杰文集》（第12卷），扎什伦布寺版本，第294页。关于松赞干布时期修建镇肢镇节寺庙的内容，详见松赞干布等著《玛尼全集》（上卷），拉萨：西藏人民出版社2011年版，第320页。

③ 指藏历第七饶迥铁猪年即1431年。

④ 指甘丹赤巴宝座。

⑤ 意为中心，在西藏历史上泛指西藏中部的拉萨、山南等地。

⑥ 地名，指吉曲河流域地区，一般分为上、下游地区，上游为直贡所辖地区之边缘至仲堆达孜之间的地域；下游则是除此之外至吉曲河和雅鲁藏布江汇合处，即曲水以上地域。

⑦ 指帕竹第悉扎巴坚赞（གྲགས་པ་རྒྱལ་མཚན། 1385－1432年担任帕竹第悉）和其侄扎巴迥乃（གྲགས་པ་འབྱུང་གནས། 1433－1444年担任帕竹第悉）。

ཆོས་རྗེ་བཀྲ་ཤིས་དཔལ་ལྡན། 1379－1449 年)创建。起初有7个札仓,后来慢慢变成了4个札仓,是格鲁派最重要也是最大的寺院。二世达赖喇嘛根敦嘉措(1475－1542 年)于1518年将哲蚌寺的朵康温布改名为“甘丹颇章”;1642年,五世达赖喇嘛阿旺罗桑嘉措(1617－1682年)建立原西藏地方政府时,采用了“甘丹颇章”这一称谓。关于哲蚌寺的历史沿革,可参阅第悉桑结嘉措著《格鲁派教法史·黄琉璃》,第104－137页;普觉阿旺强巴著《四大寺及上、下密院源流》,拉萨:西藏人民出版社2011年版,第35－55页;西藏自治区社会科学院宗教所《哲蚌寺志》编委会编《哲蚌寺志》,北京:中国藏学出版社2009年版。)和色拉寺时,哲蚌寺的阿阇梨们向加央曲吉扎西班丹①(འཇམ་དབྱངས་ཆོས་རྗེ་བཀྲ་ཤིས་དཔལ་ལྡན།)询问:“此次杰曹仁布切的随从是克珠法王,吾等师徒是否需要向其行礼?”

加央曲吉回答:“汝等该如何,吾不知,但吾要以头顶礼其足下。”

尔后,哲蚌寺的所有阿阇梨们都前往欢迎,并以身、语、意之恭敬向克珠杰行礼。克珠杰住于哲蚌寺期间,亦撰写了诸多佛教论著。以无比法王贡如巴坚赞贝桑布②(ཀུང་རུ་པ་རྒྱལ་མཚན་དཔལ་བཟང་པོ།)为首的色拉寺僧人们也如前述般迎请克珠杰。在色拉、哲蚌二寺,克珠杰播撒了佛法雨露。

甘丹(译者注:格鲁派祖寺,位于今西藏拉萨市达孜县,由宗喀巴大师于1409年创建,自宗喀巴担任该寺法台以来,甘丹寺的寺主被称为“甘丹赤巴”,即格鲁派的教主,具有重要的地位。甘丹寺有两个札仓,即夏孜与强孜,传主克珠杰就曾担任第三任甘丹赤巴。关于甘丹寺的历史沿革,可参阅第悉桑结嘉措著《格鲁派教法史·黄琉璃》,第5－103页;普觉阿旺强巴著《四大寺及上、下密院源流》,第2－34页。历任甘丹赤巴的生

---

① 宗喀巴弟子之一,1379年出生在桑耶;在泽当寺出家为僧;曾依止桑普仁青桑珠(གསང་ཕུ་རིན་ཆེན་བསམ་གྲུབ།)、觉木隆噶西洛赛(སྐྱོར་ལུང་དཀའ་བཞི་བློ་གསལ།)以及宗喀巴大师学习佛法;后在宗喀巴座下授比丘戒;1416年创建了哲蚌寺,以该寺为中心,广转法轮,宣讲宗喀巴之教法,并撰写了很多关于佛法的著作;1449年圆寂。关于其生平,详见拉堆巴贡嘎坚赞著《加央曲吉传》,西藏自治区社会科学院宗教研究所1983年版;西藏自治区社会科学院宗教所《哲蚌寺志》编委会编《哲蚌寺志》,北京:中国藏学出版社2009年版,第1－10页。

② 即贡如坚赞桑布(ཀུང་རུ་རྒྱལ་མཚན་བཟང་པོ། 1383－1450年),宗喀巴弟子之一,还曾担任过色拉寺第三任堪布,1383年出生;1394年在桑普寺出家为僧;1402年在热振寺依止宗喀巴学习显密佛法;1412年在宗喀巴前授比丘戒;曾先后辗转于拉萨、日喀则等地的寺院学习佛法;1434年迎请克珠杰至色拉寺,并求法;1450年圆寂。其生平详见尊追桑布著《贡如坚赞桑布之中观及传记》(ཀུང་རུ་རྒྱལ་མཚན་བཟང་པོའི་སྟོན་ཐུན་དང་རྣམ་ཐར།),色昭佛教古籍编委会,2011年;班钦索南扎巴著《新旧噶当派教法史》,拉萨:西藏藏文古籍出版社,第138－140页;洛桑群觉著《色拉寺志》,第26－45页。

平,除了前述《格鲁派教法史 · 黄琉璃》外,还可参阅恰日巴洛桑朗杰著《历代甘丹赤巴略传》,西藏人民出版社 2008 年版。)夏孜的大罗汉仁杰巴[①](གནས་བརྟན་ཆེན་པོ་རིན་རྒྱལ་བ།)来到昌聂(འཕྲང་ཉགས།)迎接克珠杰,将一匹缎子作为贽见礼,并行礼。众僧伽迎请克珠杰至第二佛陀夏尔宗喀巴洛桑扎巴的大寺卓日吾其甘丹寺[②](གདན་ས་ཆེན་པོ་འབྲོག་རི་བོ་ཆེ་དགའ་ལྡན་རྣམ་པར་རྒྱལ་བའི་གླིང་།),登上了狮子大宝座,作为头戴黄帽之诸多大贤者及千万僧侣之顶饰。这是将克珠杰封为第二佛陀显密教法珍宝不衰败而护持的法太子圣贤,从此克珠杰成为了格鲁派教主。

当时,克珠杰亲见大佛陀宗喀巴,其周围被很多佛、菩萨及印、藏的班智达和成就师所环绕;尤其是本尊大威德金刚显现,言:“大上师金刚持拥有完全密乘性相之身,而他却在赞扬汝!”

智慧六臂和宝帐二位大黑天,及阎罗敌等护法神都异口同声地说:“在雪域吹响佛法之海螺者,无一人能与汝相比”,答应会一直助其完成利生事业。

尔后,杰曹仁布切住在杰喀孜[③](རྒྱལ་མཁར་རྩེ།)修持深奥之教义。克珠杰则适当地向部众和常住僧人传授教法。当首领扎巴坚赞[④](གྲགས་པ་རྒྱལ་མཚན།)前来朝拜拉萨释迦牟尼佛[⑤]时,其带领的随从皆为卫藏各地优秀的善知识。当他们见到克珠杰时,他正在口授大佛陀宗喀巴之善说,在场的贤者们皆感到胆怯。如此,卫、藏、康三地所化徒众就像阳光下飞舞的尘埃,聚集在克珠杰身旁。而克珠杰广布第二佛陀宗喀巴之教法,使白方的一切所化皆举杆而立,黑方

---

① 宗喀巴弟子之一,具体生平不详,但据《格鲁派教法史 · 黄琉璃》记载,仁杰巴创建了甘丹寺的夏孜札仓,并讲授佛法,被称为夏巴仁青坚赞(ཤར་པ་རིན་ཆེན་རྒྱལ་མཚན།)。第悉桑结嘉措著《格鲁派教法史 · 黄琉璃》,第 98 页。

② 甘丹寺的全称。

③ 地名,指西藏日喀则市江孜县。

④ 指第五任帕竹第悉扎巴坚赞(1385 – 1432 年任职)。

⑤ 指大、小昭寺所供两尊释迦牟尼佛像。

则成空名。人主饶巴听闻其名誉,加之心念上师之功德,因此感到无比懊悔。

七、简述克珠杰之本生

另外,克珠杰所具之功德,从本生的角度来说,依次转世直到须菩提为止,已前述,在此不再赘述。简述本生心性相同者之历史。

大至尊宗喀巴在迦叶波佛[①]时,为迦叶波佛身边的沙弥莲花性,其果因是:克珠杰在这一世,至尊上师宗喀巴往生净土后,当克珠杰在见地上遇到一丝疑惑时,只要向至尊上师祈祷,之后,在梦中便能通达至尊《宝积经》迦叶波佛品所明示的缘起甚深义,从而消除所有邪气,证得自性空之义;至尊宗喀巴为龙树怙主时,克珠杰为大杜鹃。师徒一同祈祷如前述,此般果因是:克珠杰此生遇见宗喀巴上师,并从根本上弘扬佛法,吉祥时轮曾向至尊授记:“月称[②]应跟随香巴拉王白莲法王[③](རིགས་ལྡན་པདྨ་དཀར་པོ།)和妙吉祥称法王[④](རིགས་ལྡན་འཇམ་དཔལ་གྲགས་པ།),尤其是后者。”

曲登饶觉巴[⑤](ཆོས་ལྡན་རབ་འབྱོར་པ།)言:“月称系至尊,白莲法王系杰曹吉,而妙吉祥称法王即为上师克珠杰。”

---

① 又称饮光尊者,是释迦牟尼佛十大弟子之一,系头陀第一,集结论藏之上首,也是第一代付法藏师。

② 古印度佛教论师之一,龙树大师的弟子,约7世纪中叶,古印度佛教僧人,印度佛教大乘中观派的主要代表人物之一。现存的月称著作有十余部,既有中观通论性质的著作,主要有《入中论》《中观根本明句论》《六十道理论释》《七十空性论释》《菩萨瑜伽行四百论广释》等。其中观思想对西藏佛教产生了深远的影响。其生平详见永增益喜坚赞著《菩提道师承传》,第214-221页。

③ 据传是香巴拉第二十五代法胤的第二代,著有《时轮摄略经无垢光大梳》(དུས་འཁོར་བསྡུས་རྒྱུད་ཀྱི་རྒྱ་ཆེར་བཤད་པ་འགྲེལ་ཆེན་དྲི་མེད་འོད།)

④ 据传是香巴拉第二十代法胤的第一代,并将《时轮根本经》节略成《时轮摄略经》。

⑤ 根据克珠杰传记,可知此人系克珠杰的弟子,在《格鲁派教法史·黄琉璃》中称其为“桑达曲登饶觉”(གསང་མདའ་ཆོས་ལྡན་རབ་འབྱོར།),从“桑达”二字译者推测,曲登饶觉的出生地应为桑达,即拉萨市堆龙德庆区桑达村,从这一村落继续向南边的山谷前行,就能到达噶当派著名的桑普寺。他还曾创建拉堆昂仁不远的朵堆羌巴邦域札仓(མདོག་སྟོད་བྱང་པ་སྤང་ཡུལ་གྲྭ་ཚང།)。曲登饶觉还著有一部克珠杰的传记,名为《克珠遍智一切小传》(མཁས་གྲུབ་ཐམས་ཅད་མཁྱེན་པའི་རྣམ་ཐར་བསྡུས་པ།),即为译者所翻译克珠杰的下一部传记。第悉桑结嘉措著《格鲁派教法史·黄琉璃》,第76页。

至尊克珠杰承认自己就是妙吉祥称法王的转世，在其文集中曾言：

香巴拉王扎巴在末劫，

是为僧人表演各歌舞。

又，至尊对克珠杰说："汝为廓译师之转世，将会精通龙树论师所传密集教法。"

另外一些合格的贤哲也曾说过："克珠杰系莲花生、阿底峡、达布拉杰[1]（དྭགས་པོ་ལྷ་རྗེ།）等任何一位之转世。"对此，凡夫俗子无法理解。

在佛和上师的眼中，显现为至尊文殊、妙音女神、薄伽梵吉祥胜乐、密集三十二尊、薄伽梵喜金刚、时轮众神、本尊大威德金刚、六臂大黑天、宝帐四面四臂大黑天和阎罗敌等身相。行茶僧还曾听到过护法神坐骑猪所发出的声响。据说随从们曾亲眼目睹克珠杰役使护法神的种种迹象。尤其是至尊洛桑扎巴往生净土后，克珠杰能够亲眼目睹或在梦中与宗喀巴相见，还常常得到佛语的恩泽，等等，有道不尽之神迹。

八、广转法轮，培养弟子

论著流传情形：克珠杰犹如无著、世亲俩兄弟讲解《阿毗达磨》般，使诸贤者觉察欢喜。当时，卫藏的善知识几乎都曾亲近或恭敬地供奉过上师，其弟子人数众多。克珠杰身、语、意所授主要弟子

① 继承玛尔巴、米拉日巴一派噶举传承的重要大师，创建了岗波寺，由他所传系统称之为达布噶举派。达布拉杰于1079年出生在西藏南部达布地方，从小学习医学，因精通医理而冠名"拉杰"，即神医；他还曾依止不同上师，学习宁玛、噶当所传教法；后遇见米拉日巴，专修其所传密乘教法六年之久；1121年修建达拉岗波寺，并主持该寺三十年；于1153年圆寂。其所传教法形成了不同的支系，如嘎玛噶举、蔡巴噶举、帕竹噶举等。其生平详见索朗伦珠著《无比岗布巴传》，西宁：青海民族出版社1993年版；佚名著《法王达布拉杰小传》（手抄本），收录于《噶举金鬘》，第281－341页；直贡旦增白玛坚赞著《直贡金鬘》，拉萨：西藏藏文古籍出版社1989年版，第51－59页；珠巴白玛噶布著《教法史·莲花盛开之日》，拉萨：西藏藏文古籍出版社1992年版，第382－390页。

有：夏鲁巴列巴坚赞①（ཞ་ལུ་པ་ལེགས་པ་རྒྱལ་མཚན།）、曲吉洛珠曲迥②（ཆོས་རྗེ་བློ་གྲོས་ཆོས་སྐྱོང་།）、至尊协热森格③（ཤེས་རབ་སེང་གེ།）、大堪布索南确珠④（མཁན་ཆེན་བསོད་ནམས་མཆོག་གྲུབ།）、遍智帕巴沃⑤（ཀུན་མཁྱེན་འཕགས་པ་འོད།）、密乘卡瓦曲登饶觉⑥、至尊胞弟帕索曲吉坚赞、拉尊巴仁青嘉措洛珠⑦（ལྷའི་བཙུན་པ་རིན་ཆེན་རྒྱ་མཚོ་བློ་གྲོས།）、坚昂洛珠坚赞⑧（སྤྱན་ཐ་བློ་གྲོས་རྒྱལ་མཚན།）、擦阔巴曲吉扎巴⑨（ཚ་ཁོ་པ་ཆོས་ཀྱི་གྲགས་པ།）、曲吉顿珠贝⑩（ཆོས་རྗེ་

---

① 克珠杰弟子之一，系第四任甘丹赤巴。1375年出生在后藏夏鲁地方；曾依止夏鲁巴扎巴坚赞和香巴贡钦（ཤངས་པ་ཀུན་མཁྱེན།）等上师学习佛法；后依止宗喀巴学习显密经典，并且成为大师的近侍以及法侍和管家；1409年甘丹寺建成不久后，就担任掌堂师，也就是铁棒喇嘛；克珠杰圆寂后，夏鲁巴列巴坚赞于1439年出任甘丹赤巴12年；1450年圆寂。关于其生平详见列钦贡嘎坚赞著《噶当派教法史明灯》，第628－629页；第悉桑结嘉措著《格鲁派教法史·黄琉璃》，第76－77页。

② 克珠杰弟子之一，系第五任甘丹赤巴。1389年出生，依止宗喀巴和克珠杰，尤其是后者学习显密经典，遂成为精通佛理之高僧；1450年（62岁）时出任甘丹赤巴；曾对克珠杰的《大威德生圆次第》和《时轮大注》等经典进行补充；1466年在甘丹寺圆寂。此大师圆寂之后，形成了藏传佛教木里嘉衮（མུ་ལི་སྐྱབས་མགོན།）活佛转世系统。其生平详见第悉桑结嘉措著《格鲁派教法史·黄琉璃》，第77页。关于木里嘉衮活佛系统，详见阿旺庆热著《木里教法史》，成都：四川民族出版社1992年版。

③ 宗喀巴弟子之一，1383年出生在后藏赛（སད།）地方；10岁在纳唐寺出家为僧，在纳唐寺大堪布珠巴协热（གྲུབ་པ་ཤེས་རབ། 1357－1423年）座下受沙弥戒，取名协热森格；曾依止萨迦雅楚桑结贝（གཡག་ཕྲུག་སངས་རྒྱས་དཔལ།）、香巴贡钦协热贝桑（ཤངས་པ་ཀུན་མཁྱེན་ཤེས་རབ།）、荣顿曲吉（རོང་སྟོན་ཆོས་རྗེ།）等学习佛法；20岁在纳唐寺大堪布朱巴协热前受比丘戒；1410年前往西藏中部，与宗喀巴相见，听取了戒律和阿毗达磨之教言；后依止宗喀巴学习佛法；1419年在色拉寺，从宗喀巴大师那里得到了传扬续部之法旨和经典；1433年创建下密院；1440年与根顿珠结伴前往后藏传播密乘教法；1445年圆寂。关于其生平详见列钦贡嘎坚赞著《噶当派教法史明灯》，第643－645页；班钦索南扎巴著《新旧噶当派教法史》，第98－101页。

④ 1399年出生在下部（ཤཱབ།）地方，11岁在纳唐大堪布珠巴协热座下受戒出家，取名索南确珠扎桑；20岁在珠巴堪布处受比丘戒；先后依止噶久达桑（དཀའ་བཅུ་དར་བཟང་།）、至尊协热森格、宗喀巴、堆增扎巴坚赞、克珠杰等很多上师学习佛法；曾担任纳唐寺第十六任堪布；1452年圆寂。其生平可参阅扎什伦布寺历史编写组编《纳唐寺简介》，拉萨：西藏人民出版社2011年版，第39－40页。

⑤ 克珠杰弟子，具体生平不详。

⑥ 即《克珠遍智一切小传》的作者，克珠杰的弟子。

⑦ 即仲孜拉尊仁青嘉措（འབྲོང་རྩེ་ལྷ་བཙུན་རིན་ཆེན་རྒྱ་མཚོ།），据传此人系赞普后裔，有一名为“仲孜手册”（འབྲོང་རྩེ་བེ་བུམ།）的医学经典，自莲花生大师开始传承，直到拉尊巴仁青嘉措洛珠，而克珠杰也曾从拉尊巴那里得到这一经典，因此，拉尊巴仁青嘉措洛珠是当时后藏地区精通医理的重要人物之一。

⑧ 1402年出生在拉萨市东边的甲玛仁青岗寺附近；7岁在贡嘎洛珠前受戒出家，取名洛珠坚赞；先后依止宗喀巴、杰曹吉、克珠杰、堆增扎巴坚赞、觉木隆堪布曲吉贝桑、朵丹绛白嘉措等上师学习格鲁、噶举诸教法；曾主持甲玛仁青岗寺18个月；一生主要精进于修行；1472年圆寂。其生平可参阅木雅贡布著《历代藏族学者小传》，北京：中国藏学出版社1996年版，第180－181页。

⑨ 克珠杰弟子之一，从其名擦阔巴可知其为今四川阿坝藏族羌族自治州马尔康县人，具体生平不详。

⑩ 克珠杰弟子之一，具体生平不详。

དོན་གྲུབ་དཔལ།)、象雄巴曲旺扎巴①(ཞང་ཞུང་ཆོས་དབང་གྲགས་པ།)和乃丹曲迥巴②(གནས་བརྟན་ཆོས་སྐྱོང་པ།),等等。以上仅为克珠杰的一小部分弟子。

九、经辩论成为贤者中的佼佼者

在贤者集会之地进行辩论情形:克珠杰如陈那③、法称④降伏外道师般,以事实道理辩败了班钦晋美扎巴,遍智荣顿拖延时间不敢与克珠杰进行辩论。雪域被冠以“贤者”的大师们在上师克珠杰面前都会变得胆怯、退缩,可见克珠杰是一个多么出类拔萃的辩论者,无人能敌。

十、著述

著述诗歌、声律之情况:克珠杰如获最善巧勇士薄伽梵的功德般,在他的文集中写道:

如此卷章在那雪山地,
诗歌之王众人之头顶,
善于词藻迈步格列贝。

---

① 1404年出生在阿里;后前往西藏中部,依止宗喀巴师徒学习佛法,尤其精通声明、因明和诗歌;1438年撰写了诗歌《摩诃婆罗多》(རཱ་མ་ཎའི་རྟོགས་བརྗོད།);1458年担任昌都强巴林寺第二任堪布;1469年圆寂。其生平可参阅顿多、旦增曲扎著《雪域历史人物简介》,第336-337页。

② 克珠杰弟子之一,具体生平不详。

③ 古印度中期大乘佛教瑜伽行派论师,印度瑜伽行派后期的理论家,因明学的集大成者。佛教新因明学创始人,被后人称为正理学之父。他原为南印度婆罗门,精通传统婆罗门学说。皈依佛教后,从犊子部论师诵习小乘经论,因答师问,惹怒于师,被逐门外,旋投世亲门下,改修大乘,研讨有宗;精通弥勒之瑜伽,尤其精通因明。著有《因明正理门论》《集量论》等作品,其生平详见多罗那他著《印度佛教史》。

④ 古印度大乘佛教瑜伽行派论师,佛教因明大家。据多罗那他《印度佛教史》记载,生于南印度睹梨摩罗耶国。早年习婆罗门教各种学派的教理,后学佛法,赴中印度那烂陀寺从护法出家,习唯识学。后从陈那弟子自在军学《集量论》,成绩优异;对《集量论》作出评释,进一步发展了陈那的因明学说。著有巨著《量评释论》。

据说,诸多贤者因读到他诗歌中的稀奇,而傲慢尽失。论著文集数量达10部有余①。根据我(作者班钦德列尼玛)所了解的情况,简单列一目录,如下:

《佛陀宗喀巴大师传记·信仰精梁》《不共秘传·珍宝穗》《传记赞颂·信仰游戏海》《具德三域》《清净雪山》《至尊仁达瓦七位首要弟子赞·婆娑后》《杰曹达玛仁青赞·梵天后》《遍智协热贝桑布赞·加持如意》《持戒扎巴坚赞赞·婆娑后》《擦阔官人阿旺扎巴赞·二资粮支分》《精粹三义续说》《密集三十二尊赞》《胜乐夫妇赞》《文殊语狮赞》《自性曼陀罗赞》《文殊赞三部类》《文殊祈愿赞美文》《不动金刚赞》《三士道清净难做之美饰》《字音修饰法例子·极明词如意》《语言定量·极悦实行》《自传·言说》《向智者宣说·显影之镜》《遍智荣顿逃避辩论时所作偈》《密乘教导简述·闭关者之修行》《曼陀罗一昼夜四班修行之问答》《献给纳唐的信函·多闻母》《寄给囊喀扎西的信函》;寄给善知识协桑、古格王妃宠达姆巴、善知识塔尔坚、羌巴朗杰贝桑、仁蚌诺桑、善知识桑贝的信函各一封;《灌顶国师关于密集身中书信的回信》《回答俄尔所提疑问·霹雳之轮》《敬献给至尊宗喀巴的信函》《向释迦王敬献黄金曼札之题词·一切誓愿全法》《已见释疑·邪见除暗》《总义·善缘张目》《三律仪论述·佛教除垢》《般若注疏》《释量论大疏·正理海》《释量论小疏·正理藏》《因明七论庄严·除意暗论》《量果之大注》《密乘道补遗·瑜伽欢宴》《续部总括》《吉祥密集曼陀罗补遗》《息增火供仪轨》《生圆次第·成就海》;完全按照克珠杰口述,由至尊曲登饶觉记录的《密集圆满次第道辨相浅庄严》《吉祥胜乐论鲁伊巴中围仪轨·大乐游戏海》;由克珠杰口述、贤哲洛

① 克珠杰的著作,已经色昭佛教古籍搜集整理室整理后,由中国藏学出版社出版,共有12卷。详见克珠格列贝桑著《克珠格列贝桑文集》(共12卷),北京:中国藏学出版社2014年版。

珠曲迥补编的《吉祥大威德金刚生圆次第补遗》《大威德续第三品广释·尊胜三界之日光》《幻轮隐义小字·草乌花瓣》《威猛秘法纪要》《黑阎罗轮修建秘法笔记》《阎罗王事无内外修行法》《速疾智慧怙主修行法》及食子仪轨和注疏;《念修三业论述手册》等及许多深奥的大黑天教法;《喜金刚续第二品大疏》《喜金刚藏修行法》;曼陀罗仪轨、供鬘、发愿、赞颂等仪轨支分圆满;《吉祥时轮现实曼陀罗》《时轮大疏》《空性明见》(上、下卷)及发愿赞文;至尊洛珠曲迥完全依照克珠杰所述而撰写的时轮方面经典等。

以上经典皆为依至尊文殊勇士袈裟享乐夏尔宗喀巴洛桑扎巴吉祥的宗旨,并无其他教法。

十一、世间、出世间之功德

克珠杰在甘丹寺创建了法相讲经院;在至尊上师的银制灵塔珍宝的上部修建了金顶;将杰曹遍智一切的灵塔从布达拉宫[①]迎请至甘丹寺,并安置在至尊银制灵塔珍宝的右边等。诸如此类,至尊积累了无法想象的世间及出世间之善业。

简言,佛陀宗喀巴的心传弟子贤哲遍智一切格列贝桑布,在很多世以前就已获得全部资粮道十地[②]。在阿弥陀佛[③]时就已证得菩提,但因前世发心和护持佛法誓愿之善力,在面对浊世众生,幻

① 位于今西藏拉萨市,始建于7世纪,由吐蕃赞普松赞干布创建,五世达赖喇嘛阿旺罗桑嘉措建立原西藏地方政府甘丹颇章后,将其从哲蚌寺迁入布达拉宫,从此成为原西藏地方政府之中心。宫殿建筑历经五世达赖喇嘛、第悉桑结嘉措、第十三世达赖喇嘛土登嘉措等扩建,才有了今天之规模。此处提到布达拉宫是因为杰曹吉于1432年在布达拉宫圆寂,所以才有了将其灵塔从布达拉宫迁往甘丹寺的历史。

② 旧派密乘随类瑜伽所说资粮道十地,分别是变异不定地(འགྱུར་བ་མ་ངེས་པའི་ས།)、能依因地(བརྟེན་པ་གཞིའི་ས།)、重要修治地(གལ་ཆེན་སྦྱོར་བའི་ས།)、有学相续地(བསླབ་པ་རྒྱུན་གྱི་ས།)、福泽所依地(བསོད་ནམས་རྟེན་གྱི་ས།)、坚固胜进地(བརྟན་པ་ཁྱད་པར་དུ་འགྲོ་བའི་ས།)、缘境生果地(དམིགས་འབྲས་སྐྱེ་བའི་ས།)、安驻不变地(གནས་པ་མི་འགྱུར་བའི་ས།)、流布法性地(གདལ་བ་ཆོས་ཉིད་ཀྱི་ས།)和圆满周遍地(རྫོགས་པ་སྤྱི་ཆིངས་ཀྱི་ས།)。

③ 又名无量佛、无量光佛、无量寿佛等。大乘经载,阿弥陀佛在过去久远劫时曾立大愿,建立西方净土,广度无边众生,成就无量庄严功德,为大乘佛教广为崇敬和弘扬。

化为无法想象的不同化身,此事道不尽。尤其是为了不让文殊怙主法王遍智一切夏尔宗喀巴洛桑扎巴之显密教法衰败,至尊克珠杰在雪域弘扬该法,年少时就与至尊上师相见,并学习了全部深奥、广博的教法教诫。同时,在幽静的日吾当金寺等地清净修行。46 岁时[①],前往遍智一切至尊宗喀巴的寺院,并在此以讲辩著书度过了 8 年,将有缘的所化众人皆引向解脱及遍智一切的正道上来,至尊具有无比之恩德。遍智一切根顿珠巴曾这样赞扬克珠杰:

至尊上师佛语之宝库,
执持一切如理而修行,
向人讲授正确佛语义,
获得无畏智慧行祈祷。

又云:

对于一切佛经和续部,
闻思究竟修行其精华,
引导众生佛陀欢喜路,
利行者汝恭敬行祈祷。

十二、圆寂

克珠杰高举作为佛教精华之大法王宗喀巴的佛法珍宝永驻宝幢,为向持有常观的众生展现无常,上师产生了暂且往生净土的想法,所以以悲伤的语调向至尊上师宗喀巴祈祷:

① 指 1431 年,克珠杰担任第三任甘丹赤巴。

至尊上师洛桑扎巴贝，
爱戴由心向师行祈祷，
怙主汝往哪一方净土，
愿速前往请师加持吾！

上师显现，曰："此世汝为佛教众生所行事业圆满，又因汝有前往空行刹土之愿，故如愿！"

尔后，在这位贤哲珍宝 54 岁土阳马年（1438 年）藏历二月二十一日清晨，阎罗王从至尊宗喀巴座下而来，另外还有众勇士、空行母也前来迎接，遂前往兜率天佛殿，大佛陀宗喀巴尊前。

据说当时很多人都看到了许多稀奇之景。具善业的人们看到克珠杰前往了兜率天；有的看到他前往汉地五台山[①]；有的则看到克珠杰前往极乐世界。如此，克珠杰寿元不圆满，因而未能完成部分佛法的讲授和部分论著的撰写，这些则都是留给后继者们行利生事业的机会。我心想，克珠杰因对自己曾经的发心和誓愿永固而不变，因此，他会很快转世，再次大力弘扬佛陀宗喀巴之教法。这些都是缘起差异所致，且为一个无上的愿望。我愿反复大声地宣说："克珠杰的今生来世，对于头戴黄帽无比格鲁派教法来讲，没有比此生更大的恩惠，就连相等的也没有。"

尔后，至尊克珠杰的仆人和贤哲大弟子们为了他逝世圆满而建造了很多佛像、佛经和佛塔，并对僧伽进行了无法想象的供养。尤其是将克珠杰的遗体火化，由舍利形成了很多所依，其中建造了供奉有舍利的增胜银制尊胜塔，并安放在至尊圣人宗喀巴灵塔珍

① 位于山西省忻州市五台县境内，位列中国佛教四大名山之首。在西藏佛教文化中，五台山被视为文殊菩萨的道场，而宗喀巴大师被视为文殊菩萨的化身，因此，克珠杰圆寂后，有前往五台山的说法。关于五台山对于藏传佛教的殊胜意义，可参阅才让著《八思巴与汉地五台山：赞诗〈宝鬘〉译解》，收录于《西域历史语言研究集刊》（第 7 辑），科学出版社 2014 年版，第 223－241 页。

宝的左侧，作为所化最上之福田。后来，将夏鲁巴列巴坚赞①（ཞ་ལུ་པ་གྲགས་པ་རྒྱལ་མཚན།）迎请至甘丹寺宝座，封为法太子。以甘丹赤巴为首，包括亚第巴洛珠曲迥等所有弟子继承了至尊遍智一切宗喀巴洛桑扎巴、杰曹法王达玛仁青和精通佛理及获得殊胜成就的格列贝桑布即师徒三尊之事业，弘扬教法。

如此简述无量光佛之化身贤哲法王遍智一切格列贝桑布之传记贤者意乐，年少时就追随至尊师徒三尊，由具力平凡名为索底②（སུཏི།）的我，依据几位圣贤之语汇编而成。愿此传记世代护持至尊师徒三尊之继承者。吉祥如意！

佛法莲池利乐具芳香，
讲修叶茂解脱之蜜味，
众生享受古苯强巴林，
如此大寺降下法施雨。

祈愿诸事吉祥！

---

① 第四任甘丹赤巴，于1375年在后藏夏鲁出生，年少时就在夏鲁寺受戒出家；依止夏鲁巴扎巴坚赞和香巴贡钦（ཤངས་པ་ཀུན་མཁྱེན།）等许多上师学习佛法；后依止宗喀巴大师，成为其近侍；甘丹寺新建不久便担任该寺掌堂师；于1439年大师65岁时出任甘丹赤巴；1450年圆寂。其生平详见第悉桑结嘉措著《格鲁派教法史·黄琉璃》，第76－77页。

② 为吉祥之意。根据克珠杰传记及《安多教法史》中的记载，译者得出这一名中带有“索底”二字的作者即为班钦德勒尼玛（པཎ་ཆེན་བདེ་ལེགས་ཉི་མ།），系色拉寺切（བྱེས།）札仓第十一任堪布，约16世纪初出生，早年在扎什伦布寺学习佛法；后前往拉萨，在色拉寺依止至尊曲吉坚赞大师学法，以精通戒律而著称。约16世纪晚期圆寂。其生平可参阅洛桑群觉著《色拉寺志》，第267－271页。

克珠杰格列贝桑的生平传记

永增益喜坚赞 著　　夏吾李加 还格吉 译注

（译者注：藏语“ཡོངས་འཛིན་ཡེ་ཤེས་རྒྱལ་མཚན།”，1713 年霍历 7 月 27 日出生于拉多定结宗的萨尔降布地方（ལ་སྟོད་གཉིང་སྐྱེས་རྫོང་ཟར་བྱང་སྤུག），其父系后藏达那地区吐蕃王室后裔萨库囊巴家族（ས་ཁྲུད་ནང་པ།），名为苍巴噶波（ཚངས་པ་དཀར་པོ།），为定结县长的管家。母亲系定结人，名为次仁巴宗（ཚེ་རིང་དཔལ་འཛོམས།）。出生之前，当地有位瑜伽师为其取“邬金次培”（ཨོ་རྒྱན་ཚེ་འཕེལ།）为俗名。因故父母离异，4 岁时随父返回祖籍，约 7 岁时在当地闻思院的群杰次旦坚赞门下剃度为僧，赐名“邬金曲培”（ཨོ་རྒྱན་ཆོས་འཕེལ།）为法号。自幼在阿尼次旺足下，学习藏文拼读。随后，其父把他送到扎什伦布寺，当时个子很矮小，似乎没有达到该寺录取的标准身材，故将靴子垫高才被录取。在此先依止仲然巴贡噶为老师始常诵仪轨，年近 10 岁时参加了常诵仪轨的背诵考试，顺利通过。1722 年在五世班禅额尔德尼·罗桑益西（1663－1737 年）门下接受沙弥戒，赐名“益喜坚赞”，并系统接受大乘菩提显宗和密乘金刚续藏的经典传承。同时拜群杰次旦坚赞和吉隆珠旺洛桑朗杰以及噶钦益西陀美为根本导师，从摄类学开始次第闻思以《释量论》《现观庄严论》《入中论》《俱舍论》《律藏根本颂》为主的五部大论，并经常以仲然巴索朗为主的格西通过辩论来共同促进学业。17 岁时自己先后两次赴吉隆地区修建一个简陋的茅屋修习三年，20 岁时在吉隆珠旺洛桑朗杰（1670－1741 年）门下接受比丘戒，21 岁赴拉萨在普觉永增阿旺强巴（1682－1762 年）门下听受甚深法脉传承，在一个地洞中非常艰苦地实修了一年多时间。23 岁时听闻吉隆珠旺洛桑朗杰（1670－1741 年）染疾，立即赴吉隆侍奉。不久吉隆珠旺洛桑朗杰圆寂，圆满办理了后事。25 岁独自一人赴定日地区在帕当巴修行处空行密洞中闭关修行，先后为期 12 年。这期间德瓦坚贡和贵鸭夫妇提供糌粑和奶制品，故晚年其侍从格勒坚赞询问今生最大的施主是谁时，只举了该夫妇。还指出，如今这些名流施主都是为名利而来。随后，游学米拉日巴修行地日玛降秋宗、萨班亲见文殊师利之地邦向拉俄普、仁达瓦修行地梅朵当钦、扎噶达索邬玛宗、朗巴扎玛尔、阮吉维色浦、尼泊尔及其毗邻地区的佛本生传中的以舍身饲虎、阿难、龙树、龙菩提、帕木塘兄弟、灵鹫山为代表的喜马拉雅山脉的名胜古迹，参访高僧大德，特别于 44－65 岁期间自觉维修了吉隆桑定林、甘丹浦波切和曲当粗丹林等名寺古刹，尤其就是重建尼泊尔被廓尔喀破坏的佛陀法台，并严格按照密乘仪轨及当地石刻六臂祜主嘱托严加保护，还树立一个高大的经幡。这期间尼泊尔的廓喀尔人肆行暴虐，永增益喜坚赞从尼泊尔返藏途中，在白果扎山脚下发现 500 多名藏族僧俗朝圣者被劫持，大师舍身解救了这些朝圣者的性命。后来尼泊尔的廓尔喀极端分子变本加厉，严重破坏佛教圣迹，按照六世班禅班丹益西的旨意,永增益喜坚赞派遣数名高足制止和维修了以博达哈大佛塔和香根佛塔为例的大量圣迹。1760 年 1 月委托其门徒白彩格隆格桑赤列朗杰在自己的住处建立造纸厂,用 1000.7 两白银造纸,并于 1761 年夏季在那塘寺刊印《甘珠尔》和《丹珠尔》两套丛书。于当年 9 月 18 日阿底峡尊者圆寂之日举行了隆重的仪式,将 101 函的《甘珠尔》放置迎请至吉隆扎西桑定林寺大经堂东边书架上,每函首页用青丁纸蘸取纯金汁撰写而成,首页插图和周边净土以及斜棂画格和雍仲等吉祥图案也用金汁刻画。大经堂西边书架上放置的 225 函《丹珠尔》,均以上乘绫罗绸缎为材质的包布、画幔、东达和名贵木质雕刻的夹板以及金色丝带等文献辅助材料善加包裹。1762 年 1 月 8 日开始举行为期 7 天的盛大的开光仪式,并确定该寺众僧将在每年七世达赖喇嘛圆寂之日诵读《甘珠尔》一遍,1768 年著有《〈甘珠尔〉〈丹珠尔〉编纂史·佛法明论》。1760 年 12 月八世达赖喇嘛与永增益喜坚赞在扎什伦布寺首次相遇,1761 年应邀赴甘丹平措林寺荣登觉囊达罗那他宝座讲授《菩提道次第耳传诀窍》,由于殊胜因缘从此被人誉为“班智达”。1782 年应邀出任八世达赖喇嘛(1758 - 1804 年)永增导师,移住布达拉宫。由于其突出的学术成就和社会影响力,乾隆皇帝授予“班智达”荣誉称号。1788 年尼泊尔廓喀尔人第二次入侵,吉隆、聂囊、协噶尔等地遭受毁灭性的破坏。永增益喜坚赞一手创建的吉隆扎西桑定林寺亦毁于一旦,其中的部分学僧逃到拉萨求助。当时,永增益喜坚赞为他们授法后要求各自遣散,八世达赖喇嘛说:你们的导师被我邀请至拉萨,现在不能让你们在各地流浪,在拉萨附近寻找一个好地建寺安顿。于是,永增益喜坚赞观察后发现拉萨河南部的珠地(གྲིབ།)具备建寺的各种条件,故于 1789 年始建珠才却林寺(གྲིབ་ཚེ་མཆོག་གླིང་།),1790 年竣工。他相继培养了八世达赖喇嘛·降白嘉措、七世班禅额尔德尼·旦白尼玛(1782 - 1883 年)、隆朵喇嘛阿旺洛桑(1719 - 1795 年)、二世普觉洛桑强巴(1763 - 1824 年)和三世贡塘丹贝卓美(1762 - 1823 年)等名冠雪域高原的著名学者。他的《文集》最初由多仁班智达巴觉丹增次仁资助刊印木刻版,共有 6 函。随后的蔡却桑定林寺木刻版有 19 函,约 167 种。1974 年三世赤向洛桑益西旦增嘉措(1901 - 1982 年)将其编纂为 25 函。随后民族图书馆主编的《藏文典籍目录·文集类子目》(第 3 册)(北京民族出版社 1997 年版,第 289 - 304 页)中,虽说收录了文集全部内容,但只收录了 18 函。其中缺少最为关键的第 12 函,包括传法录·噶当祖师遗教恒河水流等 17 部。2011 年 12 月中国藏学出版社正式出版其《文集》,由西藏百慈藏文古籍研究室整理,共有 32 册。其中大多为鸿篇巨制,如马鸣所著《释迦牟尼佛本生传解说·大乘明灯论》就有 4 函,共有 1099 叶,2198 张。这是在结合自己亲自参访尼泊尔等地佛教圣迹的基础上,1763 年 1 月首次在吉隆扎西桑定林寺创办祈愿大会后,以每年都在该寺祈愿大会期间讲授《佛本生传》的教学实践为主旨,并依梵藏典籍逐一考证最终成书于 1781 年 4 月。1782 年担任八世达赖喇嘛的永增导师后,直到 1793 年圆寂的前一年为止,每年都坚持在祈愿大会期间讲授《佛本生传》,前后长达约 30 年,这跟塞氏阿旺扎西(1678 - 1738 年)在拉卜楞寺讲授《摄类学》的模式和时段都比较相似,故二者都成为传世之作。同时,根据章嘉国师若必多杰(1717 - 1786 年)的临终遗嘱,于 1786 年 4 月撰写《马鸣所著〈佛赞一百五十颂〉解说·能明善道宝灯论》。因此,永增益喜坚赞所著《佛本生传》

被历代蒙藏贤者们视为上乘之作。又如《菩提道次第师承传记·佛法庄严无上宝鬘论》有2函,共972叶,1944张。这是在八世达赖喇嘛特别启请下,为了不浪费众弟子供养的物资,将其作为基金,1786年八世达赖喇嘛命泽仲噶钦洛桑索朗为管理者,组织卫藏地区著名的画师绘制了77幅以慈氏的广行道论、龙树的甚深中观、寂天的加持传承体系为主轴的《菩提道次第师承传记》系列唐卡,仅画师们的劳务费就发放了1000两白银。此前1780年4月在基隆扎西桑定林寺,为了弘扬宗喀巴耳传法脉,还用旃檀木建造了自释迦牟尼佛起始的所有历辈菩提道次第师承的塑像,并著有《菩提道次第师承塑像能现明镜》(《文集》第17函第5部第291－340页)。在此基础上,《菩提道次第师承传记·佛法庄严无上宝鬘论》成书于1787年。1990年5月该书合为一册由西藏人民出版社正式出版,本文遴选其中第415－436页,以及《历辈班禅大师传记》丛书(1)《一、二、三世班禅额尔德尼传》,拉萨:西藏藏文古籍出版社2014年版,第1－49页和百慈藏文古籍研究室主编《永增益喜坚赞文集》,北京:中国藏学出版社2011年版,(第7册)第365－406页、(第8册)第1－46页。该书郭和卿先生翻译成《菩提道次第师师相承传·庄严圣教最胜宝鬘》(上、下册,海南民族出版社),2012年宗教文化出版社正式出版了钦则阿旺索巴嘉措翻译的《菩提道次第师承传记》(上、下册)。这次翻译过程中,充分借鉴他们翻译名作的技巧及方法,在此致以谢忱。1793年永增益喜坚赞圆寂后,其众门徒著有大量生平传记和祈愿以及礼赞,如七世班禅额尔德尼·旦白尼玛所著《永增益喜坚赞秘传之礼赞·宝鬘》(收录于《七世班禅文集》第7函)和达普活佛罗桑确吉旺秋或名噶吉旺布(1765－1792年)所著《三世诸佛总体·至尊上师无比恩德永增法王益喜坚赞贝桑布本生传记以及祈愿·运载加持宝藏大车》(收录于《达普活佛罗桑确吉旺秋或名噶吉旺布文集》写本第5函第6部)等。但是,最为著名的是1794年八世达赖喇嘛所著《永增班智达益喜坚赞传记·盛开佛法莲花之明日》和《永增班智达益喜坚赞传记之祈愿·佛法庄严莲花》。这两部一并收录于《八世达赖喇嘛文集》(该《文集》最初编修于十世达赖喇嘛·次成嘉措时期)第2函,还于1946年在吉雪古本塘编修了该《传记》的木刻版。其独特之处在于:以始于师生二人问答的方式撰文而成,参阅色拉、大昭寺古籍搜集整理室所编《八世达赖喇嘛文集》(藏文第2册),北京:中国藏学出版社2010年版,第1－366页。总之,永增益喜坚赞的求学生涯和实修体验以及学术成就,在此无法胪陈。但是,他的艰苦朴素、平易近人、勤勉治学、利益众生的高尚品德至今仍有积极而重要的现实借鉴意义。)

敬礼词

习得净善二资粮之力①(ཚོགས་གཉིས།),

① 指福德资粮和本智资粮,简称福资粮和智资粮。前者为以所缘之向上供养及向下布施为代表的一切善举之业;后者为无缘本智资粮,即空性被无上菩提之心摄受,而且能够征得果位本智法身的无漏众善集体。

证得四身殊胜之果位①(སྐུ་བཞི།),
然而贤者善举不弃众,
具德导师足下吾启请。

一、诞辰记

至尊上师宗喀巴心传的唯一高足善说明日克珠格列贝桑②是从往昔长远生中广发菩提圣心、博学佛子圣行,为传承和弘扬文殊师利宗喀巴显密究竟心要,乘愿而诞生于雪域高原的大贤哲。克珠杰于藏历第六个饶迥木阴牛年③出生于拉堆降地区的朵雄官家④,

---

① 指佛之自性身、本智法身、受用报身、变化之身四者。这在《现观庄严论第八果位法身之四法品》中阐述得最为翔实,参见杰增确吉坚赞著《现观庄严论释难广疏·龙王戏海论》(藏文下册),北京:中国藏学出版社1998年版,第447-543页。

② 后来被追认的一世班禅,世人简称"克珠杰",意为贤成善说明日福善德贤。他一生著有大量论著,木刻版有12函,约71部。参见西藏色昭佛教古籍编委会整理《克珠格列贝桑文集》(藏文),北京:中国藏学出版社2014年版,第1-12册。

③ 即乙丑年,1385年,明洪武十七年,今日喀则地区定日县境内。

④ 藏语"ལ་སྟོད་བྱང་གི་སའི་ཆ་སྟོག་གཞུང་དུ་བྱང་པའི་དཔོན་རིགས"之"ལ་སྟོད།",汉语"拉堆",古地名。元代划分十三万户,设立拉堆南北两个万户区,即拉堆绛和拉堆洛,前者指以昂仁寺为中心的今昂仁县和拉孜县的部分地区,后者指今定日县。因此,这里的"北"指拉堆区域内的北方,从拉萨方向看在西南方向。此外,拉堆北区的拉堆绛万户长祖上,从西藏北方的木雅国王即西夏王朝后裔迁徙而至,故名"བྱང་པའི་དཔོན།"。其中最为著名的是藏医北派的创始人绛巴朗嘉扎巴或绛巴朗嘉扎桑,收录于《克珠杰文集》拉萨雪木刻版第1函第4部《散论合编》第2部《绛巴之主朗索朗嘉扎巴启问书·制伏诽谤邪说》。同时就般若方面的疑难问题请教一世达赖喇嘛的问答收录于《杰根顿珠巴文集》扎什伦布寺木刻版第5函第9、10部《月贤明王化身大司徒朗嘉扎巴问答》。由此看来,克珠杰的父亲应该是拉堆绛万户下设官员。参见达仓宗巴巴觉桑布著《汉藏史集》(藏文成书时间1434年),成都:四川民族出版社1985年版,第299页;曲贝塔羌、朗喀索朗等著《西藏六部世系谱汇编》(藏文),拉萨:西藏藏文古籍出版社2014年版,第95-139页;强巴赤列编著《藏族历代名医略传》(藏文),北京:民族出版社2000年版,第189-192页;索朗旺堆主编《昂仁县文物志》,拉萨:西藏人民出版社1992年版,第119-123页。所以,郭和卿译为"诞生在藏北,垛熊藏北官家种姓中"以及钦则阿旺索巴嘉措译为"出生于藏北多雄之土司家族",似有不妥之处。因为无论是藏语还是汉语中"藏北"均指今西藏那曲地区,而拉堆在拉萨的西南中尼边界,即今日喀则市昂仁县和拉孜县。同样钦则阿旺索巴嘉措译为"土司家族"亦不符合史实,因为中国历史上土司制度主要实行于今云贵川民族地区,而今西藏自治区境内似乎从未实施,故值得商榷。参见郭和卿翻译《菩提道次第师师相承传·庄严圣教最胜宝鬘》(上、下册),海口:海南民族出版社(出版日期不详),第552页,钦则阿旺索巴嘉措翻译《菩提道次第师承传记》(上、下册),北京:宗教文化出版社2012年版,第729页,以下简称郭和卿译本、钦则阿旺索巴嘉措译本,不逐一交代出版社及其日期等信息。

父名为扎西白桑①(བཀྲ་ཤིས་དཔལ་བཟང་།),母名为布占嘉姆(意为引子王母)。出生时出现许多祥瑞之相。他有3个兄弟,大师居长,次子即帕索确吉坚赞②,三子名曰索朗扎西。

由于过去世代修习菩提圣道之力,克珠杰刚出生就没有一般孩童的恶习,出生起就具有能够分辨正法与非法的无碍智慧,故他确是一位如众希愿而来的贤师大德。当时世传他是当地著名学者克珠拉旺巴(译者注:江孜法王父辈们的主要上师,如司徒帕巴仁钦52岁时,依止克珠拉旺巴听受大量法脉及灌顶仪轨,并向他祈请建立金刚座寺,遂建吉布德丹寺(སྐྱིལ་པོ་བདེ་ལྡན།)。每年赴金刚座寺朝拜一次,又命名为"家"(བྱང་ཁང་།)。随后,江孜法王拟建江热寺之时特别邀请克珠杰主持并写到:"法王25岁时建立江热寺,经典理论与思辨理路之主400多位之首古昔导师贤哲克珠拉旺巴转世殊胜智慧自在法王格列贝桑从北方绛地邀请至此,荣登主持宝座"。特别是克珠杰在闻法录中讲到:"克珠拉旺巴著有《禅之实践》",还有《八现证引导文》《一百七十三相引导文》《生死涅槃平等性引导文》等,经克珠拉旺巴再传克珠杰。关于他们二人的前世今生的关系,在色拉杰增确吉坚赞所造《克珠杰秘传·起信大海》中,通过克珠杰自幼清晰回忆自己前世的身世以及今白朗县杜琼劫难(མདོ་ལ་ཚུང་དམག་གིས་བསྐོར།)等例子,为我们深入浅出地作了专门说明。除此之外,详细传记尚未发现,参见博东班钦群列朗杰或名晋美扎巴著《江孜法王传记·起信麦穗悉地降雨》(藏文,1421年写成),拉萨:西藏人民出版社1987年版,第16、33、47页;西藏色昭佛教古

---

① 全称"贡噶扎西白桑"(ཀུན་དགའ་བཀྲ་ཤིས་དཔལ་བཟང་།)。据乃宁群杰加央贡噶德勒所著《克珠杰传·智者夺意》记载,克珠杰父亲贡噶扎西白桑祖上来自今新疆和田及其周围的塞氏持密咒师(ལི་ཡུལ་ལྷུང་ར་སྨུག་པོ་ནས་འོངས་པའི་སེའི་རིགས་ཀྱི་སྔགས་འཆང་ཞིག་ངམ་རིང་རྒྱལ་མཁར་དུ་ཆགས་པའི་བརྒྱུད་པ་རིམ་པ་དུ་མ་ཞིག་འདས་པའི་འོག་ཏུ་གདུང་མ་ཉམས་པར་འཁྲུངས་པ་ཡབ་ཀུན་དགའ་བཀྲ་ཤིས་དཔལ་བཟང་།),后来到今昂仁县嘉噶诚世代繁衍生息。参见西藏巴昭佛教古籍编委会整理《克珠格列贝桑文集》(藏文第1册),北京:中国藏学出版社2014年版,第3页。卡噶镇塞氏(སེའི་རིགས།)作为藏族古代四大族姓之一,可以追溯到远古猕猴与罗刹女结合而形成的藏族四族姓时代。塞氏从藏族远古四大族姓中分离出若干族系以后,在不同的历史阶段有无数次分化整合现象,亦有与临近民族和族系交融分离的过程,特别是塞氏在今新疆乃至中南亚区域分布交融情况可参见拙文《从文献考辨藏语"va-zha"与吐谷浑的族源问题——兼论月氏的关系》载《中国藏学》(藏文)2010年第3期和《藏文化语境下的阿夏与吐谷浑之族源考释》载《西南民族大学学报》:人文社会科学版2014年第3期。

② 帕索确吉坚赞,1402年诞生,1463年升任第六代甘丹赤巴,1473年圆寂。随后寻访了转世活佛,藏语称"帕索达察杰仲",汉语称"功德林活佛"或"达察济咙",后简称"达察活佛""济咙活佛",清朝蒙藏八大呼图克图和卫藏四大呼图克图之一,至今共转10余世,多次担任摄政。二世达察帕文拉嘉(1473-1509年)、三世达察勒域曲嘉(1509-1537年)、四世达察拉旺确吉旺秋(1537-1605年)、五世达察杰仲阿旺确吉旺秋(1606-1652年)、六世达察杰仲阿旺关却旦白尼玛(1653-1707年)、七世达察洛桑白登坚赞(1708-1758年)、八世达察益西洛桑丹贝贡布(1760-1810年)、九世达察阿旺洛桑丹贝坚赞(1811-1854年)、十世达察阿旺巴登确吉坚赞(1855-1887年)、十一世达察阿旺土登格桑丹贝卓美(1888-1917年)、十二世达察洛桑土登晋美坚赞(1924-1957年),等等。

籍编委会整理《克珠格列贝桑文集》(藏文第1册),北京:中国藏学出版社2014年版,第161页;百慈藏文古籍研究室编《觉囊多罗那他文集》(藏文)第44卷《年域上中下三区妙语善说·智者入门》,北京:中国藏学出版社2008年版,第111页;西藏色昭佛教古籍编委会整理《杰尊确吉坚赞文集》(藏文第1册),北京:中国藏学出版社2012年版,第115页。)(མཁས་གྲུབ་ལྷའི་དབང་པོ།)的转世灵童,因此自幼就被人冠以“克珠”①(མཁས་གྲུབ།)之名,也是至今人们尊称他为“克珠杰”的最初由来。

二、出家为僧后接受沙弥戒

一切佛菩萨和护法诸神为了使他成为继承和弘扬文殊师利宗喀巴思想的栋梁之才,摧动他的心念以及他因过去修习之力而引起的强烈出离之心。一到出家年龄②,他就依持律堪钦僧格坚赞贝桑布③(སེང་གེ་རྒྱལ་མཚན་དཔལ་བཟང་པོ།)作为授戒堪布,嘉玛瓦云旦傲④(རྒྱ་དམར་བ་ཡོན་ཏན་འོད།)作为轨范师,出家为僧并接受沙弥戒,赐名“格列贝桑布”。还依止以上两位师长门下,听受戒律方面的教诲,对于沙弥戒学处及其分支戒律都比爱护自己的眼珠还珍贵地守护不犯。以这样持戒清净为出发点,依止雪域高原的班智达仁达瓦(译者注:即仁达瓦雄努洛珠,1349年诞生,1378年宗喀巴赴萨迦寺依止仁达瓦学习《俱舍论》和《释量论》,后来在中观方面宗喀巴又成为仁达瓦的老师,故二者互为师生。除此之外,还有贾曹杰(1367－1432年)和克珠杰等高足,他们二人也是经仁达瓦推荐依止宗

---

① 指善巧理论且实践体验成就的贤哲。

② 宗喀巴在《苾刍学处》所述“身圆满者,谓受沙弥戒,须满7岁且能驱乌。受近圆戒者,从生计须年满20岁,若计胎分,虽满亦不可”来看,此时克珠杰似乎已达7岁。但在此值得注意的是,出家受沙弥戒关键看能否驱乌,而非具体年龄,因为每个小孩的发育情况不一样。参见《宗喀巴文集》(藏文第1册),北京:中国藏学出版社2012年版,第614页;《宗喀巴大师集》(法尊汉译本第5卷),北京:民族出版社2000年版,第29页。

③ 据《克珠杰闻法录》中记载,除在僧格坚赞足下受得沙弥戒之外,还听受了中观派发心。在菩萨律仪方面,所谓中观派和唯识派的发心只是藏传佛教早期思想,格鲁派认为中观派和唯识派在“见”上相异,而在发心上不作区别,至尊慈氏与文殊在广发菩提心上岂能有区别?参见西藏巴昭佛教古籍编委会整理《克珠格列贝桑文集》(藏文第1册),北京:中国藏学出版社2014年版,第140－142页。

④ 据《克珠杰闻法录》中记载,嘉玛瓦云旦傲是杰司陀美(1295－1369年)的心传高足。杰司陀美把菩提修心理论与实践高度概括在《修心七义》中,参见西藏巴昭佛教古籍编委会整理《克珠格列贝桑文集》(藏文第1册),北京:中国藏学出版社2014年版,第140页。

喀巴为导师,于1412年圆寂,留有大量学术名著。参见四川藏文古籍搜集保护编务院主编《仁达瓦雄努洛珠文集》(藏文)第1-8册,拉萨:西藏藏文古籍出版社2015年版。)

(རེད་མདའ་བ།)座前,潜心闻思《七量论》《俱舍论》《大乘阿毗达磨集论》《慈氏五论》和《中观六论》以及律藏等诸论①,没用多久就成为无碍善巧的智者。同时,在金刚持益西白瓦门下,圆满听受以《喜金刚灌顶仪轨》和《道果》所有支分为例的金刚密乘理论。此外,还在以至尊上师索朗坚赞和那萨巴为首的许多善知识足下,系统听受大量经藏和续藏方面的法脉传承。于是,获得善说广大显密理论的无畏勇气,而且对于自他以来所有宗派义理精通无余,如善渡大海的航海家。

三、与博东群列朗杰雄辩记

他继而游学后藏各地的寺院进行辩论,来到昂仁寺(译者注:即昂仁却德寺。关于昂仁之名的由来有两种说法,其一因坐落于悬崖峭壁上,故名昂仁(གང་པ་ངམ་ནག་གི་ཐད་ན་ཡོད་པས་ངམ་རིངས།);其二因坐落于雁鸣不断之地(བྱ་ངང་པ་སྐད་རིང་པོ་འདོན་པའི་སར་ཡོད་པས་ངང་རིངས།)。今坐落于日喀则市昂仁县境内,在藏传佛教后弘期初贡塘赞普奠定的基础上,萨迦达孜拉觉巴释迦僧格始建于1225年。元代以该寺为中心的拉堆绛万户,成为十三万户之一。其万户长祖上来自于北方木雅地区,即西夏王朝兵败后迁徙至此的后裔。后来绛巴关却桑布邀请向桑钦布雄努坚乔进行了扩建,宗喀巴在此进行四部大论答辩,特别于五世达赖喇嘛时期改宗为格鲁派,遂成扎什伦布寺委任该寺堪布的定制。该寺共有25个札仓,包括萨迦派的15个札仓和格鲁派的10个札仓。其中,噶列巴(དཀར་ལེགས་པ།)札仓、噶布夏日(དཀར་པོ་ཤར།)札仓、俄噶夏巴(མངོན་དགའ་ཤར་པ།)札仓、达泽巴(རྟག་རྩེ་བ།)札仓、群林巴(ཆོས་གླིང་པ།)札仓、同蒙巴(མཐོང་སྨོན་པ།)札仓、囊柔巴(སྣང་རིག་པ།)札仓、拉当巴(ལྷ་སྡིངས་པ།)札仓、德普巴(སྡེ་ཕུག་པ།)札仓、察尔贡巴(ཚར་གུང་པ།)札仓、噶灿巴(ཀ་ཚལ་པ།)札仓、群隆巴(ཆོས་ལུང་པ།)札仓、雅噶群当巴(ཡ་ག་ཆོས་སྡིངས་པ།)札仓、群阔岗巴(ཆོས་འཁོར་སྒང་པ།)札仓和噶孔巴(སྐར་ཁུང་པ།)札仓为萨迦派的15个札仓;多杰羌尼玛扎西建立的德贡巴(རྟ་ཤར་བའི་ཞལ་ངོ་རྡོ་རྗེ་འཆང་ཉི་མ་བཀྲ་ཤིས་ཀྱིས་བཏབ་པའི་སྡེ་གུང་པ།)札仓、群杰班丹桑布建立的甘丹德林夏尔巴或德夏尔巴(གཙང་པོ་ལྷ་ཁང་

① 郭和卿先生的译本上,首先打乱了上述诸论顺序。其次书名译法有待商榷,如《七量论》译为"七部《因明》论著",又如把《俱舍论》和《大乘阿毗达磨集论》译为"《集论》",等等。这个问题同样存在于上述钦则阿旺索巴嘉措的汉译本中。参见郭和卿译本第563页、钦则阿旺索巴嘉措汉译本第730页。

ཆོས་རྗེ་དཔལ་ལྡན་བཟང་པོས་བཏབ་པའི་དགའ་ལྡན་བདེ་གླིང་ཤར་པའམ་སེ་ཤར་པ།）札仓、扎迥巴端桑建立的迥达夏尔巴（དགྲ་བཅོམ་པ་དོན་བཟང་གིས་བཏབ་པའི་ཚུང་རྟ་ཤར་པ།）札仓、喇嘛扎西仁钦建立的迥本博陀扎西岗（ངམ་རིངས་མཆོ་མགོར་བླམ་བཀྲ་ཤིས་རིན་ཆེན་གྱིས་བཏབ་པའི་ཚུང་འབུམ་སྒོ་ཕོག་བཀྲ་ཤིས་སྒང་།）札仓、绛康萨巴次成列巴建立的桑珠甘丹（བྱང་ཁང་གསར་པའི་ཞལ་ངོར་ཚུལ་ཁྲིམས་ལེགས་པས་བཏབ་པའི་བསམ་འགྲུབ་དགའ་ལྡན།）札仓、喇嘛扎西贡建立的道本巴（བླམ་བཀྲ་ཤིས་མགོན་གྱིས་བཏབ་པའི་མདོག་བུམ་པ།）札仓、克珠杰弟子嘉木样图杰僧格建立的群隆洛巴（མཁས་གྲུབ་རྗེའི་སློབ་མ་འཇམ་དབྱངས་ཐུགས་རྗེ་སེང་གེས་བཏབ་པའི་ཆོས་ལུང་ནོ་པ།）札仓、克珠杰弟子曲登饶觉建立的邦玉却德或邦玉德瓦坚（མདོག་ཆུ་ནོ་མཁས་གྲུབ་རྗེའི་སློབ་མ་ཆོས་ལྡན་རབ་འབྱོར་གྱིས་བཏབ་པའི་སྤང་ཡུལ་ཆོས་སྡེའམ་སྤང་ཡུལ་བདེ་བ་ཅན།）札仓、琼然坚巴洛珠贡布建立的隆甘丹（མདོག་གཞུངས་སུ་བྱུང་རབ་འབྱམས་པ་བློ་གྲོས་མགོན་པོས་བཏབ་པའི་ལུང་དགའ་ལྡན།）札仓、穆群杰建立的群隆夏尔（སྨུས་སུ་ཆོས་རྗེས་བཏབ་པའི་ཆོས་ལུང་ཤར།）札仓为格鲁派的 10 个札仓。其中格鲁派最后的隆甘丹札仓和群隆夏尔札仓二者，后来合并为一个札仓。因此，在喀尔那译师所著《格鲁派源流》中讲到萨迦派 16 个札仓，格鲁派 9 个札仓，共 25 个札仓。但令人遗憾的是，没有罗列萨迦派 16 个札仓的具体名录，故无法核对。不过，与札仓数量具有反差的是，总体学僧人数中格鲁派最多。而格鲁派的札仓中，数桑珠甘丹规模最大。该寺平时各自住在自己札仓学习辩论，但在冬夏两个季度学期 25 个札仓合住时共有 3800 多僧众(17 世纪末)，举办的昂仁辩论会（ངམ་རིངས་གྲྭ་སྐོར།）响彻雪域高原，从卫藏各地纷纭而至的学富五明的大家宗师如云海般莅临该寺进行学术交流。本文中所述就是在“昂仁辩论会”上，博东大师以萨班所著《量理藏论》作为辩论主题挑战萨迦派学者，在无人应战的情况下克珠杰前去辩论的史实。参见喀尔那译师班觉嘉措著《格鲁派源流·如意宝树智者能喜》（藏文），拉萨：西藏藏文古籍出版社 2013 年版，第 226 - 229 页；第悉桑结嘉措著《格鲁派教法史》（藏文），北京：中国藏学出版社 1991 年版，第 263 - 267 页；曲贝塔羌、朗喀索朗等著《西藏六部世系谱汇编》（藏文），拉萨：西藏藏文古籍出版社 2014 年版，第 113 - 118、132 - 139 页；索朗旺堆主编《昂仁县文物志》，拉萨：西藏人民出版社 1992 年版，第 119 - 123 页。）（ངམ་རིངས་ཆོས་སྡེ།）

时，雪域高原著名学者博东班钦群列朗杰（译者注：又称“晋美扎巴”，1375 年诞生于后藏地区的茹拉南部牧区，父亲是《集量论》的译者夏玛译师僧格嘉波的后裔群阳坚赞，母亲为世界文学名著《云使》的译者降曲则莫的侄女降曲卓。他在桑普寺雄辩雅德班钦弥旁工布宗主达杰(1299 - 1378 年)，依止一世噶玛夏玛尔巴扎巴桑格、曲·洛桑扎巴、杭译师洛珠丹巴、桑普洛珠丛美、仁增格玛日饶杂、雍敦巴多吉白、布敦仁钦珠、笃布巴喜饶坚赞等 108 位导师学习，成为名震雪域的智者，建立艾旺寺，培养以日绰巴贡布益西、嘉木样群贡、克珠绛曲坚赞、堪钦洛珠桑杰为首的大量学者。参见郭洛循努白著《青史》（藏文上册），成都：四川民族出版社 1986 年版，第 629 - 632 页）和荣顿释迦坚赞（见以下注释）等学者，故名震雪域高原。更为值得注意的是，他是藏族文化史上个人文集数量最多的学者，其中广集 110 函、中集 20 函、略集 16 函，共约 146 函，最初由其高足绛巴朗杰扎桑整理而成（参见曲贝塔羌、朗喀索朗等著《西藏六部世系谱汇编》（藏文），拉萨：西藏藏文古籍出版社 2014 年版，第 103、127 页）。该版本似乎只有写本，并无完整的木刻版。20世纪中期流失到国外,在印度德里由格西洛桑隆朵和斋霍尔朵本活佛洛桑丹增等人整理后内部刊印,附传记和简目共有138册。2009年西藏百慈藏文古籍研究室新发现的手抄本合集为4函,在中国藏学出版社出版。在此基础上,2014年北京民族出版社正式出版了95册。他圆寂于1451年,培养了大量人才,如藏族医学史上北派的创始人绛巴朗杰扎桑就是其高足。以他的高足洛珠朗嘉所著《博东班钦传记·阿旺玛》和万友贡觉坚赞所著《博东班钦传记笔记》为代表的门徒著有不少传记,其中比较著名的其高足晋美邦居士别名萨迦本钦阿林的后裔雅卓巴朗喀桑布所著《博东班钦群列朗杰传记·奇妙喜宴》和格苏鲁巴米觉多杰或别名朗咯尼玛所著《至尊群列朗杰传记·奇妙大海》,前者相继由四川民族出版社(1990年)和西藏藏文古籍出版社(1991年)正式出版,并与后者一并收录于才让多吉主编《伯东班钦全集》(藏文第1册),北京:民族出版社2014年版,第1-364、367-556页。)也莅临该寺向卫藏各地发出辩论的邀请函并进行立宗。当地著名学者,谁也不能破其立论。博东班钦群列朗杰还指出:“萨迦班智达所著《量理藏论》,是一堆内部结构和义理相违的集合体。我将依次第加以批驳,邀请具有辩才的无畏之士前来答辩”。在他这样对昂仁、萨迦、博东等地几乎所有寺院发起辩论挑战之时,正如狮子吼叫、狐群侵扰一般,当地所有平日自以为是的善巧学者,谁都不能作出合理阐释,更不用说前去应战反驳了。正在此时当地大多学僧商议启请这位生而闪耀智慧之光的噶究巴格列贝桑①前去迎战答辩。当一致同意并前来恳求他去迎战之时,当时的克珠杰年仅16岁。尽管他非常年幼却能在智者面前无畏应允,还自信地当众宣布“我能反驳”。在各地学僧聚集的辩论场地,首先由博东班钦群列朗杰立宗,对此克珠杰依其论点逐一明确指出:此句不合乎逻辑,此句难以承许,此句与理论相

① 关于桑普夏季十论答辩会(གསང་ཕུ་དབྱར་ཆོས།),14世纪前后,桑普内部分化以后,只保留了夏季一个学期。这期间举行学位答辩会,雪域高原乃至毗邻地区的各路学者,前来考取“噶究巴”学位。这一大会由以饶朵为首的桑普11所学院轮流主持,甘丹夏尔则学院的在职堪布,担任桑普林麦夏充一职。在18世纪以前,其规模和影响远远胜过拉萨祈愿大会的“拉然巴”格西学位。始于贾曹杰,尔后第一世夏尔仓甘丹嘉措、第一世嘉木样阿旺尊珠和塞氏阿旺扎西以及第二世嘉木样久美旺布等人在此学习答辩或荣获该学位。之前,桑普寺答辩的内容是《释量论》《大乘阿毗达磨集论》《般若》《律藏》4部大论,故名“噶喜巴”(དཀའ་བཞི་པ།)学位。当时以宗喀巴为首的藏地贤哲们通过雄辩获得该学位。参见班钦索朗扎巴著《新旧噶当史籍》,拉萨:西藏藏文古籍出版社2001年版,第45-46、58、88-89页;帏巴嘉样扎巴著《文都寺志》(藏文),西宁:青海民族出版社1991年版,第6-7页。这样一来,桑普夏季大会结束后,寺中常住者仅剩30余人,2011年8月笔者调研该寺时,全寺只有13人,都是萨迦派。

违,此句与理路相违。就这样,切实指出了许多不合理之处及其理由,而且对于博东班钦群列朗杰拟制止萨班所著《量理藏论》的每一个立宗,都运用千百个无垢理路善加反驳,使博东班钦群列朗杰变得理屈词穷、哑口无言。复次,当克珠杰发出巨大的如理吼声批驳对方时,由于他的理路细致入微,迫使博东班钦群列朗杰必须应许:经量论者(译者注:梵语“sautrantika”,英译“Sautrantika”,汉译“经量部”或“经量论者”等。关于这样的名称美国学者安妮·克莱因在《知识与解脱:促成宗教转依体验的藏传佛教知识论》中认为:“经量部”一词的梵语“Sautrantika”的字面意思是“随顺经教者”或者更通俗地讲是“属于经教传统者”。其中,在梵语中“经量”(梵语“sutranta”,英译“sets of discourses / sets of sutras”,汉译“最胜修多罗”),似乎不单单是指“经藏”(sutranta - pitaka),还是指通称的“经”(sutras)。当然,佛教四宗义皆根据经藏,即释迦牟尼佛的言说。在此意义下,全都是经教的追随者。然而经量部以独特的方式随顺经教。毗婆沙师宗义根据《阿毗达磨一身六足七论》(མངོན་པ་སྡེ་བདུན་ནི་ལུས་ལྟ་བུའི་བསྟན་བཅོས་གཅིག་དང་ཡན་ལག་ལྟ་བུའི་བསྟན་བཅོས་དྲུག),在诸多佛教宗派中,唯独毗婆沙论师视《七论》为佛语(མངོན་པ་སྡེ་བདུན་པོ་སངས་རྒྱས་ཀྱིས་གསུངས་པའི་བཀའ་ཁས་ལེན་ཅིང་བཀའ་ལ་སྒྲ་ཇི་བཞིན་པར་ཁྱབ་པོ།),但被经量部接受的经藏则被所有学派视作佛语。另一方面,较高阶的大乘学派(གྲུབ་མཐའ་གོང་མ།)接受某些经典能依言取义,可其他经典则需要诠释,而经量部则认为所有被他们视为经藏者皆可依言取义。因此,我们可以认为该派是在说一切有部的基础上发展起来的,属于最后形成的小乘派别。以佛说经藏为量论,并善于诸法以事喻经,故又名譬喻师(藏语“དཔེ་སྟོན་པ།”,梵语“darwtantika”,英译“Exemplifiers”),主要信奉和推崇“契经”之佛教四大哲学派系之一。所谓“契经”,主要指契合有情众生的不同所化根机,并且契合终极真理的典籍。该派在哲学上主张:固执地承认内心与外境二者皆是实际存在。后来分化为经论派(藏语“ལུང་གི་རྗེས་སུ་འབྲངས་པ།”,梵语“agamanusarin”,英译“Followers of Scripture”,汉译“随经行或随教派”等)与理论派(藏语“རིགས་པའི་རྗེས་སུ་འབྲངས་པ།”,梵语“nyayanusarin”,英译“Followers of Reasoning”,汉译“随理行或顺理派”等),前者以《阿毗达磨集论》和《俱舍论》为根本典籍,后者以《集量论》和《量理七论》为核心。永富正利“Framework”一文(p. 1)以及《大乘的宏大解脱论:佛教一元论手册》(Acta Orientalia,1931,p. 99)中认为:这样的流派分类在印度以划分唯识宗而闻名,格鲁派的独特之处在于把这种划分接收过来用于经量部身上,即使印度有也不普及。但是,达仓译师对于经量论者内部这样的二分法,持否定态度。不过,通常认为理论派主张境在心外,经论派是二元论者,也承认心外有境;同时,理论派认为心缘境是直接的,如手取物,手到擒来,但经论派认为心不能直接缘境,而是通过心变现的形相,带相而缘的,如同镜中影。吕澂先生对此进一步强调最应分清,因为这是哲学问题。参见[美]Anne C. Klein(安妮·克莱因):《Knowledge and Liberation:Tibetan Buddhist Epistemology in Sup - port df Transformative Religious Experience》《知识与解脱:促成宗教转依体验的藏传佛教知识论》(刘宇光汉译本),上海:上海古籍出版社2012年版,第9、12、20、213、220页;达仓译师喜饶仁钦著《宗派遍知·无边成就善说之海》(藏文),北京:民族出版社1999年版,第102页;吕澂著《印度佛学源流略讲》,上海:上海人民出版社2002年版,第172-191、351-358、365-380页。)(མདོ་སྡེ་པ།)主张“无因而生起实有法”(译者注:这是对古代印度婆罗门正统的六派哲学之一数论派因果理论的一种曲解,而且历史上这种说法对藏族学界产生过一些不小的影响。正如萨班在《三律仪辨析》中所云:“如此业及异熟之差异,若能精于分别而辨析,所谓作业之因果理论,方可成为胜解之贤哲;外道数论派之诸论者,声称本性具有善与恶,并且主张因中存有果,有些藏人遵循此一说;金刚幡论回向品之中,有情众生尽所有善性,已作将成或正在作业,依此所云主旨有异说;有些遵循数论派主张,所谓尽所有善性之说,承认天然而成之善性,此乃自性清净如来藏;数论派不认可这一说,因而对此依理破除之”。在此基础上,萨班还通过自注的方式讲道:数论派的理论中认为,“尽所有之善与恶,轮回以及解脱之,主旨中本来俱有,然以方便而彰显”;或者又说“乳因之时岂有酸奶乎?酸奶之时曾有酥油果?威猛取天如是所曰之,布谢止住亦如是云故”。对于这一系列主张,尽管藏族有些学者还引证“因时本有果,余业者了知”等此类语句。但是,这些内容在佛说经、续诸部藏论以及后来的印度班智达的典籍中从未提及,因此必然是喜欢外道理论的藏族学者杜撰之举。同时宗喀巴在《入中论解说密意彰显明论》中清辨对于佛护解读“自生”与“他生”问题,展开了更为深入的研究。其中对于他生,塞氏在《塞氏大摄类学》中讲到:“中观应成派之外,我方婆娑论者以上诸派承许他生,这是经量论者的主张故。第一因成立,正如克珠杰的《中观纲目贤劫启明之目》中所云:‘我方所有实在论者和中观自续派等主张实有法因自身性相而成立的他者,故皆为承许他生者’故”。特别是塞氏在其名著《缘起广论·善说大海》之缘起总论品和缘起经义品的断除争论中讲到:“有人说,外道应当承许缘起,彼等承许苗芽为缘起故。彼应当如此,彼等对于苗芽承许缘起之义故。彼应当如此,胜论派承许苗芽生于根,承许自生;有部分承许他生;还有一部分承许生于时;更有甚者承许生于无因,等等。若按此说,将会陷于周遍相违之过。这些都必定会承许苗芽生于异因。此因周遍,生于异因是缘起之反面故……法宝尊者认为:应当遮止生于无因和因常性,该‘有此生彼’一句意在遮止承许生于无因之说,其‘生此故生彼’一句遮止因常性、自在天、时、极微尘等故”。鉴于此,塞氏把它列为一个重要论题进行辨析,当然后来贡塘阿格洛珠进一步讲到在数论派内部还分化为持有“因时本有果”与“因时本无果”两种不同主张的阵营。所以,因生与否而引发的“自生”与“他生”问题,是藏传佛教五部大论中的重要哲学命题,在此不予赘述。),此乃经量论者宗义内部的相违之处。当博东班钦群列朗杰说出此话之时,他的脸上也微生羞容,只好用手抚摸他的胡须。这时克珠杰通过玩笑调侃的形式讲到:“汝已许经量论者存在无因而生起实有法,这就是那种与经量论者宗派内部的哲学义理相违的言论，现在只好勤于拔须编绳啰”。克珠杰这样的话一出口，立即引起在场大众一片笑声①。

他们两位智者辩论的时候，那种无垢而清净理智的仪容，可谓与众不同。故很多善巧学者，都记录有他们的辩论内容②（རྩོད་ཡིག་ཟིན་བྲིས་སུ་མཛད་པ་ཡོད།）。后来克珠杰自己在他所著的《量理七论除意暗庄严疏》中也引用了当时辩论的诸义理③。这些殊胜善巧弘扬佛学思想的高僧大德们，喜作无垢理智的辩论，本为佛学理论光大之庄严，故理应生起敬仰之心。但是，有一些不通精深理路而昧于理智的愚夫们认为：“唯有我们的主张才是不变的真理，他人所云愚痴至极”，因此把这样的辩论都视如世间臣僚聚会场所中互相揭发的辩词那般。并且心怀很深的门户成见，还对这样的贤哲加以诽谤。这样的言行任何时候都不可取，因为经藏中也讲到：诽谤贤哲无疑是为自己播种了堕入恶趣的无尽因。

基于这样的恶念，当时还有一些与此相同的案例。仁达瓦从《时轮》引发的一部论著，被一些如畜生般的愚昧之辈心怀门户成见，将其视为仁达瓦对于佛说《时轮》的驳斥，还诽谤道：“《时轮》是

---

① 这期间的辩论内容在各种《博东群列朗杰传记》中作了详细记录，意在辩解。更为难得的是，收录于《克珠杰文集》拉萨雪木刻版第9函第10部《散论合编》第43部《致予善知识官东国师之答复》中，克珠杰亲自讲述了当时辩论的起因和过程以及结果，还留下了当时的辩论内容，由昂仁寺的善知识端桑坚赞逐一做的记录。显然，上述内容基本属实。只是两方对于辩论的焦点即对经量论者哲学思想的认识不同而已，在此限于篇幅，无法逐一解析。参见才让多吉主编《伯东班钦全集》（藏文第1册），北京：民族出版社2014年版，第156－172、481－500页；西藏色昭佛教古籍编委会整理《克珠格列贝桑文集》（藏文第9册），北京：中国藏学出版社2014年版，第651页。

② 据克珠杰《致予善知识官东国师之答复》中记载，当时双方辩论的所有内容均由昂仁善知识·端桑坚赞专门负责作笔记（དེད་གཉིས་ཀྱི་བརྒལ་ལན་ཐམས་ཅད་རྗེ་ལྟར་སྨྲས་རིམ་བཞིན་ཡི་གེར་འགོད་པ་པོ་ངམ་རིང་གི་བཤེས་གཉེན་དོན་བཟང་རྒྱལ་མཚན་པས་བྱས་པ་ཡོད།）。该文收录于《克珠杰文集》拉萨雪木刻版第9函第10部《散论合编》第153叶上第1行至第169叶下第1行间的第43部，参见西藏色昭佛教古籍编委会整理《克珠格列贝桑文集》（藏文第9册），北京：中国藏学出版社2014年版，第651页。

③ 这部重要论著收录于《克珠杰文集》拉萨雪木刻版第10函第1部，约有224叶，448张，以及西藏色昭佛教古籍编委会整理《克珠格列贝桑文集》（藏文第10册），北京：中国藏学出版社2014年版，第1－407页。同时，可参见克珠杰格列贝桑著《量理七论除意暗庄严疏》（藏文），北京：民族出版社1989年版。

佛说经典,而仁达瓦却对《时轮》进行那样的批驳”。他们无知地如此诽谤之时,至尊仁达瓦特别讲到:“我只是如使曲木端直那样来校勘和纠正佛法中被后人掺杂的误区,哪里是批驳呢?况且,从总体而言,正所谓:

对于佛教之是否,
先哲历来作破立,
不解之徒如乱发,
委犬耙梳济何事①?

正如此言,在善巧智者们进行理智辩论过程中,无知愚昧的人们强挤进去,欲作何为呢?总之,后来博东班钦群列朗杰专门为克珠杰高超的辩才和严谨的学风作了很多称赞妙文②。

四、十八岁时所著《文殊论狮赞》

克珠杰在这样年轻的时候,对讲、辩、著三业的任何一种,均无碍精通。他年满 18 岁之时,所著《文殊论狮赞》如下:

首先顶礼文殊幻化童子身!

---

① 据阿里桑杰泽摩所著《具德仁达瓦传·奇妙希有》(སངས་རྒྱས་བཅོམ་ལྡན་འདས་ལ་མཁས་གྲུབ་དགེ་ལེགས་དཔལ་བཟང་པོ་ལ་ཆེད་དུ་བརྗོད་པ་བུང་བ་རྣམ་པར་རྩེན་པའི་རྒྱུད་མངས།)记载,仁达瓦对觉囊派的时轮金刚和如来藏提出质疑后,与噶玛巴关循和喇嘛夏日琼巴以及堪钦丹坚巴等人进行了当面或书面辩论。当时有一位觉囊派的密宗修行者对他讲到“您作为大贤哲不宜遮止时轮”,对此仁达瓦以佛陀曾被外道遮止、龙树被小乘论师遮止为例,回复了以上偈句。但是,近年编纂的《仁达瓦雄努洛珠文集》中写到“མཁས་གྲུབ་ཆོས་ཀྱི་རྗེ་དགེ་ལེགས་དཔལ་བཟང་པོ་ལ་ཆེད་དུ་བརྗོད་པའི་བསྔགས་པ་བུང་བ་རྣམ་པར་རྩེན་པའི་རྒྱུད་མངས།”,与本文引证内容在语言表述上略有差异。谁是谁非留待考证,具体参见《仁达瓦雄努洛珠文集》(藏文第 1 册),拉萨:西藏藏文古籍出版社 2015 年版,第 48－53 页。

② 据《东噶藏学大辞典》中的记载:“后来博东班钦极为欣赏克珠杰的智慧,为此博东群列朗杰专门为克珠杰写有《克珠群杰格列贝桑赞颂·蜂戏琵琶之妙音》(མཁས་གྲུབ་ཆོས་ཀྱི་རྗེ་དགེ་ལེགས་དཔལ་བཟང་པོ་ལ་ཆེད་དུ་བརྗོད་པའི་བསྔགས་པ་བུང་བ་རྣམ་པར་རྩེན་པའི་རྒྱུད་མངས།)这样措辞丰富而优美的诗歌,收录于其《文集》”。但是,笔者尚未发现该文,今后有待补充完善。后来博东班钦非常欣赏克珠杰的智慧之事,也见于多种《博东群列朗杰传记》,故可信。参见参见才让多吉主编的《伯东班钦全集》(藏文第 1 册),北京:民族出版社 2014 年版,第 171－172、498－500 页;东噶洛桑赤列编纂《东噶藏学大辞典》(藏文),北京:中国藏学出版社 2002 年版,第 435 页。

相好甚为庄严童子身，
具足梵音妙论说法语，
无余所知顿时觉知意，
圆满具足文殊尊前礼。
无余众生怙主薄伽梵，
无明暗除论者狮子吼，
无乱虔诚之心作祈白，
特别护佑吾等不净心。
威严奋迅兽王雄狮上，
水生妙莲童子正盛放，
甘露具光普照满盈月，
庄严稳坐幻化寂静身。
色如映红宝石般佛子，
面上略显可亲之笑容，
双手执持青莲花柄端，
胸前庄严说法之手印。
水莲花瓣齐耳盛开之，
右莲花蕊托起智慧剑，
左莲花中梵典美妙哉，
端严傲居众生唯一主。
青发顶结宛如云之髻，
自身种姓不动如来严，
耳饰钏环身着绫罗冠，
瞻仰殊胜美严不厌足。
映蔽自在天帝之尊身，
具有珍宝珠鬘光明网，

月光晶莹如白瓔珞饰，
甚为美妙能夺智者意。
若谁稍微依止汝门下，
亦可粉粹轮回诸苦难，
智者唯依汝作指导师，
成就遍智岂需等久远？
藉此首要佛子功德藏，
无比善说自在莲足下，
常敬故以稽首行敬礼，
生生世世随执而启请！
吾虽如此专心礼赞您，
然而汝之点滴般功德，
不仅未能言表且显困，
兹愿成就无碍自在语！
我以如此至尊文殊尊，
略作赞词而生此福德，
洁白无垢普照我心田，
故愿彻除众心之无明①！

由此可见，克珠杰对于讲演、辩论、著作三业的任何一种，都是精通无碍。这是众人皆知的事实。

五、圆满接受比丘戒

到了接受具足比丘戒的年龄之时，由上部阿里律脉承传者、雪

① 本文收录于《克珠杰文集》第9函第10部《散论合编》第13部，参见西藏色昭佛教古籍编委会整理《克珠格列贝桑文集》（藏文第9册），北京：中国藏学出版社2014年版，第408－409页。

域高原的大车轨导师仁达瓦雄努洛珠担任授戒堪布，智者自在王白觉喜饶担任羯磨师[①]（ཀརྨ་སློབ།），聂巴洛珠从麦担任秘授师。复次，严格按照律仪，在具足定数的虔诚僧众的中央，正式受得比丘戒。于是成为严格持律的尊者，犹如金山环绕中的须弥山，彰显出崇高无比。

六、初次拜见宗喀巴

继而至尊仁达瓦对克珠杰讲到："若是你能拜见宗喀巴，必将成为一位与众不同的人物"。在仁达瓦的推荐以及劝勉的基础上，克珠杰本人对宗喀巴的功德及其美名，也早有所闻。由于信心的摧动，他于火猪年赴拉萨拜见三界法王宗喀巴[②]。他们二人相见之前夜，宿于聂塘[③]（སྙེ་ཐང་།），梦到一个黑暗地方，正不知何去何从之际，从东方升起千辐剑轮，剑端朝外，剑柄向内，每一剑端均有数以百计的日轮。在剑轮脐中，有五色虹霓光网环绕，其中现起至尊文殊菩萨，身显红黄之色，手持慧剑和梵典、无量珍宝以作庄严，显现孺童身姿，发髻妆饰珍珠，珞鬓下垂，十分美严，观不厌足。之后一切黑暗消除，宇宙三界顿时光明普照。由于至尊文殊之身融入到自己的体内，故生起了无法形容的殊胜乐感。

第二天克珠杰来到色拉群顶[④]（སེ་ར་ཆོས་སྡིངས།），遇见一位端庄温和的比丘，向其询问："哪里是群杰洛桑扎巴的寝室"？该比丘没有立即回复，而是到自己的屋内点燃一炷香后复出，带领其走到黄色

① 译为"屏教师"，这似乎出自《根本说一切有部出家授近圆羯磨仪范》。

② 即丁亥年，1407 年，当时克珠杰约 22 岁。

③ 今西藏自治区拉萨市曲水县境内的聂塘卓玛喇宫和饶朵寺一带，这也是阿底峡尊者圆寂之处。

④ 在今色拉寺的后山顶上，这就是宗喀巴与克珠杰首次相遇之处。同时，又是宗喀巴长期修行的圣地，在此讲学并著有大量论著。如《了不了义辨论》和《中论根本偈颂解说理海论》，等等。

寝室前，恭敬地行三个磕头之礼后，双手捧着那炷香，用香端指着宗喀巴寝室的方向答道：“我因故现称师名，我的堪布仁布切洛桑扎巴驻锡的精舍就在此”。克珠杰亲眼看着这一比丘的言行举止，完全按照《律藏》所说行事，故其行十分严谨。而且对于善知识十分恭敬。由此想到：就连宗喀巴足下的这些侍从比丘们都能熟练掌握清规戒律，且运用自如，故显这般端庄调柔，并能很好地实践《上师五十颂》中所讲的拜师之道①（བླ་མ་ལྔ་བཅུ་པའི་རྣམ་བཤད་སློབ་མའི་རེ་བ་ཀུན་སྐོང་།），从而彰显出如此庄严作风。那么，至尊宗喀巴将是怎样的一位高僧大德啊！克珠杰想到这里，不寒而栗，进而心生敬畏！

在这样的情境之下，初次拜见宗喀巴后，便心生无量虔诚之信。这时宗喀巴问他：“在途中你有过怎样的梦象”？于是把上述克珠杰在聂塘过夜留宿时的梦中所见，如实详告。宗喀巴听后对他说：“看来你是一位金刚密乘方面可造的上根大器者，将来你会对许多应化众生，产生重大饶益功德”。

当时，宗喀巴复问：“你依何作为本尊呢”？克珠杰答说：“我依红色能怖金刚大威德作为本尊”。宗喀巴曰：“以红色能怖金刚大威德作为本尊，虽然也能成为至尊文殊师利随摄之因。但是，若能依能怖金刚大威德作本尊，相比红色和黑色能怖金刚大威德，则对趣入得成至尊文殊师利随摄之因，具有更多殊胜方便法门”。因此从此开始，克珠杰即以能怖金刚大威德作本尊。并且向宗喀巴启

① 是大贤哲巴布喇或马鸣所著《上师五十颂》解读与阐释，10－11 世纪由天竺堪布白玛噶然瓦玛和仁钦桑布从梵文译成藏文并进行审定而成（སློབ་དཔོན་མཁས་པ་ཆེན་པོ་དྷ་པི་ལྷའམ་རྟ་དབྱངས་ཀྱིས་མཛད་པའི་བླ་མ་ལྔ་བཅུ་པ་རྒྱ་གར་གྱི་མཁན་པོ་པདྨ་ཀ་ར་ཝརྨ་དང་ཞུ་ཆེན་གྱི་ལོ་ཙྪ་བ་དགེ་སློང་རིན་ཆེན་བཟང་པོས་རྒྱ་སྐད་ལས་བོད་ཀྱི་སྐད་དུ་བསྒྱུར་ཞིང་ཚིག་དང་དོན་ལ་ཞུ་ཆེན་བྱས།）。该书尚未发现有天竺学者的注释，故在直贡噶举派大国师顿珠嘉布、扎西仁青和觉巧白桑等欲知并实践拜师之道的众学者的特别启请下，宗喀巴依据《密集本续》《金刚环论》《金刚心要庄严续》《幻网续》等续藏本注，深入结合教学实践，在热振寺寂静处岩狮脚下撰写了《上师五十颂释圆满求学之愿》（བླ་མ་ལྔ་བཅུ་པའི་རྣམ་བཤད་སློབ་མའི་རེ་བ་ཀུན་སྐོང་ཞེས་བྱ་བ་བཞུགས་སོ། །），贾曹杰达玛仁钦负责笔受。参见西藏色昭佛教古籍编委会整理《丹珠尔对勘本》（藏文第 41 卷），北京：中国藏学出版社 1999 年版，第 593－666 页；《宗喀巴文集》（藏文第 1 册），北京：中国藏学出版社 2012 年版，第 251－297 页。

问:“能怖金刚大威德有哪些特别殊胜的方便法门?”宗喀巴吩咐他道:“那么,先作曼荼罗广供吧!”于是供曼荼罗之后,在宗喀巴授予静猛结合而修诀窍的基础上,详细讲授了被至尊文殊师利摄受之因且与其余二者相异的诸差别。那时,克珠杰为获得能怖金刚大威德之灌顶而殷勤祈请,故此宗喀巴亲自绘制坛城图案,授予十三尊怖金刚大威德之灌顶、七观察续、三观察续、四瑜伽次第导文等密乘法脉。最后,宗喀巴对克珠杰欢喜而曰:“汝必将成为善于概括四方一切佛法之道了达的实践者”①(བསྟན་པ་ཐམས་ཅད་གྲུ་བཞི་ལམ་གྱིས་འཁྱེར་ཤེས་པ།),同时宗喀巴脱落的一齿亦赠予克珠杰,详见于《赠齿授记》(译者注:收录于《宗喀巴文集》拉萨木刻版第1函第7部,主要内容是根据文殊师利的授记,后来在今西藏山南市桑日县沃喀乡境内的曲隆之地宗喀巴将脱落的一齿亦赠予克珠杰,并曰“ལྷུན་པོའི་དྲུང་ན་གསེར་རི་ལྟ་བུར་གནས། །འགྲན་ཟླ་མེད་པའི་དགེ་ལེགས་ཁྱོད་ལ་སྦྱིན།”,大意为“须弥山前如立黄金山,赐予举世无双格列汝”。7日后打开一看化为文殊师利一尊,其周围沾满了镶嵌式的大量舍利子,进而赠与以贡曹杰和堆增巴为代表的学僧,300年之后名为曲嘉的班智达将其迎请至印度金刚座和摩揭陀等地,意为传遍世界各

① 最早似乎出自藏传佛教噶当派创始人仲敦巴的语录。因为宗喀巴在《菩提道次第广论》中阐明该论的四大殊胜之首“一切圣教互不相违而证悟之殊胜”于最后结束时引证了这一句,他讲到:“善知识敦巴仁布切亦曰:‘能以四方之道,善于摄持一切圣教者,谓吾师。’此句富有极大的观察意义。如此以来,这一教授能够摄受显密一切关要精义,进而悉数用于一个补特伽罗成佛觉悟之道而加以正确引导。故此具足‘一切圣教互不相违而证悟’之殊胜”。于是,这是《菩提道次第论》中常用的一句话,其关键词是“四方之道”,然对此有多重诠释。例如阿嘉永增洛桑东智所著《菩提道次第广论常用摄略辞典》中讲到:“关于‘能以四方之道善于摄持’一句中的‘四方之道’之义,有些大德阐释为三士道及密乘之道,合为四方;如是有人解释为三学处及密乘之道,合称四方;或者三藏及密乘之道,共计四方。珠康巴格勒嘉措解读为出离心、菩提心、正见3个方面,密乘为第四个方面,合计四方。永增益喜坚赞却贝桑布认为此四方就是指如同骰状的正四方形,无论从哪一方看平光如实。正如此理,该《菩提道次第广论》中无论修习哪一种所缘境相,从拜师之道开始直到双运为止,自身的体系中都能够完整而清晰明了。故以此喻示,而非罗列4个数字。复次,这并非指4个数字,而是指一切佛法不支离破碎地引向一个补特伽罗成佛觉悟之缘。这样由若干大德引证嘉木样协巴所作的解读,我的根本导师大贤哲强巴格勒认为正如在《菩提道次第广论》中此句之前所述:如今能够修习体验诸法,付诸实践;如今不能直接修习之法作为发愿对象,为彼因积累资粮;净化遮蔽;广发祈愿四者,此乃四方。这是博道巴仁钦塞所著《菩提道次第喻示聚宝论》最后结尾摄义之时所云‘分辨敌我四方道’之四方道之义,也就是指从四道加以勤勉,即持戒、积德、忏罪、所缘修习四个方面”。参见《宗喀巴洛桑扎巴文集》(藏文第13函),西宁:青海民族出版社1985年版,第15–16页;法尊译《宗喀巴大师集》(第1卷),北京:民族出版社2000年版,第37页;恰日嘎藏陀美整理《阿嘉永增洛桑东智文集》(藏文上册),兰州:甘肃民族出版社2011年版,第64–65页;中国藏语系高级佛学院编《藏文文选之十七喻法论·聚宝及注释》(藏文),北京:民族出版社1991年版,第12、350页。

地。随后,卫藏地区难见此书,多麦卓尼地区具足博闻慧眼的杰增丹巴桑杰仁钦因不忍心此书失传而广为发心捐赠成册。由这样的宗喀巴牙齿化为闪闪发光的舍利后天然形成的文殊师利等,后来供奉于甘丹寺的昂觉康。参见西藏色昭佛教古籍编委会整理《宗喀巴文集》(藏文第1册),北京:中国藏学出版社2012年版,第175–176页;普觉康增阿旺强巴著《四大寺及上下密院史》(藏文),拉萨:西藏人民出版社2008年版,第29页。)(ཚེམས་ཡིག་ལུང་བསྟན།)。

藉此,克珠杰对至尊宗喀巴生起坚固不退的虔诚之信,于宗喀巴座前,圆满听受了一切经典及其密意阐释诸论的心要,即诸佛菩萨必行的唯一大道——菩提道次第导文耳传诀窍除障增益法,以及龙树和慈氏二大车轨无垢理路疑难、金刚四续方面的诀窍,尤其是于甘丹朗杰林寺中向宗喀巴献上以会供妙轮为首的无量供养,并敬献纯金曼荼罗而恳请开示,因而在为期10个月的时间内,白天宗喀巴持续不断地为他讲授续藏和显宗诸大论,夜间为他逐一讲授生圆二次第诸诀窍,特别是不间断地予以灌输一切亲自了悟的关要问题。对于所有讲授的内容,克珠杰就连每一句背后深藏的隐义都无任何遗漏地悉数铭记于心,并结合自己的实践体验获得彻底的证悟①。

那时,克珠杰在一切遍智宗喀巴莲座前,通过敬献以会供妙轮为主的无数供养以及纯金曼荼罗而作启请,故单独获得了宗喀巴以不共殊胜的秘密行传和金刚密乘的诀窍为代表的大量隐藏的秘诀。所以,宗喀巴还特别对克珠杰讲到:“现在我已把所有诀窍圆满传授给你了,我的这些密乘论著中的疑难关要部分要结合自己的实修而作笔记并加以修持实践。将来若遇个别具器化机的可造之材,可将其传授。我的这些显密论著的密意,由你作出如实可信而清净的解读和阐释之作,尤其要广为弘扬甚深中观

① 这一段引自《克珠杰文集》拉萨雪木刻版第12函第11部《二十一部小字注释》最后题记中的内容,参见西藏色昭佛教古籍编委会整理《克珠格列贝桑文集》(藏文第12册),北京:中国藏学出版社2014年版,第422–423页。

正见和我的密乘思想”①。宗喀巴就这样把教法全部圆满托付给克珠杰了。

复次，在宗喀巴心传高足贾曹杰达玛仁钦（译者注：1364 年出生于后藏年河上游地区，父名为达本巴，母名为觉姆喜饶玛。据《后藏志》记载，他是吐蕃名臣贝达巴后裔（དེའི་སྔ་ཙམ་ན་བློན་པོ་ཐུམས་སྟག་པའི་རྒྱུད་དུ་སྐྱེ་འཁྲུངས་པའི་རྒྱལ་ཚབ་དར་མ་རིན་ཆེན་དེ་མཛོ་ཚང་སྟོང་གོག་ཏུ་འཁྲུངས་ཟེར་ཀྱང་སྔོའི་དུང་རེ་བྱུང་བས་རེ་པོ་ཆེར་འབྱུད། རེ་རྩེར་ཞེ་མ་ཤར་བ་དང་མཉམ་དུ་འཁྲུངས།），参见百慈藏文古籍研究室编《觉囊多罗那他文集》（藏文第 44 卷）《年域上中下三区妙语善说 · 智者入门），北京：中国藏学出版社 2008 年版，第 46 页。自幼在乃宁仁钦坚赞足下出家为僧，赐名“达玛仁钦”为法号。在洛本白贡足下开始学习藏文拼读书写，特别依止仁达瓦雄努洛珠和噶许巴仁钦多杰为导师，系统闻思以因明、般若、中观、俱舍论、律藏为主的显宗理论和以金刚密集、时轮为首的密乘经典，进而成为仁达瓦七大博学弟子中的辩论第一。所以，对陈那论师的《集量论》和法称论师的《释量论》《明量论》《正理滴论》《相违相属论》《观相属论》以及萨班的《量理藏论》和宗喀巴的量理思想均作了注疏，占他的《文集》的一半（就卫藏木刻版而言《贾曹杰文集》共约 3014 叶，仅量理论著部分就达 1468 叶），可谓整个藏

① 克珠杰讲授宗喀巴密宗思想的同时，还著有大量《时轮》和《密集》方面的经典之作。尤其是堪称萨迦派密乘集大成的俄钦贡噶桑布（1382 - 1456 年）对于宗喀巴的喜金刚之身坛城妄生诽议，当时似乎异常猖獗。因为一世达赖喇嘛名作《在那东方雪山顶上》（ཤར་གངས་རི་ཡི།）中所云“总之如今雪域高原上，自己声称护持佛法者，他人视为谤佛之祸首，见此情景悲痛而欲绝……”（ཡར་དུ་ལྷ་གངས་རིའི་ཁྲོད་འདི་ན། །རང་བསྟན་པ་འཛིན་པར་ཁས་ལེན་ཞིང་། །གཞན་བསྟན་འཛིན་དགྲ་བོའི་དངས་མར་འཛིན། །ཚུལ་འདི་ལ་སྐྱོ་བ་གཉིད་ནས་སྐྱེས།）虽有人认为扎什伦布寺初创阶段从昂仁邀请塑造慈氏铜像的雕塑师时从史书上众口一词认为是指俄钦贡噶桑布的这种口是心非的作风，尤其是在班钦索朗扎巴所著《新旧噶当史籍》中讲到：“在此地群杰贡桑巴表示嫉妒经常回荡在心中作为近取因，有一次爬到日傲格堆山顶上看到白云飘到东方之时特别感念宗喀巴的恩德作为俱生缘，一世达赖喇嘛心生悲伤之余更加坚定了把宗喀巴思想发扬光大的决心与胆识。为此随即赋诗一首《在那东方雪山顶上》……”。参见西藏色昭佛教古籍编委会整理《杰旺根顿珠巴文集》（藏文第 9 册），北京：中国藏学出版社 2013 年版，第 418 - 419 页；诺章吴坚编《格鲁派念诵仪轨经集》（藏文），拉萨：西藏人民出版社 2011 年版，第 206 - 208 页；五世达赖喇嘛 · 阿旺洛桑嘉措等著《第一世至四世达赖喇嘛传》（藏文），北京：中国藏学出版社 2012 年版，第 57 页；《一世—四世达赖喇嘛传》（陈庆英、马连龙等汉译本），北京：中国藏学出版社 2006 年版，第 41 - 42 页；班钦索朗扎巴著《新旧噶当史籍》（藏文），拉萨：西藏藏文古籍出版社 2001 年版，第 148 - 149 页；喀尔那译师班觉嘉措著《格鲁派源流 · 如意宝树智者能喜》（藏文），拉萨：西藏藏文古籍出版社 2013 年版，第 217 页；第悉桑结嘉措著《格鲁派教法史》（藏文），北京：中国藏学出版社 1991 年版，第 238 页。基于这样的情况，唯有克珠杰挺身而出撰写《粉粹惯于倒行逆施的邪说谬论 · 天钢之轮》，从所依身坛城、能依身坛城、梵文续藏未论等 3 个层面逐一断除争论，才能使对方理屈词穷、哑口无言。更为值得注意的是，俄钦贡噶桑布的高足中以批评宗喀巴思想而成为萨迦派中流砥柱的贡然巴索朗僧格也在《关于〈具德喜金刚成就法广论生起次第关要月光〉断除争论之关要能现说明》中，只是点到克珠杰和博东班钦群列朗杰之名，除一笔带过以外，未能专题驳论（如四川宗萨寺康谢五明佛学院编《贡然巴索朗僧格文集》（藏文第 12 册），北京：中国藏学出版社 2013 年版，第 376、411 页）。克珠杰的这篇著名的驳论收录于《克珠杰文集》第 2 函第 1 部，约有 47 叶，参见西藏色昭佛教古籍编委会整理《克珠格列贝桑文集》（藏文第 2 册），北京：中国藏学出版社 2014 年版，第 1 - 77 页；格列贝桑等著《辩论文选编》（藏文），成都：四川民族出版社 1997 年版，第 1 - 68 页。

族量理学科史上独一无二的集大成。随后，赴萨迦寺、桑普寺、泽塘寺等地游学辩论十大理论体系，尤其与堪钦雅德和荣顿释迦坚赞辩论全胜后，以"噶究巴"之名享誉雪域高原。所以，藏族传统教育史上的"噶究巴"学位名始于他，因为之前只有四大理论体系的游学辩论之风。25岁时，圆满接受比丘戒。其后赴拉萨等地继续游学辩论，那时听闻宗喀巴之名，故寻其辩论，不料被宗喀巴功德折服，从而成为宗喀巴的首席高足。在为期11年的时间之内，从身、语、意三门虔诚依止宗喀巴为根本导师，协助他创建甘丹寺，进行讲学释难。宗喀巴圆寂之前，为他赠与宗喀巴的班智达帽和披风大氅，以示委任为甘丹赤巴的后继之人。于是，在宗喀巴众门徒的推举之下，1419年入主第二代甘丹赤巴宝座，从此，称其为"贾曹杰"，意为"法太子"或"摄政"。历时13年来主持以甘丹寺为首的格鲁派初创阶段的各项工作，功勋显著。1431年从后藏乃宁寺把克珠杰邀请到拉萨，正式委任为第三代甘丹赤巴，自觉卸任甘丹赤巴一职。次年藏历五月八日圆寂于布达拉宫，享年69岁。他一生培养了以然那扎西、班钦强巴林巴、仁钦白、德噶巴扎巴白旦、林麦巴云丹嘉措、贡日仁强巴、堆增桑培巴、桑杰桑布和巴登桑布为代表的大量学者，特别是论著被奉为格鲁派各大学派必修的圭臬，如《集量论解说能灭边执苦难之量理海论》《释量论解说不颠倒而能显觉悟及遍智明道》《明量论大疏密意明显》《正理滴论注疏善说心要宝藏》《相违相属论》《观相属论解说》《量理藏论解说》《量理道导论》《量理备忘录》《现量品备忘录》《现观庄严论释义明解说主旨广疏》《入行论解说·佛子津梁》《中观宝鬘论要义能现》《中观四百颂解说》《中伦八大释难》《六十理路疏》《大乘宝性论释》和《俱舍论海心要》等等，木刻版共有8函，约35部。每一部论著不仅是鸿篇巨制，而且都是经典转世之作。其中大部分论著，20世纪80年代开始相继由北京民族出版社、西藏人民出版社、青海民族出版社、四川民族出版社和甘肃民族出版社正式出版单行本。阿旺格列贝桑著有《智者庄严贾曹杰达玛仁钦生平传记·功德之海》，参见《贾曹杰达玛仁钦文集》(藏文第1-8册)，北京：中国藏学出版社2013年版。该《文集》中没有收录贾曹杰所著《量理藏论解说》，似乎只有拉卜楞寺的木刻版。)和持律大德堆增扎巴坚赞(译者注：宗喀巴门徒中成就伟业的五大高祖之首，1374年出生于乌茹上部的章地，即拉萨河上游的直贡达孜宗沿河一带的故名。但是，以乌茹为首的卫藏四茹在不同的历史时期其区域范围不断变迁，该区域划分最早可以追溯到吐蕃达日聂塞时期。当时划分为十二大千户或十三小千户的乌茹、八大千户或九小千户的茹拉、八大千户或九小千户的左翼茹、六大千户或九小千户的右翼茹、八大千户的松巴茹，随后的变迁过程不予赘述。参见郎卡等编《后藏乃宁教史》(藏文)，拉萨：西藏藏文古籍出版社2011年版，第23-24页。堆增扎巴坚赞比宗喀巴小18岁，比贾曹杰小11岁，约与博东群列朗嘉同岁(出生当年其父隐瞒了一年，故有学者认为博东大师生于1374年)。自幼在直贡丹萨梯寺依止直贡聂尼仁布切闻法，并担任侍寝官。随后，在扎蔡卜系统学习律藏，依止喀雅尔为密乘导师潜心闻思，使其成为对于布敦仁钦珠所著密乘理论无一不通晓之人。其后依止宗喀巴为根本导师，无论对于理论知识的闻思还是实践体验的证悟都成为功德无边无际的大德。因此某一时讲授《教诫广论》之时，宗喀巴高度评价到："正如堆增这样的贤哲，如今在印度也非常罕见”。他培养的人才,凡是宗喀巴的学生,他都上过课,故难以计数。他一生中著书无数,比较著名的是《比丘教诫广论》《沙弥教诫》《三律仪》《律藏起源及事记》(一世达赖喇嘛也在此基础上写成了鸿以篇巨制《律藏起源及其事记·四分律广集宝藏论》(藏文),西宁:青海民族出版社1990年版,第1-1097页。)为首的律藏方面的论著;宗喀巴著有各类密乘修法坛城的补遗、《开光仪轨》《总摄胜乐之轮外供》《依密集不动金刚堆之前发供养方便法门》《五尊智布方便法门勒俄巴之坛城仪轨》《红黑方便法门》《金刚界之坛城仪轨》《普明大日如来仪轨》《续藏行部解说》《依续藏事部三种姓仪轨实践》等密宗方面的论著等,合集约有两函文集。他曾担任哲蚌寺创建者嘉木样群杰扎西白丹受比丘戒时的羯磨师,特别是于1409年修建甘丹寺时全权负责监工重任,宗喀巴圆寂后他用18大升重量的纯银修建灵塔,并力排众议推举贾曹杰入主甘丹金席宝座,从而得以形成格鲁派举贤任能的甘丹赤巴制度。为了在宗喀巴圆寂后尽善,建立增默蔡寺,很快聚集800余名学僧,最后于1434年圆寂于该寺中,享年61岁。后来建有灵塔,同年坚俄巴索朗坚赞亦圆寂。这一年克珠杰年近50岁,正在担任甘丹赤巴。参见班钦索朗扎巴著《新旧噶当史籍》(藏文),拉萨:西藏藏文古籍出版社2001年版,第61-62页;周加巷著《宗喀巴传》(藏文),西宁:青海民族出版社1981年版,第603-629页;第悉桑结嘉措著《格鲁派教法史》(藏文),北京:中国藏学出版社1991年版,第71-73页。)(འདུལ་འཛིན་གྲགས་པ་རྒྱལ་མཚན།)等门下,克珠杰还听受了大量诀窍。

七、十大誓愿

宗喀巴圆寂后,克珠杰大部分时间都驻于当金山,对于宗喀巴的显密诀窍,每日分作四期①(ཐུན་བཞི།)勤勉修习体验。故此,从拜师之道开始直到无学双运为止的显密二乘之全部道体均获得无上究竟证验。为后世众所化之机,纵是释迦牟尼佛再次降临,除此之外并无可授之法。当时克珠杰获得了前述这样殊胜的显密甚深诀窍,这是基于他证悟的切莫仅仅流于表面的言说,且必须反转过来应用于自续内心领受(译者注:梵语“samtana”,英译“continuum”,在此可译为“自续”“自心相续”或“自身心续”,还有与此相连的概念“续流”。在藏传佛教哲学中,所谓“续流”是非常关键的一个概念,通常以“质流”或“实质续流”为名出现得较为频繁。这在不同的哲学流派和学科中有各自的认识。如果我们以生命轮回续流来看,正如多识教

① 亦可译为“四座”。藏传佛教把每天学习实践的课时安排为4个时段,即拂晓黎明、上午、中午、傍晚4个时段,为四期或四座。

授在《藏传佛教认识论》中所云：人的物质肉体和精神识体之间处于互相对立、相互依存、互不分离的对立统一状态，人死后只是粗分的物质和粗分的意识的分离，但细分色体和识体永不分离，作为不间断的生命种子续流，流转不息。如果我们以量理摄类学小因果理论来看，就是指每一实有法本身能够促生自身结果之刹那前后不断续流的系统。譬如：从具有活力的青稞谷粒中发芽长成青稞禾苗，继而生长结果这一过程中，青稞的本质得以继承不绝的迁流，称其为"续流"或"质流"或"实质续流"。在此基础上，如果提升到大因果理论，便是生命的心续质流。）（རྒྱུད），并作深入体验以达究竟。为了教诫这样的思想，克珠杰特此誓愿如下：

南无咕如曼泽廓喀雅[①]（ན་མོ་གུ་རུ་མཉྫུ་གྷོ་ཥ་ཡ）！

谨向一切上师、诸佛菩萨，以及成就悲愿心力、具足无碍本智慧眼众前，我以极大恭敬顶礼并皈依！

今以我清净增上意乐之诚心，我所立一切誓愿，唯愿无碍究竟而成就圆满！

缘他油然生起大悲心，
丝毫不顾自己的安乐，
对于为他难量之行境，
无量难忍苦行不厌烦，
发心以达究竟众生友，
百善根源具恩上师尊，
佛子胜者足下行敬礼，
彼等面前接受清净戒，
除了三戒律仪界定外，
还有什么许诺的事项？
但我仍随染污烦恼转，
放逸随行习气之力强，
故此多为颠倒而行事，

① 这是梵语音译，意为"敬礼文殊师利"。

对此我欲心生正念知[1](དྲན་ཤེས།),
诸佛及其护法众神明,
再祈作证强烈之信念,
沙门我立修善之十誓,
自此开始今生存活期,
宁可舍生亦决不食言,
我若违犯可视畜生类,
佛及菩萨眷属唾弃之,
护法诸神挖取我心脏!

如是祈请诸尊垂慈鉴察,克珠杰所立十大誓愿,随说而详见如下:

第一誓愿:任于何时,决愿将护他心。除了极为稀有的具法等特殊的个别事业之外:任于何时,决不发表关乎军事、盗匪、社稷等扰乱不安的言论。

第二誓愿:通过等起[2](ཀུན་སློང་།)过患或无记性(译者注:据《吉宿尔摄类学》记载,无记有三层含义,无记性、无记之见和无记犯。其中,首先在律藏中分有无记犯和授记犯,故意犯戒属于授记犯;无意犯戒属于无记犯。其次,就其异熟而言不成其为善或不善,因而可以平等取舍之法。对此,熊十力先生在《佛家名相通释》中认为,善等性之性字,不可作体字解,当训为德。德性体性,二义截然不同。体性之性,前条已说,今释德性。德者,得也,若物德之德,即言某物之所以成为某物者也。如白纸之所以得成为白纸者,以具有如此之白故,故谓白是其德也。准此而言,则德性之意义,当可豁如矣。佛家说一切心、心所法,具有三性,善性、恶性、无记性是也。无记者,非善非恶。记谓识别,既善恶两非,即不可识别,故云无记。如凡夫之心,即通善等三性,有时发者是善性,曰善心。有时发者是恶性,曰不善心;有时发者是无记性,曰无记心。其善不善等,即吾人之心所具有之德性也。此善与不善及无记,相间而起故,不可常故,是对待性故。盖大

① 有两层含义,其一为记性;其二为在修心过程中正念和正知的合称。

② 是指欲从事某种行为的动机或念头,还有一层含义是以起意、生心、起心动念为主的发心之意。这在佛典中译为"等起",可以分为因之等起(རྒྱུའི་ཀུན་སློང་།)、时之等起或刹那等起(དུས་ཀྱི་ཀུན་སློང་།)二种。

乘师于凡夫染污位中，分说善不善等三性。至大觉纯净位，则唯是无漏善性，无所谓三性也。最后，外道诡辩者本不成为问题而抛出的邪见，佛陀不予回复的见解称其为不记之见，吐蕃时期编纂的《钦定梵藏翻译名义集》中将其分为宇宙恒常、宇宙无常、既恒常又无常、既非恒常又非无常、宇宙有边、宇宙无边、既可有边亦可无边、既非有边又非无边、如来圆寂后存在、如来圆寂后不存在、如来圆寂后既可有亦可无、如来圆寂后既非有亦非无、彼生命就是指彼身体、生命另有所指身亦另有所指等14类。对此现代学者认为针对"无记之见"遗留给后人的问题引发了哲学层面的变革，比如林镇国先生在《空性与方法：跨文化佛教哲学十四论》中对此就有这样的主张：我们从世亲论师的《唯识二十论》和陈那论师的《观所缘缘论》看到知识论论题的改变，也就是说3－5世纪的印度佛教哲学家，不论是部派说一切有部和经量论者，还是大乘中观和瑜伽行派，他们更关注形而上学的问题。譬如：什么是存在？是否具有恒常不变的本质才可以视为存在？万物特别是我们所居住的世界是否离开心识而独立存在？什么是时间？什么是空间？本来佛陀视为"无记"而拒绝作答的这些形而上学问题，现在再度成为印度佛教哲学家争辩的焦点。佛教逻辑与知识论便是为了解决这些形而上学难题而引进的哲学方法。这形而上学面向的知识论和现代哲学的知识论最为类似，也是现代佛教学者最熟悉、最感兴趣的地方。其实，这些内容源自《梵网经》，该书中佛陀把外道所问邪见未作答复之"无记之见"，其后在《现观庄严论疏第四品》中从概念界定、归类分析、归纳总结等多个层面诠释了六十二见。当时外道提出的以"我与世界是否恒常不变的真理"为首的诸多邪见，对此尽管世间本无恒常不变的一物，但根据提问者的思路予以肯定，则更加强化我执见，陷入常见；其二外道提出的"我"，本来就不存在，故无法回答无常。基于这样两个问题，佛陀未作答复。对于这些问题，还有在《大宝积经诸法名相十万品之大圣善臂所问第二十六》中记载的"众生从何而来"和"在此死后将去往何处"等疑问，在梵藏论典中早有交代，但当代学者们似乎没有深入思考。）（ལུང་མ་བསྟན།）未作全面观察而引起的诸过，只为消除这些过失的具法饶益为唯一目的而言说之外，决不作自身心续相异的任何人（译者注：在原文中并非指单一的人，而是"补特伽罗"。在此便于今人理解，比较粗略地译为"人"。其实，所谓"补特伽罗"是梵语"པུདྒལ"或 pudgala 的汉语音译，藏语"གང་ཟག"。在《大善巧方便佛报恩经·第八阿尼律陀品》中，补特伽罗分为男性、女性、中性、两性者4类。从这个意义上说现在很多学者译为"人"，存在其合理性。但是，从通常对补特伽罗的定义"依五蕴任何一类而假立的人或有情众生相续中的功过时而递增圆满时而递减灭亡的变化生命体"来看，"人"只是个中之一，无法等同。因而多识教授在《藏传佛教认识论》中译为"含识生物"或"满漏"。其中"满漏"之意，源自吐蕃时期编纂的梵藏对照辞典《钦定声明要领二卷》。但在《藏汉大辞典》中藏语"སྲོག་ལྡན"词条下的"སེམས་ལྡན"汉译为"含识"，同时多识教授亦有这样的译法。藏传佛教典籍中对此有诸多分类法，其中比较常见的是四种补特伽罗，即从暗入暗之补特伽罗、从暗入明之补特伽罗、从明入暗之补特伽罗、从明入明之补特伽罗；或者观察补特伽罗之八种方法，即行、行境、亲和、友、寻、闻、身业和语业；十种补特伽罗我执见，即执着于单一的补特伽罗我、观彼催生其他实有法之因、观行境中的食者、观施事者、观统治者、观常、普遍烦恼、观依、观解脱、观非解脱、观瑜伽；等等。当然佛教各派对此有不同的诠释，譬如：克什米尔婆沙论者和经量论者把心识续流视作补特伽罗，遵经派唯识宗把阿赖耶识视作补特伽罗，遵理派唯识宗和中观自续派把意识视作补特伽罗，但中观应成派不认可这一切。），专门指名道姓而指责其身、语、意三门的点滴细微过失的言论。

第三誓愿：总体而言对于自己的要求是丝毫不引发扰乱他人心续之心，然而以此方式确实具有饶益他人之时的坚定信念，或可行事。否则，有别于自续相异的有情众生，以及除此之外的其他无生命的可作诸境，亦决不言点滴恶毒之语。

第四誓愿：为了具法事业，通过安驻于念知，必须观察的对象用心作思。除此之外，任于何时，对于师友、名利、闹市、爱憎等境况，决不掺杂烦恼之心予以观察。

第五誓愿：除偶尔因生病或长途跋涉而极度劳累之时以外，凡作修善事务的任何时候，决不作卧榻、倚靠、戏语、狂饮暴食等无益于具法之举，并杜绝这类之易生懒惰举措以及丝毫不染不斩断祸根、视而不见，继续堕落下去的恶习。

第六誓愿：我若拥有彼资具并将其施与他人时，除非成为我的善业损减之缘及增长之障碍，或者必将成为有害于彼境，或者早已转向并用于专为其他具法事宜及其他对境。否则，任何人向我乞求任何器物用具，无论优劣精粗，决舍悭吝之心，即以欢喜之心施与他人，为圆满菩提作回向。

第七誓愿：无论何时，凡对我或我的亲友、财富、侍从、眷属等，所作任何伤害、诽谤、辱骂、揭发，乃至以杀害生命为止的一切行径，我决定努力克制自己初生不安、恼怒，随结仇恨，由此而来的哪怕是轻微的言行举止、失态之过，决不生起予以报复的心念。相反，通过直接或者间接地方式广发利他饶益之心，为此竭尽全力而作祈愿善哉。

第八誓愿:除了由我作灌顶导引、法脉传承、开示诀窍、讲授显密、七期开光、护摩火供仪轨等所得供养酬金,以及拟用于善法方面的开支、必须备用的日用品如缝制的衣裳、炊事及其用具等的暂时受用衣食之外,其余但凡大小资具,决不为私利据为己有,当致力于唯积福方便而施舍。凡我所作四句偈颂以上法施,亦悉数归于菩提心。

第九誓愿:通过只为正法清净之心,对经典义理执持颠倒性分别认识予以驳斥。除此之外,对于其他任何一位师友,决不作丝毫不敬而毁誉之言,当自觉赞颂其功德。无论身份尊贵还是卑贱的任何人,他们所具足的因、果、利济三圆满及其殊胜功德何等具法之相,凡我亲眼目睹或亲耳所闻者,决不眼红,更不因不忍而引发丝毫嫉妒之痛,而应即刻修随喜他人功德之心。

第十誓愿:因疾病、盗贼等凶猛厄运侵害而成依他性,除不能自主修行之外,直到生命结束为止,每个昼夜必将持续不断地践行十项常规善举。也就是说,每日六期勤修愿众生证得菩提之心以及为使众生成佛而自己践行六度的广发菩提之心的摄略仪轨①(ཐུན་དྲུག),尤其于上午勤于观修愿证菩提之心和自己受用的菩提心戒之广大仪轨。同时结合这两种菩提修心所缘之相,每日四期善加观想实践。并且,自己的一切言行举止决不能脱离上述两种菩提修心而任随心思放逸,时常依正念知而勤勉自己向善。为了彻底摧破世间图谋眼前安乐之心的对治,依菩提道次第中的下、中士

① 亦有译为“六座”的。藏传佛教把每天学习实践课时间安排为4个或6个时段,即上述拂晓黎明、上午、中午、傍晚4个时段为4期或4座。在此基础上,增加上半夜和下半夜2个时间,便是6期或6座。关于这个方面克珠杰专门著有《六期(座)瑜伽实践方法次序而编》(ཐུན་དྲུག་གི་རྣལ་འབྱོར་ཉམས་སུ་ལེན་པའི་ཚུལ་གྲངས་དང་གོ་རིམས་སུ་བསྒྲིགས་པ་བཞུགས་སོ།),收录于《克珠杰文集》拉萨雪木刻版第9函第10部《散论合编》第26部,共6叶,参见西藏色昭佛教古籍编委会整理:《克珠格列贝桑文集》(藏文第9册),北京:中国藏学出版社2014年版,第437-446页。

道的主要所缘之相，必须与适量时程相结合而勤于观修四期，仍需如前不忘失正念知。并且，潜心修持无上密宗坛城的能依所依等无任何遗漏地圆满四期瑜伽①。

如是我立心许之十誓，
既非不愿而他人之托，
亦非欠虑而信口开河，
更非无法成就之空谈，
而是自我审查之总结，
因而只要精进便可行，
获得成就方见其大用，
故此佛子希有诸善行，
心生崇敬之信的人们，
诸佛菩萨护法神明前，
祈作鉴证以此立誓约，
是故宁可舍身亦守约，
此等不弃再向诸佛子，
除此无量伟大诸善行，
意乐加行尤为转增上，
由此彰显三时诸善举，
合一而为吾的诸生世，
愿得希有明师随摄受，
行愿菩提二心终不弃。

① 这篇重要文章收录于《克珠杰文集》拉萨雪木刻版第10函第4部《十大心许誓愿》，约有4张，8页，参见西藏色昭佛教古籍编委会整理《克珠格列贝桑文集》（藏文第10册），北京：中国藏学出版社2014年版，第540－544页。东噶教授把这十大誓愿精简成十条，参见东噶洛桑赤列编纂《东噶藏学大辞典》（藏文），北京：中国藏学出版社2002年版，第1072－1073页。

践行伟大佛子广大行，

通过无畏殊胜之心力，

截至生死流转的边际，

圆满执持胜者之正法，

并获文殊摄持而祈愿①！

这样以后，按照大乘车轨诸师和文殊师利宗喀巴如何阐释佛陀思想之方法，克珠杰对于显密无余圆融的道体，除了以勤于修习其心要为主要任务之外，一刻都不能松弛、懈怠，因此立下以上誓愿。同时，为其他有缘者广为讲授和传播宗喀巴的无垢清净的显密思想，还应江孜法王饶旦帕（译者注：指江孜法王饶丹贡桑帕，1389 年出生于萨迦政权所辖的夏喀巴官家（ཤར་ཁ་པའམ་ཤར་དཀའ），父名囊钦贡噶帕，母名桑姆白。其父系从多康丹玛地区迁徙而至。因长于书法而被聘用为萨迦政权秘书，进而因为萨迦政权攻打藏南珞巴和门巴等部族而战功赫赫，以“夏喀瓦”之名成为后藏江孜地区之主。江孜法王年幼时担任帕竹大司徒绛曲坚赞的侍寝官，不久后被委任为江孜宗本。1413 年在以帕巴贝桑布和帕巴仁钦为主的父辈们的基础上，邀请克珠杰建立江热寺。次年搭建年楚河江热大桥，1418 年将原来江热寺中的学僧合并以后建立白居寺，由克珠杰主持，其中几乎每一佛殿竣工后都邀请乃宁寺第四十二代堪布嘉木样仁钦坚赞举行开光仪式。最后因克珠杰与荣顿释迦坚赞二人辩论之事，江孜法王从中作梗阻扰，他们之间心生芥蒂，克珠杰离开白居寺移住今日喀则市白朗县境内的当金寺。随后虽然江孜法王再三邀请，克珠杰始终都没有返回，并致予江孜法王的《在日熬当金山上证悟宣言》和《致予荣顿释迦坚赞之教授》。这两篇收录于《克珠杰文集》第 9 函第 10 部《散论合编》第 25、28 部，本文中有全译文。由于他们二人之间发生这样的小插曲和门户之见，故以《汉藏史集》和《后藏志》为首的非格鲁派学者所著史籍中除了江热寺之外，关于克珠杰与江孜法王一并建立白居寺一事几乎只字不提，实属遗憾。同时藏文古典文献史上赫赫有名的江孜天蚌写本《甘珠尔》由他主持完成，分为一套墨写本和一套金写本两种。墨写本为 1431 年藏历三月十四日，在江孜法王的主持下，大译师图杰白为总编审，在日喀则江孜白居寺中以“那塘写本”为主要母本，编纂成墨撰写的《甘珠尔》写本，共有 111 函，完成于 1432 年。金写

① 据《克珠杰文集》拉萨雪木刻版第 10 函第 4 部《十大心许誓愿》题记上记载：“此文于兔年大神变之翼宿月 8 日，多闻比丘格列贝桑布于黎幸林寺心许而写成”（ཡོས་བུའི་ལོ་ཆོ་འཕྲུལ་ཆེན་པོའི་དཔོ་ཟླ་བའི་ཚེས་བརྒྱད་ལ་མང་དུ་ཐོས་པའི་བཙུན་པ་དགེ་ལེགས་དཔལ་བཟང་པོས་ལྷས་བྱིན་སྒྲིང་གི་གཙུག་ལག་ཁང་དུ་ཡི་དམ་དུ་བགྱིས་པའོ། །），故撰文时间似为 1423 年藏历一月二十三日。参见西藏色昭佛教古籍编委会整理《克珠格列贝桑文集》（藏文第 10 册），北京：中国藏学出版社 2014 年版，第 544 页。

本为1436年，在主持人、总编审、母本、函数等相同的情况下，编纂成金汁撰写的《甘珠尔》写本，竣工时间不详。还有一套《丹珠尔》，首函置于礼赞集，随后彰显五明学科体系的诸论，分为果乘密宗与因乘显宗两大类，共计205函。这些写本编纂于江孜白居寺，后来以《甘珠尔》为母本编纂很多《甘珠尔》，如为五世达赖喇嘛圆寂而由第悉桑结嘉措主持编纂的写本和多康拉宗寺编纂的写本《甘珠尔》，等等。这样功德圆满后，江孜法王最终于1442年去世，参见博东班钦群列朗杰或名晋美扎巴著《江孜法王传记·起信麦穗悉地降雨》（藏文，1421写成），拉萨：西藏人民出版社1987年版；达仓宗巴·巴觉桑布著《汉藏史集》（藏文成书时间1434年），成都：四川民族出版社1985年版，第371－400页；百慈藏文古籍研究室编《觉囊多罗那他文集》（藏文）第44卷《年域上中下三区妙语善说·智者入门》，北京：中国藏学出版社2008年版，第49－65页；王尧、陈庆英主编《西藏历史文化辞典》，拉萨：西藏人民出版社、杭州：浙江人民出版社1998年版，第10－11页。）（ཆོས་རྒྱལ་བདག་པོ་རབ་བརྟན་པ།）的迎请，莅临白阔却德寺（译者注：坐落于今西藏日喀则市江孜县的白居寺，1418年在江孜法王饶丹贡桑帕的资助下由克珠杰创建而成，由罗布甘丹巴、张姆茹巴、莱珠巴、喜乃巴、上塞康等7个格鲁派札仓；康萨巴、古日巴、德瓦坚巴、俄噶巴等4个萨迦派札仓，4个夏鲁派札仓，萨迦派和格鲁派合住的一个名为下塞康的札仓等16座札仓组成。这是仿照蔡贡塘的建筑风格设计，主要以密宗众本尊眷属为塑像和壁画题材，又有藏传佛教诸派师承图像，完满彰显了宗喀巴首倡的"一切圣教互不相违而证悟之殊胜"的文化和谐思想。而且，它是雪域高原寺塔合为一体的典范，后来藏区各地陆续仿造。可参见博东班钦群列朗杰或名晋美扎巴著《江孜法王传记·起信麦穗悉地降雨》（藏文），拉萨：西藏人民出版社1987年版，第43、60－169页；班钦索朗扎巴著《新旧噶当史籍》（藏文），拉萨：西藏藏文古籍出版社2001年版，第67－76页；百慈藏文古籍研究室编《觉囊多罗那他文集》（藏文）第44卷《年域上中下三区妙语善说·智者入门》，北京：中国藏学出版社2008年版，第49－65页；喀尔那译师班觉嘉措著《格鲁派源流·如意宝树智者能喜》（藏文），拉萨：西藏藏文古籍出版社2013年版，第20－22、222－223页；第悉桑结嘉措著《格鲁派教法史》（藏文），北京：中国藏学出版社1991年版，第75－76、244－245页。这之前还有一座由克珠杰建立的重要的江热寺院，故此克珠杰得名"克珠江热巴"或"江热堪布"或"江热噶究巴"等。据噶陀司徒却吉嘉措在《卫藏游记》中记载，"在乃宁寺下面就有克珠杰的主要寺院江热寺，然现已变成村落，据说还留有具有加持力的黄铜佛像"（成都：四川民族出版社2001年版，第360页；拉萨：西藏藏文古籍出版社1999年版，第284页）。特别在博东班钦群列朗杰所著《江孜法王传记》（拉萨：西藏人民出版社1987年版，第8－14、46－50页）和觉囊多罗那他所著《后藏志》（北京：中国藏学出版社2008年版，第52－54、91－94页）中，该寺的历史演变讲述得更加清楚。但是，通常认为江热寺遗址就在白居寺河对面，只有5公里的距离，似乎在今江孜县境内。其实不然，而是坐落于今康马县。总体而言，如今分别坐落在2个县境内，但从藏族传统区域划分来看，均属年河流域上游的一个河谷。）（དཔལ་འཁོར་ཆོས་སྡེ།），培养了执持宗喀巴善规宗风的学僧团队,做出了广利正法的事业。

八、荣顿释迦坚赞发布辩论公告

克珠杰年满43岁之时,也就是火阴羊年(1427年),江孜法王饶旦帕从前藏迎来荣顿释迦坚赞(译者注:1367年出生于嘉绒地区的协玛觉之地,父名为盖贡嘉波,是精通苯教九乘且具神通之人,母亲名为嘉噶曼。自幼随父学习苯教知识,取名“喜饶维色”。当时在苯教方面进行了大量著书立说,故被当地尊为顶礼膜拜的上师,如后藏的曼日寺建立者喜绕坚赞就是他的弟子(毛尔盖桑木旦全集》(藏文第6册),成都:四川民族出版社2009年版,第214页)。18岁时游学于卫藏地区,在桑普寺林杂巴仁钦朗嘉门下接受菩萨戒,并于贡敦洛珠旺秋门下,系统闻思以《正理滴论》《明量论》和《现观庄严论》为代表的俄译师罗丹喜饶一脉相传的经典理论和中观自续派哲学思想。22岁时在澎域卓萨堪钦贡噶坚赞和玛尔敦门下出家为僧,并接受比丘戒,赐名“释迦坚赞”,此时著有《明量论释》。27岁时在今山南市的乃东丹萨梯依止雅周桑杰培听受萨迦派传承的显宗理论,其后在大乘法王门下听受萨迦派的密乘理论。从此主攻俄罗译师罗丹喜饶和萨迦派的显宗理论,因而后来69岁时在今拉萨市林周县遍玉谷建立那烂陀寺时特别强调:“那烂陀寺法台上塑造俄罗译师和萨班之像必将利于弘法事业”。其门徒班钦释迦确丹认为,在藏族历史上唯有恰巴曲僧和觉敦柔瑞以及荣顿释迦坚赞三者是教学实践和人才培养方面成就最为突出者。50岁左右时赴定日和昂仁梅域等地朝圣,61岁时被卫藏各地的地方官员们应邀而成为座上宾。1435年赴澎域仿照桑普寺的模式建立那烂陀寺,终生从事教学工作。1449年圆寂,享年83岁。他一生培养了许多学者,最为著名的是以雄努嘉却、白玛桑布、瑟巴洛珠嘉措、坚俄次成达玛为主的前期4位弘法柱子;以芒康巴扎巴桑布、格瓦坚赞、贡日坚赞桑布、绒琼喜饶白(此等称康巴四人)、曲隆噶究巴曲嘉白桑、然那释巴杂、那塘巴喜饶僧格、噶究巴(此等称藏巴四人)为主的中期8位雪域庄严;玛尔敦嘉措仁钦和贡却坚赞为众门徒中的二胜;巴登彤塞、贡德查莎、雄努僧格三位与他身语意功德相等的高足;那塘译师桑噶释利、雅角文布索朗朗嘉、勃达译师雄努白瓦、达波文布扎西朗嘉(此等称无比班钦四人)、康区的拉直敦巴喜饶多杰、前藏的仁钦洛珠、索钦群列朗嘉、后藏上部的喜饶列巴、北部昂仁的桑杰珠尼、阿里下部的嘉扬喜饶嘉措、玉敦索朗仁钦等后期12位能显佛法高足;桑普的扎敦巴云丹嘉措、泽塘的白觉嘉措、康区的贡然巴喜饶白(此乃萨迦派的中流砥柱贡然巴索朗僧格(1429–1489年)的老师,故称他为“大贡然巴”。因为11岁开始由他如子般把小贡然巴索朗僧格培养成才后,19岁时作了委派他赴卫藏求学的筹备工作,1448年正式启程,最初在荣顿圆寂之年(按公历荣顿圆寂于1449年初,但按霍历12月14日圆寂,故在其《传记》中写为圆寂当年拜荣顿为师)利用夏季和秋季2个学期略听其讲课,但于1449年开始,主要依止荣顿释迦坚赞的名扬四方的最后四位高足之一强钦然坚巴桑杰培(1411–

1485年)和俄钦贡噶桑布(1382－1456年)为根本导师,1449年在今西藏日喀则市仁布县的追域宗噶结梅丛寺建立讲辩学院,1473年在后藏达那地区建立达那土登朗嘉寺,所造论著合编的《文集》有15册。故他们两位被誉为大、小贡然巴,但现在对二者的称谓似乎有混淆之嫌,参见四川宗萨寺康谢五明佛学院编《贡然巴索朗僧格文集》(藏文第8册),北京:中国藏学出版社2013年版,第332－418页;四川藏文古籍搜集保护编务院主编《阿梅阿旺贡噶索朗文集》(藏文第5册),拉萨:西藏藏文古籍出版社2013年版,第29－124页)。并且,还著有《金刚密集解说·加持甘露享用宝藏》《佛典大海入门四宗义理分辨庄严》《现观庄严论解说·句义明显》《现观庄严论疑难辨析·甚深要义月光》《般若道次第修行·除暗明灯论》《十万般若注疏》《中伦解说·甚深真实属性明显论》《入中论解说·了义抉择》《中观聚集释难·理路明论》《经庄严论解说·大乘明灯论》《大乘宝性论善说》《辨中边论解说·慈氏心意庄严》《辨法与法性论解说·天鼓》《俱舍论解说·所知彰论》《般若心经解说·佛母义理明显》《四法印释义》《菩提心释解说·明日之光》《无著所著〈禅定明灯论〉摄略要义》《寂天所著〈入菩萨行论〉修习次第庄严宝鬘》《莲花戒所著〈修习次第初论〉释·止观能现庄严》《莲花戒所著〈修习次第中论〉释·关要月光》《莲花戒所著〈修习次第再论〉释·天鼓妙音》《释量论修习次第·希有明显要义》《量理藏论解说·日心论》《量理摄义实践诀窍》《量论释义》和《龙树所著〈劝诫亲友书〉解脱·解脱便道之梯》等大量论著,约有350部,共20函。但是,现在大多数已经失传,四川民族出版社正式出版的其《文集》,只有10册。总之,宗喀巴之后他名扬雪域高原,故被列为萨迦派显宗理论方面的三大智者之一。但是,东噶教授对他的评价是:荣顿释迦坚赞的主要法脉传承为俄译师罗丹喜饶和萨迦派,尤其为般若和中观自续派的贡献突出。故此,现在将其单一地列为执持萨迦派的学者似乎有待商榷,参见东噶洛桑赤列编纂《东噶藏学大辞典》(藏文),北京:中国藏学出版社2002年版,第1928－1929页。其门徒班钦释迦确丹著有《荣顿释迦坚赞传记·妙信戏海》、萨迦比丘朗喀巴桑著有《荣顿释迦坚赞传记·事业不断传承祥瑞》,参见索朗次培主编《荣顿释迦坚赞文集》(藏文第1册),成都:四川民族出版社2008年版,第2－57、81－158、159－176页;四川宗萨寺康谢五明佛学院编《班钦释迦确丹文集》(藏文第16册),北京:中国藏学出版社2013年版,第239－292页。在此基础上,赞拉阿旺措成写有《荣顿释迦坚赞传略》,载《中国藏学》(藏文版)1994年第2期,并收录于《赞拉阿旺措成论文集》(藏文),成都:四川民族出版社2004年版,第179－191页。令人遗憾的是,赞拉阿旺措成的文章中关于荣顿释迦坚赞与众贤哲辩论部分一首偈颂带过,从略而未述。),声称要与克珠杰进行辩论,当时克珠杰亦应允了。这个消息很快传遍了卫藏各地,许多智者赶来作见证者。并且,已经搭建了辩论台,堆起了《甘珠尔》和《丹珠尔》两套丛书,还约定了辩论时间。荣顿释迦坚赞自忖无力与克珠杰对辩,因而他和江孜法王饶旦帕只有设法规避了。于是,克珠杰善说论主格列贝桑以甚深无畏妙音朗诵如下：

嗡，愿吉祥如意！
洛桑妙语善说之花鬘，
扎巴显耀理路具芬芳①，
具德智者众首居冠者，
静息弘扬佛教而祈愿。
妙乘种姓能量匪浅成于资粮双宝界，
智慧飞马载日无碍运行所知天空中，
经典如海衣裳大地普照义理之光芒，
空前至宝明日岂能萤火微虫同行乎？
然而绒地之释迦②（རོང་སྟོན་ཤཱཀྱ），
怀恨正法诡异者，
执持辛饶（གཤེན་རབ）理论幢③
幼稚而自视智者，
各自距远而住时，
再三声称与我辩，

① 第一句“洛桑”意为“善慧”，第二句“扎巴”意为“名称”，这两个词镶嵌于句首，隐含宗喀巴的名号。

② 绒地指出生于嘉绒地区，今四川省阿坝州境内。释迦指其名，即释迦坚赞，这里指的是荣顿释迦坚赞。见才让多吉主编《伯东班钦全集》（藏文第1册），北京：民族出版社2014年版，第501－510页。

③ 指辛饶弥沃切，雍仲苯教的创始人，其生卒年众说纷纭，莫衷一是。这里是指荣顿释迦坚赞为苯教徒，故此对正法怀恨在心。如果我们从其高足班钦释迦确丹所著《荣顿释迦坚赞传记·妙信戏海》来看，荣顿释迦坚赞出生的家庭不仅是世代信奉苯教的虔诚信徒，而且其父为精通苯教九乘理论的世袭喇嘛，因而荣顿释迦坚赞亦自幼系统听受其传承，并开展了富有成效的讲辩著三业，直到18岁离开家乡。但是，他后来赴藏常驻于桑普寺闻思噶当派俄罗译师传承的经典理论，晚年在今拉萨市林周县遍玉谷建立那烂陀寺，逐渐成为执持萨迦派的俄系、蔡系、宗系三大传承体系中的蔡系。除此之外，荣顿与同一时代撰写的《青史》亦记载到，出生于嘉绒地区的苯教世家，主要遵循雅德堪钦桑杰白的学统。在此克珠杰这样诋毁，与当时江孜法王和荣顿二人出尔反尔，戏弄他不无关系。但其学术思想，至今尚未出炉汉语研究成果，故仍有待深究。参见郭洛循努白著《青史》（藏文下册），成都：四川民族出版社1986年版，第1258－1260页；索朗次培主编《荣顿释迦坚赞文集》（藏文第1册），成都：四川民族出版社2008年版，第81－82页；四川宗萨寺康谢五明佛学院编《班钦释迦确丹文集》（藏文第16册），北京：中国藏学出版社2013年版，第239页。

然藏诡谲之心计，
花花肠子般仙人，
如诅咒连发公告，
不知何时到此地，
却现畏缩又胆怯，
还装愧疚而懊悔，
无依而寻求依靠，
具德月称①(དཔལ་ལྡན་ཟླ་བ།)光芒前，
欲作寻隙愚昧者，
吾以理路之金刚，
将其彻底破除之，
导师②善说能明光，
欲以嫉妒大树蔽，
邪说如林密布尔，
吾今将其化为灰，
如此明确而声明。
尔时心悸的这厮，

---

① 中观应成派代表人物，著有《中论能显明句释》和《入中论》以及《五蕴论释》等大量论著，收录于《丹珠尔对勘本》(藏文)第59卷，北京：中国藏学出版社2000年版，第3－1808页，第60卷第3－512、513－932、1535－1605页。

② 这里指克珠杰的根本导师，即宗喀巴洛桑扎巴。在班钦释迦确丹所著《荣顿释迦坚赞传记·妙信戏海》中阐述荣顿释迦坚赞举世无双的辩才时，共罗列了其与当时名冠学界的7人辩论而胜的情况，其中首列的便是宗喀巴。其辩论情境如下："荣顿释迦坚赞在布达拉宫拜见宗喀巴，当时他们围绕般若之道次第问题展开辩论，以致宗喀巴无奈应许《现观庄严论》非般若之道次第的主张，使他黯然失色。但因无偏见，随喜供献一批身旁的黝黑绸缎"。这是否属实仅从宗喀巴《现观庄严论广疏·善说金鬘》和《菩提道次第广论》以及《菩提道次第论》等论著中容易获得答案，因为宗喀巴的这三部重要论著之首就明确阐明了"《现观庄严论》是般若道次第的核心"，难道班钦释迦确丹从未拜读。而且，1382－1385年间宗喀巴在蔡贡塘系统拜读《甘珠尔》和《丹珠尔》的基础上，撰写了《现观庄严论广疏·善说金鬘》。这期间荣顿还在嘉绒地区，尚未来到卫藏，故无须赘述。以上辩论内容，可参见索朗次培主编《荣顿释迦坚赞文集》(藏文第1册)，成都：四川民族出版社2008年版，第122－123页；四川宗萨寺康谢五明佛学院编《班钦释迦确丹文集》(藏文第16册)，北京：中国藏学出版社2013年版，第267页；《萨迦文献丛书》(藏文第4卷)，北京：中国藏学出版社2009年版，第344－348页。

此等吾未遮止矣[①]，

口出如此无赖话，

① 在班钦释迦确丹所著《荣顿释迦坚赞传记·妙信戏海》中记载，荣顿释迦坚赞依止贡敦洛珠旺秋门下，多次听受俄罗译师一脉相传的中观自续派思想。尤其在今拉萨市曲水县的德瓦坚时心生必将遭遇业障，故由著名学者曲隆噶究巴作为侍从闭关入定修行为期一周的时间。这期间的第五天晚上梦见：自称是清辩论师的一位肤色深蓝的班智达从地下发掘出一尊白旃檀制成的一尺高的佛像行城之相和三部中观自续派东部三位论师所著论典交于他手中，并特别讲到："请你妥善管理，不可失坏。汝之寿命为80岁"。其后立刻赴今拉萨市堆龙德庆区境内的觉摩隆寺（1169年由斯瓦特扎觉巴所建，后改宗为格鲁派），坐在先哲云丹赤尊者曾在该寺修行不动金刚的禅房内雅周桑杰培的位置上短期修行不动金刚。这期间有一夜梦中该房主给他讲到："汝上师所见神明在此"，之后指向了一个虹光闪耀的宫殿。从此以后，获得了一切经典的句义证悟无碍的智慧，特别是翻阅任何一部中观自续派论典均无碍了知的智慧，以及对于词义二者生起不退之信。复次，月称论师所著论典义理虽无不善之处，然其语言表述存在诸多讹舛，故稍微作了讥毁。为了讽刺他人，做了调侃和诙谐之语。这时梦见不祥之兆，由此对于月称论师心生虔诚之信，撰写了阐述其思想的大量论著。由此看来，以上克珠杰所云：荣顿释迦坚赞执持中观自续派思想，讥毁月称论师是可信的。特别是在博东班钦传记中，关于否定月称及其《入中论》问题，专门进行了辩论，辩得他哑口无言（参见才让多吉主编《伯东班钦全集》（藏文第1册），北京：民族出版社2014年版，第505－508页）。于是，东噶教授对他的评价是，"荣顿释迦坚赞对于般若和中观自续派具有重要的贡献"，参见东噶洛桑赤列编纂《东噶藏学大辞典》（藏文），北京：中国藏学出版社2002年版，第1928页。其次，他对宗喀巴思想进行批驳也是众所周知的事实，而且后来班钦释迦确丹和贡然巴索朗僧格等人对于宗喀巴思想提出质疑也是拜他所赐。特别是在班钦释迦确丹所著《荣顿释迦坚赞传记·妙信戏海》中明确记载到："在印度佛教四宗中前三宗中不合理的部分，荣顿释迦坚赞欲以破斥，故撰写大量中观和唯识宗论疏，予以善加抉择。在藏区并无把婆沙论者和经量论者以及唯识宗作为自己承许的究竟主旨的学者及其追随的流派。但是，在四宗派义理的界定和阐释上，自从佛教传入藏区之后就形成了不同的见解。后来形成的见解最为不同的是，被称之为遍智的喜饶坚赞（指觉囊派的笃布巴1292－1361年）界定的宗义和仁布切洛桑扎巴（指宗喀巴）界定的宗义。这些就是荣顿释迦坚赞依理破斥的主要对象，对此并无任何无法依理破除之处。其中，笃布巴喜饶坚赞认为：如来佛典之究竟了义是虚相之见，其依据引证了无著兄弟的论典。荣顿释迦坚赞对此依理破斥：汝之见不能成为中观，而仅仅停留在唯识宗虚相层面。但是，其他学者所言：觉囊派宗义不属于佛教四宗中的任何一宗，这种评价并不中肯。所以，我们的导师荣顿释迦坚赞坚信唯识宗理论，除对笃布巴喜饶坚赞解说之误以外，其修习次第并无舛误。如是所云，并给予极大的尊崇。再者，仁布切洛桑巴（指宗喀巴）把以前雪域高原上形成的一切讲学和修习传承如风般著称的见修关要和显密以及中观、唯识义理阐释均视为错误无疑，并以此宣称于世。而且，通过他自己的思辩理路加以解析，还引证似是而非的诸多论典作为理论依据，在界定和阐释了大量以前从未著称的中观和唯识以及显密宗义的基础上加以分类解说。而且，还认为是殊胜本尊（指文殊师利）授记的宗派。那时，雪域高原上的大部分讲学和修习者把各自的根本传承中的观修行果都视为谬误，毫无疑虑地追随宗喀巴。这时荣顿释迦坚赞发现宗喀巴的思想没有任何意义，其宗义被视为非殊胜本尊加持而成，故从义理两个层面撰写了加以破斥的大量论著。雪域高原上的历代先哲和大成就者们的事迹被奉为真知灼见，从而矫正了其过。随后，若干有缘者加入其列，现在雪域高原上出现了两派。如果这样的举措被视为只是瞋心敌意所致，也非如此。在雪域高原上所传的清净法脉不同者共有7种，这些是早期无任何争议的先哲们所行无垢清净之道，而现在的这个新派并无可信的传承，其宗义又与经典理论背道而驰。所以，在荣顿释迦坚赞之前，从未出现过能够破斥该派之人"。如此看来，荣顿释迦坚赞所破合理与否，是另一个议题。但他执持中观自续派思想，确实批驳过月称论师和宗喀巴，故克珠杰以上所言均可信。如果接近辩论之时，他又否认自己所破的这些事实，真的令人难以置信。以上引文参见索朗次培主编《荣顿释迦坚赞文集》（藏文第1册），成都：四川民族出版社2008年版，第84、104－106、120－122页；四川宗萨寺康谢五明佛学院编《班钦释迦确丹文集》（藏文第16册），北京：中国藏学出版社2013年版，第240、254－255、265－267页。

难以掩盖谎言故，
寻洞逃窜而规避，
如脱羞耻之外衣，
松弛戒律之腰带，
愚昧学徒之恶语，
暗幕遮蔽下自乐。
此处智者辩论等，
不宜开展之推辞，
寄望于施主权威①，
转告我宽恕为谢！
经典义理逐浪者，
遍游论海诸寺院，
如龙之首贤哲众，
莅临此地见证者。
彼所依靠的施主，
其语严令威慑下，
各自遣返如投海，
辩论坛城未周圆。
如此不能现身者，
且发畏语莫忘记，
将来汝对智善说，
切勿暗自作诽谤，
以此劝诫彼负者。

① 这里指江孜法王饶丹贡桑帕，参见以上注释以及博东班钦群列朗杰或名晋美扎巴著《江孜法王传记·起信麦穗悉地降雨》(藏文，1421 写成)，拉萨：西藏人民出版社 1987 年版；达仓宗巴巴觉桑布著《汉藏史集》(藏文)，成都：四川民族出版社 1985 年版，第 371－400 页。

惯于不实妄言徒，

无耻难以置信众，

如牧之理众贤宣。

善逝正法住于雪山洼，

十万论典如狮顶鬃严，

理路爪牙不堪具力者，

唯我智冠雄狮自在天，

一发无垢理路之吼声，

来犯千头傲象俯首退，

除我格列贝桑布以外，

还有谁能堪称论狮乎[①]？

如此大张旗鼓地发出无垢理智的吼声后，将其书写成文，并缝制张贴在江孜白阔却德寺大门之上，让大众齐观[②]。

这样两位智者所发无垢理路辩论的吼声，是为了弘扬正法而作，决非如今那些愚昧之徒，出自个人的得失爱憎而辩。对于此事，一切遍智克珠杰特别讲到："有人说，为了分辨法与非法而多辩争论者，实属尚未调服自己心续所致，故毫无意义。对于这些经典义理，按照各自的本宗修习，亦曾成就过诸多贤德之士。而且，一切诸法差异的本质属性趋于同一意趣，将其用作口舌之争，此乃贪欲、瞋恨、无明三者的根本，故不可取。并且，他们的这些主张均被视为尽善尽美的圆满功德"。如此所云之后（译者注：在钦则阿旺索巴嘉

① 本文收录于《克珠杰文集》第9函第10部《散论合编》第28部，参见西藏色昭佛教古籍编委会整理《克珠格列贝桑文集》（藏文第9册），北京：中国藏学出版社2014年版，第450－451页。

② 在班钦释迦确丹所著《荣顿释迦坚赞传记·妙信戏海》中对于这场未了的辩论有着怎样的记述呢？参见索朗次培主编《荣顿释迦坚赞文集》（藏文第1册）第126页，成都：四川民族出版社2008年；四川宗萨寺康谢五明佛学院编《班钦释迦确丹文集》（藏文第16册）第269－270页，北京：中国藏学出版社2013年。

措翻译的《菩提道次第师承传记》(上册)中,在此断句以后,“又一众愚人说,‘学法皆主自宗,因而特生敬信,所谓以经教正理破除邪法,实为内心未调服耳!’凡此种种……”这样开始了另一些人的谬论,这似乎不符合原文本意,有待斟酌。参见宗教文化出版社2012年版,第742页。),大部分愚钝之辈将其视为“该修法者是一位至善尊者”①,于是更加生起虔诚之信。他本人亦自以为是地接受这样的阿谀奉承,随同招来诸多名声远闻与以利养身……②但是,通过旁征博引据理破除颠倒法理的邪说谬论被说成是“心续尚未调服”之举,这就等于说比起以佛陀和世界六大庄严③(འཛམ་གླིང་མཛེས་པར་བྱེད་པའི་རྒྱན་དྲུག)为首的一切印藏殊胜班智达、译师,唯有自己心续已被调服。由此观察,此等言论显然难以置信。同时,为了迎合普通大众尤其是在某些愚夫心目中树立自己的威信,当然其目的只是不断地招来些许名闻利养,且不能失掉而逐步高升。为此,明知非法

① 郭和卿先生的译本上,亦存在断句上的问题,而且把“བླུན་པོ་ཕལ་ཆེ་བ་ཆོས་པ་རང་རྗེ་བོ་བཟང་ཞེས་དད་པ་ལྷག་པར་སྐྱེ”一句,译成“学法人都说自宗宗祖好而特别深信”似乎不妥,这个问题同样存在于上述钦则阿旺索巴嘉措的汉译本中。参见郭和卿的译本第563页。现有两种译文相继均出现这样的问题,他们似乎没有注意到这一段全文引自克珠杰所著《三律仪摄要抉择品·佛法净化宝镜论》。

② 整个前后这一段全部内容均引自《克珠杰文集》拉萨雪木刻版第8函第5部《三律仪摄要抉择品·佛法净化宝镜论》第41个补特伽罗心续中的三律仪自性一与异等观察品。在此值得注意的是,在《克珠杰文集》原文中此处有“བཤེས་གཉེན་ཚུལ་ཁྲིམས་དང་ལྡན་ཅིང་སེར་སྣ་ཆུང་བ་དང་། ཕན་སེམས་དང་སྙིང་རྗེ་ཆེ་བ་དང་ཐུགས་ཀྱི་ནུས་པ་ཆེ་བ་སོགས་ཀྱི་ཡོན་ཏན་ཡོད་པས་ལྟ་སྒོམ་མ་ནོར་བར་པ་ལ་འབྲེལ་བ་གང་ཡང་མེད།”这样两句。但是,永增益喜坚赞所著版本中似乎遗漏或省略了这两句,故特作说明。参见西藏色昭佛教古籍编委会整理:《克珠格列贝桑文集》(藏文第8册),北京:中国藏学出版社2014年版,第355－356页;永增益喜坚赞著《菩提道次第师承传记·佛法庄严无上宝鬘论》(藏文),西藏人民出版社1990年版,第425页。

③ 印度佛教史上具有理论创新之功的六位论师,即中观派的开创者龙树及其思想阐释推广者圣天、唯识宗的开创者无著及其思想阐释推广者世亲、量理学科的创始者陈那及其思想阐释推广者法称等6人。他们的代表性论著收录于《丹珠尔》,参见《丹珠尔对勘本》(藏文),北京:中国藏学出版社2000－2005年版,第55卷第1377－1383页;第56卷第1255－1319页;第57卷第3－82、270－423、771－855页;第65卷第725－773、882－917、932－945页;第66卷第3－661、717－868页;第67卷第468－492、1182－1230、1235－1283、1436－1482页;第70卷第987－1452页;第71卷第3－97页;第72卷第671－1343页;第73卷第3－1055页;第74卷第3－1562页;第75卷第3－184页;第76卷第3－490页;第77卷第3－388页;第78卷第313－333页;第79卷第3－911页;第82卷第997－1292页;第83卷第1159－1260页;第96卷第288－335、445－462、475－480页;第97卷第3－1151页;第98卷第863－950页;第111卷第3－38页;第114卷第937－941、949－972、1292－1342页;第120卷第696－713、1776－1779页。同时,藏族历代学者关于世界二胜六庄严方面著述了大量生平传记和祈愿文,如嘉堪钦扎巴坚赞所著《佛及二胜六庄严传记·天之如意宝树》最具代表性,参见桑吉克编《嘉堪钦扎巴坚赞文集》(藏文第1册),北京:中国藏学出版社2014年版,第125－181页;桑吉克编《嘉堪钦扎巴坚赞诗歌集》(藏文),北京:中国藏学出版社2014年版,第39－83页。

却故意宣示为合理正法。试问心续从未调服的程度还有彼此更高的吗？因为此生的些许利益而造此谤法之重大罪孽，不仅自欺欺人，还令佛法衰败。正如《大圣研磨略经》所云：妄言正法为非法，及言非法为正法二者，都成谤法之业，并无差别”①，克珠杰如是说。

克珠杰通过正确理路进行这样的破立，完全基于他内心实在不忍将佛陀开示正法趋于衰败，以及不忍愚昧无知之徒杜撰似是而非的伪法，自取灭亡，故决心舍弃自身而仅为爱护他人的殊胜之心引起的善举。正如他所言：

非法宣示为如法，
正法贩卖谋生者，
毁法仅剩其名称，
见此情景何以忍？②

鉴于此，正如雄狮自在天一般的他们二位最为善巧智者通过无垢理路发出吼声。进行学术交流期间，愚昧而狡黠的宵小狐辈亦羼入其中，还散布：“不可持偏见，必将自取屈辱”③（སྙན་ཚོངས་པ་སྐྱེས་དག་འཚངས།）之谬言。对此，在《佛经》中云：“我及似我者就能把握补特伽罗之量，而补特伽罗难以把握补特伽罗之量，且易致失误”。

① 该佛典亦有译为《圣遍摄研磨经》或《能夺聚梦经》《根本萨婆多利摄》《圣摧坏略经》，等等。其全称为“འཕགས་པ་རྣམ་པར་འཐག་པ་ཐམས་ཅད་བསྡུས་པ་ཞེས་བྱ་བ་ཐེག་པ་ཆེན་པོའི་མདོ།”，由天竺堪布泽那弥智和牟尼巴尔玛以及吐蕃时期译审益西德等人翻译修订，参见《甘珠尔对勘本》（藏文第63卷），北京：中国藏学出版社2008年版，第484－512页；隋·毗尼多流支翻译《大乘方广总持经》汉译本，参见黄显铭编译《藏汉对照西藏大藏经总目录》，西宁：青海民族出版社1993年版，第181页。

② 本文收录于《克珠杰文集》拉萨雪木刻版第8函第5部《三律仪摄要抉择品·佛法净化宝镜论》之首礼赞偈颂，该论共有136叶，参见西藏色昭佛教古籍编委会整理《克珠格列贝桑文集》（藏文第8册），北京：中国藏学出版社2014年版，第148页。

③ 即“愚昧而狡黠的宵小狐辈”，所指的是追随克珠杰和荣顿的一帮人。从本文语境来看，江孜法王似乎是其中之一。另外，从克珠杰所造《绛巴之主朗嘉扎巴之问答·制伏诽谤邪说》中来看，荣顿的高足班钦释迦确丹比较活跃，似乎也是其中之一。参见西藏色昭佛教古籍编委会整理《克珠格列贝桑文集》（藏文第1册），北京：中国藏学出版社2014年版，第216－223页。其余之人，有待翻阅相关学者的《文集》，方可有望获得线索，故不敢妄议。

因此之故，凡欲自求向善多福者，应该彻底舍弃损害圣者贤人们的一切恶业，而积极恭敬侍奉为己任。

九、克珠杰在日熬当金山上证悟宣言

至此，克珠杰也就无心继续留在白阔却德寺，而赴日熬当金寺[①]，广行正法大业。这时江孜法王饶旦帕如到手的如意珍宝得而复失一般，心生难以忍受的懊悔，却又不敢亲自到克珠杰座前直面请求，而对克珠杰的侍从施与许多黄金，乞求转达再次诚邀莅临之意[②]。然而未得克珠杰的应允，并作诗如下：

愿吉祥！
是谁恩泽深厚令我心，
生起极为坚固虔诚信，
无比导师座前行敬礼，
必须铭记言语在此述。[③]

即曰：

于此甚深而广大正法，
虽为圆满如意珍宝树，
只求饱腹口粮愚夫众，
为作柴用挥霍而无余。
显密义理空中自在者，

① 克珠杰建立的最为重要的寺院，坐落于西藏日喀则市白朗县境内，如今还有比较简陋的寺院。

② 这一段不愉快的事迹在格鲁派早期的史书中记载得较为详实，参见班钦索朗扎巴著《新旧噶当史籍》（藏文），拉萨：西藏藏文古籍出版社2001年版，第70－71页。

③ 在原文中的藏语“གཅགས”本为“འཇགས”的未来式，意为“放在心上”“记住”或“铭记”。但是，现有译本中曲解为“གཅོག་པ”的未来式“གཅག་པ”，故而误译为“心中得解”或“我意开解”之意。参见郭和卿译本第564页、钦则阿旺索巴嘉措汉译本第743页。

无碍善说能现光明日，
然于浊世因故坠落地，
就连点燃草丛亦困难。
分辨功过慧眼已关闭，
盲从愚人之外无别计，
故此自己虽握如意宝，
然而视如渣秽废弃石。
即可驾驭难驯野马心，
具此功能妙法之喜宴，
然彼追逐吐秽乌合众，
如莲须根折断而抛弃①。
比佛珍贵殊胜之教授，
齐全无误前无甘露续，
不顾辛劳悲悯而授予，
却被劣缘凡夫违执毒。
伟大义理讲说化作舟，
广大理论大海引渡时，
智力尚未发育如婴者，
懒惰昏沉畏缩终不解②。
理论善说如草般抛弃，
就连摄类应成理路之，

（译者注：这里指作为藏传佛教哲学五部大论的入门学科藏族量理摄类学应成理路，该句诸多摄类学论著经常引证，旨在从反面强调其重要性。如堪钦根敦嘉措著《堪钦摄类学》（藏文），西宁：青海民族出版社 1988 年版，第 111－112 页。但是，原文中的

① 原文中的藏语“པདྨོའི་ཚ་ལག”，郭和卿先生从辞藻学层面将其解读为“ཉི་མ”，进而译成“阳光”，似乎有待斟酌。参见郭和卿译本第 565 页。

② 这里指因懒惰、昏沉、畏缩而朽木难雕，无可救药之意，也就是孺子可教之反面。

藏语"བསྡུས་པ།",而非"བསྡུས་གྲྭ།",故现有两种汉译本均未译为"摄类学",而理解成含有"摄略"之义的一般性动词,故译为"唯释极略摄教义"或"虽为指示略义尘"。这样一来,其后的译文亦值得商榷,参见郭和卿译本第565页、钦则阿旺索巴嘉措汉译本第744页。在此值得我们注意的是,12世纪摄类学理论体系的开创者恰巴曲僧及其门徒中均以"བསྡུས་པ།"之名广为流传,甚至在以《果然巴索朗僧格传记》和《智者喜宴》以及《所知藏论》为代表的萨迦派和噶举派学者的史籍中都沿用"བསྡུས་པ།"一词。但是,以格鲁派洛塞林学派理论体系的开山鼻祖兼任哲蚌第八代座主嘉木样噶维洛珠的《摄类学·智者入门所知彰论》为例的格鲁派学者论著中较为普遍地使用"བསྡུས་གྲྭ།"之名。由此可见,摄类学史上其称谓有个漫长的演变过程,甚至藏传佛教各派对于摄类学亦有不同的称谓,这是上述两种译本中未能准确解读的主要原因。参见百慈藏文古籍研究室编《噶当文集》(藏文),成都:四川民族出版社2006、2007、2009年版,第8、44、45、46、55、87、88、89册;四川省藏文古籍搜集保护编务院编《萨迦阿尼文集》(藏文第5卷),拉萨:西藏藏文古籍出版社2012年版,第30-42页;宗萨寺康谢五明佛学院编《果然巴索朗僧格文集》(藏文第8卷),北京:中国藏学出版社2013年版,第331-342页;巴沃祖列赤巴著《智者喜宴》(藏文上册),北京:民族出版社1986年版,第729页;贡珠元旦嘉措著《知识总汇》(藏文),北京:民族出版社1982年版,上册第565页、中册第239-246页;恰日嘎藏陀美整理《摄类论集》(藏文),兰州:甘肃民族出版社2000年版,第325页;达扎活佛主编《格鲁派耳传宝藏论者至尊喜饶嘉措文集》(藏文)第7函第9部第25叶下3行,拉萨雪木刻版;黄明信著《黄明信藏学文集:藏传佛教·因明·文献研究》,北京:中国藏学出版社2007年版,第381页。)

指导亦视因小寿尽业,
为此我弃此事而勤勉。
普通中观空性妙理路,
严禁授予不具条件者,
何况无上胜乘之道论,
岂有彼既不欲授之理?
故而吾于彼亦渐懈怠。
见之究竟中观本质义,
应当修习实执对治法,
然而彼等从来不愿学,
却为计量随念而知者,

当众乐道唤起我执心。

取舍乃至诸道分支理，

应凭量理善于作抉择①，

然而当众制伏敌论者，

仅为他续成立亦非法。

尚未触及理论之边缘，

却把质体有法均忽略②，

如此研习方式若无过，

顶多只是非善非恶业。

贪瞋嫉妒强烈争强心，

不见而寻闻思修三业，

如何勤恳必入非法门，

就如杀害患者施佳肴，

只图衣食而聚门徒中，

贪瞋勾心斗角为己任，

却立因法结合之论式③（སྦྱོར་ངག），

自他二者因此而俱损。

---

① 这是量理学科的主旨，因为法称论师在《释量论第一为自比量品》之首所云："若欲分辨真实与非真实，必须依靠比量故"，特别是《量理明论》的开场白就是"若分辨利益与不利、得绳与舍离，正智必须先行。故此，为了向不明正智者教授该理而特着此书。所谓正智本有二种：《集量论》中云：谓现量及比量"，尤其是《量理滴论》之首所云："所谓'正智'，是人们成就一切事业务必先行者，故在此明示。所谓'正智'有二种，即现量与比量"。这些就是阐明这样的思想，参见《丹珠尔对勘本》（藏文）第97卷，北京：中国藏学出版社2002年版，第900、614、812页；沙门法尊译编《释量论·释量论释》，北京：中国佛教协会印行1982年版，第62页。

② 是以藏族量理摄类学中的关键词"质体"或"实体"和"有法"为例的主要理路，因而此颂被诸多摄类学论著引证，如堪钦根敦嘉措著《堪钦摄类学》（藏文），西宁：青海民族出版社1988年版，第112页。但是，现有两种汉译本似乎并未按此义理翻译，而译为"变体伪立论点等"或"悖反论等却执持"。这样的翻译方式是否妥当值得推敲，参见郭和卿译本第565页、钦则阿旺索巴嘉措汉译本第744页。

③ 是藏族量理学科中的专业术语，主要指因、法、争论事体三者相结合而成的推理论证的语言形式。但是，现有两种译本中译为"随即行诸于语言"或"且随发之于言词"，这样的译法是否妥当有待斟酌。参见郭和卿译本第566页、钦则阿旺索巴嘉措汉译本第744页。

师徒学友情谊及法规，
如箭抛后争夺会所门，
为争信资扰乱社区匪，
会员递增亦是地狱所。
小论乃至殊胜难得道，
讲授之业背道而行者，
或因无缘或为极愚昧，
多为贪图作祟而所致。
纵然此生中有或七世，
虽然获得成佛之善道，
然而羞言不愿觉醒语，
对此亦需彼而作伪善，
略知争辩诋责之言语，
如同以盲导盲或敛财，
彻底舍弃希求后世心，
此等外显人身实为畜。
诸贤皆舍此生名与利，
一心修持甚深之诀窍，
圆满究竟自他双利之①(དོན་གཉིས།)，
凡此善举丝毫不动心，②
而今某些导师获名利，
求学门徒熙来攘往时，
此讯传来垂涎欲滴者，

① 是指具有利益自己和他人双重意义的事业，也就是大乘胜于小乘独觉的殊胜之处。

② 这里郭和卿先生译为“无边净行心坚定”，与藏文“ཡིད་གཡོའི་འདུན་པ་ཆ་ཙམ་མི་སྐྱེ་བས།”原意可谓南辕北辙，参见郭和卿译本第566页。

追本溯源实属过患征。
危如残灯般之此正法，
虽然我以善说披慧甲，
堪当圆劫①(ཛོགས་ལྡན།)兴法般大任，
缘劣之徒伏藏般埋没。
现如今已然时不我待，
青春年华飞逝如秋云，
故见凡夫大众无此缘，
多闻我乃独居观法理，
今世只求谋利眷属中，
忙于贪瞋纷扰之余时，
试图辩论讲授句义者，
若称智者我却视如唾。
远离乡亲舍弃诸受用，
立志专心修习正法义，
然至他乡放逸于闹市，
暇满②(དལ་འབྱོར།)虚度而过是疯子。
善于分辨法与非法理，
然对伪装似法之形象，
仍然贪恋放荡不羁者，
我成丧心病狂者无疑。

---

① 是指世界上的人们享受法、财、愿、乐四种最为圆满的时代，期间约为1728000年，届时贤劫第一佛拘留孙佛(སངས་རྒྱས་འཁོར་བ་འཇིག)出世，也就是七佛之第四佛(སངས་རྒྱས་དཔའ་བོ་བདུན་གྱི་གྲས་ཤིག)。故此，亦有译为“圆满时”或“贤劫”，等。

② 是指八有暇和十圆满的合称。前者指远离地狱、饿鬼、畜生、边鄙人、长寿天、执邪见、佛不出世和喑哑等八种无暇之域。后者指出生为人、出生于腹地、诸根齐全、未犯无间、敬信佛法等五种为主观上具足的为自圆满；值佛出世、值佛讲法、值佛法住世、富有随法之风、善知识存在等五种主要是客观上具足的为他圆满，合为十圆满。总体而言，意指人身难得、不可荒废、虚度韶华等意。

既达我佛究竟之密意，
又证齐佛导师之诀窍，
若能专修其义利自他，
明知此举成就终极愿，
仍在计较他人赞与毁，
蝇营狗苟此生微末利，
推迟善业以致虚度者，
八风①(ཆོས་བརྒྱད།)之魔附体烂心人。
未获深刻抉择众愚夫，
不敌甚深修习何足奇?
内心虽然坚信甚深道，
然而不修彼义耻孰甚。
一无所知人群舍此生，
不顾一切勤修事观之，
却对善巧实修之关要，
仍陷放逸之网而可耻。
故此显密按师诀窍义，
善以领会引发为契机，
何时其义必成之信心，
圆满善巧乃是唯我思。
若干君王冠冕珠宝光，
获得足尘游戏之荣耀，
草尖上的露珠染指供，
二者相比后者利于我。

① 又译“八世风”或“世间八法”，即“འཇིག་རྟེན་ཆོས་བརྒྱད།”。因微末利害损益而心生喜怒哀乐的八种世间俗风：得(利)、失(衰)、誉、毁、称(赞)、讥、苦、乐。

繁华享乐如梦中财富，
如此明见而且我佛讥，
故而我将视如供碱水①(བ་ཚྭ)，
为了名利决不能苟同。
名如回声难促我慢心，
非时名誉如魔之使者，
如此非理违心之言语，
善于恭维并非我希求。
獠牙难忍利爪具力者，
护守雪域兽王五面狮(གདོང་ལྔ)，
却系铁链饮污而度日，
欲充家犬令众贤耻笑。
如前所述对于善逝行，
欲观比丘格列贝桑布，
兹从日热当金山坡上，
结合自身证悟而言论。

一切智克珠杰彻底通达一切自他内外宗派大海之义理，他是至尊文殊师利及薄伽梵具德黑鲁伽等众多殊胜本尊随摄护持的一位大德。而且，具德本智六臂怙主、具守法王、四面宝帐具德怙主等具守护法神明众时常示现，并遵循其嘱托而承办各项事业。因而无论息、增、怀、诛四业之任何一项，均获得无碍成就。同时，以至尊文殊师利、金刚瑜伽母、妙音天女、萨饶哈(译者注：具德萨饶哈(དཔལ་ལྡན་ས་ར་ཧ)，萨饶哈是梵语，或可译为“射箭”(མདའ་བསྣུན)之意，是指印度古代具有里

① 是指碱、盐等，进而引申出具有盐碱的薄田之意；“མཆོད་ཡོན།”有多层含义，福田与施主、供物与功德水、诵经的酬金，等等，这里指供水。因此，所谓“བ་ཚྭའི་མཆོད་ཡོན།”就是指正如上供的碱水无法止渴一样，不可取。

程碑意义的班智达,是大乘佛教中观哲学的创始人龙树的导师。据古代印度的杂木巴日那地方上师弥久巴京贝白(意谓无畏具德布施)口述、藏族比丘蒙珠喜饶译成藏文的《八十四大成就者传记》(青海民族出版社1996年版,第16-19、164-165页)和觉囊达罗那他所造《印度佛教史》(四川民族出版社1986年版,第88-91页;中国藏学出版社2008年版,第69-73页)中记载,具德萨饶哈,又名"大婆罗门罗睺罗",尤其在他的另一部论著《七大受命师承传·希有珠宝生源》(百慈藏文古籍研究室编《觉囊多罗那他文集》(藏文),北京:中国藏学出版社2008年版,第33卷第272-280页、第38卷第272-282页)中记述得更加详细,弘扬大乘佛教的奠基人,当时除了般若十万颂以外大乘主要论典均已出炉。并且,依据梵文写卷,认为佛教史上曾出现过大婆罗门罗睺罗和上座比丘罗睺罗两个萨饶哈,甚至还有一个小萨饶哈。同时,在仁增久美林巴所造《旧译续藏编纂史》(四川民族出版社2008年版,第25-26页)中记载道,大婆罗门罗睺罗,是世上一切大成就者们共同的祖师萨饶哈。特别是在永增益喜坚赞著《菩提道次第师承传记·佛法庄严无上宝鬘论》(西藏人民出版社1990年版,第121-122页)中记述更为具体,如龙树依止他进入那烂陀寺,继而受比丘,并临危受命使饥荒中的那烂陀寺及其毗邻地区,通过点金术度过难关,等等。在《丹珠尔·续藏》中,收录其不少论著,仅传记就有若干种,参见《丹珠尔对勘本》(藏文),北京:中国藏学出版社1998-2004年版,第26卷第1372-1388页、第27卷第341-350页、第41卷第933-943页、第48卷第413-670页、第114卷第926-932页。)、龙树为首的诸多班智达和大成就者经常示现加持。关于这方面的生平事迹很多,然若在此尽录恐嫌文繁,亦有泄密之虞。故于此从略,从克珠杰的秘传中,方可略知一二。

十、嘉瓦根顿珠巴赞颂克珠杰功德

关于上述这些善举,一切智根顿珠巴有着这样的赞颂:

此处升起明日般汝身,
邪说魑魅鸱鸮目尽盲,
经典莲苑百瓣得盛开,
空前明日足下我祈愿!
天朝以及所有诸国政,
随欲圆满善于转法轮,

法之圣王克珠格列贝，
贤哲座前恭敬而祈愿！
往昔勤积广大福资力，
自他千百轮回诸生世，
彻知宿住随念智力等①，
具足无碍通慧前祈愿！
自幼之始汝身须弥山，
如霞法衣童子甚受持②，

---

① སྔོན་གནས་རྗེས་དྲན་མཁྱེན་པའི་སྟོབས།，如来具足之十力功德之一，是指随念过去世间所有一切自他有情之生处、因、相，洞悉无碍的智力。所谓“十力”收录于吐蕃时期编纂的《钦定梵藏翻译名义集》第十类，随后还胪陈了菩提萨埵之十力。同时，在藏传佛教典籍中有般若前行十力、十大发力、十力十道、圆满十力，等等。其中，据《甘珠尔·宝积经》第6函（ཅ་པོད།）第303页记载，一诸法始无源前行，二诸法始无相前行，三诸法始无生前行，四诸法始非有前行，五诸法始无贪前行，六诸法无入前行，七诸法无体前行，八诸法无实体性前行，九诸法始终等同前行，十诸法如来性入分别与无分别前行，为是般若前行十力。据《甘珠尔·经藏》第13函（པ་པོད།）第154页记载，一不忘之性而发起忆力，二善于辨法而发起慧力，三谙熟经藏而发起悟力，四守戒律行而发起信力，五护自佑人而发起知耻的愧力，六智慧圆满而发起闻力，七总持诸闻而发起持力，八佛之被加护持而发起威力，九甚闻五种神通而发起甚深之力，十圆满速成遍智而发起耐受无生之法的忍力，为是十大发力。据《甘珠尔·律藏》第11函（ད་པོད།）第38页记载，一遍知适处与非处的智力，二遍知业力异熟果报的智力，三遍知诸信受胜解的智力，四遍知诸烦恼染污清净解脱的智力，五遍知众生优胜及其劣根的智力，六遍智一切众生之道的智力，七遍知诸界种趣的智力，八遍知前世随忆的智力，九遍知生死迁识的智力，十遍知尽漏寂静的智力，为是十力或十道。据《甘珠尔·经藏》第18（ཚ་པོད།）函第53页记载，一无法胜伏之力圆满等，二无法等量之力圆满等，三福报之力圆满等，四智力圆满等，五眷属之力圆满等，六神通之力圆满等，七自在之力圆满等，八总持之力圆满等，九永恒不动之加持力圆满等，十无法违命之力圆满等，为是圆满十力。据佛子论师的《大乘阿毗达磨集论解说》中所云，由十力心生而明，一为习之力，二为欲之力，三为合之力，四为趋入定力，五为引发之力，六为因之力，七为境之力，八为忆之力，九为作意思惟之力，十为结生相续之力，为是十力。这样一来，在汉文《智度论》二十五、《俱舍论》二十九中所云的以下十力略有差异，即一知觉处非处智力，处者道理之义，知物之道理非道理之智力；二知三世业报智力，知一切众生三世因果业报之智力；三知诸禅解脱三昧智力，知诸禅定及八解脱三三昧之智力；四知诸根胜劣智力，知众生根性之胜劣与得果大小之智力；五知种种解智力，知一切众生种种知解之智力；六知种种界智力，于世间众生种种境界不同而如实普知之智力；七知一切至所道智力，如五戒十善之行至人间天上八正道之无漏法至涅槃等，各知其行因所至；八知天眼无碍智力，以天眼见众生生死及善恶业缘无障碍之智力；九知宿命无漏智力，知众生宿命又知无漏涅槃之智力；十知永断习气智力，于一切妄惑余气，永断不生能如实知之智力。但是，这与藏传佛教俱舍论中所阐述的十力基本相仿，还可参阅在《皈依三宝始终学修摄要颂浅解》中能海大师对“十力”的集述。参见《丹珠尔对勘本》（藏文），北京：中国藏学出版社2004年版，第76卷第1022－1025页；第115卷第6、31页；普布次仁主编《内明辞汇》（藏文），拉萨：西藏人民出版社1994年版，第670－671页；索朗才培主编《荣顿释迦坚赞文集·俱舍论解说所知彰显》（藏文第8册），成都：四川民族出版社2007年版，第330－333页；钦·降白央著《俱舍庄严论》（藏文），北京：中国藏学出版社1989年版，第683－686页；智敏法师主编《能海上师全集第三辑教理初基》，上海：上海佛学书局1998年版，第20－21页。

② （ཆོས་གོས་མཚམས་སྦྱིན་གཞོན་ནུ།），指自幼获得文殊师利的随摄加持。

众贤犹如金山般中央，
功德巍巍高山前祈愿[①]！
世代获得殊胜诸本尊，
随摄加持而善以修习，
对于一切经论之词义，
最为善巧至尊前祈愿！
……
于此吹响法之大海螺，
至今除汝尚无再胜者，
具誓护法海会齐声赞，
殊胜怙主座前我祈愿！
摧毁邪恶威力无边者，
内外具誓护法海会众，
谨遵汝敕令而不违约，
如理成办事业前祈愿！

一世达赖喇嘛·根顿珠巴作了这样的评价和赞美[②]。

十一、宗喀巴圆寂后频繁示现

这位克珠杰尊者，由于他专心修行上师与殊胜本尊无二别的瑜伽。而且，将其作为一切修持的重中之重，征得究竟。所以，至尊宗喀巴虽然已经逝世，但仍感宗喀巴一再以现实或者梦境等多

---

① 这一偈颂似乎引自《赠齿授记》(《ཚོམས་ཡིག་ལུང་བསྟན།》)中宗喀巴给予克珠杰的评价:“ལྷུན་པོའི་དྲུང་ན་གསེར་རི་ལྟ་བུར་གནས། །འགྲན་ཟླ་མེད་པའི་དགེ་ལེགས་ཚོད་ལ་སྦྱིན།”,其意为“须弥山前如立黄金山,赐予举世无双格列汝”。这篇收录于《宗喀巴文集》拉萨木刻版,第1函第7部,参见西藏色昭佛教古籍编委会整理《宗喀巴文集》(藏文第1册),北京:中国藏学出版社2012年版,第175-176页。

② 本文收录于《一世达赖喇嘛·根顿珠巴文集》第5函第13部《杂集》,参见西藏色昭佛教古籍编委会整理:《杰旺根顿珠巴文集》(藏文),北京:中国藏学出版社2013年版,第9册第358-360页。

种形式向他现身,并授予诀窍和随许灌顶等。譬如:有一次克珠杰对于甚深中观极其细微的关要难点疑惑不解之时,梦境中得见宗喀巴莅临,为其深入浅出地讲授《宝积经·迦叶品》[①](མདོ་སྡེ་དཀོན་མཆོག་བརྩེགས་པའི་འོད་སྲུངས་ཀྱི་ལེའུ།),由此尽扫所有疑惑,对于中观甚深义理所生一切误解均得消除,彻底远离一切染垢。于是,一切智根顿珠巴对此特别讲到:

即使梦中亦蒙宗喀巴,
阐明迦叶品义那一刻,
中观误区诸垢均除尽,
圆满现证法性前祈愿[②]!

在此特别值得一提的是,凡是克珠杰向宗喀巴祈请,均能得见宗喀巴莅临示现。因而有一次克珠杰下课后回屋之时思念宗喀巴,并心想:总体而言,这些有情众生因不曾积累福德,便不被至尊永增导师摄受,观有为法为常住不变[③](འདུས་བྱས་རྟག་པར་བསྒོམས།),把诸法视为真实而成立[④](ཆོས་རྣམས་བདེན་གྲུབ་ཏུ་འཛིན།),竭力追求享用财富,以追逐名利视为此生应得的究竟目的。关于至尊宗喀巴善说嘉言,本无丝毫舛讹。同时,为统摄正法心要八万四千法蕴的究竟要义而作宣示。这样极为珍贵稀有能使即生可以证得金刚持果位的甚深妙道以及亲授的殊胜诀窍,通过不分昼夜地善加讲授。

① 本书是《宝积经》十万品之第43品,共有2卷(བམ་པོ་གཉིས་པ་སྟེ་ཐ་མའོ།)。本品由印度堪布泽那牟智、释蓝扎博德、吐蕃大译审益西德等人藏译修订,后厘定文字时再次审定而成,按照对勘本104编号。参见《甘珠尔对勘本》(藏文),北京:中国藏学出版社2008年版,第44卷第332-409页。

② 本文收录于《一世达赖喇嘛·根顿珠巴文集》第5函第13部《杂集》,参见西藏色昭佛教古籍编委会整理《杰旺根顿珠巴文集》(藏文),北京:中国藏学出版社2013年版,第9册第360页。

③ 藏传佛教哲学中"诸行无常",是最基本的哲学观。如果把一切有为法视为常住不变,不仅有违四法印,还违背了一切事物运动变化的客观规律。

④ 藏传佛教哲学中"诸法无我",是最基本的哲学观。如果把一切诸法视为真实而成立,不仅有违四法印,还违背了一切事物因缘和合而生的辩证关系。

但有人因不具善缘,无奈只有依止不学无术、缺乏诀窍、远离智慧、魔障深重,且因贪图享乐而恬不知耻反谓一种美德,以致愚疑终老或无所事事形同畜生的恶师门下①,听闻因各自的利害损益而促生喜怒哀乐的八种世间俗风,使言行举止如同猪狗。对于他们这些人的所作所为,请善于取舍、明理是非之士看看②,如果直言不讳,反谓揭其短;如果置之不理,又因悲悯之心而于心不忍,故略表以上劝诫。

如是观察之后,克珠杰感叹:“请看这些误入歧途的人们”。随之陷入悲悯有情众生的极度伤痛之中以泪洗面。遂陈设胜妙诸供,向宗喀巴如是启白。于是,乘坐体饰金铃和诸宝庄严的具有六牙白象之上的宗喀巴身相如昔地驾临克珠杰眼前讲到:“子,莫悲伤!若能思念导师功德,则能净化往昔所造恶业,进而还能累积福德资粮。我师徒二人的究竟益乐,甚为妙哉!须知至尊米拉日巴亦因思念导师而特撰《忆师道歌》③(བླ་མ་དྲན་མགུར།),汝应以广传我教为己任”。

另有一次,克珠杰对于甚深正见和生圆二次第方面的一个极

---

① 这里的断句明显有误,原文中“恶师”(བཤེས་གཉེན་ངན་པ།)为主语,之前的语句均属其定语。但是,现有译文中似乎丢失了最为关键的主语,参见郭和卿译本第569页、钦则阿旺索巴嘉措汉译本第748页。

② 这里的“འདི་དག་བླང་དོར་ཤེས་པ་གཅིག་གིས་སྟོས་དང་།”一句本为肯定句,可现有两种译文均译为以“此诸人等不明取舍”或“对此等不明取舍之人众”为例的否定句,似乎有违原意,参见郭和卿译本第569页、钦则阿旺索巴嘉措汉译本第748页。

③ 郭和卿先生将其译为“忆师歌词”,似有不严谨之虞,因为藏族文学中“མགུར་གླུ”是富有哲理诗意蕴的文学题材,与通常意义上的歌词有着天渊之别,而以藏传佛教哲学思想及其实践体验的证悟为主旨。故不可随意翻译,犹如“རྒྱལ་བ་ཚངས་དབྱངས་རྒྱ་མཚོའི་མགུར་གླུ”译为“仓央嘉措情歌”一般,均不可取。参见郭和卿译本第569页。在此特别值得注意的是,这首道歌通常名曰“བླ་མ་དྲུག་དྲན་གྱི་མགུར།”,同时还有“བྲག་དམར་མཆོང་ལུང་གི་སྐོར།”和“མི་ལ་ཞིང་ཐུན་གྱི་སྐོར།”等三种名称,现在图书版式上章节名用为“མི་ལ་ཡིན་གྱིས་མཛོ་མཚམས་པ་དམ་ལ་བཏགས་པའི་སྐོར་ལས་མི་ལ་ཞིང་ཐུན་གྱི་སྐོར།”。米拉日巴大师在今西藏自治区吉隆县境内的扎玛琼隆宗(བྲག་དམར་མཆོང་ལུང་ཁྱུང་གི་རྫོང་།)之地苦行期间,被魔王布那雅伽(བགེགས་ཀྱི་རྒྱལ་པོ་བི་ནཱ་ཡ་ཀ།)伺机谋害。这时因为极为思念上师而吟诵道歌使玛尔巴译师得以现身并予以殊胜加持力,因而魔王的恶意未得逞,进而米拉日巴的修证也突飞猛进。以此为例,宗喀巴向克珠杰阐明感念上师所,具有的无量功德。参见后藏狂士乳毕坚金:《米拉日巴传及其道歌》(藏文),西宁:青海民族出版社1981年版,第196－203页。

其细微的关键问题疑惑不解。当时心想如果我的导师在世,尚可请教。但是,如今世上没有其他能为我解惑除疑的可询之处。于是,供养曼荼罗,向宗喀巴祈愿。届时得见宗喀巴端坐在众天子托举的用奇珍异宝装饰的金席宝座之上莅临克珠杰面前讲到:"请阅我以对金刚密乘与菩提显宗道次第二论为主的论著,这些是我留给后世的遗嘱"。与此同时,克珠杰遇到的甚深正见和生圆二次第方面的疑难问题作了细致入微地解说,还授予若干随许灌顶。

又于某时,克珠杰悉心拜读宗喀巴诸论典,其精湛的义理使他更加心悦诚服,因为他发现:佛说三藏和四续经典及其密意阐释的诸论典之义理、道之次第和数量抉择以及大乘车轨论师们的主张,特别是幻身、光明等甚深之道,融会贯通地得以建立。并且,从律藏持戒开始直到极无戏论之间的所有方便,均彻底圆满而无任何遗漏地完整归纳为一个人如何觉悟成佛的圆融道体而作显明开示。具足如此殊胜功德者除了我的导师宗喀巴之外,无论印藏各地,均未出现过第二人。这样生起了无以言表的虔诚之信,故向宗喀巴至诚而强烈地祈愿,使宗喀巴驾驭雄狮,身显金红色,手握慧剑和梵典,首髻童子妙身,以珠宝庄严的至尊文殊身相显现于克珠杰面前,并讲到:"我子,勿需心生忧伤!总体而言,有情众生千差万别,尤其是现在正值浊世末法期间,大多因不顾忌无常和恶趣苦难而贪恋名利,只求此生享乐利己。除此之外,不要说从事利益后世之事,'就连最基本的后世会怎么样'这样的问题都很少有人考虑;尽管有个别希求修法者,却因推诿延宕而难以实践;另有一部分装腔作势者,难以寻求合法的导师;即使找到了合法的导师,他们亦难以领会导师善说义理;纵然略有所知者,然彻底舍弃此生名利而能够专注于精进实践体验方面的人极为罕见,就像白昼的星辰。本人曾向上师及本尊虔信祈祷,广泛积累资粮①(ཚོགས་བསགས།),在净化和消除遮蔽之障的基础上,悉心观察经典义理并全面而深入地研究而成的善说,请认真研读后获得胜解,从而对此产生坚固不退之信,只要能够如理付诸实践,便可如掌中解脱一般容易获得觉悟成佛之果,可惜能够如是实践者寥寥无几。但即便如此,倘若遇到一两个合法具器的可造之材,仍然应当通过授课饶益彼等,特别是将我的密乘理论广为弘扬,来世我们再相聚"。

又于某次,六臂速成本智怙主眷属来至克珠杰面前,口诵"啸萨那"明咒(ཤྲུ་མ་ནའི་སྔགས),旋绕克珠杰周匝后讲到:"请撰著一部我的修行方便法门及其仪轨诀窍补遗,务必完整无缺"②(ཁ་ཚར།)。以此为缘起,克珠杰专门撰写了《怙主手册及其所有分支仪轨》(译者注:在《克珠杰文集》中关于六臂速成本智怙主方面共有2篇,即《མྱུར་མཛད་ཡེ་ཤེས་ཀྱི་མགོན་པོ་ཕྱག

---

① 通过积累资粮行善止恶的方式许多,如顶礼、供养、净治、随喜、劝转法轮、请住世不入涅槃、回向正等菩提等为积累资粮七支。如果结合宗喀巴生平传记而言,宗喀巴自幼通过游学雪域各地名寺古刹,逐一参访当时藏传佛教各派深孚众望的大德贤哲,却始终无法破解龙树师徒所造中观的究竟正见和观想一切事物的真实性,特别是通过无上续藏寻求觉悟之道以及金刚密集五次第及其"幻身"甚为难解,若能证悟其义事关重大,反则陷入以邪见的万丈深渊为代表的疑难问题。这系列问题不仅在雪域高原上尚未有人取得实质性突破,就连在印度也是二胜六庄严之后遗留下的学术疑难问题。因而这时宗喀巴在思考:若有一位能够准确无误而如是地指导龙树师徒的究竟思想的至尊善知识,无论现在身处在印度,或在尼泊尔,或在藏区的卫藏康各地,只要知晓所在之地,为了寻访他即使遇到何种大是大非,甚至天降大难只剩下残体也要义无反顾地前行,即便是舍命也会在所不辞。这样心生寻师的强烈愿望之后,通过多康的喇嘛邬玛巴作为媒介,1392年秋季拜见了文殊师利,这就是宗喀巴苦苦寻求的根本导师,他们在今拉萨市堆龙德庆区噶东寺内,通过喇嘛邬玛巴的翻译,宗喀巴请教了中观正见、金刚密乘与菩提显宗之间的区别、无上瑜伽道的重难点、五次第顺序和了不了义等难以计数的问题。这样文殊为宗喀巴讲授了许多经典理论的要害问题,特别是如何进行观察和研究的殊胜方法。并且,还讲到:从此以后,把导师和本尊合二为一进行祈愿,未来进一步加强积堆增福和净治恶业的遮蔽,特别通过二胜六庄严的理路把三种量理方法合二为一精细研究《甘珠尔》和《丹珠尔》之义,方能略知一二。如此一来,经过连续不断的实践修行,不久的将来将获得究竟正见,并洞悉一切续藏经义的正确无误的意义。即便如此,这时进行讲学也只能取得似是而非的利他事业。所以,还要潜入深山老林中遁世修行,方可取义。随后,1392年藏历十月带领多麦和前藏的八大清净侍从弟子赴山南桑日县境内的敖卡尔地方,在生活非常窘迫的境况之下,通过全面维修宗喜慈氏殿堂这样的善举,以净化律仪的方式振兴雪域佛教。参见克珠杰格列贝桑著《宗喀巴生平传记·起信津梁》(藏文),西宁:青海民族出版社1982年版,第53-85页。

② 通常指织物两端浮绪的穗头,进而引申为添加补足部分。这里指六臂怙主修法仪轨的诀窍补遗。但是,现有两种译文中似乎误读为"ཁ་ཚང",故此译为"你将我的成就法,从头至尾著一完整的论著"或"请造一吾修行法,之全圆论著"等,参见郭和卿译本第571页、钦则阿旺索巴嘉措汉译本第750页。

ཏྲུག་པའི་གཏོར་ཆོག་བསྐང་གསོ་ཆ་ལག་དང་བཅས་པ་བཞུགས་སོ།》和《མྱུར་མཛད་ཡེ་ཤེས་ཀྱི་མགོན་པོ་འཁོར་དང་བཅས་པ་སྒྲུབ་ཅིང་གཏོར་མ་འབུལ་བ་རྒྱུན་གྱི་རྣལ་འབྱོར་ཉམས་སུ་ལེན་ཚུལ་བཞུགས་སོ།》,没有上述"མགོན་པོའི་བེའུ་བུམ་ཆ་ལག་དང་བཅས་པ།"与之完全一致的文章。但是,现有2篇的结构相似,撰写地点也相同,文章首尾的表述又非常相近。例如:文首都写到"༄༅། །ན་མོ་མ་ཧཱ་ཀཱ་ལ་ཡ། སྤྱན་རས་གཟིགས་དབང་ཕྱུགས་རྗེའི་རྣམ་འཕྲུལ་ལས། །མ་རུངས་འདུལ་ཕྱིར་དྲག་པོའི་སྐུར་སྤྲུལ་པ། །མྱུར་མཛད་བླ་མ་མགོན་པོའི་ཞབས་བཏུད་ནས། །དེ་མཉེས་བྱེད་པའི་ཆོ་ག་མདོར་བསྡུས་བྱ། །མྱུར་མཛད་ཡེ་ཤེས་ཀྱི་མགོན་པོ་ལ་མཆོད་གཏོར་འབུལ་བར་འདོད་པས། ལག་ཏུ་བླང་བའི་རིམ་པ། མན་ངག་གིས་རྣམ་པར་བརྒྱན་ཅིང་། རྙིང་མ་དང་བོན་པོའི་ཆོས་ལུགས་ཀྱིས་རྣམ་པར་མ་བསླད་པ་རྒྱུན་གྱི་རྣལ་འབྱོར་དུ་བྱ་བའི་ཚུལ་འདིར་བརྗོད་པར་བྱའོ། །"和"༄༅། །ན་མོ་མ་ཧཱ་ཀཱ་ལ་ཡེ། སྤྱན་རས་གཟིགས་དབང་ཕྱུགས་རྗེའི་རྣམ་འཕྲུལ་ལས། །མ་རུངས་འདུལ་ཕྱིར་དྲག་པོའི་སྐུར་སྤྲུལ་ལ། །མྱུར་མཛད་བླ་མ་མགོན་པོའི་ཞབས་བཏུད་ནས། །དེ་མཉེས་བྱེད་པའི་ཆོ་ག་མདོར་བསྡུས་བྱ། །མྱུར་མཛད་ཡེ་ཤེས་ཀྱི་མགོན་པོ་ལ་མཆོད་གཏོར་འབུལ་བར་འདོད་པས། ལག་ཏུ་བླང་བའི་རིམ་པ། མན་ངག་གིས་རྣམ་པར་བརྒྱན་ཅིང་། རྙིང་མ་དང་བོན་པོའི་ཆོས་ལུགས་ཀྱིས་རྣམ་པར་མ་བསླད་པ་རྒྱུན་གྱི་རྣལ་འབྱོར་དུ་བྱ་བའི་ཚུལ་འདིར་བརྗོད་པར་བྱའོ། །";文末亦相同地写到:"དགེ་བ་འདི་ཡིས་ཆོ་རབས་ཀུན་ཏུ་བདག།རྒྱལ་བའི་དམ་ཆོས་མ་ལུས་འཛིན་པ་དང་། །དེ་ཡི་འགལ་རྐྱེན་སེལ་ཞིང་མཐུན་རྐྱེན་ཀུན། །མྱུར་མཛད་མགོན་པོས་གཡེལ་མེད་སྒྲུབ་གྱུར་ཅིག །མྱུར་མཛད་ཡེ་ཤེས་ཀྱི་མགོན་པོ་འཁོར་དང་བཅས་པ་བསྒྲུབ་ཅིང་གཏོར་མ་འབུལ་བའི་རྒྱུན་གྱི་རྣལ་འབྱོར་ཉམས་སུ་ལེན་ཚུལ་མན་ངག་ཟབ་མོས་རྣམ་པར་བརྒྱན་ཅིང་རྒྱུད་སྡེ་དང་མི་མཐུན་པའི་ལོག་ཆོས་མང་པོས་མ་བསླད་པར་མདོར་བསྡུས་ཤིང་ཆ་ཚང་བར་བཀོད་པ་ནི། མང་དུ་ཐོས་པའི་རྡོ་རྗེ་འཛིན་པ་དགེ་ལེགས་དཔལ་བཟང་པོས། གཙོད་སྒྲིན་གང་བ་བཟང་པོའི་གངས་མགུལ་དབེན་གནས་རིན་ཆེན་འབར་བའི་སྟེངས་སུ་བྲིས་པའོ། །དགེའོ།། །།"和"དགེ་བ་འདི་ཡིས་ཆོ་རབས་ཀུན་ཏུ་བདག །རྒྱལ་བའི་དམ་ཆོས་མ་ལུས་འཛིན་པ་དང་། །དེ་ཡི་འགལ་རྐྱེན་སེལ་ཞིང་མཐུན་རྐྱེན་ཀུན། །མྱུར་མཛད་མགོན་པོས་གཡེལ་མེད་བསྒྲུབ་གྱུར་ཅིག །མྱུར་མཛད་ཡེ་ཤེས་ཀྱི་མགོན་པོ་འཁོར་དང་བཅས་པ་བསྒྲུབ་ཅིང་གཏོར་མ་འབུལ་བའི་རྒྱུན་གྱི་རྣལ་འབྱོར་ཉམས་སུ་ལེན་ཚུལ་མན་ངག་གིས་རྣམ་པར་བརྒྱན་ཅིང་རྒྱུད་སྡེ་དང་མི་མཐུན་པའི་ལོག་ཆོས་མང་པོས་མ་སླད་པར་མདོར་བསྡུས་ཤིང་ཆ་ཚང་བར་བཀོད་པ་འདི་ནི། མང་དུ་ཐོས་པའི་རྡོ་རྗེ་འཛིན་པ་དགེ་ལེགས་དཔལ་བཟང་པོས་གཙོད་སྒྲིན་གང་བ་བཟང་པོའི་གངས་མགུལ་དབེན་གནས་རིན་ཆེན་འབར་བའི་སྟེངས་སུ་སྦྱར་བའོ།། །།"。除了个别词的时态有变化之外,并无差别,而且文末题记中的篇名也都如出一辙。由此看来,该二论的主要差异是是否被诀窍庄严,进而自然具有广略之别。前者广本收录在《克珠杰文集》第9函第7部,共有21叶;后者略本收录在《克珠杰文集》第12函第6部,共有12叶,可参见西藏色昭佛教古籍编委会整理《克珠格列贝桑文集》(藏文),北京:中国藏学出版社2014年版,第9册第297－329页;第12册第252－268页。因此,这里指的应该是克珠杰以诀窍庄严的广本,即《མྱུར་མཛད་ཡེ་ཤེས་ཀྱི་མགོན་པོ་ཕྱག་དྲུག་པའི་གཏོར་ཆོག་བསྐང་གསོ་ཆ་ལག་དང་བཅས་པ་བཞུགས་སོ།》。所以,永增益喜坚赞在文末书目中,通过《六臂本智怙主法门中红黑小字注释甚深秘诀要点》(审订版)和《速成本智怙主眷属成就法及朵玛食子供养日常瑜伽实践法》这样的命名方式,以示区别。)。

十二、荣登甘丹金席座主

藏历铁阴猪年(1431年),一切智贾曹杰莅临乃宁寺(译者注:坐落于今西藏日喀则市康马县南尼乡境内,具有复地(གནས་སྙིང་།)或旧地(གནས་རྙིང་།)两层含义,前者因阿底峡在聂措之地(ཉན་ཚོ)讲学期间为该寺开光之时,见其坐落于复地,故此命名。如博东班钦晋美扎巴所著《江孜法王传记》(西藏人民出版社1987年版,第14－15、

46、50－51、82 页）和喀尔那译师班觉嘉措所著《格鲁派源流·如意宝树智者能喜》（西藏藏文古籍出版社 2013 年版，第 209－226 页）以及第悉桑结嘉措所著《格鲁派教法史》（中国藏学出版社 1991 年版，第 228－260 页）等著名史籍中，均写成“གནས་སྙིང།”。该寺最初由吐蕃时期赤然巴坚把这地赐予莲花生大师的亲传弟子嘉·绛白桑瓦（རྒྱ་འཇམ་དཔལ་གསང་བ།）后建立。相传该嘉氏是护送文成公主的嫁妆释迦牟尼佛十二岁等身像的两个大力士之一拉噶（ཀུད་མཆོག་ལྷ་དགའ།）的后裔，因为大力士拉噶的外甥是桑西（རྒྱ་སང་ཤི།），他主持桑耶寺堪布一职，尤其对翻译事业劳苦功高，故赐名巴赛囊（སྦ་གསལ་སྣང།）。巴赛囊的侄子就是嘉·绛白桑瓦，并且藏传佛教后弘期初邀请阿底峡尊者的嘉·宗主僧格（རྒྱ་བརྩོན་འགྲུས་སེངྒེ།）和藏传佛教竹巴噶举派的实际创始人藏巴嘉瑞（གཙང་པ་རྒྱ་རས།）等名流均属其后裔。但是，据《夏鲁寺之主杰氏世系》中记载，赤德松赞为嘉奖杰氏二兄弟（ལྗེ་སྟོར་རྟག་ཏུ་དང་ལྗེ་བཟང་སྟོར་ཏུ་ཉེ་སྤུས་གཉིས།）征战唐朝和南部有功，赐予娘曲（年楚）河流域封地，建立以乃宁寺为首的 108 座庙（曲贝塔羌、朗喀索朗等著《西藏六部世系谱汇编》，拉萨：西藏藏文古籍出版社 2014 年版，第 64 页）。一般认为，杰氏源自“ལྗོག་གཞིག”，而嘉氏源自“རྒྱ་ནག”，故有待考证。但嘉·绛白桑瓦此时在年河上游建立的白杰吉基乃（ཉང་སྟོད་དུ་དཔལ་སྐྱེགས་ཀྱི་སྐྱེ་གནས་བདག）规模不大，似乎只是简单的庙宇，并无僧众。因为相传嘉·绛白桑瓦拥有 3 个传承仪轨，其一防范该地区的冰雹之灾；其二通过山神等威力保障河中的鱼类、地上野兽和往返游客的安全，并提供饮食等便利；其三对赞普所建寺庙进行维修和供养。由此看来，在社会服务方面具有官方驿站的功能；在宗教仪轨上则有正如青海热贡地区至今仍然盛行的在家咒师“俄巴”的职责和功能。这似乎是吐蕃时期大部分寺庙的特征，尚未发展成为教育中心的寺院模式。赤然巴坚时期的嘉·绛白桑瓦有 4 男 2 女，其中嘉觉塞央德结卜之子德军，其子觉塞普巴结卜和觉塞普巴培依次成为该寺的主持，主要以父子相承的世袭制承袭。据《五世达赖喇嘛自传·透明绸缎》中记载，嘉·绛白桑瓦后裔，后来无子嗣。1042 年仲敦巴嘉维迥乃从阿里地区迎请阿底峡尊者到卫藏时途径今日喀则市的江孜县城讲学之时，根据岳敦确吉旺秋（ཡོལ་སྟོན་ཆོས་ཀྱི་དབང་ཕྱུག）三兄弟的祈请而予以授记，于是征得觉塞普巴培（ཇོ་སྲས་ཕུར་པ་འཕེལ།）的同意后约于 1046 年建立了拥有僧众的寺院。因此，岳敦确吉旺秋是历代乃宁寺堪布之首，从此以噶当派理论作为该寺研习的圭臬。另外，他们在当地推行封山令，禁止渔猎，为当地的生态保护作出了积极贡献。其后，岳敦确吉旺秋的高足斋·喜饶巴尔（འབྲི་ཆེན་ཤེས་རབ་འབར།）被委任堪布，他曾到多康丹玛地区依止觉沃赛增（སེ་བཙུན།）和弥底班智达（སྨྲི་ཏི་ཛྙ་ན་ཀཱིརྟི།）为导师系统研习从吐蕃时期传来的般若系统，随后在桑普寺比他年幼的俄译师罗丹喜饶门下听受新传般若系统，有效融合新旧两派的般若学统，遂成为雪域高原般若哲学的集大成。斋·喜饶巴尔把堪布一职委任给其高足拉堆巴银氏关却卡尔（དབྱིལ་གྱི་གདུང་རབས་ལ་སྟོད་པ་དཀོན་མཆོག་མཁར།），并将自己的以印度金红佛像一尊、御用般若墨写本 4 函、般若金写本加持妙雨、白伞盖、供螺吉祥绫罗、御用顶篷无与伦比、钹名之日、宝瓶吉祥长颈、披风斗篷雄狮傲居、瓷碗明月吸井、绪边褥垫晴天、金鞍吉祥光芒、坐骑飞鹅等十三圣物（འབྲིའི་ཁྱད་འཕགས་བཅུ་གསུམ།）为主的一切器具和施主等赐予他。随后以此为标准将德才兼备者委任为堪布，第四十二代堪布嘉木样仁钦坚赞时期非常兴盛，将近一万僧众。这期间宗喀巴因莅临两次进行般若方面的游学答辩而声誉日隆,故在该寺学僧们的请求下 1377 年冬季学期讲授大圣无著所造《大乘阿毗达磨集论》,使听众收益匪浅。这是宗喀巴平生首次讲授经典理论的课程(参见周加巷:《宗喀巴传》(藏文),西宁:青海民族出版社 1981 年版,第 138 页),从此该寺从噶当旧派自动渐成噶当新派即格鲁派。与此同时宗喀巴高足贾曹杰出生于此,自幼在该寺嘉木样仁钦坚赞门下出家为僧,赐名"达玛仁钦"为法号。他在该寺长期授课,担任甘丹赤巴之后亦莅临 4 次著书立说,如法称论师代表作,《释量论》研究领域中雪域高原举世无双的鸿篇巨制——《释量论解说不颠倒而能显觉悟及遍智明道》(རྣམ་འགྲེལ་ཐར་ལམ་གསལ་བྱེད།)就写于此地,还有对于藏传佛教格鲁派乃至藏族传统教育模式闻思学院五部大论学制的推广者克珠杰也在此委任甘丹赤巴。同时,在 1492 年至尊绛白宁布的邀请之下,二世达赖喇嘛莅临该寺,瞻仰乃宁仁布切所造大型缎制唐卡(གོས་སྐུ།)。还有如今在格鲁派最具影响力的三大学派中最早形成的色系新学派的创始人色拉杰增确吉坚赞 7 岁时也在该寺乃宁群杰贡噶德勒门下受优婆塞戒,听受大量灌顶和诀窍,后来在扎什伦布寺和色拉寺学成之后,27 岁时应邀莅临该寺塞饶札仓担任堪布,进行为期 3 年的讲学授课,培养了大量人才。像卫藏地区这样重要的寺院,除了其历史久远和坐落于后藏腹地的地理优势之外,更为重要的发展动力是拥有严密而完备的学制,如该寺拥有塞饶札仓(བསེ་རག་གྲྭ་ཚང་།)、吉蔡札仓(རྒྱུད་ཚལ་གྲྭ་ཚང་།)、索康札仓(ཟུར་ཁང་གྲྭ་ཚང་།)、雀康札仓(མཆོད་ཁང་གྲྭ་ཚང་།)、那布夏尔札仓(ནག་པོ་ཤར་གྲྭ་ཚང་།)等许多独具学科特色而自成体系的学院。此外,该寺的护法诸神亦名震雪域,如六臂怙主、骑虎怙主、吉祥天母、多闻子、威猛梵天、群智巴拉,等等。令人遗憾的是,从 18 世纪开始走向衰退,主要是以 1728 年颇罗鼐索朗多杰将乃宁寺所有权归为羊卓桑丁寺为契机,寺院的学风不济使学僧人数很快跌至数百名。更为严重的是,1904 年英军侵略期间当地僧俗群众顽强抵抗乃宁寺大血战,爆发了使该寺破败不堪。这一情况在噶陀司徒却吉嘉措的《卫藏游记》中也略有记述(四川民族出版社 2001 年版,第 358 – 359 页;西藏藏文古籍出版社 1999 年版,第 283 – 284 页)。其后十三世达赖喇嘛重建具有 3 层 30 柱支撑的大经堂和两柱支撑的后殿,但难以恢复原貌。在民主改革时期该寺被列为重点文物保护单位得到了保护,但是文革期间还是没能逃脱被破坏的厄运,1983 年以久斋为首的老僧们开始创建,尤其是 1999 年佳杰仁钦丹贝坚赞的关怀下,洛桑强巴等人对该寺的创建工作基本完成。总之,该寺历史悠久,人才辈出,为藏文化的繁荣发展作过难以磨灭的贡献。该地区不仅是八大藏戏之一《朗萨雯波》的发祥地,而且现已作为重要的爱国主义教育基地。参见百慈藏文古籍研究室编《觉囊多罗那他文集》(藏文第 44 卷《年域上中下三区妙语善说·智者入门》,北京:中国藏学出版社 2008 年版,第 25 – 27、65 – 66、78 – 90、125 – 126、186 页;郎卡等编《后藏乃宁教史》(藏文),拉萨:西藏藏文古籍出版社 2011 年版,第 1 – 395 页;索朗旺堆主编《亚东、康马、岗巴、定结县文物志》,拉萨:西藏人民出版社 1993 年版,第 61 – 66 页。)(གནས་རྙིང་དགོན),为此克珠杰专程去拜访。当时贾曹杰命其必须担任甘丹寺的座主,于是他们师徒两人一同来到前藏。以嘉木样群杰（译者注：1379 年出生于桑耶寺附近，当时宗喀巴已至 23 岁。在泽塘出家为僧，背诵了宗喀巴的鸿篇巨制《现观庄严论广疏善说·金鬘论》。随后到桑普寺依止聂郭仁钦桑珠和丹玛关却僧格闻思量理学科和般若哲学，在觉摩隆寺依止堪钦噶喜巴门下闻思俱舍论和律藏。特别在甘丹寺依止宗喀巴为根本导师，广闻《辨了不了义论》《中论理路海论》《入中论密意明镜》《菩提道次第论》《菩提道次第广论》《密宗道次第广论》《金刚密集本续疏解明灯论》《摄行论》和《无次第明论》等经典理论，成为谙熟《甘珠尔》和《丹珠尔》之最，于是《青史》中对他的评价是，“在宗喀巴众学生中数哲蚌群杰智慧超群”。其后，由宗喀巴担任授戒堪布，堆增巴担任羯磨师，贾曹杰担任屏教师，受比丘戒。宗喀巴在甘丹寺所在的廓巴日山（འགོག་པ་རི།）上发掘的伏藏珍品法螺赐为镇寺之宝，命他和柳吾群杰朗喀桑布（སྣེའུ་ཆོས་རྒྱལ་ནམ་མཁའ་བཟང་པོ།，今拉萨市堆龙德庆区境内，1349 年帕竹大司徒绛曲坚赞设立十三宗制之一，1642 年藏巴汗噶玛丹迥旺布兵败后关押扣留之处，后因潜逃被抓后投入拉萨河而身亡）建寺，于是 1416 年在丹巴之地创建了哲蚌寺，并亲自授课，如仅冬季学期之内就结合各自的注疏对 108 部经典进行讲授，总体而言，他经常能脱稿讲学 130 多部经典理论。密宗方面主要以修持大圣所传金刚密集、勒俄巴、黑天、智布三种所传的胜乐金刚、喜金刚、大威德金刚、不动金刚、度母等为本尊，每昼夜能诵文殊心咒 2000 遍、文殊名号 3 遍，主诵六字真言超过两亿遍。故此，他曾言：“法相闻思者念诵六字真言者数我最多”。他所获得财物均分成 3 部分，第一部分用于文献购买和寺院建设，第二部分用于培养学生和自己的饮食开销，第三部分用于施药救世。他一生培养了大量人才，其中著名的有色拉寺的穆斯巴、聂敦巴释迦仁钦、堪钦白洛巴、噶列巴、达列巴、那塘巴饶确、桑普寺扎琼云丹坚赞、丹玛群柯寺创建者聂日巴多杰坚赞、交巴绛白瓦、旺仁木群则绛央班觉仁钦、大译师喜饶仁钦、群杰朗喀洛珠、藏巴贡坚、喇嘛尊主扎巴、喇嘛京确、乃丹格列贝，等等。1448 年冬季应则卡巴（ཇེ་ཁ་བ།）之邀，前去停留数日，随后返回哲蚌寺讲授寂天论师所著《集学论·进取品》，以两个课时授完，截“进取圆满究竟”，这是他在哲蚌寺讲授的最后一节课。之后染疾难以行走，但为了利益他人仍主持 1449 年的祈愿大会，分别供养大昭寺和小昭寺等，在布达拉宫留宿三个夜晚。返回哲蚌寺后数次梦见宗喀巴，并讲到“我俩一同赴汉地，到五台山修习”，最后于 1449 年藏历四月十八日圆寂，其门徒建造了银质灵塔置于哲蚌寺，供后辈学人瞻仰。参见班钦索朗扎巴著《新旧噶当史籍》（藏文），拉萨：西藏藏文古籍出版社 2001 年版，第 109 – 114 页；喀尔那译师班觉嘉措著《格鲁派源流·如意宝树智者能喜》（藏文），拉萨：西藏藏文古籍出版社 2013 年版，第 60 – 62 页；一世嘉木样协巴著《大威德金刚源流》（藏文下册），拉萨：西藏藏文古籍出版社 2012 年版，第 610 – 611 页。）（འཇམ་དབྱངས་ཆོས་རྗེ་བཀྲ་ཤིས་དཔལ་ལྡན།）为首的哲蚌寺僧众恭迎贾曹杰和克珠杰师徒二人，作了无上承侍之礼，并请教了若干疑难问题。随后抵达甘丹寺，以上座乃丹仁钦坚赞（ཤར་པ་ཆོས་རྗེ་གནས་བརྟན་རིན་ཆེན་རྒྱལ་མཚན།）为主的僧众恭迎莅临[①],虔诚顶礼师足,进而表示无上崇敬之意。

一切遍智贾曹杰自愿辞去甘丹赤巴一职,继升一切遍智克珠杰为甘丹赤巴,替代贾曹杰荣登宗喀巴金席宝座之上[②]。随即以教学和管理两个方面善加主持宗喀巴母寺各项事业。每年通过定期讲学《菩提道次第论》并详尽引导,复次讲授灌顶、传经、诀窍等无量功课,以树立起第二佛陀宗喀巴思想长盛不衰的胜利之幢。并且,通过广转法轮,发出广大法声妙音,使一切邪说谬论彻底制服。宗喀巴思想如幢端珍宝般恭敬上供,全方位清理鱼龙混杂之垢,还原本来面貌,使执持清净如法的善知识遍布四方。还于宗喀巴金质灵塔之冠,通过新制纯金宝顶以作庄严,彰显了恭敬侍奉的无上礼仪。

在此特别值得一提的是,还在甘丹寺开创性地设立了讲授和辩论大乘车轨诸师论典的学院,专门委任贤哲释迦师利、努巴班丹巴、喇嘛羊卓巴、至尊群智巴等 4 位为首席导师,创立了系统闻思

---

① 今拉萨市堆龙德庆区人,生卒年不详。由于教证两个方面功德圆满,故名“乃丹”。例如《克珠杰文集》中最为珍贵的《二十一部小字注释》之首,就是在他的授权下克珠杰方才付至笔端,足见当时其最高无上的证悟。其住处在宗喀巴寝殿东边,故又名“夏尔巴群杰”或“夏尔巴仁布切”。他建立甘丹寺中夏尔,担任副教授,遂发展成为甘丹寺夏泽札仓。随后,由文·达智、尼玛扎、仲·曲白坚赞、然坚巴穆兰白、丹玛益西桑布、达敦洛桑扎巴、群杰确吉喜尼、班智达桑布、班钦索朗扎巴、群杰关却达、木雅多杰桑布、堆龙阿旺曲扎、傲喀格列贝桑、泽塘巴次旦嘉措、年布释迦仁钦、贾康泽瓦班觉嘉措、观德朗喀坚赞、群杰桑杰仁钦、贡日顿珠僧格、觉乃群聂扎巴、阿里尼玛桑布、绛然巴丹曲白桑、杰日巴扎巴嘉措、林麦群杰关却曲培、贡日桑杰扎西、绛然巴根敦仁钦、仁钦林巴文布尧拉阿旺仁钦、曲桑巴关却群藏、傲喀曲桑巴强巴朗嘉、泽塘巴洛桑坚赞、觉乃擦朵尔瓦洛桑白巴、杰梅朵塘巴强巴嘉措等一批又一批担任堪布主持一职。参见班钦索朗扎巴著《新旧噶当史籍》(藏文),拉萨:西藏藏文古籍出版社 2001 年版,第 60 页;喀尔那译师班觉嘉措著《格鲁派源流·如意宝树智者能喜》(藏文),拉萨:西藏藏文古籍出版社 2013 年版,第 54 - 55 页。

② 据格鲁派史书记载,在乃宁寺贾曹杰与克珠杰就关于担任甘丹赤巴谈话以后,于他们二人来到前藏,在柳吾宗的群杰达文兄弟(ཉེའུ་རྫོང་ནས་ཆོས་རྒྱལ་དུ་དབེན་ཤ་སྐྱ་མཆེད་ཀྱིས)推举委任为甘丹赤巴。由此看来,当时克珠杰担任甘丹赤巴是众望所归,得到了僧俗各方势力的鼎力支持。参见班钦索朗扎巴著《新旧噶当史籍》(藏文),拉萨:西藏藏文古籍出版社 2001 年版,第 70 - 71 页;喀尔那译师班觉嘉措著《格鲁派源流·如意宝树智者能喜》(藏文),拉萨:西藏藏文古籍出版社 2013 年版,第 21 页;第悉桑结嘉措著《格鲁派教法史》(藏文),北京:中国藏学出版社 1991 年版,第 75 页。同时,这里的“柳吾宗”(ཉེའུ་རྫོང་།)是指,1357 年开始帕竹政权初创阶段由大司徒绛曲坚赞设立十三大宗钦之一,在西藏拉萨市堆龙德庆区境内,而非山南市的乃东县。参见朗氏绛曲哲科等著《朗氏家族史·灵犀宝卷》(藏文)拉萨:西藏人民出版社 1983 年版,第 349 - 352 页,;大司徒绛曲坚赞著《大司徒绛曲坚赞遗教》(藏文),拉萨:西藏人民出版社 1989 年版,第 258 - 262 页。

五部大论的札仓，使其学统势如破竹式地遍地开花，得到了前所未有的传播和弘扬。

克珠杰是一位不顾自己安乐得失而舍命励志以护持文殊师利宗喀巴思想为唯一目标的大德，除此之外并无任何念头和希求。于是，克珠杰在甘丹寺之际，多康蚌博岗[①]（སྤོ་འབོར་སྒང་།）一再派人恳请他莅临讲学，然因他当时身为主持宗喀巴学统之栋梁，故一刻也不敢放逸去追求他方的供养及其名利。于是，复函逊谢如下：

愿吉祥！

兹由善知识喜饶桑布愿我赴意乐之处，故给我寄来务必前去的书信。其中，通过据理论证，逐一阐明了必须应邀而至的重大意义。复次，所有长老们共同致书与我，并附有绫罗绸缎7匹[②]，由汝等特派的二位善知识送达，均已收悉。欣感莫名！

复函如下：

无匹至尊师父之思想，
圆满统摄正法之重任，
极为沉重而难以喘气，
然我不会生起疲倦心。
为此古时佛法明日光，
未照边远黑暗之雪域，
树立无垢正法之明灯，
无论何时我亦无惧心。

---

① 是多康四水六岗之一，金沙江和雅江中间一带的区域，今四川省甘孜州南边和云南省西边及其西藏自治区昌都市和林芝市境内与此毗邻接壤的地区。

② 无论是拉萨雪木刻版《克珠杰文集》（藏文）第9函第10部《散论合编》第35部第85叶上第3行上，还是中国藏学出版社的《克珠杰文集》（藏文第9册）第518页上，均无藏语“དངུལ”或表示“银”之词汇。但是，现有两种汉译本中均译为“并附银绫绸七疋”或“并附银及绫绸七匹”，这是版本问题还是译者杜撰有待考证。参见郭和卿译本第572页、钦则阿旺索巴嘉措汉译本第751页。

尽管雪域正法之基业，
若干正士各地建设处，
如今正法无余之生源，
卫藏清净圣境而著称。
然而细观仅存其表象，
此景亦如油尽灯枯势。
凡佛珍视法藏弃如草，
邪说谬论却与日俱增，
放任自行如魔之使者，
形如正量部众善知识①，
勤于摧毁正法殊胜幢，
满地遍野都是此恶军。
如此境地具足慧眼者，
善辨法与非法无畏者，
以此肩负大任极为稀，
追随正士之人尤为少。
此景令我难以忍受故，

① མང་པོས་བཀུར་བའི་བཤེས་གཉེན་ཚུལ་འཛིན་པ།，所谓正量，谓深受大众拥戴、恭敬而故此得名。其祖师以戍陀罗种姓出家（དམངས་རིགས་ལས་རབ་ཏུ་བྱུང་བ།）的持戒第一优婆离（ཨུ་པཱ་ལི་སྟེ་ཉན་ཐོས་ཏེ་འཁོར་བཅུའི་ནང་གསེས་འདུལ་བ་འཛིན་པའི་མཆོག་ཏུ་གྱུར་པ་ཉེ་བ་འཁོར།），当诵经书写之时，用阿婆商夏（意为音变）语（ཨཔ་བྷྲཾ་ཤིཏ་སྟེ་ཟུར་ཆགས་ཀྱི་སྐད།）。但是，章嘉国师若必多杰认为用毕舍遮语（པི་ཤཱ་ཙཱ་སྟེ་ཤ་ཟའི་སྐད།），故有待考证。该派的主见是，承许不可言说的补特伽罗之我。后来归为婆沙论者的十八部哲学主张千差万别，甚至以犊子部、鸡胤部和守护部为首的受众正量部派都不认可“补特伽罗之无我”及其“空性”概念。正如宗喀巴在《现观庄严论广疏·善说金珠》所云：“内部异端承许我之犊子部等派把无常与常任何一类都视为离戏论，故对此亦无生灭”。所以，章嘉国师若必多杰认为，从它们的哲学主张层面来看不归为佛教之见，而从皈依处和持戒层面纳入佛教徒。但是，一世嘉木样协巴认为，尽管如此，如同极为珍视佛法的婆娑论者和经量论者，故它们任何时候都不能归为异部。参见《宗喀巴洛桑扎巴文集》第 17 函《善说金珠》（藏文），西宁：青海民族出版社 1986 年版，第 955 页；一世嘉木样协巴阿旺宗主著《宗派广论·普贤田日》（藏文），兰州：甘肃民族出版社 1992 年版，第 267－272 页；章嘉若必多吉著《宗派义理庄严论》（藏文），北京：中国藏学出版社 1989 年版，第 52－59 页。简而言之，在此克珠杰通过巧妙地使用“形如正量部众善知识”这样的隐喻，似乎在讽刺当时荣顿释迦坚赞和俄钦贡噶桑布为例的不少名流，其门徒虽然众多，却难以洞悉甚深正见的现象。

竭力担当弘法之重荷，
至尊师父完满之宗义，
此方立足必赖我智慧。
此处正法宝树之根茎，
若以非法邪说斧斩断，
即使其枝稍伸于他方，
一度叶茂其利亦微末。
如今此方非法诸恶军，
展示善说大旗我来扛，
为此我若弃此而离开，
吾佛珍视之藏谁护持①？
故此汝等衷心虽可嘉，
然我于汝所希求之事，
无法做出应允的承诺。
念起此事远至诸客人，
清净圆满殊胜善知识，
见行善具尊者求为师。
请您宽恕我而致谢忱。

---

① （ཐུབ་པའི་གཅེས་མཛོད），在本偈颂中出现两次，即第15行和此次。以郭和卿先生把此句注释为“指宗喀巴诸论著”，从语境来看似乎有一定的道理。参见郭和卿译本第572－573页、钦则阿旺索巴嘉措汉译本第752页。但是，从语句本身而言并非如此，特别是在克珠杰所著《量理七论除意暗庄严疏》之首对于此句作了这样的阐释，即“在此善逝之语珍视之藏——甚深法门论藏义理予以抉择而直接趣入解脱和一切遍智的三乘之道关要无任何遗漏地不能堕入其他诸边执见的量理所示，至尊文殊师利心生高足，导师陈那师徒所著《集量论》和《七量论》义理抉择可从四个层面把握”（འདིར་བདེ་བར་གཤེགས་པའི་གསུང་གི་གཅེས་མཛོད་ཟབ་མོ་ཆོས་མངོན་པའི་སྡེ་སྣོད་ཀྱི་དགོངས་དོན་གཏན་ལ་འབེབས་པར་བྱེད་པ་གྲོལ་བ་དོན་གཉེར་ཐར་པ་དང་ཐམས་ཅད་མཁྱེན་པར་འགྲོ་བའི་ཐེག་པ་གསུམ་གྱི་ལམ་གྱི་གནད་མ་ལུས་པ་མཐའ་གཞན་དུ་ལྷུང་བར་མི་ནུས་པའི་ཚད་མའི་ལམ་ནས་སྟོན་པ། རྗེ་བཙུན་འཇམ་པའི་དབྱངས་ཀྱི་ཐུགས་ལས་སྐྱེས་པའི་སྲས། བདག་ཉིད་ཆེན་པོ་སློབ་དཔོན་ཕྱོགས་གླང་ཡབ་སྲས་ཀྱིས་མཛད་པའི་ཚད་མའི་བསྟན་བཅོས་སྡེ་བདུན་མདོ་དང་བཅས་པའི་དགོངས་དོན་གཏན་ལ་འབེབས་པ་ལ་དོན་རྣམ་པ་བཞི་སྟེ།）。由此看来，藏语“ཐུབ་པའི་གཅེས་མཛོད།”，理应解读为佛示法蕴之思想以及二胜六庄严阐释体系。参见西藏色昭佛教古籍编委会整理《克珠格列贝桑文集》（藏文），北京：中国藏学出版社2014年版，第10册第2页；《量理七论除意暗庄严疏》（藏文），北京：民族出版社1989年版，第5页。

此情此理众贤哲明鉴，

愿诸方适时俱增吉祥！

此乃答复与应课余期间，可赴蚌博岗之请。

据沙门格列贝桑布所述而成①，尔后又于某时，克珠杰特别思念一切智宗喀巴，心想我师现居何处，以致全身颤抖，毛孔咸竖，不禁泪下，因而虔诚祈白："至尊金刚持！请观察这些人的野蛮暴行，您所示正法似乎也将很快面临收摄归灭之时，学生我何时方可前去师尊座前？"如此强烈祈请之后，宗喀巴骑着令人闻风丧胆的一猛虎，以瑜伽师装饰，身显红色，巨目高鼻，油光满面，神采奕奕。右手持剑举向天空，左手握着盈满甘露的嘎巴喇颅器于胸前。其周围80位大成就师环绕而降临于克珠杰面前②，并讲到："弟子无

---

① 藏语"དགེ་བའི་བཤེས་གཉེན་ཤེས་རབ་བཟང་པོ་དང་བཤེས་གཉེན་བགྲེས་པ་རྣམས་ལ་ཕྲིན་ཡོང་དུ་ཕུལ་བའི་ཡི་གེ།"，这一部收录于《克珠杰文集》拉萨雪木刻版第9函第45部，也就是该函第10部《散论合编》第35部第85叶上2行至第86叶上1行间，参见西藏色昭佛教古籍编委会整理《克珠格列贝桑文集》（藏文第9册），北京：中国藏学出版社2014年版，第518－519页。

② 关于80位南亚古代密宗成就者的生平传记较多，但通过藏译收录于《丹珠尔》中的只有5部，即勇士光明收集整理《八十四位成就者证悟心要》，译者不详；喇嘛金刚座所著《八十四位成就者祈愿》，由印度班智达毗卢遮那和藏族译师释利确吉扎巴二人翻译并审定；从空行母秘藏中赐予至尊当巴嘉噶尔仁布切而成的《五十位成就者传记明点光环》，由藏族夏玛译师翻译，根据印度赞玛巴尔那的导师无畏布施吉祥的口述，由藏族比丘译师曼珠喜饶翻译的《八十四位成就者史记》；在如上所述由勇士光明收集整理《八十四位成就者证悟心要》的基础上，根据阿巴释利讲授由藏族木雅译师（似为杂弥桑杰智"ཙ་མི་སངས་རྒྱས་གྲགས།"）翻译而成的《八十四位成就者证悟心要及其释义》；比丘吉祥军所著《八十位大成就者证悟记》。这五部归纳起来，藏区主要有三种传承。第一种是吉祥军所传80位成就者，现已失传；第二种是50位成就者，主要有两种传承，即由帕当巴桑杰传给夏玛僧格嘉布和旁塘巴传给噶举派的两种；第三种是金刚座一脉，后由阿巴雅传给弥·桑杰智，由此传到藏区，至今传承不断。参见《丹珠尔对勘本》（藏文），北京：中国藏学出版社1998－2004年版，第26卷第1372－1388页、第27卷第341－350页、第41卷第933－943页、第48卷第413－670页、第114卷第926－932页。这80或84位密宗大成就者，只是金刚座大师（ཟླམ་རྡོ་རྗེ་གདན་པ།）举行会供之轮期间真实现身的成就者人数，故此命名。否则，密宗成就者难以计数，仅龙树在世时就有5000多位密宗成就者，参见蔡巴贡噶多吉著《红史》（藏文东噶洛桑赤列校注版），北京：民族出版社1993年版，第198－199页。在藏族历史上，每一位成就者都绘有唐卡或塑有造像，如今我们能够鉴赏的是收藏于色拉寺的唐卡，这是雅隆巴朗喀扎西开创的噶玛嘎则画派的作品，辅以曼唐画派和明代国画的艺术风格。令人遗憾的是，其中缺那噶博德、达日噶巴、索饶勒巴3位成就师的唐卡，参见次旺仁青编著《八十四位大成就师唐卡集》（藏文），拉萨：西藏人民出版社2013年版。该书中还收录了阿巴雅所著《八十四位成就者证悟心要及其释义》和噶陀仁增次旺罗布所著《八十四位成就师绘法清明善说金针》，均由东噶教授校订。其中，后者似乎按照觉囊多罗那他所著《八十四位成就师绘法》写成，参见百慈藏文古籍研究室编《觉囊多罗那他文集》（藏文第38卷），北京：中国藏学出版社2008年版，第272－282页。

须悲伤,我把你放下,何处都不去,为师与你始终不离不弃。汝思念我时,当阅我的论著,当知即使现在我在世,除了我所造论著之外,依然别无其他殊胜之说。有情众生福资趋于浅薄,染垢烦恼却渐显粗重[①](ཉོན་མོངས་རགས།),现在正法也开始隐没乃至面临最后终结之时,汝应做往生空行净土之准备"。

过后不久,克珠杰想到现在我做往生打算是最佳时期,遂即陈设黄金曼荼罗等供品,向宗喀巴祈愿。因此当即得见宗喀巴从白色祥云中,如前降临,并曰:"弟子!现当预备速来,我将遣人迎接你"。克珠杰询问道:"师尊现居何处?我亦随往彼处乎"。宗喀巴回复道:"总体而言,我的化身遍于兜率天、空行净土、南瞻部洲等多处,现正于汉地五台山之上,向80万金刚持比丘[②](ད་ལྟ་རྒྱ་ནག་རི་བོ་རྩེ་ལྔར་དགེ་སློང་རྡོ་རྗེ་འཛིན་པ་སྟོང་ཕྲག་བརྒྱད་བརྒྱ་རེ་ཙམ་ལ།),上午讲授中观和《菩提道次第论》,下午讲授胜乐、密集、大威德三部的生圆二次第。汝亦发愿来此,不久当能相会"。随后,克珠杰复问道:"那么,若有其他所化徒众作祈愿,是否亦能往生彼净土,进而有缘受用语之甘露乎?"[③]宗喀巴对此答道:"若能将我与至尊文殊无别观想而作祈愿,亦能获得随持摄受,并往生于彼净土。但是,现在的问题是缺乏以此实践者,故招致难成正果之患"。

鉴于此,克珠杰进一步问道:"关于师尊(指宗喀巴)与文殊师利得以随持摄受之因,当须如何作为?"宗喀巴复曰:"不共之因是,

---

① 在钦则阿旺索巴嘉措汉译本中,似乎漏译了这一句,特此说明。参见钦则阿旺索巴嘉措汉译本第753页。

② 现有两种译文中将此句译为"现在中国五台山有一千八百金刚比丘(修密比丘)"或"向八千金刚持比丘",似有不妥之处。因为"སྟོང་ཕྲག་བརྒྱད་བརྒྱ་རེ།"一词,应该解读为80万。这在克珠杰的心传弟子曲登饶觉所著《克珠杰小传》(མཁས་གྲུབ་ཅད་མཁྱེན་པའི་རྣམ་ཐར་བསྡུས་པ་བཞུགས་སོ།)中,也如是所云。参见郭和卿译本第574-574页、钦则阿旺索巴嘉措汉译本第753页;西藏色昭佛教古籍编委会整理《克珠格列贝桑文集》(藏文第12册),北京:中国藏学出版社2014年版,第383页。

③ 在钦则阿旺索巴嘉措汉译本中,似乎漏译了这一句,特此说明。参见钦则阿旺索巴嘉措汉译本第753页。

在自身心续中广发出离心、菩提心、清净正见三者，进而必须专心胜解上师与至尊上师无二别”[①]。克珠杰又问道：“其余应当如何修习呢？”。宗喀巴又答道：“通过塑造我和至尊文殊之身、语、意所依，虔诚祈祷上师与至尊文殊无别而不可分割性，并将礼赞、祈愿不能如鹦鹉学舌流于表面，即不得密意而但诵。同时对于业果原理深信不疑，进而以四力忏悔约束自己。如此勤勉进取者，随持摄受无疑”。宗喀巴如是开示后，克珠杰即兴作诗祈愿如下：

具德师尊洛桑扎巴前，
信服恭敬至诚作祈愿，
怙主汝所居住之净土，
我亦希求速往而加持。

十三、示寂

当克珠杰想到此生直接所化之业，已经圆满完毕。现欲往生于宗喀巴座前之时，六臂速成本智怙主立刻降临眼前对他讲到：“若无您这样的正法之主，谁能堪任主持宗喀巴正法的重任？”随后，四面怙主又显容并劝请道：“宗喀巴与怙主龙树无二别，汝若不在，从龙树开始传至宗喀巴的清净正见，由谁来主持？将有许多指责、非议者！”。如是所云后，面向天空注视。随即守信阎魔护法神

① 这里的“རྒྱུ་ཐུན་མོང་མ་ཡིན་པ་ནི། ངེས་འབྱུང་དང་། བྱང་ཆུབ་ཀྱི་སེམས་དང་། ལྟ་བ་རྣམ་པར་དག་པ་གསུམ་རྒྱུད་ལ་བསྐྱེད་ཅིང་།”引自被誉为“缘起性空理论的万代宗师之冠”的宗喀巴所著《论道之三要》。首先，通过由衷而彻底生起出离心，其次广发菩提心，最后落到证悟无我而圆满获得本智正见的实处。这是迄今为止解说最为彻底而圆融的善说，特别是该论倒数第三偈颂：“何时彻灭有此彼无心，甫见不欺缘起性空时，破灭认识执取诸感受，方才圆满正见观察矣”。此乃实为一字千金亦难得之嘉言，为什么这样讲呢？正如多识教授所言：宗喀巴的每部论著如纯金打造一般，不说一句没有佛经根据的话，不说一句不合乎逻辑的话。这就是宗喀巴开创的传统，经过历代贤哲的千锤百炼而成的千部论著。参见《宗喀巴洛桑扎巴文集》第2函《宗喀巴作品拾零》（藏文），西宁：青海民族出版社1987年版，第344－346页；拉然格西著《宗喀巴论道之三要》（藏文），北京：民族出版社2015年版，第75－142页；多识仁布切著《中观应成派见解难点解说》，兰州：甘肃民族出版社2013年版，第171－173页。

丹坚群杰及其眷属亦降临于此,并讲到:“我等乃宗喀巴受命的不共护法神,是被大威德金刚敕令授命。今日至尊导师宗喀巴特派我等前来恭迎您”。与此同时,空中显现出众多天子手握宝伞盖、幢、幡以及各种供品等仪仗队前来迎接的奇妙希有景象。

遂于土阳马年(1438 年)霍历 2 月 21 日[①],在甘丹寺宝座上摄取色身之相,如同游子倦游归家一般在极大欢喜中,往生于兜率天宫中的不败文殊心要尊者[②](མི་ཕམ་འཇམ་དཔལ་སྙིང་པོ།)座前。如此庄严而圆寂,享年 54 岁。尔后,克珠杰的法体进行荼毗火葬之时,自然生成了大量舍利,将其装藏于白银铸造的尊胜塔中。这灵塔供奉于甘丹寺,以作有情众生瞻仰、缅怀其恩德之福田。

十四、著书立说

为利益后世有情,克珠杰专门撰写的论著主要有《宗喀巴生平传记·起信津梁》[③]《宗喀巴秘传·宝穗》[④]。根据宗喀巴思想而能

① 公元 1438 年,也就是明正统三年。

② 指宗喀巴圆寂后往生于兜率天之相。根据喀尔那译师的《格鲁派源流》中的记载,宗喀巴的前世今生及往生的名号是,最初在释迦牟尼佛前名“莲花戒”,宗喀巴前世名为“克什米尔班智达弥德巴智”,宗喀巴今世初名“贡噶宁布”,这是受优婆塞戒之时被四世噶玛巴所赐名;第二个名是“端悦多杰”,这是被群杰东智仁钦引入金刚密乘之时所赐之名;第三个名“洛桑扎巴”,被群杰东智仁钦授予出家戒和沙弥戒时按照那塘寺堪布的授记赐名;宗喀巴圆寂后往生兜率天之名“文殊心要”,其后世为“班智达嘉那”,最终成佛之名“如来佛桑哈索饶”,意为“善逝狮吼妙音”。参见喀尔那译师班觉嘉措著《格鲁派源流·如意宝树智者能喜》(藏文),拉萨:西藏藏文古籍出版社 2013 年版,第 17 – 18 页。

③ 应格西群桑和仁钦朗嘉等众善知识的委托,于后藏年堆上部智源胜境写成(གཙང་ཉང་སྟོད་རིག་པའི་འབྱུང་གནས་ཀྱི་སའི་ཆར་གྲུབ་པར་སྦྱར།)。这篇收录于《宗喀巴文集》拉萨木刻版第 1 函第 1 部,共 71 叶,参见西藏色昭佛教古籍编委会整理《宗喀巴文集》(藏文第 1 册),北京:中国藏学出版社 2012 年版,第 1 – 114 页。尽管《克珠杰文集》拉萨雪木刻版中未见收录,但编纂于西藏色昭佛教古籍编委会整理《克珠格列贝桑文集》(藏文第 1 册),北京:中国藏学出版社 2014 年版,第 24 – 139 页。不过,这一权威的宗喀巴评传首次公开整理出版是依照塔尔寺的旧木刻版整理的,参见《宗喀巴小传》(藏文),西宁:青海民族出版社 1982 年版,第 1 – 140 页。

④ 本文写于甘丹寺,收录于《宗喀巴文集》拉萨木刻版第 1 函第 3 部,共 16 叶,参见西藏色昭佛教古籍编委会整理:《宗喀巴文集》(藏文第 1 册),北京:中国藏学出版社 2012 年版,第 133 – 160 页。同时收录于《克珠杰文集》拉萨雪木刻版第 9 函第 39 部,也就是该函《散论合编》第 29 部第 46 叶下第 2 行至第 62 叶上第 1 行间,参见西藏色昭佛教古籍编委会整理《克珠格列贝桑文集》(藏文第 9 册),北京:中国藏学出版社 2014 年版,第 451 – 477 页。

现其无垢理路之道的论著有《释量论广疏理路海论》①,关于般若哲学诀窍方面的著作有《〈现观庄严论释义明〉解说难证明论》②,还有《甚深空性真实义理彰显论贤劫启明之目》③(ཟབ་མོ་རྡོ་རྗེ་ཐེག་པའི་རྣལ་འབྱོར་ལ་འཇུག་པའི་ལམ་བསྟན་པ་ཞེས་བྱ་བ་བཞུགས་སོ།)、《绛巴之主朗索朗嘉扎巴

① 本部鸿篇巨制写于后藏年堆上部智源胜境之江热白巴尔列协卓贝蔡寺(གཙང་ཉང་སྟོད་རིགས་པའི་འབྱུང་གནས་ཀྱི་སའི་ཆ་ལྷུང་ར་དཔལ་འབར་ལེགས་བཤད་སྒྲོགས་པའི་ཚལ།),收录于《克珠杰文集》拉萨雪木刻版第10函第5部《释量论广疏理路海论第一为自比量品解说》,有193叶;第11函第1部《释量论广疏理路海论第二成量品解说》,有108叶、第2部《释量论广疏理路海论第三现量品解说》,有207叶,第3部《释量论广疏理路海论第四为他比量品解说》,有132叶,共有640叶,参见西藏色昭佛教古籍编委会整理《克珠格列贝桑文集》(藏文),北京:中国藏学出版社2014年版,第10册第545-884页、第11册第1-746页。但是,这一部鸿篇巨制首次公开整理出版,由多吉杰博所编"藏传因明学丛书"之一《量理海论》(藏文),北京:民族出版社1990年版,第1-1122页。并且,历史上永增益喜坚赞、二世嘉木样协巴晋美旺布、玛囊晋美丹曲嘉措等名家从不同的学科和视角做了大量的解读与阐释。

② 这部论著写于后藏年堆上部智源胜境之金刚座(གཙང་ཉང་སྟོད་རིགས་པའི་འབྱུང་གནས་ཀྱི་ཆ་དགེ་སྐྱོང་དང་བྲམ་ཟེ་ཚོས་དང་དོན་ཡོངས་སུ་ཚོལ་བ་དག་གིས་བསྟེན་པར་བྱ་བའི་གནས་རྡོ་རྗེ་གདན་དུ་སྦྱར་བའོ།)。在后藏地区享有"金刚座"(རྡོ་རྗེ་གདན།)之名的寺院,虽为萨迦寺,但是在今谢通门县境内还有一座达那金刚座寺(རྟ་ནག་རྡོ་རྗེ་གདན།),最初由香巴噶举派的贡噶桑布建立,二世达赖喇嘛担任主持,克珠杰兄弟帕索确吉坚赞的心传高足大成就者确吉多吉的父母从宗喀地区朝拜卫藏期间途经诞生地,后来成为扎什伦布寺居康札仓的僧源地。同时还有一座由昆氏所建(འཇམ་དབྱངས་འཁོན་སྟོན་གྱིས་བཏབ།)的俄穆宗金刚座寺(སྟོན་མོ་རྫོང་རྡོ་རྗེ་གདན།),后由一世达赖喇嘛建立一座护法殿。但在此似乎指由克珠杰的前世克珠拉旺巴建立的金刚座寺,因为这一座寺院是在江孜法王父辈们的祈请之下得以建立,故江孜法王家人每年赴金刚座寺朝拜一次,又命名为"家"(ཟང་ཁང།)。参见博东班钦群列朗杰或名晋美扎巴著《江孜法王传记·起信麦穗悉地降雨》(藏文,1421年写成),拉萨:西藏人民出版社1987年版,第16、33、47页;百慈藏文古籍研究室编《觉囊多罗那他文集》(藏文)第44卷《年域上中下三区妙语善说·智者入门》,北京:中国藏学出版社2008年版,第111页;《四世班禅文集》(藏文第1册),北京:中国藏学出版社2009年版,第366页;第悉桑结嘉措编《格鲁派教法史》(藏文),北京:中国藏学出版社1991年版,第255、260页。印度古代关于《现观庄严论》各大注疏中,最权威的是狮子贤师所著《现观庄严论释义明》,本论就是对此研究的成果。本文收录于《克珠杰文集》拉萨雪木刻版第1函第7部(如果把第4部(散论合编)中的诸论展开统计,本论为第19部),共有223叶,参见西藏色昭佛教古籍编委会整理《克珠格列贝桑文集》(藏文第1册),北京:中国藏学出版社2014年版,第726-1139页。

③ 这部论著写于后藏年堆上部智源胜境之白居寺(ཟབ་མོ་སྟོང་པ་ཉིད་ཀྱི་དེ་ཁོ་ན་ཉིད་རབ་ཏུ་གསལ་བར་བྱེད་པའི་བསྟན་བཅོས་སྐལ་བཟང་མིག་འབྱེད་ཅེས་བྱ་བ་འདི་ནི། དུས་གསུམ་སངས་རྒྱས་ཐམས་ཅད་ཀྱི་མཁྱེན་བརྩེ་གཅིག་ཏུ་བསྡུས་པའི་ངོ་བོ། ལྷ་བརྒྱ་པ་རྣམས་ཀྱི་གཙུག་གི་ནོར་བུ། མཁས་པའི་དབང་པོ་མཐའ་དག་གི་མགོ་བོའི་ཅོད་པཎ་ལ་ཞབས་རྡུལ་གྱི་ཕྲེང་བ་ཉེ་བར་བཀོད་ཅིང་། རྣམ་པར་དཀར་བའི་ཕྲིན་ལས་རྒྱ་མཚོའི་གོས་ཅན་གྱི་མཐའ་ཀླས་པར་ཁྱབ་པ། བདེ་བར་གཤེགས་པའི་བསྟན་པའི་རྒྱལ་མཚན་སྲིད་རྩེའི་བར་དུ་སྒྲེང་བ་ལ་འགྲན་པའི་ཟླ་ཐམས་ཅད་དང་བྲལ་བའི་ཐམས་ཅད་མཁྱེན་པ་རྗེ་བཙུན་འཇམ་པའི་དབྱངས་ཀྱི་སྤྲུལ་པ་ཆོས་ཀྱི་རྒྱལ་པོ་ཙོང་ཁ་པ་ཆེན་པོ་བློ་བཟང་གྲགས་པའི་དཔལ་གྱི་ཞལ་སྔ་ནས་ལེགས་བཤད་ཀྱི་བདུད་རྩི་དྲི་མ་མེད་པ་སྩལ་པ་དད་པའི་སྙིམ་པས་བླངས་ཏེ། རྣམ་དཔྱོད་ཀྱི་རོ་འཛིན་གྱི་མྱངས་པས་བདེ་བར་གཤེགས་པའི་གསུང་རབ་མཐའ་དག་གིས་དགོངས་དོན་དྲི་མ་མེད་པའི་རིགས་པས་འབྱེད་པ་ལ་ཕས་ཀྱི་རྒོལ་བས་མི་བཟད་བའི་བློ་གྲོས་ཀྱི་སྟོབས་པ་དགེ་བ་ཅན། མང་དུ་ཐོས་པའི་བཙུན་པ་དགེ་ལེགས་དཔལ་བཟང་པོས། རྗེ་བཙུན་བླ་མས་གསུང་རབ་རྒྱ་ཆེན་མཛད་དུ་ཟིན་ཀྱང་རབ་ཏུ་བརླིང་བས་བློ་དམན་པ་དག་གིས་གསལ་བར་རྟོགས་དཀའ་ཞིང་ཕྱོགས་གཅིག་ཏུ་བསྡུ་བར་མི་ནུས་པ་དག་ཀྱང་མཐོང་ནས་དེ་དག་ལ་ཕན་པའི་བསམ་པས་ཉེ་བར་བཞག་སྟེ། རྗེ་བཙུན་བླ་མའི་དགོངས་པའི་དོན་དང་ཙུང་ཟད་ཀྱང་མི་འགལ་ཞིང་། གོ་བདེ་བར་ཕྱོགས་གཅིག་ཏུ་བསྡུས་ཏེ་གཙང་ཉང་སྟོད་ཀྱི་རིག་པའི་འབྱུང་གནས་ཀྱི་སའི་ཆ། ཆོས་གྲྭ་ཆེན་པོ་ལེགས་བཤད་སྒྲོག་པའི་ཚལ་དཔལ་འཁོར་བདེ་ཆེན་གྱི་གཙུག་ལག་ཆེན་པོར་སྦྱར་བའི་ཡི་གེ་པ་ནི་སྡེ་སྣོད་དང་རྒྱུད་སྡེ་མཐའ་དག་ལ་སྦྱངས་ཤིང་། ཐུབ་པའི་བརྟུལ་ཞུགས་དྲི་མ་མེད་པ་ལ་གནས་པའི་སྟོན་གཅིག་པ། བློ་གྲོས་ཆོས་སྐྱོང་གིས་བགྱིས་སོ།),是宗喀巴最具创新之作《辨了不了义论》的第一部研究专著,故享有极高的学术声誉。本文收录于《克珠杰文集》拉萨雪木刻版第1函第7部(如果把第5部《散论合编》中的诸论展开统计,本论为第16部),共有235叶,参见西藏色昭佛教古籍编委会整理《克珠格列贝桑文集》(藏文第1册),北京:中国藏学出版社2014年版,第263-682页。

启问书·制伏诽谤邪说》①、《粉粹惯于倒行逆施的邪说谬论·天钢之轮——致俄钦贡噶桑布》②《量理七论除意暗庄严疏》③、依宗喀巴授课所作笔记《现量品疏》④《十大心许誓愿》⑤《六十四种文字名录》⑥《三律仪摄义抉择品佛宝洗涤》⑦(སྡོམ་པ་གསུམ་གྱི་རྣམ་པར་གཞག་པ་མདོར་བསྡུས་ཏེ་གཏན་ལ་དབབ་པའི་རབ་ཏུ་བྱེད་པ་ཐུབ་བསྟན་རིན་པོ་ཆེའི་བྱི་དོར་ཞེས་བྱ་བ་བཞུགས

---

① 本文写于帕索寺(མཁས་གྲུབ་ཏུ་མའི་དབང་ཕྱུག་དགེ་ལེགས་དཔལ། །སྐྱབ་གནས་གནས་མཆོག་བ་སོ་ཞེས་བྱ་ནས །),基于绛巴之主朗嘉扎巴的祈请之下,克珠杰有凭有据地揭露了班钦释迦确丹和自称"白玛林巴"的二人为合谋诽谤宗喀巴而在羊卓湖畔埋下伏藏后发掘,继而四处散布谣言的阴谋诡计。本文收录于《克珠杰文集》拉萨雪木刻版第1函第4部《散论合编》第2部,共有4叶,参见西藏色昭佛教古籍编委会整理《克珠格列贝桑文集》(藏文第1册),北京:中国藏学出版社2014年版,第216-223页。

② 本文写于甘丹寺,是专题批驳萨迦派密乘三系之一俄氏开山祖师俄钦贡噶桑布关于宗喀巴所著《大圣龙树所传具德密集生起次第论》中有关"身之坛城"义理因曲解而撰《喜金刚身之坛城》的谬论。其目的是,正如在题记中所言"这般颠倒邪说并无一句经得起推敲的立论,然避免愚昧之徒再次误入歧途而撰此驳论"。本文收录于《克珠杰文集》拉萨雪木刻版第2函第1部,共有47叶,参见西藏色昭佛教古籍编委会整理《克珠格列贝桑文集》(藏文第2册),北京:中国藏学出版社2014年版,第1-77页。但是,国内最早以现代版式正式出版的是《辩论文选编》(藏文),成都:四川民族出版社1997年版,第1-68页。

③ 这部论著写于年堆上部智源胜境之江热寺(གཙང་ཉང་སྟོད་རིག་པའི་འབྱུང་གནས་ཀྱི་ས་ཡི་ཆ་ལྕང་ར་དཔལ་འབར་ལེགས་བཤད་སྒྲོག་པའི་ཚལ་ཞེས་བྱ་བར་སྦྱར་བའོ།)。正如本传《第三章与博东群列朗杰雄辩记》中所述,本书是依据克珠杰与博东班钦围绕萨班的《量理藏论》进行思想辩论而成,故其中许多主张遵循萨班的《量理藏论》,而与后期所著《释量论广疏理路海论》中的应许规则略有差异,甚至依此书而撰写的《塞氏摄类学》亦如此,所以,藏族俗话说"若闻思量学,不习'二庄严论',难以深究量理,枉费工夫"。所谓"二庄严论"之首就是《量理七论除意暗庄严疏》,另一部是一世达赖喇嘛所造《量理庄严论》。由此可见克珠杰在藏传因明史上的学术地位。本书收录于《克珠杰文集》拉萨雪木刻版第10函第1部,约有224叶,448张,参见西藏色昭佛教古籍编委会整理《克珠格列贝桑文集》(藏文第10册),北京:中国藏学出版社2014年版,第1-407页。但是,最早整理出版的是由多吉杰博依扎什伦布寺木刻版所编"藏传因明学丛书"之一《量理七论除意暗庄严疏》(藏文),北京:民族出版社1989年版,第3-405页。

④ 本论著依宗喀巴讲授《释量论》的内容,由克珠杰笔受于甘丹寺。因此,本文收录于西藏色昭佛教古籍编委会整理《宗喀巴文集》(藏文第16册),北京:中国藏学出版社2012年版,第479-635页;西藏色昭佛教古籍编委会整理《克珠格列贝桑文集》(藏文第12册),北京:中国藏学出版社2014年版,第78-234页。

⑤ 这篇重要的文章1423年藏历一月二十三日写于黎幸林寺(ཡོས་བུའི་ལོ་ཆོ་འཕྲུལ་ཆེན་པོའི་དགེ་ཟླ་བའི་ཚེས་བརྒྱད་ལ་མང་དུ་ཐོས་པའི་བཙུན་པ་དགེ་ལེགས་དཔལ་བཟང་པོས་ལྷས་བྱིན་གླིང་གི་གཙུག་ལག་ཁང་དུ་ཡི་དམ་དུ་བགྱིས་པའོ།),文章对于每个人的修身养性具有重要的借鉴意义。本论收录于《克珠杰文集》拉萨雪木刻版,第10函第4部《十大心许誓愿》,约有4张,8页,参见西藏色昭佛教古籍编委会整理《克珠格列贝桑文集》(藏文第10册),北京:中国藏学出版社2014年版,第540-544页。

⑥ 本文收录于《克珠杰文集》拉萨雪木刻版,第1函第4部《散论合编》第4部,共有1叶,参见西藏色昭佛教古籍编委会整理《克珠格列贝桑文集》(藏文第1册),北京:中国藏学出版社2014年版,第226-227页。

⑦ 本文写于后藏年堆上部智源胜境之当金寺(གཙང་མྱང་སྟོད་རིག་པའི་འབྱུང་གནས་ཀྱི་སའི་ཆ་དཔལ་རི་བོ་མདངས་ཅན་གྱི་དགོན་པར་སྦྱར་བའོ།),收录于《克珠杰文集》拉萨雪木刻版,第8函第5部,共有136叶,参见西藏色昭佛教古籍编委会整理《克珠格列贝桑文集》(藏文第8册),北京:中国藏学出版社2014年版,第148-371页。

སོ།)、《菩提与持明者犯戒还净法》①《律仪二十颂》《十四根本堕罪》《八粗堕罪解说·密乘菩提学处摄略》②《具德密集现证补遗》③《金刚密集现前生起法补遗》④《金刚密集坛城仪轨补遗》⑤《密集金刚萨埵能喜仪轨口诵法》《金刚密集圆满次第笔记》⑥《密集妙金刚十九尊成就法补遗》⑦《大威德金刚生起次第广论》(译者注:这部论著的全称是《具德大威德金刚生起次第·明显顶髻庄严论》(དཔལ་རྡོ་རྗེ་འཇིགས་བྱེད་ཆེན་པོའི་བསྐྱེད་རིམ་གྱི་རྣམ་གཞག་གསལ་བའི་གཙུག་རྒྱན་བཞུགས་སོ།),也是一篇未完稿。但是,应当时众善知识的委托,根据克珠杰在当金寺详细讲述该论两次后来甘丹寺又系统讲授为基础,由其高

---

① 在现行拉萨雪木刻版和中国藏学出版社两种版本的《克珠杰文集》中并未发现与此篇名完全相同的论著,是早已遗失还是另有篇名不得而知。但是,克珠杰的另一部重要名著《三律仪摄义抉择品佛宝洗涤》的第二、三品内容与之较为相似,故有待进一步考证。

② 在《克珠杰文集》拉萨雪木刻版,第9函第10部《散论合编》第30部《རྡོ་རྗེ་ཐེག་པའི་རྩ་བ་དང་ཡན་ལག་གི་བསླབ་བྱ་མདོར་བསྡུས་པ་ཙམ་ཞིག་བརྗོད་པ།》中有相似的内容,参见西藏色昭佛教古籍编委会整理《克珠格列贝桑文集》(藏文第9册),北京:中国藏学出版社2014年版,第478-501页。

③ 这一部首页上的篇名与题记中的篇名略有差异,因为题记中写到"དཔལ་ལྡན་འདུས་པའི་སྒྲུབ་ཐབས་ཀྱི་ཚིག་ངག་འདོན་གྱི་ཚུལ་གོ་བདེ་བར་བརྗོད་པའི་ལྷན་ཐབས། རྗེ་རིན་པོ་ཆེ་རྒྱལ་བ་གཉིས་པ་རང་ཉིད་ཀྱི་གསུང་ངག་ལྟར་མང་དུ་ཐོས་པའི་བཙུན་པ་དགེ་ལེགས་དཔལ་བཟང་པོས་བློ་དམན་པ་དག་ལ་ཕན་བཏགས་པའི་སླད་དུ་ཡི་གེར་བྲིས་པའོ།"。本文收录于《克珠杰文集》拉萨雪木刻版,第6函第6部,共有14叶,参见西藏色昭佛教古籍编委会整理《克珠格列贝桑文集》(藏文第6册),北京:中国藏学出版社2014年版,第226-249页。

④ 在现行拉萨雪木刻版和中国藏学出版社两种版本中,尚未发现与此篇名完全相同的论著。

⑤ 本书完全相同者在现行多种《克珠杰文集》中尚未发现,但标有一篇《དཔལ་གསང་བ་འདུས་པའི་དཀྱིལ་ཆོག་གི་ངག་འདོན་གོ་སླ་བར་བརྗོད་པ་བཞུགས་སོ།》的论著,似为同书异名,有待考证。本文收录于《克珠杰文集》拉萨雪木刻版,第6函第5部,共有36叶,参见西藏色昭佛教古籍编委会整理《克珠格列贝桑文集》(藏文第6册),北京:中国藏学出版社2014年版,第162-225页。

⑥ 在现行《克珠杰》各种版本中,没有发现与这篇名完全相同的论著,但是内容比较相近的有两篇,即《克珠杰文集》拉萨雪木刻版,第6函第8部《བསྟན་པའི་མངའ་བདག་མཁས་གྲུབ་ཐམས་ཅད་མཁྱེན་པ་དགེ་ལེགས་དཔལ་བཟང་པོའི་ཞལ་ལས་བྱུང་བའི་རྒྱུད་ཀྱི་ཟིན་བྲིས་བཞུགས་སོ།》,因为该文第一句就是"འདིར་དཔལ་གསང་བ་འདུས་པའི་རྒྱུད་ཀྱི་དོན་བཤད་པ་ལ་བཞི",正可谓开宗明义地直奔主题,然令人遗憾的是尚未完稿,共有104叶。还有一篇《克珠杰文集》拉萨雪木刻版,第12函第14部《རྒྱུད་ཀྱི་རྒྱལ་པོ་དཔལ་གསང་བ་འདུས་པའི་རྫོགས་རིམ་གྱི་མན་ངག་བཞུགས་སོ།》,共有49叶。但是,这一篇标题中没有"ཟིན་བྲིས"一词,故难以辨别,有待考证。参见西藏色昭佛教古籍编委会整理《克珠格列贝桑文集》(藏文),北京:中国藏学出版社2014年版,第6册第268-463页、第12册第588-667页。

⑦ 本书篇名在木刻版首页上写到"དཔལ་གསང་བ་འདུས་པ་མཇམ་དཔལ་རྡོ་རྗེའི་སྒྲུབ་ཐབས་ཀྱི་ལྷན་ཐབས་ཀྱི་ལྷན་ཐབས་མཁས་གྲུབ་ཆེན་པོས་མཛད་པ་བཞུགས་སོ།",但与题记中所述"བཅོམ་ལྡན་འདས་འཇམ་པའི་རྡོ་རྗེ་ལྷ་བཅུ་དགུའི་སྒྲུབ་ཐབས་ཀྱི་ཚིག་བདག་གིས། རྗེ་ཐམས་ཅད་མཁྱེན་པར་མཛད་པའི་གསུང་ཏ་ཅང་འདུས་ཆེ་ཞིང་བཀླིངས་པས་བློ་དམན་པ་དག་གིས་ཚིག་སྦྱོར་སོགས་ཤེས་དཀའ་བར་གྱུར་བས་གསལ་བར་སྦྱར་བའི་ལྷན་ཐབས་ཀྱི་ཡི་གེ་བྲིས་ཤིག་ཅེས་ནན་ཏན་གྱིས་བསྐུལ་བ་དག་གི་ཆེད་དུ་གཞུང་རྩོམ་པའི་ཚིག་སྦྱོར་དང་ཆོ་ག་ངག་ཏུ་བརྗོད་པའི་ཚིག་སྦྱོར་གྱི་ཁྱད་པར་གྱིས་ངག་ཏུ་བརྗོད་པ་ན་གོ་རིམ་བསྒྲིལ་དགོས་པ་ལ་སོགས་པ་རྣམས་རྣམ་དབྱེ་ཕྱེད་པར་བཙུན་པ་དགེ་ལེགས་དཔལ་བཟང་པོས་གྲུབ་པའི་གནས་མཆོག་དགའ་ལྡན་རྣམ་པར་རྒྱལ་བའི་གླིང་དུ་སྦྱར་བའོ།"基本吻合,但似乎与本书目第59条重复了。本文收录于《克珠杰文集》拉萨雪木刻版,第6函第7部,共有10叶,参见西藏色昭佛教古籍编委会整理《克珠格列贝桑文集》(藏文第6册),北京:中国藏学出版社2014年版,第250-267页。

足第五代甘丹赤巴雅德洛珠群迥于甘丹寺补遗而成，共有128叶。按照中国藏学出版社的版本来看，克珠杰撰写部分在第531－674页，共有143页，约占三分之二篇幅；第五代甘丹赤巴雅德洛珠群迥补遗部分在第674－753页，共有79页，约占三分之一篇幅，参见西藏色昭佛教古籍编委会整理《克珠格列贝桑文集》(藏文第8册)，北京：中国藏学出版社2014年版，第531－753页。)《大威德金刚护轮》①《阎罗法王朵玛食子供养仪轨·诸障消除法》②《世尊薄伽梵轮胜乐金刚父母现证礼赞品》③《鲁俄巴所传具德妙轮胜乐金刚坛城仪轨·大乐游戏之海》④《九尊具德喜金刚坛城之轮成就法·断舍谬误》⑤《喜金刚增补附论仪轨》⑥《喜金刚供养、祈愿、吉祥颂词》(译者注：在现行《克珠杰

① 在现行《克珠杰文集》拉萨雪木刻版和中国藏学出版社两种版本中并未发现与此篇名完全相同的文章，也有可能附件的形式编纂于文集。

② 收录于《克珠杰文集》拉萨雪版本，第12函第5部《ལས་གཤིན་གྱི་ཕྱི་སྒྲུབ་དང་ནང་སྒྲུབ་ཀྱི་མངོན་རྟོགས་དང་གཏོར་ཆོག་བཞུགས་སོ》，写于当金寺，共有9叶，参见西藏色昭佛教古籍编委会整理《克珠格列贝桑文集》(藏文第12册)，北京：中国藏学出版社2014年版，第240－251页。现行拉萨雪木刻和中国藏学出版社两种版本中，尚未发现与此完全相同的篇名。

③ 在古格王妃赤坚嘉姆的祈请之下，克珠杰写于后藏年堆上部智源胜境之具德当金寺(གུ་གེའི་བདག་མོ་ཁྲི་ལྷམ་རྒྱལ་མོའི་གསུང་གིས་མི་རྟོག་དང་བཅས་ཏེ་བསྐུལ་བ་ལ་བརྟེན་ནས་མང་དུ་ཐོས་པའི་བཙུན་པ་དགེ་ལེགས་དཔལ་བཟང་པོས་གཙང་ཉང་སྟོད་རིག་པའི་འབྱུང་གནས་ཀྱི་སའི་ཆ་དཔལ་རི་བོ་མདངས་ཅན་གྱི་དགོན་པར་སྦྱར་བའོ། །)。本文收录于《克珠杰文集》拉萨雪木刻版，第9函第10部《散论合编》第12部，约2叶，参见西藏色昭佛教古籍编委会整理《克珠格列贝桑文集》(藏文第9册)，北京：中国藏学出版社2014年版，第404－408页。

④ 本文全称在题记中表述为“དཔལ་འཁོར་ལོ་བདེ་མཆོག་ལཱུ་ཨི་པའི་ལུགས་ཀྱི་དཀྱིལ་འཁོར་ཆེན་པོར་འཇུག་ཅིང་དབང་བླང་བའི་ཆོ་ག་བདེ་ཆེན་རོལ་མཚོ་ཞེས་བྱ་བ་འདི་ནི། འདུས་པ་དང་བདེ་མཆོག་གི་ཐུན་མོང་གི་བཤད་རྒྱུད་རྡོ་རྗེ་འཕྲེང་བ་ལས། དབང་བཅུ་བཞིའི་རྣམ་གཞག་གསུངས་པའི་རྗེས་སུ་འབྲངས་ཤིང་། ལཱུ་དྲིལ་གཉིས་ཐུན་མོང་གིས་ཆོག་ག་རྣམས་རྗེ་བཙུན་ཆོས་ཀྱི་རྒྱལ་པོ་ཙོང་ཁ་པ་ཆེན་པོ་རང་ཉིད་ཀྱིས་མཛད་པའི་དྲིལ་བུ་པའི་དཀྱིལ་ཆོག་གཞིར་བཞག་ཅིང་། ལཱུ་དྲིལ་གྱི་མི་འདྲ་བའི་ཁྱད་པར་དབྱེ་དགོས་པ་རྣམས། ཌཱ་རི་ཀ་པ་དང་། ལང་ཀ་རྒྱལ་བཟང་དང་། དཀྱིལ་ཆོག་རྡོ་རྗེ་འཕྲེང་བ་དང་། རྡོ་རྗེ་འཆང་ཆེན་པོའི་ལམ་གྱི་རིམ་པར་གསུངས་པ་དག་ལས། གང་འཇུག་པ་བདེ་བ་དང་། སྐབས་སུ་རི་ལྟར་བབ་པ་བཞིན་བཀོད་དེ། དུས་གསུམ་སངས་རྒྱས་ཐམས་ཅད་ཀྱི་མཁྱེན་བརྩེ་གཅིག་ཏུ་བསྡུས་པའི་ངོ་བོ། རྡོ་རྗེ་འཆང་དང་དབྱེར་མ་མཆིས་པའི་རྗེ་བཙུན་བླ་མ་ཙོང་ཁ་པ་ཆེན་པོ་ཉིད་ཀྱི་ཞབས་ཀྱི་པདྨོ་ལ་སྤྱི་བོས་རེག་པའི་རྡོ་རྗེ་འཛིན་པ་དགེ་ལེགས་དཔལ་བཟང་པོས་གཙང་ཉང་སྟོད་རིག་པའི་འབྱུང་གནས་ཀྱི་སའི་ཆ་དཔལ་རི་བོ་མདངས་ཅན་གྱི་དགོན་པར་སྦྱར་བའོ།”。由此可见，本文在宗喀巴所著《智布巴所传坛城仪轨》的基础上，参照梵藏论典写于后藏年堆上部智源胜境之具德当金寺，收录于《克珠杰文集》拉萨雪木刻版，第6函第12部，共有50叶，参见西藏色昭佛教古籍编委会整理《克珠格列贝桑文集》(藏文第6册)，北京：中国藏学出版社2014年版，第595－684页。

⑤ 本文全称在文首和文末题记中表述为“བཅོམ་ལྡན་འདས་དཔལ་ཀྱཻ་རྡོ་རྗེ་ལྷ་དགུའི་དཀྱིལ་འཁོར་གྱི་འཁོར་ལོ་བསྒྲུབ་པའི་ཐབས་འཁྲུལ་པ་སྤོང་བ་ཞེས་བྱ་བ།”，在以噶究巴绛坚为首的众僧长期祈请之下，谙熟萨迦派叔侄所传的现证广中略论分化的14或46种和噶举派祖师玛尔巴的传人俄氏所传羯磨集于一体的本尊瑜伽34种、现证生起次第本尊瑜伽11种之后，严格按照宗喀巴的思想写于后藏年堆上部智源胜境之某地。本文收录于《克珠杰文集》拉萨雪木刻版，第8函第2部，共有24叶，参见西藏色昭佛教古籍编委会整理《克珠格列贝桑文集》(藏文第8册)，北京：中国藏学出版社2014年版，第79－120页。

⑥ 本文还有一个别名在题记中表述为“དཔལ་ཀྱཻ་རྡོ་རྗེའི་དཀྱིལ་འཁོར་གྱི་འཁོར་ལོ་མཆོད་པའི་ཆོ་ག་འདི་ནི་ཚུལ་འདི་ལ་ལྷག་པར་དོན་དུ་གཉེར་བའི་བཤེས་གཉེན་དུ་མ་ཞིག་གིས་ཉེ་བར་གསོལ་བ་བཏབ་པའི་སྐད་དུ་བཙུན་པ་དགེ་ལེགས་དཔལ་བཟང་པོས་རི་བོ་མདངས་ཅན་གྱི་དགོན་པར་སྦྱར་བའོ།”，在专攻此法门的若干善知识们的祈请之下，由克珠杰写于日熬当金寺。本文收录于《克珠杰文集》拉萨雪木刻版第8函第4部，共有13叶，参见西藏色昭佛教古籍编委会整理《克珠格列贝桑文集》(藏文第8册)，北京：中国藏学出版社2014年版，第126－147页。

文集》拉萨雪木刻版和中国藏学出版社两种版本中并未发现与此篇名完全相同的文章，但收录于《克珠杰文集》拉萨雪木刻版第 8 函第 3 部《དཔལ་ཀྱི་རྡོ་རྗེའི་མཆོད་འཕྲེང་རྡོ་རྗེ་སེམས་དཔའི་བསྒོམ་བཟླས་དང་བཅས་པ་བཞུགས་སོ།》似乎与之内容相仿，但并无题记等说明，共有 4 叶。参见西藏色昭佛教古籍编委会整理《克珠格列贝桑文集》(藏文第 8 册)，北京：中国藏学出版社 2014 年版，第 121－125 页。)《时轮必需增补附论》①《善知识索朗坚赞所启问答书》②《反驳应成式回遮论的关要难点问答》③《善知识桑杰仁钦所启问答书》④《正见亲训小字注释》⑤《甚深金刚乘瑜伽入门之道彰显论》⑥《时轮金刚一万二千无垢光释难分辨

① 本文依据克珠杰的实践和口述，由其高足第五代甘丹赤巴雅德洛珠群迥整理而成(དེ་ལྟར་སྐབས་སུ་ཉེ་བར་མཁོ་བའི་ཟུར་འདེབས་དང་གོ་རིམ་ཅུང་ཟད་བསྒྲིག་དགོས་པ་རྣམས་མཁས་གྲུབ་དགེ་ལེགས་དཔལ་བཟང་པོའི་ལག་ལེན་དང་གསུང་ངག་ཇི་ལྟ་བ་བཞིན་དེ་ཉིད་ཀྱི་ཞབས་རྡུལ་སྤྱི་བོས་ལེན་པའི་བཙུན་པ་བློ་གྲོས་ཆོས་སྐྱོང་གིས་བགྱིས་སོ། །འདིར་ཕྱག་ལེན་ལ་ཉེ་བར་མཁོ་བས་གསུང་འབུམ་ནང་དུ་བཀོད་པའོ།)，收录于《克珠杰文集》拉萨雪木刻版，第 6 函第 4 部，共有 6 叶，参见西藏色昭佛教古籍编委会整理《克珠格列贝桑文集》(藏文第 6 册)，北京：中国藏学出版社 2014 年版，第 153－161 页。

② 本文的主要内容是如何修习的教授，收录于《克珠杰文集》拉萨雪木刻版，第 1 函第 4 部《散论合编》第 10 部，约 3 叶，参见西藏色昭佛教古籍编委会整理《克珠格列贝桑文集》(藏文第 1 册)，北京：中国藏学出版社 2014 年版，第 250－254 页。

③ 在现行《克珠杰文集》拉萨雪木刻版和中国藏学出版社两种版本中并未发现与此篇名完全相同的文章，但收录于《克珠杰文集》拉萨雪木刻版，第 1 函第 4 部《散论合编》第 11 部《ཆོས་རྗེ་ཐམས་ཅད་མཁྱེན་པ་དགེ་ལེགས་དཔལ་བཟང་པོས་གསུངས་པའི་ལྟ་ཁྲིད་ཞང་ཞུང་བས་ཟིན་བྲིས་སུ་བཏབ་པ》似乎与之内容较为吻合，但并无题记等说明，约 5 叶，参见西藏色昭佛教古籍编委会整理《克珠格列贝桑文集》(藏文第 1 册)，北京：中国藏学出版社 2014 年版，第 250－254 页。

④ 本文中对善知识桑杰仁钦请教的极为关键的 7 个问题逐一简明扼要地予以答复，即其一克珠杰依止的 50 多位老师中恩重如山的绛白多杰宁布、道果成就者益西白、仁达瓦雄努洛珠三位导师的殊胜之处；其二般若与密宗在见地上是否有殊胜之处；其三历史上对于旧译宁玛派曾遭遇众先哲的批驳，如今诽谤者亦较多之原因？其四有情众生心续中是否存在如来藏法相；其五大手印与中观二者的密意是否有差异；其六佛教根本四宗是否由佛开示；其七修瑜伽上师之时把上师化为金刚持进行实修和如现般实修二者中哪一种最为殊胜等极为重要的七大历史和理论问题。本文收录于《克珠杰文集》拉萨雪木刻版，第 1 函第 4 部《散论合编》之首，约 3 叶，参见西藏色昭佛教古籍编委会整理《克珠格列贝桑文集》(藏文第 1 册)，北京：中国藏学出版社 2014 年版，第 211－216 页。

⑤ 本文依据《菩提道次第论》，主要从四个层面阐述了如何强制斩断昏沉与掉举的方法，以达止观。收录于《克珠杰文集》拉萨雪木刻版，第 9 函第 8 部，约 3 叶，参见西藏色昭佛教古籍编委会整理：《克珠格列贝桑文集》(藏文第 9 册)，北京：中国藏学出版社 2014 年版，第 329－332 页。

⑥ 在现行《克珠杰文集》拉萨雪木刻版和中国藏学出版社两种版本中并未发现与此篇名完全相同的文章，但收录于《克珠杰文集》拉萨雪木刻版，第 9 函第 10 部《散论合编》第 40 部《རང་གི་སློབ་མ་དགེ་བའི་བཤེས་གཉེན་སྡེ་སྣོད་འཛིན་པ་ཐར་པ་རྒྱལ་མཚན་ཞེས་བྱ་བས་ཚ་བ་རོང་གི་སྐད་ནས་དངུལ་སྲོ་རེ་སུམ་བརྒྱའི་འབུལ་བ་དང་། སྐུར་ཡང་ཕྱགས་ལ་ཞུགས་ནས་ལམ་ཉམས་སུ་ལེན་ཚུལ་གྱི་གདམས་པ་ཞུང་དུ་ཙམ་བསྐུར་བ་བྱུང་ན་ཕན་ཆེ་བར་ཡོད་ཅེས་གསུང་བའི་ལན་དུ་མང་དུ་ཐོས་པའི་བཙུན་པ་དགེ་ལེགས་དཔལ་བཟང་པོས་སྦྱར་བའི་གནས་མཆོག་རི་བོ་དགེ་ལྡན་རྣམ་པར་རྒྱལ་བའི་གླིང་ནས་འཕྲིན་ཡིག་ཏུ་གདམས་པའོ།》和第 47 部《རྡོ་རྗེ་ཐེག་པའི་ལམ་གྱི་ཡན་ལག་མི་འབྲལ་བ་དང་བསྟེན་པར་བྱ་བའི་དམ་ཚིག་གི་རྫས་མེད་དུ་མི་རུང་བ་དག་གི་མཚན་ཉིད་དང་དེ་ལྟར་བཅས་པའི་ཚུལ་ལ་སོགས་པ་རྣམ་པར་བཤད་པ་རྣལ་འབྱོར་རོལ་བའི་དགའ་སྟོན་ཞེས་བྱ་བ་བཞུགས་སོ།》(共 63 叶)，内容比较接近。参见西藏色昭佛教古籍编委会整理《克珠格列贝桑文集》(藏文第 9 册)，北京：中国藏学出版社 2014 年版，第 573－580、707－819 页。

备忘录》(译者注:这是宗喀巴讲课时所造的笔记,遗憾的是没有完成,亦无后人的补遗,至今尚为未完稿。本文收录于《克珠杰文集》拉萨雪木刻版第9函第1部,共103叶,参见西藏色昭佛教古籍编委会整理《克珠格列贝桑文集》(藏文第9册),北京:中国藏学出版社2014年版,第1-169页。)《欲界自在母礼赞》[①]《具德时轮金刚大疏无垢光广论之世界品释》[②]《具德时轮金刚大疏无垢光广论之内品释》[③]《具德时轮金刚大疏无垢光广论之灌顶品释》[④]《具德时轮金刚大疏无垢光广论之修品释》[⑤]《闻法录》[⑥]、《散论合编》(译者注:在《克珠杰文集》第1函第4部和第9函第10部中共两处有《གསུང་ཐོར་བུ》,前者中共收录了11种,这里面的《善知识桑杰仁钦所启问答书》《绛巴之主朗索朗嘉扎巴启问

① 在现行《克珠杰文集》拉萨雪木刻版和中国藏学出版社两种版本中,尚未发现与此篇名完全相同的文章。

② 本文全称是《དཔལ་དུས་ཀྱི་འཁོར་ལོའི་འགྲེལ་ཆེན་དྲི་མ་མེད་པའི་འོད་ཀྱི་རྒྱ་ཆེར་བཤད་པ་དེ་ཁོ་ན་ཉིད་སྣང་བར་བྱེད་པ་ཞེས་བྱ་བ་ལས་འཇིག་རྟེན་གྱི་ཁམས་རྣམ་པར་བཀོད་པའི་ལེའུ་རྣམ་པར་བཤད་པ་བཞུགས་སོ།》,收录于《克珠杰文集》拉萨雪木刻版,第2函第2部,共有507叶,参见西藏色昭佛教古籍编委会整理《克珠格列贝桑文集》(藏文第2册),北京:中国藏学出版社2014年版,第78-960页。

③ 本文全称是《དཔལ་དུས་ཀྱི་འཁོར་ལོའི་འགྲེལ་ཆེན་དྲི་མ་མེད་པའི་འོད་ཀྱི་རྒྱ་ཆེར་བཤད་པ་དེ་ཁོ་ན་ཉིད་སྣང་བར་བྱེད་པ་ཞེས་བྱ་བ་ལས་ནང་ངེས་པའི་ལེའུ་རྣམ་པར་བཤད་པ་བཞུགས་སོ།》,收录于《克珠杰文集》拉萨雪木刻版,第3函第1部,共有211叶,参见西藏色昭佛教古籍编委会整理《克珠格列贝桑文集》(藏文第3册),北京:中国藏学出版社2014年版,第1-333页。

④ 本文全称是《དཔལ་དུས་ཀྱི་འཁོར་ལོའི་འགྲེལ་ཆེན་དྲི་མ་མེད་པའི་འོད་ཀྱི་རྒྱ་ཆེར་བཤད་པ་དེ་ཁོ་ན་ཉིད་སྣང་བར་བྱེད་པ་ཞེས་བྱ་བ་ལས་དབང་གི་ལེའུ་འགྲེལ་བཤད་ཀྱི་སྟོད་ཆ་དང་། ཊཱི་ཀ་ཆེན་དབང་ལེའི་སྨད་ཆ་ཞང་ཞུང་པ་ཆོས་དབང་གྲགས་པས་མཛད་པ་དང་། རྗེ་བློ་གྲོས་ཆོས་སྐྱོང་གིས་མཛད་པ་བཞུགས་སོ།》,收录于《克珠杰文集》拉萨雪木刻版,第3函第2部,有121叶。因为是未完稿,故由其高足象雄曲旺扎巴和雅德洛珠群迥二人分别补遗灌顶品的下册和修品、智品的全部内容。本灌顶品的下册前者的补遗部分在木刻版第3函第3部,有47叶,后者的补遗部分在第4函第2部,有55叶。参见西藏色昭佛教古籍编委会整理《克珠格列贝桑文集》(藏文),北京:中国藏学出版社2014年版,第3册第334-620页;第4册第527-623页。

⑤ 本文全称是《དཔལ་དུས་ཀྱི་འཁོར་ལོའི་འགྲེལ་ཆེན་དྲི་མ་མེད་པའི་འོད་ཀྱི་རྒྱ་ཆེར་བཤད་པ་དེ་ཁོ་ན་ཉིད་སྣང་བར་བྱེད་པ་ཞེས་བྱ་བ་ལས་སྒྲུབ་ཐབས་ལེའུ་ཞང་ཞུང་པ་ཆོས་དབང་གྲགས་པས་མཛད་པ་དང་། རྗེ་བློ་གྲོས་ཆོས་སྐྱོང་གིས་མཛད་པ་བཞུགས་སོ།》,收录于《克珠杰文集》拉萨雪木刻版,第3函第4部,有108叶;第4函第3部,有147叶,前者由其高足象雄曲旺扎巴补遗,后者由雅德洛珠群迥补遗。参见西藏色昭佛教古籍编委会整理《克珠格列贝桑文集》(藏文),北京:中国藏学出版社2014年版,第3册第621-799页、第4册第624-884页。随后,还有时轮智品补遗,由象雄曲旺扎巴补遗部分收录于《克珠杰文集》拉萨雪木刻版第4函第1部,有312叶;雅德洛珠群迥补遗部分收录于《克珠杰文集》拉萨雪木刻版,第5函第1部,有298叶。这里没有著录时轮智品补遗部分,特此说明。

⑥ 本文收录于《克珠杰文集》拉萨雪木刻版,第2函第3部,共44叶,参见西藏色昭佛教古籍编委会整理《克珠格列贝桑文集》(藏文第2册),北京:中国藏学出版社2014年版,第138-211页。在此值得注意的是,在钦则阿旺索巴嘉措的译本中,把《闻法录》和《散论合编》两种译为一本《闻法录散集》(གསན་ཡིག་གསུང་ཐོར་བུ)。这似乎是译者不慎所致,参见《菩提道次第师承传记》(上册),北京:宗教文化出版社2012年版,第756页。该二者不仅是内容完全相异的两种,而且没有编纂在一函。更为重要的是在《克珠杰文集》中有两处《散论合编》(གསུང་ཐོར་བུ),共收录了58种不同的文章,参见下一个注释。

书·制伏诽谤邪说》《六十四种文字名录》《善知识索朗坚赞所启问答书》等已经单独著录了。因此有可能是第9函第10部《གསུང་ཐོར་བུ》,其中共收录了47种。但是,这里面的《世尊薄伽梵轮胜乐金刚父母现证礼赞品》和《宗喀巴秘传·宝穗》等也单独著录了,因而到底指哪一函中的《གསུང་ཐོར་བུ》,难以确定。参见西藏色昭佛教古籍编委会整理《克珠格列贝桑文集》(藏文),北京:中国藏学出版社2014年版,第1册第211-262页;第9册第376-819页。)《一与异两座坛城分四期观修法论》①《世尊薄伽梵时轮身语意圆满坛城之轮成就法·白莲教言》②《世尊薄伽梵时轮坛城众本尊供养仪轨·普贤供云》③《具德时轮身语意圆满度量绘制法》④《具德时轮坛城仪轨密意彰显论》(译者注:本文依据饶氏和卓氏二位师承的时轮思想精华集于一体的布敦仁钦珠的清净实践体验为基础,尤其是宗喀巴的独特思想,写于后藏年堆上部智源胜境之具德日熬当金寺(བཅོམ་ལྡན་འདས་དཔལ་དུས་ཀྱི་འཁོར་ལོའི་དཀྱིལ་འཁོར་གྱི་ཆོ་ག་དགོངས་པ་རབ་གསལ་ཞེས་བྱ་བ་འདི་ནི་སྟོ་མོ་ནས་མདོ་རྒྱུད་ཀྱི་སྡེ་སྣོད་འཛིན་པ་ཆོས་མང་པོས་ཡང་ཡང་བསྐུལ་བ་ལ་བརྟེན་ནས

---

① 在现行拉萨雪木刻版和中国藏学出版社两种版本中并未发现与此篇名完全相同的文章,但收录于《克珠杰文集》拉萨雪木刻版,第9函第10部《散论合编》第31部《བླ་མེད་ཀྱི་བསྐྱེད་པའི་རིམ་པ་བསྒོམ་པའི་རྟེན་གྱི་གང་ཟག་དཀྱིལ་འཁོར་གྱི་འཁོར་ལོ་ཐ་དད་པ་ཉིད་ཞག་ཐུག་གཅིག་ལ་ཐུན་བཞིར་བསྒོམ་པ་ངེས་བཟླས་པ་དང་གཏོར་མ་སོགས་ལྔའི་རྣལ་འབྱོར་གང་ལ་གནས་ནས་བྱ་བ་དང་སྦྱོར་བ་དང་མཇུག་གི་བྱ་བ་རྣམས་རེ་རེ་ཞིང་ཐམས་ཅད་ལ་རང་རང་གི་ཚོགས་ཚང་བར་བྱེད་མི་བྱེད་སོགས་ཇི་ལྟར་བྱ་བའི་ཚུལ》似乎与之较为吻合,约6叶。这是续藏实践方面一部重要的论著,通过梳理喜金刚、胜乐金刚、密集金刚等各部续藏中的一与异两座坛城分四期观修法,并引证布敦仁钦珠的名言,澄清了阿底峡尊者会见大译师仁钦桑布期间关于续藏诸本尊一夜分四期修法的谬论。但是,萨迦派和噶举派的个别学者对此似有张冠李戴之嫌,欲加"呵佛骂祖"之罪。参见西藏色昭佛教古籍编委会整理《克珠格列贝桑文集》(藏文第9册),北京:中国藏学出版社2014年版,第502-509页。

② 本文依据宗喀巴的教授写于后藏年堆上部智源胜境之具德日熬当金寺(བཅོམ་ལྡན་འདས་དཔལ་དུས་ཀྱི་འཁོར་ལོའི་སྐུ་གསུང་ཐུགས་ཡོངས་སུ་རྫོགས་པའི་དཀྱིལ་འཁོར་གྱི་སྒྲུབ་པའི་ཐབས་པདྨ་དཀར་པོའི་ཞལ་གྱི་ལུང་ཞེས་བྱ་བ་འདི་ནི་སྡེ་སྣོད་དང་རྒྱུད་སྡེ་འཛིན་པ་ཆོས་འདི་ལ་ལྷག་པར་མོས་པ་དུ་མས་ཡང་ཡང་བསྐུལ་བ་ལ་བརྟེན་ནས་དཔལ་དུས་ཀྱི་འཁོར་ལོས་མངོན་སུམ་དུ་བྱིན་གྱིས་བརླབས་ཤིང་རྗེ་རྗེ་འཆང་གིས་མངོན་པར་དབང་བསྐུར་བ་འཇམ་པའི་དབྱངས་ཀྱི་སྤྲུལ་པ་རྗེ་ཐམས་ཅད་མཁྱེན་པ་བློ་བཟང་གྲགས་པའི་དཔལ་གྱི་ཞལ་སྔ་ནས་དགྱེས་པ་ཆེན་པོས་སྩལ་བའི་གསུང་གི་བདུད་རྩི་དད་པའི་སྙིམ་པས་བླངས་ཏེ་བློ་གྲོས་ཀྱི་རྣ་འཛིན་གྱིས་མྱངས་པས་དུས་ཀྱི་འཁོར་ལོའི་ཕྱི་ནང་གཞན་གསུམ་ལ་མི་འཇིགས་པའི་སྤོབས་པ་དགེ་བ་ཅན་མང་དུ་ཐོས་པའི་བཙུན་པ་དགེ་ལེགས་དཔལ་བཟང་པོས་གཙང་ཉང་སྟོད་རིག་པའི་འབྱུང་གནས་ཀྱི་སའི་ཆ་དཔལ་རི་བོ་མདངས་ཅན་གྱི་དགོན་པར་སྦྱར་བའོ།)。在此基础上,色拉确吉坚赞著有《关于〈时轮成就法·白莲教言〉颠倒谬论消除法》(རྗེ་བཙུན་ཆོས་ཀྱི་རྒྱལ་མཚན་གྱིས་མཛད་པའི་དུས་འཁོར་གྱི་སྒྲུབ་ཐབས་པདྨ་དཀར་པོའི་ཞལ་ལུང་ལ་ལོག་རྟོག་སེལ་ཚུལ་འདི་དཔེ་ཤིན་ཏུ་དཀོན་པས་གསུང་འབུམ་འདིར་བཞུགས་སོ།),这两篇均收录于《克珠杰文集》拉萨雪木刻版第6函第1部,有65叶;第12部有75叶,参见西藏色昭佛教古籍编委会整理《克珠格列贝桑文集》(藏文第6册),北京:中国藏学出版社2014年版,第1-118、704-838页。

③ 本文收录于《克珠杰文集》拉萨雪木刻版,第6函第2部,共有15叶,并无克珠杰所造题记,参见西藏色昭佛教古籍编委会整理《克珠格列贝桑文集》(藏文第6册),北京:中国藏学出版社2014年版,第119-144页。

④ 本文依据宗喀巴的教授写于具德日熬当金寺(དཔལ་དུས་ཀྱི་འཁོར་ལོའི་སྐུ་གསུང་ཐུགས་ཡོངས་སུ་རྫོགས་པའི་ཐིག་གདབ་པའི་ཚུལ་གྱི་རབ་ཏུ་བྱེད་པ་རྣལ་འབྱོར་གྱི་དབང་ཕྱུག་ཐམས་ཅད་མཁྱེན་པ་ཆོས་ཀྱི་རྒྱལ་པོ་ཙོང་ཁ་པ་ཆེན་པོའི་གསུང་གི་བདུད་རྩི་མྱངས་པ་ལ་བརྟེན་ནས་དཔལ་དུས་ཀྱི་འཁོར་ལོའི་ཕྱི་ནང་གཞན་གསུམ་ལ་མི་འཇིགས་པའི་སྤོབས་པ་དགེ་བ་ཅན་བཙུན་པ་དགེ་ལེགས་དཔལ་བཟང་པོས་དཔལ་རི་བོ་མདངས་ཅན་གྱི་དགོན་པར་སྦྱར་བའོ།)。收录于《克珠杰文集》拉萨雪木刻版,第6函第3部,共有7叶,参见西藏色昭佛教古籍编委会整理《克珠格列贝桑文集》(藏文第6册),北京:中国藏学出版社2014年版,第145-152页。

རྒྱལ་བ་ཐམས་ཅད་ཀྱི་མཁྱེན་བརྩེ་གཅིག་ཏུ་བསྡུས་པའི་ངོ་བོ་གྲུབ་པའི་དབང་ཕྱུག་ཐམས་ཅད་མཁྱེན་པ་རྗེ་བཙུན་ཆོས་ཀྱི་རྒྱལ་པོ་ཙོང་ཁ་པ་ཆེན་པོའི་ཞབས་ཀྱི་པདྨོ་གུས་པས་བསྟེན་པའི་བཀའ་དྲིན་ལས་དཔལ་དུས་ཀྱི་འཁོར་ལོའི་རྒྱུད་དོན་ལ་ཕྱིན་ཅི་མ་ལོག་པའི་བློ་གྲོས་ཀྱི་སྣང་བ་རྒྱས་པ། ཤེས་བྱའི་དཀྱིལ་འཁོར་མ་ལུས་པ་དྲི་མ་མེད་པའི་རིགས་པའི་མིག་གིས་བལྟ་བའི་སྐལ་བ་མཆོག་དང་ལྡན་པའི་བཙུན་པ་དགེ་ལེགས་དཔལ་བཟང་པོས་རྒྱུད་འགྲེལ་གྱིས་དངོས་སུ་བསྟན་པ་ལ་སྦྱོ་འགྲོ་དང་མཐུན་པའི་ཚིགས་ཁ་ངེས་པར་འགོངས་དགོས་པ་རྣམས་བསྐྲངས་ཤིང་ར་འབྲོ་གཉིས་ཀྱི་བླམ་བརྒྱུད་པའི་བཞེད་པའི་ལེགས་ཆ་མ་ལུས་པ་བསྡུས་པའི་ཐམས་ཅད་མཁྱེན་པ་བུ་སྟོན་རིན་པོ་ཆེའི་ཕྱག་བཞེས་རྣམ་པར་དག་པ་ཡང་བརྟེན་ལ་རྗེ་རིན་པོ་ཆེ་ཉིད་ཀྱི་ཐུན་མོང་མ་ཡིན་པའི་གསུང་གི་ལེགས་བཤད་ཀྱིས་བརྒྱན་ཏེ་གཙང་ཞང་སྟོད་རིག་པའི་འབྱུང་གནས་ཀྱི་སའི་ཆ་དཔལ་རི་བོ་མདངས་ཅན་གྱི་དགོན་པར་སྦྱར་བའོ།)。本文收录于《克珠杰文集》拉萨雪木刻版,第 5 函第 3 部,共有 72 叶,参见西藏色昭佛教古籍编委会整理《克珠格列贝桑文集》(藏文第 5 册),北京:中国藏学出版社 2014 年版,第 691 – 814 页。)《依宗喀巴所示时轮灌顶仪轨法记》①《时轮金刚问答书》②《论地道·智者心悦诚服》③《续藏至王具德密集生起次第解说·悉地大海》④、《六支加行根本偈颂体及其笔记》(译者注:在现行拉萨雪木刻版和中国藏学出版社两种版本的《克珠杰文集》中并未发现与此篇名完全相同的文章,但收录于《克珠杰文集》拉萨雪木刻版,第 12 函第 14 部《克珠杰所述〈具德时轮圆满次第论〉由嘉玛瓦所造笔记》(དཔལ་དུས་ཀྱི་འཁོར་ལོའི་རྫོགས་རིམ་མཁས་གྲུབ་ཐམས་ཅད་མཁྱེན་པའི་གསུང་རྒྱ་མ་བས་ཟིན་བྲིས་མཛད་པ་བཞུགས་སོ།)中阐述了六支加行,正如在题记中

---

① 在现行拉萨雪木刻版和中国藏学出版社两种版本中并未发现与此篇名完全相同的文章,但很有可能是收录于《克珠杰文集》拉萨雪木刻版,第 5 函第 2 部"བསྡུས་པའི་རྒྱུད་ཀྱི་རྒྱལ་པོ་དུས་ཀྱི་འཁོར་ལོའི་འགྲེལ་བཤད་རྩ་བའི་རྒྱུད་ཀྱི་རྗེས་སུ་འཇུག་པ་སྟོང་ཕྲག་བཅུ་གཉིས་པ་དྲི་མ་མེད་པའི་འོད་ཀྱི་མདོར་བསྡུས་དྲུག་པ་ཡན་གྱི་དཀའ་བའི་གནད་རྣམ་པར་འབྱེད་པ་བརྗོད་བྱང་གི་ཡི་གེ་གསུང་གི་ཟླ་ཟེར་ཞེས་བྱ་བ་འདི་ནི་སྔགས་དུས་ཀྱི་༧རྒྱལ་བ་གཉིས་པ་ཆོས་ཀྱི་རྗེ་རིན་པོ་ཆེ་བློ་བཟང་གྲགས་པའི་དཔལ་གྱི་༧ཞལ་སྔ་ནས་ཀྱི་གསུང་ལས་རྒྱ་ཆེར་ཕྱེན་པ་རྣམས་ཀྱི་དོན་ཙུང་ཟད་རེ་བློ་ལ་རེ་ཙམ་ཟིན་པ་རྣམས་དཀའ་བཅུ་པ་དགེ་ལེགས་དཔལ་གྱིས་ཟིན་བྲིས་སུ་བྲིས་པའོ།",共有 98 叶,仍有待考证,参见西藏色昭佛教古籍编委会整理《克珠格列贝桑文集》(藏文第 5 册),北京:中国藏学出版社 2014 年版,第 519 – 690 页。

② 在现行《克珠杰文集》拉萨雪木刻版和中国藏学出版社两种版本中并未发现与此篇名完全相同的文章,但收录于《克珠杰文集》拉萨雪木刻版,第 9 函第 10 部《散论合编》第 41 部《སྟོན་མེད་ལེགས་བཤད་སྣང་ཚེའི་དཀའ་སྟོན།》,就是关于时轮方面的专题问答。藏历二月二十七日写于具德日熬当金寺,共 30 叶。但不知提问者到底是谁,只知其身份是人王(མི་དབང་།),参见西藏色昭佛教古籍编委会整理《克珠格列贝桑文集》(藏文第 9 册),北京:中国藏学出版社 2014 年版,第 580 – 632 页。

③ 本文写于具德日熬当金寺,文首和题记中的篇名略有差异,即(ས་ལམ་གྱི་རྣམ་གཞག་ཡིད་འཕྲོག་འདི་ནི་མཁས་པའི་སྐྱེ་བོ་དུ་མས་ཡང་ཡང་བསྐུལ་བའི་ངོར་ཤཱཀྱའི་དགེ་སློང་དགེ་ལེགས་དཔལ་བཟང་པོས་དབེན་གནས་རི་བོ་མདངས་ཅན་གྱི་རི་ཁྲོད་དུ་སྦྱར་བའོ།)。该文收录于《克珠杰文集》拉萨雪木刻版,第 9 函第 5 部,共 15 叶,参见西藏色昭佛教古籍编委会整理《克珠格列贝桑文集》(藏文第 9 册),北京:中国藏学出版社 2014 年版,第 249 – 271 页。

④ 本文依据宗喀巴思想写于后藏年堆上部智源胜境之白居寺(རྒྱུད་ཐམས་ཅད་ཀྱི་རྒྱལ་པོ་དཔལ་གསང་བ་འདུས་པའི་བསྐྱེད་པའི་རིམ་པ་ལ་སློབ་པའི་ཚུལ་སྒྲུབ་པའི་ཐབས་རྣམ་པར་བཤད་པ་དངོས་གྲུབ་ཀྱི་རྒྱ་མཚོ་ཞེས་བྱ་བ་འདི་ནི་རྒྱལ་བ་ཐམས་ཅད་ཀྱི་བདག་པོ་རྡོ་རྗེ་འཆང་དང་དབྱེར་མ་མཆིས་པའི་གྲུབ་པའི་དབང་ཕྱུག་རྗེ་བཙུན་ཐམས་ཅད་མཁྱེན་པ་ཆོས་ཀྱི་རྒྱལ་པོ་ཙོང་ཁ་པ་ཆེན་པོའི་ཞབས་ཀྱི་པདྨོ་ལ་སྤྱི་བོས་རེག་པས་སྡེ་སྣོད་གསུམ་དང་རྒྱུད་སྡེ་བཞིའི་དོན་མཐའ་དག་དྲི་མ་མེད་པའི་རིགས་པས་རྣམ་པར་ཕྱེ་ནས་ཐེག་པ་གསུམ་གྱི་ལམ་གསལ་བར་བྱེད་པ་ལ་མཁས་པ་རྣམས་ཀྱི་མདུན་སར་འཇིགས་པ་མེད་པ་ཁྱུ་མཆོག་རླབས་པོ་ཆེའི་གནས་ཐོབ་པ་ཕྱི་དང་ནང་གི་གྲུབ་མཐའ་རྒྱ་མཚོ་ལྟ་བུའི་ཕ་རོལ་ཏུ་སོན་པའི་བཙུན་པ་དགེ་ལེགས་དཔལ་བཟང་པོས་གཙང་ཞང་སྟོད་རིག་པའི་འབྱུང་གནས་ཀྱི་སའི་ཆ་ཆོས་གྲྭ་ཆེན་པོ་ལེགས་བཤད་སྒྲོགས་པའི་ཚུལ་དཔལ་འཁོར་སྡེ་ཆེན་གྱི་གཙུག་ལག་ཁང་ཆེན་པོར་ལེགས་པར་སྦྱར་བའི་ཡི་གེ་པ་ནི་སྡེ་སྣོད་དང་རྒྱུད་སྡེ་མཐའ་དག་ལ་སྦྱངས་ཤིང་། ཐུབ་པའི་བརྟུལ་ཞུགས་དྲི་མ་མེད་པ་ལ་གནས་པའི་སྟན་གཅིག་པ་བློ་གྲོས་ཆོས་སྐྱོང་གིས་བགྱིས་སོ།),收录于《克珠杰文集》拉萨雪木刻版,第 7 函第 1 部,共 190 叶,参见西藏色昭佛教古籍编委会整理:《克珠格列贝桑文集》(藏文第 7 册),北京:中国藏学出版社 2014 年版,第 1 – 348 页。

所云“སྦྱོར་བ་དྲུག་གི་རིམ་པ་བཞིན་དུ་ཡེ་ཤེས་ཀྱི་ཕུང་པོ་རྣམ་ཤེས་ཀྱི་ཕུང་པོ་འདུ་བྱེད་ཀྱི་ཕུང་པོ་འདུ་ཤེས་ཀྱི་ཕུང་པོ་ཚོར་བའི་ཕུང་པོ་གཟུགས་ཀྱི་ཕུང་པོ་རྣམས་ཀྱི་དྲུག་ཚན་རེ་རེ་སྦྱིན་བྲལ་དུ་བྱས་ཏེ་རྡོ་རྗེ་སེམས་དཔའ་མི་བསྐྱོད་པ་དོན་གྲུབ་འོད་དཔག་མེད་རིན་འབྱུང་རྣམ་སྣང་རྣམས་ཀྱི་གོ་འཕང་དྲུག་ཚན་རེ་རེ་ཐོབ་བྱེད་དོ། །མཁས་གྲུབ་ཆོས་རྗེའི་གསུང་ངག་ཇི་ལྟ་བ་བཞིན་རྒྱ་མ་བ་ཤེར་རྒྱལ་གྱིས་ཟིན་བྲིས་སོ།”，共 31 叶，参见西藏色昭佛教古籍编委会整理《克珠格列贝桑文集》(藏文第 12 册)，北京：中国藏学出版社 2014 年版，第 539－587 页。)《六支加行引导前行文》。依宗喀巴亲授不共甚深极要秘诀《至尊玛尔巴耳传具德密集殊胜之法和合往生三法及手印依止法》及《气脉明点三障消除而提质增效法》①。《具德密集成就法仪轨口诵补遗》②、《具德密集息增护摩火供仪轨》③《密集妙金刚补遗》④《胜乐金刚依智布巴身坛城之生起次第论若干疑难》⑤《十三尊大威德金刚生起次第解说》⑥《大威德金刚

---

① 在现行拉萨雪木刻版和中国藏学出版社两种版本的《克珠杰文集》中并未发现与此篇名完全相同的文章，但与收录于《克珠杰文集》拉萨雪木刻版，第 12 函第 11 部《二十一部小字注释》中有相似的内容，参见西藏色昭佛教古籍编委会整理《克珠格列贝桑文集》(藏文第 12 册)，北京：中国藏学出版社 2014 年版，第 420－423 页。同时值得注意的是，郭和卿先生所译“宗喀巴大师亲口所传玛巴耳传密集特法中、入合、往生等三法及依手印修法，消除脉、精、息三种之障碍等真传教授《极密不共修法》”，明显存在断句问题。参见《菩提道次第师师相承传 · 庄严圣教最胜宝鬘》(上册)，第 576 页。

② 在现行拉萨雪木刻版和中国藏学出版社两种版本的《克珠杰文集》中并未发现与此篇名完全相同的文章，但收录于《克珠杰文集》拉萨雪木刻版，第 6 函第 5 部《དཔལ་གསང་བ་འདུས་པའི་དཀྱིལ་འཁོར་གྱི་ཆོ་གའི་དབང་གི་དེ་ཉིད་རབ་ཏུ་གསལ་བའི་ཆོ་ག་ངག་ཏུ་འདོན་ཚུལ་ཇི་ལྟར་བྱ་བ་གོ་སླ་བར་བརྗོད་པ》略为相似，有待考证，参见西藏色昭佛教古籍编委会整理《克珠格列贝桑文集》(藏文第 6 册) 第 162－225 页，北京：中国藏学出版社 2014 年。

③ 本文收录于《克珠杰文集》拉萨雪木刻版第 10 函第 3 部，共 11 叶，全称是《དཔལ་གསང་བ་འདུས་པའི་མི་བསྐྱོད་པའི་ཞི་བ་དང་རྒྱས་པའི་སྦྱིན་སྲེག་གི་ཆོ་ག་ལག་ཏུ་བླང་བའི་རིམ་པ་འབབ་ཞིག་མདོར་བསྡུས་པར་བརྗོད་པ།》，写于具德日熬当金寺，参见西藏色昭佛教古籍编委会整理《克珠格列贝桑文集》(藏文第 10 册)，北京：中国藏学出版社 2014 年版，第 524－539 页。

④ 本文收录于《克珠杰文集》拉萨雪木刻版，第 6 函第 7 部，共 10 叶，全称是《དཔལ་གསང་བ་འདུས་པ་འཇམ་དཔལ་རྡོ་རྗེའི་སྒྲུབ་ཐབས་ཀྱི་ལྷན་ཐབས་མཁས་གྲུབ་ཆེན་པོས་མཛད་པ་བཞུགས་སོ།》，依据宗喀巴所著《世尊薄伽梵妙金刚十九尊成就法仪轨》，深入浅出地写于甘丹寺。但与本书目第 22 条重复了，参见西藏色昭佛教古籍编委会整理《克珠格列贝桑文集》(藏文第 6 册)，北京：中国藏学出版社 2014 年版，第 250－267 页。

⑤ 本文收录于《克珠杰文集》拉萨雪木刻版，第 6 函第 12 部，共 12 叶，全称是《དཔལ་བཅོམ་ལྡན་འདས་འཁོར་ལོ་བདེ་མཆོག་དྲིལ་བུ་ལུགས་ཀྱི་ལུས་དཀྱིལ་གྱི་སྒྲུབ་ཐབས་སྒོམ་པའི་རྣལ་འབྱོར་པས་ངེས་པར་བྱ་རྒྱ་གལ་ཆེ་བའི་དཀའ་གནད་ཀྱི་ཞལ་ཤེས་འགའ་ཞིག་སྐབས་ཐབས་གོང་མ་བཞིན་ཟིན་བྲིས་སུ་བརྗེབས་པར་བྱའོ།》，依据宗喀巴的殊胜诀窍写于甘丹寺，参见西藏色昭佛教古籍编委会整理《克珠格列贝桑文集》(藏文第 6 册)，北京：中国藏学出版社 2014 年版，第 685－703 页。

⑥ 本文收录于《克珠杰文集》拉萨雪木刻版，第 9 函第 3 部，共 19 叶，参见西藏色昭佛教古籍编委会整理《克珠格列贝桑文集》(藏文第 9 册)，北京：中国藏学出版社 2014 年版，第 186－216 页。但在此值得注意的是，木刻版编纂者特别提示“该文中错别字较多，尽管大部分已经修订，但未能认真核对权威论典逐一互证排查，还望诸贤哲观察”(འདིའི་ནང་དུ་མ་དག་པ་ཤིན་ཏུ་མང་བས་ཕལ་ཆེར་ཞུས་དག་བྱས་ཞིང་ཞིབ་ཏུ་གཞུང་ལུང་ཐུབ་དང་སྦྱར་བའི་སོང་མ་བྱུང་བས་ད་དུང་མཁས་རྣམས་ཀྱིས་བརྟགས་པར་བྱའོ།)。

幻轮仪轨解说·尊胜三界明日之光》①《幻轮仪轨广论亲授小字注释及甚微注疏》②《世尊薄伽梵具德喜金刚成就法·断舍谬误》③《九尊喜金刚坛城仪轨·大乐入门》④《喜金刚坛城之轮上供仪轨》⑤《诀窍如意至宝》(译者注:本文收录在《克珠杰文集》第12函第8部,共28叶,参见西藏色昭佛教古籍编委会整理《克珠格列贝桑文集》(藏文第12册),北京:中国藏学出版社2014年版,第282－327页。在此值得注意的是"མན་ངག་འདི་ནི་སྙིང་ལས་གཅེས། །དགོས་འདོད་སྐྱིན་པའི་ཡིད་བཞིན་ནོར། །སྡིག་འཕྲོག་ཏུ་ལ་ནག་པོའི་དུག །དགྲ་བགེགས་འབྱུང་པོའི་བཤན་པ་ཡིན། །གསེར་དང་ཏ་ཁྲབ་སོགས་དང་ལ། །བཟེ་ཆོང་བྱ་བའི་གདམས་པ་མིན། །དད་ལྡན་དམ་ཚིག་སྡོམ་ལ་གནས། །རིག་ལ་འཛེམ་ཞིང་བླ་མར་གུས། །སྙིང་རྗེ་ཆེ་ཞིང་བསྒྲུབ་ལ

① 本文收录在《克珠杰文集》第12函第12部,共59叶,依据宗喀巴的教授写于日熬当金寺,首页和末页的全称略有差异,文首标题是《བཅོམ་ལྡན་འདས་དཔལ་རྡོ་རྗེ་འཇིགས་བྱེད་ཆེན་པོའི་འཁྲུལ་འཁོར་གྱི་ཆོ་ག་རྫོགས་པ་གསུམ་པའི་རྒྱ་ཆེར་བཤད་པ་ཁམས་གསུམ་ལས་རྣམ་པར་རྒྱལ་བའི་ཉི་འོད་ཅེས་བྱ་བ་བཞུགས་སོ།》,文末题记中标为《བཅོམ་ལྡན་འདས་གཤིན་རྗེ་གཤེད་ཀྱི་འཁྲུལ་འཁོར་གྱི་ཆོ་ག་ཞིབ་ཏུ་རྣམ་པར་ཕྱེ་བ་འཁྲུལ་འཁོར་གྱི་རྫོགས་པའི་རྒྱ་ཆེར་བཤད་པ་ཁམས་གསུམ་ལས་རྣམ་པར་རྒྱལ་བའི་ཉི་འོད་ཅེས་བྱ་བ་བཞུགས་སོ།》,参见西藏色昭佛教古籍编委会整理《克珠格列贝桑文集》(藏文第12册),北京:中国藏学出版社2014年版,第449－538页。

② 本文收录在《克珠杰文集》第12函最后一部,共19叶,其中包括若干种篇,如《གཤིན་རྗེ་གཤེད་ཀྱི་འཁྲུལ་འཁོར་གྱི་མན་ངག་སྙན་རྣོན་ཡིག་ཆུང་གི་འཕྲེང་བ་ཏ་ལའི་ལོ་འདབས་བཞུགས་སོ།》,共4叶,这是依据宗喀巴授予灌顶及其诀窍,在以多麦巴擦阔阿旺扎巴为首众僧的祈请下于"ངང་སྟོང་སྲིན་པོའི་རི་གཙུག་ལག་ཁང་།"之地写成,因极密不得外传;还有《འཇམ་དཔལ་དུས་དགྲའི་སྐོར་བཞེངས་པ་བཅོམ་ལྡན་འདས་དཔལ་རྡོ་རྗེ་འཇིགས་བྱེད་ཀྱི་འཕྲིན་ལས་ལ་བརྟེན་ནས་དགྲ་བགེགས་ཚར་གཅོད་པ་ལ་ཉེ་བར་མཁོ་བའི་མན་ངག་གི་ཡིག་ཆུང་དང་ཡང་ཆུང་མཁས་གྲུབ་དགེ་ལེགས་དཔལ་བཟང་པོ་ཉིད་ཀྱི་མཛད་པ་དང་གསུང་ངག་ཞལ་ཤེས་ཚ་གོ་བ་སོགས་ཀྱི་ཟིན་བྲིས་སུ་བཏབ་པ་འགའ་བཞུགས།》,共15叶,这里包括6篇,大部分应擦阔堪钦阿旺扎巴之祈请付至笔端,均因极密不得外传,等等,参见西藏色昭佛教古籍编委会整理《克珠格列贝桑文集》(藏文第12册),北京:中国藏学出版社2014年版,第669－706页。

③ 本文收录于《克珠杰文集》拉萨雪木刻版,第8函第2部,共有24叶,参见西藏色昭佛教古籍编委会整理《克珠格列贝桑文集》(藏文第8册),北京:中国藏学出版社2014年版,第79－120页。但在此值得注意的是,上述第28条书目与之似有重复之嫌,因为本文书首篇名标有《དཔལ་ཀྱེ་རྡོ་རྗེའི་སྒྲུབ་ཐབས་འཁྲུལ་སྤོང་ཞེས་བྱ་བ་བཞུགས་སོ།》,而在文首和文末题记中的篇名标有《བཅོམ་ལྡན་འདས་དཔལ་ཀྱེ་རྡོ་རྗེ་ལྷ་དགུའི་དཀྱིལ་འཁོར་གྱི་འཁོར་ལོ་བསྒྲུབ་པའི་ཐབས་འཁྲུལ་པ་སྤོང་བ་ཞེས་བྱ་བ།》,故其版本信息在此不予重述。

④ 本文在以噶究巴绛坚和列巴为主的众善知识的祈请之下,依止宗喀巴莲座的克珠格列贝桑写于后藏年堆上部智源胜境之具德日熬当金寺(བཅོམ་ལྡན་འདས་སྙིང་པོ་ཀྱེ་རྡོ་རྗེ་ལྷ་དགུའི་དཀྱིལ་འཁོར་དུ་འཇུག་ཅིང་དབང་བསྐུར་བའི་ཆོ་ག་བདེ་བ་ཆེན་པོའི་འཇུག་ངོགས་ཞེས་བྱ་བ་འདི་མདོ་སྔགས་ཀྱི་ཡོངས་སུ་རྫོགས་པའི་སྡེ་སྣོད་འཛིན་པ་ཆེན་པོ་དཀའ་བཅུ་པ་རྒྱལ་བའི་གསུང་གིས་ཕྱི་མོ་ནས་ལན་མང་དུ་བསྐུལ་བ་དང་། ཕྱིས་ཡུང་དང་མངོན་པར་རྟོགས་པའི་ཡོན་ཏན་རིན་པོ་ཆེའི་མཛོད་འཛིན་པའི་གནས་བརྟན་ཡོངས་ཀྱི་དགེ་བའི་བཤེས་གཉེན་ཆེན་པོ་ལེགས་པ་བའི་གསུང་གིས་ནན་ཏན་དུ་བསྐུལ་བ་དང་། གཞན་ཡང་སྡེ་སྣོད་དང་རྒྱུད་སྡེ་འཛིན་པ་དུ་མས་བསྐུལ་ཏེ། རྒྱལ་བ་ཐམས་ཅད་ཀྱི་མཁྱེན་བརྩེ་གཅིག་ཏུ་བསྡུས་པའི་ངོ་བོ་རྗེ་བཙུན་ཆོས་ཀྱི་རྒྱལ་པོ་ཙོང་ཁ་པ་ཆེན་པོའི་ཞབས་ཀྱི་པདྨོ་ལ་སྤྱི་བོས་རེག་པའི་བཀའ་དྲིན་ལས་རྒྱལ་བའི་ལམ་བཟང་མཐོང་བའི་རྡོ་རྗེ་འཛིན་པ་དགེ་ལེགས་དཔལ་བཟང་པོས་གཙང་ཉང་སྟོད་རིག་པའི་འབྱུང་གནས་ཀྱི་སའི་ཆ་དཔལ་རི་བོ་མདངས་ཅན་གྱི་དགོན་པར་སྦྱར་བ་འདིས་ཀྱང་རྒྱལ་བའི་བསྟན་པ་རིན་པོ་ཆེའི་སྙིང་པོ་མཐའ་དག་ཕྱོགས་ཐམས་ཅད་དུ་རྒྱས་ལ་ཡུན་རིང་དུ་གནས་པར་གྱུར་ཅིག)。本文收录于《克珠杰文集》拉萨雪木刻版,第8函第1部,共有43叶,参见西藏色昭佛教古籍编委会整理《克珠格列贝桑文集》(藏文第8册),北京:中国藏学出版社2014年版,第1－78页。

⑤ 本文与上述第29条书目似有重复之虞,因为本书首标题虽为《ཀྱེ་རྡོ་རྗེའི་ཟུར་འདེབས་ཀྱི་ཆོ་ག་བཞུགས་སོ།》,但文首和文末题记中的标题为"བཅོམ་ལྡན་འདས་དཔལ་ཀྱེ་རྡོ་རྗེའི་དཀྱིལ་འཁོར་མཆོད་པའི་ཆོ་ག་བརྗོད་པར་བྱ་བ།"或"དཔལ་ཀྱེ་རྡོ་རྗེའི་དཀྱིལ་འཁོར་ལ་མཆོད་པའི་ཆོ་ག་འདི་ནི་ཚུལ་འདི་ལ་ལྷག་པར་དོན་དུ་གཉེར་བའི་བཤེས་གཉེན་དུ་མ་ཞིག་གིས་ཉེ་བར་གསོལ་བ་བཏབ་པའི་སྐད་དུ་བཙུན་པ་དགེ་ལེགས་དཔལ་བཟང་པོས་རི་བོ་མདངས་ཅན་གྱི་དགོན་པར་སྦྱར་བའོ།",参见《克珠杰文集》拉萨雪木刻版,第8函第3部,共有4叶;西藏色昭佛教古籍编委会整理《克珠格列贝桑文集》(藏文第8册),北京:中国藏学出版社2014年版,第126－147页。

བརྩོན། །བསྟན་པ་འབའ་ཞིག་གཅེས་པ་འཛིན། །དེ་ལྟའི་སློབ་མ་སྟོད་ལྡན་ལ། །བསྟན་པ་བསྲུང་བའི་ལག་ཆ་རུ། །ལུང་དོན་བཀའ་རྒྱ་བཏབ་ལ་སྦྱིན། །སློབ་མ་རིམ་པ་དེ་དང་དེའི། །གང་གི་ལག་སོང་དེ་དམ་ཀྱང་། །ཇི་སྐད་བཤད་པའི་མཚན་ཉིད་དག །རབ་རྫོགས་སྟོད་ལྡན་མ་ཡིན་པ། །འབྲུལ་བ་ཟས་ནོར་ཁ་གསག་གི །ཇེས་འབྲང་རང་འདོད་ལྟར་ལེན་པ། །ངོ་དགར་སྟེར་ན་སྟར་བྱེད་དེ། །ནག་པ་འཁོར་དང་བཅས་པ་ཡིས། །སྙིང་ཁྲག་འཐུངས་ལ་ཚར་ཆོད་ཅིག །”。)《速成本智怙主眷属成就法及朵玛食子供养日常瑜伽实践法》①《隐秘教授黑色手册诀窍》②《六臂本智怙主法门中红黑小字注释甚深秘诀要点审订版》③《续藏总体广论》④、《具德二品解说 · 金刚空行母秘藏》(译者注:本文全称是《བཅོམ་ལྡན་འདས་དཔལ་ཀྱི་རྡོ་རྗེ་ཞེས་བྱ་བའི་རྒྱུད་ཀྱི་རྒྱལ་པོ་བརྟག་པ་སུམ་ཅུ་ཙ་གཉིས་པ་ལས་མདོར་བསྡུས་པའི་ཙ་བའི་རྒྱུད་ལུང་དུ་དཔལ་བརྟག་པ་གཉིས་པའི་རྣམ་པར་བཤད་པ་རྡོ་རྗེ་མཁའ་འགྲོ་མ་རྣམས་ཀྱི་གསང་བའི་མཛོད་ཅེས་བྱ་བ་བཞུགས་སོ།》,在以列巴坚赞为首的众善知识的特别祈请之下,由依止宗喀巴莲座而依理观察三乘经典理论的克珠杰写于后藏年堆上部智源胜境之具德日熬当金寺(རྒྱུད་ཀྱི་རྒྱལ་པོ་ཆེན་པོ་དཔལ་བརྟག་པ་གཉིས་པའི་རྣམ་པར་བཤད་པ་རྡོ་རྗེ་མཁའ་འགྲོ་མ་རྣམས་ཀྱི་གསང་བའི་མཛོད་ཅེས་བྱ་བ་འདི་ནི་ལུང་དང་མངོན་པར་རྟོགས་པའི་ཡོན་ཏན་རིན་པོ་ཆེའི་ཚོགས་ཀྱི་མཛོད་འཛིན་པའི་གནས་བརྟན་ཡོངས་ཀྱི་དགེ་བའི་བཤེས་གཉེན་ཆེན་པོ་བླ་མ་ལེགས་པ་རྒྱལ་མཚན་པའི་གསུང་གིས་ཆེས་ཆེར་བསྐུལ་ཞིང་གཞན་ཡང་སྡེ་སྣོད་དང་རྒྱུད་སྡེ་འཛིན་པའི་དགེ

---

① 本文全称《མྱུར་མཛད་ཡེ་ཤེས་ཀྱི་མགོན་པོ་འཁོར་དང་བཅས་པ་སྒྲུབ་ཅིང་གཏོར་མ་འབུལ་བ་རྒྱུན་གྱི་རྣལ་འབྱོར་ཉམས་སུ་ལེན་ཚུལ་བཞུགས་སོ།》,收录于《克珠杰文集》第12函第6部,共12叶,参见西藏色昭佛教古籍编委会整理《克珠格列贝桑文集》(藏文第12册),北京:中国藏学出版社2014年版,第252–268页。

② 在现行拉萨雪木刻版和中国藏学出版社两种版本的《克珠杰文集》中并未发现与此篇名完全相同的文章,但收录于《克珠杰文集》拉萨雪木刻版,第12函第2部《དབུ་མ་ཐལ་འགྱུར་བའི་ལུགས་ཀྱི་ཟབ་ལམ་དབུ་མའི་ལྟ་ཁྲིད་ཅེས་བྱ་བ་བཞུགས་པའི་བེའུ་བུམ་སོ།》(共8叶)和第7部《དཔལ་རྡོ་རྗེ་ནག་པོ་ཞལ་བཞི་པའི་སྒྲུབ་འདྲེན་བསྐང་གསོ་བཞུགས་སོ།》(共9叶),特别在后者的题记中表述为"དཔལ་རྡོ་རྗེ་ནག་པོ་ཆེན་པོ་ཞལ་བཞི་པ་ཡབ་ཡུམ་གྱི་ཐུགས་དམ་བསྐང་ཞིང་འཕྲིན་ལས་བསྒྲུབ་པའི་ཆོ་ག་རྒྱས་པ་དངོས་གྲུབ་ཀྱི་ཆར་འབེབས་ཞེས་བྱ་བ་འདི་ནི་དཔལ་རྡོ་རྗེ་ནག་པོ་ཆེན་པོ་ཞལ་བཞི་པ་ཡབ་ཡུམ་ལ་མི་ཕྱེད་པའི་དད་པ་དང་ལྡན་པའི་སྒོ་ནས་གསོལ་བ་ཡུན་རིང་དུ་བཏབ་པའི་ཚེ་འབྲོག་རི་བོ་དགེ་ལྡན་རྣམ་པར་རྒྱལ་བའི་གླིང་དུ་རྡོ་རྗེ་འཛིན་པ་དགེ་ལེགས་དཔལ་བཟང་པོས་སྦྱར་བ་འདིས་ཀྱང་རྒྱལ་བའི་བསྟན་པ་དར་ཞིང་རྒྱས་ལ་བར་དུ་གཅོད་པའི་བདུད་ཐམས་ཅད་ལས་ཐར་བར་གྱུར་ཅིག",这两个在此书目中始终没有出现,是否指这一部有待考证,参见西藏色昭佛教古籍编委会整理《克珠格列贝桑文集》(藏文第12册),北京:中国藏学出版社2014年版,第67–77、269–281页。)

③ 本文全称为《མྱུར་མཛད་ཡེ་ཤེས་ཀྱི་མགོན་པོ་ཕྱག་དྲུག་པའི་གཏོར་ཆོག་བསྐང་གསོ་ཆ་ལག་དང་བཅས་པ་བཞུགས་སོ།》,尤其在题记中所述为"མྱུར་མཛད་ཡེ་ཤེས་ཀྱི་མགོན་པོ་འཁོར་དང་བཅས་པ་བསྒྲུབ་ཅིང་གཏོར་མ་འབུལ་བའི་རྒྱུན་གྱི་རྣལ་འབྱོར་ཉམས་སུ་ལེན་ཚུལ་མན་ངག་ཟབ་མོས་རྣམ་པར་བརྒྱན་ཅིང་རྒྱུད་སྡེ་དང་མི་མཐུན་པའི་ལོག་ཆོས་མང་པོས་མ་བསླད་པར་མདོར་བསྡུས་ཤིང་ཚ་ཚང་བར་བཀོད་པ་ནི། མང་དུ་ཐོས་པའི་རྡོ་རྗེ་འཛིན་པ་དགེ་ལེགས་དཔལ་བཟང་པོས། གནོད་སྦྱིན་གང་བ་བཟང་པོའི་གངས་མགུལ་དབེན་གནས་རིན་ཆེན་འབར་བའི་སྟེངས་སུ་སྦྱར་བའོ།"可以得知这是诀窍庄严的甚深秘要精审本。当然,尽管上述第68条书目《མྱུར་མཛད་ཡེ་ཤེས་ཀྱི་མགོན་པོ་འཁོར་དང་བཅས་པ་སྒྲུབ་ཅིང་གཏོར་མ་འབུལ་བ་རྒྱུན་གྱི་རྣལ་འབྱོར་ཉམས་སུ་ལེན་ཚུལ་བཞུགས་སོ།》不仅有相同的题记,而且这两部的结构也相近。但是,从实际内容看明显有广略之别,也就是通过小字注释的方式甚深诀窍庄严与否的问题。本文收录于《克珠杰文集》第9函第7部,共21叶,参见西藏色昭佛教古籍编委会整理《克珠格列贝桑文集》(藏文第9册),北京:中国藏学出版社2014年版,第297–329页。

④ 本文收录于《克珠杰文集》拉萨雪木刻版,第8函第6部,共94叶,参见西藏色昭佛教古籍编委会整理《克珠格列贝桑文集》(藏文第8册),北京:中国藏学出版社2014年版,第372–530页。本论文末有个提示值得注意:"དེས་ན་རྫོགས་རིམ་གྱི་རྣམ་གཞག་རྒྱས་པར་གཞན་དུ་ཤེས་པར་བྱ་ཞིང་། གོང་གི་བཤད་པ་དེ་རྣམས་ཀྱི་རིགས་པའི་ཤེས་བྱེད་མཐའ་ཆོད་པར་ཤེས་འདོད་ན་སྔགས་རིམ་ཆེན་མོ་ལས་ཤེས་པར་བྱའོ། །དེ་ལྟར་ན་རྒྱུད་སྡེ་སྤྱིའི་རྣམ་པར་གཞག་པ་རྒྱས་པར་བརྗོད་ཟིན་ཏོ། །མཁས་གྲུབ་ཐམས་ཅད་མཁྱེན་པ་དགེ་ལེགས་དཔལ་བཟང་པོས་མཛད་པའོ།",其大意是关于圆满次第论方面的精细问题可参阅其他论著,这或可理解为《克珠杰文集》最后一函的《时轮圆满次第论笔记》和《密集圆满次第论诀窍》。同时,若欲熟练掌握本论中的精深理路,可参阅宗喀巴的《密宗道次第广论》。

བའི་བཤེས་གཉེན་དུ་མས་ཉེ་བར་བསྐུལ་བས་མཚམས་སྦྱར་ཏེ་ཆོས་ཀྱི་རྒྱལ་པོ་སངས་རྒྱས་བཅོམ་ལྡན་འདས་ཀྱི་བསྟན་པའི་རྒྱལ་སྲིད་ཡོངས་སུ་རྫོགས་པའི་ནོར་འཛིན་གྱི་ཞིང་འདོད་དགུར་དབང་བསྒྱུར་བའི་འཁོར་ལོ་བསྒྱུར་བ་གང་གི་དབུ་ལ་རྒྱལ་བ་ཐམས་ཅད་ཀྱིས་བཅིངས་པའི་ཅོད་པཎ་དཀར་པོ་འཛིན་པ་འཕགས་པ་འཇམ་དཔལ་གྱི་བཀའ་ཡང་དག་པར་གྲུབ་པས་ཤེས་བྱ་མ་ལུས་པའི་དཀྱིལ་འཁོར་ལ་རིགས་པ་དྲི་མ་མེད་པའི་ལེགས་པར་སྦྱངས་པར་ཆོས་ཀྱིས་སྤྱན་ཐོགས་པ་མེད་པ་མངའ་བ་གྲུབ་པའི་དབང་ཕྱུག་ཐམས་ཅད་མཁྱེན་པ་བློ་བཟང་གྲགས་པའི་དཔལ་གྱི་ཞལ་སྔ་ནས་ཀྱི་ཞབས་ཀྱི་པདྨོ་ལ་སྤྱི་བོས་རེག་པས་སྡེ་སྣོད་གསུམ་དང་རྒྱུད་སྡེ་བཞིའི་དོན་མཐའ་དག་དྲི་མ་མེད་པའི་རིགས་པས་གཏན་ལ་ཕབ་སྟེ་ཐེག་པ་གསུམ་གྱི་ལམ་རྣམ་པར་དག་པ་གསལ་བར་བྱེད་པ་ལ་མཁས་པའི་མདུན་སར་ཁྱུ་མཆོག་རླབས་པོ་ཆེའི་གནས་ཐོབ་པ་མང་དུ་ཐོས་པའི་བཙུན་པ་དགེ་ལེགས་དཔལ་བཟང་པོས་གཙང་ཉང་སྟོད་རིག་པའི་འབྱུང་གནས་ཀྱི་སའི་ཆ་དཔལ་རི་བོ་མདངས་ཅན་གྱི་དགོན་པར་སྦྱར་བའི་ཡི་གེ་པ་ནི་རྣམ་བརྩོན་བློ་དང་ལྡན་པ་དཀོན་མཆོག་དཔལ་མགོན་ནོ།)，收录于《克珠杰文集》拉萨雪木刻版，第 7 函第 3 部，共 247 叶，参见西藏色昭佛教古籍编委会整理《克珠格列贝桑文集》（藏文第 7 册），北京：中国藏学出版社 2014 年版，第 427 – 885 页。）《正见辨析》①《六期瑜伽》②《具德喜金刚生起次第现证问答书》③《宗喀巴思想之心摄要诀窍大密续藏大海精要之心摄略耳传甚深二十一部小字注释》④等大量

---

① 在现行拉萨雪木刻版和中国藏学出版社两种版本的《克珠杰文集》中并未发现与此篇名完全相同的文章，但收录于《克珠杰文集》拉萨雪木刻版，第 1 函第 6 部《དབུ་མ་རྩ་བའི་འགྲེལ་པ་ཚིག་གསལ་གྱི་མཐའ་བཞིའི་སྐྱེ་བ་འགོག་པའི་སྟོང་ཐུན་ཞང་ཞུང་བ་ཕྱོགས་ལས་རྣམ་པར་རྒྱལ་བ་ཆོས་དབང་གྲགས་པའི་དཔལ་གྱིས་ཟིན་བྲིས་སུ་མཛད་པ།》（共 3 叶）、第 9 部《ལྟ་ཁྲིད་མུན་སེལ་སྒྲོན་མེ་ཞེས་བྱ་བ་བཞུགས་སོ།》（共 26 叶）略为相似，尤其在后者的题记中讲到“དེ་ལྟར་དཔལ་ལྡན་བླ་མའི་ཞབས་ཀྱི་རྗེས་སུ་འབྲངས་པའི་ཡང་དག་པའི་ལྟ་བའི་གནད་ལ་རྗེ་ཐམས་ཅད་མཁྱེན་པའི་བཞེད་པ་ཇི་ལྟར་ཡིན་པ་དང་དེའི་གོ་ལ་ས་བཅད་པ་ཉུང་དུ་ཙམ་ཚིག་གསལ་བ་ཞིག་གྱིས་ཞེས་བཤེས་གཉེན་ཆེན་པོ་དུ་མས་ནན་ཏན་གྱིས་བསྐུལ་བ་ལ་བརྟེན་ནས་ཞི་གནས་མཚན་ཉིད་པ་སྔོན་དུ་བསྒྲུབས་པ་ལ་བརྟེན་ནས་ལྷག་མཐོང་བསྒྲུབ་པའི་ཚུལ་མ་འཁྲུལ་པར་ད་ལྟ་ཞི་གནས་མ་གྲུབ་པའི་སྔོན་དུ་ལྟ་བའི་སྐྱོང་བ་འདོན་པ་གོ་ལ་ས་འགའ་ཞིག་གཅོད་པ་ཙམ་གྱི་དོན་དུ་རྗེ་དེ་ཉིད་ཀྱི་གསུང་གི་བཀའ་དྲིན་ལས་གནས་འདི་ལ་རིགས་པའི་ལམ་ནས་འོངས་པའི་དད་པ་ཐོབ་པ་བཙུན་པ་དགེ་ལེགས་དཔལ་བཟང་པོས་འབྲོག་རི་བོ་དགེ་ལྡན་རྣམ་པར་རྒྱལ་བའི་གླིང་དུ་སྦྱར་བའོ།”来看更为如此。不过，在《克珠杰文集》中还有许多关于正见方面的问答和笔记，在此不逐一罗列，但仍有待考证，参见西藏色昭佛教古籍编委会整理《克珠格列贝桑文集》（藏文），北京：中国藏学出版社 2014 年版，第 1 册第 683 – 725 页；第 9 册第 329 – 375 页。

② 本文全称为《六期（座）瑜伽实践方法次序而编》，这是藏传佛教史上空前的一切显密义理实践体验创新之作，由宗喀巴的恩德生存的克珠杰写成。这样的不共诀窍不能与西藏地区所谓“金法”之称者相提并论，故不具足条件者勿传（ཐུན་དྲུག་གི་རྣལ་འབྱོར་ཉམས་སུ་ལེན་པའི་ཚུལ་གྲངས་དང་གོ་རིམས་སུ་བསྒྲིགས་པ་འདི་ནི་སྔོན་ཆད་གངས་རིའི་ཁྲོད་དུ་འདི་འདྲ་བའི་ཉམས་ལེན་གྱི་ཐ་སྙད་ཙམ་ཡང་མ་གྲགས་ཤིང༌། བདག་གི་བླ་མ་འབའ་ཞིག་གིས་མདོ་རྒྱུད་མ་ལུས་པའི་དོན་ཉམས་སུ་ལེན་པའི་གཞི་དམ་ཚིག་དང་སྡོམ་པར་དགོངས་ནས་དེ་ཉིད་དག་པར་བྱེད་པའི་ཐབས་སུ་ཐུན་དྲུག་གི་རྣལ་འབྱོར་ཉམས་སུ་ལེན་པ་འཆག་མེད་དུ་བྱེད་པ་སྡོམ་པ་གསུམ་ཁས་བླངས་པ་ཙམ་ལས་བཞག་པར་ཉམས་ལོག་ཏུ་ཚུད་པར་བྱེད་པའི་ཉམས་ལེན་གྱི་བཀའ་སྲོལ་རྨད་དུ་བྱུང་བ་བཙུགས་པ་ལག་ཏུ་བླང་བདེ་བའི་ཐབས་སུ་རྗེ་དེ་ཉིད་ཀྱི་གསུང་དང་མི་འགལ་བར་རྗེ་བཙུན་བླ་མ་རྒྱལ་བ་ཀུན་གྱི་ངོ་བོ་ཙོང་ཁ་པ་ཆེན་པོའི་བཀའ་དྲིན་གྱིས་ཉེ་བར་འཚོ་བའི་མང་དུ་ཐོས་པའི་བཙུན་པ་དགེ་ལེགས་དཔལ་བཟང་པོས་སྦྱར་བའོ། །འདི་ནི་བཀའ་བརྒྱུད་འདིའི་ཐུན་མོང་མ་ཡིན་པའི་མན་ངག །བོད་ལ་གསེར་ཆོས་སུ་གྲགས་པ་ཕལ་ཆེ་བའི་འགྲན་ཟླ་མ་ཡིན་པས། སྣོད་དུ་མི་རུང་བ་དག་ལ་ཤིན་ཏུ་སྦ་བར་བྱ་བ་ཡིན་ནོ།），收录于《克珠杰文集》拉萨雪木刻版，第 9 函第 10 部《散论合编》第 26 部，共 6 叶，参见西藏色昭佛教古籍编委会整理《克珠格列贝桑文集》（藏文第 9 册），北京：中国藏学出版社 2014 年版，第 437 – 446 页。

③ 在现行拉萨雪木刻版和中国藏学出版社两种版本的《克珠杰文集》中并未发现与此篇名完全相同的文章，有待进一步查证。

④ 本系列收录于《克珠杰文集》拉萨雪木刻版，第 12 函第 10 部，共 25 叶，参见西藏色昭佛教古籍编委会整理《克珠格列贝桑文集》（藏文第 12 册），北京：中国藏学出版社 2014 年版，第 386 – 423 页。在此值得注意的是，这 21 部均已密封，真遇实修时必须依宗喀巴所著密集和胜乐生圆次第论及其引导文，并获得灌顶。否则，不具足传阅资格（ཞལ་ལས་ཤེས་པའི་གདམས་པ་འདི་དག་ལ་རྗེ་ཉིད་ཀྱི་བཀའ་རྒྱས་དམ་དུ་བཏབ་པས་སྙིང་ནས་སྦྱང་པ་སྙིང་པོར་བྱེད་པའི་སྐབས་སུ་གསང་བ་དེ་གཉིས་ཀྱི་བསྐྱེད་རྫོགས་ཀྱི་གཞུང་ཁྲིད་རྗེ་ཉིད་ཀྱི་འཁྲིད་ཡིག་གི་སྟེང་ནས་ལེགས་པར་ཐོབ་པ་བཤད་པ་ཙམ་ལ་སྙིང་པོར་འཛིན་པ་མ་ཡིན་པ་ནན་གྱི་དོན་དུ་གཉེར་ཞིང་གུས་པས་གསོལ་བ་འདེབས་པ་དག་མ་ཡིན་པ་ལ་བསྟན་པར་བྱ་བ་མ་ཡིན་ནོ།）。

传世名著①。

十五、培养弟子

一切智克珠杰一生培养的传承其思想的后继之人，西起赞蓝达饶②（ཙནྡན་རྫོང་རྒྱ་ར།），东至大海之滨，遍于各处，谁能逐一统计呢？即以此方雪域高原本土来说，家喻户晓的传承大德也为数甚多③。这当中获得克珠杰殊胜耳传诀窍圆满受持的首席高足之冠，则是他的兄弟帕索确吉坚赞。他的生平传记，兹在下段叙述④。

藉此，如果有意欲修习《菩提道次第论》的人们，应当谨向一切智克珠杰祈求加持。在此基础上，严格按照克珠杰的净行传记修习，且对于至宝宗喀巴生起坚固不退之信，对于正道从哲学理路层面引发的坚定的信念，应尽早种下对于菩提显宗和金刚密乘之道完满无缺的习气及其熏染力。而且，这样的努力多多益善！

---

① 这些论著大部分收录于各种不同木刻版《克珠杰文集》，共有12函，可参见西藏色昭佛教古籍编委会整理：《克珠格列贝桑文集》（藏文第1－12册），北京：中国藏学出版社2014年版。但是，克珠杰所著《具秘坛城仪轨心要集积》（གསང་ལྡན་དཀྱིལ་ཆོག་སྙིང་པོ་ཉེར་བསགས།）、《般若诀窍现观庄严论究竟之见释为中观应成派之疑难彰显月光明论》（ཤེས་རབ་ཀྱི་ཕ་རོལ་ཏུ་ཕྱིན་པའི་མན་ངག་གི་བསྟན་བཅོས་མངོན་པར་རྟོགས་པའི་རྒྱན་གྱི་མཐར་ཐུག་པའི་ལྟ་བ་ཐལ་འགྱུར་དུ་འགྲེལ་རྩོལ་གནད་དོན་གསལ་བའི་ཟླ་ཟེར།）和《量果广论》（ཚད་འབྲས་ཀྱི་རྣམ་གཞག་ཆེན་མོ།）以及《量理道导论》（ཚད་མའི་ལམ་འཁྲིད།）等很多重要论著没有著录编目。同时值得注意的是，现在通行的各种版本的《克珠杰文集》中又收录了其门徒补遗的论著，如象雄曲旺扎巴（1404－1469年）和第五代甘丹赤巴雅德洛珠群迥（1389－1463年）二人分别所著有《时轮无垢光明大疏世界品解说、内定品解说、灌顶品解说、修法品解说、本智品解说》等论著，约有3函的篇幅。但是，象雄曲旺扎巴和雅德洛珠群迥分别补遗的《本智品》没有著录。还有《克珠杰文集》第1、9函中分别有两处有《散论合编》，共计篇幅不等的58种，约287叶。其中收录大量非常珍贵的第一手资料，有些具有填补学术空白的价值。故特作说明。

② 虽有译为“西太平洋”或“大西洋”，但似为克什米尔的古地名。参见永增益喜坚赞著《菩提道次第师承传记·佛法庄严无上宝鬘论》（藏文成书于1787年），拉萨：西藏人民出版社1990年版，第764页。

③ 在钦则阿旺索巴嘉措的译本上，原文中的藏语“གངས་རིའི་ཁྲོད་འདིར་བསྟན་འཛིན་དམ་པ་ཡོངས་སུ་གྲགས་པའང་ཆེས་མང་ལ།”似乎漏译了。参见永增益喜坚赞著《菩提道次第师承传记》（上册），宗教文化出版社2012年版，第758页。

④ 这是永增益喜坚赞在《菩提道次第师承传记》中的原话，在此囿于篇幅而其传记未能全部引用。简明而言，帕索确吉坚赞1402年诞生，1463年升任第六代甘丹赤巴，1473年圆寂。可参见西藏人民出版社1990年版，第437－440页，以及百慈藏文古籍研究室主编《永增益喜坚赞文集》（藏文第7册），北京：中国藏学出版社2011年版，第406－416页。

克珠杰内外秘传·起信大海之月光

七世班禅旦白尼玛 著　　米玛次仁 译注

三界大法王宗喀巴之心传弟子无比贤哲善言日轮格列贝桑布内外秘传祈愿信仰戏海之月光。

一、外传

南无嘛哈班智达斯达！
法界自性幻化之密网，
无边全域布满无尽光，
今世印藏佛法之梁柱，
向历辈班禅上师①祈祷。

尤其圣贤黄金山脉中，
妙善功德吉祥极深厚，
胜妙事业四摄具层次，
向须弥佛法之王祈祷。

① 因克珠杰被追认为一世班禅，所以在这篇赞颂克珠杰的偈颂文的开头部分就出现了向班禅祈祷的字句。不仅如此，因为该偈颂文的作者系七世班禅额尔德尼·罗桑旦白尼玛（བློ་བཟང་བསྟན་པའི་ཉི་མ། 1781－1854年），所以这里出现的“历辈班禅上师”应指前六辈，分别是：一世班禅克珠杰（1385－1438年）、二世班禅索南确吉朗布（བསོད་ནམས་ཕྱོགས་གླང་། 1439－1504年）、三世班禅温萨罗桑顿珠（དབེན་ས་བློ་བཟང་དོན་གྲུབ། 1505－1566年）、四世班禅罗桑曲吉坚赞（བློ་བཟང་ཆོས་ཀྱི་རྒྱལ་མཚན། 1570－1662年）、五世班禅罗桑益西（བློ་བཟང་ཡེ་ཤེས། 1663－1737年）、六世班禅罗桑班丹益西（བློ་བཟང་དཔལ་ལྡན་ཡེ་ཤེས། 1738－1780年）。

汝之身相不染胎藏蔽，
出生即见双身宝帐怙，
护法大海亲自显现之，
如理完成事业行祈祷。

年至十六恰逢博东巴[1]，
量理宝藏成为矛盾蕴[2]，
辩论胜成萨迦之荣耀，
圣贤吐气向您行祈祷。

此时善巧博东感心悦，
用那蜜蜂畅游嬉戏弦，
赞美怙主即为最善巧，
祈祷贤者中之华丽者[3]。

愚者瞋痴贪名而争论，
贤者仅为清除佛法垢，
故而辩论佛理平息之，
向所有世间怙主祈祷。

仁达瓦和囊喀乃觉等，
依止许多雪域之圣贤，
无别宗派教法使细致，
习得圆满向您行祈祷。

---

① 指博东班钦吉扎确列朗杰(1376－1457年)。

② 博东班钦曾对萨迦班智达贡嘎坚赞的《正理宝藏》中的内容进行批驳，当时萨迦派高僧无一人敢与博东班钦辩论，当时克珠杰年仅16岁，却通过辩论将博东班钦辩败，因而名噪四方。

③ 博东班钦在与克珠杰辩论失败后，对其赞不绝口，亲自写下《克珠格列贝桑布专述蜜蜂极为欢腾之弦子》的文章来赞颂克珠杰。

转世龙树殊胜之弟子，
大杜鹃师徒一同祈祷，
拯救雪域佛法之文殊，
加持授记向您行祈祷。

护持佛法愿望达成时，
第二佛陀美名如青莲，
虽入怙主汝之宽耳中，
心生喜悦不言行祈祷。

师徒相见难以理解之，
二圣六庄严[①]经典之要，
询问尔时至尊妙上师[②]，
露出悠然微笑行祈祷。

翻阅浩瀚佛教之经典，
上师本尊无别而祈祷，
知晓师徒誓愿系相同，
同心同德向您行祈祷。

汝对一切佛法不相悖，
懂得道括四方之所化，
持有密库心传妙弟子，
吐语授记向您行祈祷。

作怖勇士当做本尊神，

① 二圣六庄严，指龙树、圣天、无著、世亲、陈那和法称为六庄严；释迦光和功德光为二圣。
② 指宗喀巴。

灌顶传续静猛合修等，
所有教授并未专门请，
喜悦悠然传授行祈祷。

显密经典注释等论著，
二种次第详解秘传等，
所有会供讲解二方法，
听闻一切教法行祈祷。

至尊传授经论之相续，
皆授于您通过讲辩著，
弘扬佛法并将大师您，
授予佛法之主行祈祷。

犹如大海无法水溢满，
虽然多闻却具圣贤谦，
绍圣堆增等等诸弟子，
多多享用善说行祈祷。

尔后出任江热之法台，
闪耀三轮[①]事业之光辉，
消除后藏众生之黑暗，
弘扬甘丹法系[②]行祈祷。

荣地敦巴[③]似那萤火虫，

① 即讽颂为闻思轮、断弃为禅定轮、所作为羯磨轮。
② 指宗喀巴所传教法传承，也就是格鲁派。
③ 指荣顿释迦坚赞（1367－1449 年）。

贤哲善言之日比高下，
犹如佛陀降伏外道师，
消灭谬论向您行祈祷。

之后第二弥勒杰曹吉，
授予甘丹黄金之宝座，
佛法莲苑一切获兴盛，
善说妙日向您行祈祷。

怙主汝之智慧系莲花，
第二佛陀善说似蜂蜜，
卫藏贤哲如蜂来品尝，
犹如日光尘聚行祈祷。

二、内传

宣说之时教义之所化，
留于心境修建清净道，
善引化作妙音之嗓子，
语之天神顶足行祈祷。

辩论犹如法称降外道，
依据教理发出一阵笑，
敌方千万大象闻畏惧，
佛语之狮顶足行祈祷。

著书犹如圣贤之勇士，
位列雪域诗人之头名，

善于声律贤者意乐之，
纳入诗词行列行祈祷。

三、秘传

至尊相见答应即前往，
至尊文殊自东方而来，
渐而融入汝之色身中，
上师本尊无别行祈祷。

胜乐密集大威德本尊，
亲自显现六臂阎罗敌，
护法大海役使如奴仆，
完成如理事业行祈祷。

尤其文殊上师诸护法，
此时诸多护持佛法者，
没有一位能与汝匹敌，
异口同声赞美行祈祷。

曾经具有莲花之禀性，
好习气使至尊宗喀巴，
梦中宣说迦叶之佛品，
亲见空性向您行祈祷。

自他平等相换菩提心，
行事皆为利益有情众，
伟大品行直抵大海边，

资粮圆满向您行祈祷。

身语意之功德无剩余，
手持佛印口诵密咒等，
清净执着因而不躁动，
生圆次第圆满行祈祷。

内外现觉依次寻思风，
不灭融入明点之光明，
遍知智慧圆满之财富，
获得双运之身行祈祷。

四、发愿回向

一切妙汇来源于法王，
意乐加行吾将如理依，
此生安乐轮回之圆满，
贪欲争辩舍离请加持！

对己平和舍弃追求心，
不变之义生起菩提心，
步入伟大佛子之行列，
生起殊胜勇气行祈祷。

诸世追随佛陀宗喀巴，
上师弟子不离紧跟随，
靠近甚深中观之见地，
望获次第善道使圆满。

吉祥！

受北方佛法之明灯大堪布诺门罕所请，需撰写一篇关于文殊怙主大法王宗喀巴的心传弟子，贤哲善言日轮格列贝桑布内外密之传记，对前人所造详传进行汇编，由释迦比丘罗桑班丹旦白尼玛确列朗杰[1]撰写。

愿得吉祥！
利乐之源佛法大香树，
茂盛使那众生共享用，
妙果吉祥任运之大寺[2]，
不断法施似形如流水。

祈愿一切吉祥！

① 即七世班禅额尔德尼，据《七世班禅旦白尼玛传》记载，七世班禅于1782年出生在后藏年域下游白朗地方，由八世达赖喇嘛绛白嘉措认定为六世班禅班丹益西的转世；1785年在八世达赖喇嘛前受戒出家，取名罗桑班丹旦白尼玛确列朗杰；1788年登上扎什伦布寺法台；1789年在八世达赖喇嘛前受沙弥戒；1822年受比丘戒；1844年曾短暂担任西藏地方政府摄政一职；1853年圆寂。

② 指扎什伦布寺。

班禅索南确朗生平传记

四世班禅罗桑确吉坚赞 著① 夏吾李加 还格吉 译注

洞悉经论续藏体格壮，

三学生圆次第金网严，

清净理路之牙甚为高，

① 四世班禅罗桑确吉坚赞（པཎ་ཆེན་བློ་བཟང་ཆོས་ཀྱི་རྒྱལ་མཚན།），1570 年诞生于后藏上部楞周嘉贝毗俄地方，五岁时被克珠桑杰益西认证为温萨巴罗桑顿珠转世灵童，14 岁时被邀请到温萨寺举行坐床仪式。从此正式形成了班禅转世系统，故有些学者把四世班禅列为一世班禅。1598 年担任岗坚群培寺堪布；1600 年担任扎什伦布寺堪布，原来一世达赖喇嘛时期的闻思院、吉康、夏泽 3 个札仓得到了扩展。首先在一世达赖喇嘛时期其高足贡钦曲觉白桑建立的闻思学院 10 座米村的基础上四世班禅增加了 16 座米村，加之五世班禅新增的斯巴一座，共 27 座米村。其次在一世达赖喇嘛时期其高足班丹曲迥建立的吉康札仓 10 座米村的基础上四世班禅新增了 6 座米村，共计 16 座米村。其三在一世达赖喇嘛时期其高足香敦智美喜年作为助教发展起来的夏泽札仓六座米村的基础上，四世班禅新增了 10 座米村，共计 16 座米村。1608 年建立和好塔（དབྱིན་རྒྱམ་མཆོད་རྟེན།）；根据一世达赖喇嘛的遗愿，仿照麦举卜密院的闻思修行章程，1609 年创建了扎什伦布寺的密院举巴札仓，成为扎什伦布寺的第 4 个札仓。该札仓的历辈金刚上师，史称“俄钦”（སྔགས་ཆེན།）。加之后来六、九世班禅相继建立的时轮札仓，扎什伦布寺共有 5 个札仓；1613 年主持拉萨祈愿大会开创了拉然巴格西学位答辩制度，这对藏族传统教育及其考核制度起到了促进作用；1614 年担任四世达赖喇嘛受比丘戒的授戒堪布；1617 年担任哲蚌寺和色拉寺的堪布；1618 年应古格王的再三邀请赴阿里，4－11 月间在玛旁雍错湖、冈底斯雪山、托林寺等地广行利益善举；1622 年认证五世达赖喇嘛，被邀请到哲蚌寺举行坐床仪式；1629 年修建甘丹寺的金顶；1640 年委派塞钦群杰（སེ་ཆེན་ཆོས་རྗེ།）赴盛京见清太宗皇太极，清定都北京后清世祖顺治皇帝授与“金刚上师”；1645 年固始汗将其尊奉为“班禅博克多”（意为如珍宝大学者）。1662 年以示圆寂，享年 93 岁。他的一生中培养了大量一流学者，其中具有代表性的是五世达赖喇嘛·阿旺罗桑嘉措（1617－1682 年）、心传弟子桑拉大成就者洛桑宗主坚赞、古格法王宁多嘉措、扎什伦布寺举巴札仓堪布金刚持贡觉坚赞（1612－1687 年）、耳传事业的受命者仲巴达普巴丹曲坚赞、夏仲拉巴洛桑丹巴达杰、灌顶随许受命者吉雪夏仲阿旺丹增赤列、甚见受命者噶钦朗喀多杰、自在之力护持正法的受命者塞钦群杰等日月光辉般的高足。他的文集有五函，扎什伦布寺有木刻版，中国藏学出版社 2009 年出版。但是，四世班禅按照宗喀巴所传《胜乐》《密集》《大威德》的自现本尊（བདག་བསྐྱེད།）、对面空中圆满生起坛城（མདུན་བསྐྱེད།）、瓶修（བུམ་སྒྲུབ།）、灌顶（དབང་ཆོག）等念诵仪轨，全面而系统地编纂所有相关仪轨，世称《密院札仓常诵仪轨》（རྒྱུད་པ་གྲྭ་ཚང་གི་འདོན་ཆ།）。尽管这些都没有被收录于他的《文集》5 函中，但每一部的最后题记中都明确记载了由四世班禅所造。由此，藏传佛教其他流派曾言：“如无四世班禅罗桑确吉坚赞和土观罗桑确吉尼玛，格鲁派无法深入民间开展宗教仪轨活动”。关于他的生平事迹，可阅其自传（ཆོས་སྨྲ་བའི་དགེ་སློང་བློ་བཟང་ཆོས་ཀྱི་རྒྱལ་མཚན་གྱི་སྤྱོད་ཚུལ་གསལ་བར་སྟོན་པ་ནོར་བུའི་ཕྲེང་བ་ཞེས་བྱ་བ་བཞུགས་སོ།），以及 1720 年五世班禅续写的四世班禅自传最后圆寂前后的诸事迹（རྗེ་བཙུན་བློ་བཟང་ཆོས་ཀྱི་རྒྱལ་མཚན་དཔལ་བཟང་པོའི་སྤྱོད་ཚུལ་གྱི་འཕྲོ་ཁྱིགས་སུ་བསྒྲིགས་པ་ཞེས་བྱ་བ་བཞུགས་སོ།）、1655 年五世达赖喇嘛所著《遍主金刚持堪钦法王罗桑确吉坚赞秘传·起信之车》（ཁྱབ་བདག་རྡོ་རྗེ་འཆང་མཁན་ཆེན་ཆོས་ཀྱི་རྒྱལ་པོ་བློ་བཟང་ཆོས་ཀྱི་རྒྱལ་མཚན་གྱི་གསང་བའི་རྣམ་ཐར་དད་པའི་ཤིང་རྟ་ཞེས་བྱ་བ་བཞུགས་སོ།），参见《历辈班禅大师传记》丛书（2）《四世班禅额尔德尼罗桑确吉坚赞传》，拉萨：西藏藏文古籍出版社 2014 年版，第 1－325、325－384、385－399 页。

尊胜方象座前我祈愿①！

在四世班禅罗桑确吉坚赞所著《三位贤哲功德传略·夺取智者之意成就庄严》中，美誉飞幡飘扬在三界之顶欢喜庄严的一切智成就自在王罗桑顿珠和他的至尊导师觉确贝桑布以及他的法太子桑杰益西三位贤哲的广大生平事迹以蠡测海②，如起信火焰使心沸腾起来的有缘众人，由我通过审慎观察的一把吉祥草束拾起一滴清水，来消除其燥热之苦。

一、敬礼词

善慧无边如空中，
甚义日月明点优，
天成事业百光环，
具美三界尊胜者。
依其恩德入善道，
如此依止诸大德，
如何成就新事迹，

---

① 本文引自四世班禅罗桑确吉坚赞所著《至尊导师罗桑顿珠本生传礼赞》（རྗེ་བཙུན་བླ་མ་བློ་བཟང་དོན་གྲུབ་ལ་སྐྱེས་རབས་ཀྱི་སྒོ་ནས་བསྟོད་པ་ཞེས་བྱ་བ་བཞུགས་སོ།）中关于二世班禅索南确朗的礼赞偈颂，后来以此为基础，增补四世班禅之后历代班禅祈愿文，作为扎什伦布寺常诵仪轨，故史称《历辈班禅祈愿文·佛示善说莲花》（ཐུབ་དབང་ཞལ་པད་མ་ཞེས་བྱ་བ་བཞུགས་སོ།）。参见《四世班禅文集》（藏文第1册），北京：中国藏学出版社2009年版，第337－339页。

② 关于二世班禅索南确朗的生平事迹非常罕见，如诺章吴坚整理《历辈班禅大师传》中，只是编纂了永增洛桑丹增旺杰所著《八世班禅旦白旺秋具信莲苑开启日光》中的本生秘传和二世嘉木样协巴晋美旺布所著《六世班禅班丹益西传记·日光》中的本生略传以及收录于《扎什伦布寺常诵仪轨明论》中四世班禅罗桑确吉坚赞所著《历辈班禅本生祈愿文》。其中真正涉及二世班禅索南确朗生平事迹的内容，只有二世嘉木样协巴晋美旺布所著《六世班禅班丹益西传记·日光》中极其简略的事迹和四世班禅罗桑确吉坚赞所著《历辈班禅本生祈愿文》中的一首偈颂。这些内容通过注释说明等形式，无任何遗漏地呈现在本译文中。参见诺章吴坚整理《一世至四世班禅大师传》（藏文），北京：中国藏学出版社2014年版，第22－76页；永增洛桑丹增旺杰著《八世班禅额尔德尼丹贝旺秋传》（藏文），拉萨：西藏藏文古籍出版社2014年版，第1－35页；《六世班禅班丹益西传》（藏文上册），北京：中国藏学出版社2002年版，第6－27页；《四世班禅文集》（藏文第1册），北京：中国藏学出版社2009年版，第337－339页。

如是说闻由我述。

二、生平事迹

至尊一切智温萨巴的生平事迹简况①,主要依据至尊大德自己如雄狮吼声一般口述于眷属僧众的语录,以及由我的具德至尊导师讲述给我的所闻内容,彻底舍弃增益和损减成分,略示如下:

这位成就自在之王②的诞生地是,古昔我们雪域高原共同的帝王松赞干布,示以大圣世界自在王即观世音之相,通过本智幻化建立的右翼茹江边的德杰茄玛林寺③(དགེ་རྒྱས་བྱེ་མ་གླིང་ 或 བདེ་རྒྱས་བྱེ་མ་གླིང་)的毗邻,洛河大江畔(译者注:这里的"ཆུ་བོ།"一词容易理解,其关键词是后部分的梵语。所谓"ལོ་ཧི་ཏ།"有多层含义,归纳起来主要有"དམར་པོ།"(红色、血、火神之马)、"ཞང་དབོན།"(表兄弟、舅)等义。参见毛尔盖桑木旦主编《梵藏对照词典》,兰州:甘肃民族出版社1996年版,第770页;安世兴编《梵藏汉对照词典》,北京:民族出版社1991年版,第550–551页。但是,在此指雅鲁藏布江还是其主要支流年楚河(མྱང་ཆུ།),尚且存在争议。因为藏文古籍中一般认为雅鲁藏布江对应的梵语是"马泉河巴曲"(ཧ་མཆོག་ཁ་འབབ་སྟེ་པཱུ།),也

① 这里所述"至尊一切智温萨巴",是指三世班禅罗桑顿珠,而非二世班禅索南确朗。

② 这里所述"成就自在之王",也指三世班禅罗桑顿珠,但二世班禅索南确朗作为其祖上,他们二人的出生地应该是同一个地方。据《东噶藏学大辞典》和《藏族历史人物年代手册》中记载,二世班禅索南确朗出生于藏历第七个饶迥土羊年一月十二日,也就是1439年,参见东噶洛桑赤列编纂《东噶藏学大辞典》(藏文),北京:中国藏学出版社2002年版,第1257、2122页;黄明信、谢淑婧编著《藏族历史人物年代手册》(藏文),北京:民族出版社2000年版,第304–305页。

③ "བྱེ་མ་ལྷ་ཁང་།"这是吐蕃松赞干布建立的十二镇边寺之一,即卫藏翼茹女魔右足上建立的盖杰茄玛林寺,也就是今西藏日喀则市南木林县境内的雅鲁藏布江沿岸,与桑珠孜区内的温萨寺隔江而望。同时值得注意的是,年楚河中上游还有一座吐蕃时期建造的"བྱེ་མ་ལྷ་ཁང་།",如《后藏志》记载,江孜白居寺下面的"བྱེ་མ་ལྷ་ཁང་།",由嘉·绛白桑瓦(རྒྱ་འཇམ་དཔལ་གསང་བ།)设计,吐蕃赞普赤然巴坚建立。这位嘉·绛白桑瓦是护送文成公主的嫁妆释迦牟尼十二岁等身佛像的二位大力士之一拉噶的后裔,因为大力士拉噶的外甥是桑西,他主持桑耶寺堪布从事翻译事业功勋显著,故赐名巴赛囊。巴赛囊的侄子就是嘉·绛白桑瓦。如此看来,松赞干布虽有渊源关系,但非当时建造。其后,岳敦确吉旺秋扩建为茄达盖杰寺(བྱེ་མདའ་དགེ་རྒྱས།),进而成为斋·喜饶巴尔讲学授课的根本据点。随后乃宁堪布桑杰仁钦(གནས་རྙིང་མཁན་པོ་སངས་རྒྱས་རིན་ཆེན་པ།)改建茄达拉康(བྱེ་མདའ་ལྷ་ཁང་།)。如此一来,这两座寺院分别坐落于今西藏日喀则市境内的雅鲁藏布江及其重要支流年楚河沿岸,容易混淆。正如东噶教授所云"尚未明见具体坐落于何处",故仍有待进一步考证。参见百慈藏文古籍研究室编《觉囊多罗那他文集》(藏文第25–27、65–66卷)《年域上中下三区妙语善说·智者入门》,北京:中国藏学出版社2008年版,第42–43页;郎卡等编《后藏乃宁教史》(藏文),拉萨:西藏藏文古籍出版社2011年版,第50–77、161–162、292–312、343–344页;东噶洛桑赤列编纂《东噶藏学大辞典》(藏文),北京:中国藏学出版社2002年版,第603页。

就是汉语佛典中的“缚刍河”。但是,缚刍河源自帕米尔高原由兴都库斯山脉北麓向西北方向流入碱海,也就是如今的奥克萨斯河,而非源自喜马拉雅山脉北麓的雅鲁藏布江,因此雅鲁藏布江对应的梵语为“洛河达河”(ཆུ་བོ་ལོ་ཧི་ཏ།)。持此观点者较多,如扎巴珠晋美确吉旺布所著《佛教源流漫谈》(巴珠文集》(藏文第1卷),成都:四川民族出版社2003年版,第319页)。同时又有学者认为“ཆུ་བོ་ལོ་ཧི་ཏ།”是年楚河,该河源于今西藏江孜县与浪卡子县交界处的诺金岗桑拉雪山(གནོད་སྦྱིན་གང་བཟང།),这跟莲花生大师为该雪山中注入甘露传说有关。从此,甘露从雪山不断流淌,让人们品尝甘露美味,使年楚河流域变成人杰地灵、龙象辈出的金色谷地,享有“年域智源胜境”(མྱང་གསེར་གཞུང་རིག་པའི་འབྱུང་གནས།)的美誉。不过,现在一般认为年楚河源于喜马拉雅山脉中段北麓的桑旺措湖,流经今西藏日喀则市康马县、江孜县、白朗县、桑珠孜区,之后流入雅鲁藏布江。这里的“ལོ་ཧི་ཏ།”为何成为年楚河异名的原由,有待考证。因为藏语“མྱང་ཆུ།”之“མྱང།”的梵语对应词似乎是“ར་གྱ།”,如在《后藏志》中所云:“ཐོག་མར་ས་གཞི་བྱིན་གྱིས་བརླབས་པའི་སྐྱེས་བུ་དམ་པས་ར་གྱ་ཞེས་པ་རོ་མྱངས་པའི་སྒྲ་དོན་གྱི་ངེས་ཚིག”,而非“ལོ་ཧི་ཏ།”。这样一来,目前学术界对于“ལོ་ཧི་ཏ།”到底指哪一条河并无定论,因而没有收录相关辞典。参见百慈藏文古籍研究室编《觉囊多罗那他文集》(藏文第44卷)《年域上中下三区妙语善说·智者入门》,北京:中国藏学出版社2008年版,第2-28、44、185、220页;李坚尚、郭翠琴著《雅鲁藏布江传》,保定:河北大学出版社2009年版,第3、7-8页。)

拉沟之地的沟头也是若干大德诞生莅临加持的温萨①(དབེན་ས།)之域。这位尊者的骨系姓氏为“当”氏,其祖上出现的历代大德如珍珠妙串,贤德无比。比如喇嘛次仁增,对于旧译密乘宁玛派理论善巧而圆满成就,长期专心实践修行于扎东次康等地,使其头发辫绦成为真实铁链,世人将其视为奇妙希有之相。特别是金刚坚固母成为了手印明妃,如奴一般奉命侍从,完成各项事业的成就者。复次,还有像珠巴僧格和丹巴多杰等许多获得持明果位的旧译宁玛派的持密大德。同时,噶举派方面出现过日钦班觉桑布这样被人称为成就师的大德。

更为重要的是群杰索南确朗(译者注:据《东噶藏学大辞典》等工具书上记载,二世班禅索南确朗是洛科喇嘛朗嘉旺秋的侄子(ཧྲོ་ཁྱུད་བླ་མ་ནམ་རྒྱལ་དབང་ཕྱུག་གི་ཚ་བོ།),还依止桑巴钦布洛珠贝巴(སེམས་དཔའ་ཆེན་པོ་བློ་གྲོས་སྦས་པ།)为导师。前者在第悉桑结嘉措所著《格鲁

① 基本义是偏僻幽静之处,在这样的清净中有助于定心修习。随后引申为班禅二世、三世诞生的地名以及所建寺院乃至由此传承的格鲁派主要耳传法脉之一的名称,坐落于今西藏日喀则市桑珠孜区境内。该寺培养了大量各类人才,如藏族当代名医强巴赤列出自该寺,参见强巴赤列编著《藏族历代名医略传》(藏文),北京:民族出版社2000年版,第557-560页。

派教法史》中记述为“旧译宁玛派瑜伽自在寿持明侄子（གསང་སྔགས་སྙིང་མའི་བླ་མ་རྣལ་འབྱོར་དབང་ཕྱུག་ཚེའི་རིག་འཛིན་གྱི་སྐུ་ཚ་ཉིད་དུ་འཁྲུངས།）”，这二者是否为同一人，不得而知。后者桑巴钦布洛珠贝巴（1400－1476 年）是贾曹杰和克珠杰以及荣顿释迦坚赞等人的弟子，还在那塘寺与杰增喜饶僧格和一世达赖喇嘛既是同学后来又成为学生，特别是后人将其列为杰增喜饶僧格和一世达赖喇嘛的首昂高足，并获得甚深诀窍心并加以实践，圆满成就殊胜证悟。这些内容在二世达赖喇嘛所著《瑜伽自在洛珠贝巴成就道歌释义》中可略知一二。如果二世班禅确实依止桑巴钦布洛珠贝巴为根本导师，那么，依止第六代甘丹赤巴帕索确吉坚赞很有可能获得了从多麦朵旦巴绛白嘉措传来的格鲁派殊胜耳传（དགེ་ལྡན་སྙན་བརྒྱུད།）以及甘丹幻化典籍（དགའ་ལྡན་སྤྲུལ་པའི་གླེགས་བམ།）；依止桑巴钦布洛珠贝巴很有可能获得了从宗喀巴特别传给杰增喜饶僧格的以金刚密集为首的殊胜法脉，也就是后来称之为“塞举法脉”乃至格鲁派上下密院的主要法脉。当然，二世班禅如何获得杰增喜饶僧格和帕索确吉坚赞耳传诀窍的具体情况，还需要进一步参阅更多典籍逐一求证。参见《二世达赖喇嘛·根敦嘉措文集》（藏文第 4 册），北京：中国藏学出版社 2010 年版，第 40－43 页；班钦索朗扎巴著《新旧噶当史籍》（藏文），拉萨：西藏藏文古籍出版社 2001 年版，第 150－153 页；第悉桑结嘉措著《格鲁派教法史》（藏文），北京：中国藏学出版社 1991 年版，第 231、238－239 页；东噶洛桑赤列编纂《东噶藏学大辞典》（藏文），北京：中国藏学出版社 2002 年版，第 2122 页；郭须扎巴军乃、嘉瓦罗桑开珠编著《雪域历代名人辞典》（藏文），兰州：甘肃民族出版社 1992 年版，第 1827 页。），在殊胜本尊和本智空行母的拼合介绍之下，自幼就在觉敦索朗仁钦（译者注：在藏区较为著名的“觉敦寺”（ཇོ་གདན་དགོན།）有两座，第一座为噶当派创始人仲敦巴在今西藏拉萨市林周县境内建立的噶当派寺院，另一座为在今青海玉树州曲麻莱县境内约于 15 世纪由索朗白本建立的格鲁派寺院。同时还在《后藏志》中记载到：“聂措底下有仁钦岗，其沟头有历代殊胜的觉敦喇嘛们次第增长的贝康”（ཉན་ཚོའི་འོག་ན་རིན་ཆེན་སྒང་ཡོད་ལ་དེའི་ཕུ་ན་ཇོ་གདན་བླ་མ་ཁྱད་པར་ཅན་རིམ་པར་འཕེལ་བའི་སྤོས་ཁང་ཡོད་དོ།）。这些寺院与觉敦索朗仁钦是否有联系，从现有史料中难以考证。在此值得注意的是，据第悉桑结嘉措所著《格鲁派教法史》记载，二世班禅在觉敦索朗仁钦（ཇོ་སྟན་བསོད་ནམས་རིན་ཆེན།）门下出家为僧，赐予“索朗确吉朗布”为法号。这与二世嘉木样协巴晋美旺布所著《六世班禅班丹益西传》中所述由克珠杰的兄弟，也就是第六代甘丹赤巴帕索确吉坚赞担任甘丹赤巴时赐予“索朗确吉朗布”似乎有出入。现在我们对此只能作出这样的解释，二世班禅受出家戒时被觉敦索朗仁钦赐予该名，这与赐名者的法号亦较为吻合。但是，后来赴甘丹寺拜见帕索确吉坚赞时二世班禅处于谦恭而曰“我叫牛犊（བེའུ།）”，因为梵藏文化中无论是量理学家陈那还是神话传说中的守护八方的大象即方象（ཕྱོགས་གླང་།）都具有高大无比之意。于是帕索确吉坚赞将其还原或纠正为“索朗确吉朗布”，以示美好憧憬。或者当时沿用原名，重赐该名，这也符合藏传佛教受出家戒、沙弥戒、比丘戒时沿用最初的法号，如宗喀巴和二世达赖喇嘛之法号的传统。同时格鲁派权威史籍中，二世班禅的姓名之前，几乎都冠以“量理学家”（དངོས་སྟོབས་རིག་པའི་དབང་ཕྱུག），这跟取名“ཕྱོགས་གྲགས།”是否有关联,值得我们思考。参见百慈藏文古籍研究室编《觉囊多罗那他文集》(藏文第44卷)《年域上中下三区妙语善说·智者入门》,北京:中国藏学出版社2008年版,第123页;喀尔那译师班觉嘉措著《格鲁派源流·如意宝树智者能喜》(藏文),拉萨:西藏藏文古籍出版社2013年版,第205、213页;第悉桑结嘉措著《格鲁派教法史》(藏文),北京:中国藏学出版社1991年版,第231、238-239页;《六世班禅班丹益西传》(藏文上册),北京:中国藏学出版社2002年版,第14-15页。)(རྗེ་གཏན་བསོད་ནམས་རིན་ཆེན།)门下出家为僧,特别是长期依止班钦确吉坚赞①(པཎ་ཆེན་ཆོས་ཀྱི་རྒྱལ་མཚན།)为首的若干贤哲,成为著名学者。随后,广泛为众多专心求学者讲学授课,如设立善说喜宴,使其成为闻思讲学兴盛正法之根本据点。

其后,正所谓“寻闻求学为始业,其次隐居于林间”,群杰索南确朗为了将该句义理付诸实践,还获得温萨沟头供奉的自己修证所依一尺高的铜质佛像大城尊的授记,并飞向天空落脚之处建立了群阔卫顶寺(译者注:该寺由二世班禅索南确朗建立后第二代主持由拉布拉雄(ལྷ་བུ་ལྷ་གཤོངས་པ།)担任,第三代由二世班禅导师觉巧白藏(སྐྱབས་མཆོག་དཔལ་བཟང་།)担任。第四代由三世班禅罗桑顿珠担任,并且得以扩建。第五代由三世班禅导师亦是四世班禅的叔叔克珠桑杰益西担任,第六代由四世班禅罗桑确吉坚赞担任,第七代由克珠桑杰益西转世活佛洛桑嘉措担任,第八代由四世班禅罗桑确吉坚赞再次担任,第九代由五世班禅罗桑益

---

① 此人是克珠杰的兄弟,即第六代甘丹赤巴帕索确吉坚赞(1402-1473年)。因为温萨巴罗桑顿珠的根本导师为大成就者确吉多吉,其根本导师为帕索确吉坚赞。这样一来,与温萨巴索南确朗属于同一时代。同时,在以温萨巴罗桑顿珠和永增益喜坚赞为代表的格鲁派温萨耳传的权威学者的论著中,均冠以“班钦确吉坚赞”。尤其在二世嘉木样协巴晋美旺布所著《六世班禅班丹益西传记·日光》之首阐述本生传时讲到:“第九索南确朗出生于藏绒交汇处,一位肤色和姿态恶劣的孩子来到帕索群杰担任甘丹赤巴的座前,帕索群杰问他叫什么名字?这位孩子回复曰‘贝俄(བེའུ། 意为犊)’。帕索群杰讲到:‘贝俄(བེའུ།)长大后将成为朗(གླང་། 意为牛)’,故赐名索朗群吉朗布(简称索南确朗),并将其视为有缘的门徒,圆满授予灌顶、教言、经藏续部及其义理阐释的论著和诀窍等,遂成大贤哲。其后,返回后藏地区,聚集了依止他为导师的十六位弟子,为此广泛授予善说喜宴,点燃了正法明灯”。显然,这里的帕索群杰就是克珠杰的兄弟第六代甘丹赤巴帕索确吉坚赞。如此一来,克珠杰的密意主要通过其兄弟帕索群杰传于二世班禅再经周折传于三世班禅,其后经觉巧再传于四世班禅;另一条是帕索群杰传于珠钦确吉多吉,再传于三世班禅,其传于克珠桑杰益西,再传于四世班禅。所以这两条主线最终汇集于四世班禅罗桑确吉坚赞。当然,帕索群杰还有宗喀巴直接传授或经多麦朵旦巴绛白嘉措传授的多种殊胜法脉汇集于他一身,截止二世班禅尤其是三世班禅时集成格鲁派殊胜耳传,史称“温萨耳传”。参见永增益喜坚赞所著《克珠杰传记》文末倒数第二个注释以及永增益喜坚赞著《菩提道次第师承传记》(藏文),拉萨:西藏人民出版社1990年版,第437-446页;百慈藏文古籍研究室主编《永增益喜坚赞文集》(藏文第7册),北京:中国藏学出版社2011年版,第406-429页;二世嘉木样协巴晋美旺布所著《六世班禅班丹益西传》(藏文上册),北京:中国藏学出版社2002年版,第14-15页。

西担任。这期间有200多名学僧,主要修习《菩提道次第广论》和以胜乐、密集、大威德金刚仪轨为代表的实践体验功课。参见喀尔那译师班觉嘉措著《格鲁派源流·如意宝树智者能喜》(藏文),拉萨:西藏藏文古籍出版社2013年版,第205-214页;第悉桑结嘉措著《格鲁派教法史》(藏文),北京:中国藏学出版社1991年版,第231-232页。在此值得注意的是,《东噶藏学大辞典》为首的现代工具书上,二世班禅建立的是一座比丘尼寺院,是否属实有待考证。东噶洛桑赤列编纂《东噶藏学大辞典》(藏文),北京:中国藏学出版社2002年版,第2122页;郭须扎巴军乃、嘉瓦罗桑开珠编著《雪域历代名人辞典》(藏文),兰州:甘肃民族出版社1992年版,第1828页。)(ཆོས་འཁོར་དབུས་སྡིངས་ཀྱི་དགོན་པ།)。这时他想到:利乐有情众生之事业首先须依靠佛法,这又必须依赖于具有清净见行的僧众。于是,在原有的基础上,他欲建造一座拥有僧众的寺院,然因内外些许障碍阻扰而未能如愿。因此,经常追随他听受三藏理论而在此常住的16位论藏者,也分别派遣到扎什伦布寺①(བཀྲ་ཤིས་ལྷུན་པོ།)和盖培寺②(དགེ་འཕེལ།)等地继续求学深造,而自己一心专注于实践和体验甚深义理,遂成清净正见圆满证得大成就师。

总体而言,群杰索南确朗是通过讲、辩、著三业使究竟真谛显现于自己心智的举世无双之贤。因此,这时依托宗喀巴及其高足们的一切论典均现为教授之功德,并视为后辈具有殊胜意义而著有依据显密各大理论的论著和授予其他所化徒众的教授以及实践体验的道歌等文章,合编为约有两函的《文集》。这些论著不仅从

① 格鲁派在后藏的最大寺院,由宗喀巴弟子根顿珠巴(དགེ་འདུན་གྲུབ་པ།)于1447年创建,自四世班禅罗桑曲坚(པཎ་ཆེན་བློ་བཟང་ཆོས་རྒྱན།)始,成为历辈班禅的住锡寺院。寺院由夏孜(ཤར་རྩེ།)、吉康(དཀྱིལ་ཁང་།)、堆桑林(ཐོས་བསམ་གླིང་།)和密宗(སྔགས་པ།)札仓组成。关于该寺的历史,详见普觉阿旺强巴著《四大寺及上、下密院史·白莲花鬘》(གྲྭ་ས་ཆེན་པོ་བཞི་དང་རྒྱུད་པ་སྟོད་སྨད་ཆགས་ཚུལ་པད་དཀར་འཕྲེང་བ།),拉萨:西藏人民出版社1989年版,第72-92页。

② 全称为"ཤངས་རི་བོ་དགེ་འཕེལ།"。初由香巴更庆喜饶桑布或喜饶白桑建立,他因出生于香地而得名"香巴更庆"。宗喀巴文集中收录了一篇《致三藏大师噶喜巴喜饶贝桑布之问答》,该文从出离心、菩提心、正见三个层面解答了噶喜巴喜饶贝桑布所问如何实践的方法。其中提问者"噶喜巴喜饶贝桑布似为此人,后来他邀请宗喀巴亲传弟子桑白钦布次成白桑担任讲学之主的堪布,该寺有仁钦喜年主持的次成岗巴和德央巴以及诺丁巴3个札仓,后来成为二、三世班禅的求学之地,并相继培养了以俄曲师徒为代表的名家。参见《宗喀巴文集》(藏文第2册),北京:中国藏学出版社2012年版,第486-491页;喀尔那译师班觉嘉措著《格鲁派源流·如意宝树智者能喜》(藏文),拉萨:西藏藏文古籍出版社2013年版,第214-215页;第悉桑结嘉措著《格鲁派教法史》(藏文),北京:中国藏学出版社1991年版,第232-233页。

经典理论和逻辑理路等各方面都能破解疑难问题，而且无论居心叵测的敌论者如何观察分析，均无法寻求破绽之处①，同时语言精练而丰富，措辞精准而圆满，尤其内容除了佛示密意之外，决不引申出其他似是而非之义。这样的《文集》我们亲自整理完成，故可呈现于世人眼前②。

如此不仅囿于理论层面，在实践中也严于律己，始终保持清净受戒之身，丝毫没有解脱律仪③（སོ་སོ་ཐར་པའི་སྡོམ་པ།）中极其细微的违犯而污浊不清之处。而且，广发以慈与悲为根本的愿心，以彼心等起视行戒并如命根一样守护，特别是在甚深和广大佛子之道④（ཟབ་པ་དང་རྒྱ་ཆེ་བའི་རྒྱལ་སྲས་ཀྱི་ལམ།）上一刻也不怠，严守金刚妙乘之戒，而惯于高度关注生圆二次第瑜伽，任何时刻都不动摇，以求达到究竟之人。

三、语录问答

这样在修行座间也可达到散心解闷的目标，这时二世班禅索

---

① 据格鲁派权威史籍记载，二世班禅索南确朗还游学桑普寺，进行学位答辩，特别是通过闻思讲学从事利他事业，故以“量理学家”著称参见喀尔那译师班觉嘉措著《格鲁派源流·如意宝树智者能喜》（藏文），拉萨：西藏藏文古籍出版社 2013 年版，第 205、213 页；第悉桑结嘉措著《格鲁派教法史》（藏文），北京：中国藏学出版社 1991 年版，第 231 页；东噶洛桑赤列编纂《东噶藏学大辞典》（藏文），北京：中国藏学出版社 2002 年版，第 2122 页。

② 根据四世班禅罗桑确吉坚赞所述，二世班禅索南确吉朗布有两函《文集》。令人遗憾的是，除了如下摘录、引证的个别的诗词之外，至今我们尚未发现其完整《文集》。通过多种渠道，我们有必要广泛搜集，力争尽快整理出版。

③ 又名“别解脱戒”，谓沙门心相续之中，通过出离心为等起，斩断损他心所相应之戒律。虽以欲地所摄受，然生起于今生今世的戒律。这是三律仪之首，即别解脱戒、菩萨戒、密乘戒三者。这三律仪的辩证关系，克珠杰在《三律仪摄要抉择品·佛法净化宝镜论》解析得非常透彻，参见西藏色昭佛教古籍编委会整理《克珠格列贝桑文集》（藏文第 8 册），北京：中国藏学出版社 2014 年版，第 148－371 页。

④ 我们凡夫容易理解的共通传承而言，这里主要指从释迦牟尼佛开始的三大传承体系。其一，由怙主慈氏传给大圣无著等人的广行道论；其二，由至尊文殊传给具德怙主龙树等人的甚深中观；其三，大成就帝洛巴和那若巴传给佛子寂天的加持传承体系。这三大传承体系被阿底峡尊者无任何遗漏地领受，由此经系统师承被宗喀巴全面领受。参见四世班禅罗桑确吉坚赞著《格鲁派殊胜口传甚道师承略记·宝藏指南》（དགེ་ལྡན་བཀའ་བརྒྱུད་རིན་པོ་ཆེའི་ཟབ་ལམ་བརྒྱུད་པའི་རྣམ་པར་ཐར་པ་མདོར་བསྡུས་གཏེར་གྱི་ཁ་བྱང་ལྟ་བུ་བཞུགས་སོ།），该文收录于《四世班禅文集》（藏文第 1 册），北京：中国藏学出版社 2009 年版，第 414 页。

南确朗通过问答方式,依戏法之语作诗如下[①]:

向导师及怙主文殊师利顶礼!

防暑大树之下无比我,
独自发出善说妙音时,
身穿美妙羽绒之飞禽,
翼翅合十致礼如是云:
世称智者名誉之光明,
竞争之意浓厚的黑暗,
完全趋入能夺太阳宫,
这般师友对你说几句。
创作善言易记之诗词,
于人虽然欲示诸善说,
如同佛子欲施却无乞,
若无听众于心不怒吗?
虽有审慎智慧之年华,
然无水莲花环之严饰,
中意天女舍弃欲神般,
无眷独自一人不闷乎?
虽具贤哲欢喜之功德,
却如毒蛇缠绕旃檀树,
就因奇装异服被唾弃,
这时自修法不泄气吗?

① 这篇名作被喀尔那译师和东噶教授冠以《与鸟赋诗》这一篇名,参见喀尔那译师班觉嘉措著《格鲁派源流·如意宝树智者能喜》(藏文),拉萨:西藏藏文古籍出版社 2013 年版,第 205 页;东噶洛桑赤列编纂《东噶藏学大辞典》(藏文),北京:中国藏学出版社 2002 年版,第 2122 页。这与藏文古典文献史上佚名的大作《飞鸟喻示人文思想·理路藏论》具有比较研究价值,参见旦正才让整理、道周校订《飞鸟喻示人文思想·理路藏论》(藏文),兰州:甘肃民族出版社 1993 年版,第 1 – 168 页。

虽无抉择经典义理慧，
却被绸缎掩饰之伪师，
招摇撞骗吸引众眼球，
聚会热闹时不动心吗？
讲辩著业调制的佳肴，
通过悲心施与众有情，
地下矿藏一般不睹时，
此等福薄命浅不思乎？
理论运用智力已圆满，
欲撑如来正法之大地，
却像阵地溃散的英雄，
孤立无援时不气馁乎？
利他雄心翱翔于天空，
然不圆满富足之羽翼，
具财施主亦未依门下，
故成贫穷而不心寒吗？
世间难得稀有蓝宝石，
善巧舵手座前不存在，
愚夫弃于珷玞①(མཆིལ་བུ།)杂石中，
如此之举珠宝不悔吗？
俱生聪慧年富力强者，
理论堪当天界怙主汝，
品味正法甘露甚欢喜，

① 又名“རྡོར་བུ་དཀྲུམས།”“རྡོར་བུ་མཛེས་བཟང་།”“རིན་ཆེན་འགྱུར་མེད།”等，是指一种斑驳体轻的普通宝石。如果仅从性价上看，似玉之石的“珷玞”，略有相似之处，故暂用此名。

由此不招非天①(ལྷ་མིན།)嫉妒乎?
虽然衰落智者不疲惫,
财运来时愚夫却尽兴,
丢弃法理追逐名与利,
如此情形于心知耻乎?
浊世众生调治甚为难,
落到实处亦未必利济,
故此静处独自观经典,
寻求义理心要不好吗?
如是所问可爱彼小鸟,
谦恭弟子一般致合十,
如见具欲少女之美貌,
含笑双目正在注视我,
此时正中我心之语句,
回答小鸟赋诗所问题。

---

① 汉译为“非天”或“阿修罗”,通常认为为六道之一,即地狱、旁生、恶鬼、天、非天和人六道之身。然而在《甘珠尔·大宝积经诸法名相十万品之大圣善臂所问第二十六》中以“五道构成一切众有情,已生或者将来出生者(鸠摩罗什译为‘生五道者悉得善根乃至敬礼诸佛’)”为例多次出现“五道”一词,故唐代新罗王孙圆测在《解深密经广疏》藏译本中指出:在各自的经典中有不同的阐述,例如说一切有部和经量论者遵循经藏的观点只认可五道,不把非天或阿修罗列入独立的一类。根据《大毗婆沙论》中的记载,主要有两种归类法,第一种将非天归入天类,第二种将非天归入恶鬼类。还有一些部派认为众生有六道,这些是小乘佛教的观点。如果按照大乘佛教来看,在《大圣佛地经》和《维摩诘经》中主张五道之说。并且,在前者中讲到:非天一类并无定性,有时归入天类,有时归入恶鬼,有时归入旁生。在以《解深密经》和《大方广华严经》为例的大乘佛典中,主张众生有六道之说。最后,圆测结合四生之说认为,释迦牟尼佛从未明确说明众生只有五道,特别在《般若注疏》中有合理而正确的论述,故众生有六道。由此看来,非天是否属于六道之一,大小乘佛教明显有分歧。总体而言,小乘主张五道之说,大乘主张六道之说。因此,圆测也以佛未明示为由,倾向六道之说。当然,如今约定俗成的是六道之说,这不能不说受大乘的影响。根据这种说法,六道各自独有明显的生存危机和特征。如果从超世层面看,非天因嫉妒之心,遭受着与天征战之苦。如果就世间历史角度而言,非天之类很有可能是操古代犍陀罗语言甚至更早居住在古印度东部山谷的种族。不过,这还需要依据梵藏古籍和新出土的考古材料,有待进一步考证。参见《甘珠尔对勘本》(藏文第 43 卷),北京:中国藏学出版社 2008 年版,第 444、494 页;《丹珠尔·对勘本》(藏文第 68 卷),北京:中国藏学出版社 2001 年版,第 532 – 537 页;[日本]宫治昭著《犍陀罗美术寻踪》(李萍汉译、黄文昆审读),北京:人民美术出版社 2005 年版,第 7 – 216 页;[巴基斯坦]默罕默德·瓦利乌拉汗著《犍陀罗:来自巴基斯坦的佛教文明》(陆水林汉译、张超音摄),北京:五洲传出版社 2009 年版,第 23 – 347 页。

妙翼由你爱心所问答，
略述如下请认真倾听。
如同廉价商品易销售，
谋求衣食之徒却很多，
如购如意珍宝者稀有，
寻求贤哲善说极为少。
诸论善说之舞妙游戏，
辩论乐器善于演奏者，
诗歌天籁之音甚意乐，
故此独居不闷而欢喜。
如同空中彩虹视为饰，
装束华丽愚夫虽自乐，
抛弃廉耻注重化妆之，
妓女所为我抛向远方。
大海之中旁生群类多，
野蛮地区愚夫随从多，
放牧一般兽子随愚人，
如此成群结队有谁慕？
俱生智慧清净无比者，
善于工巧师友净治成，
理论彩色画卷虽夺目，
缺乏慧眼凡夫不视才。
世尊正法临近灭亡时，
能助如法修习者虽少，
却像帝释独灭非天军，
由于无助使我心增益。

虽穷却于求法心旅中，
只要师授善说不间断，
即使未得财富之施主，
岂生邪念恶人之痛苦。
胜妙天之舞者闪显灵，
与之丑角耍猴之把戏，
无知孩童眼里虽无别，
具智贤人看来如天渊。
自不寻思求学而进取，
他人学富功德闪耀时，
不乐而生嫉妒之举动，
岂不是小人们的秉性？
消除普遍无知的黑暗，
镇伏多如繁星般邪军，
佛示正法明日之四周，
凡夫大众鸱鸮般飞行。
末劫之人心小智力弱，
不求闻思故被恶师牵，
染污乱心使贪恋妙欲①（འདོད་ཡོན།），
随贤求智明理者衡有。
虽有若干追求具慧者，
却不分辨讲师贤与愚，
唯依长老聚财善装者，

① 是“འདོད་པའི་ཡོན་ཏན།”的简称。通常译为“妙欲”，主要分为5种。这亦有两层含义，其一为五妙欲，即色、声、香、味、触五种外处之功能，及其对于眼、耳、鼻、舌、身五根所起的作用；其二为五妙欲供品，即通过明镜、琵琶、法螺香水、水果、绫罗绸缎等五种供品分别敬养诸佛菩萨之色、声、香、味、触五色。这里指前者五妙欲，也就是迷恋世间色欲。

以及专横或者迎合者，
浊世大多论法善知识，
对于名闻利养甚为乐，
谋求所知之利及眷属，
盛时自满衰时心生哀，
然而追求自心觉悟者，
乐于独居寻求诸法义。
可是若无博闻之慧眼，
欲求诸法奥义我不信，
为此经藏续海之义理，
斩断八风专修而祈愿！

诸如此类，群杰索南确朗所造诗词名作，亦层出不穷[①]。

简而言之，最终示寂之时[②]，天空中显现长响妙音、降下如盾般的花雨等祥瑞。具有此等奇妙稀有事迹的大德，亦是温萨巴罗桑顿珠的祖先。如是所云[③]。

---

① 据《东噶藏学大辞典》中的记载，二世班禅索南确朗开创了藏传佛教格鲁派昌盛的温萨巴耳传文风。倘若果真如此，我们通过收集整理这方面的文学作品进行鉴赏、评析，有望填补藏族古典文学中该领域处于空白的缺憾。参见东噶洛桑赤列编纂《东噶藏学大辞典》（藏文），北京：中国藏学出版社2002年版，第2122页。

② 根据《东噶藏学大辞典》和《藏族历史人物年代手册》中的记载，二世班禅索南确朗圆寂于藏历第八个饶迥木鸡年三月二十五日，也就是1504年，参见东噶洛桑赤列编纂《东噶藏学大辞典》（藏文），北京：中国藏学出版社2002年版，第1257、2122页；黄明信、谢淑婧编著《藏族历史人物年代手册》（藏文），北京：民族出版社2000年版，第304－305页。

③ 本文引自四世班禅罗桑确吉坚赞所著《三位贤哲功德传略·夺取智者之意成就庄严》，参见《四世班禅文集》（藏文第1册），北京：中国藏学出版社2009年版，第342－343、352－358页；《一、二、三世班禅额尔德尼传》，拉萨：西藏藏文古籍出版社2014年版，第186－195页。

嘉瓦温萨巴罗桑顿珠略传
祈愿·悉地生源

克珠桑杰益喜 著　　夏吾李加 还格吉 译注

（译者注：藏语“མཁས་གྲུབ་སངས་རྒྱས་ཡེ་ཤེས།”，1525年出生于后藏蓝舟嘉白俄（གཙང་སྟོད་ལྷན་དྲུག་བརྒྱ་བའི་སྤྱིའུ།）之地，父为执持金刚的居士喇嘛仁钦，母为曲丹。这一对夫妇共有4子，克珠桑杰益喜排行老四。自幼被温萨巴发现其独特之处，故命其父母善养。年近10岁时，在善知识云丹桑布处接受居士戒，赐名“确觉多杰”。从此，在其门下开始学习藏文拼读，还背诵了一些简短的常诵经典。其后，在帕索林周德钦寺，依止善知识云丹桑布处受沙弥戒，基于速速成佛之愿而赐名“桑杰益喜”为法号。15岁那年的冬季，在扎什伦布寺闻思学院堪布量理学家宗主坚赞门下，始习量理摄类学理路。次年秋季学期，经学友协商后，依止该寺勒珠札仓的堪布达那根敦洛桑为导师，系统闻思以性相与名相、总与别、第六啭与声、应成论式为例的量理摄类学理论体系，特别是讲授《达那释量论辨析》期间作为党榜级长全部背诵，并将其笔受成书，现已成为扎什伦布寺闻思学院的《释量论》方面的法定教科书。截止十八岁为止，主攻《释量论》和《入中论》，学院内部多次答辩获胜，尤其是于19岁藏历元月的扎什伦布寺大会期间，针对中观疑难问题进行答辩，名声鹊起。随后深入闻思般若、律藏、俱舍论等经典理论，格外主攻宗喀巴所著《辨了不了义论》的真知灼见。如此五部大论学业完成后，20岁时赴江孜白居寺进行四部大论重点疑难问题的答辩大获全胜，名震卫藏各地。26岁时，根据达那根敦洛桑的提议，担任扎什伦布寺的监寺一职。尔后，前往岗坚曲培寺，依止班钦端悦坚赞门下，在原来的基础上，再次系统听受所有修心引导及其殊胜教授，为期春季至秋季学期。返回扎什伦布寺以后，根据达那根敦洛桑的特别委托，为听受《具德密集直接面授引导》而赴温萨寺拜见嘉瓦温萨巴，获受相关法脉的教授。回到扎什伦布寺后，为了系统修习密乘续藏，首先向达那根敦洛桑请假，获批后前往温萨寺请求嘉瓦温萨巴获得加持和护佑，依次得到他们的应允后，直奔拉萨朝拜色拉寺和哲蚌寺以及甘丹寺等名胜古迹。随后，在居麦札仓依止金刚持朗喀扎门下，把以胜乐、密集、大威德为主的成就方便法、坛城仪轨、护摩火供仪轨等修习获证究竟。这期间因染疾等原因返回后藏，拜访达那根敦洛桑后，赴温萨寺依止嘉瓦温萨巴为根本导师，为期3年的修行主攻菩提道次第。这期间根据嘉瓦温萨巴的指示，前往盖培寺，在大成就者乔列朗杰和德央群杰格勒以及诺顶群杰释迦白桑门下，圆满接受比丘戒。同时，在大成就者乔列朗杰处，听受《那塘百法》随许灌顶及其教授、四尊噶当本尊随许灌顶、九尊无量寿、普明大日如来佛等灌顶。其后返回温萨寺后，全神贯注地隐居修行，证悟猛增。这期间在温萨巴的严令下，不得不赴盖培寺担任主持一职，进行讲学。41岁时，嘉瓦温萨巴因腿扎刺为缘起，略显染疾。这时从盖培寺邀请克珠桑杰益喜来到温萨寺，圆满授予了格鲁派所有耳传殊胜教授，并将其委任为温萨寺座主。这样，嘉瓦温萨巴示现圆寂之后，在温萨寺原有的基础上，特别邀请曼唐画师洛桑嘉措师徒扩建了大经堂、护法殿、寝宫等，圆满竣工后邀请三世达赖喇嘛·索朗嘉措(1543－1588年)主持开光仪式。其后作为三世达赖喇嘛·索朗嘉措的侍从赴扎什伦布寺，在其门下听受了二十一尊度母随许灌顶和噶当宝卷若干篇章口授等大量不共教授，还到岗坚曲培寺，在金刚持柔贝僧格处听受胜乐金刚的灌顶、大威德灌顶、喜金刚灌顶、大轮灌顶、九尊无量寿佛灌顶、四种吉祥天母的灌顶、宝帐怙主的随许灌顶、那若六法导引等大量殊胜教授。为了在三世达赖喇嘛·索朗嘉措赴蒙古之际能够拜见他，在克珠桑杰益喜53岁时携门徒抵达拉萨，首先在以大、小昭寺为首的各大寺院诸尊前作了佛法长盛不衰的无垢祈愿，其次赴甘丹寺依止第二十四任噶当赤巴强巴嘉措(1516－1590年)门下，听受《菩提道次第广论》前言部分，以便结下善缘。再次，去拜见三世达赖喇嘛，以虔诚恭敬之心供养后，听受了诸多深广正法。最后，在拉增索朗白桑处听受了《入菩萨行论》和《文殊名号》等不少口授传承。同时，这期间克珠桑杰益喜也逐一给前来请求赐教的高僧大德们进行了解惑答疑。如是，此次拉萨一行圆满，故启程返回后藏，正逢藏绒之乱，克珠桑杰益喜通过恩威并用遏制了势态进一步扩大，以免伤及无辜。58岁时，在日喀则桑珠孜的祈请下，再次赴盖培寺担任堪布一职，为期5年，期间狠抓戒律、广转法轮，恩泽遍及四方。在此更为重要的是，根据嘉瓦温萨巴的临终授记，1574年认证嘉瓦温萨巴的转世灵童，1582年正式邀请至温萨寺相继举行坐床仪式，授予沙弥戒出家为僧，赐名"罗桑确吉坚赞"为法号，1586年派到扎什伦布寺求学，1591年藏历十一月十四日圆寂之前将宗喀巴耳传教授圆满传授给四世班禅，以便文殊师利的耳传殊胜教授更加繁荣昌盛。克珠桑杰益喜圆寂后，将其遗体迎请到温萨寺并修建了灵塔，还塑造了一尊铜质塑像。总之，他一生写有大量论著，后来扎西盖培寺刊印的《克珠桑杰益喜文集》木刻版，共收录了30余部，535叶。他培养的人才遍布雪域高原，其中举世闻名的是四世班禅罗桑确吉坚赞。参见《四世班禅文集》(藏文)，北京：中国藏学出版社2009年版，第1册第2－22、388－412页；永增益喜坚赞：《菩提道次第师承传记·佛法庄严无上宝鬘论》(藏文)，西藏人民出版社1990年版，第474－488页。)

大乐悉地普降如意宝，

大乐怙主贤慧金刚持，

大乐轮首严饰而常驻，

大乐心中现而愿加持！

胜施金刚三世佛真身，
天成元始怙主普贤佛，
广大轮之自在温萨巴，
罗桑顿珠座前作祈愿！
身语意及功德事业等，
诸佛无别融成一味故，
一切皈依集于温萨巴，
罗桑顿珠座前作祈愿！
至尊智悲宝藏及密主，
怙主汝外他处难寻求，
智悲能力究竟温萨巴，
罗桑顿珠座前作祈愿！
此方升起佛法明日时，
证悟之主妙吉祥称王，
成为佛前高足温萨巴，
罗桑顿珠座前作祈愿！
那时诸佛菩萨作证人，
坚定立下无量誓愿故，
成就持法威力温萨巴，
罗桑顿珠座前作祈愿！
从此幻化善巧成就者，
利乐众生根源佛之法，
不灭广为传教温萨巴，
罗桑顿珠座前作祈愿！
第二佛陀龙树之理论，
邪说笼罩彻底消除后，

义理无误阐明温萨巴，
罗桑顿珠座前作祈愿！
屡经大难游学成就地，
普贤心要精粹秘密道，
雪域能增之主温萨巴，
罗桑顿珠座前作祈愿！
阿底峡之正道兴盛时，
成为贤慧生源善知识，
噶当派之核心温萨巴，
罗桑顿珠座前作祈愿！
至尊文殊摄受加持故，
圆满制伏内外邪见者，
无误教授护持温萨巴，
罗桑顿珠座前作祈愿！
莲生金刚盛赞格鲁派，
无误圆融正法如意宝，
殊胜净化而明温萨巴，
罗桑顿珠座前作祈愿！
诸多内外缘起之合力，
贤慧正法心要弘大故，
复现成就庄严温萨巴，
罗桑顿珠座前作祈愿！
善缘使入母胎诞生时，
发出怜悯众生之悲声，
承继成就圣主温萨巴，
罗桑顿珠座前作祈愿！

至尊上师殊胜诸本尊，
亲见众生皈依之怙主，
自幼获得加持温萨巴，
罗桑顿珠座前作祈愿！
至尊大德扎巴持名者，
赐予罗桑顿珠为法号，
出家遁入佛门温萨巴，
罗桑顿珠座前作祈愿！
文殊宗师灌顶加持时，
幻现无边神通之净相，
上师视为本尊温萨巴，
罗桑顿珠座前作祈愿！
专注关要精义之定心，
极为殊胜故成众贤尊，
广饮秘诀甘露温萨巴，
罗桑顿珠座前作祈愿！
宛如众鹅之王游莲湖，
获证尊主确吉多杰师，
如愿莅临正士汝门口，
初始善缘妙合温萨巴，
罗桑顿珠座前作祈愿！
由此观察当时诸情形，
密藏受持如同法幢者，
视为心传高足温萨巴，
罗桑顿珠座前作祈愿！
随后依止彼师常求法，

获赐善慧诀窍诸心要，
成就耳传宝藏温萨巴，
罗桑顿珠座前作祈愿！
诸佛步入解脱唯一道，
甚道心要上师本尊道，
一心勤修正士温萨巴，
罗桑顿珠座前作祈愿！
尔后不待久远刹那间，
成就圣地金刚宫殿中，
修证悟性炽燃温萨巴，
罗桑顿珠座前作祈愿！
圆满语熟诸法词与义，
大乐美酒陶醉勇士舞，
独自翩翩起舞温萨巴，
罗桑顿珠座前作祈愿！
大成就者于自门生中，
无障本智慧眼明察时，
唯汝视为居冠温萨巴，
罗桑顿珠座前作祈愿！
依次蒙师传位法太子，
并将幻化秘籍传于手，
圆满法统全托温萨巴，
罗桑顿珠座前作祈愿！
上师本尊护法众神明，
彼时一致善于授权位，
名曰三界法王温萨巴，

罗桑顿珠座前作祈愿！
诸如具莲圣地等多处，
为众普降深广法雨后，
遍地成就作者温萨巴，
罗桑顿珠座前作祈愿！
显现身语意之各种相，
降伏守方众神立誓约，
为众广作利乐温萨巴，
罗桑顿珠座前作祈愿！
本智空行母屡励之下，
与授记现实众贤智王，
方便智慧双运之缘起，
阐明佛法精要温萨巴，
罗桑顿珠座前作祈愿！
大德怙主亲近策励下，
自己安心住于成就地，
大悲观音加持温萨巴，
罗桑顿珠座前作祈愿！
复于具信徒众之会海，
广转大乘心要之法轮，
空前正法开创温萨巴，
罗桑顿珠座前作祈愿！
自幼祈愿上师及本尊，
故获宗喀巴之加持力，
以此所愿任运而成就，
善慧金刚持愿得吉祥！

此文亦是克珠桑杰益喜所著①。

（该文系夏吾李加先生从其它藏文典籍中搜寻翻译，西藏藏文古籍出版社出版的《一、二、三世班禅额尔德尼传》藏文版里没有收录。——编者）

① 该赞颂诗词引自克珠桑杰益喜所著《嘉瓦罗桑顿珠传记层面所作祈愿·悉地生源》（རྒྱལ་བ་བློ་བཟང་དོན་གྲུབ་ལ་རྣམ་ཐར་གྱི་སྒོ་ནས་གསོལ་བ་འདེབས་པ་དངོས་གྲུབ་ཀུན་འབྱུང་ཞེས་བྱ་བ་བཞུགས་སོ། །），参见《克珠桑杰益喜文集》（藏文）第1函第1部第1页上1至第4页下4行，扎西盖培寺木刻版。

温萨巴罗桑顿珠小传

作者不详　　米玛次仁　译注

一、赞礼

智者彼岸之虚空，
甚深日月来装饰，
任运事业百种光，
具美已经超三界。

诸凡恩惠之善道，
诸位圣贤皆踏足，
闻得成就喜之语，
依据所闻吾欢喜。

依遍智一切大温萨巴之事业中一小部分，至尊曾用狮语在众弟子集会之时传授，后，吾又从具德上师圣贤那儿听闻，舍掉增损的内容，更加贴切实际地进行叙述。

二、诞生

自在成就师的出生地，曾是吾等共同的赞普圣观自在天化身人主①，在通过智慧幻化修建的叶茹（译者注：是吐蕃赞普松赞干布划分吐蕃

① 吐蕃赞普松赞干布。据《西藏王统记》记载，松赞干布曾在吐蕃各地修建镇肢镇节的多座寺庙，其中在叶茹修建了藏张切玛拉康（གཙང་འབྲང་བྱེ་མའི་ལྷ་ཁང།）。参见萨迦索南坚赞著《西藏王统记》，北京：民族出版社 2015 年版，第 164 页。

区域时，在今前后藏地区划分的四个区域之一，以南木林为中心，东至朗玛古朴（སྣང་མ་གུར་ཕུག），南至聂拉木（གཉའ་ནང），西至切玛拉古（ཇེ་མ་ལ་དགུ），北至密底曲纳（སྨིད་ཆུ་ནག）一带。关于吐蕃松赞干布时期，对吐蕃实行的区域划分和职官制度，详见第吴贤哲著《第吴宗教源流》，拉萨：西藏藏文古籍出版社2010年版，第240－262页。）藏张德杰切玛林寺①（གཙང་འགྲམ་བདེ་རྒྱས་བྱེ་མ་གླིང་གི་གཙུག་ལག་ཁང）附近，罗黑达②（ལོ་ཧི་ཏ）河水缓缓流淌的岸边有一处名为拉库③（ལྷ་ཁུག）的地方，此山谷中，有一诸圣贤加持过的地方，名温萨④（དབེན་ས）。

至尊温萨巴系董氏（མདོངས）家族，这一家族中曾出现过珍珠宝串一般断的圣贤，比如其中一位上师名为次仁增⑤（ཚེ་རིག་འཛིན），精通旧密，曾在扎董次康（སྒྲ་དུང་ཚེ་ཁང）专心修行，其发辫变成了真实铁链，人们皆视其为稀奇，多吉饶丹玛⑥（རྡོ་རྗེ་རབ་བརྟན་མ）化作手印，如仆人般听从其命令。另外还有珠巴森格⑦、丹巴多⑧（བསྟན་པ་རྡོར）等很多密乘，获得资粮道的旧密乘师。在噶举派中也曾出现证得成就之人，如热庆班觉桑布（译者注：据《西藏、巴康、汉地和蒙古等地活佛世系册籍》（བོད། བར་ཁམས། རྒྱ་སོག་བཅས་ཀྱི་བླ་སྤྲུལ་རྣམས་ཀྱི་སྐྱེ་ཕྲེང་དེབ་གཞུང）记载，热庆班觉桑布系第一世甘丹日追（དགའ་ལྡན་རི་ཁྲོད）活佛，在嘉唐（ལྕགས་ཐང）地方出生，60岁圆寂。恰

---

① 系吐蕃赞普松赞干布时期所修建的镇肢镇节寺庙之一，地理位置是今西藏日喀则市南木林县。

② 梵文音译，意为红色。此处为江河的名称，按照具体的地理概念，应指藏布江，即今天我们所指的雅鲁藏布江。

③ 地名，在《格鲁派教法史·如意树贤者喜乐》和《格鲁派教法史·黄琉璃》中都写成了“拉贵”（ལྷ་སྒོད）。位于今西藏日喀则市南木林县。卡尔纳班觉桑布著《格鲁派教法史·如意树贤者喜乐》，拉萨：西藏藏文古籍出版社2013年版，第205页；第悉桑结嘉措著《格鲁派教法史·黄琉璃》，第231页。

④ 地名，意为寂静之地。亦写作“恩萨”，位于今西藏日喀则市南木林县，与前述拉库地方应为山谷和山口之别，其中温萨位于山谷之中，而拉库则位于山口。据这部温萨巴罗桑顿珠传记载，二世班禅索南确朗和三世班禅温萨巴罗桑顿珠皆出生在该地。

⑤ 据温萨巴《传》中记载，此人系董氏家族，是一位精通旧密的瑜伽师。

⑥ 藏传佛教一神灵，隆多阿旺洛桑（ཀློང་རྡོལ་ངག་དབང་བློ་བཟང）在对藏传佛教护法神灵进行总结时，认为多吉饶丹玛系噶当十二度母之一。具体详见隆多阿旺洛桑著《护法神大海名录》（བསྟན་སྲུང་དམ་ཅན་རྒྱ་མཚོའི་མཚན་ཐོ），收录于《隆多阿旺洛桑文集》（下卷），拉萨：西藏色昭藏文佛教古籍出版社2016年版，第387－388页。

⑦ 珠巴森格，人名，藏文“གྲུབ་པ་སེང་གེ”，应为修持宁玛派的董氏家族成员。

⑧ 与前述珠巴森格相同，属修持宁玛派的董氏家族成员。

白次旦平措主编《西藏重要历史资料选编》,拉萨:西藏藏文古籍出版社 1991 年版,第 307 页。)(རབ་ཆེན་དཔལ་འབྱོར་བཟང་པོ།)等,尤其是法王索南确吉朗布①也是至尊温萨巴之先祖。(此处原有法王索南确朗的一篇简短的传记,以及相关佛法问答形式的诗歌内容,这两部分被编者独立编成二世班禅索南确朗的传记,置于前面。)。

如此圣贤温萨巴的父亲索南多吉(བསོད་ནམས་རྡོ་རྗེ།),被多种品行高尚之光芒所装饰,母亲白宗吉(དཔལ་འཛོམས་སྐྱིད།),身体和寿元皆圆满。在如此父母的护佑下,于乙丑年即木阴牛年②的一月十日,温萨巴诞生,并伴随着稀奇吉兆。罗桑顿珠刚出生,就对不变的诸有情众生生起悲悯之心,从而口出"唵嘛呢叭咪吽"六字真言。母亲见状,心想如此刚落地之婴儿就出声说话,实不寻常,故将不净的烂褥盖在了圣人头顶。圣童因其受污,故同龄的其他小孩都已开口说话时,他却迟迟未能开口。至尊自己也曾说:"难以开口和口齿不清都因此事缘起。"

如此,有赞③云:

善缘入彼母胎降生时,
发出悲悯众生之声音,
成就殊胜家族温萨巴,
罗桑顿珠顶足行祈祷!

---

① 系二世班禅,1439 年出生于后藏温萨地方,后在甘丹寺受戒出家,依止第六任甘丹赤巴帕索曲吉坚赞学习佛法,并在上师处受沙弥戒,取法名索南确吉朗布。据传索南确朗辩才了得,曾辩败当时甘丹寺的所有僧人,被人视为克珠杰的转世。曾依止洛珠贝巴(བློ་གྲོས་སྤྲས་པ།)等学习显密经典,还前往桑普寺学法,新建了曲阔卫顶(ཆོས་འཁོར་དབུས་སྡིངས།)寺,并著书立说,开创了格鲁派温萨耳传一系,1504 年索南确朗 66 岁时圆寂。

② 指藏历第八饶迥木牛年,即 1505 年。

③ 这里所指《赞》是由贤哲桑结益西(མཁས་གྲུབ་སངས་རྒྱས་ཡེ་ཤེས།)所著《佛陀罗桑顿珠传之祈愿文·成就集经》(རྒྱལ་བ་བློ་བཟང་དོན་གྲུབ་ལ་རྣམ་ཐར་གྱི་སྒོ་ནས་གསོལ་བ་འདེབས་པ་དངོས་གྲུབ་ཀུན་འབྱུང་།),而温萨巴的传记中,多次引用了该祈愿文。桑结益西著《佛陀罗桑顿珠传之祈愿文·成就集经》木刻本,收录于《贤哲桑结益西文集》(上卷),第 1－8 页。而关于桑结益西的生平,可详见永增益喜坚赞著《菩提道师承传》(下卷),第 43－67 页。

尔后，格培寺①大堪布列罗巴②赐名贡布迦③（མགོན་པོ་སྐྱབས།）。圣贤孩童时犹如循努贡达④（གཞོན་ནུ་ཀུནྡ།）般，肤白合意，百看不厌，亦是从小具有远离掺杂烦恼放逸之品行，表现如同高尚圣贤的举止，他人见了都会感到欣喜，与其亲近会感到愉悦。

圣贤温萨巴五六岁时，继母对圣贤无论是心里还是行为上都表现出极为厌恶之感。圣贤心想，与如此凶恶的有情在一起，会使他的善法衰败，因此，寻思良久后，便移居到该地东边一处他人难寻的地洞。在那里，温萨巴独居了五六天。据说该地需长时间寻找才能找到。因独自身处僻静之地而感到欢喜，温萨巴年少之时就已然天生如此心性，且那时起，温萨巴就已能亲见薄伽梵能仁王⑤和文殊菩萨显现，还以明见得加持而度日。

温萨巴 8 岁时，一天夜里，他梦到从斯日（སེག་རི།）山顶升起一轮满月，他身上则装饰着白绸和珍宝饰品。当手持铃杵时，月轮化入铃杵，并发出铃声，响彻世间。

赞云：

殊胜上师以及诸本尊，

---

① 据《菩提道师承传》中记载，格培寺的全称为“香朵日吾格培”（ཤངས་མདོ་རི་བོ་དགེ་འཕེལ།）。而在《格鲁派教法史 · 黄琉璃》中记载，香朵日吾格培寺由香巴协热贝桑（ཤངས་པ་ཤེས་རབ་དཔལ་བཟང་།）所创建，据传遍智一切根顿珠巴曾在该寺闭关修行一个月，期间曾得到宗喀巴大师修建扎什伦布寺的授记。该寺由 3 个札仓组成，分别是次成岗巴（ཚུལ་ཁྲིམས་སྒང་པ།）札仓、德阳（བདེ་ཡངས།）札仓和诺定（ནོར་སྡིང་།）札仓。无论是寺院还是各札仓，皆有历代堪布主持。详见第悉桑结嘉措著《格鲁派教法史 · 黄琉璃》，第 232 – 233 页；永增益喜坚赞著《菩提道师承传》（下卷），第 3 页。

② 传记中写成“ལགས་བློ་པ།”，译者认为此为印刷错误，应为“ལེགས་བློ་པ།”，即列巴洛珠（ལེགས་པ་བློ་གྲོས།）的简称。据《菩提道师承传》记载，这位拉罗巴的名字为“列巴洛珠”（ལེགས་པ་བློ་གྲོས།），而在《格鲁派教法史 · 黄琉璃》中罗列了香朵日吾格培寺历代堪布，其中第 7 任堪布名为“降央巴列巴洛珠”（འཇམ་དབྱངས་པ་ལེགས་པའི་བློ་གྲོས།），即为温萨巴传记中所提到的列罗巴，也就是这位向温萨巴献上沐浴并赐名“贡布迦”的大师。永增益喜坚赞著《菩提道师承传》（下卷），第 3 页；第悉桑结嘉措著《格鲁派教法史 · 黄琉璃》，第 232 页。

③ 温萨巴之俗名，意为怙主救度。

④ 意为青年白莲。

⑤ 指佛陀。

视为众生怙主而顾念，
年少即获加持温萨巴，
罗桑顿珠顶足行祈祷！

三、受沙弥戒

此后，反复滋生熟习贤善的所有习气，视所有轮回如燃烧的火坑，生起强烈出离心。渐而温萨巴每天都在想方设法出家。直到11岁那年的冬天，由曲阔卫顶寺①的法王拉日孜巴扎巴顿珠②（ལྷ་རི་རྩེ་པ་གྲགས་པ་དོན་གྲུབ།）担任亲教师，次成仁青（ཚུལ་ཁྲིམས་རིན་ཆེན།）亲临任阿阇梨，尊者曲吉坚赞（ཆོས་ཀྱི་རྒྱལ་མཚན།）和绕绛巴列巴（རབ་འབྱམས་པ་ལེགས་པ།）等作为补足，圣贤温萨巴在具信圆满僧伽中舍家而遁入空门，被赐法名罗桑顿珠。

赞云：

至尊圣贤名为扎巴者，
恩赐法名罗桑顿珠贝，
出家遁入空门温萨巴，
罗桑顿珠顶足行祈祷！

如此，温萨巴罗桑顿珠成为一切佛在世间的福田，等如第二圣人能仁王。彼时，温萨巴向亲教师和阿阇梨，以及众僧伽贡献了丰厚的供品，使众人皆感圆满。在温萨巴的著作中，曾言：

---

① 据《班禅索南确朗简传》记载，二世班禅索南确朗在温萨山谷深处新建了曲阔卫顶寺，而目前该寺为尼姑寺。佚名著《班禅索南确朗简传》，收录于《一、二、三世班禅额尔德尼传》，拉萨：西藏藏文古籍出版社2014年版，第188页。

② 一般称其为拉孜巴扎巴顿珠，其中拉孜系地名，指日喀则市拉孜县，位于日喀则市西面雅鲁藏布江上游。而此处的拉孜应指罗桑顿珠的出生地。具体生平不详，但从该传记内容来看，扎巴顿珠是一位哲蚌寺的高僧，温萨巴曾在哲蚌寺依止扎巴顿珠学习佛法。

亥年[1]马月初十日，
授受别之解脱戒，
进入佛陀圣教殿，
身着袈裟法幢同。

对此，又曰：

雪域吉兆初始之日期，
化作圆满月轮之方便，
悲心之主智慧之幻化，
稀奇精粹装饰之寺庙，
盈满近处大河罗黑达，
笑如巴扎降落似日轮，
四方百种珍宝聚大地，
犹如纯净宝串般动人，
圣贤依次执持之族类，
圆满诸事如他行良缘，
将那智慧投入方便池，
强力精进乘风而前进，
善人轮回草乌之大海，
到达彼岸遍智一切洲，
千辛万苦只为众有情，
稀奇神变之舞显喜乐，
圣贤品行哎呀极稀奇，
年少循努卡其之花园，
飞聚其他莲花苑中般，

① 指1515年。

精通方便之众大圣贤，
思考往生五趣[①]之轮回，
此亦第二佛陀宗喀巴，
宗旨良缘人们之喜筵，
赐予修行殊胜无比法，
诸佛智悲之笔撰写之，
自性贪恋烦恼孩童心，
一同脱离不净之胎网，
生生世世完全熟识之，
解脱道和随顺功德聚，
天然生成稀奇持众物，
一出生就悲悯信仰者，
精美弦子天人等众生，
犹如充耳妙音般弹奏，
年少之时就在心境中，
天神上师一般显居中，
百种用于加持之神水，
心如意瓶宽阔且舍离，
年少青年似莲极细小，
勇气之蕊茂盛之乐园，
出离执着蜂蜜之香甜，
舍离心如蜜蜂般飞翔，
法衣褶皱随风轻飘扬，
身体犹如立于金色地，

① 指天、人、旁生、饿鬼和地狱。

望见既使居于善趣者，
感到稀奇千眼张望般。

四、在卫藏诸贤者座前学习甚深教法

夏季法会时,温萨巴前往格培寺,与阿阇梨崔仁巴①舍离次成岗寺(ཚུལ་ཁྲིམས་སྒང་།)法台之位前往哲蚌寺途中相遇,便做了堪布阿阇梨仁布切的随从,一同前往哲蚌寺。夏秋两季,温萨巴住在哲蚌寺,期间将法事次序记忆于心。在至尊拉日巴②座下学习了《菩提道次第论》和《喻法论·聚宝》等诸多教法,还得到了吉祥时轮和薄伽梵大威德金刚之四灌顶等全部之恩惠,在即将完成金刚乘入门至第一阶时,罗桑顿珠返回温萨。

又,在日吾格培寺法王洛珠坚赞③(བློ་གྲོས་རྒྱལ་མཚན།)座下,温萨巴系统地学习了密集不动如来四灌顶、根本咒教言、金刚不动佛加持和陀罗尼教言等,以及药师佛和纳唐百法的加持和教言等。

这年冬季,温萨巴前往扎什伦布寺,在文殊菩萨洛桑西尼④(བློ་བཟང་བཞེས་གཉེན།)座下学习了摄类、历算等论著和诸多法事的清净教言。此时,学法的第一天对加行等产生了无比自信,因而具有咒力。到后来,则感到如此学法就像世间八法之游戏,一心安驻如疯癫之禁行。有法友劝其继续行闻思加行,从而积增上缘。然温萨巴言:"只致力于文字上的加行,而不作一时片刻的修持,有何意

---

① 指前述之次成仁青。

② 指前述之拉日孜巴扎巴顿珠。

③ 按照传记所示,此人应为日吾格培寺的一位高僧,担任过该寺堪布。但在《格鲁派教法史·黄琉璃》之香朵日吾格培寺一节所罗列的历任堪布名录中,译者未能见到洛珠坚赞这一名字。

④ 系扎什伦布寺堆桑林札仓第三任堪布,在《格鲁派教法史·黄琉璃》中称为"文殊法王洛桑西尼"(འཇམ་དབྱངས་ཆོས་རྗེ་བློ་བཟང་བཞེས་གཉེན།)。目前存世的温萨巴著作有一部468叶的摄类、心类、因类方面的著作。详见洛桑西尼著《比丘洛桑西尼著作之摄类心类因类等》(དགེ་སློང་བློ་བཟང་བཞེས་གཉེན་གྱི་གསུང་ལས་བསྡུས་གྲྭ་བློ་རྟགས་བཅས་བཞུགས་སོ།),木刻本。第悉桑结嘉措著《格鲁派教法史·黄琉璃》,第242页。

义！接二连三的词句就像水泡般，无非是每天嘴里念诵的句子罢了。”如是发出禁戒之狮吼。其意指此圣人自己已在多世因精进于闻思修学，早已成为经论佛法的教主，今生无需再作闻思之研习。温萨巴将咬文嚼字视为要旨，无切身修持想法的推理者们感到沮丧，从而心生弘扬佛法之宏愿。

尔后，温萨巴重返格培寺。在至尊洛珠坚赞座前听受了遍智朵巴沃色①(ཀུན་མཁྱེན་སྟོབས་འབར་འོད་ཟེར།)所著《律藏教言》和《至尊宗喀巴传》等。另外，在该寺法主图登朗杰②(ཐུབ་བསྟན་རྣམ་རྒྱལ།)座前领受了十一面观音、四臂观音、红色双身赞巴拉、十三具誓怙主之随许灌顶等教言和要门；内外密阎罗王、威猛五鹏之教言和要门；启虚空门和长寿五姊妹之灌顶；文殊怙主断行法之注疏等许多断行方面的教法；至尊宗喀巴上师所传那若六法③之导引、密集五次第导引见道、班禅法王的和合往生法、手印命脉之秘诀小字、往生导引广疏、尼古六法④之导引、天女夏玛纳之修行法、狮面空行母、吉祥天母、宝帐怙主、四臂大黑天、多闻子和夜叉贝孜等的随许灌顶以及心咒和教言。

赞云：

---

① 又称为“次成朵巴沃色”(ཚུལ་ཁྲིམས་སྟོབས་འབར་འོད་ཟེར།)，在《教诫藏》(གདམས་ངག་མཛོད།)中记载，克珠杰、仲孜拉尊仁青嘉措洛珠、桑布扎西、益西孜穆、次成朵巴沃色、顿悦坚赞等为戒律教法之传承谱系。而在《格鲁派教法史·黄琉璃》中，是扎什伦布寺夏孜札仓的第二任堪布，但具体生平不详。详见第悉桑结嘉措著《格鲁派教法史·黄琉璃》，第241页；贡珠洛珠塔耶(ཀོང་སྤྲུལ་བློ་གྲོས་མཐའ་ཡས།)整理《教诫藏》，木刻本。

② 据《格鲁派教法史·黄琉璃》记载，此人系香朵日吾格培寺第八任堪布。第悉桑结嘉措著《格鲁派教法史·黄琉璃》，第232页。

③ 即古印度佛教大师那若巴所传六种修行法，分别是脐火瑜伽(གཏུམ་མོའི་རྣལ་འབྱོར།)、光明(འོད་གསལ།)、幻身(སྒྱུ་ལུས།)、中有(བར་དོ།)、往生(འཕོ་བ།)和夺舍(གྲོང་འཇུག)，也有将中有说成双运(ཟུང་འཇུག)的。主要由噶举派所传承，是其宗派最基本的教法之一。

④ 古印度佛教大师那若巴的明妃尼古玛所传六种修行法门，在西藏由香巴噶举派创始人琼布乃觉所传播，后成为香巴噶举派的重要法门，其教法内容也被觉囊派所吸收，是重要的佛教修行法门。尼古六法分别是脐火暖乐自燃(གཏུམ་མོ་བདེ་དྲོད་རང་འབར། 拙火定)、幻身贪愤自解(སྒྱུ་ལུས་ཆགས་སྡང་རང་གྲོལ། 幻身修法)、梦境迷乱自解(རྨི་ལམ་ཉིང་འཁྲུལ་རང་དག 梦幻修法)、光明愚钝自解(འོད་གསལ་གཏི་མུག་རང་སངས། 光明修法)、往生不修自觉(འཕོ་བ་མ་བསྒོམས་སངས་རྒྱས། 空行颇瓦法)、中有如来报身(བར་དོ་རྒྱལ་བ་ལོངས་སྐུ། 中有成佛法)。

一心专注修心之要义，
殊胜贤哲之中无人比，
饱尝教授甘露温萨巴，
罗桑顿珠顶足行祈祷！

复次，温萨巴在上师至尊迦确巴（རྗེ་བཙུན་སྐྱབས་མཆོག་པ།）座下领受了密集、胜乐、大威德三本尊的全部灌顶，怙主法王、十一面观世音、不空绢索观世音、威猛五鹏等随许灌顶和教言以及珠杰一系所传之长寿佛灌顶等显密一切教法。不仅如此，还现见上师和本尊无分别之智慧坛城，如此亲见众多稀有吉兆，如前所述。

赞云：

文殊上师灌顶加持时，
神变无量清净之明相，
上师视为本尊温萨巴，
罗桑顿珠顶足行祈祷！

因上述原因，此至尊已成为具有大恩德的上师。

五、与得道者确吉多吉[①]（ཆོས་ཀྱི་རྡོ་རྗེ།）相遇，从而跟随其学法

温萨巴 17 岁时，西藏各地流行天花，至尊亦染。某日，在门口有一位口诵《缘起赞》的陌生人，温萨巴本以为是一行乞者，望之，

① 温萨巴之上师，其历史在温萨巴的这篇传记中有记载，在此对其生平进行简单的叙述。据《菩提道师承传》记载，曲吉多吉于藏历第八饶迥火牛年即 1457 年出生在达纳多吉丹，其父贡嘎杰布，母亲白宗，系宗喀地方人。在甘丹寺帕索曲吉坚赞座下受戒出家，取法名曲吉多吉，并在温萨巴跟前学习佛法；之后，前往哲蚌寺，依止德列多丹巴（བདེ་ལེགས་སྟོབས་ལྡན་པ།）学习般若和中观；在至尊洛桑尼玛（བློ་བཟང་ཉིམ།）和法主德列多丹巴前受比丘戒；依止加央敏朗贝瓦（འཇམ་དབྱངས་སྨོན་ལམ་དཔལ་བ།）学习显密经典；之后，前往后藏，依止持戒者洛珠贝巴学习菩提道、大黑天等教法，如此依止了很多上师学习佛法，成为精通显密诸法的高僧；曲吉多吉依照帕索曲吉坚赞的指示，在多个寂静处闭关修行，特别是在白玛坚（པད་མ་ཅན།），获得了很多共通不共通的成就。其生平详见永增益喜坚赞著《菩提道师承传》（上册），第 731 – 743 页。

发现是一位胡须发白的老比丘，身着百衲衣，极具威仪，故请入屋内。老比丘得知缘分已至，故接受了温萨巴依据自己的顺缘而进行的供养。

赞云：

犹如殊胜鹅王游莲海，
证悟法主达玛巴杂处，
如愿来到清净汝身旁，
最初善缘和合温萨巴，
罗桑顿珠顶足行祈祷！

尔后，圣贤温萨巴心想，这一老比丘必定是一位获得殊胜的成就者。

对此，赞云：

善察此师行为和举止，
必为执持秘密法幢者，
殊胜心子善察温萨巴，
罗桑顿珠顶足行祈祷！

温萨巴得知老比丘乃教授宝藏之殊胜成就者，故请求摄益，老比丘应允。温萨巴如戴冠冕，得到了全部的特殊耳传教授，使圣贤的教证之身完全康复。

前述老比丘即为至尊曲吉多杰，其传记如下：

讲述至尊之殊胜。当释迦牟尼佛来到世间时，发菩提心。从此以后，贤者和证得成就者广行佛法和利他事，尤其是阿底峡的上师阿瓦都底巴（译者注：阿底峡上师，其生平在廓·循努白所著《青史》中记载：阿底峡幼时曾亲见过本生本尊薄伽梵圣度母，缘此神力而不贪恋王位，远走他方寻找上师。后来向黑山上的瑜珈师罗睺密金刚请求受“呼金刚坛城”之灌顶，聆听了密续口诀。熟练掌握二种次第后，便云游各地，后来他依止获得了殊胜成就的阿瓦度迪巴达 7 年之久，又修了明智禁戒行 3 年。在乌仗那地方和空行母们一起聚会时，聆听了许多金刚曲。据《青史》记载，阿瓦都底巴也是东印度孟加拉人，出身于刹帝利种姓，从大众部出家，是一位修《密集妙金刚》的瑜珈师。他由至尊比茹巴传授了《亥母六论》，而比茹巴是由乌仗那国王因陀罗菩提的王妃或译“王姐妹”吉祥天女传授的。乌仗那是当时的密教中心。《青史》说乌仗那地方是由许多空行母加持的密宗发源地。而根据《阿底峡尊者传》记载，曾依止阿瓦都底巴上师 7 年或 12 年，阿底峡的密乘之学大部分源自这位大师，但他所修持之显宗为唯识假相师。廓・循努白著《青史》，成都：四川民族出版社 1985 年版，第 297 – 298 页；白玛噶布著《至尊阿瓦都底具明妃者之传记》（རྗེ་བཙུན་ཨ་ཝ་དྷཱུ་ཏི་པ་བཙུན་མོ་ཅན་གྱི་རྣམ་པར་ཐར་པ་དད་པའི་ངང་པ་རྣམ་པར་རྩེ་བ།），木刻本。）（ཨ་ཝ་དྷཱུ་ཏི་པ།）和法王八思巴等圣贤，皆具不可思议之传记，如同至尊自在成就者授记般。

赞云：

佛陀座前即为喜佛子，
完成无量真言妙誓愿，
诸多圣人贤者敬仰您，
世间庄严向您行祈祷！

永断日轮智悲之光芒，
殊胜白色莲花王盛开，
甚深蜂蜜丰盛具良缘，
群蜂集聚向您行祈祷！

法王所传法系视殊胜，
印藏信徒皆引向圣地，
雪域所欲吉祥皆如愿，
成就之源殊胜行祈祷！

此生之功德：大悲观世音菩萨见调伏之时已近，如愿在东方宗喀附近一对名贡嘎杰布和白宗的遁世修行夫妇前往前藏①地方朝拜时化入母胎，牛年②来到达纳多吉丹寺③（ཏ་ནག་རྡོ་རྗེ་གདན།）时，诞下一子。

赞云：

见以大乐慈悲来调伏，
复入持明人主之母胎，
如金刚座修行之圣地，
如愿诞生向您行祈祷！

11 岁时，曲吉多吉前往甘丹寺。此时，班禅仁布切确吉坚赞得到智慧空行母的授记，父母获得依照世间习俗给予的无比奖赏后，大师出家为僧，取法名曲吉多吉。直到五岁被视为心传弟子，几乎获得了大部分的密集、胜乐、大威德和时轮等灌顶、传承、教导和要门，尤其是大法王宗喀巴的心要根本要门耳传亲训和经函。这些皆为空行母授记，只有少许具缘弟子能够获得。对此，就连谈及这类佛法的一般话语皆属极秘，要求弟子进行修持和利他，从而传授。

赞云：

复次智慧空性之授记，
自在圣人曲吉坚赞赐，
身着袈裟法名曲多杰，
完满成就向您行祈祷！

---

① 指西藏中部，一般包括拉萨、山南等地。

② 指藏历第八饶迥火牛年即 1457 年。

③ 达纳多吉丹寺，藏文据《格鲁派教法史 · 黄琉璃》记载，达纳多吉丹寺由香巴噶举高僧贡嘎桑布（ཀུན་དགའ་བཟང་པོ།）创建，后历经顿悦坚赞（དོན་ཡོད་རྒྱལ་མཚན།）、贡嘎坚赞（ཀུན་དགའ་རྒྱལ་མཚན།）、根敦嘉措（དགེ་འདུན་རྒྱ་མཚོ།），等等，僧人一般由扎什伦布寺吉康札仓指派。详见第悉桑结嘉措著《格鲁派教法史 · 黄琉璃》，第 255 页。

长久恭敬依止此怙主，
述说甚深要道甘露泉，
祈愿一切圆满怙主您，
成为心传弟子行祈祷！

尔后，在哲蚌寺曲吉多杰依止贤者德列多丹巴（བདེ་ལེགས་སྟོབས་ལྡན་པ།），圆满地学习了中观和般若。同时，由法主洛桑尼玛①担任亲教师，法主德列多丹巴为规范师，受近圆戒。曲吉多杰制戒极严，对微小的戒律也视如命根般守持，成为上座持戒者。另外，他还曾依止加央敏朗贝②（འཇམ་དབྱངས་སྨོན་ལམ་དཔལ།），广泛地学习了显密佛法。之后前往后藏，依止持戒者洛珠贝巴③，听闻了集经之讲授手印、零碎的小字注、菩提道次第、四面怙主、吉祥天母等的加持。如此依止诸多圣贤和成就师，广闻佛法已达深似海。大师有时会记起班禅确吉坚赞之恩德，曾唱道歌：

类属密乘大王金刚持，
至尊四身真性帕索瓦，
共许之名曲吉坚赞尊，

① 系第九任甘丹赤巴，哲蚌寺第四任堪布，1439年出生在宗喀，是宗喀巴大师的侄子；年少时前往西藏中部，依止慕色巴（མུས་སྨད་པ།）、达列强杰（སྟག་ལེབ་བྱང་རྒྱས།）、扎沃（གྲགས་འོད།）等上师学习佛法；曾先后在桑普、热堆等寺学法；还在扎什伦布寺依止根顿珠学习教法；后返回拉萨，出任哲蚌寺堪布；1481年担任桑普寺林麦（གླིང་སྨད）堪布；1490年出任甘丹赤巴3年；1492年圆寂。其生平详见第悉桑结嘉措著《格鲁派教法史·黄琉璃》，第79页；西藏自治区社会科学院宗教研究所哲蚌寺志编委会编《哲蚌寺志》，第10－11页；恰日巴洛桑朗杰著《历代甘丹赤巴略传》，拉萨：西藏人民出版社2008年版，第32页。

② 系第八任甘丹赤巴，哲蚌寺第七任堪布，于1414年出生；在扎什伦布寺依止根顿珠巴学习佛法，还曾依止协热森格学习续部教法；曾在桑普依止法主云丹嘉措、哲蚌寺加央曲吉扎西班丹学法；1480年出任甘丹赤巴10年；1481年担任哲蚌寺堪布；1491年在布达拉宫圆寂。其生平详见第悉桑结嘉措著《格鲁派教法史·黄琉璃》，第78－79页；西藏自治区社会科学院宗教研究所哲蚌寺志编委会编《哲蚌寺志》，第11页；恰日巴洛桑朗杰著《历代甘丹赤巴略传》，第30－32页。

③ 又称堆噶瓦洛珠贝巴（འདུས་དཀར་བ་བློ་གྲོས་སྦས་པ།），出生于1400年，圆寂于1475年，曾依止根顿珠巴和协热森格学习佛法，系扎什伦布寺吉康札仓高僧，其它生平不详。

一心念师向您行祈祷！

身处轮回之海极深远，
心处无明坚冰最深处，
至尊甚深智慧之光芒，
意处空乐了悟行祈祷！

时为浊世众生之怙主，
意乐之时至尊之化身，
吾等众生顶饰曲吉杰，
强烈之心向您行祈祷！

珍视自己似热浪，
烧毁慈悲之果实，
至尊菩提心大云，
降下利他之雨露。

复次，依照上师班禅的教诲前往雪山、山沟和树林等人烟稀少的幽静之地，尤其是白玛坚[①](པདྨ་ཅན།)等修行地，以“修行”为要旨，不仅亲见了大法王宗喀巴，还得到了共通和不共通耳传的所有教诫。

赞云：

无比至尊玛底巴扎[②]等，
亲见显现获得妙加持，

① 又称白玛沃吉协耶(པདྨ་འོད་ཀྱི་གཞལ་ཡས།)，温萨巴的上师曲吉多吉首次在这一地方修行，遂成为当时重要的修行地之一，而根据传记，温萨巴也曾在这里修行。在温萨巴的文集中有一专门记述如何前往白玛坚的修行法门的章节，详见温萨巴著《前往白玛坚之方法》(པདྨ་ཅན་གྱི་བགྲོད་ཚུལ།)，木刻本，收录于《温萨巴文集》，第388－396页。

② 指宗喀巴大师。

深广佛法吉祥获灌顶，
成为教诫宝藏行祈祷！

不久之后，因亲见至尊观世音菩萨，使十方广大无边一切佛法之本质显现在上师曲吉多杰的智慧之镜上。

赞云：

观音菩萨亲临并加持，
清晰望见一切佛法轮，
成就之海吉祥获灌顶，
二利任运成就行祈祷！

复次，又精进于甚深要道二次第瑜伽，获双运金刚持果位，并得寿元持明，能够永远行利生事。此话是吾从圣贤处得闻。

赞云：

复依诸多圣贤成就师，
安驻白玛坚等修行地，
一心修持诸法之根本，
获得殊胜成就行祈祷！

又云：

护持佛法已有百余年，
不死勇士空行安驻之，
永远引导有缘之众生，
一切事业妙善行祈祷！

如理上师成就者，对温萨巴授记："某时汝可前往扎西宗噶[1]

① 应位于温萨附近，具体不详。

（བཀྲ་ཤིས་རྫོང་དཀར།）山谷深处的噶尔穆曲宗①（མགར་མོ་ཆོས་རྫོང་།）。"后，温萨巴的天花病渐渐好转。当上师授记的日子临近时，温萨巴犹如海浪般，前往了幽静之地，用三欢喜让上师感到喜悦，之后温萨巴获灌顶，并得到了所有不共通的耳传教诫，使师徒相聚成为圣人智慧蜜蜂之喜筵。

赞云：

复次依止上师并祈请，
智者教诫要义皆传授，
耳传教诫宝藏温萨巴，
罗桑顿珠顶足行祈祷！

六、在幽静之地精进于本尊，对密续生起殊胜之修证

温萨巴强行舍弃世间八法等内外之兴趣，在幽静处专心修持甚深瑜伽要道，期间无片刻动摇和散漫，不间断专修而成惯习。跏趺立坐，将烧牛粪的灰土轻轻地撒在自己溃瘦的身体上，不做他事，精进修持本尊。不久，即获无需勤勉于念知便能昼夜连续安驻于等持三摩地之境。依靠此力，温萨巴不但能调伏贪婪烦恼现行，依次得以清净不善诸苦恼；对于诸善缘，不仅能够随心而住，且能遮蔽体内粗重所取之风因，使身心皆能随心而动，并在心中生起殊胜大乐。据说因此力使然，温萨巴还能清见须弥山的微尘数量，亦生起明性。

尔后，温萨巴暂住格培寺。某日黎明，至尊虽安驻屋内足不出户，却能穿梭在层层叠叠的房屋之间。但凡能够瞻仰温萨巴真容

① 位于温萨附近，是一修行地，扎什伦布寺密宗札仓第十八任堪布仲孜洛桑次成（འཛིང་རྗེ་བློ་བཟང་ཚུལ་ཁྲིམས། 1745－1800年）曾专门撰写《圣地噶尔穆曲宗赞》（གནས་མཆོག་མགར་མོ་ཆོས་རྫོང་གི་བསྟོད་པ།），收录于其文集第2卷中。

者，他皆显现各种稀奇之兆。

一日，在一处无人能够逾越的大山崖处，温萨巴运用神通飞跃而过，恰巧被房东顿扎①看见，问道："法主，您亦能展现如此神通！"随即双手合十而顶礼。

温萨巴问："你是何人？有何错觉？"

房东将先前所见一一道之。

温萨巴答道："我岂能飞跃山崖?！定是房东你看走了眼。"

温萨巴20多岁时，在宁玛派大贤哲杰瓦永②（རྒྱལ་བ་གཡུང་།）的修行地迦沃山崖金刚殿③（བྲག་རྒྱ་བོ་རྡོ་རྗེའི་ཕོ་བྲང་།）内，通过修持吉祥密集极细致的要门，获稀有殊胜之证悟。故而能够毫无障碍地背诵印、藏诸贤哲的论著和佛经。

赞云：

复次不久刹那时，
修行胜地金刚殿，
修证极盛温萨巴，
罗桑顿珠行祈祷！

又云：

复次了悟诸法词和义，
醉于大乐美酒勇士舞，

---

① 顿扎，人名，藏文"དོན་བཀྲ"，房东名。

② 即永敦多吉贝瓦（གཡུང་སྟོན་རྡོ་རྗེ་དཔལ་བ།），宁玛派高僧，1284年出生；曾依止嘎玛囊琼多吉（ཀརྨ་རང་བྱུང་རྡོ་རྗེ།）、苏尔强巴森格（ཟུར་བྱམས་པ་སེང་གེ།）和布顿仁青珠（བུ་སྟོན་རིན་ཆེན་གྲུབ།）等学习佛法；1365年圆寂。其生平详见永敦多吉贝瓦著《永敦多杰贝瓦自传》，手抄本，共32叶。

③ 是永敦多杰贝瓦的一处修行地，后来温萨巴也在此处修行，成为当时重要的修行胜地。六世班禅班丹益西（དཔལ་ལྡན་ཡེ་ཤེས། 1738－1780年）曾著有《胜地迦沃山崖金刚殿赞及护法神之供食子颂》（གནས་མཆོག་བྲག་རྒྱ་བོ་རྡོ་རྗེའི་ཕོ་བྲང་གི་གནས་བསྟོད་གཞི་བདག་གི་གཏོར་འབུལ་དང་བཅས་པ།）。详见六世班禅班丹益西著《胜地迦沃山崖金刚殿赞及护法神之供食子颂》，扎什伦布寺木刻本，收录于《六世班禅班丹益西文集》（第7卷），第685－686页。

独自修行证悟温萨巴，

罗桑顿珠顶足行祈祷！

另外，温萨巴还无碍通晓印度的白话①和梵语等多种不同的语言。某日，在前往香②地途中，遇到被驱逐的“曲踏③（ཆུ་འཐག）王”与部分佐给④人相伴同行，温萨巴用阿杂热⑤（ཨ་ཙ་ར།）的白话与其进行交流，很多商人见状，都感稀奇。

又有一日，在前往荣⑥（རོང།）地方时，萨迦法主多吉林巴⑦（རྡོ་རྗེ་གླིང་པ།）、强钦寺⑧诸阿阇梨、吉擦瓦（སྐྱིད་ཚལ་བ།）的一些善知识以及达纳巴大译师聚集在喀茹顶⑨，就声明作辩论。期间，有人谈起格鲁派诸师不善声明等诸多话语，至尊上师上前用梵语念诵《般若八千颂》，并逐作解释。其他大师们皆无法用声明、经教和道理与其对答。然看见温萨巴头戴黄帽，身着三法衣和禅裙等，猜测其为印度外道师，从而恼羞成怒，以恶语之毒箭相待，如雨水般不停进行中伤。然，圣贤温萨巴身披忍辱之铠甲，从容不迫，不动声色。在这群人中间，有一罗布林巴寺的阿阇梨，其言：“不要这样说，此乃一稀奇之人！”话毕，洗净他自己的茶碗，斟茶供之。虽然温萨巴上师本可以示现证得成就的各种征兆，但心想即使吾能显现神通，亦如

---

① 在古印度。

② 西藏日喀则市南木林县所在地方的古称。

③ 原指水磨，在这里指一人名。

④ 古印度一教派名。

⑤ 一般是对印度瑜伽师的称呼。

⑥ 位于今西藏日喀则市仁蚌县。

⑦ 系萨迦派一高僧。

⑧ 据《格鲁派教法史 · 黄琉璃》记载，强钦寺起初由循努杰确（གཞོན་ནུ་རྒྱལ་མཆོག）创建，之后该寺分化为萨迦、格鲁、博东三派，后来格鲁派的僧人都前往扎什伦布寺等，使该寺成为萨迦、博东二派的寺院。寺院历史详见第悉桑结嘉措著《格鲁派教法史 · 黄琉璃》，第401页。

⑨ 珠巴白玛噶布（འབྲུག་པ་པད་མ་དཀར་པོ། 1527－1592年）所著《吉祥上师阿旺曲吉杰布传 · 稀奇百光》（དཔལ་ལྡན་བླ་མ་དམ་པ་ངག་དབང་ཆོས་ཀྱི་རྒྱལ་པོའི་རྣམ་ཐར་ངོ་མཚར་འོད་བརྒྱ་པ།）中提到一处名为谿卡多宝集聚花园喀茹顶（གཞིས་ཀ་རིན་ཆེན་སྤུངས་པའི་སྐྱེད་ཚལ་ཁ་རུ་སྟེང་།）的地方，具体代考。

面对厉鬼缠身的病人，任何药物都不能将其救治般，对这些无缘的有情众生，不但事与愿违，更会助长其邪见。再三斟酌后，上师便离开，前往后藏。

对此，有言：

诸多贤哲装饰之虚空，
夏季所生智悲琉璃串，
心念累累怙主亲见之，
六十妙音追随圆善说，
百音缓慢发出弦子声，
神力加持甘露之雨点，
自在圣人顶饰智慧身，
极具希奇之舞以装饰，
善说千万河流交汇处，
心想如意填满诸大海，
如同雨水频繁之季节，
百条河流汇入大海盈，
多世所积诸凡之智慧，
锋利铁钩无边之教法，
诸法一同记忆仍不满，
皆具诸位圣人之禀性，
得到教证法天之宝库，
如同水树词语之宝串，
虽未显现却展不纯物，
如何相同发出狮语声，
原先所具善业之光芒，
文殊上师足下莲花池，

具有放逸之心顶装饰，
神和上师智慧妙幻术，
任运芳香圆满享喜筵，
十二功德装饰比丘身，
合意白色檀香之宝箧，
各种续部确切究竟之，
双运善现灌顶之法王，
堪称遍智一切青莲花，
诸方稀奇如同舞蹈画，
诸凡事业圣人佛法主，
心中希望获得金刚身，
犹如月镜睡莲般难得，
原有之愿皆已获圆满，
上弦新月虽然极细微，
智慧光芒坛城亦圆满，
自在圣人持金刚自性，
如同望见殊胜之恩德，
何时在曲宗之山崖上，
犹如密乘续部难揣度，
射箭金刚道歌般广深，
打开妙道耳传教诫库，
悦耳之音如愿即分享，
复次吉祥法轮之美饰，
足生庄严花纹在前方，
信仰之心产生的大海，
飘散无数具美之花朵，

向那自在圣人献供养，
洛桑第二佛陀亲驾临，
传授耳传教诫之钥匙，
授予圆满教诫之恩德，
复次无数殊胜修行地，
甚深义之精粹饰心间，
无惑持定大乐甘露水，
化作迷醉勇士之歌舞，
无二所授佛经和论典，
美人原形心之明镜上，
显明不共圆满而明示，
望见各个释名清净义，
化作所欲犹如梵语等，
无需勤勉既记于心中，
智慧戏法幻术之百种，
修行稀有图案之有形，
佛等良缘一切皆显现。

此后，温萨巴再次与恰哲遍智一切①师徒结伴前往卫藏各地，而当时有许多具缘所化愿意跟随大师，为了短暂和究竟之利乐，通过耳闻目睹而续殊胜之缘起，前往雪域各地和具吉祥征兆的诸多地域，最后来到修行胜地白玛坚，在此长久修持禅定轮。此时，恰哲遍智一切身边有10余位证得成就的弟子，其中至尊温萨巴被视为其心传弟子，故将《耳传手册》及《幻化宝箧》悉数传授其手中，于本尊和诸上师一同向法主赐予灌顶。

① 即恰哲达玛巴杂(ཕྱག་རྡོར་དྷརྨ་བཛྲ)，也就是前述的曲吉多吉大师。

赞云：

成就自在于彼徒众中，
无障智慧双眼明察时，
见到您是最胜温萨巴，
罗桑顿珠顶足行祈祷！

又云：

复次上师授予法太子，
灌顶幻化宝箧赠于手，
佛法事业皆授温萨巴，
罗桑顿珠顶足行祈祷！

尔时上师本尊护法众，
一致应许传授灌顶位，
成为三界法王温萨巴，
罗桑顿珠顶足行祈祷！

在此地，温萨巴对清净众弟子初转法轮。另外，在许多修行地，温萨巴还秘密地向众人传授了诸多教法。据至尊温萨巴自己所说的那样，获得修行成就之人遍布雪域诸方寂静处。

赞云：

白玛坚和其它修行地，
为众普降深广之法雨，
遍地皆为修士温萨巴，
罗桑顿珠顶足行祈祷。

七、降伏邪恶鬼神

无论何时，凡是温萨巴踏足之地及寂静处，当地凶恶的地祇悉数都被降伏，纳其命根，令其不得阻扰善业。

某日，温萨巴在前往白玛坚途中，遇见一只绵羊大小的蝎子，向他作狰狞怖畏状，无所畏惧，安驻三摩地手印将其束缚后，继续前行，神变自行消失。后来，该地祇依理行佛法事业，并向至尊奉献供品。当上师前往别处时，地祇常常会在禅房附近放置山羊角等生活用具。温萨巴见状，想到在此地待太久，虽然有所增益，但对生灵造成无畏的伤害，故而离开。后，温萨巴安驻温萨期间，据说觉莫地祇化成雪豹的样子，在众目睽睽之下前来拜见温萨巴。这般稀奇之事甚多，因担心文字杂乱，故此收笔。

赞云：

身语意化不同之形象，
守卫一方地祇立誓约，
广行利生事业温萨巴，
罗桑顿珠顶足行祈祷！

复次，温萨巴住锡于格培寺期间，心识禁戒而安驻，大部分无慧眼者皆称他为“温萨疯子”。温萨巴言：

一心祈白上师和本尊，
心中所想立刻付实践，
示现犹如疯子之所行，
速成佛果此乃吾教法。

一心祈祷上师和本尊，
各种缘起悉修之善行，

是故结伴犹如疯子般，
独居静处此乃吾作法。

温萨巴可随任何逆顺而断除诸恶。他曾云："或降伏世间八法，或利用世间八法转为修行之道。然需一具足善知识作正确的引导。"尔时，温萨巴自己显然是以显密教义为心要，一切以简明的修行道之根本进行修持。其在著作中曾云：

文殊上师足下敬顶礼！如此，在共通道中修持，使续变得合宜，令上师欢喜，取得能够完成清净灌顶和甚深要道所依之神识，持誓言和戒律。尔后，以珍视此时与他处所受三戒律，并依理守护为基础，此为修习四座瑜伽次第之第一步，生起成熟的生圆次第殊胜通达之善根。之后，渐次生起圆满次第殊胜证悟而获成就双运身。对于一切经藏和续部之根本，找到一补特伽罗成佛之因，从此能够执持一切佛法而传授给他人。

达玛巴杂口述，洛桑记录成文。

又云：

比佛稀有殊胜之教诫，
难以寻觅金刚乘妙道，
擦净此道仍为难获得，
应该舍弃此生之妙欲，
佛陀所赞山间荒野中，
如同犀角一般独自居，
并非仅此一次常修持！
如此修持已获善智汝，
修持宝幢请应常举起！
尤其父续密集之教法，

瑜伽母续法轮和律仪，
不分离请融入汝之身！

八、忆起圣贤上师达玛巴扎，并宣说道歌

某一年秋天，温萨巴在此处修持上师怙主，为舒缓身体，遂上屋顶。见秋色美景，果实成熟，四面八方远离污尘，染有芳香清风吹起，使人感到一丝凉爽。大地几乎被金汁所浸染，射出绿玉般的光芒；天轮被几朵白云华盖所装饰，犹如蓝琉璃般纯洁，尤其是白朗觉莫拉日山[①](ཇོ་མོ་ལྷ་རི།)上空云雾缭绕，蒸腾似水银。温萨巴瞭望山顶片刻后，心想现今恰哲遍智一切达玛巴杂，身成就光明金刚身，并住在觉莫拉日山；意成就享深广乐空之游戏；语成就宣说甚深二次第之法音，总而言之，温萨巴是为雪域众生福德而安驻世间，尤其是对圣者第二佛陀宗喀巴所传甚深教法，能够随意修习，意向佛法而对修持之要门有所了悟。此乃至尊圣贤达玛巴杂之恩德，因而生起无比信仰。特作道歌：

南无古茹嘛哈嘎拉呀！
至尊头顶狮子宝座上，
安坐日月莲花垫中央，
心中生起悲悯而垂怜，
祈赐殊胜共通之成就！
谷物草牙丰饶之深秋，
天空恰如蓝琉璃明澈，
蒸气薄雾显现银白色，
见此景象思念吾上师。

---

① 位于今西藏日喀则市白朗县。

身上万千汗毛皆颤抖，
念起恩德眼中泪盈满，
大声呼唤以此作祈祷，
请您加持吾之身语意！
念闻师名消除讳之缘，
吉祥殊胜怙主无分别，
时至当今具相之上师，
住于觉莫拉日殊胜地，
修成虹身手持金刚状，
显现二次甚深法喜筵，
意住深广大乐之境界，
皆为雪域众生呈吉祥，
尤其乞士洛桑之吾等，
显密甚深诸法之义理，
随吾所喜修习而圆满，
悉由至尊汝大恩所赐，
吾之三具上师无人比，
心中想起恩德行祈祷，
此生愿以二次之瑜伽，
加持相续成就获解脱！

九、与遍智列巴顿珠相见

复日，依照智慧空行母的授记，温萨巴在扎什伦布寺与遍智列巴顿珠会面。因双方皆具殊胜教证之功德，故他们一见如故，两心相契。温萨巴依遍智大师所请，撰写了密集、大威德的导引。此为大事业，因此署名皆为遍智列巴顿珠所著。虽然这些论著皆传为遍智列巴顿珠，但实则都是至尊温萨巴的著作。

温萨巴在森康色布[①]（གཟིམ་ཁང་སེར་པོ།）佛殿中层作道歌云：

最初清净法界虚空中，
升起各种缘起之云朵，
清净正理之风去伺察，
仍旧日轮融入汝之身。

总之，遍智列巴顿珠和温萨巴二人彼此可谓同心同德。

有赞云：

已获授记贤者最善巧，
方便智慧结合之缘起，
佛法心要显现温萨巴，
罗桑顿珠顶足行祈祷！

十、受比丘戒

温萨巴年届33岁时，藏历十月初八在具德哲蚌大寺，由仲敦遍智一切根敦嘉措担任亲教师，持戒阿阇梨拉旺仁青巴[②]（ལྷ་དབང་རིན་ཆེན་པ།）为规范师，哲蚌强哲庆布[③]（བྱང་འདྲེན་ཆེན་པོ།）为屏教师，在如数具信僧伽前受比丘戒，遵循别解脱之增上戒学，以神水盈满心瓶。从此，温萨巴不仅从未沾染自性之罪过，就连那细微的支分罪过，也如同爱惜生命般进行守持。

---

① 具体不详，译者猜测应该是温萨寺的一座佛殿，待考。

② 据《格鲁派教法史 · 黄琉璃》记载，上密院（རྒྱུད་སྟོད་གྲྭ་ཚང་།）由至尊协热森格的弟子贡嘎顿珠（ཀུན་དགའ་དོན་གྲུབ།）所创建，后为了躲避吉曲河水的威胁，而搬迁与小昭寺合并。拉旺仁青巴在贡嘎顿珠之后，担任上密院堪布。在《教法史》中，拉旺仁青的名字前冠以“甲玛瓦”（རྒྱ་མ་བ།），似乎表明大师的出生地为今西藏拉萨市墨竹工卡县甲玛乡。第悉桑结嘉措著《格鲁派教法史 · 黄琉璃》，第101页。

③ 这一称谓更像是一种尊称，待考。

身处雪域的大部分获得成就者皆跟随温萨巴,持出家相和三衣等僧人之资具,禁酒且过午不食,敬献水、净水和授受等佛所行皆如理修持。但是,有部分人见状,如绵羊般愚痴,在大众面前如耳聋般草率地宣称:“此乃小乘根器所持之戒!”另一群人则因吃了瞋食,使怒火烧心,将僧伽分门别派,常常闲聊不净之语。虽然明明意识到如来所说佛法律仪之品行,却刻意冒犯,还认为仅仅触及无上大乘最高妙道即可。大多数人都附和此等言行。自在圣人温萨巴虽已证得妙高果位,但心想,佛陀曾在多部显密经续中对佛法之根本别解脱戒大加赞许,而那些合格的贤哲们也不约而同地如此盛赞,因此,在自己有生之年亦严守此戒,绝不冒犯。

尔后,温萨巴前往拉萨,在二尊觉卧佛像①前,为弘扬佛法和利益众生而行清净之祈愿。据说,温萨巴差点从名为“星罗坚”②(ཤིང་ལོ་ཅན།)的柱下取出《柱间史》③(བཀའ་ཆེམས་ཀ་ཁོལ་མ།)阅览,因觉得并无必要而未取出。

---

① 指大昭寺内所供奉的释迦牟尼十二岁等身像和小昭寺内所供奉的释迦牟尼八岁等身像。

② 意为具枝叶,是大昭寺内一柱子的名称。温萨巴传记中的这一内容与阿底峡从大昭寺一柱子下发掘伏藏文献《柱间史》的历史相似。据《柱间史》记载,阿底峡住在聂唐时,见玛布日(དམར་པོ་རི།)山和觉布日(ལྕགས་པོ་རི།)山的对面云蒸霞蔚,流光溢彩,询问后方知那是法王松赞干布之神殿。第二日,阿底峡便前往大昭寺朝觐,当温萨巴感叹神殿之神奇之时,希望能了解神殿的历史,就在此时,由空行母化身的一位老妪出现在温萨巴面前,并指点迷津。按照老妪所说,阿底峡在次日从神殿宝瓶柱下取出三帙书卷,分别是大臣们所写的《如意明月》(ཟླ་བའི་འདོད་འཇོ།)、后妃们写的《圣洁素绢》(དར་དཀར་གསལ་བ།)、赞普们所写的《遗训》(བཀའ་ཆེམས་ཀྱི་ཡི་གེ།)。阿底峡将“伏藏文献”传给了庞敦(བང་སྟོན།),以此类推,最后传给了“我”,而这位“我”应是目前所见较为完整的《柱间史》编纂者,当然,具体人物还需进一步考证。但这一内容证明阿底峡所掘之伏藏文献已经不在大昭寺,但这篇《温萨巴传》的作者却在传记中加入“掘藏”色彩的内容,也许是为了表现出温萨巴的殊胜。关于阿底峡掘藏《柱间史》的内容,详见阿底峡发掘《柱间史》,兰州:甘肃民族出版社 1989 年版,第 2 – 4 页。

③ 藏文历史文献,据传,它最初由古印度佛教大师阿底峡从大昭寺柱下发掘,有 3 个内容书卷,分别是大臣们所写的《如意明月》(ཟླ་བའི་འདོད་འཇོ།)、后妃们写的《圣洁素绢》(དར་དཀར་གསལ་བ།)、赞普们写的《遗训》(བཀའ་ཆེམས་ཀྱི་ཡི་གེ།)。而目前我们所能看到的较为完整版的《柱间史》则是后来西藏史家通过增补而成,但其增补者还无法考证。《柱间史》共计 16 章,其中主要是对松赞干布的历史,特别是赞普弘扬佛教方面的历史进行了详细地叙述,虽然神话色彩浓厚,但因其参考了前述之吐蕃时期遗留下来的文献,所以具有重要的价值,是我们研究西藏历史,特别是佛教在西藏的传播史具有重要意义。关于《柱间史》的史学价值,可参阅群培、亚东达瓦次仁著《藏族史学名著〈柱间史〉的初次发现与抄本传承考证》,载《西藏大学学报》社会科学版 2009 年第 4 期,第 60 – 65 页。

复次某一夜晚，梦见一位自称为持戒师释迦西尼[①]（ཤཱཀྱ་བཤེས་གཉེན།）的瑜伽士，身披紫色熊皮裙，以三朵妙音花相赠，言："汝在拉萨之事业已圆满，应前往后藏。"话毕，便消失了。次日清晨，当启程前往甘丹和热振寺[②]（རྭ་སྒྲེང་།）等朝拜时，途中温萨巴突然身染恶疾。他心想，此与昨夜梦中所示一致，看来此次之行还需打道回府。返回之时，身体自愈。对此，有云：

圣贤新生脚指泛凉光，
圣人在东山腰上休憩，
佛教四洲冒起白色衣，
如曼达罗水泡层叠般，
三千无边智者之乐园，
吉祥岗巴热哈之事业，
显现百种喜庆之娇媚，
值得兴修舞者皆稀有，
虚空日轮双净在流动，
愉时光芒遍照般显现，
圣人犹如地上之日月，
为了消除心暗行各地，
然而持水之云具善胎，
去污流出甘露之源泉，

① 唐东杰布著有一篇名为《贤哲释迦西尼传》（མཁས་གྲུབ་ཤཱཀྱ་བཤེས་གཉེན་གྱི་རྣམ་ཐར།）的作品，虽然名为"传记"，但内容是以诗歌的形式对其进行赞颂，是一篇偈颂文，所记历史内容极少，无法了解人物生平。唐东杰布著《贤哲释迦西尼传》，木刻本，收录于《唐东杰布文集》（第1卷），第31－35叶。

② 噶当派祖寺，位于今西藏拉萨市林周（ལྷུན་གྲུབ།）县境内，由仲敦巴于1057年修建，至1738年七世达赖喇嘛格桑嘉措（རྒྱལ་དབང་བསྐལ་བཟང་རྒྱ་མཚོ། 1708－1757年）时将寺院赠给了自己的上师第五十四任甘丹赤巴（དགའ་ལྡན་ཁྲི་པ།）阿旺确旦（ངག་དབང་མཆོག་ལྡན། 1677－1751年），从此，阿旺确旦和其之后的历代转世皆称之为热振活佛。其历史详见伦珠曲培著《热振寺志》，成都：四川民族出版社1994年版。

犹如石板上的种子般，
无缘犹如牲畜其心思，
住于雪域几乎对众生，
享用乞来之食其结果，
希望之猴凶恶未驯化，
心系诸事无需再怀疑，
幻化罗刹极忿怒，
发声阿阇梨显现，
诸法能见其分际，
食用真实之所欲，
眼阅珍宝之饰品，
孔雀羽毛之翎眼，
佛子名曰白莲花，
大圣春光无限美，
复次乌仗那光辉，
神住白玛[①]无量宫，
智慧身现智慧中，
黄金闪烁万千光，
清净随从聚莲池，
新生幼苗极渺小，
智慧花蕊盛开汝，
心想缘蜂遭伤害，
诸凡明镜现身影，
然而彩虹有情榻，

① 即白玛坚。

智者足趾显光芒，
即为珍宝之影子。
锤炼黄金积如山，
犹如持有群星般，
遍主一系之冠冕，
犹如佛髻般高耸，
三世显明之智慧，
耳传珍宝之明镜，
显现貌美及身细，
大圣主手互相连，
悲悯相续极依托，
智慧手指弓相合，
善说之箭射万丈，
降伏烦恼之敌部，
诸凡内心如奶海，
善说雁群齐飞翔，
具缘心中之莲苑，
珠宝溶液汇聚般，
未增然因其恩德，
一束花朵玛拉雅，
顶饰青莲之舞蹈，
四方希奇如图画。
复次戒除咋扎观世音，
信仰众中白四之羯磨①，

① 《毗奈耶经》中所说，愿求同处同心之事。传授比丘尼戒等事，先一表白，后举一羯磨，合而为二，谓之白二羯磨。

依托受戒比丘之百图，
诸凡舍离烦心注珍宝，
再次吉相足生千辐轮，
有如福泽在西方撰写，
如此光芒清净作庄严，
智慧空性六具之妙音，
祈请即时一来之菩萨①，
依托佛子所穿之袈裟，
相互清净游戏使意足，
白日莲花盛开般结合。

尔后，温萨巴前往色拉大乘洲，在遍智一切根敦嘉措座前听闻了珠嘉大师一系所传长寿法引导、长寿佛灌顶、别解脱戒经、曲扎大师所求佛经，以及遍智一切根敦嘉措文集中部分零散的内容和教言。

后，又启程返回后藏。从格培寺堪布列巴洛珠座下听闻了守饥行法及教言、本尊集咒及随许灌顶、上师怙主无分别之随许灌顶，以及药师佛之教言等各种教法。此外，温萨巴于某日前往色拉曲顶，依止班钦强曲洛珠，圆满听受了《吉祥密集之本续明灯》及其观世音教法分支汇编等。当时，在乃宁名为约②(ཡོལ།)的地方，依止阿里大译师朗杰③(མངའ་རིས་ལོ་ཆེན་རྣམ་རྒྱལ།)，听受了四蔓教授、胜乐四座等依托母续甚深无边之教法。此译师曾在卡其赤丹④(ཁ་ཆེ་ཁྲི་

① 指只隔一生即便成佛的证声闻乘阿罗汉及十地菩萨者。
② 系乃宁一地名。
③ 系温萨巴之上师，具体生平不详。
④ 古印度一地名，从西藏布让可卡其赤丹前往印度其它地方。

གདན།)地方遇见获得殊胜成就阿阇梨多吉赤布巴[①](རྡོ་རྗེ་དྲིལ་བུ་པ།)之亲传弟子,并跟随其学习佛法,尤其是还亲见过法王宗喀巴,是一位获得无比教诫的大自在瑜伽士。另外,温萨巴因考虑到具有殊胜之需求,故勤勉依止诸多圣贤和获得成就的上师,得到各种深邃广博的教法,遂成为一切佛法的教主。如温萨巴在自己的论著中曾云:

> 文殊心传弟子属殊胜,
> 名为洛桑扎巴之上师,
> 教法心髓耳传之授受,
> 而今只剩吾等所持有。

总之,温萨巴从17岁至42岁之间,在扎迦金刚殿[②]、雅玛达斯[③](གཡའ་མ་སྟག་གཟིག)、朗庆[④](སྣང་ཆེན།)、郭扎[⑤](ཀོ་བྲག),尤其在白朗觉莫拉日等山间专心修行。如同他写给法主阿旺扎巴的信函中所说:

若吾一两月内不死,必将企划来生之事;若吾一两年内不死,则必当梳理恒久解脱之事。我自17岁开始,至今未曾舍离殊胜密乘且持戒,将所有印、藏大部分贤哲的佛语要义,以此教诫而修持。长期如此努力修持,所获之果位是何种?

温萨巴曾自述,云:

> 雪域之中有缘者,
> 罗桑顿珠此人也,

① 古印度一瑜伽师,藏传佛教噶举、萨迦等宗派的时轮、胜乐等教法都与其有关。

② 指前述永敦多杰贝瓦的修行地迦沃山崖金刚殿(བྲག་རྒྱ་བོ་རྡོ་རྗེའི་ཕོ་བྲང།)。

③ 是温萨巴一修行地。

④ 与上同,也是温萨巴的一修行地。

⑤ 温萨巴的修行地,位于年堆即年楚河上游地区,也就是今天的日喀则江孜县境内。

修行此种殊胜道，
即生证得佛果位。

此乃不可思议之传记！

复次，温萨巴心想，吾应终生住在鲜为人知或闻所未闻的寂静处，或者更加偏僻之处。某日清晨，温萨巴在寂静处持定于本尊，身后所挂怙主画像发出威猛巨大之声响，言：

二十四处空性主，
大勇士安驻于此，
犹如苑中白莲花，
隐秘精修获加持。

如此具有加持力的怙主画像，至今仍供奉在温萨寺的护法神殿中。

十一、在卫日山顶修建温寺

温萨巴依托本尊神和上师的授记，在卫日山顶修建温寺。后，他向来自多康、阿里和卫藏各地的具缘所化徒众广转甚深之法轮。此时，所化徒众因信仰而敬献供品和财物，虽路途遥远，供养之物却都堆积在圣贤身旁。据说，温萨巴对这些供物视而不见，分文未取。对此，温萨巴曾云：

昔日的米拉日巴①，
如今的洛桑扎巴，

① 西藏佛教历史上重要人物之一，1040年出生在后藏贡塘，少年时学习咒术，并杀害了用咒霸占其家产的伯父一家；1077年，米拉日巴拜玛尔巴为师，学习以修身为主的很多密法；45岁离开上师，独自修行；84岁，即1123年圆寂。米拉日巴主要有两位弟子，分别是热琼瓦（རས་ཆུང་བ། 1083－1161年）和达布拉杰（དྭགས་པོ་ལྷ་རྗེ། 1079－1153年），而达布拉杰一系后来发展成为藏传佛教噶举派。米拉日巴的生平，详见茹巴坚赞著《米拉日巴传》，拉萨：西藏人民出版社1979年版。

除了暂时的衣食，

财物对吾皆无用。

一世如能证佛果，

如此禁行而善住，

舍离贪嗔寂静处，

愿此暇满有意义！

十二、培养弟子

如理圣贤所具功德之莲苑中，聚集了轮回中的三藏法师，他们如蜜蜂般遍布西藏各地，谁都无法将其逐一全部道出。在此，简略记录如下：向遍智列巴顿珠传授了全部无上瑜伽导引法轨等不共之教授，另外还有强敦自在语王桑丹沃色（བསམ་གཏན་འོད་ཟེར།）、遍智夏贝瓦寺法台经教师至尊洛珠朗杰（བློ་གྲོས་རྣམ་རྒྱལ།）、法王格列朗杰（དགེ་ལེགས་རྣམ་རྒྱལ།）、协阿奈桑结坚赞（ཞལ་སྔ་ནས་སངས་རྒྱས་རྒྱལ་མཚན།）、法王阿旺扎巴兄弟（ངག་དབང་གྲགས་པ་སྐུ་མཆེད།）、贡敦法王降央杰布（འཇམ་དབྱངས་རྒྱལ་པོ།）、吞巴协阿奈扎西坚赞（ཐོན་པ་ཞལ་སྔ་ནས་བཀྲ་ཤིས་རྒྱལ་མཚན།）、法王洛巴洛珠朗杰（ལྷོ་པ་བློ་གྲོས་རྣམ་རྒྱལ།）、大持定者杰温列措伦珠（ལེགས་ཚོགས་ལྷུན་གྲུབ།）、堪钦诺桑嘉措（ནོར་བཟང་རྒྱ་མཚོ།）、持续部协阿奈朗杰白桑（ཞལ་སྔ་ནས་རྣམ་རྒྱལ་དཔལ་བཟང་།）、班钦桑珠白桑、圣教法主班钦旦确雅培、贤哲圣人桑结益西（སངས་རྒྱས་ཡེ་ཤེས།）、至尊罗桑嘉措（བློ་བཟང་རྒྱ་མཚོ།）、阿里阿阇梨根敦坚赞（མངའ་རིས་སློབ་དཔོན་དགེ་འདུན་རྒྱལ་མཚན།）、闻思洲仁布切班觉嘉措（དཔལ་འབྱོར་རྒྱ་མཚོ།）、岗坚堪布班钦日巴森格（གངས་ཅན་མཁན་པོ་པཎ་ཆེན་རིགས་པ་སེང་གེ།）等。总之，对于卫藏的三藏法师、不分宗派的无数僧俗大众，皆从温萨巴处获得深广教法之恩泽。

十三、圆寂

如此,温萨巴圆满此生所化之事业,如勇士从战场上获胜而归,又似船长寻获财宝般圆满。后,温萨巴因被刺伤,而身患微疾,因此,将法台之位传给了至尊上师圣贤桑结益西。藏历火虎年(1566年)神变月二十三日,温萨巴将凡俗色身融入法界。此时,昼夜未尽前,诸天神普降花雨,虹光漫天,如无边的宝伞覆盖一切方宇,使众人觉察意乐。

关于温萨巴不共通的传记,由几位病护比丘向上师献上曼札后请求,上师言:

只要忆起汝名讳,
顿时恩赐外妙汇,
其为上师能仁王,
常常吾以心顶礼。
吾等踏上解脱道,
持有大乘之声闻,
善变世尊之声闻,
吾等以为化正觉。
从此至今菩提行,
获得暇满善所依,
舍离三种恶趣苦,
为能获得见行身。
吾之身语意皆为,
一切佛法汇聚身,
善见能仁金刚持,
信仰之力竖汗毛,

不分昼夜以祈祷，
信仰之力七加行，
祈祷永远勤菩提。
以此善业对众生，
色究竟天和空性，
极乐世界兜率天，
妙喜世界诸净土，
祈祷能够速转生。
对吾信仰之众生，
此生终将能得见，
无量光佛及随从，
善子往生极乐界，
祈祷获得语明相。
诸佛所示殊胜乘，
吉祥胜乐本尊神，
二种次第其支分，
此生既能获现证，
祈祷众生皆如愿，
往生极乐之世界。
能仁王和金刚持，
宗喀巴等诸上师，
随愿皆能获成就，
护法六臂大黑天，
等众守护佛法神，
顿时恩赐外妙汇，
祈祷吉祥得善果！

赞云：

佛陀日轮照耀此净土，
证悟之主绛白之扎巴，
佛之殊胜弟子温萨巴，
罗桑顿珠顶足行祈祷。

又云：

第二佛陀龙树之学说，
消除一切邪说和谬论，
显现正确要义温萨巴，
罗桑顿珠顶足行祈祷。

修行胜地经历百种苦，
普贤真谛秘密之法道，
在那雪域弘传温萨巴，
罗桑顿珠顶足行祈祷。

燃灯佛使制度兴盛时，
具善智慧变成上师源，
噶当[①]佛法支柱温萨巴，
罗桑顿珠顶足行祈祷。

追随文殊菩萨获加持，
清除内外执有邪见者，
紧随无误正法温萨巴，

① 这里指格鲁派，因宗喀巴大师所创立的宗派常常被冠以“新噶当”，从班钦索南扎巴所著《新旧噶当派教法史》这一书名就可一探究竟。班钦索南扎巴著《新旧噶当派教法史》，拉萨：西藏藏文古籍出版社2001年版。

罗桑顿珠顶足行祈祷。

莲花金刚盛赞贤者法，
无误一切如意佛法宝，
清除污垢显现温萨巴，
罗桑顿珠顶足行祈祷。

以上内容是以本生传形式撰写，拥有智慧之人可伺察！

云：

消除二障[1]之网罗，
解脱空前所装饰，
佛法极显亲近众，
月轮融化成积水，
肩帔施愿五浊之，
昼夜黑暗未消除，
畏惧具力而依旧，
仅以大地视所依，
教言珍宝所填满，
慈悲心者之海牛，
自在圣人以装饰，
善说甘露常拥有，
三有之顶皆淹没，
烦恼光锐所照射，
奈时云朵多变化，
普降清净之雨露，

① 指烦恼障和所知障。

圣贤所依在雪域，
须弥山之各角落，
方便智慧齐舞蹈，
引导空前妙鹏鸟，
贝岗（དཔལ་ཀང་）主义之轮轴，
清净撑起重包袱，
蜘蛛天敌即蛇群，
仅以词藻为空名，
金刚持之甚深道，
犹如无边虚空藏，
善启贤劫极高大，
众生心池填善说，
恒河流域财物所装饰，
某人恩泽珍宝之花朵，
重新串起宝鬘之宝石，
装饰四方美人之发髻，
神奇光芒万丈齐闪耀，
一切皆为佛经之书卷，
三学①黄金腰带极华丽，
利乐众生明相之表现，
只为九生福泽现有形，
清净法身恰似那虚空，
舍离运转色身似彩虹，
世俗众生受用之地方，

① 指戒学、定学和慧学。

主张分离多词无死道，
彩虹装饰金银之琉璃，
帝青及红宝石之花朵，
一切众生眼中与心里，
新鲜蜂蜜供施皆可赠。

以上是至尊遍智一切大温萨巴之宏大事业中的一小部分。

嘉瓦温萨巴罗桑顿珠生平传记

永增益喜坚赞[①]著　　夏吾李加　还格吉　译注

一、敬礼词

于具足无缘大悲且与能仁金刚持无别的至尊上师足下敬礼并皈依，祈于任何时刻均能大慈摄受接引。故赞曰：

具德上师胜乐诸悉地，
广为普施贤慧金刚持，
三皈依处[②]（སྐྱབས་གནས།）集体变化身，
罗桑顿珠莲座吾启请。

二、诞辰记

嘉瓦温萨巴罗桑顿珠，于无法计算的不可说而不可说的古昔之时，就已广发殊胜菩提圣心，就像远航大海彼岸的舵手，乃一位圆满证得佛子果位的先哲。于此娑婆世界，为了广传导师能仁自在至王即释迦牟尼佛的显密义理，曾于东印度、西印度、克什米尔、尼泊尔等地，示现种种幻化之身，护持和弘扬佛法。于北部雪域高

① 参见本书第一部《克主格列贝桑的生平传记》中对于作者所作注释。本文选自《历辈班禅大师传记》丛书（1）《一、二、三世班禅额尔德尼传》，拉萨：西藏藏文古籍出版社 2014 年版，第 196 – 249 页。并且，还参照了《永增益喜坚赞文集》第 4、5 函中的《菩提道次第师承记·佛法庄严无上宝鬘论》，拉萨：西藏人民出版社 1990 年版，第 449 – 474 页，以及两种汉译本，等等。

② 是指佛、法、僧三宝，参见《巴珠文集》（藏文第 1 卷），成都：四川民族出版社 2003 年版，第 277 – 278 页。

原,亦曾示现种种化身,凡是佛法未传之地,均点燃佛法明灯;曾于佛教兴盛一时而渐趋衰微之地,令其重新振兴;又于尚存佛法残余续流之地,令其发扬光大,始终得以传承不断。如是不间断地广行成就事业,今世为了传承和弘扬文殊师利怙主宗喀巴耳传诀窍而特别乘愿莅临雪域高原。

这样一位大德诞生地与卫藏右翼茹江边的盖杰茄玛林寺毗邻,是享有拉沟之域①(ལྷ་ཁུག་ཅེས་བྱ་བའི་ཡུལ།)的山谷深处的温萨之地。所谓"温萨"之地,是历代先哲正士频繁莅临加持的圣地。其中,他诞生于以大贤哲索南确朗②为首的若干圣贤正士诞生的世家名门望族。他的骨系姓氏极为殊胜而尊贵,即为"当"氏③(མདོངས།)。在这样高贵的家族中,其生父名为索朗多杰,因品德高尚而富有威望;生母名为白宗吉,一正当妙龄年华的美貌女子。这样一对夫妇结合以后,温萨巴于藏历第八饶迥木阴牛年正月初十之日④,伴随着奇妙稀有瑞相而如愿诞生。温萨巴降生之后发出的第一声就是悲悯如母一切有情众生的"嗡嘛呢叭咪吽"六字真言,这样的妙音顷刻之间响彻整个世界,使帝释天为首的四大天王等护佑向善事

---

① 在郭和卿的译本上,译为"拉库地区"。这个地名在钦则阿旺索巴嘉措的汉译本上译为"萨达库(ཚ་ལྷ་ཁུད།)",似乎把藏语"ལྷ་ཁུག"视为"ལྷ་ཁུག"。除此之外,这明显是原文"དེ་ཡང་གཡས་རུ་གཙང་འགྲམ་དགེ་རྒྱས་བྱེ་མ་གླིང་གི་གཙུག་ལག་ཁང་དང་ཉེ་བའི་སའི་ཆ་ལྷ་ཁུག་ཅེས་པའི་ཡུལ་གྱི་ཁུ"中的"སའི་ཆ་ལྷ་ཁུག",译者未能正确分段所致。同时,该地名在不同的版本中有"ལྷ་ཁུག"和"ལྷ་ཁུད།"两种书写方式,暂时难以分辨孰是孰非,有待考证。参见郭和卿的译本第592页;钦则阿旺索巴嘉措的汉译本第781页。

② 指后来追认的二世班禅额尔德尼。其名在钦则阿旺索巴嘉措的汉译本上,译为"索南措朗(བསོད་ནམས་ཕྱོགས་གླང་ 福方象)",孰不知"བསོད་ནམས་ཕྱོགས་གླང་།"中的"ཕྱོགས"何以拼读成"措"呢?唯一能够解释的是,如果就藏语方言层面而言,今青海省玉树市和称多县境内金沙江上游沿岸的藏语方言中,就有将"ཕྱ"读成"ཚ"、"བྱ"读成"ཙ"等现象,如将"ཕྱག"读成"ཚག"或"ཕྱོགས"读成"ཚོགས"。由此看来,该译者很有可能是藏族传统区域划分中丹玛上部噶域(ལྡན་སྟོད་སྒྲ་ཡུལ།)之人,或以此读音汉译,否则难以解释这种译法。参见钦则阿旺索巴嘉措的汉译本第781页。

③ 藏族古代骨系姓氏名称,其谱系尚未发现。但是,在钦则阿旺索巴嘉措的汉译本上,译为"'殊胜董氏'种姓(མདོངས་རུས།),即影布其地",似为音译。尤其是"影布其地"一句,究竟是源自汉籍中的"影布"之意的引申义,还是藏语"མདོངས་རུས།"的深层次阐释,译者尚未给出任何注释说明,故不得其解。参见钦则阿旺索巴嘉措的汉译本第781页。

④ 即1505年,明弘治十八年。

业的神明和护法诸神皆大欢喜，叹为神奇而稀有！并且，众神抑制不住喜悦之情，故高呼道："现在世界有了怙主！佛法从衰败之中必将获得重振！邪恶势力必将消亡！护佑善举诸神必将胜利！"在如此欢庆的阵阵呼声，一浪高过一浪直达密严刹土以下的天地之间。于是，十方诸佛菩萨亦极为欢喜，故特作祈愿：这位大佛子圆满成就殊胜事业！还洒下花雨，以示加持。

关于嘉瓦温萨巴甫从母胎诞生之初，圆满彰显佛子勇士之相，继而发出慈悲之音的史事。其首席高足克珠桑杰益西①专门作此赞颂诗词：

善缘使入母胎诞生时，
发出怜悯众生之悲声，
主持成就圣主温萨巴，
罗桑顿珠座前作祈愿②！

温萨之地这位大佛子菩萨，从娘胎降生之初，就获得香朵日敖盖培寺堪布列巴洛珠③（དགེ་འཕེལ་མཁན་པོ་ལེགས་པའི་བློ་གྲོས།）的特别关怀，将其视如释迦太子悉达多④（གཞོན་ནུ་དོན་གྲུབ།）从摩耶夫人（ཡུམ་སྒྱུ་འཕྲུལ་མ་释迦牟尼佛的生母）胎中诞生之时众天神为其沐浴一般，为此佛子亲自举行沐浴之后讲到："该童子必将成为世间怙主、皈依之主、良

① 又名"强巴罗布"（བྱམས་པ་ནོར་བུ།），应诺桑嘉措之邀，三世班禅著有两部礼赞文，参见《温萨巴罗桑顿珠文集》（藏文第2函）第2、3部，扎什伦布寺木刻版第3页下5至第5页下5行。随后，在克珠桑杰益西的高足四世班禅罗桑确吉坚赞所著《三位贤哲功德传略·夺取智者之意成就庄严》中，较为详细地记述了克珠桑杰益西的生平传记。参见《四世班禅文集》（藏文第1册），北京：中国藏学出版社2009年版，第388－410页。

② 该赞颂诗词引自克珠桑杰益西所著《嘉瓦罗桑顿珠传记层面所作祈愿·悉地生源》（རྒྱལ་བ་བློ་བཟང་དོན་གྲུབ་ལ་རྣམ་ཐར་གྱི་སྒོ་ནས་གསོལ་བ་འདེབས་པ་དངོས་གྲུབ་ཀུན་འབྱུང་ཞེས་བྱ་བ་བཞུགས་སོ།），居于《克珠桑杰益西文集》（藏文）之冠，扎西盖培寺木刻版，第3页上5－6行。

③ 担任香朵日敖盖培寺的第七代堪布，参见第悉桑结嘉措著《格鲁派教法史》（藏文），北京：中国藏学出版社1991年版，第232页。

④ 悉达多太子，是指释迦牟尼佛未出嫁之前的俗名。

师益友”，故赐名“贡布觉”[①]，以便向世人宣示其寓意。

如此佛子，顶如伞盖，宽额秀眉，高鼻丰隆，耳长垂下，手足纤长，身无不修[②]，诸根灵敏，肤色如莲，洁白无瑕。诸如此类，他幼秉异质，非同一般，圆满具足大丈夫德相及随好，美如眼中甘露。

三、初见觉巧白藏尊者

这时享有至尊觉巧白藏之名的尊者，获得本尊和诸师授记曰：“将由一位主持文殊师利怙主宗喀巴耳传法脉的圣哲，很快诞生于温萨之地，于彼无任何保留地系统教授一切显密之道关要”。他受此授记的指示，立即起身来到温萨寺脚下，入驻由一切智索南确朗建立的寺院，为种姓觉醒的若干具缘者传授相应的法门，其重点在于强制断除世间八风之戏，进而一心专注深广诸道，培养其始终坚持不懈的惯性。这样强化训练以后，在座的每一位都能获得无法估量的现观证悟。

当至尊觉巧白藏莅临温萨寺脚下时，嘉瓦温萨巴刚诞生不久，只是一个襁褓中的婴儿。但是，通过往昔远古开始承接的愿力和文殊师利怙主宗喀巴的护法诸神鞭策驱使之力，使这犹如新月初升般的嘉瓦温萨巴童子，首次听闻至尊觉巧白藏之名，则立即生起虔诚的敬信。同样，至尊觉巧白藏初见嘉瓦温萨巴童子之身，亦如久别父子重逢一般尤为欢喜，故格外予以重视和爱护。

这个时候在凡夫俗子的肉眼中，至尊觉巧白藏对于温萨之地降生的这位童子的所作所为，只是仅仅停留在常人喜爱孩童的一般层面而已。其实并非如此，而是圆满成就双运勇士的至尊觉巧

① 意为济世怙主，或者怙主护持保佑，等等。根据不同的语境，可以产生多种解读和阐释。

② 似为佛身80种随好之一。但是，在郭和卿和钦则阿旺索巴嘉措的两种汉译本上，均未汉译。参见郭和卿的译本第593页、钦则阿旺索巴嘉措的汉译本第782页。

白藏与佛子幻化妙身温萨巴的正式相会,他们因洞悉三世诸法本质属性,故实为商议如何从事利益众生和佛法的事业,特别他们二位师徒就未来如何从事各项事业作了详细交谈。

藉此,这位年幼的佛子因往昔远古以来长期惯于菩萨行海的习力,是其秉性完全超越普通孩子的一切行为。如同初生婴儿无须他人专门教导,便自然寻求母乳的习性一般,这位大佛子自幼就无须教授,习惯性地勤于向本尊和上师祈愿。不管随见何种轮回情景,立即心生厌患的出离之心。同时,他看见任何一种生命体,都能心生“这样受苦受难的生命,我将以何种方法才能从轮回牢狱中救度呢”自然流露其悲心。尤其是勤于祈愿大法王宗喀巴,即随时随地思考的问题是“何时能够圆满护持和弘扬第二佛陀宗喀巴思想主旨”。基于这样的坚定信念,据说其家乡东边有一他人难以找到的岩洞,年幼的温萨巴常独自一人去该洞中持续入定五六日,屡屡需要家人寻回。这样格外爱好独居寂静处的习性,是如此年幼的童子与生俱来的天性。自此以降,不分昼夜地向导师释迦牟尼和第二佛陀宗喀巴勤作恳切祈愿,使得以显现拜见他们的容颜以及获得加持的景象,以此度日。

此后,温萨巴年满8岁时曰:“某夜,我梦见萨日①(སག་རི།)山顶上升起一轮圆圆的明月,于是身着白绸之衣,以珠宝装饰,手握金刚铃杵,入住月轮,摇铃声响彻宇宙所有空间”。由此来看,这无疑是嘉瓦温萨巴将宗喀巴显密思想传遍世界各地,而且将其发扬光大,事业获得宏富广阔而传承不断的征兆。

嘉瓦温萨巴诞生以降,则能进入上师及本尊瑜伽修行实

① 如果就字面而言,似为砂石积成的山。但是,亦有可能是温萨巴故乡的一座山名,对此暂未获得可靠信息。如果从“སག་རི”一词来看,又有另一层含义,即状如鲨皮的骡胯粗粒皮,也俗称股子皮或者人体所积厚垢。故此,该词的具体所指,有待考证。

践，故由至圣导师释迦牟尼佛和文殊师利宗喀巴予以加持。关于他示现如此殊胜的情景，其首席高足克珠桑杰益西专门作此赞颂诗词：

至尊上师殊胜诸本尊，
亲见众生皈依之怙主，
自幼获得加持温萨巴，
罗桑顿珠座前作祈愿！

四、初受沙弥戒

藉此，温萨巴非一生一世培育而古昔长期养成的向善习气，日臻圆满发育增盛之力，使他视一切轮回如炽燃火坑，生起难以阻挡的强烈出离之心。故此，他昼夜不分地思考，如何设法脱离轮回，进而得以出家的途径。

温萨巴年满11岁时，如他所愿，即于猪年元月十日①，在群阔卫顶寺由群杰拉日则巴扎巴顿珠②（ཆོས་རྗེ་ལྷ་རི་རྩེ་པ་གྲགས་པ་དོན་གྲུབ།）任授戒堪布，次成仁钦任轨范师，乃丹确吉坚赞和然坚巴列巴等作为补足，在应具定数的虔诚僧众的中央，脱俗出家为僧，赐名"罗桑顿珠"。如此命名取义于：往昔释迦牟尼佛从摩耶夫人胎中诞生之

① 藏历第九饶迥木猪年，农历乙亥年，明武宗正德十年，1515年。

② 这位对于温萨巴影响较大，由于其恩德如山，故温萨巴专门作有一首赞颂诗："妙龄童子善智贤慧汝，往昔习气觉醒余业者，犹如第二释迦之仁王，班钦扎巴顿珠莲座前，虔诚恭敬之心作敬礼！兹于猪年正月初十日，得以受持别解脱律仪，身披褐黄法衣立威严，圆满加入佛门之净土，彼三者成于同一时间。得以赐教广发菩提心，六道众生识如父母心，为了利益他人发行愿，彼三者成于同一时间。授予金刚妙乘之灌顶，能使解脱道之生圆满，地道金刚执持之果位，彼三者成于同一时间……"。同时，温萨巴的首席高足克珠桑杰益西在《嘉瓦温萨巴罗桑顿珠略传祈愿·悉地生源》中也讲到："至尊大德扎巴持名者，赐予罗桑顿珠为法号，出家遁入佛门温萨巴，罗桑顿珠座前作祈愿！"参见温萨巴罗桑顿珠所著《为己劝诫·大乐宝藏等合编》（རང་ལ་གདམས་པ་བདེ་ཆེན་གཏེར་མཛོད་སོགས་ཐོར་བུ་སྣར་བཞུགས་སོ།）第27页下3行至28上3行；参见《温萨巴罗桑顿珠文集》（藏文第1函）第4部，扎什伦布寺木刻版；克珠桑杰益西所著《嘉瓦罗桑顿珠传记层面所作祈愿·悉地生源》（རྒྱལ་བ་བློ་བཟང་དོན་གྲུབ་ལ་རྣམ་ཐར་གྱི་སྒོ་ནས་གསོལ་བ་འདེབས་པ་དངོས་གྲུབ་ཀུན་འབྱུང་ཞེས་བྱ་བ་བཞུགས་སོ།），参见《克珠桑杰益西文集》（藏文第1函）第1部第3页下第1－2行，扎西盖培寺木刻版。

后,其父净饭王取名“悉达多”,即意为“一切义成”。这位少年佛子即温萨巴初入佛门,十方诸佛菩萨立即通过加持这二位授戒师,使善慧能仁至王大金刚持即宗喀巴的所有显密耳传法脉,由此开始必将圆满弘扬于此世间,故一切诸佛菩萨自始至终心系事业终将成就。为了表示这样一层深意,因而特此取名“罗桑顿珠”,即意为“善慧义成”。关于温萨巴这样的事迹,其首席高足克珠桑杰益西专门作此赞颂诗词:

至尊大德扎巴持名者,
赐予罗桑顿珠为法号,
出家遁入佛门温萨巴,
罗桑顿珠座前作祈愿!

如是,这位佛子成为天人等世间所有应供第二佛陀般的福田。这时以授戒堪布和轨范师为主的众僧向他散花庆祝,并口诵吉祥贺词。如名所示蕴意那样,圆满成就一切事业而特此作了祈愿。关于这一特殊的经历,嘉瓦温萨巴自己作了如下偈颂:

猪年元月初十日,
受持别解脱戒律,
得以正式入佛门,
披上袈裟同时竟①。

嘉瓦温萨巴虽于久远的往昔中,早已次第学习佛子行海,以达究竟彼岸。但是,为了向后世应化徒众开示:自入佛门以后,应如何次第实现闻、思、修学业目标的方式方法。正如宗喀巴所云:

① 这部分内容引自温萨巴罗桑顿珠所著《为己劝诫·大乐宝藏等合编》(རང་ལ་གདམས་པ་བདེ་ཆེན་གཏེར་མཛོད་སོགས་ཐོར་བུ་སྐོར་བཞུགས་སོ།)第27页下4行,参见《温萨巴罗桑顿珠文集》(藏文第1函)第4部,扎什伦布寺木刻版。

首先广为寻求博学闻，
其次所有理论现教授，
最后不分昼夜勤实践，
总之一切回向为弘法，
越思此相究竟意乐妙①！”

如是所云，为了能够子承父志，温萨巴首先欲求广闻，故于夏季学期赴盖培寺，值遇次成仁钦尊者辞去次成岗寺的主持一职，欲往哲蚌寺。于是，温萨巴跟随堪布仁布切扎巴顿珠和次成仁钦尊者②（སློབ་དཔོན་རིན་པོ་ཆེ་ཚུལ་ཁྲིམས་རིན་ཆེན།）一并抵达哲蚌寺。在此度过夏、秋两个季度，使其常诵仪轨次第掌握无余。同时，在至尊拉日巴门下③（རྗེ་ལྷ་རི་པ།），圆满听受《菩提道次第论》和《菩提道次第喻示聚宝论》等若干显宗经典义理，以及具德时轮灌顶、薄伽梵大威德怖畏金刚四种灌顶。这样，至尊拉日巴将他第一次引入金刚乘之门，令其成熟，故视为恩重如山的导师。

当年藏历十月底，返回温萨之地。赴往日熬盖培寺，在群杰洛珠坚赞门下④（ཆོས་ཀྱི་རྗེ་བློ་གྲོས་རྒྱལ་མཚན།），圆满而系统地听受了密集不动金刚四种灌顶及其根本续口授传承、不动金刚随许灌顶及其陀罗尼口授传承、药师佛随许灌顶及其口授传承、那塘百法随许灌顶及其口授传承（译者注：是指阿底峡尊者一脉相承的诸本尊成就法仪轨，后由那塘寺的堪布钦·朗喀扎（1251－1288年）编纂而成，故名“那塘百法”。藏传佛教史上，古印度的阿巴雅噶饶所编《金刚宝鬘》、钦·朗喀扎所编《那塘百法》、觉囊达罗那它所编

---

① 《宗喀巴洛桑扎巴文集》第2函《宗喀巴作品拾零·自传究竟益乐》（藏文），西宁：青海民族出版社1987年版，第96－102页。

② 似为香朵日熬盖培寺第二任堪布，他是温萨巴初受出家戒期间的授戒轨范师，故名“轨范师仁布切”。参见第悉桑结嘉措著《格鲁派教法史》（藏文），北京：中国藏学出版社1991年版，第232页。

③ 似为前述温萨巴初受出家戒期间的授戒堪布。

④ 似为第七任扎什伦布寺吉康札仓的堪布，仍有待考证。

《仁迥百法》三部著作,被尊奉为藏传佛教本尊成就法圭臬。参见[瑞士]马丁布劳恩、马丁威尔森著、[英]罗伯特比尔白描、彼得内贝尔摄影《藏传佛教本尊大全》(张彦汉译),西安:陕西师范大学出版社2008年版,第448－471页。)(ཉར་ཐང་བརྒྱ་རྩ།)。

五、扎什伦布寺求学记

至此,温萨巴认为,正式加入佛门以降,诸欲习道者,如果只是为了此生的名闻利养而闻思,那么就像甘露化为毒液一般必将徒劳无益,虚度人生。闻思期间,为了调伏自续,当寻求对治杂染烦恼的无垢理路。相反,不探寻印藏大车轨辙师们开创的经典理论的深层义理,而执迷于“汝云彼,吾复彼”这样无休止的争论辩术,或纠缠于文句措辞等诡辩用语,均无任何意义。温萨巴如是教导劝诫,以示自己步入成就的顶层。

这样,温萨巴发现上述诸多意义,遂于当年冬季往赴扎什伦布寺。在该寺闻思院主持堪布加白央洛桑喜聂巴[①](འཇམ་དཔལ་དབྱངས་བློ་བཟང་བཤེས་གཉེན།)门下,始闻摄类学[②](བསྡུས་གྲྭ་ཅི་པ།)和五部大论以及常诵仪轨的口授传承。初学当日仅用一天的时间,就熟练掌握了摄类学各项理路[③](སྦྱོར་བ་ཅི་པ།),以达辩论无碍之才。但是,后来彻底远离世间八风般的戏论,而一心安驻于狂士那样止旧行新之道。当时,虽有他人极力劝其继续闻思之业,然而对此他的回复是:“对

---

① 第三任扎什伦布寺闻思学院的堪布,参见第悉桑结嘉措著《格鲁派教法史》(藏文),北京:中国藏学出版社1991年版,第242页。

② 是指摄类学的教学实践及辩论应用。但是,钦则阿旺索巴嘉措的汉译本上,将其视为两部完全不同的论著,即译为“听受《摄类学》(བསྡུས་གྲྭ།)、《历算》(ཅི་པ།)”,似有不妥之处,参见钦则阿旺索巴嘉措的汉译本第786页。

③ 是“བསྡུས་གྲྭའི་སྦྱོར་བ་ཅི་པ།”的一种表述方式,就如扎什伦布寺的夏泽更庆丹曲班觉(ཤར་ཙེ་ཀུན་མཁྱེན་དམ་ཆོས་དཔལ་འབྱོར།)所著摄类学教科书的藏语名称为《བསྡུས་སྦྱོར་གྱི་རྣམ་གཞག་བློ་གསལ་ཐར་པར་བགྲོད་པའི་ལམ་རྒྱུགས་ཞེས་བྱ་བ་བཞུགས་སོ།》,参见多吉杰博所编:《藏传因明学丛书·量理宝藏论附2》(藏文),北京:民族出版社1988年版,第408－434页。从这个层面看,藏语“སྦྱོར་བ་ཅི་པ།”,就是指摄类学辩论应用。但是,钦则阿旺索巴嘉措的汉译本上,又将其视为两部完全不同的内容,即译为“背熟加行(སྦྱོར་བ།)、《历算》”,似有不妥之处,参见钦则阿旺索巴嘉措的汉译本第787页。

于义理不作顷刻体验实践,而唯措辞至上的劲头,有何意义呢?如同水泡般的一连串语句,只是每天重复的话语而已”。如是,温萨巴发出如理梵行之狮的阵阵吼声。

如此看来,上述之义是:温萨巴自身若干生生世世因闻思习得之力,早已成为经典理论之主,故无须依赖今生的闻思修习之业。同时,对那些并无实修体验,却把似是而非的文字游戏视为至关重要的诡辩者,起到了极大地震慑作用。当然,更重要的密意是,将诸佛欢喜善道之要修行成就精义的圣教弘扬于世界各地。

六、广大显密理论闻思记

随后返回盖培寺,在群杰洛珠坚赞门下,听受更庆多巴尔奥塞所著《律仪学处》①(ཀུན་མཁྱེན་སྟོབས་འབར་འོད་ཟེར་གྱིས་མཛད་པའི་འདུལ་བའི་བསླབ་བྱ།)及《宗喀巴传记》等口授传承。复次,在该寺群杰土登朗嘉门下,领受十一面观自在、四臂大悲观自在、红色詹卜拉双身、十三大誓怙主著称的随许灌顶和诀窍以及口授传承;阎摩怙主法王内外密三者、威猛五鹏的诀窍口授传承;开启虚空之门、长寿五姊妹灌顶;嘉央贡布所传能断理论注释为主的若干能断觉之诀窍;宗喀巴所传那若六法引导文、密集五次第引导文及其成就法;班禅确坚的和合往生法;大手印命脉之若干诀窍小注;往生引导文大疏;奶姑六法引导文;天女莎玛尼方便修法;狮面空行者、具德玛索嘉姆、宝帐面相、四臂、毗沙门、白泽夜叉等的随许灌顶及其心要明咒念诵口授传承。

关于温萨巴如此闻思的事迹,其首要高足克珠桑杰益西专门

① 似为一世达赖喇嘛的亲传高足更庆多旦奥塞(ཀུན་མཁྱེན་སྟོབས་ལྡན་འོད་ཟེར།),后来荣登第二任扎什伦布寺夏日则札仓的堪布,其所著《般若能明日轮》(ཕར་ཕྱིན་སྣང་བྱེད་དཀྱིལ་འཁོར།)后来确定为该札仓的般若教科书,但尚未发现上述《律仪学处》。

作此赞颂诗词：

专注关要精义之定心，
极为殊胜故成众贤尊，
广饮秘诀甘露温萨巴，
罗桑顿珠座前作祈愿！

七、嘉瓦温萨巴在至尊觉巧巴门下广闻显密灌顶口传后显现诸多上师本尊奇妙记

其后，温萨巴复往群阔尔卫顶寺，在双运成就勇士至尊上师觉巧巴门下，全面而系统地领受密集、胜乐、大威德三者的灌顶；贡布怙主、阎摩怙主法王、十一面观自在、不空绢索观自在、威猛五鹏诸尊的随许灌顶及其念诵口授传承；以成就法王所传长寿灌顶为主的显密广泛传承。这期间亲眼目睹了上师与本尊无法分辨的本智坛城，当时所显现的若干奇妙瑞相是：当嘉瓦温萨巴在至尊觉巧巴座前领受威猛金刚手灌顶时，至尊觉巧巴身显青色，照射五色光芒，五种炽燃火焰，以此环绕其周围，显得极为美严。而且，供品朵玛食子和金刚铃杵悬置空中，馨香馥郁，甚至亲耳闻得天乐齐鸣。当他领受不空绢索观自在和十一面观自在灌顶期间，得以亲见从未目睹①而让人迷魂夺魄的稀有彩沙坛城，且有众天敬献的大量供品，花香馥郁，奏响天乐妙音。这中央至尊觉巧巴身相宛如圆圆明月，散发出皎洁白光。以此奇妙因缘为契机，温萨巴生起无量欢喜。

随后，温萨巴不间断地向至尊觉巧巴长期祈求开示上师的过

① “སྔར་བརྟན་མ་མཐོང་བའི་རྡུལ་ཚོན་གྱི་དཀྱིལ་འཁོར།”中的“བརྟན”应该是“གཏན”，这在《一、二、三世班禅额尔德尼传》，拉萨：西藏藏文古籍出版社2014年版，第208页上作了修订。但是，现有两种译本似乎尚未发现这一问题，故郭和卿译为“见着过去地神所见，有一十分悦意的彩土曼陀罗”，而钦则阿旺索巴嘉措译为“有一往昔坚固地神所见之悦意彩沙坛城”。这样翻译以后，就出现前后句难以连贯的现象，参见郭和卿的译本第598页；钦则阿旺索巴嘉措的汉译本第788页。

去本生传和未来转世以及此生如何证悟的极为奇妙的功德等事迹，故此至尊觉巧巴作此开示：佛陀莅临此世界时，出生为菩提萨埵戒顶[①](བྱང་ཆུབ་སེམས་དཔའ་འདུལ་བའི་ཏོག)，于释迦牟尼佛座前，亲自领受了无量大乘法门。其后转生为东印度强国之王，制定合法律典，行不善诸人，处以挖眼和断肢等酷刑。由此业力，未来生世中眼和肢体等恐有残疾之过患。随后往生于三十三天，继而不久转生为印度功德光论师，作出了弘法利生的无量善举。彼后出生于汉地五台山，在文殊菩萨座前广闻诸法。根据文殊菩萨的授记，在尼泊尔转生成为名曰“多杰雄努”的密咒师之身，在此大乘密宗得以广为传播。尔后想起转生为那措译师次成嘉瓦之身，为迎请阿底峡尊者莅临雪域高原付出了常人难以想象的艰辛苦难，还翻译大量佛典。复次，享有那若巴幻化妙身的众生怙主藏巴嘉瑞和至尊法王宗喀巴心传高足堆增巴扎巴坚赞二者，亦是至尊觉巧巴的本生转世[②]。关于这二师为本生转世的情形，不仅嘉瓦温萨巴本智现前所现，而且文殊师利所示《授记秘镜》中也如是记载[③]。

---

① 从现有《甘珠尔》(藏文对勘版)来看，频繁出现从“བྱང་ཆུབ་སེམས་དཔའ་མཛེས་པའི་ཏོག”“བྱང་ཆུབ་སེམས་དཔའ་ཡེ་ཤེས་ཀྱི་ཏོག”“བྱང་ཆུབ་སེམས་དཔའ་སྣང་བའི་ཏོག”“བྱང་ཆུབ་སེམས་དཔའ་བསོད་ནམས་ཀྱི་ཏོག”和“བྱང་ཆུབ་སེམས་དཔའ་ཆོས་ཀྱི་ཏོག”为例的菩提萨埵之名，如《金光明经》便是在“བྱང་ཆུབ་སེམས་དཔའ་མཛེས་པའི་ཏོག”请示下佛说而成，参见《甘珠尔对勘本》(藏文)，北京：中国藏学出版社2008年版，第89卷第90、376－378、469、739页、第90卷第6－146页。但是，笔者尚未发现这里的“བྱང་ཆུབ་སེམས་དཔའ་མཛེས་པའི་ཏོག”，该词出自温萨巴所著《至尊觉巧巴桑秘传》《རྗེ་བཙུན་བླ་མ་སྐྱབས་མཆོག་དཔལ་བཟང་པོའི་རྣམ་པར་ཐར་པ་ཐུན་མོང་མ་ཡིན་པའི་སྙིང་པོ་དངོས་གྲུབ་ཀུན་འབྱུང་བཞུགས་སོ།》。这里至尊觉巧巴桑为温萨巴讲授《观自在不空羂索灌顶》和《大圣十一面灌顶》期间，经温萨巴再三祈请后讲述了关于至尊觉巧巴桑自己的本生传，也就是始于释迦牟尼佛在世时的“བྱང་ཆུབ་སེམས་དཔའ་འདུལ་བའི་ཏོག”，参见《温萨巴罗桑顿珠文集》(藏文第2函)中的《རྗེ་བཙུན་བླ་མ་སྐྱབས་མཆོག་དཔལ་བཟང་པོའི་རྣམ་ཐར་མཐུན་མོང་དང་མཐུན་མོང་མ་ཡིན་པ་དང༌། ཀུན་མཁྱེན་ལེགས་པ་དོན་གྲུབ་ཀྱི་རྣམ་ཐར་སོགས་བཞུགས་སོ།》部分的第4页上1行，扎什伦布寺木刻版。

② 这一段引自《温萨巴罗桑顿珠文集》(藏文第2函)中的《རྗེ་བཙུན་བླ་མ་སྐྱབས་མཆོག་དཔལ་བཟང་པོའི་རྣམ་ཐར་མཐུན་མོང་དང་མཐུན་མོང་མ་ཡིན་པ་དང༌། ཀུན་མཁྱེན་ལེགས་པ་དོན་གྲུབ་ཀྱི་རྣམ་ཐར་སོགས་བཞུགས་སོ།》部分的第3页下3行至第4页下2行，扎什伦布寺木刻版。

③ 藏语“ལུང་བསྟན་གསང་བའི་མེ་ལོང༌།”，全称为“ལུང་བསྟན་གསང་བའི་མེ་ལོང་ལས་དགེ་ལྡན་བསྟན་འཛིན་རྗེ་ལྟར་འབྱུང་བ་ཆེ་ལོང་ཙམ་གྱི་མཚན་བསྟན་པ་དངོས་གྲུབ་ཀུན་འབྱུང་བཞུགས་སོ།”或“ལུང་བསྟན་གསང་བའི་མེ་ལོང་བ་བཞུགས་པའི་དགེ་བའི་བཤེས་གཉེན་རགས་རིམ་གྱི་མཚན་ཟུར་བཀོལ་དུ་བསྡུ་བར་མཛད་པའོ།”。当然，这只是部分可告知于众的内容，而非全部内容。可参见《温萨巴罗桑顿珠文集》(藏文第2函)密封部分第16部，扎什伦布寺木刻版第11页下3行至第14页下1行；《四世班禅文集》(藏文第1册)，北京：中国藏学出版社2009年版，第414－427页。

随后，至尊觉巧巴63岁时，举行大威德金刚修供仪轨。当时，他们得以亲见具德大威德金刚所有坛城，以及黑敌阎摩和五尊红阎摩的坛城。这期间温萨巴还领受了本尊的灌顶，当时真实显现了身上燃起火焰，脚踏之处地动山摇，坛城周围燃起五色火焰等奇妙衡有瑞相。

藏历猴年五月八日拂晓黎明之时①，温萨巴得以亲见薄伽梵不动金刚坛城之相，圆满次第三寂之身寂和语寂获得了坚固之果②（ལུས་དབེན་དང་ངག་དབེན་ལ་བརྟན་པ་ཐོབ།）。那时，温萨巴向至尊觉巧巴求授金刚密集灌顶，正在讲授本智品之时，至尊觉巧巴之身化为五色光明自性体，虽行走于坛城之上，却不损毁坛城上的彩沙图案。这样，相继显现了诸多神奇瑞相③。

那时，至尊觉巧巴讲到："如今你对梦境幻化妙身获得坚固之果④，已达任运成就的境界。尤其于每月十五日或三十日，通过梦境幻化妙身自由得见释迦牟尼佛、慈氏、宗喀巴等佛菩萨，在他们座前可以常作布萨长净仪轨，领受大量法要⑤（བདུན་རྣམ་དག）。复次，可以游访极乐净土、密严刹土、妙喜世界等幻化报身佛国，得以拜见这些佛国净土的佛菩萨，进而获得清净无误的无量灌顶及其加

① 似为农历壬申年，1512年，明武宗正德七年。

② 就显密共同而言，身远离繁杂而寂静，心远离不善分别而寂静，三门远离凡庸执著而寂静，故名"三离"或"三寂"。就密宗金刚乘而言，是一种圆满次第之瑜伽，众生种界皆依气而转，无自在之力，故敛气之道，金刚念诵使语寂，缘心使心寂，加持自我使身寂而成幻化妙身。其中，所谓"身寂"，亦谓"身远离"或"身离"，就字面来说，是指身离杂染之器，置于清净之地。就密乘圆满次第而言，是指修微细明点于下门，吸纳气息参入中脉，以生起俱生融化之乐；所谓"语寂"，亦谓"语远离"或"语离"，从字面而言，是指口离绮语，置于寂静状态。就密乘圆满次第而言，修三明点之心，使气脉于鼻、心、密处之尖端，趋于融合，以求生起空、极空、大空、诸空等四空。

③ 这一段引自《温萨巴罗桑顿珠文集》（藏文第2函）中的《རྗེ་བཙུན་བླ་མ་སྐྱབས་མཆོག་དཔལ་བཟང་པོའི་རྣམ་ཐར་མཐུན་མོང་དང་མཐུན་མོང་མ་ཡིན་པ་དང་། ཀུན་མཁྱེན་ལེགས་པ་དོན་གྲུབ་ཀྱི་རྣམ་ཐར་སོགས་བཞུགས་སོ།》部分的第5页上2－6行，扎什伦布寺木刻版。

④ 这一段引自《温萨巴罗桑顿珠文集》（藏文第2函）中的《རྗེ་བཙུན་བླ་མ་སྐྱབས་མཆོག་དཔལ་བཟང་པོའི་རྣམ་ཐར་མཐུན་མོང་དང་མཐུན་མོང་མ་ཡིན་པ་དང་། ཀུན་མཁྱེན་ལེགས་པ་དོན་གྲུབ་ཀྱི་རྣམ་ཐར་སོགས་བཞུགས་སོ།》部分的第5页下1行至2行，扎什伦布寺木刻版。

⑤ 是指忏悔、随喜、发真心、皈依、发愿心、发入心、回向等七支。

持。届时,我也将幻化为无量妙身,敬献清净七支[①]”。

继后,至尊觉巧巴 78 岁时,举行薄伽梵总摄胜乐轮方便法门。当时,真实显现胜乐金刚六十二尊所有坛城,其中主尊给他圆满授予四种灌顶,并讲到:“汝现火速发起欲往空行之愿”。如此授权后,获得气脉解脱的殊胜成就。那时,温萨巴领受胜乐金刚灌顶,他看见内供自然显现五色炽燃沸腾的奇观。这时至尊觉巧巴在坛城上方一箭高度逐一示现翩翩起舞的诸多殊胜瑞相[②]。

某日,至尊觉巧巴和温萨巴师徒二人,同往卫日中峰顶上,当时至尊觉巧巴睁目直视天空,双手合十于胸前。温萨巴立即问到:“有何发现?”便答道:“显现金刚总持由 80 位大成就者围绕而作加持的净相”。这是至尊觉巧巴 81 岁时的秋季发生的事情[③],然就其实质而言,他们在此为将来修建温萨寺选址并予以加持,而在凡夫大众看来师徒二人只是徒步行走而已。当他们二人来到卫日中峰之顶时,至尊觉巧巴双手合十,多次俯首敬礼。当时温萨巴问到:“因何如是而作?”至尊觉巧巴便答道:“第二佛陀宗喀巴由诸多印藏贤哲围绕而莅临此地,并作了加持”[④]。还有一次,至尊觉巧巴又云:“吉祥天母和贡布护法怙主,以及阎罗法王眷属等,皆如奴仆一

① 这一段引自《温萨巴罗桑顿珠文集》(藏文第 2 函)中的《རྗེ་བཙུན་བླ་མ་སྐྱབས་མཆོག་དཔལ་བཟང་པོའི་རྣམ་ཐར་མཐུན་མོང་དང་མཐུན་མོང་མ་ཡིན་པ་དང་། ཀུན་མཁྱེན་ལེགས་པ་དོན་གྲུབ་ཀྱི་རྣམ་ཐར་སོགས་བཞུགས་སོ།》部分的第 5 页下 6 行至第 6 页上 3 行,扎什伦布寺木刻版。

② 这一段引自《温萨巴罗桑顿珠文集》(藏文第 2 函)中的《རྗེ་བཙུན་བླ་མ་སྐྱབས་མཆོག་དཔལ་བཟང་པོའི་རྣམ་ཐར་མཐུན་མོང་དང་མཐུན་མོང་མ་ཡིན་པ་དང་། ཀུན་མཁྱེན་ལེགས་པ་དོན་གྲུབ་ཀྱི་རྣམ་ཐར་སོགས་བཞུགས་སོ།》部分的第 5 页下 6 行至第 6 页上 3 行,扎什伦布寺木刻版。

③ 这一段引自《温萨巴罗桑顿珠文集》(藏文第 2 函)中的《རྗེ་བཙུན་བླ་མ་སྐྱབས་མཆོག་དཔལ་བཟང་པོའི་རྣམ་ཐར་མཐུན་མོང་དང་མཐུན་མོང་མ་ཡིན་པ་དང་། ཀུན་མཁྱེན་ལེགས་པ་དོན་གྲུབ་ཀྱི་རྣམ་ཐར་སོགས་བཞུགས་སོ།》部分的第 6 页上 3 – 6 行,扎什伦布寺木刻版。

④ 这一段引自《温萨巴罗桑顿珠文集》(藏文第 2 函)中的《རྗེ་བཙུན་བླ་མ་སྐྱབས་མཆོག་དཔལ་བཟང་པོའི་རྣམ་ཐར་མཐུན་མོང་དང་མཐུན་མོང་མ་ཡིན་པ་དང་། ཀུན་མཁྱེན་ལེགས་པ་དོན་གྲུབ་ཀྱི་རྣམ་ཐར་སོགས་བཞུགས་སོ།》部分的第 6 页上 4 – 6 行,扎什伦布寺木刻版。

般俯首待命”[①]。

那时,至尊觉巧巴对于温萨巴作了如下教诫:“我也抛弃了僧俗之主的高位,在衣、食、言说三个方面也随亏而舍弃,以此断然舍弃追逐名利之心,而隐居善行。这样,只求勤勉行善,故达延年益寿之效,亦生起心寂、幻身、光明、双运为止的这般殊胜证悟。所以,你也勿听追求此生个人利益的他人巧言,而务必在寂静之处一心行善为要[②]!”至尊觉巧巴如是所云。总体而言,就如何从事弘法利生善举,特别是第二佛陀宗喀巴的耳传诀窍法脉,应当如何传承和发扬光大等方面作了详细而究竟教诲。这样嘱托以后,至尊觉巧巴终于找到了宗喀巴耳传诀窍法脉可以完全托付的主人,并深感欣慰,就如舵手航海获宝之后凯旋回归一般心满意足。诸如此类,故依照第二佛陀宗喀巴的殊胜诀窍,次第步入十地五道,圆满获得双运自在至王的果位。因此,生起虚空不尽为止永不改变的自信和坚定信念。所以,至尊觉巧巴抛弃异熟之粗身,以如虹般细微而无间的双运妙身,往生文殊师利宗喀巴驻锡之处,通过无量化身游遍所有佛国净土。

总之,温萨巴依止至尊觉巧巴门下,领受密集、胜乐、大威德三本尊的灌顶、口授、诀窍传承等密乘无量甚深诸法,广泛显现无边无际的神通变化,真实显见上师及本尊的各种奇妙而稀有身形。关于这方面的事迹,其首要高足克珠桑杰益西专门作此赞颂诗词:

文殊宗师灌顶加持时,

① 这一段引自《温萨巴罗桑顿珠文集》(藏文第2函)中的《རྗེ་བཙུན་བླ་མ་སྐྱབས་མཆོག་དཔལ་བཟང་པོའི་རྣམ་ཐར་མཐུན་མོང་དང་མཐུན་མོང་མ་ཡིན་པ་དང་། ཀུན་མཁྱེན་ལེགས་པ་དོན་གྲུབ་ཀྱི་རྣམ་ཐར་སོགས་བཞུགས་སོ།》部分的第6页下2-3行,扎什伦布寺木刻版。

② 这一段引自《温萨巴罗桑顿珠文集》(藏文第2函)中的《རྗེ་བཙུན་བླ་མ་སྐྱབས་མཆོག་དཔལ་བཟང་པོའི་རྣམ་ཐར་མཐུན་མོང་དང་མཐུན་མོང་མ་ཡིན་པ་དང་། ཀུན་མཁྱེན་ལེགས་པ་དོན་གྲུབ་ཀྱི་རྣམ་ཐར་སོགས་བཞུགས་སོ།》部分的第6页上6行至第6页下2行,扎什伦布寺木刻版。

显现无量神通之净相，
上师视为本尊温萨巴，
罗桑顿珠座前作祈愿①！

八、初次拜见大成就者确吉多吉以及被护持摄受记

嘉瓦温萨巴年迈 17 岁时，适逢随处蔓延天花，故温萨巴亦不幸被传染。染疾的某日，门口出现一位口诵《缘起理赞》②之人。当温萨巴听闻其朗朗诵声，顿时全身毛发遍竖，原有思维观念发生了根本性转变。遂开门观看，便见胡须皆白而留有山羊胡，身披衲衣，令人油然起敬而威严具足的一位比丘，便请他入室安坐。这位大成就者也早知温萨巴堪能成就大业，故随喜接受了符合当时实际情况的供养及礼仪。这样，关于温萨巴初次拜见大成就者确吉多吉（译者注：其父贡噶嘉布和母白宗是宗喀巴诞生地附近之人，他们是遁世修行的两口子，赴卫藏朝圣时白宗已怀胎，于 1457 年抵达后藏达那金刚寺并生下他。约于 1466 年时来到甘丹寺朝拜，时任甘丹金席之主的帕索确吉坚赞依据托梦授记，给予其父母金银珠宝和常用物资，希望将小孩给他。父母随喜将其敬献给帕索确吉坚赞培养，此时举行沐浴仪式后剃度出家为僧，赐予“确吉多吉”为法号。随后为期 5 年，在帕索确吉坚赞足下，从藏文语法开始学习，重点听受《菩提道次第广论》和金刚密乘的灌顶诀窍等，以及文殊师利授予宗喀巴的圆满显密二宗的道体不共耳传，特别是将《幻化秘籍》托付给他并要求严加保密。1473 年帕索确吉坚赞圆寂后，在哲蚌寺的群杰德勒朵丹和加央穆兰白巴（1414 – 1491 年，第八代甘丹赤巴）等名家门下，系统闻思般若和中观为主的天竺二胜六庄严的经典理论，在宗喀巴的耳传诀窍与五部大论之间寻求并获得了逻辑理

① 该赞颂诗词引自克珠桑杰益西所著《嘉瓦罗桑顿珠传记层面所作祈愿 · 悉地生源》（རྒྱལ་བ་བློ་བཟང་དོན་གྲུབ་ལ་རྣམ་ཐར་གྱི་སྒོ་ནས་གསོལ་བ་འདེབས་པ་དངོས་གྲུབ་ཀུན་འབྱུང་ཞེས་བྱ་བ་བཞུགས་སོ།），居于《克珠桑杰益西文集》（藏文）之冠，扎西盖培寺木刻版，第 3 页下 2 行。

② 宗喀巴所造《广略善说精要》之一，该文著于今西藏自治区山南市桑日县境内的敖德贡结（又译为“沃德贡杰”或“沃代贡杰”）雪山脚下。宗喀巴之前也在持续观察中观应成派和自续派的异同，却始终难以领会要害。因此，再次坚定不移地祈愿文殊师利后获得殊胜加持，以善读佛护论师所造《中论》为契机得以见性，对于龙树师徒究竟正见以及执所破之处获得比以前完全不同的见地。藉此，彻底认识佛陀殊胜智慧而产生强烈而不退之信，由此获得灵感而撰写《缘起理赞》。参见《宗喀巴洛桑扎巴文集》（第 2 函）《宗喀巴作品拾零》（藏文），北京：中国藏学出版社 2012 年版，第 198 – 203 页。

路上的无缝对接。同时,由该寺杰文洛桑尼玛(1439 – 1492 年,第九代甘丹赤巴)作为授戒堪布,群杰德勒朵丹作为轨范师,正式受比丘戒。其后赴后藏,依止德瓦增巴洛珠贝巴(1400 – 1475 年)门下,听受金刚密集、五次第、菩提道次第引导文,以及贡布谢和玛索母等护法神的随许灌顶。这样圆满完成广学博闻之业后,按照帕索确吉坚赞的嘱托,游学参访雪域高原的名山古迹,将所学知识付诸实践,修行体验,证得诸法究竟。特别在今日喀则市白朗县境内的觉姆拉日神山(པ་སྣམ་ཇོ་མོ་ལྷ་རི།)上完成生起次第以后,通过专心修行圆满次第,得以亲见宗喀巴并获得“上师瑜伽不共三重勇士”(བླ་མའི་རྣལ་འབྱོར་ཐུན་མོང་མིན་པ་སེམས་དཔའ་སུམ་བརྩེགས་ཅན།)等殊胜悉地,以此成就了心寂喻之光明和不净幻身(སེམས་དབེན་དཔེའི་འོད་ཟེར་དང་མ་དག་པའི་སྒྱུ་ལུས་སྒྲུབ་པོ།)。为了弘扬宗喀巴殊胜耳传法脉,1521 年找到了身患天花的温萨巴罗桑顿珠,通过诵读《缘起理赞》的加持力彻底消除其染疾,将其引向今日喀则市白朗县境内的扎西宗噶普山沟里的噶日莫群宗寺,为温萨巴罗桑顿珠等 3 位有缘高足密传授了以《幻化秘籍》为主的宗喀巴殊胜耳传,使其成为格鲁派的不共殊胜法脉——温萨耳传教授系统(དབེན་ས་སྙན་བརྒྱུད།)。为此,温萨巴罗桑顿珠专门编写了篇幅不长的大成就者确吉多吉的祈愿礼赞文,收录于《温萨巴罗桑顿珠文集》(藏文)第 1 – 2 函,扎什伦布寺木刻版。其圆寂的具体时间不详,有待考证。参见《四世班禅文集》(藏文第 1 册),北京:中国藏学出版社 2009 年版,第 364 – 369、373 – 378 页;永增益喜坚赞著《菩提道次第师承传记·佛法庄严无上宝鬘论》(藏文),拉萨:西藏人民出版社 1990 年版,第 439 – 448、457 – 461 页。)(གྲུབ་ཆེན་ཆོས་རྡོ་རྗེ། རྗེ་བཙུན་ཆོས་ཀྱི་རྡོ་རྗེ།)的情景,其首要高足克珠桑杰益西专门作此赞颂诗词:

宛如众鹅之王游莲湖,
获证尊主确吉多吉师,
如愿莅临正士汝门口,
初始善缘妙合温萨巴,
罗桑顿珠座前作祈愿[①]!

这时嘉瓦温萨巴心想:这位必定是获得殊胜成就的大德。对此,其首席高足克珠桑杰益西专门所作赞颂诗词如下:

由此观察当时诸情形,

① 赞颂诗词引自克珠桑杰益西所著《嘉瓦罗桑顿珠传记层面所作祈愿·悉地生源》(རྒྱལ་བ་བློ་བཟང་དོན་གྲུབ་ལ་རྣམ་ཐར་གྱི་སྒོ་ནས་གསོལ་བ་འདེབས་པ་དངོས་གྲུབ་ཀུན་འབྱུང་ཞེས་བྱ་བ་བཞུགས་སོ།),居于《克珠桑杰益西文集》(藏文)之冠,扎西盖培寺木刻版,第 3 页下 3 – 4 行。

密藏受持如同法幢者，
视为心传高足温萨巴，
罗桑顿珠座前作祈愿[①]！

这样，温萨巴也将其视为口授耳传宝藏方面获得殊胜成就者，故祈求收为门徒。大成就者确吉多吉也随喜应允，并特别嘱咐道："汝当于某月末日，前来扎西宗噶普山沟里的噶日莫群宗寺"[②]（བཀྲ་ཤིས་རྫོང་དགའི་ཕུའི་མགར་མོ་ཚེས་རྫོང་།）。

当嘉瓦温萨巴所染天花痊愈后，按照与上师大成就者约定的时间，如期抵达寂静之处噶日莫群宗寺。从此，温萨巴以三喜之礼[③]（མཉེས་པ་གསུམ།）侍奉大成就者确吉多吉，并虔诚祈求圆满传授第二佛陀宗喀巴耳传诀窍。对此，大成就者确吉多吉甚感欢喜，故首先随喜授予总摄一切显密经典理论及其注疏心要为一个人的实践体验的次第而圆满具足由初学入门至成佛之间的所有地、道、果之关键扼要——《菩提道次第》的导引、诀窍及其面授获知等系列。并且，还圆满授予胜乐、密集、大威德等无上瑜伽的灌顶以及生圆二次第之殊胜诀窍，使嘉瓦温萨巴成为文殊师利宗喀巴耳传法脉之主。

在大成就者确吉多吉门下，温萨巴全面而系统地听受文殊师利宗喀巴殊胜耳传教授的事迹，其首席高足克珠桑杰益西专门作此赞颂诗词：

随后依止彼师常求法，

① 该赞颂诗词引自克珠桑杰益西所著《嘉瓦罗桑顿珠传记层面所作祈愿·悉地生源》（རྒྱལ་བ་བློ་བཟང་དོན་གྲུབ་ལ་རྣམ་ཐར་གྱི་སྒོ་ནས་གསོལ་བ་འདེབས་པ་དངོས་གྲུབ་ཀུན་འབྱུང་ཞེས་བྱ་བ་བཞུགས་སོ།），居于《克珠桑杰益西文集》（藏文）之冠，扎西盖培寺木刻版，第3页下4－5行。

② 又名"པཎྜ་ཟུང་ཕུག"，坐落于温萨寺的东南方向，即今西藏日喀则市白朗县境内觉姆拉日神山沟。

③ 使让自己的导师欢喜的三种方式，即供养物资、恭敬侍奉、随从师意。

获赐善慧诀窍诸心要[1]，

成就耳传宝藏温萨巴，

罗桑顿珠座前作祈愿[2]！

复次，大成就者确吉多吉和嘉瓦温萨巴师徒二人为摄受卫藏地区及其有缘徒众，通过见、闻、忆、触等方式，有效结下能使成就当前与究竟利乐的殊胜因缘，故游学和参访各地，几乎踏遍了雪域高原的名胜古迹。最后，返回具莲圣地[3]（གྲུབ་པའི་གནས་མཆོག་པདྨ་ཅན།），长期遁入禅轮，专心修行。其后，大成就者确吉多吉将《幻化秘籍》[4]托付给嘉瓦温萨巴，严加密封。并且，特别嘱咐道："现今暂时断除世俗琐事，潜入非常寂静的山谷，专心修行为要。如此，圆满完成一切显密之道的修行，最终获得不退信心之后，方可将这一殊胜耳传教授为有缘高足予以传授"。这样，非常详细地教授了如何传授《幻化秘籍》的相关事宜。

随后，嘉瓦温萨巴谨遵大成就者确吉多吉的面授教诲，以及至尊觉巧巴桑也曾如此亲授的教戒，彻底断除对于世间八风喜怒哀

① （བློ་བཟང་གདམས་པའི་སྙིང་པོ་མ་ལུས་སྩལ།）这里的"བློ་བཟང་།"指宗喀巴法号"བློ་བཟང་གྲགས་པ།"之第一个词，即无任何遗漏地传授宗喀巴耳传心要。

② 该赞颂诗词引自克珠桑杰益西所著《嘉瓦罗桑顿珠传记层面所作祈愿·悉地生源》（རྒྱལ་བ་བློ་བཟང་དོན་གྲུབ་ལ་རྣམ་ཐར་གྱི་སྒོ་ནས་གསོལ་བ་འདེབས་པ་དངོས་གྲུབ་ཀུན་འབྱུང་ཞེས་བྱ་བ་བཞུགས་སོ།），居于《克珠桑杰益西文集》（藏文）之冠，扎西盖培寺木刻版，第3页下5－6行。

③ 又名"གྲུབ་པའི་གནས་མཆོག་པདྨ་འོད་ཀྱི་གཞལ་ཡས།"，似为前述"扎西宗噶普山沟里的噶日莫群宗寺"。这与南亚24座圣地真实相同，于此为何取名"具莲圣地"呢？尽管永增益喜坚赞对此专门作了解释，但在郭和卿的译本上写到"此段属密续法类，故删节之"，因此笔者也不敢妄议。参见永增益喜坚赞著《菩提道次第师承传记·佛法庄严无上宝鬘论》（藏文），拉萨：西藏人民出版社1990年版，第444页。

④ 又称"དཀའ་ལྡན་སྤྲུལ་པའི་གླེགས་བམ།"，此乃格鲁派殊胜耳传教授的秘密典籍。据说，最初由文殊师利传给宗喀巴和多麦朵旦巴绛白嘉措二人，宗喀巴将其传授权赐予多麦朵旦巴绛白嘉措，由此传给第六代甘丹赤巴帕索确吉坚赞，他传给大成就者确吉多吉，由其传给温萨巴罗桑顿珠，温萨巴又传给克珠桑杰益西，他又传给四世班禅罗桑确吉坚赞。这样秘密单传的殊胜法脉体系，可参见四世班禅著《格鲁派殊胜口传甚道师承略记·宝藏指南》（དགེ་ལྡན་བཀའ་བརྒྱུད་རིན་པོ་ཆེའི་ཟབ་ལམ་བརྒྱུད་པའི་རྣམ་པར་ཐར་པ་མདོར་བསྡུས་གཏེར་གྱི་ཁ་བྱང་ལྟ་བུ་བཞུགས་སོ།），该文收录于《四世班禅文集》（藏文第1册），北京：中国藏学出版社2009年版，第414－427页。

乐的分别性认识①(རྣམ་རྟོག རྟོག་པ།),平等对待世俗八风,不让滋生任何世俗之心。正如古德圣贤语录中所云:“高赞随风抛,诋毁付水流”,强制断除内外所有戏论(译者注:熊十力先生对于“戏论”作了这样的阐释:至理,本非戏论安足处所。譬如:西洋哲学上种种猜度、种种概念、各种安立,大都为戏论。故得龙树之旨而存之,不见而彰(参见《佛家名相通释》,上海:东方出版中心1996年版,第3页)。随后的“等引入定”,梵语名三摩呬多,指修习期间一心专注于补特伽罗无我与法无我之空性而平等引生的入定状态。对此,林镇国先生认为:所谓的神秘经验不是修瑜伽行的真正目的,其目的毋宁是如其所说的“吾入定观察,欲释深经”,入定是为了进行严格的哲学考察;倒过来说,哲学推理的严格性必须立基于清明的理性上,而这正是修定的主要功能(参见《空性与方法:跨文化佛教哲学十四论》,台北市:政大出版社2012年版,第101页)。)(སྒོམ་པ།)之后,在各地寂静之处入住甚道关要瑜伽,一刻都无散乱之心,通过勇猛进取、持续不断地惯于入定专修。这样长期住于金刚跏趺后,身上的肉都开始腐烂了。但是,嘉瓦温

① 历代印藏量理学家们从不同的维度,对分别性认识进行多角度的深入研究。我们仅从宗喀巴的研究成果来看,在分别性认识的结合方式上,可以分为结合名言分别性认识与结合意义分别性认识二类;从分别性认识的显境层面来说,可以分为唯显总声之分别性认识、唯显总义之分别性认识和兼显声义总相的分别性认识三类;对于分别性认识的意义及目标方面,可以分为具依名言之分别性认识、对他义增益之分别性认识和对隐蔽意义之分别性认识三者,其中后者又分为执因之心、比度识、缘过去分别性认识之忆念和欲现生成之分别性认识4类(科才慈智木编纂《雪域十明精粹大全》(藏文第4卷因明),北京:民族出版社2003年版,第63页)。除此之外,梵藏量理典籍中,还有从判断真伪而划分的相符义分别性认识与不符义分别性认识二类,以及从生起次第而分类的闻得分别性认识、思得分别性认识和习得分别性认识三类等等。然而对于认识事物更为重要的是认识的二分法中的无分别性认识和分别性认识。正如法称论师在《释量论第三现量品》所云:“睡眠或寤时,所有明显觉,彼即无分别。随于二时中,非尔即分别”(丹珠尔对勘本》(藏文第97卷),北京:中国藏学出版社2002年版,第552－553页;法尊译编《释量论·释量论释》,北京:中国佛教协会印行1982年版,第38、221页)。这就是说如同我们睡眠或醒寤之时凡明了显现实境或实际功能之觉,为是无分别性认识。随于眠寤以后的第二刹那之时发现:凡非如前所现,而不清晰明了显现之觉,为是分别性认识。但是,如梦境虽为无分别性认识,决非正觉量识,因为欺诳而错乱性认识即不符合事实。基于此,似现量有两种。因此无分别性认识,如果是不符合事实的错乱,亦非真现量。法称论师认为对于无分别性认识与分别性认识能够如此界定的背景,源自陈那在以《集量论第一现量品》中彻底否定古印度正理派、胜论派、数论派、伺察派为主的外道因明中主张的“现量分别性认识”等诸说的基础上重新定义现量,进而还提出:现量之声示三义,即量、识、境。其中量是真现量,其余识、境二者只是假立之名。境是现所量而假立现量之名。识由依根,与量相似而可假立现量之名(丹珠尔对勘本》(藏文第97卷),北京:中国藏学出版社2002年版,第5－8、65－89;33－36、260－283页;法尊译编《集量论略解》,北京:中国社会科学出版社1982年版,第10－28页)。所以,这里的无分别性认识是认识过程中的感性阶段,它主要包括感觉、知觉、表象。它对事物的反映是直接而透明的。分别性认识是对于自己认识对象的各种差别,排除所有非欲知的其他事物,而只认识自己欲知希求之事。故此,分别性认识是一种理性思维,处于认识的知性阶段。总之,无分别性认识与分别性认识就是指认识外界事物的不同方式,所有无分别性认识对于自己的认识对象不再通过成立形式予以认识,也就是肯定性认识;分别性认识对于自己的认识对象通过排除形式予以认识,也就是否定性认识。当然,佛教哲学各大流派关于分别性认识和无分别性认识有着不同的解读和阐释,在此囿于篇幅,无法详述。

萨巴只是涂上牛粪烧尽的细软之灰,不让他人治疗。以常人难以想象的毅力勤于修证,故不久使获得不观待正念和正知的勤勉之力而就能不分昼夜地持续禅修的定力。由此定力就能压伏现行贪欲染污的诸烦恼,进而次第清除不能心善的畏缩之心,并能随意安立对善之所缘。同时,体内所有能够投生恶趣的粗重风息气脉①(གནས་ངན་ལེན།),均能获得彻底遮止,从而在心中生起身心堪能之殊胜大乐。由此定力,如观察大山等,也能如是数清该山上所有极微尘之量②(རྡུལ་ཕྲ་རབ།)。据说,其透明度可达到如此精细的程度。

嘉瓦温萨巴暂住盖培寺期间,某日黎明拂晓之时从自己的舍内,未经门窗,直接穿越许多排房屋的多重墙壁,无碍而出。故此,当时凡有见此示现神通者,都叹为奇妙稀有!

又于某次,嘉瓦温萨巴遇到无人逾越的悬崖绝壁,故运神通飞越峭壁而行。此行被掌本顿珠扎西所见③(ཁང་དཔོན་དོན་བཀྲས།),故曰:"群杰啦,您竟能展示这般奇观!"并随即双手合十,前来顶礼。嘉瓦温萨巴急忙反问道:"你误认了谁?有何所见?"掌本顿珠扎西将方才所见情形,一一予以描述。温萨巴讲到:"吾岂能通过如此险

① 这有多层含义。第一取得恶趣之因,投生恶趣的生命体,即现在为苦依生命体,复引未来苦之生命体;第二身语意不堪能的粗重;第三烦恼习气,留存心相续中,能使颠倒性认识辗转增长的习气之力;第四堕罪,等等。

② 是集聚八尘实质之和合体,或八尘质之和合体,乃是构成物质世界的元素,即欲界之一极微尘粒子般中就具备地、水、火、风以及色、香、味、触8种。也就是说,通过地、水、火、风及其特性生成色、香、味、触的最为初始的最小实有单位,唯由本智慧力所能洞悉,而非凡夫五官的认知对象,故旧译微聚。这样微聚结合而成极微尘,进而连续递增7倍,即依次成为微尘、金尘、水尘、兔尘、羊尘、牛尘,最后为日光尘,这时才开始为我们凡夫五官所能感知。于是,弥底班智达在其《语言门论·斩惑利器颂》中讲到:"比如任何一个人,欲知色之诸差别,必先始于微尘等,性相无余谙熟后,微聚及其大尘义,属性无碍而精通。此时提出色属之,任何疑难诸问题,便可无畏而破解"(参见《丹珠尔对勘本》(藏文第109卷),北京:中国藏学出版社2005年版,第1837、1894页)。这就是说任何人研究物理现象,必须始于构成物质世界的元素——极微尘,从而逐一层层剥离各种极微元素的内涵与外延,直到常人五官所见之物。唯有如此,方可透彻物质构造结构及其本质属性。

③ 这里的"ཁང་དཔོན།"一词,或可直译为"房主"或"房东";其后"དོན་བཀྲས།"一词,似为"དོན་འགྲུབ་བཀྲ་ཤིས།"的简称。当然,仍有待斟酌、推敲。

要的陡岩峭壁,你似乎眼花了? 或者见此崖山神觉沃扎噶巴[1](ཇོ་བོ་བྲག་དཀར་པ།)在此行走呢?"

嘉瓦温萨巴 20 余岁时,在嘉瓦雍敦巴成就圣地黑色黄斑崖金刚宫殿中(译者注:这里的"རྒྱལ་བ་གཡུང་།"是指"རྒྱལ་བ་གཡུང་སྟོན་པ་རྡོ་རྗེ་དཔལ།",兰氏(ཧུས་ཐག།),1284 年出生于今夏鲁寺附近的集市宁玛派家庭,俗名"多吉本"(རྡོ་རྗེ་འབུམ།),自幼依止素氏强巴桑格门下,系统闻思宁玛派殊胜法脉体系,著有《密要论释明镜》(གསང་བ་སྙིང་པོའི་ཊཱི་ཀ་གསལ་བྱེད་མེ་ལོང་།)。其后,师从香巴释迦本,圆满听受大威德法脉,通达一切威猛事业。由于新旧金刚密乘方面功德显著,故年轻时就被元朝海山皇帝邀请至京。在京他组织 500 名密咒师举行为期三个月的"世间总堆大法会"(སྲིད་པ་སྤྱི་མདོས་ཆེན་མོ།),出现大量稀有奇妙之相,特别是对中原旱区降雨造福百姓。其后,雍敦巴只想潜心修证佛理,然而皇帝未允。无奈等到皇帝驾崩之后,离京返藏,所携带的物资随母捐赠给桑普寺、萨迦寺、绰普寺、夏鲁寺等寺院的僧众,从未分给任何亲朋好友。当时,其母命他不可无后,必须娶妻延续子嗣。故雍敦巴为了不违母意,娶妻生子后转交给母亲抚养,自己出家为僧,依止三世噶玛巴饶迥多杰(1284 - 1339 年)门下,圆满听受殊胜诀窍。在布敦仁钦珠(1290 - 1364 年)门下,潜心闻思时轮金刚,谙熟其义理。当然,雍敦巴仍然把大圆满法作为主攻的方向,获得殊胜证悟,并留下大量成就道歌。这期间雅德班钦弥旁工布宗主达杰(1299 - 1378 年)向卫藏各地发布了理论疑难问题却无人应答,这时雍敦巴特撰《辨密宗成佛与显宗成佛之差别》(སྔགས་ཀྱི་སངས་རྒྱས་དང་མཚན་ཉིད་ཀྱི་སངས་རྒྱས་གཉིས་ཀྱི་ཁྱད་འབྱེད་པ་ཞེས་བྱ་བ་བཞུགས་སོ།)寄去,使雅德班钦对他产生不退金刚之信,故携当时名震雪域的 15 位智者前去请教,并且拜雍敦巴为师,成为藏族教育史上的一段佳话。晚年,雍敦巴在群隆巴门下受比丘戒,取法号为"多吉白",几乎过着隐居的生活,重在修证。最终,于 1365 年圆寂,享年 82 岁。据《智者喜宴》中记载,雍敦巴著有广、略两种自传,然而笔者尚未找到,故笔者依据郭洛循努白著《青史》(上册),成都:四川民族出版社 1986 年版,第 189 - 191、858 页;巴卧祖拉陈瓦著《智者喜宴》(上册),北京:民族出版社 1986 年版,第 948 - 950 页;仁增晋美林巴著《旧译续藏编纂史》,成都:四川民族出版社 2008 年版,第 272 - 274 页中的略传编译而成。但在此值得注意的是,关于他们的生卒年,一世嘉木样协巴所著《佛历年鉴・金日光辉》中记载"生于 1287 年",而在《历算原理・能现光明》中记载卒于 1368 年。正如四世班禅罗桑确吉坚赞所著《雍敦日绰巴传记・奇妙海浪之声》中所云:"关于《青史》作者把嘉瓦雍敦巴出生和初受比丘戒的时间界定为木猴即猴年,然而我却以《嘉瓦雍敦巴自传》所载为准"(四世班禅文集)(藏文第 1 册),北京:中国藏学出版社 2009 年版,第 452 - 459 页)。所以,将来发现其自传后有待补充完善。此外,所谓"སྒྲུབ་གནས་བྲག་རྒྱ་བོ་རྡོ་རྗེའི་ཕོ་བྲང་།",在今日喀则市境内,藏传佛教后弘期宁

① 当地的一个山神之名,具体情况不得而知,有待考察。

玛派三素尔中的第二位素琼喜饶扎巴的修行成就之地也冠以“བྲག་རྒྱ་བོ་དགུ་འདུས།”之名，可直译为“黑色黄斑崖九聚圣地”。这里的“九聚”指此处聚集九座山、九眼泉水、九场草坪等，其“九”字意指大圆满九乘法。素琼巴在此修行成就后，史称“བདེ་གཤེགས་རྒྱ་བོ་པ།”。所以，雍敦巴成就之地“སྒྲུབ་གནས་བྲག་རྒྱ་བོ་རྡོ་རྗེའི་ཕོ་བྲང་།”与素琼巴成就之地“བྲག་རྒྱ་བོ་དགུ་འདུས།”很有可能指的是同一个地方。参见郭洛循努白著《青史》（藏文上册），成都：四川民族出版社 1986 年版，第 147－156、189－191 页；仁增晋美林巴著《旧译续藏编纂史》（藏文），成都：四川民族出版社 2008 年版，第 240－251、272－274 页。）（རྒྱལ་བ་གཡུང་གི་སྒྲུབ་གནས་བྲག་རྒྱ་བོ་རྡོ་རྗེའི་ཕོ་བྲང་།），通过修习具德密集教授中非常细微的关键要义，获得了殊胜证悟。由此，温萨巴就能无碍地背诵许多印藏先哲的诸多论典和佛说无量经典。关于这方面的事迹，其首席高足克珠桑杰益西专门作此赞颂诗词：

尔后不待久远刹那间，
成就圣地金刚宫殿中，
修证悟性炽燃温萨巴，
罗桑顿珠座前作祈愿①！

又云：

圆满语熟诸法词与义，
大乐美酒陶醉勇士舞，
独自翩翩起舞温萨巴，
罗桑顿珠座前作祈愿②！

复次，嘉瓦温萨巴无碍精通印度的俚语③和雅语④（ལེགས་སྦྱར་གྱི་

---

① 该赞颂诗词引自克珠桑杰益西所著《嘉瓦罗桑顿珠传记层面所作祈愿・悉地生源》（རྒྱལ་བ་བློ་བཟང་དོན་གྲུབ་ལ་རྣམ་ཐར་གྱི་སྒོ་ནས་གསོལ་བ་འདེབས་པ་དངོས་གྲུབ་ཀུན་འབྱུང་ཞེས་བྱ་བ་བཞུགས་སོ།），居于《克珠桑杰益西文集》（藏文）之冠，扎西盖培寺木刻版，第 3 页下 6 行至第 4 页上 1 行。

② 该赞颂诗词引自克珠桑杰益西所著《嘉瓦罗桑顿珠传记层面所作祈愿・悉地生源》（རྒྱལ་བ་བློ་བཟང་དོན་གྲུབ་ལ་རྣམ་ཐར་གྱི་སྒོ་ནས་གསོལ་བ་འདེབས་པ་དངོས་གྲུབ་ཀུན་འབྱུང་ཞེས་བྱ་བ་བཞུགས་སོ།），居于《克珠桑杰益西文集》（藏文）之冠，扎西盖培寺木刻版，第 4 页上 1－2 行。

③ 指古代印度一种非正式、较口语的民间用语。

④ 古印度学者们将语音、语法、语义等巧妙组合起来的善巧结构的语言。

སྐད།)等若干梵语。故某次前往香地①途中,经过“嘉波曲塔”②(རྒྱལ་པོ་ཚུ་ཐགས།)后与几位佐格③同伴而行,一路上嘉瓦温萨巴与印度的佐格们直接通过阿阇梨④(ཨ་ཙརྱ།)的俚语进行对话和交流,令同行的商贾们大为惊奇。

还有一次嘉瓦温萨巴赴绒地方向,当时萨迦法王多杰林巴⑤、强钦寺⑥的诸多论师、吉擦寺⑦的若干格西、达那寺⑧的自称大译师者均聚于喀茹顶之地⑨,关于声明⑩(སྒྲའི་བཤད་པ།)方面都在高谈阔论,并声称格鲁派中无人知晓声明学科。这期间嘉瓦温萨巴来到

① 坐落于雅鲁藏布江支流香曲河流域,十三世纪八思巴建立的十三万户之一,今日喀则市南木林县境内。

② 似为地名或一种仪式,具体有待考证。

③ 当时印度的某一外道派别,善于游访的瑜伽师。

④ 梵语的藏文撰写体,有三层含义。其一游学者;其二印度瑜伽师;其三丑角。这里指第一层含义,即游学者。在此基础上,引申为“轨范师”和“贤哲”等之意,也就是通过教授学子,使之行为端正合宜,而自身又堪为学子楷模之师,故有“导师”之意。正如现代教育中的“德高为范,学高为师”。

⑤ 从时间上看似为第二十一任萨迦派法王加央贡噶索朗扎巴坚赞(1485–1533年),其俗名为“多杰加索扎西坚赞”,史称“萨罗”即“萨迦译师”。参见四川省藏文古籍搜集保护编务院编《萨迦阿尼文集》(藏文第5卷),拉萨:西藏藏文古籍出版社2012年版,第125–149页。

⑥ 该寺初由嘉蔡仁钦贡(1118–1195年)和贡丹日巴(1148–1217年)昆仲于1171年建立绰普寺,他们二人的高足绰普译师强巴白(1173–1225年)邀请克什米尔班钦释迦释日(1127–1225年),其供品作为资金于1204–1214年间建立黄铜所制80肘高的慈氏大佛以及讲学院等,成为绰普噶举派的母寺。在此似乎指此寺,但还有一座“རོང་བྱམས་གླིང་བསམ་གྲུབ་བྱམས་ཆེན་ཆོས་སྡེ།”,在仁布诺桑的资助下,由向桑钦布雄努嘉确于1367年建立,共有德杰札仓、班觉岗札仓、夏日钦巴札仓、凌日顶札仓、罗布林札仓、钦康巴札仓、德瓦坚巴札仓等7个札仓,前4座为萨迦派,中间两座为博东所传法脉,最后一座为格鲁派。当然,这些札仓有分分合合之变迁,特别因戒律松散,后来五世达赖喇嘛时期大都改宗为格鲁派。参见第悉桑结嘉措著《格鲁派教法史》(藏文),北京:中国藏学出版社1991年版,第230页。

⑦ 全称应是“འབྲས་ཡུལ་རྫོང་དཀར་སྐྱེད་མོས་ཚལ་གྱི་ཆོས་གྲྭ།”,在仁布贡桑和诺桑的资助下,该寺由荣顿释迦坚赞的名扬四方的最后四位高足之一强钦然坚巴桑杰培(1411–1485年)于1449年在今西藏日喀则市仁布县的追域宗噶结梅丛寺建立讲辩学院,后由贡然巴索朗僧格继任堪布。参见四川宗萨寺康谢五明佛学院编《贡然帕索朗僧格文集》(藏文),北京:中国藏学出版社2013年版,第1卷第28–30、第8册第338–343、354–363页;四川宗萨寺康谢五明佛学院编《班钦释迦确丹文集》(藏文第16册),北京:中国藏学出版社2013年版,第224–225、262页。

⑧ 今西藏日喀则市谢通门县境内,该地区有不少寺院,故无法确定此处所指。参见索朗旺堆主编《萨迦、谢通门县文物志》,拉萨:西藏人民出版社1993年版,第145–188页。

⑨ 似为西藏日喀则市仁布县境内的地名,具体留待考证。

⑩ 在藏族传统教育体制下,古印度的声明学作为第一门外语传承至今,故在此也指声明学科的教学和辩论实践。

他们所在之处,通过梵语雅言宣读《般若八千颂》[①]的同时一并进行解说。其实,这些人的声明功底未达善境。因此,他们对于嘉瓦温萨巴宣读、讲解《般若八千颂》的内容,无论从理论还是方法各方面都无法找到任何瑕疵,自然也就难以进行反驳。于是,他们观察嘉瓦温萨巴头戴黄色班智达帽,身着布制三法衣,装束整齐威严,揣测定是格鲁派学僧。因而他们不由恼羞成怒,心生极大的瞋心,故诽谤到:“此乃现实的厉鬼无疑!”虽然他们通过这样难以忍受的恶语,如毒箭弹雨一般屡次攻击。但是,嘉瓦温萨巴早已成就忍辱圣心,就像身披百层黄金铠甲,故不受任何影响,淡然于心,从容于表,毫无动色,优雅自在。

他们当中有一位罗布林寺[②](ནོར་བུ་གླིང་ཀ།)的论师却讲到:“我们不能这般说他,他似乎是一位极其罕见的传奇人士”。随即洗净自己的碗,为温萨巴斟满了茶水,供其饮用。

在此对于这些顽固不化之徒,如果嘉瓦温萨巴使他们心生恐惧,本来完全可以显现“上身火焰朝天,下身喷水满地”(སྟོད་ནས་མེ་འབར་བ་དང་སྨད་ནས་ཆུ་འཁྲུག་པ་)等似是而非的神通,以及示现忿怒明王身相,甚至巍巍须弥山亦可化为灰烬。这样,本可显现无量威力和神通,然而这些凶狠粗暴之徒早已被猛烈的染污之魔深入其心,一时半会儿难以救治。为什么呢?正如他所言:“即使我变幻威力再大的神通显现于他们面前,对于此等无缘之众,不仅难以成就利乐之举,反而促成猛增颠倒性分别认识(译

① 《般若八千颂》,摄于一函,32 卷,约 256000 千词,参见《甘珠尔对勘本》(藏文第 33 卷),北京:中国藏学出版社 2007 年版,第 3-723 页。无论从语言表述还是哲学义理各方面看,正可谓是妙语连珠的鸿篇巨制。这些般若系列丛书内容归纳综合以后就出炉了慈氏怙主所造《现观庄严论》,成为藏传佛教学院中务必研习的五部大论的核心思想。

② 这似乎是前述“ངོར་བྱམས་སྒྲིང་ངམ་བྱམས་ཆེན་ཆོས་སྡེ།”下属的一座札仓之名,本来属于博东所传法脉,然后因戒律松弛而改宗为格鲁派。参见第悉桑结嘉措著《格鲁派教法史》(藏文)第 230 页,北京:中国藏学出版社 1991 年。

者注：在藏族量理摄类学中，属于非量识中的一类，即倒取自境的了别为颠倒识之性相，也就是说错乱于自身所执感受境的认识，譬如执声常之分别性认识和执白螺为黄色之无分别认识。这里所谓的“错乱于自身所执感受境的认识”，是指不能如实反映客观事物，愚昧迷惑而产生种种颠倒性认识（参见祁顺来著《藏传因明学通论》，西宁：青海民族出版社2006年版，第152、196－197页）。换句话说，就是指认识对象的内在本质和外在形式的感受认知过程中产生的失真现象。在古印度纳布达磨所著《返体摄略论释》中认为“诸法无我性颠倒识者外道，也就是说对于诸法无我性而言，颠倒性认识者主要是外道，即哲学主张相异而难以达成共识，故其认识相对于异己自然是颠倒识”（丹珠尔对勘本》（藏文第109卷），北京：中国藏学出版社2005年版，第1771页）。对此，从非量五分法或者心识七分法中，将颠倒识分为分别性颠倒识与无分别颠倒识两类。正如在《塞氏·摄类学》中所云：“非量识复分为三种，谓不了识、颠倒识和犹豫识……颠倒识复分为分别性颠倒识与无分别颠倒识二种。谓如见声为常之分别识与补特伽罗之我执分别识二者，应当是分别性颠倒识之事相。谓如视雪山为青色之根识与视阳焰为水之根识等，应当是无分别颠倒识之事相”。参见塞氏阿旺扎西著《因明学概要及其注释》（藏文），北京：民族出版社2009年版，第108－110页。）（ལོག་པར་རྟོག་པ།）——邪见。如同厉鬼缠身的病人，任何药物都无济于事”。基于这样的考虑，嘉瓦温萨巴决定离开此处而赴后藏[①]（གཙང་）。

此时大成就者确吉多吉门下众弟子中，圆满获得成就者共有10余人，而唯有温萨巴被视为首席高足。故此，大成就者确吉多吉亲自将《耳传集成》[②]（སྙན་བརྒྱུད་ཀྱི་བེའུ་བུམ་བཞུགས་སོ།）和《幻化秘籍》交到温萨巴手中。并且，在本尊和上师们俱在的会上庄严授权，荣登法太子之位。

大成就者确吉多吉为嘉瓦温萨巴圆满传授文殊师利宗喀巴的显密殊胜耳传诀窍之后，全权托付《幻化秘籍》，使其成为殊胜耳传

---

① 这里的“藏”与现代意义上的“后藏”似乎有一定的差异，因为历史上“藏”似乎仅限于今日喀则市拉孜县境内。由此观之，现在的“后藏”外延上远远大于当时的“藏”。所以，这里写到温萨巴从“绒”（རོང་）返回“藏”（གཙང་），实际上就是从以现今的日喀则市仁布县返回该市属拉孜县为例的其他地方。换句话说，仁布县当时似乎不属于“藏”区域。

② 这里的“སྙན་བརྒྱུད།”直译耳传，凡是耳传必须具备四项，其一法脉必有口授，其二口授必有诀窍，其三诀窍必有师承，其四师承必有加持。这里的“བེའུ་བུམ།”是指由若干口诀编写成册的集成，亦有直译为“册子”的。但是，大成就者确吉多吉传授给温萨巴的《སྙན་བརྒྱུད་ཀྱི་བེའུ་བུམ།》，正因为这是殊胜耳传秘籍，故其留存状况难以探寻。

法主。这些事迹为主题，其首席高足克珠桑杰益西专门作此赞颂诗词：

大成就者于自门生中，
无障本智慧眼明察时，
唯汝视为居冠温萨巴，
罗桑顿珠座前作祈愿①！

又云：

依次蒙师传位法太子，
并将幻化秘籍传于手，
圆满法统全托温萨巴，
罗桑顿珠座前作祈愿②！

复云：

上师本尊护法众神明，
彼时一致善于授权位，
名曰三界法王温萨巴，
罗桑顿珠座前作祈愿③！

---

① 该赞颂诗词引自克珠桑杰益西所著《嘉瓦罗桑顿珠传记层面所作祈愿·悉地生源》(རྒྱལ་བ་བློ་བཟང་དོན་གྲུབ་ལ་རྣམ་ཐར་གྱི་སྒོ་ནས་གསོལ་བ་འདེབས་པ་དངོས་གྲུབ་ཀུན་འབྱུང་ཞེས་བྱ་བ་བཞུགས་སོ།)，居于《克珠桑杰益西文集》(藏文)之冠，扎西盖培寺木刻版，第4页上2－3行。

② 该赞颂诗词引自克珠桑杰益西所著《嘉瓦罗桑顿珠传记层面所作祈愿·悉地生源》(རྒྱལ་བ་བློ་བཟང་དོན་གྲུབ་ལ་རྣམ་ཐར་གྱི་སྒོ་ནས་གསོལ་བ་འདེབས་པ་དངོས་གྲུབ་ཀུན་འབྱུང་ཞེས་བྱ་བ་བཞུགས་སོ།)，居于《克珠桑杰益西文集》(藏文)之冠，扎西盖培寺木刻版，第4页上3行。

③ 该赞颂诗词引自克珠桑杰益西所著《嘉瓦罗桑顿珠传记层面所作祈愿·悉地生源》(རྒྱལ་བ་བློ་བཟང་དོན་གྲུབ་ལ་རྣམ་ཐར་གྱི་སྒོ་ནས་གསོལ་བ་འདེབས་པ་དངོས་གྲུབ་ཀུན་འབྱུང་ཞེས་བྱ་བ་བཞུགས་སོ།)，居于《克珠桑杰益西文集》(藏文)之冠，扎西盖培寺木刻版，第4页上3－4行。

九、为清净徒众初转法轮

由此，嘉瓦温萨巴于成就殊胜之地具莲圣地，又名“莲花光明无量宫”①（པདྨ་འོད་ཀྱི་གཞལ་ཡས།），首次为清净徒众初转法轮。复次，参访众多成就之地，以非常隐蔽的方式，为信教大众广转许多法轮，从而使承继获得修行成就的高僧大德，遍布雪域高原所有寂静之处。这一切均源自嘉瓦温萨巴的语教授课的功德。

以嘉瓦温萨巴莅临殊胜成就圣地，为诸多清净徒众初转法轮的情形为主题，其首席高足克珠桑杰益西专门作此赞颂诗词：

诸如具莲圣地等多处，
为众普降深广法雨后，
遍地成就作者温萨巴，
罗桑顿珠座前作祈愿②！

十、守方凶神降伏记

这期间嘉瓦温萨巴无论莅临任何方隅，或修行于任何寂静之处，均逐一制伏寄住于这些地方的未曾驯化的山神，通过取其心藏命根，以明咒加以把控，使它们立下誓约，信守从此不作恶业的誓言。

某次嘉瓦温萨巴前往具莲圣地途中，被一只3岁公羊大③（ལུག་ཐོང་ཙམ།）的凶恶蝎子（译者注：又名“སྡིག་པ་ར་ཞག”或“སྡིག་པ་ར་ཙ།”，是蝎的一种。这在藏

---

① 又名“གྲུབ་པའི་གནས་མཆོག་པདྨ་ཅན།”，坐落于今西藏日喀则市白朗县境内的觉姆拉日神山（པ་སྣམ་ཇོ་མོ་ལྷ་རི།）上，此乃其师大成就者确吉多吉获证生圆次第的殊胜之地。参见永增益喜坚赞著《菩提道次第师承传记·佛法庄严无上宝鬘论》（藏文），拉萨：西藏人民出版社1990年版，第444页。

② 该赞颂诗词引自克珠桑杰益西所著《嘉瓦罗桑顿珠传记层面所作祈愿·悉地生源》（རྒྱལ་བ་བློ་བཟང་དོན་གྲུབ་ལ་རྣམ་ཐར་གྱི་སྒོ་ནས་གསོལ་བ་འདེབས་པ་དངོས་གྲུབ་ཀུན་འབྱུང་ཞེས་བྱ་བ་བཞུགས་སོ།），居于《克珠桑杰益西文集》（藏文）之冠，扎西盖培寺木刻版，第4页上4－5行。

③ 这里的关键词是“ཐོང་པ།”，是指三岁的公羊羔，包括山羊和绵羊。当然，作者写明了“ལུག་ཐོང”，而非“རང་ཐོང”，指的是约有3岁绵羊羔大的蝎子。令人遗憾的是，现有两种汉译本上均有误译现象，详情参见下一个注释。

文典籍中出现频率较高,而且是民间及其口语中也经常使用的词汇。但是,在郭和卿的译本上,译为"有一凶恶地神热金路通对大师示威作出可怖现象时",明显是没有看懂藏语"སྡིག་པ་ར་ཅན།"和"ལུག་གདོང་ཅན།"之意。同时,在钦则阿旺索巴嘉措的汉译本上,未能准确断句,故译为"遇一天凶恶地神'惹坚鲁'(ར་ཅན་ལུག 害羊魔)作恐怖威逼之状"。参见郭和卿的译本第604页、钦则阿旺索巴嘉措的汉译本第797页。)(སྡིག་པ་ར་ཅན།)挡住去路,并向他作出恐怖威逼之状。这时嘉瓦温萨巴却以三昧禅定的手印就地将其拴住,继而不动声色地从容前行而过,使其诡异变化自然消失,恢复原形。从此以后,该山神如约行事善举,譬如每当嘉瓦温萨巴因生计窘迫而打算离开此地时,就会发现岩羊肉等生活常用物资①(རྣ་རོ།)被置于禅房附近。嘉瓦温萨巴知此内情,故心想:于此常驻修行虽可大大增益,然有损于生灵。因此,决定离开此地,另寻他处。

据说,后来嘉瓦温萨巴住于温萨寺期间,觉母山神示现雪豹之相②(གསའ།),故意在众目共睹之下前来拜访。以这方面的情形为主题,其首席高足克珠桑杰益西专门作此赞颂诗词:

显现身语意之各种相,
降伏守方众神立誓约,
为众广作利乐温萨巴,
罗桑顿珠座前作祈愿③!

尔后,在嘉瓦温萨巴住于盖培山期间,随所现诸境均显现为乐

① 这里的关键词"རྣ་བ།",亦有写为"གནའ་བ།",是指岩羊或名野火羊。所谓"རྣ་རོ།"直译为岩羊尸体,但在此译为"岩羊肉"似乎更为妥当。但是,在郭和卿的译本上译为"羚羊尸肉"似乎不妥,因为只有藏语中的"གཙོད།"才能冠以"羚羊"之名。同时,在钦则阿旺索巴嘉措的汉译本上译为"常有山羊弃尸",这里的"山羊"指藏语"ར་མ།"或"ར།",而非"རི་དྭགས་རྣ་བ།"或"རི་དྭགས་གནའ་བ།"。参见郭和卿的译本第604页、钦则阿旺索巴嘉措的汉译本第797页。

② 是指一种白毛黑斑体,较猞猁略小的动物名,似为"雪豹"。

③ 该赞颂诗词引自克珠桑杰益西所著《嘉瓦罗桑顿珠传记层面所作祈愿·悉地生源》(རྒྱལ་བ་བློ་བཟང་དོན་གྲུབ་ལ་རྣམ་ཐར་གྱི་སྒོ་ནས་གསོལ་བ་འདེབས་པ་དངོས་གྲུབ་ཀུན་འབྱུང་ཞེས་བྱ་བ་བཞུགས་སོ།),居于《克珠桑杰益西文集》(藏文)之冠,扎西盖培寺木刻版,第4页上5–6行。

空无二之明的止旧行新的梵行度日，故当时无慧眼之徒广传“温萨狂士”①（སྨྱོན་པ།）。关于这样的情形，正如嘉瓦温萨巴所云：

一心祈愿上师及本尊，
凡作忆念立刻付实践，
犹如疯子狂士般行径，
速成佛果即是吾之宗。

上述内容是，首先一心向上师及本尊虔诚祈愿，凡心生各种念想，且不说向善的分别性认识，即使心中所生而忆念的贪欲等诸不善的分别性认识，也都转化为获证无上菩提之因及其方便。这样，凡作任何忆念，随念想生起的刹那间，立刻付诸于实践，如此勤于修行。从大多数人所闻所见方面来看，尽管显现出与对心中所生任何忆念不加甄别地付诸实践的疯子狂士相仿的一种行径。但是，为了利益众生，究竟正觉佛位速速获得圆满成就而修行的殊胜法门，乃是吾罗桑顿珠践行的宗风②。

又如嘉瓦温萨巴所云：

一心祈愿上师及本尊，
凡生缘起大都伴作善，
以此实践而现疯癫行，
独居静处乃是吾之宗③。

---

① 现在大多直译为“疯子”。然而梳理藏传佛教密宗史上的种种“སྨྱོན་པ”事迹及其特征，如果译成“狂士”，似乎更妥当。

② 这部分内容引自温萨巴罗桑顿珠所著《心要关键散论次第辨析・悉地生源》（སྙིང་པོའི་གནད་ཐོར་བུའི་རིམ་པར་ཕྱེ་བ་དངོས་གྲུབ་ཀུན་འབྱུང་ཞེས་བྱ་བ་བཞུགས་སོ།）第7页上5行至第7页下3行，参见《温萨巴罗桑顿珠文集》（藏文第1函）第2部，扎什伦布寺木刻版。

③ 这部分内容引自温萨巴罗桑顿珠所著《心要关键散论次第辨析・悉地生源》（སྙིང་པོའི་གནད་ཐོར་བུའི་རིམ་པར་ཕྱེ་བ་དངོས་གྲུབ་ཀུན་འབྱུང་ཞེས་བྱ་བ་བཞུགས་སོ།）第7页下5-6行，参见《温萨巴罗桑顿珠文集》（藏文第1函）第2部，扎什伦布寺木刻版。

这样，无论遇到任何顺逆诸缘，决不能拘泥于善恶顺逆之别，而以冒进的精神，必须压制这些心之所滋生。正如嘉瓦温萨巴对此所云："要么，必须具备彻底压制这些世间八风滋生的能力；要么，必须具有将这些世间八风为获证菩提之道的能力。当然，这有一位可以正确无误地引导的善知识。而且，还要被加以护持摄受。这是一项必不可少的极为重要的环节"①。

那时，嘉瓦温萨巴将上师及本尊瑜伽作为道之核心命脉，潜心修持显密一切关键要义摄为一体的道之精粹。这是显而易见的，因为这在他的文集中记述如下：

文殊师利座前顶礼！

如彼，首先修习共通之道，使自己的心续渐趋合宜，以至令导师满意。而且，认识和具足堪受清净灌顶甚深之道的根器，方才受持密乘誓约及戒律。其后，务必珍惜此时与他处领受的三律仪②（སྡོམ་པ་གསུམ།），并且如理遵守护持。在此基础上，通过修习四期（座）瑜伽的第一次第，逐渐生起圆满次第的殊胜证悟的善根趋于成熟。随后，循序渐进地激发殊胜圆满次第，修行双运之身，方才寻求一切经藏及续藏的关键要义必将成为一名补特伽罗成佛的有利因素的信心。这时自己不仅能够传承佛法的完整体系，而且能够全面而系统地传于他人。

---

① 这部分内容引自温萨巴罗桑顿珠所著《心要关键散论次第辨析·悉地生源》（སྙིང་པོའི་གནད་ཐོར་བུའི་རིམ་པར་ཕྱེ་བ་དངོས་གྲུབ་ཀུན་འབྱུང་ཞེས་བྱ་བ་བཞུགས་སོ།）第7页上4－5行，参见《温萨巴罗桑顿珠文集》（藏文第1函）第2部，扎什伦布寺木刻版。

② 译"三律仪"，主要有两层含义，其一为密乘、菩萨、别解脱三种戒律；其二为由欲界地所摄别解脱戒律、由色界地所摄静虑戒律、超三界而由大圣地所摄无漏戒律3种。该领域代表性论著有萨迦班智达贡噶坚赞所著《三律仪辩析》和克珠杰格列贝桑所著《三律仪摄义抉择品·佛宝洗涤》，参见萨迦文化研究室整理《中华大典·藏文卷·萨迦五祖文集》（第19卷），北京：中国藏学出版社2015年版，第1－88页；西藏色昭佛教古籍编委会整理《克珠格列贝桑文集》（藏文第8册），北京：中国藏学出版社2014年版，第148－371页。扎·巴珠对于"三律仪"所作出的通俗易懂的解释是，"出离心乃是别解脱戒，利他之心即是菩萨戒，净相之心便是密乘戒"，参见《巴珠文集》（藏文第1卷），成都：四川民族出版社2003年版，第278页。

达摩班智的语录①(དྷརྨབཛྲ།),罗桑笔受②,嘉瓦温萨巴罗桑顿珠这样逐字逐句地撰文,意在勉励其他信众也必须如此践行。明了这一点,显得极为重要。

十一、为圆融菩提道要,以达修行究竟而立誓

为了教导后世有缘化机,树立良好榜样,尤其是为了一切善行不被逆缘推向绝境,嘉瓦温萨巴祈请十方佛菩萨垂察作证,以求圆融菩提道要且达修行究竟而作出如下誓言:

南无咕汝布达博德萨埵白雅③(ན་མོ་གུ་རུ་བུདྡྷ་བོདྷི་ས་ཏ་བྷྱཿ)!

由谁心中稍作忆念故,
当即赐予一切悉地者,
洛桑扎巴以及能仁佛,
观自在等师承众面前,
得以照见轮回诸现象,
故用此生欲修成佛道,
名曰罗桑顿珠沙门我,
盖培山顶如此作请示。

往昔我于汝等莲座前,
此生远离世间诸客尘,

① 是梵语的藏文撰写体,指嘉瓦温萨巴的根本导师确吉多吉之名的梵语译名。这在藏文典籍中比较普遍,而且不限于人名梵语化,还有学科体系、文献分类、地名等等,特别是在藏文典籍的装帧形式和结构设计以及书首、正文、题记中随处可见。这些主要反映了藏文化源自古印度梵语文化体系。

② 这部分内容引自温萨巴罗桑顿珠所著《心要关键散论次第辨析 · 悉地生源》(སྙིང་པོའི་གནད་ཐོར་བུའི་རིམ་པར་ཕྱེ་བ་དངོས་གྲུབ་ཀུན་འབྱུང་ཞེས་བྱ་བ་བཞུགས་སོ།)第6页上5至第6页下3行,参见《温萨巴罗桑顿珠文集》(藏文第1函)第2部,扎什伦布寺木刻版。

③ 意为"顶礼上师及诸佛菩提萨埵"。藏族传统学者著述之首,向自己的师承敬礼的范式。

进而潜心修行妙正法，
虽然依此立下诸多誓。

然未断除细微之染垢，
故对立誓稍有违犯处，
至诚忏悔以求获宽恕。

复为诸尊生起欢喜故，
则由积累二资比丘吾①(ཚོགས་གཉིས།)，
随喜安乐之心如是云，
稀奇能善此言谨呈上。
今起误入歧途之因素，
亲眷侍友以及享受用，
此生无义恶行均舍弃，
住于无贪无瞋寂静处。
引向一切遍智之道因，
亲眷侍友以及享受用，
乃至修成究竟意乐故，
勤于如法善行而度日②。

这样，嘉瓦温萨巴立下了誓约。为了策励自我，又于某次嘉瓦温萨巴为自己特别撰文如下：

敬礼上师及怙主文殊师利！

妙龄童子善智贤慧汝，

① 是指福德资粮和本智资粮二者。在此囿于字数，故简称“二资”。

② 这部分内容引自温萨巴罗桑顿珠所著《为己劝诫·大乐宝藏等合编》(རང་ལ་གདམས་པ་བདེ་ཆེན་གཏེར་མཛོད་སོགས་ཐོར་བུ་སྐོར་བཞུགས་སོ།)第28页上3行至第28页下3行，参见《温萨巴罗桑顿珠文集》(藏文第1函)第4部，扎什伦布寺木刻版。

往昔习气觉醒余业者，
犹如第二释迦之仁王，
班钦扎巴顿珠莲座前，
虔诚恭敬之心作敬礼！

兹于猪年正月初十日①，
得以受持别解脱律仪，
身披褐黄法衣立威严，
圆满加入佛门之净土，
彼三者成于同一时间。

得以赐教广发菩提心，
六道众生识如父母心，
为了利益他人发行愿，
彼三者成于同一时间。

授予金刚妙乘之灌顶，
能使解脱道之生圆满，
地道金刚执持之果位，
彼三者成于同一时间。

堪称比佛稀有妙教授，
实为难得金刚密乘道，

（译者注：这一偈颂的主旨引自《宗喀巴自传究竟益乐》中的"在此关于圆满成佛道，甚深金刚乘与般若乘，二者之间相互对比后，密乘远胜后者极殊胜，犹如日月一般共称颂，尽管应许此句为真谛，然而彼乘究竟为何物？以此不作探究充智者，称此之辈视为具智者，岂有较彼更为劣根乎？极难值遇无上妙乘道，如此轻易抛弃真怪哉！故此尊胜成佛之妙乘，比佛更为希有金刚乘，成就二种悉地之宝藏，入彼竭力长期作研习（འདི་ན་རྫོགས

① 藏历第九饶迥木猪年一月十日，农历乙亥年，1515年，明武宗正德十年。

སངས་རྒྱས་སུ་བགྲོད་པ་ལ། །ཟབ་མོ་རྡོ་རྗེ་ཐེག་དང་ཕར་ཕྱིན་ཐེག །རྣམ་པ་གཉིས་ཡོད་གསང་སྔགས་ཕར་ཕྱིན་ལས། །ཤིན་ཏུ་ཁྱད་པར་འཕགས་པ་ཡིན་ནོ་ཞེས། །ཉི་མ་ཟླ་བ་ལྟ་བུར་ཀུན་ཏུ་གྲགས། །ཚིག་དེ་བདེན་པའི་ཚིག་ཏུ་འདོད་བཞིན་དུ། །ཟབ་མོའི་ཐེག་དེ་ཇི་ལྟར་བུ་ཞིག་ཅེས། །འཚོལ་བར་མི་བྱེད་མཁས་པའི་ཕྱུར་འཛིན་པ། །དེ་འདྲ་དེ་ཡང་ཤེས་རབ་ཅན་ཡིན་ན། །དེ་ལས་གཞན་པའི་དབང་པོ་རྟུལ་པོ་གང་། །ཤིན་ཏུ་རྙེད་དཀའ་གོང་ན་མེད་པའི་ལམ། །འདི་འདྲ་ཡལ་བར་འདོར་བ་ཀྱི་མའི་མཚར། །དེ་ཉིད་ཕྱིར་ན་རྒྱལ་བའི་ཐེག་པ་མཆོག །སངས་རྒྱས་ལས་ཀྱང་དཀོན་པའི་རྡོ་རྗེ་ཐེག །དངོས་གྲུབ་གཉིས་ཀྱི་གཏེར་གྱུར་ཟབ་མོ་དེར། །ཞུགས་ནས་འབད་པ་མང་པོས་རིང་དུ་སྐྱོངས། །)一段,参见色拉、大昭寺古籍搜集整理室编《宗喀巴文集》(藏文第 2 册),北京:中国藏学出版社 2012 年版,第 271 页。)

此道未来必然难得故,
应舍此生妙欲诸旧习,
赶赴佛陀称赞深山中,
如麟一般独自隐居时,
惯于反复静虑尤为重!
以此修习能使善慧汝①,
常立修行宝幢于世间,
尤其父续金刚密集王,
瑜伽母续胜乐总摄轮,
二者融入体内成一味!

无法估量智慧之枝叶,
正法宝幢十方发扬者,
如意宝及诸事成就之,
所愿均赐师前行敬礼,
获赐一切悉地而祈愿②!

---

① “དེ་ལྟར་སྒོམས་པས་བློ་གྲོས་བཟང་པོ་ཁྱོད། །”一句,在郭和卿的译本上译为“如是修行慧贤我”,这里的藏文“ཁྱོད”译为“我”明显有误,参见郭和卿的译本第 606 页。这是藏族传统学者把自己内在性格组合层层剥离、反观自身、剖析内心、认识自我的一种方法,将其作为主旨创作了大量文学作品——道歌。因此,在翻译过程中需要注意实际人称代词,不可随意转换,使其脱离本意。

② 这部分内容引自温萨巴罗桑顿珠所著《为己劝诫 · 大乐宝藏等合编》(རང་ལ་གདམས་པ་བདེ་ཆེན་གཏེར་མཛོད་སོགས་ཐོར་བུ་སྣོར་བཞུགས་སོ།)第 27 页下 3 行至第 28 页上 3 行,参见《温萨巴罗桑顿珠文集》(藏文第 1 函)第 4 部,扎什伦布寺木刻版。

十二、感恩一切遍智确吉多吉而吟咏道歌

当年秋季，嘉瓦温萨巴于盖培寺潜心修习上师怙主方便法门。某次为了舒缓专注修证的身心，登上禅房屋顶俯视四周发现，秋色美景，明镜清丽，犹如妙龄少女；一切方域，地空清澈，远离浊尘之垢；染着草木芳香的微风徐徐吹来，清凉爽快至极。这时大地宛如金汁沁入的翠玉宝石一般，光映全境；天空中央，晴空万里，如琉璃宝石一般碧蓝剔透，时而亦有云朵飘悠，如华盖庄严。尤其是白朗觉姆拉日①（པ་སྣམ་ཇོ་མོ་ལྷ་རི།）神山方向的上空，云雾缭绕，蒸腾的气流，宛如水银②（དངུལ་ཆུ།）光泽。并见缠绕在山顶上的云雾为缘起③（ཆགས་པ།），想起了自己的根本导师——远离诸世的遁世者一切智者确吉多吉尊者。因为当时大成就者确吉多吉之身成就虹化光明金刚身，其意幻化深广乐空不二之静虑，其语不断发出甚深生圆二次第之妙音，总为造福雪域高原的芸芸众生而庄严地安驻于这座觉姆拉日山。特别对于自己而言，关于第二佛陀宗喀巴所传甚深义理，亦可随意修习实践。而且，如今自己能够心向善法，尤其对于修证的关键要义略有领悟。这一切功德均源自至尊上师确吉多吉的恩赐，故念及此恩，心生极为强烈的虔诚之信而特作道歌如下：

---

① 指坐落于今西藏日喀则市白朗县境内的神山，此乃其导师大成就者确吉多杰的根本修行并圆满获证的圣地。

② 是化学元素周期表中的第80位“汞”，通常是银白色液体，俗称“水银”。在藏医中作为一种金属药物，有着15种独特的秘方。正如法称论师在《释量论第二成量品》中所云：“虽有身却细微故，或有些无阻碍性，如水银汁汞于金，不见为由决非无”，该配方源自古印度。其功能用作辟谷术药物，清瘟疫、敛脓及黄水、治病除魔的妙药。参见《水银炮制汇集》（藏文），北京：民族出版社2012年版，第5－530页；帝玛尔丹增彭措著《晶珠本草》（藏文），北京：民族出版社2005年版，第96－98页；毛继祖等译《晶珠本草》（汉译本），上海：上海科学技术出版社2012年版，第70页。

③ 有多层含义，这里应该指“རི་རྩེར་སྤྲིན་དང་ན་བུན་ཅུང་ཟད་ཆགས་པ་གཟིགས།”之意，故有“附着”或“形成”之意。但是，在郭和卿的译本上译为“温萨巴对此美丽的山峰略作留恋观望”，似乎把“ཆགས་པ་”解读为“贪恋”之意而译成“留恋”。此外，在钦则阿旺索巴嘉措的汉译本上似乎将这一段漏译了，参见郭和卿的译本第607页、钦则阿旺索巴嘉措的汉译本第800页。

南无咕汝玛哈噶喇雅①！

请于吾顶雄狮宝座上，
日月莲垫中央住师尊，
大悲近取之心关注度，
愿赐共与不共双悉地，
谷粒草木结果之秋季，
犹如琉璃般的晴空下，
蒸汽沸腾白如银光色，
见此情景促生忆师恩，
故二万一千毛发竖然，
感恩之泪湿润我眼眶，
放声高音之语作祈愿，
祈请加持我的身语意，
忆闻师名消除诸逆缘，
殊胜具德怙主无别师，
如今名副其实之彼师，
于觉姆拉日神山之上，
身成虹化光明金刚持，
口示甚深二次第喜宴，
意现深广大乐之境界，
总为雪域众生而呈祥，
尤其对于庸人洛桑我，
显密甚深广大诸义理，
随我所欲受用彼善举，

① （ན་མོ་གུ་རུ་མ་ཧཱ་ཀཱ་ལཱ་ཡ།）古梵语的藏文撰写体，意为“顶礼大黑天上师”。

均源自师尊所赐大恩,
具三恩吾师①举世无双,
内心感恩而特作祈愿,
愿此生以二次第瑜伽,
心续成熟解脱而加持②。

十三、会见遍智列巴顿珠

随后,嘉瓦温萨巴获得本智空行母的特殊授记,即“明日将与大成就者白追多杰③(གྲུབ་ཆེན་དཔལ་འབྲས་རྡོ་རྗེ།)的转世化身的班智达会面,对他无须隐秘,可将所有殊胜诀窍传授给他”。根据本智空行母所示授记,嘉瓦温萨巴在扎什伦布寺中,果然与遍智列巴敦珠④会面。由于他们彼此均具足殊胜的教证功德,因此一见如故,心意相契。

---

① (གསུམ་ལྡན་བླ་མ།)全称为“བཀའ་དྲིན་གསུམ་ལྡན་གྱི་བླ་མ།”。在藏族传统教育体制下,正如人们常诵的“无师之前,无佛之名;原始诸佛,依师而生”一般,把导师推崇到至高无上的地位,这跟藏族人民世代学习和传承人类优秀文明遗产有着密不可分的联系。因而把导师放在首位,其后依次排列佛、法、僧三宝,这在全民信仰佛教的民族中应该算是罕见的社会现象。同时在藏族传统教学模式中,教师讲授以《入菩萨行论》和《菩提道次第广论》为代表的论典书首导师礼赞时,针对“导师”一词必须阐明甚深正见的导师、广行道论的导师、实践加持的导师、亲结法缘的导师和三恩导师等五种师承的各自学统。这里的“三恩”,则从以下两个层面进行解读和阐释:第一从菩提显宗上看,指授予戒律(授戒)、传谕法脉(传经)、讲学经典理论(讲经)的善知识;第二从金刚密乘上看,指密宗的灌顶授权、传授诀窍、讲授续藏的金刚上师。

② 笔者在《温萨巴罗桑顿珠文集》木刻版中没有找到这一首偈颂,而见于四世班禅罗桑确吉坚赞所著《三位贤哲功德传略·夺取智者之意成就庄严》,参见《四世班禅文集》(藏文第1册),北京:中国藏学出版社2009年版,第377－378页。

③ 古印度的大成就者智布巴(གྲུབ་ཆེན་དྲི་ལ་བུ་པ།)的主要传承者之一,藏区的向桑达瓦坚赞、克珠循努顿珠、遍智列巴顿珠等,均属大成就者白追多杰的转世。参见《丹珠尔对勘本》(藏文),北京:中国藏学出版社1998－2004年版,第26卷第1372－1388页、第27卷第341－350页、第41卷第933－943页、第48卷第413－561页、第48卷第562－670页、第114卷第926－932页。

④ 应噶究巴列巴坚赞的祈请,温萨巴所著《མཁས་གྲུབ་ལེགས་པ་དོན་གྲུབ་ཀྱི་རྣམ་ཐར་གྱི་སྙིང་པོ་དངོས་གྲུབ་ཀུན་འབྱུང་ཞེས་བྱ་བ་བཞུགས་སོ།》《贤哲列巴顿珠传记心要·一切悉地生源》和《མཁས་གྲུབ་ལེགས་པ་དོན་གྲུབ་ཀྱི་གསང་བའི་རྣམ་ཐར་གྱི་སྙིང་པོ་དངོས་གྲུབ་ཀུན་འབྱུང་ཞེས་བྱ་བ་བཞུགས་སོ།》《贤哲列巴顿珠秘传·一切悉地生源》,收录于《温萨巴罗桑顿珠文集》(藏文第2函)中的《རྗེ་བླ་མ་སྐྱབས་མཆོག་དཔལ་བཟང་པོའི་རྣམ་ཐར་མཐུན་མོང་དང་མཐུན་མོང་མ་ཡིན་པ་དང་། ཀུན་མཁྱེན་ལེགས་པ་དོན་གྲུབ་ཀྱི་རྣམ་ཐར་སོགས་བཞུགས་སོ།》部分的第6页下4行至第9页上1行,以及密封部分第16部《བཀྲ་ཤིས་ལྷུན་པོར་བཤེས་གཉེན་ཐོན་པ་དང་འཐོན་འགྱུར་ཀྱི་བཤེས་གཉེན་ལུང་བསྟན་དངོས་གྲུབ་ཀུན་འབྱུང་བཞུགས་སོ།》第14页下1行至第20页下2行,扎什伦布寺木刻版。

在遍智列巴顿珠的祈请之下，嘉瓦温萨巴撰写了金刚密集和大威德导引。并且，还讲到：“这些论著将来成就大业，故此跋语由遍智列巴顿珠笔受”。当时，向外传为遍智列巴顿珠所著，而内部传承时皆知嘉瓦温萨巴所造。当然，现如今收录于《温萨巴文集》[①]，业已众所周知。当时，在扎什伦布寺的黄舍中撰写了关于如何抉择正见方面的大量道歌。譬如：

本来清净法界虚空中，
此起彼伏缘起如云丛，
正确理路之风观察后，
复次融入光明虚空性[②]。

总而言之，嘉瓦温萨巴与遍智列巴顿珠二位尊者情投意合，关于这方面的情形为主题，其首席高足克珠桑杰益西专门作此赞颂诗词：

本智空行母屡励之下，
与授记现实众贤智王，
方便智慧双运之缘起，
阐明佛法精要温萨巴，
罗桑顿珠座前作祈愿[③]！

---

① 《གསང་འདུས་དམར་ཁྲིད་ཀྱི་སྙིང་པོའི་མན་ངག་ལག་རྗེས་དང་བཅས་པ་བཞུགས་སོ།》和《དཔལ་རྡོ་རྗེ་འཇིགས་བྱེད་ཀྱི་ཟབ་ཁྲིད་ལག་རྗེས་དང་བཅས་པ་དངོས་གྲུབ་ཀུན་འབྱུང་ཞེས་བྱ་བ་བཞུགས་སོ།》，前者可译为《密集面授导引精义诀窍》，后者可译为《具德金刚大威德甚深导引 · 悉地生源》，参见《温萨巴罗桑顿珠文集》(藏文第2函)中的《具德密集所依坛城未颠倒能现 · 悉地生源》(དཔལ་གསང་འདུས་རྟེན་གྱི་དཀྱིལ་འཁོར་ཕྱིན་ཅི་མ་ལོག་པའི་གསལ་བྱེད་དངོས་གྲུབ་ཀུན་འབྱུང་ཞེས་བྱ་བ་བཞུགས་སོ།)第7页上4至第17页下6行、密封部分第1部第1页上1行至第16页下1行，扎什伦布寺木刻版。

② 这一偈颂笔者在《温萨巴文集》中尚未找到，而见于《四世班禅文集》(藏文第1册)，北京：中国藏学出版社2009年版，第378页。

③ 该赞颂诗词引自克珠桑杰益西所著《嘉瓦罗桑顿珠传记层面所作祈愿 · 悉地生源》(རྒྱལ་བ་བློ་བཟང་དོན་གྲུབ་ལ་རྣམ་ཐར་གྱི་སྒོ་ནས་གསོལ་བ་འདེབས་པ་དངོས་གྲུབ་ཀུན་འབྱུང་ཞེས་བྱ་བ་བཞུགས་སོ།)，居于《克珠桑杰益西文集》(藏文)之冠，第4页上6页至第4页下1行，扎西盖培寺木刻版。

这时嘉瓦温萨巴依照本智空行母的授记，将怙主文殊师利赐予宗喀巴大师的不共耳传诀窍系统以及《幻化秘籍》中所需部分授予遍智列巴顿珠。如今《温萨巴罗桑顿珠文集》中收录的《授记秘镜》中的若干篇章[①]（ལུང་བསྟན་གསང་བའི་མེ་ལོང་།），均来自于此时授予遍智列巴顿珠以及后来授予克珠桑杰益西的内容。

十四、受比丘戒

随后，嘉瓦温萨巴年满33岁的十月初八于具德哲蚌寺[②]（དཔལ་ལྡན་འབྲས་སྤུངས་ཀྱི་ཆོས་གྲྭ་ཆེན་པོ།），由仲敦巴嘉伟迥乃[③]（འབྲོམ་སྟོན་རྒྱལ་བའི་འབྱུང་གནས།）的转世化身一切遍智根敦嘉措[④]（ཐམས་ཅད་མཁྱེན་པ་དགེ་འདུན་རྒྱ་མཚོ།）作任授戒堪布，律藏论师拉旺仁钦[⑤]（འདུལ་བའི་སློབ་དཔོན་ལྷ་དབང་རིན་

① 至尊文殊师利亲自传于宗喀巴的授记，似乎均为口耳相传。根据本智空行母的授记，温萨巴把其中个别内容传于遍智列巴顿珠，从而将其略义逐渐付至笔端。但是，决不能广而告之，如木刻版每年只能刊印两本。所以，如今在进行藏文典籍数字化过程中，必须考虑这类文献并加以特殊处理。参见《温萨巴罗桑顿珠文集》（藏文第2函）密封部分第16部《བཀྲ་ཤིས་ལྷུན་པོར་བཤེས་གཉེན་སྟོན་པ་དང་འགྲོན་འགྱུར་གྱི་བཤེས་གཉེན་ལུང་བསྟན་ཞེས་བྱ་བ་བཞུགས་སོ།》第1页上1行至第20页下3行，扎什伦布寺木刻版；《四世班禅文集》（藏文第1册），北京：中国藏学出版社2009年版，第414－427页。

② 根据宗喀巴的指示，绛央却杰扎西班丹于1416年建立，从二世达赖喇嘛开始成为其驻锡地，进而建立甘丹颇章。曾有郭莽札仓、罗塞林札仓、德央札仓、律藏札仓、夏果札仓、嘉巴札仓和俄巴札仓等7个札仓，现为郭莽札仓、罗塞林札仓、德央札仓、俄巴札仓等4座札仓。其中，郭莽札仓有哈东、桑洛、夏珠、扎聂、曲桑、如彩、茄巴、阿里、松洲、迭部、达昂、鲁本、雄巴、斯瓦特、贡日等15座康村，而其中哈东康村就由措喀、霍尔、瓦秀、居茄、吐火、赞普、柯尔克、观隆、韦道、卓仓、朗巴、聂巴、格本、噶东等14座民村构成。罗塞林札仓有泽塘、斋霍、贡布、珞巴、木雅、聂日、丹玛、贡窝、察瓦等9座康村。参见西藏自治区社会科学院宗教所哲蚌寺志编委会编《哲蚌寺志》（藏文），北京：中国藏学出版社2009年版，第1－790页。

③ 1005年出生于今西藏拉萨市堆龙德庆区境内，年幼时赴多康丹玛地区依止喇嘛塞增和弥底班智达求学约20年，后赶赴阿里邀请阿底峡尊者至卫藏地区讲学，拜其为根本导师潜心闻思，并且，修建热振寺培养人才，创立了藏传佛教各派之源噶当派，于1064年圆寂，留下了大量传世经典。参见仲敦巴等编《噶当祖师问道语录》（藏文共2册），西宁：青海民族出版社1994年版。

④ 指二世达赖喇嘛（1476－1542年），格鲁派历史上寻访的第一位至高无上的转世活佛。从他开始移住哲蚌寺，为后来的甘丹颇章奠定了基础。参见西藏色昭佛教古籍编务会整理《二世达赖喇嘛·根敦嘉措文集》（藏文第1册），北京：中国藏学出版社2010年版，第1－63页；五世达赖喇嘛·阿旺洛桑嘉措等著《第一世至四世达赖喇嘛传》（藏文），北京：中国藏学出版社2012年版，第125－446页；陈庆英、马连龙等译《一世—四世达赖喇嘛传》（汉译本），北京：中国藏学出版社2006年版，第87－126页。

⑤ 似乎为当时哲蚌寺的一名高僧，留待考证。

ཆེན།)任羯磨师，哲蚌寺的领诵者任屏教师①(འབྲས་སྤུངས་ཀྱི་འདྲེན་ཆེན་ མོ།)，并于具信僧众数量齐全的中央圆满受持比丘戒，严格按照别解脱增上戒学之甘露盈满自心宝瓶。从此，嘉瓦温萨巴不仅不沾染自性堕罪②(རང་བཞིན་གྱི་ཉེས་པ།)，哪怕极其细微的支分遮戒③(བཅས་པའི་ཉེས་ པ།)，亦胜过珍惜自己的生命一般加倍守护，丝毫不让其染犯。

凡是雪域高原证道大德及其追随者们，大都执持出家之相以及身着三衣等出家人必需资具，通过禁止饮酒和过午不食而近取净水瓶，盛食而无罪之净水、接受被施器具等佛陀所制戒律悉数如是践行。然而有些人见此如法修行者，则于绵羊一般的愚昧徒众中间毫无迟疑地断然宣称："此乃小乘声闻部派的劣根者"。同时，还有一批被罪恶业力摧毁良知且由染污之魔所主宰的另类人，这些人将以瞋怒之火全面点燃心中的柴薪一般，将僧众分门别系，大肆宣扬不干不净的谬论，让内部不断挑起各种事端，使其走向分化瓦解，而自己则装出一副勇于超越如来佛亲自开示的戒律所受行为规范的界限，且认为这样就荣登了无上、至高妙道，并且，世上大众亦附和这般言行。如果我们反过来看嘉瓦温萨巴，尽管他早已步入成就得道的高位，然而始终铭记佛陀在大量显密经典中高度盛赞以及后世历辈权威贤哲大德们共同应许而一致赞颂的佛教根本核心别解脱戒，直至生命结束为止，哪怕极为细小的堕罪犯戒之垢也从未沾染，而始终如一地严守修持。

尔后，嘉瓦温萨巴来到拉萨大昭寺和小昭寺，在释迦牟尼佛十二岁等身像和释迦不动金刚佛八岁等身佛像前，为广泛增长佛教

---

① 当时担任哲蚌寺大会期间的领诵者。这里的关键词"གྲྭང་འདྲེན།"，旧译"维那师"或"悦众师"。

② 又名"རང་བཞིན་གྱི་ཁ་ན་མ་ཐོ་བ།"，佛陀虽未明示，但一经违犯自然构成堕罪，如杀、盗、淫、妄等为性罪。换句话说，不由佛制，本身即是罪大恶极的犯罪。

③ 又名"བཅས་པའི་ཁ་ན་མ་ཐོ་བ།"，佛陀在律藏中特意制定的罪过，如过午进食为遮罪。

和众生的利乐善举而特别作了清净祈愿。那时，还作了从叶纹柱内取出《柱间遗嘱》预阅之举①（བཀའ་ཆེམས་ཀ་ཁོལ་མ།），然见意义不大，故放置原处。当天晚上梦见：一位自称持律释迦师友的瑜伽士②（འདུལ་འཛིན་ཤཱཀྱ་བཤེས་གཉེན།），身披紫黑色熊皮裙，先赠与三朵盛开的妙音鲜花后讲到“现已圆满完成汝之事，可以返回后藏了”。此话一说完，就消失得无影无踪了。第二天早晨启程赴甘丹寺和热振寺等地朝拜，不料途中突患重病。因此忽然想起此举应征了昨夜梦兆，故此次勿行为上策，便踏上返程路上，不久染疾亦自然痊愈了。

回到拉萨后，转往色拉寺③（སེ་ར་ཐེག་ཆེན་གླིང་།），在一切遍智根敦嘉措门下，全面而系统地听受成就王母所传之长寿法导引④（གྲུབ་རྒྱལ་ལུགས་ཀྱི་ཚེ་ཁྲིད།）、长寿佛灌顶⑤（ཚེ་དབང་།）、别解脱经⑥（སོ་ཐར་གྱི་

① 即“རྒྱལ་པོའི་བཀའ་ཆེམས་ཀ་ཁོལ་མ།”，这是松赞干布所著《遗教》。同时，还有《明妃遗教》（བཙུན་མོའི་བཀའ་ཆེམས་དར་དཀར་གསལ་བ།）和《大臣遗教》（བློན་པོའི་བཀའ་ཆེམས་ཟླ་བ་འདོད་འཛོ།）等，当时形成了将其中有些内容凿刻在墙壁或摩崖上的习俗。当然，这里似乎指阿底峡尊者曾在此发掘的伏藏典籍《柱间史》。倘若如此，可参见阿底峡发掘《柱间史》（藏文），兰州：甘肃民族出版社1991年版，第1－321页；卢亚军译注《西藏的观世音》（汉译本），兰州：甘肃人民出版社2001年版，第3－310页。

② 此乃梦境所现，故不易考证。

③ 根据宗喀巴的指示，大慈法王释迦益西于1419年创建，坐落于今西藏拉萨市北郊。曾有嘉札仓、仲顶札仓、堆巴札仓等，后来合并为色系札仓、色麦札仓、色俄札仓。其中，色系札仓有哈东、桑洛、夏斋、斋霍、扎德、察瓦、珞巴、贡德、拉瓦、丹玛、白土、藏巴、杰茄、艾巴、聂巴、达波、泽塘等17座；而色麦札仓有玛聂、迭部、阿日、蔡朵、雄巴、叶巴、隆宝、波窝、贡日、察瓦、博达、木雅、达昂、嘉绒、藏巴、贡布等16座康村。参见洛桑群觉著《色拉寺志》（藏文），北京：中国藏学出版社2014年版，第1－1064页。

④ 全称“མ་གཅིག་གྲུབ་པའི་རྒྱལ་མོའི་ལུགས་ཀྱི་ཚེ་ཁྲིད།”，这一法脉由热琼巴多杰扎巴从印度传到藏区。根据帝普巴密乘之树的授记，热琼巴向成就王母供养大量黄金获此法，同时向帝普巴亦赐教了，其后热琼巴将此法敬献给米拉日巴，由此传承至今。如果就温萨巴的师承而言，从无量寿佛起，依次传给成就王母、帝普巴密乘之树、热琼巴多杰扎巴、米拉日巴、达布拉杰、帕莫竹巴、直贡觉巴久旦贡布、坚俄仁布切、嘉瓦永贡巴、坚俄仁布切、贡钦宿普巴、巴饶巴坚赞巴桑、更庆喜饶白桑、桑巴钦布次成白桑、阿旺扎巴、觉巧巴桑，一直传到温萨巴。同时，还有诸多不同的法脉传承系统，在此不予赘述。

⑤ 参见温萨巴所著《长寿殊胜教授汇编 · 悉地生源》（རྒྱལ་བ་བློ་བཟང་དོན་གྲུབ་ལ་རྣམ་ཐར་གྱི་སྒོ་ནས་གསོལ་བ་འདེབས་པ་དངོས་གྲུབ་ཀུན་འབྱུང་ཞེས་བྱ་བ་བཞུགས་སོ།），共收录20篇，有45叶，引自《温萨巴罗桑顿珠文集》（藏文第1函）最后一部第1页上第1行至第45页下第6行，由萨迦的扎西平措和米玛多杰二人编刻而成。

⑥ 全称为“སོ་སོར་ཐར་པའི་མདོ།”，汉译为“根本说一切有部戒经”或“别解脱经”，参见《甘珠尔对勘本》（藏文第5卷），北京：中国藏学出版社2006年版，第3－51页。

མདོ།)、宣法经①(ཆོས་སྒྲགས་ཀྱི་མདོ།),以及一切遍智自己文集中散论合编的所有口授传承②(ཐམས་ཅད་མཁྱེན་པ་རང་ཉིད་ཀྱི་གསུང་འབུམ་ཐོར་བུ།)。

复次返回后藏之后,于盖培寺堪布列巴洛珠门下③(དགེ་འཕེལ་མཁན་པོ་ལེགས་པའི་བློ་གྲོས།),圆满听受八关长净斋戒仪轨口授传承④(སྨྱུང་གནས་ཀྱི་ཆོ་ག)、本尊集咒的随许灌顶⑤(ཡི་དམ་མགོན་པོ་དབྱེར་མེད་ཀྱི་རྗེས་གནང་།)、上师怙主无别的随许灌顶⑥(བླ་མ་མགོན་པོ་དབྱེར་མེད་ཀྱི་རྗེས་གནང་།)、药师王经口授传承⑦(སྨན་བླའི་ལུང་།)等法脉传承系统。

此外,还于某时赴塞顶寺⑧(གསེར་སྡིངས།),依止班钦绛曲洛珠门下⑨(པཎ་ཆེན་བྱང་ཆུབ་བློ་གྲོས།),圆满听受以《具德密集根本续明灯》⑩(དཔལ་གསང་བ་འདུས་པའི་རྩ་རྒྱུད་སྒྲོན་གསལ་ཞེས་བྱ་བ་བཞུགས་སོ།)所有支分为首的金刚密集大圣龙树所传教授及殊胜诀窍等所有支分系列(译者注:在印藏密宗史上,金刚密集方面主要有两大传承体系。其一龙树所传系统,称为大圣密集系

① 这样书名相同的佛典在《甘珠尔》中尚未发现,有可能是异名或章节名称或未藏译本,故有待进一步检索。

② 正如前述“一切遍智根敦嘉措”,是指二世达赖喇嘛。这里的“གསུང་འབུམ་ཐོར་བུ”,参见西藏色昭佛教古籍编务会整理《二世达赖喇嘛·根敦嘉措文集》(藏文第1-6册),北京:中国藏学出版社2010年版。

③ 担任香朵日熬盖培寺的第七代堪布,参见第悉桑结嘉措著《格鲁派教法史》(藏文),北京:中国藏学出版社1991年版,第232页。

④ 参见温萨巴所著《大乘布萨长净斋戒受持仪轨·悉地生源》,引自《温萨巴罗桑顿珠文集》(藏文第1函),扎什伦布寺木刻版,第39部。

⑤ 似为本尊心要明咒合集之类书籍的随许灌顶,然笔者尚未发现这方面的史料,留待补充完善。

⑥ 温萨巴著有30余部关于“上师怙主无别成就方便法”方面的论著,均收录于《温萨巴罗桑顿珠文集》(藏文第2函)最后部分《བློ་བཟང་བཀའ་འབུམ་ལས་ཆོས་སྐོར་སྒྲུབ་སྐོར་བཞུགས་སོ།》第1页上1行至第87页上4行,扎什伦布寺木刻版。

⑦ 全称为“འཕགས་པ་བཅོམ་ལྡན་འདས་སྨན་གྱི་བླ་བཻཌཱུརྱའི་འོད་ཀྱི་སྔོན་གྱི་སྨོན་ལམ་གྱི་ཁྱད་པར་རྒྱས་པ་ཞེས་བྱ་བ་ཐེག་པ་ཆེན་པོའི་མདོ་བཞུགས་སོ།”收录于《甘珠尔对勘本》(藏文第87卷),北京:中国藏学出版社2008年版,第814-838页。该典籍的口授传承,至今仍传承不断,尤其是《甘珠尔》口授传承,仍是藏医学者不可或缺的传承体系。

⑧ 似为雄努奥所建“རྒྱང་ཏ་གསེར་སྡིངས་དགོན།”,赴扎什伦布寺继续深造。该寺的金刚密集和大威德的修习仪轨,与麦举下密院比较接近。参见第悉桑结嘉措著《格鲁派教法史》(藏文),北京:中国藏学出版社1991年版,第251页。

⑨ 笔者尚未发现其生平传记,留待补充完善。

⑩ 这是依据佛说密集而龙树所造,后来月称等著有注疏,参见《甘珠尔对勘本》(藏文第81卷),北京:中国藏学出版社2008年版,第289-579页;《丹珠尔对勘本》(藏文第15卷),北京:中国藏学出版社1996年版,第3-1416页。

统（འདུས་པ་ཡེ་ཤེས་ཞབས་ལུགས།）；其二佛智所传系统，称为佛智密集系统（འདུས་པ་འཕགས་པའི་ལུགས།）。他们各有特点，遂成为两派。参见《丹珠尔对勘本》（藏文第15－23卷），北京：中国藏学出版社1996－1998年版。）（འདུས་པ་འཕགས་པའི་སྐོར།）。

那时，还到乃宁寺附近的岳地①（གནས་རྙིང་ཡོལ།），于阿里译师朗嘉门下②（མངའ་རིས་ལོ་ཆེན་རྣམ་རྒྱལ།），潜心听受以四种极为隐秘的殊胜教授③（སྦ་བཞིའི་གདམས་པ།）和胜乐金刚四座④（བདེ་མཆོག་གདན་བཞི།）为代表的续藏方面的无边甚深不共教授。该师曾于克什米尔赤丹⑤（ཁ་ཆེ་ཁྲི་གདན།）之地遇见金刚智布巴大师的一位具有殊胜悉地之亲传高足⑥（སློབ་དཔོན་རྡོ་རྗེ་དྲིལ་བུ་པ།），被摄受后获其加持。尤其是通过不共法缘，第二佛陀宗喀巴显现于彼面前，继而获得无量殊胜诀窍的一位瑜伽自在王。复次，基于若干特殊因缘，嘉瓦温萨巴还从众多贤哲大德座前，广泛听受了各种甚深而广大教授，使其成为一切佛典理论传承之主。

这样，嘉瓦温萨巴成为整个佛教之主，特别是还成为至尊文殊菩萨亲自授予第二佛陀宗喀巴的所有殊胜耳传教授及其诀窍的唯一法主。关于这一点，嘉瓦温萨巴本人亦默认不讳。正如他自己所云：

---

① 这里的“གནས་རྙིང་།”是乃宁寺，始建于吐蕃时期，今坐落于西藏日喀则市康马县南尼乡境内。其后的“ཡོལ།”，是藏族古代一个重要的姓氏，阿底峡尊者从阿里来到卫藏途经此地时岳敦确吉旺秋（ཡོལ་སྟོན་ཆོས་ཀྱི་དབང་ཕྱུག）三兄弟前去拜访，根据他的授记，并征得原址主人觉塞普巴培的同意后，约于1046年建立了拥有僧众的乃宁寺。因此，岳敦确吉旺秋是历代乃宁寺堪布之首，从此以噶当派理论作为乃宁寺研习的圭臬。随后，委任岳敦确吉旺秋的高足斋·喜饶巴尔（འབྲི་ཆེན་ཤེས་རབ་འབར།）为堪布，共传80代堪布。参见百慈藏文古籍研究室编《觉囊多罗那他文集》（藏文第44卷），收录于《年域上中下三区妙语善说·智者入门》，北京：中国藏学出版社2008年版，第25－27、65－66、78－90、125－126、186页；郎卡等编《后藏乃宁教史》（藏文），拉萨：西藏藏文古籍出版社2011年版，第1－395页。

② 笔者尚未发现其生平传记，留待补充完善。

③ 密宗圆满次第中殊胜教授。

④ 这里指续藏中的胜乐、金刚四座，收录于《甘珠尔对勘本》（藏文第77－80卷），北京：中国藏学出版社2008年版；《丹珠尔对勘本》（藏文第8－13卷），北京：中国藏学出版社1995－1996年版。

⑤ 当时克什米尔境内的一个地名，盛产藏红花。但是，具体位置留待考证。

⑥ 古印度成就者，参见温萨巴所著《智布巴所传具德胜乐总摄轮灌顶仪轨·悉地生源》《智布巴所传胜乐金刚祈愿吉祥颂词》《智布巴所传薄伽梵胜乐总摄轮身之坛城的圆满次第之五次第甚深面授导引·悉地生源》等论著，引自《温萨巴罗桑顿珠文集》（藏文第1函）第14、18、19部，扎什伦布寺木刻版。

居文殊心传高足之首，
世称洛桑扎巴之彼师，
语录心粹耳传的承继，
如今世上仅剩我独有①。

简而言之，嘉瓦温萨巴于17岁至42岁之间，在黑色黄斑崖金刚宫殿、万玛日大食朗钦②（དབེན་སྨར་སྟག་གཟིག་སྒང་ཆེན།）、郭扎③（ཀོ་བྲག），尤其于白朗觉姆拉日神山等寂静山林，隐居专心静修为要。正如致予法王阿旺扎巴④（ཆོས་རྗེ་ངག་དབང་གྲགས་པ།）的书信中所云："我常怀'倘若一月或两月内不死，必须为此生的往生去处做好计策；倘若一年或两年不死，则必须为实现生生世世的终极目标而奠定良好根基'这样的理念，从17岁至今，将修持安驻清净律仪的妙乘禁戒梵行的印藏大都善巧成就大德们的语录精要和名副其实的殊胜教授作为至死不渝的意念和希求，从未舍弃，始终勤于实践"。嘉瓦温萨巴这样极为猛烈地长期用功修行之后，若问究竟获得何种果

---

① 这部分内容引自温萨巴罗桑顿珠所著《为己劝诫·大乐宝藏等合编》（རང་ལ་གདམས་པ་བདེ་ཆེན་གཏེར་མཛོད་སོགས་ཐོར་བུ་སྐོར་བཞུགས་སོ།）第26页下4－5行，参见《温萨巴罗桑顿珠文集》（藏文第1函）第4部，扎什伦布寺木刻版。

② 卫藏地区的地名，具体位置留待考证。

③ 钦则阿旺索巴嘉措的汉译本上译为"卓扎殊胜者（སྒོ་བྲག་ཁྱད་པར་བཟའམ།）"，犯了两个错误。其一将藏文"ཀོ་བྲག"误写为"ཀོ་བྲཀ"；其二，地名"ཀོ་བྲག"与随后表示"尤其"之意的"ཁྱད་པར།"未能分开。并且，"ཁྱད་པར།"之后又擅自增加了"བཟའམ།"，始终未能很好断句。这样的话，该句汉译必然有误，参见钦则阿旺索巴嘉措的汉译本第805页。

④ 格鲁派历史上与此同名的学者较多，时间上比较接近的是色拉寺色系札仓第二任堪布阿旺扎巴，他是第五任色拉寺赤巴贡钦洛珠仁钦僧格的弟子。参见洛桑群觉著《色拉寺志》（藏文），北京：中国藏学出版社2014年版，第48－52、263－264页。但仍有待考证，因为《四世班禅自传》所载"1586年群杰阿玉巴长老仁布切阿旺扎巴圆寂（ཆོས་རྗེ་ཨ་ཡུ་བ་བགྲེས་པ་རིན་པོ་ཆེ་ངག་དབང་གྲགས་པ།），克珠桑杰益西师徒匆忙赶往向普之地"。还在他的另一部《三位贤哲功德传略·夺取智者之意成就庄严》跋语中讲到"阿玉尼群杰所著《嘉瓦罗桑顿珠传记》（ཨ་ཡུ་ནས་ཆོས་རྗེས་མཛད་པ།）作为依据……写成"。这两部中的"ཆོས་རྗེ་ཨ་ཡུ་བ།"和"ཨ་ཡུ་ནས་ཆོས་རྗེ།"是否指同一人呢？如果从《四世班禅自传》中所云："克珠桑杰益西师徒匆忙赶往向普之地"来看，所谓"香普"（ཤངས་ཕུ།）地区的香博陀寺（ཤངས་སྤོར་ཐོག）历任堪布中，相继出现了"晋美阿旺扎巴"和"堆增阿旺扎巴"二人，是否与此有关联？暂时还难以界定。参见《四世班禅文集》（藏文第1册），北京：中国藏学出版社2009年版，第15、411页；第悉桑结嘉措著《格鲁派教法史》（藏文），北京：中国藏学出版社1991年版，第233页。简而言之，在温萨巴的文集中，在阿旺扎巴的策励下，写成的论著很多，以此为线索探寻其身世，有一定的帮助。

位？其答案，正如嘉瓦温萨巴所云：

雪域之中具缘之首徒，
名称罗桑顿珠之此人，
修此殊胜无上之妙道，
此生此世获得佛果位①。

如是所云，实为思不周遍的秘传。

十五、在卫日山顶上建立温萨寺

从此以后，嘉瓦温萨巴将在有生之年游走于远离大众人士所见所闻的极为幽静的各大名山古迹中遁世修行，并以此付诸实践。某时，在寂静处入定静虑修证的黎明拂晓之时，随着威力十足的巨响发出，其身后供奉的护法怙主的画像似乎开言道：

二十四座圣地空行主②，
伟大勇士安驻于此处，
犹如水莲之中白莲花，
愿隐蔽勤修而被加持③。

如此具有殊胜加持力的护法怙主的画像，后来一直供奉于温萨寺的护法殿。

这样，根据本尊与上师的授记，嘉瓦温萨巴于卫日山顶上建立

① 这部分内容引自温萨巴罗桑顿珠所著《为己劝诫·大乐宝藏等合编》（རང་ལ་གདམས་པ་བདེ་ཆེན་གཏེར་མཛོད་སོགས་ཐོར་བུ་སྐོར་བཞུགས་སོ།）第26页下3-4行，参见《温萨巴罗桑顿珠文集》（藏文第1函）第4部，扎什伦布寺木刻版。

② 藏语"ཉི་ཤུ་རྩ་བཞིའི་མཁའ་འགྲོའི་གཙོ།"根据以《佛说具德胜乐瑜伽母续王》和布敦仁钦珠所著《胜乐金刚源流》以及六世班禅班丹益西所著《香格里拉界说》为代表的金刚密乘史来看，有24位空行母、24位勇士、24座圣地等。它们之间又有紧密联系，故难以确定此偈句的所指。参见《甘珠尔对勘本》（藏文第80卷），北京：中国藏学出版社2008年版，第469-470页；东噶洛桑赤列编纂《东噶藏学大辞典》（藏文），北京：中国藏学出版社2002年版，第1224-1225、1277页。

③ 参见《四世班禅文集》（藏文第1册），北京：中国藏学出版社2009年版，第383页。

了温萨寺。其后,多康、阿里、卫藏等各地纷纷前来求学的有缘徒众,屡转甚深而广大法轮。那时,前来求学的众弟子完全以虔诚之信发起敬仰之心,从远方各处奉献的供品资财络绎不绝,成为学僧们的最胜供养福田。然而即使这些供品堆积于温萨巴面前,亦视其如粪土一般,分文不受。正如嘉瓦温萨巴自己亲口所云:

古昔之米拉日巴尊者,
今日之罗桑顿珠二位,
除去日常必用衣食外,
守持物质财富无所用。
对于即生修成佛果位,
善于安驻如是净行中,
远离贪瞋而往幽静处,
愿暇满人身取义为要①。

如是所云,嘉瓦温萨巴承载着瑜伽自在之王米拉日巴尊者弘扬和传播文殊师利宗喀巴的殊胜教法之愿,再次转世来到人世间。为此,他的此生特意执持剃度、披褐色法衣等出家僧人之相,以便完成这项使命。所以,嘉瓦温萨巴对此生的名声远闻、以利养身为例的世间八风,绝无点滴沾染。而如《密集根本续》中所云:

广袤阿兰若为胜处②,
花果丰饶而庄严故,
人居山林寂静之处,

① 这部分内容引自温萨巴罗桑顿珠所著《为己劝诫·大乐宝藏等合编》(རང་ལ་གདམས་པ་བདེ་ཆེན་གཏེར་མཛོད་སོགས་ཐོར་བུ་སྐོར་བཞུགས་སོ།)第26页下1-3行,参见《温萨巴罗桑顿珠文集》(藏文第1函)第4部,扎什伦布寺木刻版。

② 藏语"དགོན་པ་ཆེན་པོ།",源自梵语"ཨ་རཎྱ།",旧译"阿兰若"或"阿练若",是指离村庄二公里以上的幽静之处。历史上这样的寂静处所,只有佛教僧众的修习场所。因此,通过该词引申出"寺院"之意。但是,在此应该指广阔的寂静之处,亦可暗指寺院。

利于修成一切悉地①。

如上偈句所述，嘉瓦温萨巴长期安驻于古昔大德贤士们彻底远离的散漫放逸的闹市而一心专注修行成就的各大圣地，系统修习显密双轨的圆融道体使得究竟。其中，对于道之共通的出离心、菩提心、清净正见等（译者注：这是在阿底峡尊者所著《菩提道灯论》的基础上，由宗喀巴融合以古印度的龙树为首的二胜六庄严的经典理论，对于佛学理论体系作出的开创性贡献。该思想系统论述于《菩提道次第广论》，其主旨高度凝炼后形成了《论道之三要》。其中，首先通过由衷而彻底生起出离心，其次广发菩提心，最后落到证悟无我而圆满获得本智正见的实处。迄今为止，这是解说最为彻底而圆融的善说，特别是该论倒数第三偈颂“何时彻灭有此彼无心，甫见不欺缘起性空时，破灭认识执取诸感受，方才圆满正见观察矣”（宗喀巴洛桑扎巴文集》第 2 函，收录于《宗喀巴作品拾零》（藏文），西宁：青海民族出版社 1987 年版，第 345 页），实为一字千金亦难得之嘉言。为什么这样讲呢？因为宗喀巴真实抉择而且如是解说空前绝后，藏传佛教历代学者被誉为缘起性空理论的万代宗师之冠。正如多识教授所言：宗喀巴大师的每部论著如纯金打造一般，不说一句没有佛经根据的话，不说一句不合乎逻辑的话。这就是宗喀巴大师开创的传统，经过历代贤哲的千锤百炼而成的千部论著（多识仁布切：《中观应成派见解难点解说》，兰州：甘肃民族出版社 2013 年版，第 171 – 173 页）。这里的“圆满正见之观察”，是指人们通过经典理论的闻思所证悟的正见，亦只能达到以抽象概念为特征的思辨性理解，分别性智慧范畴的觉悟，无法达到无分别现观本智的直觉体验。若欲超越抽象性的分别思维，直入无分别现观本智的直觉体验状态，则须长期的入定观修，绝对不能仅靠对性空的理解。因为绝无戏论的究竟真理，并非抽象的语言和概念能够无余表达（多识洛桑图丹琼排译释《佛理精华缘起理赞》第 359 页，成都：四川民族出版社 2000 年），也就是所谓“心行灭，言路断”。所以，现代藏族著名学者根敦群培感叹道：越是接近事物之本性，智者的言语越显无力；自性甚微细小诸法性，先哲称其不可思议也（奔嘉编《更敦群培文集》（藏文下册）第 517 页，成都：四川民族出版社 2010 年）。藏传佛教哲学为何把“圆满正见”提升至如此至高呢？正如法称论师在《释量论第一为自比量品》之首所云“若欲分辨真实与非真实，必须依靠比量故”（丹珠尔对勘本》（藏文第 97 卷），北京：中国藏学出版社 2002 年版，第 900 页），特别在《量理明论》的开场白就是“若分辨利益与不利、得绳与舍离，正智必须先行。故此，为了向不明正智者教授该理而特着此书。所谓正智本有二种：《集量论》中云：谓现量及比量”（丹珠尔对勘本》（藏文第 97 卷），北京：中国藏学出版社 2002

① 从现有《甘珠尔》中收录的《密集根本续》来看，此偈句为“དགོན་པ་ཆེན་པོའི་ས་ཕྱོགས་མཆོག །མེ་ཏོག་འབྲས་བུ་སོགས་ཀྱིས་བརྒྱན། །རི་བོ་སྐྱེ་བོས་དབེན་པ་རུ། །དངོས་གྲུབ་ཐམས་ཅད་བསྒྲུབས་པ་བསྒྲུབ།”。故笔者以此汉译而成，参见《甘珠尔对勘本》（藏文第 81 卷），北京：中国藏学出版社 2008 年版，第 332 – 333 页。

年版,第614页),尤其是《量理滴论》之首所云:“所谓‘正智’,是人们成就一切事业务必先行者,故在此明示。所谓‘正智’有二种,即现量与比量”(丹珠尔对勘本》(藏文第97卷),北京:中国藏学出版社2002年版,第812页)。人类的一切苦难都源自不正确的思想观念。正所谓:未来是一群正知、正念、正能量人的天下,真正的危机不是金融危机,而是道德与信仰的危机。谁的福报越多,谁的能量越大。与智者为伍,与良善者同行,心怀苍生,大爱无疆。所以,藏传佛教学院式的闻思修三业的主要目标是从根本上清空这种颠倒性的错误观念,最终通过还原的方式建立本智正见。如果放弃这个根本性问题,把精力消耗在念诵佛号之上而欲求解脱,就像缘木求鱼,舍本逐末。正如《妙法莲华经》中所云:佛陀出世就是为了做一件大事,这就是揭开世界的真实面貌。佛说八万四千法门,都是由此而拓展(甘珠尔对勘本》(藏文),北京:中国藏学出版社2007年版,第50卷第345–736页,第51卷第3–427页)。同时,佛教诸派都一致认为戒律是德行的根本保障,然而释迦牟尼佛对此开示道:在戒行和生命二者中,只能遴选个中之一时,务必舍命保戒;在戒行和正见二者中,只能遴选个中之一时,只有舍弃戒行,决不能放弃正见(多识仁布切著《中观应成派见解难点解说》,兰州:甘肃民族出版社2013年版,第255页)。由此可见,无垢正见的重要意义,这一切始于通过破除我执,次第证悟细微无我的本智。总之,宗喀巴在《论道之三要》中如何通过证悟无我而提纲挈领地阐明圆满智慧正见,对此藏族先哲们著有大量注疏。其中当代著名拉然巴格西降巴洛西所著的《宗喀巴〈论道之三要〉新解》(拉然格西著《宗喀巴论道之三要》(藏文),北京:民族出版社2015年版,第1–148页),可堪称具有鲜明时代特征的上乘之作。)(རིམ་འབྱུང། བྱང་ཆུབ་ཀྱི་སེམས། ཡང་དག་པའི་ལྟ་བ།),均获究竟验证,已达佛子菩提萨埵行海之彼岸。并且,在严格守持金刚密乘的庄严誓约及清净戒律的基础上,潜心修习其道之二次第,依次初始次第瑜伽已证究竟,能使任何所现皆显现为本尊之幻化。这样,圆满征得深明无二别的究竟瑜伽之后,通过回忆能够洞悉自己或他者的千百生世轮回之谜。

十六、为门生宣示本生传

如上所述,嘉瓦温萨巴给清净高足们宣示了往昔生世中自己的种种身世变化,如下所云:

由谁偶尔忆念汝之名,

此彼生世妙汇诸福德,

顿时能赐释迦牟尼佛，
常以恭敬之心作顶礼！
我乃步入解脱道之主，
堪当承继大乘之声闻，
进而成为佛前声闻中，
当居圆满获证之胜首。
由此奉行菩提善行中，
迄今屡得暇满之善根，
彻底断除三恶趣之苦，
视为见行不二之人身①。
凡吾身语意三门之蕴，
彰显集于诸佛之妙身，
天人导师能仁金刚持，
油然起信身毛竖而动，
故此昼夜不分勤祈愿，
强烈信心加行七支法②，
获证菩提为止愿精进！
愿此善举回向有情众，
密严刹土空行兜率天，

① 藏语“ཟབ་སྤྱོད་མཐུན་པའི་དལ་འབྱོར།”，指甚深中观正见和广大般若善行不二合一的暇满人身。在此基础上，还隐含方便与智慧、乐空不二等更高层次的密意。同时，中西方哲学中的知行观进行比较研究的空间较大。

② 藏语“ཡན་ལག་བདུན་པ།”，是指佛学必先前行的加行七支，如前行引导七支（སྔོན་དུ་འགྲོ་བའི་ཡན་ལག་བདུན་པ།）：即以具信为基点、拜善知识为师领受其功德、具有恭敬心、信而不疑、具有精进心、无厌离之心、断除傲慢心；积累资粮七支（ཚོགས་བསགས་ཡན་ལག་བདུན་པ།）：即敬礼、供养、忏悔、随喜、劝转法轮、请住世不入涅槃、回向正等菩提；如常行忏悔七支（རྒྱུན་བཤགས་ཡན་ལག་བདུན་པ།）：即忏罪、随喜、广发胜义菩提心、皈依、发愿菩提心、发行菩提心、回向；金刚密乘七支（སྔགས་ཕྱོགས་ཀྱི་ཡན་ལག་བདུན་པ།）：即敬礼、供养、忏悔、随喜、皈依、广发菩提心、回向，等等。参见诺章吴坚编《数称词释义大全》（藏文中册），北京：中国藏学出版社2008年版，第1618、1627、1633、1637、1642、1662、1679、1711页。

妙喜净土极乐等世界①，
祈愿速速往生诸佛国！
于吾妙生起信众善徒，
临终得见无量光佛颜，
及其偕眷佛子众口曰：
善男信女随吾赴极乐，
愿获如此佛语之授权！
诸佛开示金刚妙乘中，
亥噜伽巴喇等众本尊②，
二次第支分完整证悟，
于此生即可证得现观，
愿众生安置大乐净土！
能仁金刚持及宗喀巴，
所愿悉地均能赐予者，
根本传承所有导师众，
六臂怙主等护法众神，
此生彼世妙汇诸福德，
顿时善成而发愿吉祥③！

如是所云，嘉瓦温萨巴早已证得无量神通变化，因而能够自由穿越土、石、山、岩等，且畅行无阻。还有空中自由飞行等传奇性事迹。总之，这样展示的神通广大，正如上文所述，在此不予详述。

① 在原文中的顺序是，金刚持驻地密严刹土、空行佛母驻地空行刹土、慈氏驻地喜足兜率天，无量光佛驻地极乐世界、东方不动佛驻地妙喜净土。在此因便于断句，其次序作了微调。

② 梵语“ཧེ་རུ་ཀ་པ་ལ”，暗含两个词语，其一“ཧེ་རུ་ཀ”有饮血、胜乐、忿怒类神明总称等含义，在此似乎指胜乐金刚；其二“ཀ་པ་ལ”或“ཀ་པཱ་ལ”有颅骨或天灵盖、颅器、本尊名等含义。

③ 这部分内容引自温萨巴罗桑顿珠所著《为己劝诫 · 大乐宝藏等合编》（རང་ལ་གདམས་པ་བདེ་ཆེན་གཏེར་མཛོད་སོགས་ཐོར་བུ་སྐོར་བཞུགས་སོ།）第 24 页上 5 行至第 25 页上 3 行，参见《温萨巴罗桑顿珠文集》（藏文第 1 函）第 4 部，扎什伦布寺木刻版。

复由胜乐、密集、大威德三本尊的圆满次第,以及统摄无上密续的所有圆满次第的关键要义《那若六法》的修证体验已达究竟,得以解开三轮根本脉结,能以古典梵语滔滔不绝地背诵佛说系列经典。关于这些殊胜事迹,亦如前文所述。

嘉瓦温萨巴最为殊胜的成就是,关于心寂与幻身光明诸次第已证究竟,故而荣获双运佛果位。这是系统承继文殊师利宗喀巴甚深耳传法脉的古德圣贤们众所周知的史实,故由"现证三身佛果温萨巴"这样妙语连珠的偈句来歌颂其功德,广为传扬。这也是文殊怙主所示正法圆满传承的贤哲正士们众口一致的评价。

十七、人才培养

这样,嘉瓦温萨巴自己圆满获得殊胜证悟以后,为大量有缘徒众普降正法甘露,其中能够传承其法脉的门徒,也遍及无边大地。因此,所有弟子无人能够逐一列举,在此遴选若干首要高足陈胪如下:

根据本智空行母授记,为第七生获得成就的大德遍智列巴顿珠,圆满传授以无上瑜伽导引为主的不共殊胜教授。还有绛敦妙语自在王桑丁奥塞、更庆喜饶白巴所建寺院之主朵觉洛珠朗嘉、群杰格勒朗嘉、幸俄桑杰坚赞、群杰阿旺扎巴昆仲、贡敦群杰加央嘉布、吞巴幸俄扎西坚赞、群杰珞巴洛珠朗嘉、禅定者杰文列措林周、堪钦诺桑嘉措、持续大师朗嘉白桑、班钦桑珠白桑、正法之主班钦旦确雅培、文殊师利根敦洛桑、加央释达、至尊洛桑嘉措、阿里论师根敦坚赞、闻思院论师仁钦班觉嘉措、岗坚寺堪布班钦日巴僧格等继承和弘扬佛法的高足,多如繁星,数不胜数。

总之,当时卫藏地区执持三藏四续的学者以及藏传佛教各派广大僧俗信众,皆深受嘉瓦温萨巴甚深而广大正法教授的恩泽,遍布蒙藏各地。最终,从文殊师利宗喀巴开始一脉相承的殊胜耳传教授之主，也就是嘉瓦温萨巴通过长期观察、层层遴选之后庄严授权自己耳传宝座的首席高足，则是善巧成就者克珠桑杰益西。

十八、著书立说

为了利于后世应化众生，嘉瓦温萨巴应邀撰写了《菩提道次第导引·悉地生源》《上师祈愿分辨·悉地生源》《心要关键散论分辨·悉地生源》《菩提道次第心要祈愿偈句·悉地生源》《为己劝诫·大乐宝藏等合编》《温萨巴自修发心仪轨》《温萨巴三律仪次第受持记》《佛菩萨祈愿文》《善规瑜伽男女众清规戒律·悉地生源》《第二佛陀宗喀巴成就方便法次第分辨·悉地生源》《依宗喀巴之防护兵器符》《上师本尊瑜伽偈句·悉地生源》《上师四续瑜伽次第分辨·悉地生源》《胜乐总摄轮之上师瑜伽·悉地生源》《俱生胜乐金刚之上师瑜伽·悉地生源》《上师胜乐总摄轮之瑜伽广轨·悉地生源》《胜乐金刚智布巴成就方便法·悉地生源》《授予本寺座主至尊确觉多杰之诀窍·悉地生源》《胜乐金刚身之坛城观修仪轨关键要义明示诀窍·悉地生源》《上师密集成就方便法要义·悉地生源》《上师大威德金刚之瑜伽广轨·悉地生源》《上师大威德金刚双身之瑜伽要义·悉地生源》《文殊静猛合修要义之诀窍·悉地生源》《六面童子成就方便法之要义》《释迦牟尼佛成就方便法》《上师金刚萨埵之瑜伽心要·悉地生源》《上师瑜伽摄略》《白文殊成就方便法上师瑜伽·悉地生源》《依红黄文殊上师瑜伽·悉地生源》《上师观自在菩萨之瑜伽心要·悉地生源》《绿度母成就方便法及其祈愿文》《白度母成就方便法》《本智空行狮面母成就方便法》《不动明王成就方便法》《马头明王成就方便法广略二论》《金刚手大轮成就方便法·悉地生源》《威猛金刚手五鹏方便法心要诀窍圆满庄严·悉地生源》《本智彩鹏成就方便法》《明咒胜母一字不共成就方便法·悉地生源》《菩提道次第之上师瑜伽·悉地生源》《菩提道次第附略·悉地生源》《正见导引心要·悉地生源》《具四念住导引心要·悉地生源》《般若要义能断觉域一座·悉地生源》《六期(座)瑜伽心要·悉地生源》《大乘布萨长净斋戒受持仪轨·悉地生源》《律藏学海要义·悉地生源》《菩提学海摄略·悉地生源》《密乘学处要义·悉地生源》《无量寿佛成就方便法·悉地生源》《长寿导引金刚瑜伽·尊胜阎王》《授予林布多杰之长寿成就方便法》《授予桑丁奥塞论师之长寿成就方便法》《巴氏所传长寿灌顶仪轨·悉地生源》①(འབར་ལུགས་ཚེ་དབང་གི་ཆོ་ག་དངོས་གྲུབ་ཀུན་འབྱུང་།)、《智布巴所传胜乐金刚生起次第·悉地生源》《方便之道那若六法导引·悉地生源》《胜乐总摄轮圆满次第广大瑜伽·悉地生源》《具德金刚密集面授导引精义诀窍·悉地生源》《具德大威德金刚甚深导引·悉地生源》《金刚大威德起死回生及其护持教授》《皈依发心迎请七支仪轨·悉地生源》《皈依诀窍·悉地生源》《大乘不共皈依实践要义·悉地生源》《大乘共通皈依实践心要·悉地生源》《上师俱生胜乐金刚双身成就方便法诀窍心要·悉地生源》《依俱生胜乐金刚之胜乐生起次第心要修行仪轨·悉地生源》《胜乐金刚生起次第摄略》《胜乐金刚无量宫观想修习仪轨·悉地生源》《智布巴所传具德胜乐总摄轮灌顶仪轨·悉地生源》《智布巴所传胜乐金刚祈愿吉祥颂词》《智布巴所传薄伽梵胜乐总摄轮身之坛城的圆满次第之五次第甚深面授导引·悉地生源》《手印命脉增效之不共诀窍等生圆二次第之甚深关

① 在这一篇的结尾写到:“འདི་ནི་རྗེ་རྒྱལ་མཚན་དཔལ་བཟང་ལས་བརྒྱུད་པའི་རྗེ་བཙུན་བླ་མའི་གསུང་གི་སྙིང་པོ་བསྡུས་པ་ལགས།”。显然,“འབར་ལུགས།”指的是“巴饶瓦坚赞巴桑”(འབར་ར་བ་རྒྱལ་མཚན་དཔལ་བཟང་།)。如果就温萨巴的师承而言,无量寿佛传给成就王母,其后依次传给帝普巴密乘之树、热琼巴多杰扎巴、米拉日巴、达布拉杰、帕莫竹巴、直贡觉巴久旦贡布、坚俄仁布切、嘉瓦永贡巴、坚俄仁布切、贡钦宿普巴、巴饶瓦坚赞巴桑、更庆喜饶白桑、桑巴钦布次成白桑、阿旺扎巴、觉巧巴桑,直到温萨巴。当然,还有诸多不同的法脉传承系统,在此不详述。

键要义》《小字合编诀窍极深唯面授方知笔受》《生圆二次第难点关要甚深诀窍》《具德密集金刚所依坛城无颠倒阐明》《上师白文殊成就方便法》《上师金刚持之瑜伽心要诀窍》《上师金刚持双身成就方便法》《上师大威德金刚之圆满次第诀窍心要》《上师文殊寂静成就方便法》《殊胜本尊寿慧成就方便法十七部分别合编》《大成就者彩木巴所传观自在直接面授心要诀窍全面庄严·悉地生源》《大成就者彩木巴所传诀窍观自在直接面授心要修行体验摄略殊胜教授庄严·悉地生源》《马头明王成就方便法次第三篇》《优婆塞居士戒授受仪轨》《比丘戒广论》《百余朵玛食子供修次第·悉地生源》《第二佛陀宗喀巴之瑜伽》《本尊与本智大圣护法众神供奉朵玛食子仪轨》《焚祭布施次第》《上师六臂本智怙主之瑜伽次第四篇·悉地生源》《白色怙主如意宝之成就方便法》《除遮怙主关键要点》《速成本智怙主法门之师承次第》《具德怙主护法五尊上供朵玛食子简易仪轨》《护法诸神整体上供朵玛食子仪轨》《依上师文殊大威德与三士道之护法神依止法》《吉祥天母多杰饶丹上供朵玛食子仪轨三篇》《掘取伏藏海螺史》《大成就者弥智所创三要义之观自在成就方便法之诀窍心要》《正见导引》《依薄伽梵不动金刚之遮障净治仪轨》《六臂成就法门之怙主大婆罗门之成就方便法》《四本尊合修方便法》《寿主护法怙主成就方便法》《自在护法怙主成就方便法》《本智护法怙主秘密成就方便法》《护法怙主如意宝之成就方便随许灌顶之轮殊胜诀窍》《除遮怀摄法》《成就关键集要》《所依三要点》《怀摄与内修成就方便法》《六吽之字面授所缘观想篇》《住心转趋往生破瓦成就方便法面授诀窍广略二篇》《上师本尊无别之面授诀窍二篇》《羯磨加行作业与除遮所缘观修篇》《具誓阎罗护法王成就方便法广中略三篇》《依白黄红阎罗王之息增怀三业之诀窍》《依红阎罗王之怀业成就法》《依白

黄阎罗王合修之息增二业悉地成就诀窍》《四臂天女成就方便法》《多杰饶丹之母上供朵玛食子仪轨》《护法诸神总体策励法》《净治斋资享用遮障的朵玛食子仪轨》《朵玛食子的回向文》《水中摄生辟谷术心要》《佛像见者具义绘法》《所依装藏仪轨等常用仪轨合编》《扎什伦布寺已出及未出善知识名录授记》《心要诀窍之疑难消除》《关于幻化妙身索朗嘉措之授记》《关于宗喀巴正法驻世期限授记》《遍智列巴顿珠密名之疑解析》《授记诀窍密封》《为释达巴仁钦洛珠所作授记》《答昌都群杰所问不动金刚心要之书》《授记秘镜之格鲁派承继大德们如何出现史事粗略授记》《答至尊根敦洛桑所问书》《善巧成就者列巴顿珠传记》《列巴顿珠秘传》《至尊觉巧巴桑传记》《至尊觉巧巴桑秘传》《回向次第》《正见小字注释》《依红黄文殊之上师瑜伽》《上师大威德金刚双身之瑜伽心要》《具誓阎罗护法王内修及其偕眷成就方便法中篇》等大量论著①。

十九、示现圆寂

至此，嘉瓦温萨巴已经圆满完成此生一切应化事业，正如勇士从战场得胜归家，舵手从海中得宝而归故里。这时因扎刺而略示染疾，遂向至尊上师桑杰益西正式授权绍袭自己座主之位。然后，于1566年藏历正月二十三日（译者注：其中“ཟད་བྱེད་ཅེས་པའི་ལོ།”，又写成

① 笔者发现的《温萨巴文集》有写本和刻本两种，均为两函。但迄今为止，似乎尚未出炉现代出版物。如果从木刻版来说，笔者依据的是由善知识当增列桑（དགེ་བའི་བཤེས་གཉེན་ཏིང་འཛིན་ལས་བཟང་།）和医师恰普巴比丘丹曲群丹（སྨན་རྒྱལ་གཉིས་པ་ལྷ་བྲང་ཕྱུར་པའི་ཨེམ་ཆི་བྱ་ཕྲུག་པ་དགེ་སློང་དམ་ཆོས་ཚོས་ལྡན།）二者合力编纂的木刻版，该版本的印跋由俄曲杨晶珠贝多杰（1809－1887年，དངུལ་ཆུ་དབྱངས་ཅན་གྲུབ་པའི་རྡོ་རྗེ།）在今谢通门县境内的俄日多闻子寝室（བཞད་དངུལ་རིའི་རྣམ་སྲས་གཟིམ་ཆུང་།）撰写而成。然而最初编刻地点和后来印版馆藏地址，到底是俄曲日绰寺还是温萨寺？或是盖培寺？或者扎什伦布寺？还是另有一座寺院？该版本上没有明确交代，故暂写为后来翻印单位扎什伦布寺。不过，这次木刻版的主持人、编刻者、誊写人、校勘者，尤其是每一位资助者都有详细记述，在此不予赘述。有意者可参阅《温萨巴罗桑顿珠文集》（藏文第2函）最后部分印跋《པར་བྱང་སྨོན་ཚིག》第87页上4行至第91页上3行。

“ཟད་པ།”,即是“火阳虎”(མེ་ཕོ་སྟག)年。这在《四世班禅自传》中有明确交代,参见《四世班禅文集》(藏文第1册),北京:中国藏学出版社2009年版,第4、385页。农历丙寅年,明世宗嘉靖四十五年(1566年)圆寂,享年62岁。)(ཟད་བྱེད་ཅེས་པའི་ལོ་ཆོ་འཕྲུལ་ཟླ་བའི་ཉེར་གསུམ།),将凡俗色身收摄后融入法界,示现圆寂之相。当时夜分未竟之间,天空中众神明普降花雨,虹光满天,如一轮又一轮的华盖悬空飘浮,使夺目的奇观和妙相,不可思议地显现于在场的人们眼前。

随后,所有信众齐聚于嘉瓦温萨巴的肉体珍宝之前,通过内、外、秘密以及真实性供等无量供养而广发祈愿,能使文殊怙主宗喀巴的殊胜耳传之正法永不衰退而日益增长之缘起,将肉身完整地供奉安置于温萨寺正法之宫,以作天人等一切众生之福田,使其殊胜加持之光辉,迄今为止仍在不断照耀不退。

藉此,如果意欲修习《菩提道次第论》的人们,应当谨向嘉瓦温萨巴罗桑顿珠祈求加持。依照这位圣者的生平事迹,把此生俗务琐事视如儿戏,去扬无果之糠秕、疯癫之戏,彻底断除贪欲世俗名闻利养之心;把轮回享乐受用,视如毒蛇昂首起舞所形成的浮光掠影一般,决不可亲附保安,此乃一切灾害之愿。故对世间所有轮回更替之相,必须广发彻底厌烦而丝毫不伪装的出离心,以及竭力促生轻己重他的菩提圣心,进而探寻关于诸法“现而空、空而现”的甚深缘起妙理细致入微的内涵和外延,获得究竟胜解。同时,把随所现诸相,皆视如幻化;把甚道上师本尊瑜伽,视为道之核心命脉,修习生圆次第双运。最终,获得文殊怙主宗喀巴的殊胜耳传诀窍之后,潜心安驻于寂静山林中,为了修证以达究竟,诸士务必竭尽全力,勤于精进修习(译者注:这一段的主旨概括起来就是宗喀巴在《论道之三要》中所云:“若无求真明理的智慧,即使习得出离菩提心,仍难斩断轮回之根源,故应勤证缘起妙理路。世间乃至超世诸事物,因果法则不谬性显见,所缘对象烟消云散时,方入诸佛欢喜之道路。所现缘起谛实不谬性,远离空性承许此二义,以至各现彼此相违时,尚未证悟佛陀的正见。何时彻灭有此彼无心，甫见不欺缘起性空时，破灭认识执取诸感受，方才圆满正见观察矣。复以现象排除实有边，又以性空排除虚无边，证悟性空互现因果理，终将不受边执见支配。以此道之三要诸义理，自己能够如是领悟时，当依寂静发起精进力，速修究竟宿愿吾之子。”参见西藏色昭佛教古籍编委会整理《宗喀巴文集》（藏文第 2 卷），北京：中国藏学出版社 2012 年版，第 522－523 页。）。即使通常发愿之时，也将其纳入愿境，修心不止①。

① 关于嘉瓦温萨巴罗桑顿珠的传记，共有 3 部，分别是阿玉尼群杰所著《嘉瓦罗桑顿珠传记》（ཨ་ཡུ་ནས་ཆོས་རྗེས་མཛད་པ།），以及四世班禅罗桑确吉坚赞所著《三位贤哲功德传略 · 夺取智者之意成就庄严》和永增益喜坚赞所著《菩提道次第师承记 · 佛法庄严无上宝鬘论》中的生平传记，此次按照西藏自治区社会科学院的要求遴选后者进行了译注。

一至三世班禅大事记

一世班禅克珠杰

1385年，克珠杰出生于西藏昂仁迦喀地方。

1395年，由克珠森格坚赞（མཁས་གྲུབ་སེང་གེ་རྒྱལ་མཚན། 1332－1400）担任亲教师，嘉瓦云丹沃（རྒྱལ་བ་ཡོན་ཏན་འོད།）担任规范师，克珠杰受沙弥戒，取法名克珠格列贝桑布。

1400年，克珠杰16岁时，在昂仁与博东班钦确列朗杰（བོ་དོང་པཎ་ཆེན་ཕྱོགས་ལས་རྣམ་རྒྱལ།）进行辩论，并将其辩败。

1402年，撰写《文殊语狮赞》（འཇམ་དབྱངས་སྨྲ་སེང་གི་བསྟོད་པ།）。

1405年，由仁达瓦循努洛追（རེད་མདའ་བ་གཞོན་ནུ་བློ་གྲོས། 1349－1412）担任亲教师，至尊班觉喜饶（དཔལ་འབྱོར་ཤེས་རབ།）担任规范师，聂巴洛追聪美（གཉལ་པ་བློ་གྲོས་མཚུངས་མེད།）为屏教师，克珠杰受比丘戒。

1407年，克珠杰在仁达瓦的引荐下，前往拉萨拜见宗喀巴（1357－1419），成为其弟子之一。

1418年，克珠杰在法王饶丹贡桑帕（1389－1442）的支持下，在江孜新建了白阔德庆寺（白居寺）。在主持该寺期间，还曾与西藏那烂陀寺（ན་ལེནྡྲ།）的荣顿释迦坚赞（རོང་སྟོན་ཤཱཀྱ་རྒྱལ་མཚན། 1367－1449）进行辩论，但未能成行。

1431年，受杰曹达玛仁钦（རྒྱལ་ཚབ་དར་མ་རིན་ཆེན། 1364－1432）的邀请，克珠杰前往甘丹寺，出任第3任甘丹赤巴（དགའ་ལྡན་ཁྲི་པ།）。

1438年，克珠杰在甘丹寺圆寂，享年54岁。

二世班禅索南确朗

1439 年,索南确朗出生于西藏日喀则温萨地方。

自幼在觉旦索南仁钦座前出家,拜帕索确吉坚赞为师,取名索南确朗,精通显密经典,任温萨下寺法台,后游学桑普寺,名声大噪,成为格鲁教派温萨殊胜耳传教授。目前现有资料上未见具体时间。

1504 年,索南确朗在温萨寺圆寂。

三世班禅温萨洛桑顿珠

1505 年,温萨罗桑顿珠出生于西藏日喀则温萨地方。

1515 年,由拉日则巴扎巴顿珠(ཆོས་རྗེ་ལྷ་རི་རྩེ་པ་གྲགས་པ་དོན་གྲུབ།)担任亲教师,次成仁钦(ཚུལ་ཁྲིམས་རིན་ཆེན།)为阿阇梨,曲吉仁钦和绕绛巴列巴等作为补足,在曲阔卫顶寺(ཆོས་འཁོར་དབུས་སྡིངས་དགོན།)受戒出家。

1520 年,西藏地方爆发天花疫情,温萨罗桑顿珠不幸感染,后遇得道者曲吉多吉(གྲུབ་ཆེན་ཆོས་ཀྱི་རྡོ་རྗེ། 1457 – ?)相遇,跟随学法,转危为安。

1524 年,温萨罗桑顿珠在扎迦沃山崖金刚殿(ཟབ་རྒྱ་བོ་རྡོ་རྗེའི་ཕོ་བྲང་།)修持密集法门,获得殊圣之证悟。

1537 年,由二世达赖喇嘛·根敦嘉措(རྒྱལ་བ་སྐུ་ཕྲེང་གཉིས་པ་དགེ་འདུན་རྒྱ་མཚོ། 1476 – 1542)担任亲教师,阿旺仁钦巴(ངག་དབང་རིན་ཆེན་པ།)为规范师,哲蚌强哲庆布(འབྲས་སྤུངས་བྱང་འདྲེན་ཆེན་པོ།)为屏教师,温萨罗桑顿珠受比丘戒。

1521 至 1546 年间,温萨罗桑顿珠在扎迦金刚殿、雅玛达斯(གཡའ་མ་སྟག་གཟིག)和白朗觉莫拉日(པ་སྣམ་ཇོ་མོ་ལྷ་རི།)等秘境修行。

1566 年,温萨罗桑顿珠圆寂,享年 62 岁。

人名、地名汉藏词汇对照

A

阿里	མངའ་རིས།
艾底饶	ཨེའི་ཏེཙ་ར།
艾旺曲丹寺	ཨེ་ཝཾ་ཆོས་ལྡན།
沃德贡杰	འོ་དེ་གུང་རྒྱལ།
昂仁	གད་པ་ངམ་ནག་གི་ཐད་ན་ཡོད་པས་ངམ་རིངས།　བྱ་དང་པ་སྐད་རིང་པོ་འདོན་པའི་སར་ཡོད་པས་ངང་རིངས།
昂仁寺	ངམ་རིངས་ཆོས་སྡེ།
昂仁善知识端桑坚赞	ངམ་རིང་གི་བཤེས་གཉེན་དོན་བཟང་རྒྱལ་མཚན།
昂仁辩论会	ངམ་རིངས་གྲྭ་སྐོར།
阿巴雅噶饶	ཨ་བྷྱ་ཀ་ར།
阿底峡	ཨ་ཏི་ཤ།
阿嘉永增罗桑东智	ཨ་ཀྱཱ་ཡོངས་འཛིན་བློ་བཟང་དོན་འགྲུབ།
阿里译师朗嘉	མངའ་རིས་ལོ་ཆེན་རྣམ་རྒྱལ།
阿里桑杰泽摩	མངའ་རིས་སངས་རྒྱས་རྩེ་མོ།
阿难	ཀུན་དགའ་བོ།
阿若益西迥乃	ཨ་རོ་ཡེ་ཤེས་འབྱུང་གནས།
阿瓦德底巴	ཨ་ཝ་དྷུ་ཏི་པ།
阿玉尼群杰	ཨ་ཡུ་ནས་ཆོས་རྗེ།
阿阇梨	ཨཙརྱ།
阿巴雅噶饶传记梵天妙音	ཨ་བྷྱ་ཀ་རའི་རྟོགས་བརྗོད་ཚངས་པའི་དབྱངས་སྙན་ཞེས་བྱ་བ་བཞུགས་སོ།
阿底峡大史记	ཇོ་བོའི་ལོ་རྒྱུས་ཆེན་མོ་བཞུགས་སོ།
阿底峡殊胜功德八十颂	ཇོ་བོ་རྗེའི་བསྟོད་པ་བརྒྱད་ཅུ་པ་ཞེས་བྱ་བ་བཞུགས་སོ།

阿底峡详传	དཔལ་ལྡན་ཨ་ཏི་ཤའི་རྣམ་ཐར་རྒྱས་པ་བཞུགས་སོ།
阿毗达磨一身六足七论	མངོན་པ་སྡེ་བདུན་ནི་ལུས་ལྟ་བུའི་བསྟན་བཅོས་གཅིག་དང་ ཡན་ལག་ལྟ་བུའི་བསྟན་བཅོས་དྲུག
阿兰若	ཨར་ཎྱཾ་སྟེ་དགོན་པ་ཆེན་པོ།
阿修罗	ལྷ་མ་ཡིན།
阿婆商夏语	ཨཔབྷྲམཤིད་སྟེ་ཟུར་ཆགས་ཀྱི་སྐད།
阿僧祇劫	གྲངས་མེད་གསུམ།
庵摩罗迦	སྐྱུ་རུ་ར།

B

巴曹	པ་ཚབ།
巴曲河	པཆུ།
邦玉德瓦坚札仓	སྤང་ཡུལ་བདེ་བ་ཅན།
邦玉却德札仓	སྤང་ཡུལ་ཆོས་སྡེ།
蚌博日岗	སྤོ་འབོར་སྒང་།
白杰吉基乃	དཔལ་སྐྱེགས་ཀྱི་སྐྱེ་གནས།
白朗县	པ་སྣམ་རྫོང་།
白朗觉姆拉日神山	པ་སྣམ་ཇོ་མོ་ལྷ་རི།
白居寺	དཔལ་འཁོར་ཆོས་སྡེ།
白阔却德寺	དཔལ་འཁོར་ཆོས་སྡེ།
贝康	སྤོས་ཁང་།
比丘尼寺	མོ་དགོན།
布巴尔格德岗的日敖德钦寺	བུ་འབུར་གྱི་གི་ཏི་སྒང་གི་ཆོས་སྡེ་རི་བོ་བདེ་ཆེན།
布达拉宫	པོ་བྲང་པོ་ཏ་ལ།
八十位大成就师	གྲུབ་ཆེན་བརྒྱད་ཅུ།
巴曹译师尼玛智巴	པ་ཚབ་ལོ་ཙཱ་བ་ཉི་མ་གྲགས་པ།
巴赛囊	སྤ་གསལ་སྣང་།

巴饶瓦坚赞巴桑	འབར་ར་བ་རྒྱལ་མཚན་དཔལ་བཟང་།
白觉喜饶	དཔལ་འབྱོར་ཤེས་རབ།
班禅德勒尼玛	པཎ་ཆེན་བདེ་ལེགས་ཉི་མ།
班钦端悦坚赞	པཎ་ཆེན་དོན་ཡོད་རྒྱལ་མཚན།
班禅隆日嘉措	པཎ་ཆེན་ལུང་རིགས་རྒྱ་མཚོ།
班钦绛曲洛珠	པཎ་ཆེན་བྱང་ཆུབ་བློ་གྲོས།
班禅乔拉维赛	པཎ་ཆེན་ཕྱོགས་ལྷ་འོད་ཟེར།
班丹曲迥	དཔལ་ལྡན་ཆོས་སྐྱོང་།
班钦确吉坚赞	པཎ་ཆེན་ཆོས་ཀྱི་རྒྱལ་མཚན།
班钦确坚	པཎ་ཆེན་ཆོས་རྒྱན།
班钦索朗扎巴	པཎ་ཆེན་བསོད་ནམས་གྲགས་པ།
班钦释迦释日	པཎ་ཆེན་ཤཱཀྱ་ཤྲཱི
班钦益西泽摩	པཎ་ཆེན་བསོད་ནམས་རྩེ་མོ།
班智达端悦多吉	པཎྜི་ཏ་དོན་ཡོད་རྡོ་རྗེ།
班智达嘉那	པཎྜི་ཏ་ཛྙཱ་ན་སྟེ་ཡེ་ཤེས།
博道巴仁钦塞	པོ་ཏོ་བ་རིན་ཆེན་གསལ།
博东班钦晋美扎巴	བོ་དོང་པཎ་ཆེན་འཇིགས་མེད་གྲགས་པ།
博东班钦群列朗杰	བོ་དོང་པཎ་ཆེན་ཕྱོགས་ལས་རྣམ་རྒྱལ།
博东却列朗嘉	བོ་དོང་ཕྱོགས་ལས་རྣམ་རྒྱལ།
遍智列巴顿珠	ཀུན་མཁྱེན་ལེགས་པ་དོན་གྲུབ།
遍智帕欧云丹嘉措	ཀུན་མཁྱེན་འཕགས་འོད་ཡོན་ཏན་རྒྱ་མཚོ།
不败文殊心要尊者	མི་ཕམ་འཇམ་དཔལ་སྙིང་པོ།
布敦仁钦珠	བུ་སྟོན་རིན་ཆེན་གྲུབ།
布扎二尊	པུ་ཧྲ་གཉིས།
布展嘉姆	བུ་འདྲེན་རྒྱལ་མོ།
八粗堕罪解说·密乘菩提学处摄略	སྦོམ་པོ་བརྒྱད་པ་དང་བཅས་པའི་རྣམ་བཤད་སྔགས་བྱང་ སེམས་ཀྱི་བསླབ་བྱ་མདོར་བསྡུས་ཞེས་བྱ་བ་བཞུགས་སོ།

八世班禅旦白旺秋·具信莲苑开启日光	རྗེ་བཙུན་བློ་བཟང་དཔལ་ལྡན་ཆོས་ཀྱི་གྲགས་པ་བསྟན་པའི་དབང་ཕྱུག་དཔལ་བཟང་པོའི་རྣམ་ཐར་དད་ལྡན་པད་ཚལ་བཞད་པའི་ཉིན་བྱེད་སྣང་བ་ཞེས་བྱ་བ་ཡོངས་འཛིན་ལྷ་སྤྲུལ་བློ་བཟང་བསྟན་འཛིན་དབང་རྒྱལ་གྱིས་མཛད་པ་བཞུགས་སོ།
巴氏所传长寿灌顶仪轨·悉地生源	འབར་ལུགས་ཚེ་དབང་གི་ཆོ་ག་དངོས་གྲུབ་ཀུན་འབྱུང་ཞེས་བྱ་བ་བཞུགས་སོ།
白度母成就方便法	སྒྲོལ་དཀར་སྒྲུབ་ཐབས་ཞེས་བྱ་བ་བཞུགས་སོ།
白色怙主如意宝之成就方便法	མགོན་དཀར་ཡིད་བཞིན་ནོར་བུའི་སྒྲུབ་ཐབས་ཞེས་བྱ་བ་བཞུགས་སོ།
白文殊成就方便法上师瑜伽·悉地生源	འཇམ་དབྱངས་དཀར་པོའི་སྒྲུབ་ཐབས་བླ་མའི་རྣལ་འབྱོར་དངོས་གྲུབ་ཀུན་འབྱུང་ཞེས་བྱ་བ་བཞུགས་སོ།
百余朵玛食子供修次第·悉地生源	གཏོར་མ་བརྒྱ་རྩའི་རིམ་པ་དངོས་གྲུབ་ཀུན་འབྱུང་ཞེས་བྱ་བ་བཞུགས་སོ།
本智彩鹏成就方便法	ཡེ་ཤེས་ཁྱུང་ཁྲའི་སྒྲུབ་ཐབས་ཞེས་བྱ་བ་བཞུགས་སོ།
本智护法怙主秘密成就方便法	ཡེ་ཤེས་མགོན་པོ་གསང་སྒྲུབ་ཅེས་བྱ་བ་བཞུགས་སོ།
本智空行狮面母成就方便法	ཡེ་ཤེས་ཀྱི་མཁའ་འགྲོ་སེང་གདོང་མའི་སྒྲུབ་ཐབས་ཞེས་བྱ་བ་བཞུགས་སོ།
本尊与本智大圣护法众神供奉朵玛食子仪轨	ཡི་དམ་དང་ཡེ་ཤེས་འཕགས་པ་སྲུང་མར་བཅས་པ་སོགས་ལ་གཏོར་མ་འབུལ་བའི་ཆོ་ག་ཞེས་བྱ་བ་བཞུགས་སོ།
别解脱经	སོ་ཐར་གྱི་མདོ་བཞུགས་སོ།
般若八千颂	བརྒྱད་སྟོང་པ།
般若诀窍现观庄严论究竟之见释为中观应成派之疑难彰显月光明论	ཤེས་རབ་ཀྱི་ཕ་རོལ་ཏུ་ཕྱིན་པའི་མན་ངག་གི་བསྟན་བཅོས་མངོན་པར་རྟོགས་པའི་རྒྱན་གྱི་མཐར་ཐུག་པའི་ལྟ་བ་ཐལ་འགྱུར་དུ་འགྲེལ་ཚུལ་གནད་དོན་གསལ་བའི་ཟླ་ཟེར་ཞེས་བྱ་བ་བཞུགས་སོ།
般若能明日轮	ཕར་ཕྱིན་སྣང་བྱེད་དཀྱིལ་འཁོར་ཞེས་བྱ་བ་ཀུན་མཁྱེན་སྟོབས་ལྡན་འོད་ཟེར་གྱིས་མཛད་པ་བཞུགས་སོ།

般若要义能断觉域一座·悉地生源	ཤེས་རབ་ཀྱི་ཕ་རོལ་ཏུ་ཕྱིན་པའི་སྙིང་པོའི་དོན་གཅོད་ཡུལ་སྟན་ཐོག་གཅིག་མ་དངོས་གྲུབ་ཀུན་འབྱུང་ཞེས་བྱ་བ་བཞུགས་སོ།
比丘戒广论	དགེ་སློང་གི་བསླབ་བྱ་རྒྱས་པ་ཞེས་བྱ་བ་བཞུགས་སོ།
辨了不了义论	མགོན་པོ་ཀླུ་སྒྲུབ་ཀྱིས་ངོ་བོ་ཉིད་མེད་པའི་ཚུལ་དང་བདག་ཉིད་ཆེན་པོ་ཐོགས་མེད་ཀྱིས་རྣམ་པར་རིག་པ་ཙམ་གྱི་ཚུལ་གྱི་ཤིང་རྟ་ཆེན་པོའི་སྲོལ་གཉིས་ཕྱེ་ནས་གསུང་རབ་ཀྱི་དྲང་བ་དང་ངེས་པའི་དོན་རྣམ་པར་འབྱེད་པའི་བསྟན་བཅོས་ལེགས་བཤད་སྙིང་པོ་ཞེས་བྱ་བ་བཞུགས་སོ། དྲང་ངེས་རྣམ་འབྱེད་ཅེས་བྱ་བ་བཞུགས་སོ།
辨密宗成佛与显宗成佛之差别	སྔགས་ཀྱི་སངས་རྒྱས་དང་མཚན་ཉིད་ཀྱི་སངས་རྒྱས་གཉིས་ཀྱི་ཁྱད་འབྱེད་པ་ཞེས་བྱ་བ་བཞུགས་སོ།
遍智列巴顿珠密名之疑解析	ཀུན་མཁྱེན་ལེགས་དོན་པའི་གསང་མཚན་གྱི་དོགས་གཅོད་འཕྲོས་དང་བཅས་པ་བཞུགས་སོ།
遍主金刚持堪钦法王罗桑确吉坚赞秘传·起信之车	ཁྱབ་བདག་རྡོ་རྗེ་འཆང་མཁན་ཆེན་ཆོས་ཀྱི་རྒྱལ་པོ་བློ་བཟང་ཆོས་ཀྱི་རྒྱལ་མཚན་གྱི་གསང་བའི་རྣམ་ཐར་དད་པའི་ཤིང་རྟ་ཞེས་བྱ་བ་བཞུགས་སོ།
宝积经·迦叶品	མདོ་སྡེ་དཀོན་མཆོག་བརྩེགས་པའི་འོད་སྲུངས་ཀྱི་ལེའུ།
薄伽梵具德大威德金刚幻轮仪轨第三品广论·尊胜三界阳光	བཅོམ་ལྡན་འདས་དཔལ་རྡོ་རྗེ་འཇིགས་བྱེད་ཆེན་པོའི་འཕྲུལ་འཁོར་གྱི་ཆོ་ག་རྟོག་པ་གསུམ་པའི་རྒྱ་ཆེར་བཤད་པ་ཁམས་གསུམ་ལས་རྣམ་པར་རྒྱལ་བའི་ཉི་འོད་ཅེས་བྱ་བ་བཞུགས་སོ།
薄伽梵具德喜金刚续王三十二品之摄略根本续具德第二品解说·金刚空行母众秘藏	བཅོམ་ལྡན་འདས་དཔལ་ཀྱི་རྡོ་རྗེ་ཞེས་བྱ་བའི་རྒྱུད་ཀྱི་རྒྱལ་པོ་བརྟག་པ་སུམ་ཅུ་རྩ་གཉིས་པ་ལས་མདོར་བསྡུས་པའི་རྩ་བའི་རྒྱུད་ཞུང་དུ་དཔལ་བརྟག་པ་གཉིས་པའི་རྣམ་པར་བཤད་པ་རྡོ་རྗེ་མཁའ་འགྲོ་མ་རྣམས་ཀྱི་གསང་བའི་མཛོད་ཅེས་བྱ་བ་མཁས་གྲུབ་རྗེས་མཛད་པ་བཞུགས་སོ།

薄伽梵九尊具德喜金刚坛城仪轨·大乐津梁	བཅོམ་ལྡན་འདས་དཔལ་ཀྱི་རྡོ་རྗེ་ལྷ་དགུའི་དཀྱིལ་འཁོར་གྱི་ཆོ་ག་བདེ་བ་ཆེན་པོའི་འཛུག་ངོགས་ཞེས་བྱ་བ་མཁས་གྲུབ་རྗེས་མཛད་པ་བཞུགས་སོ།
薄伽梵具德时轮坛城仪轨密意彰显论	བཅོམ་ལྡན་འདས་དཔལ་དུས་ཀྱི་འཁོར་ལོའི་དཀྱིལ་འཁོར་གྱི་ཆོ་ག་དགོངས་པ་རབ་གསལ་ཞེས་བྱ་བ་འདི་ནི་སྤྱི་མོ་ནས་མདོ་རྒྱུད་ཀྱི་སྡེ་སྣོད་འཛིན་པ་ཆེས་མང་པོས་ཡང་ཡང་བསྐུལ་བ་ལ་བརྟེན་ནས་རྒྱལ་བ་ཐམས་ཅད་ཀྱི་མཁྱེན་བརྩེ་གཅིག་ཏུ་བསྡུས་པའི་ངོ་བོ་གྲུབ་པའི་དབང་ཕྱུག་ཐམས་ཅད་མཁྱེན་པ་རྗེ་བཙུན་ཆོས་ཀྱི་རྒྱལ་པོ་ཙོང་ཁ་པ་ཆེན་པོའི་ཞབས་ཀྱི་པདྨོ་གུས་པས་བསྟེན་པའི་བཀའ་དྲིན་ལས་དཔལ་དུས་ཀྱི་འཁོར་ལོའི་རྒྱུད་དོན་ལ་ཕྱིན་ཅི་མ་ལོག་པའི་བློ་གྲོས་ཀྱི་སྣང་བ་རྒྱས་པ་ཤེས་བྱའི་དཀྱིལ་འཁོར་མ་ལུས་པ་དྲི་མ་མེད་པའི་རིགས་པའི་མིག་གིས་བལྟ་བའི་སྐལ་བ་མཆོག་དང་ལྡན་པའི་བཙུན་པ་དགེ་ལེགས་དཔལ་བཟང་པོས་རྒྱུད་འགྲེལ་གྱིས་དངོས་སུ་བསྟན་པ་ལ་སྐྱི་འགྲོ་དང་མཐུན་པའི་ཆོ་གས་ཁ་ངེས་པར་འགེངས་དགོས་པ་རྣམས་བསྐངས་ཤིང་ར་འབྲོ་གཉིས་ཀྱི་བླ་མ་བརྒྱུད་པའི་བཞེད་པའི་ལུགས་ཆ་མ་ལུས་པ་བསྡུས་པའི་ཐམས་ཅད་མཁྱེན་པ་བུ་སྟོན་རིན་པོ་ཆེའི་ཕྱག་བཞེས་རྣམ་པར་དག་པ་ལའང་བརྟེན་ལ་རྗེ་རིན་པོ་ཆེ་ཉིད་ཀྱི་ཐུན་མོང་མ་ཡིན་པའི་གསུང་གི་ལེགས་བཤད་ཀྱིས་བརྒྱན་ཏེ་གཙང་ཉང་སྟོད་རིག་པའི་འབྱུང་གནས་ཀྱི་སའི་ཆ་དཔལ་རི་བོ་མདངས་ཅན་གྱི་དགོན་པར་སྦྱར་བའོ།
薄伽梵九尊具德喜金刚坛城之轮成就法·断舍谬误	བཅོམ་ལྡན་འདས་དཔལ་ཀྱི་རྡོ་རྗེ་ལྷ་དགུའི་དཀྱིལ་འཁོར་གྱི་འཁོར་ལོ་བསྒྲུབ་པའི་ཐབས་འཁྲུལ་པ་སྤོང་བ་ཞེས་བྱ་བ་མཁས་གྲུབ་རྗེས་མཛད་པ་བཞུགས་སོ།
薄伽梵阎摩敌幻轮仪轨辨析之幻轮品广论·尊胜三界明日之光	བཅོམ་ལྡན་འདས་གཤིན་རྗེ་གཤེད་ཀྱི་འཕྲུལ་འཁོར་གྱི་ཆོ་ག་ཞིབ་ཏུ་རྣམ་པར་ཕྱེ་བ་འཕྲུལ་འཁོར་གྱི་རྟོག་པའི་རྒྱ་ཆེར་བཤད་པ་ཁམས་གསུམ་ལས་རྣམ་པར་རྒྱལ་བའི་ཉི་འོད།

不动明王成方便法	མི་གཡོ་བའི་སྒྲུབ་ཐབས་བཞུགས་སོ།
八关长净斋戒仪轨	སྨྱུང་གནས་ཀྱི་ཆོ་ག
八世风	ཆོས་བརྒྱད།
八有暇	དལ་བ་བརྒྱད།
宝帐怙主	གུར་མགོན།
本尊集咒的随许灌顶	ཡི་དམ་གྱི་སྔགས་བཏུའི་རྗེས་གནང་།
本智资粮	ཡེ་ཤེས་ཀྱི་ཚོགས།
边执见	མཐར་འཛིན་གྱི་ལྟ་བ།
别解脱戒	སོ་ཐར་གྱི་སྡོམ་པ།
别解脱律仪	སོ་སོ་ཐར་པའི་སྡོམ་པ།
布萨长净	གསོ་སྦྱོང་།
不共之因	རྒྱུ་ཐུན་མོང་མ་ཡིན་པ།
不可得真因	མ་དམིགས་པའི་རྟགས་ཡང་དག
不净幻身	མ་དག་པའི་སྒྱུ་ལུས།
不作任何意念	ཅི་མེད་ཅང་མེད་སྙོམ་པ།
补特伽罗	པུདྒལཿསྟེ་གང་ཟག
班级之长	སྐྱོར་དཔོན།
毕舍遮语	པིཤཱཙིཀཱ་སྟེ་ཤ་ཟའི་སྐད།
辩论之初击掌声	ཐལ་སྐད།

C

擦阔	ཚ་ཁོ།
蔡贡塘	ཚལ་གུང་ཐང་།
察尔贡巴札仓	ཚར་གུང་པ།
察瓦绒	ཚ་བ་རོང་།
慈觉林寺	ཚེ་མཆོག་གླིང་།
次成岗巴札仓	ཚུལ་ཁྲིམས་སྒང་པ།
成就圣地莲花光明宫	གྲུབ་པའི་གནས་མཆོག་པདྨ་འོད་ཀྱི་གཞལ་ཡས།

绰普寺	ཁྲོ་ཕུ་དགོན།
擦阔阿旺扎巴	ཚ་ཁོ་ངག་དབང་གྲགས་པ།
擦阔文布曲吉扎巴	ཚ་ཁོ་དཔོན་པོ་ཆོས་ཀྱི་གྲགས་པ།
擦阔巴	ཚ་གོ་བ།
苍巴噶波	ཚངས་པ་དཀར་པོ།
擦哈尔格西罗桑次成	ཚ་ཧར་དགེ་བཤེས་བློ་བཟང་ཚུལ་ཁྲིམས།
才旦夏茸罗桑次成	ཚེ་ཏན་ཞབས་དྲུང་འཇིགས་མེད་རིགས་པའི་བློ་གྲོས།
次仁巴宗	ཚེ་རིང་དཔལ་འཛོམས།
次成仁钦尊者	སློབ་དཔོན་རིན་པོ་ཆེ་ཚུལ་ཁྲིམས་རིན་ཆེན།
措那巴喜饶桑布	མཚོ་སྣ་པ་ཤེས་རབ་བཟང་པོ།
阐化王扎巴坚赞	མི་དབང་གྲགས་པ་རྒྱལ་མཚན།
陈那	ཕྱོགས་སྣང་།
持戒大师	འདུལ་བ་འཛིན་པ།
持律大德堆增巴扎巴坚赞	འདུལ་འཛིན་གྲགས་པ་རྒྱལ་མཚན།
持律释迦师友	འདུལ་འཛིན་ཤཱཀྱ་བཤེས་གཉེན།
常啼菩萨品	རྟག་ཏུ་ངུའི་ལེའུ་བཞུགས་སོ།
长寿导引金刚瑜伽尊胜阎王	ཚེ་ཁྲིད་རྡོ་རྗེའི་རྣལ་འབྱོར་འཆི་བདག་ལས་རྒྱལ་བ་བཞུགས་སོ།
长寿殊胜教授汇编・悉地生源	ཚེ་སྒྲུབ་ཀྱི་མན་ངག་སྙེར་དངོས་གྲུབ་ཀུན་འབྱུང་བཞུགས་སོ།
成就方便法海	ཡར་ལུང་ལོ་ཙཱ་བ་གྲགས་པ་རྒྱལ་མཚན་གྱིས་བསྒྱུར་བའི་ལྷ་སོ་སོའི་སྒྲུབ་ཐབས་རྒྱ་མཚོ་ཞེས་བྱ་བ་བཞུགས་སོ།
成就关键集要	གནད་འབེབས་ཞེས་བྱ་བ་བཞུགས་སོ།
成就王母所传之长寿法导引	གྲུབ་རྒྱལ་ལུགས་ཀྱི་ཚེ་ཁྲིད་ཅེས་བྱ་བ་བཞུགས་སོ།
	མ་གཅིག་གྲུབ་པའི་རྒྱལ་མོའི་ལུགས་ཀྱི་ཚེ་ཁྲིད་ཅེས་བྱ་བ་བཞུགས་སོ།
成就王母所传之长寿佛灌顶	མ་གཅིག་གྲུབ་པའི་རྒྱལ་མོའི་ལུགས་ཀྱི་ཚེ་དབང་ཞེས་བྱ་བ་བཞུགས་སོ།
除遮怙主关键要点	གྲུབ་སེལ་མགོན་པོའི་གནད་འབེབས་ཞེས་བྱ་བ་བཞུགས་སོ།
除遮怀摄法	གྲིབ་སེལ་དབང་སྡུད་ཅེས་བྱ་བ་བཞུགས་སོ།

蔡系 ཚར་ལུགས།

彩沙坛城 རྡུལ་ཚོན་གྱི་དཀྱིལ་འཁོར།

粗重风息气脉 གནས་ངན་ལེན།

禅裙 མཐང་གོས་སམ་ཤམ་ཐབས།

常行忏悔七支 རྒྱུན་བཤགས་ཡན་ལག་བདུན་པ།

长净仪式 གསོ་སྦྱོང་།

长寿佛灌顶 ཚེ་དབང་།

成就自在之王 གྲུབ་པའི་དབང་ཕྱུག

成熟他人心续四摄事 གཞན་རྒྱུད་སྨིན་བྱེད་བསྡུ་བཞི།

成熟自己心续的六度 རང་རྒྱུད་སྨིན་བྱེད་ཕར་ཕྱིན་དྲུག

持戒第一 འདུལ་བ་འཛིན་པའི་མཆོག་ཏུ་གྱུར་པ།

出离心 ངེས་འབྱུང་།

传戒师 བསྙེན་རྫོགས་ཀྱི་མཁན་པོ།

谄曲奉承 ཁ་གསག

D

大菩提静处 བྱང་ཆུབ་ཆེན་པོའི་དབེན་གནས།

达玛喇地域 མ་ལའི་ཡུལ།

达那金刚座寺 རྟ་ནག་རྡོ་རྗེ་གདན།

达那普沟巴 རྟ་ནག་ཕུའི་ཁུག་པ།

达那寺 རྟ་ནག་པ།

达孜县 སྟག་རྩེ་རྫོང་།

达孜仁钦岗寺 སྟག་རྩེ་རིན་ཆེན་སྒང་།

达泽巴札仓 སྟག་རྩེ་བ།

丹玛上部噶域 ལྡན་སྟོད་སྨ་ཡུལ།

当金寺 དཔལ་རི་བོ་མདངས་ཅན་གྱི་དགོན་པ།

道本巴札仓 མདོག་ཁུམ་པ།

德贡巴札仓 སྡེ་གུང་པ།

德杰茄玛林寺	བདེ་རྒྱས་བྱེ་མ་གླིང་།
德普巴札仓	སྡེ་ཕུག་པ།
德钦桑俄喀寺	བདེ་ཆེན་གསང་སྔགས་མཁར།
德夏尔巴札仓	སྡེ་ཤར་པ།
德央巴札仓	བདེ་ཡངས་པ།
兜率天	དགའ་ལྡན།
多康	མདོ་ཁམས།
多麦	མདོ་སྨད།
杜琼	མདོ་ལ་ཆུང་།
推龙德钦	སྟོད་ལུང་སྡེ་ཆེན།
朵曲北岸桑俄颇章	མདོ་ཀ་ཆུའི་བྱང་དུ་གསང་སྔགས་ཕོ་བྲང་།
朵曲南岸邦域群德寺	མདོ་ཀ་ཆུའི་ལྷོར་སྤངས་ཡུལ་ཆོས་སྡེ།
大慈法王释迦益西	བྱམས་ཆེན་ཆོས་རྗེ་ཤཱཀྱ་ཡེ་ཤེས།
大成就者白追多杰	གྲུབ་ཆེན་དཔལ་འབྲས་རྡོ་རྗེ།
大成就者确吉多杰	གྲུབ་ཆེན་ཆོས་རྡོ་རྗེ།
大成就者智布巴	གྲུབ་ཆེན་དྲིལ་བུ་པ།
大迦叶	འཕགས་པ་འོད་སྲུང་ཆེན་མོ།
大拉乐达	ལཱ་ལི་ཏ་ཆེ་བ།
大力士拉噶	གྱད་མཆོག་ལྷ་དགའ།
大婆罗门萨饶哈尊者	བྲམ་ཟེ་ཆེན་པོ་ས་ར་ཧ།
大婆罗门罗睺罗	བྲམ་ཟེ་ཆེན་པོ་སྒྲ་གཅན་འཛིན།
大司徒绛曲坚赞	ཏའི་སི་ཏུ་བྱང་ཆུབ་རྒྱལ་མཚན།
大译师图杰白	ལོ་ཆེན་ཐུགས་རྗེ་དཔལ།
大黑阎摩敌法脉	དགྲ་ནག་གི་ཆོས་སྐོར།
大圣密集系统	འདུས་པ་འཕགས་པའི་ལུགས།
大型缎制唐卡	གོས་སྐུ།
德瓦增巴洛珠贝巴	འདུལ་བ་འཛིན་པ་བློ་གྲོས་སྤྲས་པ།
等起	ཀུན་སློང་།

等起	ཀུན་ནས་བསླངས་པ།
等引入定	སམྣིཧིཏཿསྟེ་མཉམ་བཞག
第一次第之甚道	རིམ་པ་དང་པོ་ཟབ་མོའི་ལམ།
顶礼大黑天上师	ན་མོ་གུ་རུ་མ་ཧཱ་ཀཱ་ལཱ་ཡ།
顶礼上师及诸佛菩提萨埵	ན་མོ་གུ་རུ་བུདྡྷ་བོདྷི་སཏྭ་བྷྱཿ
对面空中圆满生起坛城	མདུན་བསྐྱེད།
达波贡噶扎西	དྭགས་པོ་ཀུན་བཀྲིས་པ།
达仓译师喜饶仁钦	སྟག་ཚང་ལོ་ཙཱ་བ་ཤེས་རབ་རིན་ཆེན།
达摩班智	དྷརྨབྷདྲ།
达那根敦罗桑	ཏ་ནག་དགེ་འདུན་བློ་བཟང་།
达那群杰确吉班觉	ཏ་ནག་ཆོས་རྗེ་ཆོས་ཀྱི་དཔལ་འབྱོར།
达图班丹桑布	དར་ཐུབ་དཔལ་ལྡན་བཟང་པོ།
戴青绰尔济	སེ་ཆེན་ཆོས་རྗེ།
丹玛关却僧格	ལྡན་མ་དཀོན་མཆོག་སེངྒེ།
德噶巴洛珠贝巴	འདུལ་དཀར་པ་བློ་གྲོས་སྦས་པ།
堆增扎巴坚赞	འདུལ་འཛིན་གྲགས་པ་རྒྱལ་མཚན།
德那巴班丹桑布	འདུལ་ནག་པ་དཔལ་ལྡན་བཟང་པོ།
帝释慧	རྒྱལ་དབང་བློ།
第巴噶尔巴	སྡེ་པ་སྣར་པ།
第悉桑结嘉措	སྡེ་སྲིད་སངས་རྒྱས་རྒྱ་མཚོ།
端桑坚赞	བཤེས་གཉེན་དོན་བཟང་རྒྱལ་མཚན།
端悦班丹	དོན་ཡོད་དཔལ་ལྡན།
端悦多结	ཨ་མོ་གྷ་བཛྲ་སྟེ་དོན་ཡོད་རྡོ་རྗེ།
笃巴喜饶坚赞	དོལ་པ་དམར་ཞུར་བའམ་རོག་དམར་ཞུབ་ཤེས་རབ་རྒྱལ་མཚན།
朵・益西僧格	རྡོག་ཡེ་ཤེས་སེང་གེ
朵旦巴绛白嘉措	རྟོགས་ལྡན་འཇམ་དཔལ་རྒྱ་མཚོ།
笃布巴喜饶坚赞	དོལ་པོ་ཤེས་རབ་རྒྱལ་མཚན།

大乘不共皈依实践要义·悉地生源	ཐེག་ཆེན་ཐུན་མོང་མ་ཡིན་པའི་སྐྱབས་འགྲོའི་ཉམས་ལེན་སྙིང་པོ་དངོས་གྲུབ་ཀུན་འབྱུང་ཞེས་བྱ་བ་བཞུགས་སོ།
大乘布萨长净斋戒受持仪轨·悉地生源	ཐེག་ཆེན་གསོ་སྦྱོང་གི་སྡོམ་པ་ལེན་པའི་ཆོ་ག་དངོས་གྲུབ་ཀུན་འབྱུང་ཞེས་བྱ་བ་བཞུགས་སོ།
大乘共通皈依实践心要·悉地生源	ཐེག་ཆེན་ཐུན་མོང་བའི་སྐྱབས་འགྲོའི་ཉམས་ལེན་སྙིང་པོ་དངོས་གྲུབ་ཀུན་འབྱུང་ཞེས་བྱ་བ་བཞུགས་སོ།
大臣遗教	བློན་པོའི་བཀའ་ཆེམས་ཟླ་བ་འདོད་འཇོ་ཞེས་བྱ་བ་བཞུགས་སོ།
大成就者彩木巴所传观自在直接面授心要诀窍全面庄严·悉地生源	གྲུབ་ཆེན་ཚེམ་བུ་ལུགས་ཀྱི་སྤྱན་རས་གཟིགས་ཀྱི་དམར་ཁྲིད་ཀྱི་སྙིང་པོ་མན་ངག་གིས་རྣམ་པར་བརྒྱན་པ་དངོས་གྲུབ་ཀུན་འབྱུང་ཞེས་བྱ་བ་བཞུགས་སོ།
大成就者彩木巴所传诀窍观自在直接面授心要修行体验摄略殊胜教授庄严·悉地生源	གྲུབ་ཆེན་ཚེམ་བུ་ལུགས་ཀྱི་མན་ངག་སྤྱན་རས་གཟིགས་ཀྱི་དམར་ཁྲིད་ཀྱི་སྙིང་པོ་ཉམས་ལེན་དུ་བསྡུས་པ་མན་ངག་གིས་རྣམ་པར་བརྒྱན་པ་དངོས་གྲུབ་ཀུན་འབྱུང་ཞེས་བྱ་བ་བཞུགས་སོ།
大成就者弥智所创三要义之观自在成就方便法之诀窍心要	གྲུབ་ཆེན་མི་ཏྲའི་ལམ་སྲོལ་སྙིང་པོ་དོན་གསུམ་ཞེས་གྲགས་པ་སྤྱན་རས་གཟིགས་སྒྲུབ་པའི་མན་ངག་གི་སྙིང་པོ་ཞེས་བྱ་བ་བཞུགས་སོ།
大圣研磨略经	འཕགས་པ་རྣམ་པར་འཐག་པ་ཐམས་ཅད་བསྡུས་པ་ཞེས་བྱ་བ་ཐེག་པ་ཆེན་པོའི་མདོ་བཞུགས་སོ།
大威德金刚护轮	འཇིགས་བྱེད་ཀྱི་བསྲུང་འཁོར་ཞེས་བྱ་བ་བཞུགས་སོ།
大威德金刚生起次第广论	དཔལ་རྡོ་རྗེ་འཇིགས་བྱེད་ཀྱི་བསྐྱེད་རིམ་ཆེན་མོ་ཞེས་བྱ་བ་བཞུགས་སོ།
大威德金刚幻轮仪轨解说·尊胜三界明日之光	གཤིན་རྗེ་གཤེད་ཀྱི་འཁྲུལ་འཁོར་གྱི་ཆོ་གའི་རྣམ་པར་བཤད་པ་ཁམས་གསུམ་རྣམ་པར་རྒྱལ་བའི་ཉི་འོད་ཅེས་བྱ་བ་བཞུགས་སོ།
答昌都群杰所问不动金刚心要之书	ཆབ་མདོ་ཆོས་རྗེ་མི་གཡོ་སྙིང་པོའི་ཞུས་ལན་བཞུགས་སོ།
答至尊根敦罗桑所问书	རྗེ་དགེ་འདུན་བློ་བཟང་གི་ཞུ་ལན་བཞུགས་སོ།

达那释量论辨析	རྟ་ནག་རྣམ་འགྲེལ་ཞེས་བྱ་བ་བཞུགས་སོ།
答噶玛巴龙树密意庄严论	ཀར་ལན་ཀླུ་སྒྲུབ་དགོངས་རྒྱན་ཞེས་བྱ་བ་བཞུགས་སོ།
德瓦巴扎巴坚赞传记	སློབ་དཔོན་རིན་པོ་ཆེ་འདུལ་བ་པ་གྲགས་པ་རྒྱལ་མཚན་གྱི་རྣམ་པར་ཐར་པ་བཞུགས་སོ།
第二佛陀宗喀巴成就方便法次第分辨·悉地生源	རྒྱལ་བ་བློ་བཟང་གྲགས་པའི་སྒྲུབ་ཐབས་ཀྱི་རིམ་པར་ཕྱེ་བ་དངོས་གྲུབ་ཀུན་འབྱུང་ཞེས་བྱ་བ་བཞུགས་སོ།
第二佛陀宗喀巴之瑜伽	རྒྱལ་བ་བློ་བཟང་གྲགས་པའི་རྣལ་འབྱོར་ཞེས་བྱ་བ་བཞུགས་སོ།
地道智者心悦诚服	ས་ལམ་གྱི་རྣམ་གཞག་ཡིད་འཕྲོག་འདི་ནི་མཁས་པའི་སྐྱེ་བོ་དུ་མས་ཡང་ཡང་བསྐུལ་བའི་ངོར་ཤཱཀྱའི་དགེ་སློང་དགེ་ལེགས་དཔལ་བཟང་པོས་དབེན་གནས་རི་བོ་མདངས་ཅན་གྱི་རི་ཁྲོད་དུ་སྦྱར་བའོ།
度母妙绘赞	ལེགས་བྲིས་མ་ཞེས་བྱ་བ་བཞུགས་སོ།
	རྗེ་བཙུན་བཅོམ་ལྡན་འདས་མ་སེང་ལྡེང་ནགས་ཀྱི་སྒྲོལ་མ་ལ་བསྟོད་པ་མཁས་པའི་གཙུག་རྒྱན་ཞེས་བྱ་བ་བཞུགས་སོ།
多杰饶丹之母上供朵玛食子仪轨	མ་ཅིག་རྡོ་རྗེ་རབ་བརྟན་མ་ལ་མཆོད་གཏོར་འབུལ་ཚུལ་ཞེས་བྱ་བ་བཞུགས་སོ།
朵玛食子的回向文	གཏོར་མའི་བསྔོ་བ་ཞེས་བྱ་བ་བཞུགས་སོ།
大慈乌	བྱ་རོག་ཆེན་པོ།
打击法之声鸣	ཆོས་ཀྱི་གཎྜི་བརྡུངས་པ་དུས་མཚུངས།
当氏	མདངས།
敌论者	ཕྱི་རྒོལ།
颠倒性分别认识	ལོག་པར་རྟོག་པ།
断除对方所立诸过失	སྐྱོན་སྤོང་།
断除争论	རྩོད་སྤོང་།
朵玛食子	གཏོར་མ།
堆之灵器仪轨	མདོ་ཆོག

E

俄曲	དངུལ་ཆུ།
俄曲日绰寺	དངུལ་ཆུ་རི་ཁྲོད།
俄噶夏巴札仓	མངོན་དགའ་ཤར་པ།
俄曲丹寺	ངོར་ཆོས་སྡེ།
俄穆宗金刚座寺	སྡོན་མོ་རྫོང་རྡོ་རྗེ་གདན།
温贡寺	དབེན་དགོན།
恩曲	དངུལ་ཆུ།
温萨	དབེན་ས།
恩扎西多喀	འོན་གྱི་བཀྲ་ཤིས་དོ་ཁ།
二十四座圣地	གནས་ཆེན་ཉེར་བཞི།
俄·勒贝喜饶	རྔོག་ལེགས་པའི་ཤེས་རབ།
俄·罗丹喜饶	རྔོག་བློ་ལྡན་ཤེས་རབ།
俄巴贡桑巴	ངོར་པ་ཀུན་བཟང་པ།
俄巴贡噶桑布	ངོར་པ་ཀུན་དགའ་བཟང་པོ།
俄罗译师	རྔོག་ལོ་ཙཱ་བ་བློ་ལྡན་ཤེས་རབ།
俄钦贡噶桑布	ངོར་ཆེན་ཀུན་དགའ་བཟང་པོ།
俄曲杨晶珠贝多杰	དངུལ་ཆུ་དབྱངས་ཅན་གྲུབ་པའི་རྡོ་རྗེ།
二世班禅索南确朗	པཎ་ཆེན་སྐུ་ཕྲེང་གཉིས་པ་བསོད་ནམས་ཕྱོགས་གླང་།
二世达赖喇嘛根敦嘉措	རྒྱལ་བ་སྐུ་ཕྲེང་གཉིས་པ་དགེ་འདུན་རྒྱ་མཚོ།
二世嘉木样协巴晋美旺布	འཇམ་བཞད་སྐུ་ཕྲེང་གཉིས་པ་འཇིགས་མེད་དབང་པོ།
耳传事业受命者仲巴达普巴丹曲坚赞	སྙན་བརྒྱུད་འཕྲིན་ལས་ཀྱི་བཀའ་བབ་དྲུང་པ་ལྷ་ཕྱུག་པ་དམ་རྒྱ་མཚོ།
恩扎博德国王	ཨེནྡྲ་བོདྷི།
恩扎布德国王	ཨེནྡྲ་བྷུ་ཏི།
二次第甚道	རིམ་གཉིས་ཟབ་མོའི་ལམ་ཞེས་བྱ་བ་བཞུགས་སོ།
二谛辨析根本颂	བདེན་པ་གཉིས་རྣམ་པར་འབྱེད་པའི་ཚིག་ལེའུ་བྱས་པ་ཡེ་ཤེས་སྙིང་པོས་མཛད་པ་བཞུགས་སོ།

二谛辨析释难	བདེན་པ་གཉིས་རྣམ་པར་འབྱེད་པའི་དཀའ་འགྲེལ་ཞི་བ་འཚོས་མཛད་པ་བཞུགས་སོ།
二谛辨析自注	བདེན་པ་གཉིས་རྣམ་པར་འབྱེད་པའི་འགྲེལ་བ་ཡེ་ཤེས་སྙིང་པོས་མཛད་པ་བཞུགས་སོ།
二胜六庄严赞	མཁའ་མཉམ་མ་ཞེས་བྱ་བ་རེད་མདའ་བ་གཞོན་ནུ་བློ་གྲོས་ཀྱིས་མཛད་པ་བཞུགས་སོ།
二世达赖喇嘛文集	རྒྱལ་བ་དགེ་འདུན་རྒྱ་མཚོའི་གསུང་འབུམ་བཞུགས་སོ།
耳传集成	སྙན་བརྒྱུད་ཀྱི་བེའུ་བུམ་བཞུགས་སོ།
俄钦	སྔགས་ཆེན།
俄系	ངོར་ལུགས།
恶趣之因	གནས་ངན་ལེན།
恶作	ཉེས་བྱས།
二次第甚道	རིམ་གཉིས་ཟབ་མོའི་ལམ།
二十四座圣地空行主	ཉེ་ཤུ་རྩ་བཞིའི་མཁའ་འགྲོའི་གཙོ།
二资粮	ཚོགས་གཉིས།
二胜六庄严	རྒྱན་དྲུག་མཆོག་གཉིས།

F

腹地	གནས་སྙིང་།
法称	ཆོས་གྲགས།
法尚	ཆོས་མཆོག
法圣菩萨	འཕགས་པ་ཆོས་འཕགས།
法王阿旺扎巴	ཆོས་རྗེ་ངག་དབང་གྲགས་པ།
佛护	སློབ་དཔོན་སངས་རྒྱས་བསྐྱངས།
佛子文殊心要	མཉྫུ་ཤྲཱི་ཧྲི་སྙེ་འཇམ་དཔལ་སྙིང་པོ།
法胜菩萨品	ཆོས་འཕགས་ཀྱི་ལེའུ་བཞུགས་སོ།
反驳应成式回遮论的关要难点问答	ཐལ་ཟློག་གི་དཀའ་གནད་དྲིས་ལན་བཞུགས་སོ།

方便之道那若六法导引·悉地生源	ཐབས་ལམ་ནཱ་རོ་ཆོས་དྲུག་ལག་རྗེས་དངོས་གྲུབ་ཀུན་འབྱུང་ཞེས་བྱ་བ་བཞུགས་སོ།
飞鸟喻示人文思想·理路藏论	ཀ་ལན་ཏ་ཀ་འདབ་ཆགས་མི་ཆོས་སུ་བཤད་པ་རིག་པའི་གཏེར་མཛོད་ཅེས་བྱ་བ་བཞུགས་སོ།
粉粹惯于倒行逆施的邪说谬论·天罡之轮——致俄钦贡噶桑布	ཕྱིན་ཅི་ལོག་གི་གཏམ་གྱི་སྦྱོར་བ་ལ་ཞུགས་པའི་སྨྲ་བ་ངན་པ་རྣམ་པར་འཐག་པའི་བསྟན་བཅོས་གནམ་ལྕགས་འཁོར་ལོ་ཞེས་བྱ་བ་མཁས་གྲུབ་རྗེས་མཛད་པ་བཞུགས་སོ།
焚祭布施次第	ཚ་བསྲུར་གྱི་རིམ་པ་ཞེས་བྱ་བ་བཞུགས་སོ།
佛本生传如意藤树	སྐྱེས་རབས་དཔག་བསམ་འཁྲི་ཤིང་ཞེས་བྱ་བ་བཞུགས་སོ།
佛菩萨祈愿文	རྒྱལ་བ་སྲས་བཅས་ལ་ཞུ་ཡིག་ཅེས་བྱ་བ་བཞུགས་སོ།
佛像见者具义绘法	བྲིས་སྐུ་མཐོང་བ་དོན་ལྡན་འབྲི་ཚུལ་ཞེས་བྱ་བ་བཞུགས་སོ།
法脉必有口授	ཆོས་གང་ལུང་དང་ལྡན་པ།
烦恼习气	གནས་ངན་ལེན།
非天	ལྷ་མ་ཡིན།
佛智密集系统	འདུས་པ་ཡེ་ཤེས་ཞབས་ལུགས།
福德资粮	བསོད་ནམས་ཀྱི་ཚོགས།
福资粮	བསོད་ནམས་ཀྱི་ཚོགས།
付法藏师	བསྟན་པའི་གཏད་རབས།
凡有彼灭如瓶性	གང་ཡོད་དེ་འཇིག་བུམ་པ་བཞིན།
分别性认识	རྣམ་རྟོག
反驳	སུན་འབྱིན།
梵语雅言	སཾསྐྲིཏ།
方象	ཕྱོགས་སྣང་།
福田与施主	མཆོད་ཡོན།

G

噶布夏日札仓	དཀར་པོ་ཤར།
噶灿巴札仓	ཀ་ཚལ་པ།

甘丹颇章	དགའ་ལྡན་ཕོ་བྲང་།
噶孔巴札仓	སྐར་ཁུང་བ།
噶列巴札仓	དཀར་ལེགས་པ།
噶喜寺	བཀའ་བཞི་དགོན།
甘丹德林夏尔巴札仓	དགའ་ལྡན་བདེ་གླིང་ཤར་པ།
甘丹寺	དགའ་ལྡན་རྣམ་པར་རྒྱལ་བའི་གླིང་།
岗布赖山	གངས་བུ་ལེའི་མགུལ་རྒྱན།
刚坚群培寺	གངས་ཅན་ཆོས་འཕེལ།
盖当寺	དགེ་སྡིངས་དགོན།
盖杰茄玛林寺	དགེ་རྒྱས་བྱེ་མ་གླིང་།
盖培寺	དགེ་འཕེལ།
格摩茹巴	གུར་མོ་རུ་པ།
故地	གནས་རྙིང་།
郭扎	ཀོ་བྲག
噶究巴绛坚瓦	དཀའ་བཅུ་པ་བྱང་རྒྱལ་བ།
噶究巴列巴坚赞	དཀའ་བཅུ་པ་ལེགས་པ་རྒྱལ་མཚན།
噶玛巴关循	ཀརྨ་པ་དཀོན་གཞོན།
噶玛巴关觉循努	ཀརྨ་པ་དཀོན་མཆོག་གཞོན་ནུ།
噶玛巴弥觉多杰	ཀརྨ་པ་མི་བསྐྱོད་རྡོ་རྗེ།
盖培寺堪布列巴洛珠	དགེ་འཕེལ་མཁན་པོ་ལེགས་པའི་བློ་གྲོས།
甘丹赤巴强巴嘉措	དགའ་ལྡན་ཁྲི་པ་བྱམས་པ་རྒྱ་མཚོ།
格香扎巴坚赞	སྐུ་ཞང་གྲགས་པ་རྒྱལ་མཚན།
根顿珠巴	རྗེ་དགེ་འདུན་གྲུབ་པ།
根敦嘉措	རྗེ་དགེ་འདུན་རྒྱ་མཚོ།
更庆多巴尔奥塞	ཀུན་མཁྱེན་སྤོབས་ལྡན་འོད་ཟེར།
更庆曲觉班桑	ཀུན་མཁྱེན་ཆོས་འཁོར་དཔལ་བཟང་།
格西贡塘巴	དགེ་བཤེས་གུང་ཐང་པ།
贡噶宁布	ཨཱནནྡ་གརྦ་སྟེ་ཀུན་དགའ་སྙིང་པོ།

贡觉云丹嘉措	གོ་འཁྲུ་ཡོན་ཏན་རྒྱ་མཚོ།
贡钦曲觉白桑	ཀུན་མཁྱེན་ཆོས་འབྱོར་དཔལ་བཟང་།
贡布觉	མགོན་པོ་སྐྱབས།
古格法王宁多嘉措	གུ་གེ་ཆོས་རྗེ་སྙིང་སྟོབས་རྒྱ་མཚོ།
古格王妃赤坚嘉姆	གུ་གེའི་བདག་མོ་ཁྲི་ལྷུམ་རྒྱལ་མོ།
灌顶随许受命者吉雪夏仲阿旺丹增赤列	དབང་རྗེས་གནང་གི་འཕྲིན་ལས་ཀྱི་བཀའ་བབ་སྐྱིད་ཤོད་ཞབས་དྲུང་ངག་དབང་བསྟན་འཛིན་འཕྲིན་ལས།
贵氏的转世妙身	རྗེ་འགོས་ཀྱི་སྐུ་སྐྱེ།
贵氏库巴喇觉	འགོས་ཁུག་པ་ལྷ་སྐྱབས།
贵氏库巴喇泽	འགོས་ཁུག་པ་ལྷ་བཙས།
噶当宝卷	བཀའ་གདམས་གླེགས་བམ་རིན་པོ་ཆེ་བཞུགས་སོ།
噶玛巴关循驳文	ཀརྨ་དཀོན་གཞོན་གྱིས་མཛད་པའི་རྩོད་ཡིག་བཞུགས་སོ།
格鲁派殊胜耳传教授的秘密典籍	དགའ་ལྡན་སྤྲུལ་པའི་གླེགས་བམ་བཞུགས་སོ།
格鲁派殊胜口传甚道师承略记·宝藏指南	དགེ་ལྡན་བཀའ་བརྒྱུད་རིན་པོ་ཆེའི་ཟབ་ལམ་བརྒྱུད་པའི་རྣམ་པར་ཐར་པ་མདོར་བསྡུས་གཏེར་གྱི་ཁ་བྱང་ལྟ་བུ་བཞུགས་སོ།
根本萨婆多利摄	འཕགས་པ་རྣམ་པར་འཐག་པ་ཐམས་ཅད་བསྡུས་པ་ཞེས་བྱ་བ་ཐེག་པ་ཆེན་པོའི་མདོ་ཞེས་བྱ་བ་བཞུགས་སོ།
根本说一切有部戒经	སོ་སོར་ཐར་པའི་མདོ་བཞུགས་སོ།
关于幻化妙身索朗嘉措之授记	སྤྲུལ་སྐུ་བསོད་ནམས་རྒྱ་མཚོའི་ལུང་བསྟན་ཞེས་བྱ་བ་བཞུགས་སོ།
关于《时轮成就法·白莲教言》颠倒谬论消除法	རྗེ་བཙུན་ཆོས་ཀྱི་རྒྱལ་མཚན་གྱིས་མཛད་པའི་དུས་འཁོར་གྱི་སྒྲུབ་ཐབས་པདྨ་དཀར་པོའི་ཞལ་ལུང་ལ་ལོག་རྟོག་སེལ་ཚུལ་འདི་དཔེ་ཤིན་ཏུ་དཀོན་པས་གསུང་འབུམ་འདིར་བཞུགས་སོ།
关于宗喀巴正法住世期限授记	རྗེ་བླ་མ་བསྟན་པའི་གནས་ཚད་ཅེས་བྱ་བ་བཞུགས་སོ།
皈依发心迎请七支仪轨·悉地生源	སྐྱབས་འགྲོ་སེམས་བསྐྱེད་སྤྱན་འདྲེན་ཡན་ལག་བདུན་པ་བྱེད་ཚུལ་དངོས་གྲུབ་ཀུན་འབྱུང་ཞེས་བྱ་བ་བཞུགས་སོ།

皈依诀窍·悉地生源	སྐྱབས་འགྲོའི་མན་ངག་དངོས་གྲུབ་ཀུན་འབྱུང་ཞེས་བྱ་བ་བཞུགས་སོ།
噶当派	བཀའ་གདམས་པ།
甘丹殊胜耳传教授的受命者	དགའ་ལྡན་སྙན་བརྒྱུད་ཀྱི་བཀའ་བབ།
甘丹幻化典籍	དགའ་ལྡན་སྤྲུལ་པའི་གླེགས་བམ།
格鲁派殊胜耳传	དགེ་ལྡན་སྙན་བརྒྱུད།
根本入定	སམྣཱཧིཏཿསྟེ་མཉམ་བཞག
根本罪	རྩ་ལྟུང་།
观有为法为常住不变	འདུས་བྱས་རྟག་པར་བསྒོམས།
灌顶仪轨	དབང་ཆོག
广行道统	རྒྱ་ཆེན་སྤྱོད་བརྒྱུད།
皈依处	སྐྱབས་གནས།
噶当麦巴	བཀའ་གདམས་སྨད་པ།
噶究巴	དཀའ་བཅུ་པ།
噶玛嘎则画派	ཀརྨ་སྒར་བྲིས་ལུགས།
噶喜巴	དཀའ་བཞི་པ།
嘎巴喇颅器	ཀ་པཱ་ལ།
高赞随风抛,诋毁付水流	མཐོ་མཐོ་རླུང་ལ་བསྐུར་དམའ་དམའ་ཆུ་ལ་བསྐུར།
甘丹安群	དགའ་ལྡན་ལྔ་མཆོད།
甘露上药居于法之冠	བདུད་རྩི་སྨན་མཆོག་ཆོས་ཀྱི་མཆོག །
供佛菩萨之馐	ལྷ་བཤོས།

H

亥噜伽自生之殿	ཧེ་རུ་ཀ་རང་བྱུང་གི་གཙྫོལ།
和好塔	དབྱེན་ཟླུམ་མཆོད་རྟེན།
黑色黄斑崖金刚宫殿	བྲག་རྒྱ་བོ་རྡོ་རྗེའི་ཕོ་བྲང་།
黑色黄斑崖九聚圣地	བྲག་རྒྱ་བོ་དགུ་འདུས།

后藏年堆上部智源胜境之江热白巴尔列协卓贝蔡寺	གཙང་ཉང་སྟོད་རིགས་པའི་འབྱུང་གནས་ཀྱི་སའི་ཆ་ལྷུང་ར་དཔལ་འབར་ལེགས་བཤད་སྒྲོགས་པའི་ཚལ།
亥玛德瓦	ཧེ་མ་དེ་ཝ།
黑天誓言金刚	ནག་པོ་དམ་ཚིག་རྡོ་རྗེ།
后藏狂士乳毕坚金	གཙང་སྨྱོན་ཧེ་རུ་ཀ་རུས་པའི་རྒྱན་ཅན།
霍尔白觉桑布	ཧོར་དཔལ་འབྱོར་བཟང་པོ།
护法怙主如意宝之成就方便随许灌顶之轮殊胜诀窍	མགོན་པོ་ཡིད་བཞིན་ནོར་བུའི་སྒྲུབ་ཐབས་རྗེས་གནང་འཁོར་ལོའི་མན་ངག་དང་བཅས་པ་བཞུགས་སོ།
护法诸神总体策励法	ཆོས་སྐྱོང་སྤྱིའི་བསྐུལ་ཞེས་བྱ་བ་བཞུགས་སོ།
护法诸神整体上供朵玛食子仪轨	ཆོས་སྐྱོང་སྤྱི་ལ་གཏོར་མ་འབུལ་ཚུལ་ཞེས་བྱ་བ་བཞུགས་སོ།
怙主手册及其所有分支仪轨	མགོན་པོའི་བེའུ་བུམ་ཆ་ལག་དང་བཅས་པ་བཞུགས་སོ།
幻化秘籍	སྤྲུལ་པའི་གླེགས་བམ་ཆེན་མོ་བཞུགས་སོ།
幻轮仪轨广论亲授小字注释及甚微注疏	འཁྲུལ་འཁོར་རྣམ་བཤད་ཆེན་པོའི་ཞལ་ཤེས་ཡིག་ཆུང་དང་ཡང་ཆུང་བཞུགས་སོ།
怀摄与内修成就方便法	ཡང་དབང་སྡུད་དང་ནང་སྒྲུབ་ཅེས་བྱ་བ་བཞུགས་སོ།
回向次第	བསྔོ་བའི་རིམ་པ་ཞེས་བྱ་བ་བཞུགས་སོ།
亥噜伽	ཧེ་རུ་ཀ
亥噜伽巴喇	ཧེ་རུ་ཀ་པ་ལ།
含识	སེམས་ལྡན།
含识生物	པུདྒལཿསྐྱེ་གང་ཟག
幻景	སྒྱུ་མ།
诃子	ཨ་རུ་ར།
获赐善慧诀窍诸心要	བློ་བཟང་གདམས་པའི་སྙིང་པོ་མ་ལུས་སྩལ།

J

吉布德丹寺	སྐྱིལ་པོ་བདེ་ལྡན།
吉雪	སྐྱིད་ཤོད།
吉雪布达拉宫	སྐྱིད་ཤོད་པོ་ཏ་ལ།

鸡足山	རི་བོ་བྱ་རྐང་།
嘉瓦雍敦巴成就圣地	རྒྱལ་བ་གཡུང་གི་སྒྲུབ་གནས།
嘉索普	རྒྱ་སོག་ཕུ།
嘉绒	རྒྱལ་རོང་།
吉蔡札仓	སྐྱིད་ཚལ་གྲྭ་ཚང་།
吉隆	སྐྱིད་རོང་།
犍陀罗	གནྡྷར་སྟེ་ཏྲི་ཟའི་ཡུལ།
吉擦寺	སྐྱིད་ཚལ་པ།
江日塞顶寺	རྒྱང་རུ་གསེར་སྡིངས་དགོན།
江孜	རྒྱལ་རྩེ།
江热寺院	ལྕང་ར་དགོན།
绛钦德瓦坚寺	བྱམས་ཆེན་བདེ་བ་ཅན།
绛钦群德寺	བྱམས་ཆེན་ཆོས་སྡེ།
戒香寺	པི་ཀྲ་མ་ལ་ཤཱི་ལ།
迥本博陀扎西岗札仓	ཙུང་འབུམ་སྒོ་ཐོག་བཀྲ་ཤིས་སྒང་།
迥达夏尔巴札仓	ཙུང་ཏ་ཤར་པ།
旧地	གནས་རྙིང་།
具德大菩提幽静隐居之地大乘宫殿	དཔལ་བྱང་ཆུབ་ཆེན་པོའི་དབེན་གནས་ཐེག་ཆེན་ཕོ་བྲང་།
具德哲蚌寺	དཔལ་ལྡན་འབྲས་སྤུངས་ཀྱི་ཆོས་གྲྭ་ཆེན་པོ།
具莲圣地	གྲུབ་པའི་གནས་མཆོག་པདྨ་ཅན།
觉敦寺	ཇོ་གདན་དགོན།
觉摩隆寺	སྐྱུར་མོ་ལུང་།
觉姆拉日神山	ཇོ་མོ་ལྷ་རི།
寂甲	ཞི་བའི་གོ་ཆ།
寂天	ཞི་བ་ལྷ།
季厷宗巴喜饶多杰	ཚེ་སྨོམ་རྫོང་པ་ཤེས་རབ་རྡོ་རྗེ།
加白央罗桑喜聂巴	འཇམ་དཔལ་དབྱངས་བློ་བཟང་བཤེས་གཉེན།

加央贡噶德勒仁钦坚赞贝桑布	འཇམ་དབྱངས་ཀུན་དགའ་བདེ་ལེགས་རིན་ཆེན་རྒྱལ་མཚན་དཔལ་བཟང་པོ།
甲那阿噶然	ཛྙཱ་ན་ཨཱ་ཀཱ་ར།
甲然敦基	རྒྱ་ར་སྟོན་བརྗིད།
贾曹杰	རྒྱལ་ཚབ་རྗེ།
贾曹杰达玛仁钦	རྒྱལ་ཚབ་དར་མ་རིན་ཆེན།
嘉・绛白桑瓦	རྒྱ་འཇམ་དཔལ་གསང་བ།
嘉・桑西	རྒྱ་སང་ཤི།
嘉・宗主僧格	རྒྱ་བརྩོན་འགྲུས་སེང་གེ
嘉玛瓦喜饶坚赞	རྒྱ་མ་བ་ཤེར་རྒྱལ།
嘉木样群杰	འཇམ་དབྱངས་ཆོས་རྗེ།
嘉瓦温萨巴	རྒྱལ་བ་དབེན་ས་པ།
嘉瓦雍敦巴多吉白	རྒྱལ་བ་གཡུང་སྟོན་པ་རྡོ་རྗེ་དཔལ།
坚俄洛珠坚赞	སྤྱན་སྔ་བློ་གྲོས་རྒྱལ་མཚན།
江热噶究巴	ལྕང་ར་དཀའ་བཅུ་པ།
江热堪布	ལྕང་ར་མཁན་པོ།
江孜法王	རྒྱལ་རྩེ་ཆོས་རྗེ།
江孜法王饶旦帕	ཆོས་རྒྱལ་བདག་པོ་རབ་བརྟན་པ།
江孜之主饶旦帕	བདག་པོ་རབ་བརྟན་པ།
江孜法王饶丹贡桑帕	རྒྱལ་རྩེ་ཆོས་རྗེ་རབ་བརྟན་ཀུན་བཟང་འཕགས།
绛巴朗嘉扎巴	བྱང་བདག་རྣམ་རྒྱལ་གྲགས་པ།
绛巴然坚巴德勒尼玛	བྱང་པ་རབ་འབྱམས་པ་བདེ་ལེགས་ཉི་མ།
绛巴之主	བྱང་པའི་བདག་པོ།
绛央却杰扎西班丹	འཇམ་དབྱངས་ཆོས་རྗེ་བཀྲ་ཤིས་དཔལ་ལྡན།
降曲则莫	ལོ་ཆེན་བྱང་ཆུབ་རྩེ་མོ།
蒋央噶帏洛智	འཇམ་དབྱངས་དགའ་བའི་བློ་གྲོས།
蒋央列巴群觉	འཇམ་དབྱངས་ལེགས་པའི་ཆོས་འབྱོར།
杰氏二兄弟	ལྷ་སྟོ་ར་རྟག་ཙུ་དང་ལྷ་བཟང་སྟོ་ར་ཙུ་ཉེ་སྤུན་གཉིས།

杰增喜饶僧格	རྗེ་བཙུན་ཤེས་རབ་སེང་གེ
杰扎桑巴尊者	རྗེ་གྲགས་བསམ་པ།
杰尊喜饶迥乃	ལྗེ་བཙུན་ཤེས་རབ་འབྱུང་གནས།
杰尊喜饶僧格	རྗེ་བཙུན་ཤེས་རབ་སེངྒེ།
金刚座大师	བླ་མ་རྡོ་རྗེ་གདན་པ།
金刚智布巴大师	སློབ་དཔོན་རྡོ་རྗེ་དྲིལ་བུ་པ།
旧译宁玛派瑜伽自在寿持明侄子	གསང་ སྔགས་ སྙིང་ མའི་ བླ་མ་ རྣལ་འབྱོར་ དབང་ ཕྱུག་ ཚེའི་རིག་འཛིན་གྱི་སྐུ་ཚ།
拘留孙佛	སངས་རྒྱས་འཁོར་བ་འཇིག
巨贾之子诺桑	ཚོང་དཔོན་གྱི་བུ་ནོར་བཟང་།
具德列吉多杰	དཔལ་ལྡན་ལས་ཀྱི་རྡོ་རྗེ།
觉敦索朗仁钦	ཇོ་གདན་བསོད་ནམས་རིན་ཆེན།
觉巧巴桑	སྐྱབས་མཆོག་དཔལ་བཟང་།
觉巧白藏	སྐྱབས་མཆོག་དཔལ་བཟང་།
觉塞普巴培	ཇོ་སྲས་ཕུར་པ་འཕེལ།
觉沃赛增	ཇོ་བོ་སེ་བཙུན།
觉沃扎噶巴	ཇོ་བོ་བྲག་དཀར་པ།
集学论	བསླབ་བཏུས།
吉祥天母多杰饶丹上供朵玛食子仪轨三篇	དཔལ་ལྡན་ལྷ་མོ་རྡོ་རྗེ་རབ་བརྟན་མ་ལ་མཆོད་གཏོར་འབུལ་ཚུལ་གྱི་རིམ་པ་ཚན་པ་གསུམ་བཞུགས་སོ།
迦叶品	འཕགས་པ་འོད་སྲུངས་ཀྱི་ལེའུ་བཞུགས་སོ།
嘉瓦罗桑顿珠传记层面所作祈愿·悉地生源	རྒྱལ་བ་བློ་བཟང་དོན་གྲུབ་ལ་རྣམ་ཐར་གྱི་སྒོ་ནས་གསོལ་བ་འདེབས་པ་དངོས་གྲུབ་ཀུན་འབྱུང་ཞེས་བྱ་བ་བཞུགས་སོ།
江孜法王传记·起信麦穗悉地降雨	ཆོས་ཀྱི་རྒྱལ་པོ་སངས་རྒྱས་བཅོམ་ལྡན་འདས་ཀྱི་བསྟན་པ་སྟོབས་ཀྱིས་འཛིན་པའི་རྒྱལ་པོ་ཆེན་པོ་མཚན་རབ་བརྟན་ཀུན་བཟང་འཕགས་ཞེས་ཡོངས་སུ་གྲགས་པ་དེ་ཉིད་ཀྱི་རྣམ་པར་ཐར་པ་དད་པའི་ལོ་ཐོག་རྒྱས་བྱེད་དངོས་གྲུབ་ཀྱི་ཆར་འབེབས་ཞེས་བྱ་བ་བཞུགས་སོ།

绛巴之主朗索朗嘉扎巴启问书·制伏诽谤邪说	བྱང་བདག་པོ་རྣམ་རྒྱལ་གྲགས་པའི་དྲིས་ལན་རྒོལ་ངན་ཚར་གཅོད་ཅེས་བྱ་བ་བཞུགས་སོ།
羯磨加行作业与除遮所缘观修篇	ལས་སྦྱོར་དང་སྒྲིབ་སེལ་གྱི་དམིགས་སྐོར་བཞུགས་སོ།
杰尊确吉坚赞文集	རྗེ་བཙུན་ཆོས་ཀྱི་རྒྱལ་མཚན་གྱི་གསུང་འབུམ་བཞུགས་སོ།
金刚乘道支不离及亲近念修誓约之实不可或缺诸性相解说·瑜伽受用喜宴	རྡོ་རྗེ་ཐེག་པའི་ལམ་གྱི་ཡན་ལག་མི་འབྲལ་བ་དང་བསྙེན་པར་བྱ་བའི་དམ་ཚིག་གི་རྫས་མེད་དུ་མི་རུང་བ་དག་གི་མཚན་ཉིད་དང་ཇི་ལྟར་བཅད་པའི་ཚུལ་ལ་སོགས་པ་རྣམ་པར་བཤད་པ་རྣལ་འབྱོར་རོལ་བའི་དགའ་སྟོན་ཞེས་བྱ་བ་བཞུགས་སོ།
金刚大威德起死回生及其护持教授	གཤིན་རྗེའི་གཤེད་ཀྱི་བསད་ཟློག་བསྲུང་བའི་གདམས་པ་ཞེས་བྱ་བ་བཞུགས་སོ།
金刚密集坛城仪轨补遗	གསང་བ་འདུས་པའི་དཀྱིལ་ཆོག་གི་ལྷན་ཐབས་ཞེས་བྱ་བ་བཞུགས་སོ།
金刚密集现前生起法补遗	གསང་བ་འདུས་པའི་མདུན་བསྐྱེད་ཀྱི་ལྷན་ཐབས་ཞེས་བྱ་བ་བཞུགས་སོ།
金刚密集圆满次第笔记	གསང་བ་འདུས་པའི་རྫོགས་རིམ་ཟིན་བྲིས་ཞེས་བྱ་བ་བཞུགས་སོ།
金刚手大轮成就方便法·悉地生源	ཕྱག་རྡོར་འཁོར་ཆེན་གྱི་སྒྲུབ་ཐབས་དངོས་གྲུབ་ཀུན་འབྱུང་ཞེས་བྱ་བ་བཞུགས་སོ།
净治斋资享用遮障的朵玛食子仪轨	སྦྱུལ་གཏོར་གྱི་ཆོ་ག་ཞེས་བྱ་བ་བཞུགས་སོ།
九尊喜金刚坛城仪轨·大乐入门	ཀྱེ་རྡོ་རྗེ་ལྷ་དགུའི་དཀྱིལ་འཁོར་གྱི་ཆོ་ག་བདེ་བ་ཆེན་པོའི་འཇུག་ངོགས་ཞེས་བྱ་བ་བཞུགས་སོ།
九尊具德喜金刚坛城之轮成就法·断舍谬误	བཅོམ་ལྡན་འདས་དཔལ་ཀྱེ་རྡོ་རྗེ་ལྷ་དགུའི་དཀྱིལ་འཁོར་གྱི་འཁོར་ལོ་བསྒྲུབ་པའི་ཐབས་འཁྲུལ་པ་སྤོང་བ་ཞེས་བྱ་བ་བཞུགས་སོ།
具德大威德金刚甚深导引·悉地生源	དཔལ་རྡོ་རྗེ་འཇིགས་བྱེད་ཀྱི་ཟབ་ཁྲིད་ལག་རྗེས་དང་བཅས་པ་དངོས་གྲུབ་ཀུན་འབྱུང་ཞེས་བྱ་བ་བཞུགས་སོ།

具德大威德金刚生起次第·明显顶髻庄严论	དཔལ་རྡོ་རྗེ་འཇིགས་བྱེད་ཆེན་པོའི་བསྐྱེད་རིམ་གྱི་རྣམ་གཞག་གསལ་བའི་གཙུག་རྒྱན་བཞུགས་སོ།
具德二品解说·金刚空行母秘藏	དཔལ་བརྟག་པ་གཉིས་པའི་རྣམ་པར་བཤད་པ་རྡོ་རྗེ་མཁའ་འགྲོ་མ་རྣམས་ཀྱི་གསང་བའི་མཛོད་ཅེས་བྱ་བ་བཞུགས་སོ།
具德怙主护法五尊上供朵玛食子简易仪轨	དཔལ་མགོན་སྡེ་ལྔ་ལ་མཆོད་གཏོར་འབུལ་ཚུལ་འཕྲེར་བདེ་བ་ཞེས་བྱ་བ་བཞུགས་སོ།
具德金刚大威德甚深导引·悉地生源	དཔལ་རྡོ་རྗེ་འཇིགས་བྱེད་ཀྱི་ཟབ་འཁྲིད་ལག་རྗེས་དང་བཅས་པ་དངོས་གྲུབ་ཀུན་འབྱུང་ཞེས་བྱ་བ་བཞུགས་སོ།
具德金刚密集第一次第之道修习方式	དཔལ་གསང་བ་འདུས་པའི་རིམ་པ་དང་པོའི་ལམ་ལ་སློབ་པའི་ཚུལ་ཞེས་བྱ་བ་བཞུགས་སོ།
具德金刚密集面授导引精义诀窍·悉地生源	དཔལ་གསང་བ་འདུས་པའི་དམར་ཁྲིད་ཀྱི་སྙིང་པོ་དངོས་གྲུབ་ཀུན་འབྱུང་ཞེས་བྱ་བ་བཞུགས་སོ།
具德列吉多杰所传宗喀巴寿命、徒众等授记	དཔལ་ལྡན་ལས་ཀྱི་རྡོ་རྗེས་རྗེ་ཙོང་ཁ་པའི་སྐུ་ཚེའི་ཚད་དང་འཁོར་ལ་སོགས་པ་ལུང་བསྟན་མཛད་པ་ཞེས་བྱ་བ་བཞུགས་སོ།
具德密集根本续明灯	དཔལ་གསང་བ་འདུས་པའི་རྩ་རྒྱུད་སྒྲོན་གསལ་ཞེས་བྱ་བ་བཞུགས་སོ།
具德密集所依坛城未颠倒能现·悉地生源	དཔལ་གསང་འདུས་རྟེན་གྱི་དཀྱིལ་འཁོར་ཕྱིན་ཅི་མ་ལོག་པའི་གསལ་བྱེད་དངོས་གྲུབ་ཀུན་འབྱུང་ཞེས་བྱ་བ་བཞུགས་སོ།
具德密集现证补遗	དཔལ་གསང་བ་འདུས་པའི་མངོན་རྟོགས་ཀྱི་ལྷན་ཐབས་ཞེས་བྱ་བ་བཞུགས་སོ།
具德仁达瓦传记·奇妙希有	དཔལ་ལྡན་རེད་མདའ་བ་ཆེན་པོའི་རྣམ་ཐར་ངོ་མཚར་རྨད་བྱུང་ཞེས་བྱ་བ་མངའ་རིས་སངས་རྒྱས་རྩེ་མོས་མཛད་པ་བཞུགས་སོ།
具德四面黑天金刚迎请酬补仪轨	དཔལ་རྡོ་རྗེ་ནག་པོ་ཞལ་བཞི་པའི་སྤྱན་འདྲེན་བསྐང་གསོ་ཞེས་བྱ་བ་བཞུགས་སོ།

具德四面黑天金刚双身酬补仪轨广记 · 普降悉地之雨	དཔལ་རྡོ་རྗེ་ནག་པོ་ཆེན་པོ་ཞལ་བཞི་པ་ཡབ་ཡུམ་གྱི་ཐུགས་དམ་བསྐང་ཞིང་འཕྲིན་ལས་བསྐུལ་བའི་ཆོ་ག་རྒྱས་པ་དངོས་གྲུབ་ཀྱི་ཆར་འབེབས་ཞེས་བྱ་བ་འདི་ནི་དཔལ་རྡོ་རྗེ་ནག་པོ་ཆེན་པོ་ཞལ་བཞི་པ་ཡབ་ཡུམ་ལ་མི་ཕྱེད་པའི་དད་པ་དང་ལྡན་པའི་སྔོན་ནས་གསོལ་བ་ཡུན་རིང་དུ་བཏབ་པའི་ཚེ་འབྲོག་རི་བོ་དགེ་ལྡན་རྣམ་པར་རྒྱལ་བའི་གླིང་དུ་རྡོ་རྗེ་འཛིན་པ་དགེ་ལེགས་དཔལ་བཟང་པོས་སྦྱར་བ་འདིས་ཀྱང་རྒྱལ་བའི་བསྟན་པ་དར་ཞིང་རྒྱས་ལ་བར་དུ་གཅོད་པའི་བདུད་ཐམས་ཅད་ལས་ཐར་བར་གྱུར་ཅིག །
具德密集不动金刚息增护摩火供仪轨实践次第略义	དཔལ་གསང་བ་འདུས་པའི་མི་བསྐྱོད་པའི་ཞི་བ་དང་རྒྱས་པའི་སྦྱིན་སྲེག་གི་ཆོ་ག་ལག་ཏུ་བླང་བའི་རིམ་པ་འབའ་ཞིག་མདོར་བསྡུས་པར་བརྗོད་པ་བཞུགས་སོ།
具德密集成就法仪轨口诵补遗	དཔལ་གསང་བ་འདུས་པའི་སྒྲུབ་ཐབས་ཀྱི་ཆོ་གའི་ངག་འདོན་ལྷན་ཐབས་ཞེས་བྱ་བ་བཞུགས་སོ།
具德密集金刚所依坛城无颠倒阐明	དཔལ་གསང་བ་འདུས་པའི་རྟེན་གྱི་དཀྱིལ་འཁོར་ཕྱིན་ཅི་མ་ལོག་པའི་གསལ་བྱེད་ཅེས་བྱ་བ་བཞུགས་སོ།
具德密集妙金刚方便法门补遗	དཔལ་གསང་བ་འདུས་པ་འཇམ་དཔལ་རྡོ་རྗེའི་སྒྲུབ་ཐབས་ཀྱི་ལྷན་ཐབས་མཁས་གྲུབ་ཆེན་པོས་མཛད་པ་བཞུགས་སོ།
具德密集坛城仪轨灌顶实质明显仪轨口诵法简明论述	དཔལ་གསང་བ་འདུས་པའི་དཀྱིལ་འཁོར་གྱི་ཆོ་གའི་དབང་གི་དེ་ཉིད་རབ་ཏུ་གསལ་བའི་ཆོ་ག་ངག་ཏུ་འདོན་ཚུལ་ཇི་ལྟར་བྱ་བ་གོ་སླ་བར་བརྗོད་པ་བཞུགས་སོ།
具德密集息增护摩火供仪轨	དཔལ་གསང་བ་འདུས་པའི་ཞི་རྒྱས་ཀྱི་སྦྱིན་སྲེག་ཅེས་བྱ་བ་བཞུགས་སོ།
具德胜乐金刚依智布巴所传身坛城方便法门念修瑜伽必须了知关要难点备忘录	དཔལ་བཅོམ་ལྡན་འདས་འཁོར་ལོ་བདེ་མཆོག་དྲིལ་བུ་ལུགས་ཀྱི་ལུས་དཀྱིལ་གྱི་སྒྲུབ་ཐབས་སྒོམ་པའི་རྣལ་འབྱོར་པས་ངེས་པར་བྱ་རྒྱུ་གལ་ཆེ་བའི་དཀའ་གནད་ཀྱི་ཞལ་ཤེས་འགའ་ཞིག་སྐབས་ཐབས་གོང་མ་བཞིན་ཟིན་བྲིས་སུ་བསྡེབས་པར་བྱའོ།

具德时轮金刚大疏无垢光广论之灌顶品释	འགྲེལ་ཆེན་དྲི་མེད་འོད་ཀྱི་དབང་ལེའི་འགྲེལ་བཤད་ཅེས་བྱ་བ་བཞུགས་སོ།
具德时轮金刚大疏无垢光广论之内品释	འགྲེལ་ཆེན་དྲི་མེད་འོད་ཀྱི་ནང་ལེའི་འགྲེལ་བཤད་ཅེས་བྱ་བ་བཞུགས་སོ།
具德时轮金刚大疏无垢光广论之世界品释	དཔལ་དུས་ཀྱི་འཁོར་ལོའི་འགྲེལ་ཆེན་དྲི་མ་མེད་པའི་འོད་ཀྱི་རྒྱ་ཆེར་བཤད་པ་ལས་འཇིག་རྟེན་ཁམས་ལེའི་འགྲེལ་བཤད་ཅེས་བྱ་བ་བཞུགས་སོ།
具德时轮金刚大疏无垢光广论之修品释	དཔལ་ཀྱི་འཁོར་ལོའི་འགྲེལ་ཆེན་དྲི་མེད་འོད་ཀྱི་རྒྱ་ཆེར་བཤད་པ་ལས་སྒྲུབ་ལས་འགྲེལ་བཤད་ཅེས་བྱ་བ་བཞུགས་སོ།
具德时轮坛城仪轨密意彰显论	དཔལ་དུས་ཀྱི་འཁོར་ལོའི་དཀྱིལ་འཁོར་གྱི་ཆོ་ག་དགོངས་པ་རབ་གསལ་ཞེས་བྱ་བ་བཞུགས་སོ།
具德时轮身语意圆满度量绘制法	དཔལ་དུས་ཀྱི་འཁོར་ལོའི་སྐུ་གསུང་ཐུགས་ཡོངས་སུ་རྫོགས་པའི་ཐིག་གདབ་པའི་ཚུལ་གྱི་རབ་ཏུ་བྱེད་པ་རྣལ་འབྱོར་གྱི་དབང་ཕྱུག་ཐམས་ཅད་མཁྱེན་པ་ཆོས་ཀྱི་རྒྱལ་པོ་ཙོང་ཁ་པ་ཆེན་པོའི་གསུང་གི་བདུད་རྩི་མྱངས་པ་ལ་བརྟེན་ནས་དཔལ་དུས་ཀྱི་འཁོར་ལོའི་ཕྱི་ནང་གཞན་གསུམ་ལ་མི་འཛིགས་པའི་སྤོབས་པ་དགེ་བ་ཅན་བརྩུན་པ་དགེ་ལེགས་དཔལ་བཟང་པོས་དཔལ་རི་བོ་མདངས་ཅན་གྱི་དགོན་པར་སྦྱར་བའོ།
具德时轮金刚大疏无垢光广论实质能现之灌顶品论上下卷	དཔལ་དུས་ཀྱི་འཁོར་ལོའི་འགྲེལ་ཆེན་དྲི་མ་མེད་པའི་འོད་ཀྱི་རྒྱ་ཆེར་བཤད་པ་དེ་ཁོ་ན་ཉིད་སྣང་བར་བྱེད་པ་ཞེས་བྱ་བ་ལས་དབང་གི་ལེའུ་འགྲེལ་བཤད་ཀྱི་སྟོད་ཆ་དང་ཊཱི་ཀ་ཆེན་དབང་ལེའི་སྨད་ཆ་ཞང་ཞུང་པ་ཆོས་དབང་གྲགས་པས་མཛད་པ་དང་རྗེ་སློ་གྲུབ་ཆོས་སྐྱོང་གིས་མཛད་པ་བཞུགས་སོ།
具德时轮金刚大疏无垢光广论实质能现之内品论	དཔལ་དུས་ཀྱི་འཁོར་ལོའི་འགྲེལ་ཆེན་དྲི་མ་མེད་པའི་འོད་ཀྱི་རྒྱ་ཆེར་བཤད་པ་དེ་ཁོ་ན་ཉིད་སྣང་བར་བྱེད་པ་ཞེས་བྱ་བ་ལས་ནང་ངེས་པའི་ལེའུ་རྣམ་པར་བཤད་པ་བཞུགས་སོ།
具德喜金刚生起次第现证问答书	དཔལ་ཀྱི་རྡོ་རྗེའི་བསྐྱེད་རིམ་མངོན་རྟོགས་ཀྱི་དྲི་ལན་བཞུགས་སོ།

具德时轮金刚大疏无垢光广论实质能现之世界品论	དཔལ་དུས་ཀྱི་འཁོར་ལོའི་འགྲེལ་ཆེན་དྲི་མ་མེད་པའི་འོད་ཀྱི་རྒྱ་ཆེར་བཤད་པ་དེ་ཁོ་ན་ཉིད་སྣང་བར་བྱེད་པ་ཞེས་བྱ་བ་ལས་འཇིག་རྟེན་གྱི་ཁམས་རྣམ་པར་བཀོད་པའི་ལེའུ་རྣམ་པར་བཤད་པ་བཞུགས་སོ།
具德时轮金刚大疏无垢光广论实质能现之修品论	དཔལ་དུས་ཀྱི་འཁོར་ལོའི་འགྲེལ་ཆེན་དྲི་མ་མེད་པའི་འོད་ཀྱི་རྒྱ་ཆེར་བཤད་པ་དེ་ཁོ་ན་ཉིད་སྣང་བར་བྱེད་པ་ཞེས་བྱ་བ་ལས་སྒྲུབ་ཐབས་ལེའུ་ཞང་ཞུང་པ་ཆོས་དབང་གྲགས་པས་མཛད་པ་དང་རྗེ་བློ་གྲོས་ཆོས་སྐྱོང་གིས་མཛད་པ་བཞུགས་སོ།
具德喜金刚成就法·断舍谬误	དཔལ་ཀྱཻ་རྡོ་རྗེའི་བསྒྲུབ་ཐབས་འཁྲུལ་སྤོང་ཞེས་བྱ་བ་མཁས་གྲུབ་རྗེས་མཛད་པ་བཞུགས་སོ།
具德喜金刚供鬘金刚萨埵念诵修习	དཔལ་ཀྱཻ་རྡོ་རྗེའི་མཆོད་འཕྲེང་རྡོ་རྗེ་སེམས་དཔའི་བསྒོམ་བཟླས་དང་བཅས་པ་མཁས་གྲུབ་རྗེས་མཛད་པ་བཞུགས་སོ།
具德喜金刚坛城之轮供养仪轨	དཔལ་ཀྱཻ་རྡོ་རྗེའི་དཀྱིལ་འཁོར་གྱི་འཁོར་ལོ་མཆོད་པའི་ཆོ་ག་འདི་ནི་ཚུལ་འདི་ལ་ལྷག་པར་དོན་དུ་གཉེར་བའི་བཤེས་གཉེན་དུ་མ་ཞིག་གིས་ཉེ་བར་གསོལ་བ་བཏབ་པའི་སྐད་དུ་བཙུན་པ་དགེ་ལེགས་དཔལ་བཟང་པོས་རི་བོ་མདངས་ཅན་གྱི་དགོན་པར་སྦྱར་བའོ།
具德喜金刚增补附论仪轨	དཔལ་ཀྱཻ་རྡོ་རྗེའི་ཟུར་འདེབས་ཀྱི་ཆོ་ག་ཞེས་བྱ་བ་མཁས་གྲུབ་རྗེས་མཛད་པ་བཞུགས་སོ།
具德阎摩敌红黑能怖三尊源流	དཔལ་གཤིན་རྗེ་གཤེད་དམར་ནག་འཇིགས་གསུམ་གྱི་དམ་པའི་ཆོས་བྱུང་བའི་ཚུལ་ལེགས་པར་བཤད་པ་ཟབ་ཡངས་ཆོས་སྒོ་འབྱེད་པའི་རིན་པོ་ཆེའི་ལྡེ་མིག་དགོས་འདོད་ཀུན་འབྱུང་ཞེས་བྱ་བ་ཨ་མྱེས་ངག་དབང་ཀུན་དགའ་བསོད་ནམས་ཀྱིས་མཛད་པ་བཞུགས་སོ།
具秘坛城仪轨心要集积	གསང་ལྡན་དཀྱིལ་ཆོག་སྙིང་པོ་ཉེར་བསགས་བཞུགས་སོ།
具德金刚大威德源流·尊胜三界之悉地宝藏论	དཔལ་རྡོ་རྗེ་འཇིགས་ཀྱི་ཆོས་འབྱུང་ཁམས་གསུམ་ལས་རྣམ་པར་རྒྱལ་བ་དངོས་གྲུབ་ཀུན་གྱི་གཏེར་མཛོད་ཅེས་བྱ་བ་ཀུན་མཁྱེན་བླ་མ་འཇམ་དབྱངས་བཞད་པའི་རྡོ་རྗེས་མཛད་པ་བཞུགས་སོ།

具德喜金刚坛城之轮供养仪轨	དཔལ་ཀྱཻ་རྡོ་རྗེའི་དཀྱིལ་འཁོར་གྱི་འཁོར་ལོ་མཆོད་པའི་ཆོ་ག་འདི་ནི་ཚུལ་འདི་ལ་ལྷག་པར་དོན་དུ་གཉེར་བའི་བཤེས་གཉེན་དུ་མ་ཞིག་གིས་ཉེ་བར་གསོལ་བ་བཏབ་པའི་སྐད་དུ་བཙུན་པ་དགེ་ལེགས་དཔལ་བཟང་པོས་རི་བོ་མདངས་ཅན་གྱི་དགོན་པར་སྦྱར་བའོ།
具德喜金刚供环金刚萨埵念诵	དཔལ་ཀྱཻ་རྡོ་རྗེའི་མཆོད་འཕྲེང་རྡོ་རྗེ་སེམས་དཔའི་བསྒོམ་བཟླས་དང་བཅས་པ་བཞུགས་སོ།
具四念住导引心要·悉地生源	དྲན་པ་བཞི་ལྡན་གྱི་ཁྲིད་ཀྱི་སྙིང་པོ་དངོས་གྲུབ་ཀུན་འབྱུང་ཞེས་བྱ་བ་བཞུགས་སོ།
俱生胜乐金刚之上师瑜伽·悉地生源	བདེ་མཆོག་ལྷན་སྐྱེས་ཀྱི་བླ་མའི་རྣལ་འབྱོར་དངོས་གྲུབ་ཀུན་འབྱུང་ཞེས་བྱ་བ་བཞུགས་སོ།
具誓阎罗护法王内修及其偕眷成就方便法中篇	ཆོས་རྒྱལ་ནང་སྒྲུབ་འཁོར་བཅས་ཀྱི་སྒྲུབ་ཡིག་འབྲིང་པོ་བཞུགས་སོ།
具誓阎罗护法王成就方便法广中略三篇	དམ་ཅན་གཤིན་རྗེའི་རྒྱལ་པོ་སྒྲུབ་ཡིག་རྒྱས་འབྲིང་བསྡུས་གསུམ་བཞུགས་སོ།
诀窍如意至宝	མན་ངག་ཡིད་བཞིན་ནོར་བུ་བཞུགས་སོ།
觉囊贡噶卓确所著绛巴之主朗嘉扎桑传记·盛赞雷鸣	བྱང་བདག་རྣམ་རྒྱལ་གྲགས་བཟང་གི་རྣམ་པར་ཐར་པ་རབ་སྔགས་སྙན་པའི་འབྲུག་སྒྲ་ཞེས་བྱ་བ་བཞུགས་སོ།
掘取伏藏海螺史	གཏེར་དུང་གི་ལོ་རྒྱུས་ཞེས་བྱ་བ་བཞུགས་སོ།
积累福德资粮	ཚོགས་བསགས།
积累资粮七支	ཚོགས་བསགས་ཡན་ལག་བདུན་པ།
加行七支法	ཡན་ལག་བདུན་པ།
监寺	དགེ་བསྐོས།
见行不二之人身	ལྟ་སྤྱོད་མཐུན་པའི་དལ་འབྱོར།
羯磨师	བསྙེན་རྫོགས་ཀྱི་མཁན་པོ།
解制仪轨	དགག་དབྱེ།
金刚大威德法脉	འཇིགས་བྱེད་ཆོས་སྐོར།
金刚密乘七支	སྔགས་ཕྱོགས་ཀྱི་ཡན་ལག་བདུན་པ།

金刚上师	རྡོ་རྗེ་སློབ་དཔོན།
经量论者	མདོ་སྡེ་སྨྲ་བ།
经论派	ལུང་གི་རྗེས་སུ་འབྲངས་པ།
境相	དོན་རྣམ།
境相	གཟུང་དོན་གྱི་རྣམ་པ།
境之定义心所明	ཡུལ་གྱི་མཚན་ཉིད་བློས་རིག་བྱ།
净化遮蔽智障	སྒྲིབ་སྦྱོང་།
敬礼文殊师利	ན་མོ་གུ་རུ་མཉྫུ་གྷོ་ཥཱ་ཡ།
具三恩之师	བཀའ་དྲིན་གསུམ་ལྡན་གྱི་བླ་མ།
居士戒	དགེ་བསྙེན་གྱི་སྡོམ་པ།
诀窍必有师承	མན་ངག་བརྒྱུད་པ་དང་ལྡན་པ།
诀窍大手印	གདམས་ངག་ཕྱག་རྒྱ་ཆེན་པོ།
抉择无我的五大因理	བདག་མེད་གཏན་ལ་འབེབས་པའི་གཏན་ཚིགས་ཆེན་པོ་ལྔ།
极微尘	རྡུལ་ཕྲ་རབ།
假期	ཆོས་བར།
假期	ཆོས་ཐོག་གི་བར་གསེང་།
嘉布堆仪轨	རྒྱལ་པོའི་མདོས།
嘉波曲塔	རྒྱལ་པོ་ཆུ་ཐགས།
碱水	བ་ཚྭ།
江孜天蚌写本	རྒྱལ་རྩེ་ཐེམ་སྤངས་མ།
觉系	སྐྱི་ལུགས།

K

卡卜仲则解脱林寺	ཁབ་འགྲོང་རྩེའི་ཆོས་སྡེ་ཐར་པ་གླིང་།
卡热	ཁ་རག
卡热觉姆雪山	ཇོ་མོ་ཁ་རག་གངས་རི།
喀茹顶	ཁ་རུ་སྟེང་།
喀尔那	མཁར་ནག

康马县	ཁང་དམར་རྫོང་།
康区蚌博日岗之域日敖德钦寺	ཁམས་སྒོ་འཁོར་བའི་ཡུལ་སྒྲེ་ཧྲི་སྒང་གི་སའི་ཆར་རི་བོ་སྡེ་ཆེན་ཞེས་བྱ་བའི་ཆོས་སྡེ།
克什米尔赤丹	ཁ་ཆེ་ཁྲི་གདན།
廓巴日山	འགོག་པ་རི།
追域宗噶结梅丛寺	འབྲས་ཡུལ་རྫོང་དཀར་སྐྱིད་མོས་ཚལ་གྱི་ཆོས་གྲྭ།
卡热禅师旺秋洛珠	ཁ་རག་སྒོམ་ཆུང་དབང་ཕྱུག་བློ་གྲོས།
喀尔那译师班觉嘉措	མཁར་ནག་ལོ་ཙཱ་བ་དཔལ་འབྱོར་རྒྱ་མཚོ།
堪布仁布切扎巴顿珠	མཁན་རིན་པོ་ཆེ་གྲགས་པ་དོན་གྲུབ།
堪钦杰塞桑布	མཁན་ཆེན་རྒྱལ་སྲས་བཟང་པོ།
堪钦群觉桑布	མཁན་ཆེན་ཆོས་སྐྱབས་བཟང་པོ།
堪钦索朗却珠	མཁན་ཆེན་བསོད་ནམས་མཆོག་གྲུབ།
克什米尔班智达弥德巴智	པཎྜི་ཏ་མ་ཧི་ཧྭ་ཏྲ་སྟེ་བློ་གྲོས་བཟང་པོ།
克珠拉旺巴	མཁས་གྲུབ་ལྷའི་དབང་པོ།
克珠江热巴	མཁས་གྲུབ་ལྷུང་ར་བ།
克珠杰格列贝桑	མཁས་གྲུབ་དགེ་ལེགས་དཔལ་བཟང་།
克珠群杰	མཁས་གྲུབ་ཆོས་རྗེ།
克珠杰	མཁས་གྲུབ་རྗེ།
克珠桑杰益西	མཁས་གྲུབ་སངས་རྒྱས་ཡེ་ཤེས།
克珠诺桑嘉措	མཁས་གྲུབ་ནོར་བཟང་རྒྱ་མཚོ།
克珠仁钦喜聂	མཁས་གྲུབ་རིན་ཆེན་བཤེས་གཉེན།
昆氏	འཛམ་དབྱངས་འཁོན་སྟོན།
卡热三部经典	ཁ་རག་སྐོར་གསུམ་བཞུགས་སོ།
克珠杰亲授正见诀窍小字注释	ལྟ་བའི་ཞལ་ཤེས་ཡིག་ཆུང་བཞུགས་སོ།
克珠杰所授正见引导文备忘录	ཆོས་རྗེ་ཐམས་ཅད་མཁྱེན་པ་དགེ་ལེགས་དཔལ་བཟང་པོས་གསུངས་པའི་ལྟ་ཁྲིད་ཞང་ཞུང་བས་ཟིན་བྲིས་སུ་བཏབ་པ་བཞུགས་སོ།

克珠杰所述《具德时轮圆满次第论》由嘉玛瓦所造笔记	དཔལ་དུས་ཀྱི་འཁོར་ལོའི་རྫོགས་རིམ་མཁས་གྲུབ་ཐམས་ཅད་མཁྱེན་པའི་གསུང་རྒྱ་མ་བས་ཟིན་བྲིས་མཛད་པ་བཞུགས་སོ།
克珠杰祈愿偈颂	ཁམས་གསུམ་ཆོས་ཀྱི་རྒྱལ་པོ་མཁས་གྲུབ་དགེ་ལེགས་དཔལ་བཟང་པོའི་ཞལ་སྔ་ནས་ལ་གསོལ་བ་འདེབས་པའི་ཚིགས་སུ་བཅད་པ་འདི་ནི་རྗེ་དེ་ཉིད་ལ་མི་ཕྱེད་པའི་དད་པ་དང་ལྡན་པའི་དགེ་བའི་བཤེས་གཉེན་དུ་མས་ཡང་ཡང་བསྐུལ་བ་ལ་བརྟེན་ནས་ཆོས་སྨྲ་བའི་བཙུན་པ་དགེ་འདུན་གྲུབ་པ་དཔལ་བཟང་པོས་དཔལ་བྱང་ཆུབ་ཆེན་པོའི་དབེན་གནས་ཐེག་ཆེན་ཕོ་བྲང་དུ་ལེགས་པར་སྦྱར་བའོ།
克珠群杰格列贝桑赞颂・蜂戏琵琶之妙音	མཁས་གྲུབ་ཆོས་ཀྱི་རྗེ་དགེ་ལེགས་དཔལ་བཟང་པོ་ལ་ཆེད་དུ་བརྗོད་པའི་བསྟུགས་པ་བྱུང་བ་རྣམ་པར་རྩེན་པའི་རྒྱུད་མངས་ཞེས་བྱ་བ་བོ་དོང་ཕྱོགས་ལས་རྣམ་རྒྱལ་གྱིས་མཛད་པ་བཞུགས་སོ།
克珠杰小传	མཁས་ཤིང་གྲུབ་པ་བརྙེས་པའི་བདག་གི་ཡོངས་འཛིན་ཆེན་པོ་ཐམས་ཅད་མཁྱེན་པ་དགེ་ལེགས་དཔལ་བཟང་པོའི་ཞལ་སྔ་ནས་ཀྱི་རྣམ་ཐར་བསྡུས་པ་བཞུགས་སོ།
克珠杰秘传	མཁས་གྲུབ་ཐམས་ཅད་མཁྱེན་པའི་གསང་བའི་རྣམ་ཐར་རྗེ་བཙུན་ཆོས་ཀྱི་རྒྱལ་མཚན་གྱིས་མཛད་པ་བཞུགས་སོ།
克珠杰证悟之词	མཁས་གྲུབ་རྗེས་རང་གི་ཡིད་ལ་གཅགས་པའི་གཏམ་ཞེས་བྱ་བ་བཞུགས་སོ།
	མཁས་གྲུབ་རྗེས་རང་གི་རྟོགས་པ་གཏམ་དུ་བསྙད་པ་ཞེས་བྱ་བ་བཞུགས་སོ།
克珠杰之赞	མཁས་གྲུབ་རྗེའི་བསྟོད་པ་ཞེས་བྱ་བ་བཞུགས་སོ།
克珠杰秘传・起信大海	མཁས་གྲུབ་ཐམས་ཅད་མཁྱེན་པ་དགེ་ལེགས་དཔལ་བཟང་པོའི་རྣམ་ཐར་རྗེ་བཙུན་ཆོས་ཀྱི་རྒྱལ་མཚན་གྱིས་བསྒྲིགས་པ་དད་པའི་རོལ་མཚོ་ཞེས་བྱ་བ་བཞུགས་སོ།
克珠诺桑嘉措所著宗喀巴及其门徒传	རྗེ་བཙུན་ཙོང་ཁ་པ་ཆེན་པོ་དང་། དེ་ཉིད་ལ་སློབ་མ་ཇི་ལྟར་བྱུང་བའི་ཚུལ་མདོ་ཙམ་བརྗོད་པ་མཁས་གྲུབ་ནོར་བཟང་རྒྱ་མཚོས་མཛད་པ་བཞུགས་སོ།

口授必有诀窍　ཆོས་གང་ལུང་དང་ལྡན་པ།
狂士　སྨྱོན་པ།

L

拉达克　ལ་དྭགས།
拉当巴札仓　ལྷ་སྡིངས་པ།
拉当寺　ལྷ་སྡིངས།
拉多定结宗萨尔降布　ལ་སྟོད་གཏིང་སྐྱེས་རྫོང་ཟར་བྱང་སྤྱུག
拉堆降地区朵雄官家　ལ་སྟོད་བྱང་གི་སའི་ཆ་ཤོག་གཞུང་དུ་བྱང་པའི་དཔོན་རིགས།
拉沟之域　ལྷ་ཁྲུག་ཅེས་བྱ་བའི་ཡུལ།
拉普喇饶雄　ལྷ་ཕུ་བླ་ར་གཤོངས།
莱索寺　ལག་སོར་དགོན་པ།
莲花光明无量宫　པདྨ་འོད་ཀྱི་གཞལ་ཡས།
楞吉帕索寺　ལྷན་གྱི་བ་སོ།
楞周嘉贝毗俄　ལྷན་དྲུག་བརྒྱ་པའི་སྤྱིའུ།
黎幸林寺　ལྷས་བྱིན་གླིང་གི་གཙུག་ལག་ཁང་།
浪卡子县卡热乡　སྣ་དཀར་རྩེ་རྫོང་ཁ་རག་ཞང་།
柳吾宗　སྙེའུ་རྫོང་།
隆甘丹札仓　ལུང་དགའ་ལྡན།
隆子县　ལྷུན་རྩེ།
伦布孜寺　ལྷུན་པོ་རྩེའི་ཆོས་སྡེ།
罗布林寺　ནོར་བུ་གླིང་པ།
拉布拉雄巴　ལྷ་བུ་ལྷ་གཤོངས་པ།
拉喇嘛降曲沃　ལྷ་བླ་མ་བྱང་ཆུབ་འོད།
拉乐达班智达　ལྷ་ལི་ཏ་བཛྲ།
拉日巴尊者　ཛེ་ལྷ་རི་པ།
拉日则巴扎巴顿珠　ཆོས་རྗེ་ལྷ་རི་རྩེ་པ་གྲགས་པ་དོན་གྲུབ།
拉增仁钦嘉措　ལྷ་བཙུན་རིན་ཆེན་རྒྱ་མཚོ།

拉增索朗白桑	ལྷ་བཙུན་བསོད་ནམས་དཔལ་བཟང་།
喇嘛却扎巴	བླ་མ་ཆོས་གྲགས་པ།
喇嘛希杰巴	བླ་མ་ཞི་རྒྱས་པ།
喇嘛羊卓巴	བླ་མ་ཡར་འབྲོག་པ།
列巴洛珠	རྗེ་ལེགས་པའི་བློ་གྲོས།
六臂速成本智怙主	མྱུར་མཛད་ཡེ་ཤེས་ཀྱི་མགོན་པོ་ཕྱག་དྲུག་པ།
六面童子	གཞོན་ནུ་གདོང་དྲུག
柳吾东巴	སྣེའུ་གདོང་པ།
柳吾群杰朗喀桑布	སྣེའུ་ཆོས་རྒྱལ་ནམ་མཁའ་བཟང་པོ།
鲁俄巴	ལཱུ་ཨི་པ།
罗钦觉巧桑布	ལོ་ཆེན་སྐྱབས་མཆོག་བཟང་པོ།
洛敦多杰旺秋	ལོ་སྟོན་རྡོ་རྗེ་དབང་ཕྱུག
洛科喇嘛朗嘉旺秋侄子	ལྷོ་ཁུད་བླ་མ་རྣམ་རྒྱལ་དབང་ཕྱུག་གི་ཚ་བོ།
罗琼噶喜巴	ལོ་ཆུང་དགའ་བཞི་པ།
洛桑扎巴	སུ་བུདྡྷི་ཀཱིརྟི་སྟེ་བློ་བཟང་གྲགས་པ།
洛扎大成就者·朗喀坚赞	ལྷོ་བྲག་མཁན་ཆེན་ནམ་མཁའ་རྒྱལ་མཚན།
莱索巴四徒	ལག་སོར་བའི་བུ་བཞི།
朗巴尔巴	དགེ་བཤེས་རྣམ་འཕར་བ།
龙树	དཔལ་མགོན་ཀླུ་སྒྲུབ།
律藏论师拉旺仁钦	འདུལ་བའི་སློབ་དཔོན་ལྷ་དབང་རིན་ཆེན།
列巴顿珠秘传	ལེགས་པ་དོན་གྲུབ་ཀྱི་གསང་བའི་རྣམ་ཐར་ཞེས་བྱ་བ་བཞུགས་སོ།
历辈班禅祈愿文·佛示善说莲花	ཐུབ་དབང་ཞལ་པད་མ་ཞེས་བྱ་བ་བཞུགས་སོ།
量果广论	ཚད་འབྲས་ཀྱི་རྣམ་གཞག་ཆེན་མོ་ཞེས་བྱ་བ་བཞུགས་སོ།
量理七论除意暗庄严疏	ཚད་མ་སྡེ་བདུན་གྱི་རྒྱན་ཡིད་ཀྱི་མུན་སེལ་ཞེས་བྱ་བ་བཞུགས་སོ།
量理之道引导论	ཚད་མའི་ལམ་འཁྲིད་ཅེས་བྱ་བ་བཞུགས་སོ།
量理庄严论	ཚད་མ་རིགས་རྒྱན་ཞེས་བྱ་བ་བཞུགས་སོ།

六臂本智怙主法门中红黑小字注释甚深秘诀要点审订版	ཡེ་ཤེས་མགོན་པོ་ཕྱག་དྲུག་པའི་ཆོས་སྐོར་ལས་ཡིག་ཆུང་དམར་ནག་གཉིས་ཀྱི་མན་ངག་ཟབ་པ་ཞུས་ཐིག་མ་བཞུགས་སོ།
六臂成就法门之怙主大婆罗门之成就方便法	ཕྱག་དྲུག་སྒྲུབ་སྐོར་ལ་མགོན་པོ་བྲམ་ཆེན་གྱི་སྒྲུབ་ཐབས་ཞེས་བྱ་བ་བཞུགས་སོ།
六吽之字面授所缘观想篇	ཧཱུྃ་དྲུག་གི་ཞལ་ཤེས་དམིགས་སྐོར་བཞུགས་སོ།
六面童子成就方便法之要义	གདོང་དྲུག་སྒྲུབ་ཐབས་ཀྱི་སྙིང་པོ་ཞེས་བྱ་བ་བཞུགས་སོ།
六期瑜伽	ཐུན་དྲུག་གི་རྣལ་འབྱོར་བཞུགས་སོ།
六期瑜伽实践方法次序而编	ཐུན་དྲུག་གི་རྣལ་འབྱོར་ཉམས་སུ་ལེན་པའི་ཚུལ་གྲངས་དང་གོ་རིམས་སུ་བསྒྲིགས་པ་ཞེས་བྱ་བ་མཁས་གྲུབ་རྗེས་མཛད་པ་འདི་ནི་བཀའ་བརྒྱུད་འདིའི་ཐུན་མོང་མ་ཡིན་པའི་མན་ངག་བོད་ལ་གསེར་ཆོས་སུ་གྲགས་པ་ཕལ་ཆེ་བའི་འགྲན་ཟླ་མ་ཡིན་པས་སྟོད་དུ་མི་རུང་བ་དག་ལ་ཤིན་ཏུ་སྦ་བར་བྱ་བ་ཡིན་ནོ།
六期(座)瑜伽心要・悉地生源	ཐུན་དྲུག་གི་རྣལ་འབྱོར་གྱི་སྙིང་པོ་དངོས་གྲུབ་ཀུན་འབྱུང་ཞེས་བྱ་བཞུགས་སོ།
六世班禅白丹益西传记・日光	རྗེ་བླ་མ་སྲིད་ཞིའི་གཙུག་རྒྱན་པཎ་ཆེན་ཐམས་ཅད་མཁྱེན་པ་བློ་བཟང་དཔལ་ལྡན་ཡེ་ཤེས་དཔལ་བཟང་པོའི་ཞལ་སྔ་ནས་ཀྱི་རྣམ་ཐར་ཉི་མའི་འོད་ཟེར་ཞེས་བྱ་བ་འཇམ་དབྱངས་བཞད་པ་དཀོན་མཆོག་འཇིགས་མེད་དབང་པོས་མཛད་པ་བཞུགས་སོ།
六世班禅白丹益西传记・日光附记晶镜	རྗེ་བླ་མ་སྲིད་ཞིའི་གཙུག་རྒྱན་པཎ་ཆེན་ཐམས་ཅད་མཁྱེན་པ་བློ་བཟང་དཔལ་ལྡན་ཡེ་ཤེས་དཔལ་བཟང་པོའི་ཞལ་སྔ་ནས་ཀྱི་རྣམ་ཐར་ཉི་མའི་འོད་ཟེར་གྱི་ཟུར་འདེབས་ཤེལ་དཀར་མེ་ལོང་ཞེས་བྱ་བ་འཇམ་དབྱངས་བཞད་པ་དཀོན་མཆོག་འཇིགས་མེད་དབང་པོས་མཛད་པ་བཞུགས་སོ།
六十四种文字名录	ཡིག་རིགས་དྲུག་ཅུ་རྩ་བཞིའི་རྣམ་གྲངས་ཞེས་བྱ་བཞུགས་སོ།
六支加行根本偈颂体及其笔记	སྦྱོར་བ་ཡན་ལག་དྲུག་གི་རྩ་ཚིག་དང་བཅས་པའི་ཟིན་བྲིས་བཞུགས་སོ།

六座瑜伽实践方法次序而编	ཐུན་དྲུག་གི་རྣལ་འབྱོར་ཉམས་སུ་ལེན་པའི་ཚུལ་གྲངས་དང་གོ་རིམས་སུ་བསྒྲིགས་པ་འདི་ནི་སྔོན་ཆད་གངས་རིའི་ཁྲོད་དུ་འདི་འདྲ་བའི་ཉམས་ལེན་གྱི་ཐ་སྙད་ཙམ་ཡང་མ་གྲགས་ཤིང་བདག་གི་བླ་མ་འབའ་ཞིག་གིས་མདོ་རྒྱུད་མ་ལུས་པའི་དོན་ཉམས་སུ་ལེན་པའི་གཞི་དམ་ཚིག་དང་སྡོམ་པར་དགོངས་ནས་དེ་ཉིད་དག་པར་བྱེད་པའི་ཐབས་སུ་ཐུན་དྲུག་གི་རྣལ་འབྱོར་ཉམས་སུ་ལེན་པ་འཆག་མེད་དུ་བྱེད་པ་སྡོམ་པ་གསུམ་ཁས་བླངས་པ་ཙམ་ལམ་བཞག་པར་ཉམས་འོག་ཏུ་ཚུད་པར་བྱེད་པའི་ཉམས་ལེན་གྱི་བཀའ་སྲོལ་རྨད་དུ་བྱུང་བ་བཙུགས་པ་ལག་ཏུ་བླང་བདེ་བའི་ཐབས་སུ་རྗེ་དེ་ཉིད་ཀྱི་གསུང་དང་མི་འགལ་བར་རྗེ་བཙུན་བླ་མ་རྒྱལ་བ་ཀུན་གྱི་ངོ་བོ་ཙོང་ཁ་པ་ཆེན་པོའི་བཀའ་དྲིན་གྱིས་ཉེ་བར་འཚོ་བའི་མང་དུ་ཐོས་པའི་བཙུན་པ་དགེ་ལེགས་དཔལ་བཟང་པོས་སྦྱར་བའོ། ।
六支加行引导前行文	སྦྱོར་བ་ཡན་ལག་དྲུག་གི་ཁྲིད་ཡིག་གི་སྔོན་འགྲོའི་སྐོར་བཞུགས་སོ།
论地道·智者心悦诚服	ས་ལམ་གྱི་རྣམ་བཞག་མཁས་པས་ཡིད་འཕྲོག་ཅེས་བྱ་བ་བཞུགས་སོ།
绿度母成就方便法及其祈愿文	སྒྲོལ་ལྗང་སྒྲུབ་ཐབས་གསོལ་འདེབས་དང་བཅས་པ་བཞུགས་སོ།
律仪二十颂	སྡོམ་པ་ཉི་ཤུ་པ་བཞུགས་སོ།
律仪学处	འདུལ་བའི་བསླབ་བྱ་ཞེས་བྱ་བ་ཀུན་མཁྱེན་སྟོབས་འབར་འོད་ཟེར་གྱིས་མཛད་པ་བཞུགས་སོ།
律藏学海要义·悉地生源	འདུལ་བའི་བསླབ་བྱ་རྒྱ་མཚོའི་སྙིང་པོ་དངོས་གྲུབ་ཀུན་འབྱུང་ཞེས་བྱ་བ་བཞུགས་སོ།
鲁俄巴所传具德妙轮胜乐金刚坛城入门灌顶接受仪轨·大乐游戏之海	དཔལ་འཁོར་ལོ་བདེ་མཆོག་ལཱུ་ཨི་པའི་ལུགས་ཀྱི་དཀྱིལ་འཁོར་ཆེན་པོར་འཇུག་ཅིང་དབང་བླང་བའི་ཆོ་ག་བདེ་ཆེན་རོལ་མཚོ་ཞེས་བྱ་བ་བཞུགས་སོ།

鲁俄巴所传具德妙轮胜乐金刚坛城仪轨·大乐游戏之海	དཔལ་འཁོར་ལོ་བདེ་མཆོག་ལཱུ་ཨི་པའི་ལུགས་ཀྱི་དཀྱིལ་འཁོར་གྱི་ཆོ་ག་བདེ་ཆེན་རོལ་མཚོ་ཞེས་བྱ་བ་བཞུགས་སོ།
论道之三要	ལམ་གྱི་གཙོ་བོ་རྣམ་གསུམ་ཞེས་བྱ་བ་བཞུགས་སོ།
理论派	རིགས་པའི་རྗེས་སུ་འབྲངས་པ།
领诵者	བྱང་འདྲེན།
六期	ཐུན་དྲུག
六面童天续	གདོང་དྲུག་གི་རྒྱུད།
六座	ཐུན་དྲུག
律仪三事	གཞི་ལེན།
拉然巴	དགེ་བཤེས་ལྷ་རམས་པ།
拉然巴格西学位	ལྷ་ལྡན་རབ་འབྱམས་པའི་མིང་བཏགས་མཚན་གནས།
拉萨雪木刻版	ལྷ་ས་ཞོལ་པར་མ།
兰氏	རུས་སྣན།
俚语	འཕྲལ་སྐད།
立宗者	ཕྱི་རྒོལ།
立宗者	དམ་བཅའ་བ།
量理学家	དངོས་སྟོབས་རིག་པའི་དབང་ཕྱུག
列吉多杰导师之楷模	ལས་ཀྱི་རྡོ་རྗེ་བླ་མའི་མཆོག
洛桑扎巴学生之楷模	བློ་བཟང་གྲགས་པ་སློབ་མའི་མཆོག
珞巴堪布	ཀློ་པའི་མཁན།
珞巴妄人	ཀློ་པའི་མཁན་ཤོབ།
洛河大江	ཆུ་བོ་ལོ་ཧི་ཏ།
论理者	རིགས་པ་སྨྲ་བ།

M

玛旁雍错湖	མ་དྲོས་མཚོའམ་མ་ཕམ་མཚོ།
马泉河	པཀྵུ་སྟེ་རྟ་མཆོག་ཁ་འབབ།
麦举下密院	སྨད་རྒྱུད་གྲྭ་ཚང་།

芒域贡塘	མང་ཡུལ་གུང་ཐང་།
密院举巴札仓	རྒྱུད་པ་གྲྭ་ཚང་།
穆域群隆夏尔寺	མུས་སུ་ཆོས་སྡེ་བཏབ་པའི་ཆོས་ལུང་ཤར།
马鸣	སློབ་དཔོན་རྟ་དབྱངས།
曼唐画师罗桑嘉措	སྨན་ཐང་ལྷ་བཟོ་བློ་བཟང་རྒྱ་མཚོ།
蒙扎巴次成扎西	མོན་གྲ་པ་ཚུལ་ཁྲིམས་བཀྲ་ཤིས།
梦舟琼泽为首的大圆满之主	སྨིན་དྲུག་ཁྱུང་རྩེ་སོགས་རྫོགས་ཆེན་གྱི་བདག་པོར་གྱུར།
摩诃迦叶波	འོད་སྲུང་ཆེན་མོ།
摩耶夫人	ཡུམ་སྒྱུ་འཕྲུལ་མ།
魔王布那雅伽	བགེགས་ཀྱི་རྒྱལ་པོ་བི་ནཱ་ཡ་ཀ
弥底班智达	སྨྲི་ཏི་ཛྙཱ་ན་ཀཱིརྟི།
嘛呢全集	མ་ཎི་བཀའ་འབུམ་ཞེས་བྱ་བ་བཞུགས་སོ།
马头明王成就方便法广略二论	རྟ་མགྲིན་གྱི་སྒྲུབ་ཐབས་རྒྱས་བསྡུས་གཉིས་བཞུགས་སོ།
马头明王成就方便法次第三篇	རྟ་མགྲིན་གྱི་སྒྲུབ་ཐབས་ཀྱི་རིམ་པ་ཚན་པ་གསུམ་བཞུགས་སོ།
玛尔巴耳传具德密集殊胜之法和合往生三法及手印依止法	རྗེ་བཙུན་མར་པའི་སྙན་རྒྱུད་དཔལ་གསང་བ་འདུས་པའི་ཁྱད་ཆོས་བསེ་འཕོ་སྐོར་གསུམ་དང་ཕྱག་རྒྱ་བསྟེན་ཚུལ་བཞུགས་སོ།
密乘学处要义・悉地生源	སྔགས་ཀྱི་བསླབ་བྱའི་སྙིང་པོ་དངོས་གྲུབ་ཀུན་འབྱུང་ཞེས་བྱ་བ་བཞུགས་སོ།
密集金刚萨埵能喜仪轨口诵法	འདུས་པའི་རྡོ་རྗེ་སེམས་དཔའ་མཉེས་པར་བྱེད་པའི་ཆོ་གའི་ངག་འདོན་ཞེས་བྱ་བ་བཞུགས་སོ།
密集妙金刚补遗	གསང་འདུས་འཇམ་རྡོར་གྱི་ལྷན་ཐབས་ཞེས་བྱ་བ་བཞུགས་སོ།
密集妙金刚十九尊成就法补遗	གསང་འདུས་འཇམ་པའི་རྡོ་རྗེ་ལྷ་བཅུ་དགུའི་སྒྲུབ་ཐབས་ཀྱི་ལྷན་ཐབས་ཞེས་བྱ་བ་བཞུགས་སོ།
密集面授导引精义诀窍	གསང་འདུས་དམར་ཁྲིད་ཀྱི་སྙིང་པོའི་མན་ངག་ལག་རྗེས་དང་བཅས་པ་བཞུགས་སོ།

密要论释明镜	གསང་བ་སྙིང་པོའི་ཊཱི་ཀ་གསལ་བྱེད་མེ་ལོང་ཞེས་བྱ་བ་བཞུགས་སོ།
密院札仓常诵仪轨	རྒྱུད་པ་གྲྭ་ཚང་གི་འདོན་ཆ་ཞེས་བྱ་བ་བཞུགས་སོ།
密宗道次第广论	རྒྱལ་བ་ཁྱབ་བདག་རྡོ་རྗེ་འཆང་ཆེན་པོའི་ལམ་གྱི་རིམ་པ་གསང་བ་ཀུན་གྱི་གནད་རྣམ་པར་ཕྱེ་བ་ཞེས་བྱ་བ་བཞུགས་སོ།
密宗道次第广论	སྔགས་རིམ་ཆེན་མོ་ཞེས་བྱ་བ་བཞུགས་སོ།
明妃遗教	བཙུན་མོའི་བཀའ་ཆེམས་དར་དཀར་གསལ་བ་ཞེས་བྱ་བ་བཞུགས་སོ།
明咒胜母一字不共成就方便法·悉地生源	རིག་སྔགས་ཀྱི་རྒྱལ་མོ་ཡི་གེ་གཅིག་མའི་སྒྲུབ་ཐབས་དངོས་གྲུབ་ཀུན་འབྱུང་ཞེས་བྱ་བ་བཞུགས་སོ།
满漏	པུཎྞ་ལཿསྟེ་གང་ཟག
梦境幻化妙身	རྨི་ལམ་གྱི་ལུས་ཁྱད་པར་ཅན།
秘授师	གསང་སྟོན།
密乘戒	སྔགས་ཀྱི་སྡོམ་པ།
妙欲	འདོད་ཡོན།
玛哈喇饶的刹帝利种姓	མ་ཧཱ་ལྷུ་རའི་རྒྱལ་རིགས།
曼唐画派	སྨན་ཐང་ལུགས།
面部宽大	གདོང་ཡངས།
每月上弦初十和下弦初十	ཡར་ངོ་མར་ངོའི་ཚེས་བཅུ།

N

那布夏尔札仓	ནག་པོ་ཤར་གྲྭ་ཚང་།
那烂陀寺	ན་ལེནྡྲ་འམ་རྒྱན་གྱི་དབང་པོ།
那雪寺	ནགས་ཤོད་དགོན།
乃东	སྣེ་གདོང་།
乃钦康桑大雪山	གནོད་སྦྱིན་གང་བ་བཟང་པོ།
乃宁寺色拉札仓	གནས་རྙིང་སེ་ར་གྲྭ་ཚང་།
南瞻部洲	ལྷོ་འཛམ་བུའི་གླིང་།

囊柔巴札仓	སྣང་རིག་པ།
年楚河上游文渊圣境	མྱང་སྟོད་རིག་པའི་འབྱུང་གནས།
年域上部	ཉང་སྟོད། མྱང་སྟོད།
年域智源胜境	མྱང་གསེར་གཞུང་རིག་པའི་འབྱུང་གནས།
年堆上部智源胜境之江热寺	ཉང་སྟོད་རིག་པའི་འབྱུང་གནས་ཀྱི་ས་ཡི་ཆ་ལྕང་ར་དཔལ་འབར་ལེགས་བཤད་སྒྲིག་པའི་ཚལ།
聂措	ཉན་ཚོ།
聂绒札仓	ཉག་རོང་གྲྭ་ཚང་།
聂塘	སྙེ་ཐང་།
聂塘德瓦坚	སྙེ་ཐང་བདེ་བ་ཅན།
聂塘卓玛喇宫	སྙེ་ཐང་སྒྲོལ་མ་ལྷ་ཁང་།
聂之饶仲	གཉལ་གྱི་རབ་གྲོང་།
宁金岗桑	གནོད་སྦྱིན་གང་བ་བཟང་པོ།
诺丁巴札仓	ནོར་སྡིང་པ།
诺金岗桑拉雪山	གནོད་སྦྱིན་གང་བཟང་།
那措译师次成嘉瓦	ནག་ཚོ་ལོ་ཙཱ་བ་ཚུལ་ཁྲིམས་རྒྱལ་བ།
那塘寺译师桑噶释日	སྣར་ཐང་ལོ་ཙཱ་བ་སཾགྷ་ཤྲཱི།
乃丹群迥巴	གནས་བརྟན་ཆོས་སྐྱོང་བ།
乃东贡玛阿旺扎西扎巴嘉措	སྣེ་གདོང་གོང་མ་ངག་དབང་བཀྲ་ཤིས་གྲགས་པ་རྒྱ་མཚོ།
乃宁堪布桑杰仁钦	གནས་རྙིང་མཁན་པོ་སངས་རྒྱས་རིན་ཆེན་པ།
乃宁群杰贡噶德勒	གནས་རྙིང་ཆོས་རྗེ་ཀུན་དགའ་བདེ་ལེགས།
囊钦贡噶帕	ནང་ཆེན་ཀུན་དགའ་འཕགས།
尼扎	ཉི་གྲགས།
尼泊尔释那达巴杂	བལ་པོ་ཤཱཀྟི་ཧྦ་དྲ།
乃宁寺群杰加央贡噶德勒仁钦朗嘉	གནས་རྙིང་ཆོས་རྗེ་འཇམ་དབྱངས་ཀུན་དགའ་བདེ་ལེགས་རིན་ཆེན་རྣམ་རྒྱལ།
聂敦班觉林周	གཉལ་སྟོན་དཔལ་འབྱོར་ལྷུན་འགྲུབ།
暖巴班丹巴	སྟོན་པ་དཔལ་ལྡན་པ།

诺桑嘉措	ནོར་བཟང་རྒྱ་མཚོ།
那塘百法	སྣར་ཐང་བརྒྱ་རྩ་བཞུགས་སོ།
乃宁群杰贡噶德勒传记偈颂体	གནས་རྙིང་རྗེ་ཀུན་དགའ་བདེ་ལེགས་ཀྱི་རྣམ་ཐར་ཚིགས་བཅད་མ་གཅིག་ཅེས་བྱ་བ་རྗེ་བཙུན་ཆོས་ཀྱི་རྒྱལ་མཚན་གྱིས་མཛད་པ་བཞུགས་སོ།
乃宁寺所传具德六臂怙主成就法	གནས་རྙིང་ནས་བརྒྱུད་པའི་མགོན་པོ་ཕྱག་དྲུག་པའི་སྒྲུབ་ཐབས་ཞེས་བྱ་བ་བཞུགས་སོ།
呢格六法	ནི་གུའི་ཆོས་དྲུག་ཅེས་བྱ་བ་བཞུགས་སོ།
能夺聚梦经	འཕགས་པ་རྣམ་པར་འཐག་པ་ཐམས་ཅད་བསྡུས་པ་ཞེས་བྱ་བ་ཐེག་པ་ཆེན་པོའི་མདོ་ཞེས་བྱ་བ་བཞུགས་སོ།
南无咕汝布达博德萨埵白雅	ན་མོ་གུ་རུ་བུདྡྷ་བོདྷི་སཏྭ་ཧྲཱིཿ
南无咕汝玛哈噶喇雅	ན་མོ་གུ་རུ་མ་ཧཱ་ཀཱ་ལཱ་ཡ།
南无咕如曼泽廓喀雅	ན་མོ་གུ་རུ་མཉྫུ་གྷོ་ཥཱ་ཡ་སྟེ་བླ་མ་དང་མགོན་པོ་འཇམ་པའི་དབྱངས་ལ་ཕྱག་འཚལ་ལོ།
能怖法脉	འཇིགས་བྱེད་ཆོས་སྐོར།
能持相	འཛིན་རྣམ། འཛིན་པ་ཡུལ་ཅན་གྱི་རྣམ་པ།
能取行相	འཛིན་པ་ཡུལ་ཅན་གྱི་རྣམ་པ་སྟེ་འཛིན་རྣམ།
能识有境之相	ཤེས་རྣམ། ཤེས་བྱེད་ཡུལ་ཅན་གྱི་རྣམ་པ།
念知	དྲན་ཤེས།
内向了相者	འཛིན་པ་ཡུལ་ཅན་གྱི་རྣམ་པ་སྟེ་འཛིན་རྣམ།
能破	སུན་འབྱིན།
年楚河	མྱུང་ཆུ།

O

欧巴隆巴	འུག་པ་ལུང་པ།
欧日错湖	འུར་རུ་མཚོ།
欧塘错湖	འོ་ཐང་མཚོ།
欧香朵寺	འུ་ཤང་རྡོ་དཔེ་མེད་བཀྲ་ཤིས་དགེ་འཕེལ་གྱི་གཙུག་ལག་ཁང་།

欧珠	དངོས་གྲུབ།
怄气	འཁོན་སེམས།
藕	པད་རྩ།
偶数	ཆ་གྲངས།

P

偏僻幽静之处	དབེན་ས།
普兰	ཕུ་རངས།
婆罗奈斯城	ཝཱ་རཱ་ཎ་སཱིའམ་ཡུལ་གསལ་ལྡན་གྱི་གྲོང་ཁྱེར།
帕巴贝桑布	འཕགས་པ་དཔལ་བཟང་པོ།
帕巴仁钦	འཕགས་པ་རིན་ཆེན།
帕索列周德钦寺	བ་སོ་ལྷུན་གྲུབ་བདེ་ཆེན།
帕索确吉坚赞	བ་སོ་པཎ་ཆེན་ཆོས་ཀྱི་རྒྱལ་མཚན།
帕傲喀德勒尼玛	ཕ་བོང་ཁ་བདེ་ལེགས་ཉི་མ།
颇罗鼐索朗多结	ཕོ་ལྷ་བ་བསོད་ནམས་སྟོབས་རྒྱལ།
菩提萨埵常啼	བྱང་ཆུབ་སེམས་དཔའ་རྟག་ཏུ་ངུ།
菩提萨埵戒顶	བྱང་ཆུབ་སེམས་དཔའ་འདུལ་བའི་ཏོག
菩提之王	བྱང་ཆུབ་དབང་པོ།
菩提道次第导引·悉地生源	བྱང་ཆུབ་ལམ་གྱི་རིམ་པའི་ཁྲིད་ཡིག་དངོས་གྲུབ་ཀུན་འབྱུང་ཞེས་བྱ་བ་བཞུགས་སོ།
菩提道次第附略·悉地生源	ལམ་རིམ་གྱི་ཟུར་འདེབས་བསྡུས་པ་དངོས་གྲུབ་ཀུན་འབྱུང་ཞེས་བྱ་བ་བཞུགས་སོ།
菩提道次第论·蓝色手册	བེའུ་བུམ་སྔོན་པོའི་འགྲེལ་པ་ཞེས་བྱ་བ་བཞུགས་སོ།
菩提道次第心要祈愿偈句·悉地生源	བྱང་ཆུབ་ལམ་གྱི་རིམ་པའི་སྙིང་པོ་གསོལ་འདེབས་ཚིགས་བཅད་དུ་སྦེབས་པ་དངོས་གྲུབ་ཀུན་འབྱུང་ཞེས་བྱ་བ་བཞུགས་སོ།
菩提道次第喻示聚宝论	དཔེ་ཆོས་རིན་ཆེན་སྤུངས་པ་ཞེས་བྱ་བ་བཞུགས་སོ།

菩提道次第之上师瑜伽·悉地生源	བྱང་ཆུབ་ལམ་རིམ་གྱི་བླ་མའི་རྣལ་འབྱོར་དངོས་གྲུབ་ཀུན་འབྱུང་ཞེས་བྱ་བ་བཞུགས་སོ།
菩提学海摄略·悉地生源	བྱང་སེམས་ཀྱི་བསླབ་བྱ་རྒྱ་མཚོ་ལས་མདོར་བསྡུས་པ་དངོས་གྲུབ་ཀུན་འབྱུང་ཞེས་བྱ་བ་བཞུགས་སོ།
菩提与持明者犯戒还净法	བྱང་སེམས་དང་རིག་པ་འཛིན་པའི་ཕྱིར་བཅོས་ཞེས་བྱ་བ་བཞུགས་སོ།
破立开许三项	དགག་སྒྲུབ་གནང་གསུམ།
瓶修	བུམ་སྒྲུབ།
屏教师	གསང་སྟོན།
菩萨戒	བྱང་སེམས་ཀྱི་སྡོམ་པ།
菩提心	བྱང་ཆུབ་ཀྱི་སེམས།
菩提修心	བྱང་ཆུབ་སེམས་སྦྱོང་།
婆罗门	བྲམ་ཟེ།

Q

齐朗寺	ཁྱི་ལིང་།
乾达婆	གནྡྷརྦ།
茄达盖杰寺	ཁྱེ་མདའ་དགེ་རྒྱས།
茄达拉康	ཁྱེ་མདའ་ལྷ་ཁང་།
茄玛林寺	ཁྱེ་མ་ལྷ་ཁང་།
强钦寺	ཁྱམས་ཆེན་དགོན།
琼结	འཕྱོངས་རྒྱས།
曲德钦寺	འཆུམས་བདེ་ཆེན།
曲水县	ཆུ་ཤུར་རྫོང་།
雀康札仓	མཆོད་ཁང་གྲྭ་ཚང་།
群阔岗寺	ཆོས་འཁོར་སྒང་།
群阔岗巴札仓	ཆོས་འཁོར་སྒང་པ།
群阔卫顶寺	ཆོས་འཁོར་དབུས་སྡིངས་ཀྱི་དགོན་པ།

群林巴札仓	ཆོས་གླིང་པ།
群隆巴札仓	ཆོས་ལུང་པ།
群隆洛巴札仓	ཆོས་ལུང་ལྷོ་པ།
群隆夏尔札仓	ཆོས་ལུང་ཤར།
恰德巴宗主班	དགེ་བཤེས་ཟུལ་ཕུ་བ་བྱ་འདུལ་བརྩོན་འགྲུས་འབར།
清辨	ལེགས་ལྡན་འབྱེད།
强巴罗布	བྱམས་པ་ནོར་བུ།
丘雄官员达杰巴索朗白桑	ཕྱུག་གཞུང་དཔོན་དར་རྒྱས་པ་བསོད་ནམས་དཔལ་བཟང་།
琼结巴霍尔白觉桑布	འཕྱོངས་རྒྱས་པ་ཧོར་དཔལ་འབྱོར་བཟང་པོ།
曲登饶觉比丘	དགེ་སློང་ཆོས་ལྡན་རབ་འབྱོར།
群杰阿玉巴长老仁布切阿旺扎巴	ཆོས་རྗེ་ཨ་ཡུ་བ་བགྲེས་པ་རིན་པོ་ཆེ་ངག་དབང་གྲགས་པ།
群杰达文兄弟	ཆོས་རྒྱལ་དུ་དབེན་ཤ་སྐུ་མཆེད།
群杰顿珠白巴	ཆོས་རྗེ་དོན་གྲུབ་དཔལ་བ།
群杰贡噶列巴	ཆོས་རྗེ་ཀུན་དགའ་ལེགས་པ།
群杰洛珠坚赞	ཆོས་ཀྱི་རྗེ་བློ་གྲོས་རྒྱལ་མཚན།
群杰索罗巴	ཆོས་རྗེ་བསོད་བློ་པ།
气脉明点三障消除而提质增效法	རྩ་ཐིག་རླུང་གསུམ་གྱི་གེགས་སེལ་ཐོགས་འདོན་བཞུགས་སོ།
群杰曲登饶觉所著克珠杰秘传	མཁས་གྲུབ་ཐམས་ཅད་མཁྱེན་པའི་རྣམ་ཐར་བསྡུས་པ་ཞེས་བྱ་བ་ཆོས་རྗེ་ཆོས་ལྡན་རབ་འབྱོར་བས་མཛད་པ་བཞུགས་སོ།
群杰若措巴所编其传记偈颂体	ཆོས་རྗེ་རོག་ཚོ་པས་རྣམ་ཐར་ཚིགས་བཅད་དུ་བསྒྲིགས་པ་བཞུགས་སོ།
契克印	སྡིགས་མཛུབ།
前行引导七支	སྔོན་དུ་འགྲོ་བའི་ཡན་ལག་བདུན་པ།
清净见行	ལྟ་སྤྱོད་རྣམ་པར་དག་པ།
清净七支	བདུན་རྣམ་དག
清净正见	ལྟ་བ་རྣམ་པར་དག་པ།
钦则画派	མཁྱེན་བརྩེའི་ལུགས།
巧取讹索	གཞོགས་སློང་།

驱魔法会	བགེགས་བསྐྲད།

R

饶朵寺	ར་བ་སྟོད་པ།
饶夏沟村	ར་ཁ་ཁྱུག་གྲོང་ཚོའི་ཉེ་འདབས་ཀྱི་ལྷ་བྲག་འབུམ་པ།
日熬当金寺	རི་བོ་མདངས་ཅན།
日熬格培寺	རི་བོ་དགེ་འཕེལ།
日敖曲林寺	རི་བོ་ཆོས་གླིང་།
日科寺	རི་ཁྲུད་ཆོས་སྡེ།
日囊齐俄之地	རི་སྣང་ཞེས་པའི་ཆར་གཏོགས་པ་ཁྱིའུ།
仁布	རིན་སྤུངས།
仁达	རེད་མདའ་བ།
仁钦巴维顶寺	རིན་ཆེན་འབར་བའི་སྡིངས།
绒地	རོང་ཕྱོགས།
绒强巴林寺	རོང་བྱམས་གླིང་།
饶强普巴	རོག་སྟག་ཅན་པ།
热琼巴多杰扎巴	རས་ཆུང་པ་རྡོ་རྗེ་གྲགས།
仁达瓦雄努洛珠	རེད་མདའ་བ་གཞོན་ནུ་བློ་གྲོས།
如霞法衣童子	ཆོས་གོས་མཚམས་སྦྱིན་གཞོན་ནུ།
如来佛桑哈索饶	དེ་བཞིན་གཤེགས་པ་སེང་ཧ་སུ་ར།
绒巴莱索巴	རོང་པ་ལག་སོར་པ།
荣顿罗桑扎巴	རོང་སྟོན་བློ་བཟང་གྲགས་པ།
荣顿释迦坚赞	རོང་སྟོན་ཤཱཀྱ་རྒྱལ་མཚན།
仁迥百法	ཡི་དམ་རྒྱ་མཚོའི་སྒྲུབ་ཐབས་རིན་ཆེན་འབྱུང་གནས་ཞེས་བྱ་བ་བཞུགས་སོ།
入二谛论	བདེན་པ་གཉིས་ལ་འཇུག་པ་སློབ་དཔོན་མཁས་པ་ཆེན་པོ་དཔལ་མར་མེ་མཛད་ཡེ་ཤེས་ཀྱིས་མཛད་པ་བཞུགས་སོ།

入中论广疏明显密意	དབུ་མ་འཇུག་པའི་རྣམ་བཤད་དགོངས་པ་རབ་གསལ་ཞེས་བྱ་བ་བཞུགས་སོ།
如霞法衣童子	ཆོས་གོས་མཚམས་སྦྱིན་གཞོན་ནུ།
若能阐明诸法真实性,即使破除他宗亦无咎	གལ་ཏེ་དེ་ཉིད་རྣམ་པར་བཤད་པ་ན། གཞན་གཞུང་འཇིག་པར་འགྱུར་ན་ཉེས་པ་མེད།
若是存在则非性相	གཞི་གྲུབ་ན་མཚན་ཉིད་མ་ཡིན་པར་བུད།
若因解释真实义,他宗破坏亦无咎	གལ་ཏེ་དེ་ཉིད་རྣམ་པར་བཤད་པ་ན། གཞན་གཞུང་འཇིག་པར་འགྱུར་ན་ཉེས་པ་མེད།
然坚巴	རབ་འབྱམས་པ།
若无施咒本领则反害自身	དམོད་པ་མཐུ་མེད་རང་ལ་ལྡོག་པ་ཆོས་ཉིད་ཡིན།

S

萨噶寺	ས་དཀར་དགོན།
萨库囊巴	ས་ཁྱུད་ནང་པ།
萨迦昌地	ས་སྐྱ་འཕྲང་།
萨曼达日	ས་མནྟར།
萨日山	སག་རི།
塞顶寺	གསེར་སྡིངས།
塞饶札仓	བསེ་རག་གྲྭ་ཚང་།
桑普寺	གསང་ཕུ།
桑普寺吉康札仓	གསང་ཕུ་དཀྱིལ་ཁང་པ།
桑耶寺	བསམ་ཡས།
桑珠甘丹札仓	བསམ་འགྲུབ་དགའ་ལྡན།
桑珠孜	བསམ་འགྲུབ་རྩེ།
色拉群顶	སེ་ར་ཆོས་སྡིངས།
色拉寺	སེ་ར་ཐེག་ཆེན་གླིང་།
色系札仓	སེར་བྱེས་མཁས་སྣན་གྲྭ་ཚང་།
斯里兰卡国王班杂释嘎	སིངྒ་ལའི་རྒྱལ་པོ་པ་ཎྜུ་ཤྲི་གམ།

僧格孜寺	སེང་གེའི་རྩེའི་དགོན།
索康札仓	ཟུར་ཁང་གྲྭ་ཚང་།
萨饶哈	དཔལ་ལྡན་ས་ར་ཧ།
萨迦法王多杰林巴	ས་སྐྱའི་བདག་ཆེན་རྡོ་རྗེ་གླིང་པ།
萨迦派善知识官东国师	ས་སྐྱ་པའི་དགེ་བཤེས་ཀུན་ཏིང་གུ་ཤྲཱི།
萨桑译师阿旺巴	ས་བཟང་ལོ་ཙཱ་བ་ངག་དབང་པ།
萨桑玛底班钦	ས་བཟང་མ་ཏི་པཎ་ཆེན།
萨桑班智达洛珠坚赞	ས་བཟང་པཎྜི་ཏ་བློ་གྲོས་རྒྱལ་མཚན།
萨钦贡噶坚赞	ས་ཆེན་ཀུན་དགའ་རྒྱལ་མཚན།
塞钦群杰	སེ་ཆེན་ཆོས་རྗེ།
三世班禅罗桑顿珠	པཎ་ཆེན་སྐུ་ཕྲེང་གསུམ་པ་བློ་བཟང་དོན་གྲུབ།
三世达赖喇嘛索朗嘉措	རྒྱལ་བ་སྐུ་ཕྲེང་གསུམ་པ་བསོད་ནམས་རྒྱ་མཚོ།
桑巴钦布洛珠贝巴	སེམས་དཔའ་ཆེན་པོ་བློ་གྲོས་སྦས་པ།
桑达巴曲登饶觉比丘	གསང་མདའ་བ་ཆོས་ལྡན་རབ་འབྱོར།
桑结培	སངས་རྒྱས་འཕེལ།
桑杰坚赞大师	སློབ་དཔོན་སངས་རྒྱས་རྒྱལ་མཚན།
桑拉大成就者罗桑宗主坚赞	བཟང་ལ་རྒྱལ་སྲས་བློ་བཟང་བརྩོན་འགྲུས་རྒྱལ་མཚན།
桑普寺吉康札仓堪布藏巴贡坚巴	གསང་ཕུ་དཀྱིལ་ཁང་པའི་སློབ་དཔོན་གཙང་པ་ཀུན་རྒྱལ་བ།
桑珠扎巴班旦	བསམ་གྲུབ་གྲགས་པ་དཔལ་ལྡན།
色拉杰尊确吉坚赞	སེ་ར་རྗེ་བཙུན་ཆོས་ཀྱི་རྒྱལ་མཚན།
四面梵天	ཚངས་པ་གདོང་བཞི།
四面怙主	མགོན་པོ་ཞལ་བཞི་བ།
四世班禅罗桑确吉坚赞	པཎ་ཆེན་བློ་བཟང་ཆོས་ཀྱི་རྒྱལ་མཚན།
苏普巴	དགེ་བཤེས་ཟུལ་ཕུ་བ།
素琼喜饶扎巴	ཟུར་ཆུང་ཤེས་རབ་གྲགས་པ།
沙弥莲花戒	དགེ་ཚུལ་པདྨའི་ངང་ཚུལ་ཅན།
善甲	དགེ་བའི་གོ་ཆ།
善逝狮吼妙音	སེང་གེའི་ང་རོའི་དབྱངས།

善知识当增列桑	དགེ་བའི་བཤེས་གཉེན་ཏིང་འཛིན་ལས་བཟང་།
善知识端桑坚赞	བཤེས་གཉེན་དོན་བཟང་རྒྱལ་མཚན།
善知识译师	དགེ་བཤེས་ལོ་ཙཱ་བ།
上座乃丹仁钦坚赞	གནས་བརྟན་རིན་ཆེན་རྒྱལ་མཚན།
甚见受命者噶钦朗喀多杰	ཟབ་དོན་ལྟ་བའི་བཀའ་བབ་དཀའ་ཆེན་ནམ་མཁའ་རྡོ་རྗེ།
胜天	རྒྱལ་བའི་ལྷ།
圣天	ཨཱརྱ་དེ་ཝ་སྟེ་འཕགས་པ་ལྷ།
十大卫藏智者	དབུས་གཙང་མཁས་པ་མི་བཅུ།
世界六大庄严	འཛམ་གླིང་མཛེས་པར་བྱེད་པའི་རྒྱན་དྲུག
世称善论明日妙吉祥	སྨྲ་བའི་ཉི་མ་དགེ་ལེགས་མཚན་ཅན།
世亲	དབྱིག་གཉེན།
释迦白瓦	ཤཱཀྱ་དཔལ་བ།
书法家根顿珠巴	དཔོན་ཡིག་དགེ་འདུན་གྲུབ།
萨班证悟传记·贤劫妙道	ས་པཎ་རྟོགས་བརྗོད་སྐལ་བཟང་ལེགས་ལམ་བཞུགས་སོ།
三律仪辩析	སྡོམ་གསུམ་རབ་དབྱེ་ཞེས་བྱ་བ་བཞུགས་སོ།
三律仪摄义抉择品佛宝洗涤	སྡོམ་པ་གསུམ་གྱི་རྣམ་པར་གཞག་པ་མདོར་བསྡུས་ཏེ་གཏན་ལ་དབབ་པའི་རབ་ཏུ་བྱེད་པ་ཐུབ་བསྟན་རིན་པོ་ཆེའི་བྱི་དོར་ཞེས་བྱ་བ་བཞུགས་སོ།
三世诸佛悲智摄受一体之具德导师至尊克珠诺桑嘉措生平事迹大海蠡测式祈愿·二悉地宝藏	དུས་གསུམ་རྒྱལ་བ་ཐམས་ཅད་ཀྱི་མཁྱེན་བརྩེ་གཅིག་ཏུ་བསྡུས་པའི་ངོ་བོ་དཔལ་ལྡན་བླ་མ་དམ་པ་མཁས་གྲུབ་ནོར་བཟང་རྒྱ་མཚོའི་ཞལ་སྔ་ནས་ཀྱི་རྣམ་པར་ཐར་པ་རྒྱ་མཚོ་ལྟ་བུ་ལས་ཆ་ཤས་ཙམ་གྱི་སྒོ་ནས་གསོལ་བ་འདེབས་པ་དངོས་གྲུབ་གཉིས་ཀྱི་བང་མཛོད་ཅེས་བྱ་བ་བཞུགས་སོ།
三位贤哲功德传略·夺取智者之意成就庄严	མཁས་གྲུབ་ཆེན་པོ་གསུམ་གྱི་རྣམ་པར་ཐར་པ་མཁས་པའི་ཡིད་འཕྲོག་གྲུབ་པའི་རྒྱན་ཞེས་བྱ་བ་བཞུགས་སོ།
散论合编	གསུང་ཐོར་བུ་ཞེས་བྱ་བ་བཞུགས་སོ།
桑桑乃仁巴曲美饶杰所著宗喀巴门生传	རྗེ་ཙོང་ཁ་པ་ལ་བུ་ཆེན་སྤྱན་ཚུལ་གྱི་རྣམ་ཐར་གསེར་གྱི་མཆོད་སྡོང་གི་ཁ་སྐོང་གསེར་གྱི་མྱུ་གུ་ཞེས་བྱ་བ་ཟངས་ཟངས་ནེ་རིང་པ་འཆི་མེད་རབ་རྒྱས་པས་མཛད་པ་བཞུགས་སོ།

色拉杰尊确吉坚赞传记	རྗེ་བཙུན་ཆོས་ཀྱི་རྒྱལ་མཚན་དཔལ་བཟང་པོའི་རྣམ་པར་ཐར་པའི་ཆ་ཤས་ཙུང་ཟད་ཅིག་བརྗོད་པའི་གཏམ་དུ་བྱ་བ་དངོས་གྲུབ་ཀྱི་ཆར་འབེབས་ཞེས་བྱ་བ་ཕ་བོང་ཁ་པཎ་ཆེན་བདེ་ལེགས་ཉི་མས་མཛད་པ་བཞུགས་སོ།
色拉杰尊确吉坚赞传记偈颂体	སེ་ར་རྗེ་བཙུན་ཆོས་ཀྱི་རྒྱལ་མཚན་དཔལ་བཟང་པོའི་རྣམ་ཐར་ཚིགས་བཅད་མ་ཞེས་བྱ་བ་ཤར་སྐལ་ལྡན་རྒྱ་མཚོས་མཛད་པ་བཞུགས་སོ།
色拉杰尊确吉坚赞传记散文体	སེ་ར་རྗེ་བཙུན་ཆོས་ཀྱི་རྒྱལ་མཚན་དཔལ་བཟང་པོའི་རྣམ་ཐར་ཚིག་ལྷུག་མ་ཞེས་བྱ་བ་ཤར་སྐལ་ལྡན་རྒྱ་མཚོས་མཛད་པ་བཞུགས་སོ།
四本尊合修方便法	ལྷ་བཞི་དྲིལ་སྒྲུབ་ཅེས་བྱ་བ་བཞུགས་སོ།
四臂天女成就方便法	ལྷ་མོ་ཕྱག་བཞི་མའི་སྒྲུབ་ཐབས་ཞེས་བྱ་བ་བཞུགས་སོ།
四世班禅罗桑确吉坚赞自传	ཆོས་སྨྲ་བའི་དགེ་སློང་བློ་བཟང་ཆོས་ཀྱི་རྒྱལ་མཚན་གྱི་སྤྱོད་ཚུལ་གསལ་བར་སྟོན་པ་ནོར་བུའི་ཕྲེང་བ་ཞེས་བྱ་བ་བཞུགས་སོ།
四世班禅罗桑确吉坚赞自传续编	རྗེ་བཙུན་བློ་བཟང་ཆོས་ཀྱི་རྒྱལ་མཚན་དཔལ་བཟང་པོའི་སྤྱོད་ཚུལ་གྱི་འཕྲོ་ཁྲིགས་སུ་བསྒྲིགས་པ་ཞེས་བྱ་བ་བཞུགས་སོ།
速成六臂本智怙主朵玛食子供养及补酬仪轨支分齐全	མྱུར་མཛད་ཡེ་ཤེས་ཀྱི་མགོན་པོ་ཕྱག་དྲུག་པའི་གཏོར་ཆོག་བསྐང་གསོ་ཆ་ལག་དང་བཅས་པ་བཞུགས་སོ།
速成本智怙主法门之师承次第	མྱུར་མཛད་ཡེ་ཤེས་མགོན་པོའི་ཆོས་སྐོར་གྱི་བླ་མ་བརྒྱུད་པའི་རིམ་པ་ཞེས་བྱ་བ་བཞུགས་སོ།
速成本智怙主眷属成就法及朵玛食子供养日常瑜伽实践法	མྱུར་མཛད་ཡེ་ཤེས་ཀྱི་མགོན་པོ་འཁོར་དང་བཅས་པ་སྒྲུབ་ཅིང་གཏོར་མ་འབུལ་བ་རྒྱུན་གྱི་རྣལ་འབྱོར་ཉམས་སུ་ལེན་ཚུལ་བཞུགས་སོ།
所依三要点	རྟེན་གཞི་གནད་གསུམ་ཞེས་བྱ་བ་བཞུགས་སོ།
所依装藏仪轨等常用仪轨合编	རྟེན་ལ་གཟུངས་གཞུག་འབུལ་ཚུལ་སོགས་ཉེ་བར་མཁོ་བའི་རིམ་པ་ཞེས་བྱ་བ་བཞུགས་སོ།

速成本智怙主眷属成就法及朵玛食子供养日常瑜伽实践法殊胜诀窍庄严论	སྒྱུར་མཛད་ཡེ་ཤེས་ཀྱི་མགོན་པོ་འཁོར་དང་བཅས་པ་བསྒྲུབ་ཅིང་གཏོར་མ་འབུལ་བའི་རྒྱུན་གྱི་རྣལ་འབྱོར་ཉམས་སུ་ལེན་ཚུལ་མན་ངག་ཟབ་མོས་རྣམ་པར་བརྒྱན་ཅིང་རྒྱུད་སྡེ་དང་མི་མཐུན་པའི་ལོག་ཆོས་མང་པོས་མ་བསླད་པར་མདོར་བསྡུས་ཤིང་ཆ་ཚང་བར་བཀོད་པ་ནི་མང་དུ་ཐོས་པའི་རྡོ་རྗེ་འཛིན་པ་དགེ་ལེགས་དཔལ་བཟང་པོས་གསོད་སྦྱིན་གང་བ་བཟང་པོའི་གདངས་མགུལ་དབེན་གནས་རིན་ཆེན་འབར་བའི་སྒྲིངས་སུ་བྲིས་པའོ།
善规瑜伽男女众清规戒律・悉地生源	དགེ་ལྡན་རྣལ་འབྱོར་ཕོ་མོ་རྣམས་ཀྱི་བཅའ་ཁྲིམས་ཀྱི་ཡི་གེ་དངོས་གྲུབ་ཀུན་འབྱུང་ཞེས་བྱ་བ་བཞུགས་སོ།
善巧成就者列巴顿珠传记	མཁས་གྲུབ་ལེགས་པ་དོན་གྲུབ་ཀྱི་རྣམ་ཐར་ཞེས་བྱ་བ་བཞུགས་སོ།
善说精要	རྗེའི་ལེགས་བཤད་སྙིང་པོ་བཞུགས་སོ།
善说心要二论	རྗེའི་ལེགས་བཤད་སྙིང་པོ་ཆེ་ཆུང་གཉིས་བཞུགས་སོ།
善知识索朗坚赞所启问答书	དགེ་བའི་བཤེས་གཉེན་བསོད་ནམས་རྒྱལ་མཚན་གྱི་དྲིས་ལན།
善知识桑杰仁钦所启问答书	དགེ་བའི་བཤེས་གཉེན་སངས་རྒྱས་རིན་ཆེན་གྱི་དྲི་བའི་ལན།
上师白文殊成就方便法	བླ་མ་འཇམ་དབྱངས་དཀར་པོའི་སྒྲུབ་ཐབས་ཞེས་བྱ་བ་བཞུགས་སོ།
上师本尊无别之面授诀窍二篇	བླ་མ་མགོན་པོ་དབྱེར་མེད་ཀྱི་ཞལ་ཤེས་གཉིས་བཞུགས་སོ།
上师本尊瑜伽偈句・悉地生源	བླ་མ་ལྷའི་རྣལ་འབྱོར་ཚིགས་བཅད་དངོས་གྲུབ་ཀུན་འབྱུང་ཞེས་བྱ་བ་བཞུགས་སོ།
上师大威德金刚双身之瑜伽要义・悉地生源	བླ་མ་རྡོ་རྗེ་འཇིགས་བྱེད་ཡབ་ཡུམ་གྱི་རྣལ་འབྱོར་གྱི་སྙིང་པོ་དངོས་གྲུབ་ཀུན་འབྱུང་ཞེས་བྱ་བ་བཞུགས་སོ།
上师大威德金刚双身之瑜伽心要	བླ་མ་འཇིགས་བྱེད་ཡབ་ཡུམ་གྱི་རྣལ་འབྱོར་གྱི་སྙིང་པོ་ཞེས་བྱ་བ་བཞུགས་སོ།
上师大威德金刚之瑜伽广轨・悉地生源	བླ་མ་རྡོ་རྗེ་འཇིགས་བྱེད་ཀྱི་རྣལ་འབྱོར་རྒྱས་པ་དངོས་གྲུབ་ཀུན་འབྱུང་ཞེས་བྱ་བ་བཞུགས་སོ།

上师大威德金刚之圆满次第诀窍心要	བླ་མ་རྡོ་རྗེ་འཇིགས་བྱེད་ཀྱི་རྫོགས་རིམ་གྱི་མན་ངག་སྙིང་པོ་ཞེས་བྱ་བ་བཞུགས་སོ།
上师观自在菩萨之瑜伽心要·悉地生源	བླ་མ་སྤྱན་རས་གཟིགས་ཀྱི་རྣལ་འབྱོར་གྱི་སྙིང་པོ་དངོས་གྲུབ་ཀུན་འབྱུང་ཞེས་བྱ་བ་བཞུགས་སོ།
上师金刚持双身成就方便法	བླ་མ་རྡོ་རྗེ་འཆང་ཡབ་ཡུམ་གྱི་སྒྲུབ་ཐབས་ཞེས་བྱ་བ་བཞུགས་སོ།
上师金刚持之瑜伽心要诀窍	བླ་མ་རྡོ་རྗེ་འཆང་གི་རྣལ་འབྱོར་གྱི་སྙིང་པོའི་མན་ངག་ཅེས་བྱ་བ་བཞུགས་སོ།
上师金刚萨埵之瑜伽心要·悉地生源	བླ་མ་རྡོ་རྗེ་སེམས་དཔའི་རྣལ་འབྱོར་གྱི་སྙིང་པོ་དངོས་གྲུབ་ཀུན་འབྱུང་ཞེས་བྱ་བ་བཞུགས་སོ།
上师俱生胜乐金刚双身成就方便法诀窍心要·悉地生源	བླ་མ་བདེ་མཆོག་ལྷན་སྐྱེས་ཡབ་ཡུམ་སྒྲུབ་པའི་མན་ངག་གི་སྙིང་པོ་དངོས་གྲུབ་ཀུན་འབྱུང་ཞེས་བྱ་བ་བཞུགས་སོ།
上师六臂本智怙主之瑜伽次第四篇·悉地生源	བླ་མ་ཕྱག་དྲུག་ཡེ་ཤེས་ཕྱག་དྲུག་མགོན་པོའི་རྣལ་འབྱོར་གྱི་རིམ་པ་ཕྱེ་བ་དངོས་གྲུབ་ཀུན་འབྱུང་ཚན་པ་བཞི་བཞུགས་སོ།
上师六忆道歌	བླ་མ་དྲུག་དྲན་གྱི་མགུར་ཞེས་བྱ་བ་བཞུགས་སོ།
上师密集成就方便法要义·悉地生源	བླ་མ་གསང་བ་འདུས་པའི་སྒྲུབ་ཐབས་ཀྱི་སྙིང་པོ་དངོས་གྲུབ་ཀུན་འབྱུང་ཞེས་བྱ་བ་བཞུགས་སོ།
上师祈愿分辨·悉地生源	བླ་མ་ལ་གསོལ་བ་འདེབས་པའི་རིམ་པར་ཕྱེ་བ་དངོས་གྲུབ་ཀུན་འབྱུང་ཞེས་བྱ་བ་བཞུགས་སོ།
上师四续瑜伽次第分辨·悉地生源	བླ་མ་རྒྱུད་སྡེ་བཞིའི་རྣལ་འབྱོར་རིམ་པར་ཕྱེ་བ་དངོས་གྲུབ་ཀུན་འབྱུང་ཞེས་བྱ་བ་བཞུགས་སོ།
上师胜乐总摄轮之瑜伽广轨·悉地生源	བླ་མ་འཁོར་ལོ་སྡོམ་པའི་རྣལ་འབྱོར་རྒྱས་པ་དངོས་གྲུབ་ཀུན་འབྱུང་ཞེས་བྱ་བ་བཞུགས་སོ།
上师文殊寂静成就方便法	བླ་མ་འཇམ་དཔལ་ཞི་བའི་སྒྲུབས་ཐབས་ཞེས་བྱ་བ་བཞུགས་སོ།
上师五十颂	བླ་མ་ལྔ་བཅུ་པ་བཞུགས་སོ།
上师五十颂释圆满求学之愿	བླ་མ་ལྔ་བཅུ་པའི་རྣམ་བཤད་སློབ་མའི་རེ་བ་ཀུན་སྐོང་ཞེས་བྱ་བ་བཞུགས་སོ།

上师瑜伽摄略	བླ་མའི་རྣལ་འབྱོར་བསྡུས་པ་ཞེས་བྱ་བ་བཞུགས་སོ།
摄大乘论释	ཐེག་པ་ཆེན་པོ་བསྡུས་པའི་འགྲེལ་པ་བཞུགས་སོ།
摄类学理路·初学者踏入解脱之道	བསྡུས་སྦྱོར་གྱི་རྣམ་གཞག་བློ་གསལ་ཐར་པར་བགྲོད་པའི་ལམ་རྒྱུགས་ཞེས་བྱ་བ་ཀུན་མཁྱེན་དམ་ཆོས་དཔལ་འབྱོར་གྱིས་མཛད་པ་བཞུགས་སོ།
摄续之王时轮解说随根本续无垢光略义六之前释难辨析备忘录·语之月光	བསྡུས་པའི་རྒྱུད་ཀྱི་རྒྱལ་པོ་དུས་ཀྱི་འཁོར་ལོའི་འགྲེལ་བཤད་རྩ་བའི་རྒྱུད་ཀྱི་རྗེས་སུ་འཇུག་པ་སྟོང་ཕྲག་བཅུ་གཉིས་པ་དྲི་མ་མེད་པའི་འོད་ཀྱི་མདོར་བསྡུས་དྲུག་པ་ཡན་གྱི་དཀའ་བའི་གནད་རྣམ་པར་འབྱེད་པ་བརྗེད་བྱང་གི་ཡི་གེ་གསུང་གི་ཟླ་ཟེར་ཞེས་བྱ་བ་འདི་ནི་སྙིགས་དུས་ཀྱི་༸རྒྱལ་བ་གཉིས་པ་ཆོས་ཀྱི་རྗེ་རིན་པོ་ཆེ་བློ་བཟང་གྲགས་པའི་དཔལ་གྱི་༸ཞལ་སྔ་ནས་ཀྱི་གསུང་ལས་རྒྱ་ཆེར་བྱོན་པ་རྣམས་ཀྱི་དོན་ཙུང་ཟད་རེ་བློ་ལ་ཇི་ཙམ་ཟིན་པ་རྣམས་དཀའ་བཅུ་པ་དགེ་ལེགས་དཔལ་གྱིས་ཟིན་བྲིས་སུ་བྲིས་པའོ།
甚深金刚乘瑜伽入门之道彰显论	ཟབ་མོ་རྡོ་རྗེ་ཐེག་པའི་རྣལ་འབྱོར་ལ་འཇུག་པའི་ལམ་བསྟན་པ་ཞེས་བྱ་བ་བཞུགས་སོ།
甚深空性真实义理彰显论贤劫启明之目	སྟོང་ཐུན་སྐལ་བཟང་མིག་འབྱེད་ཅེས་བྱ་བ་བཞུགས་སོ།
胜乐金刚身之坛城观修仪轨关键要义明示诀窍·悉地生源	བདེ་མཆོག་ལུས་ཙལ་སྒོམ་ཚུལ་གྱི་གནད་གསལ་བར་བསྟན་པའི་སྙིང་པོའི་མན་ངག་དངོས་གྲུབ་ཀུན་འབྱུང་ཞེས་བྱ་བ་བཞུགས་སོ།
胜乐金刚生起次第摄略	བདེ་མཆོག་གི་བསྐྱེད་རིམ་གནད་བསྡུས་ཞེས་བྱ་བ་བཞུགས་སོ།
胜乐金刚无量宫观想修习仪轨·悉地生源	བདེ་མཆོག་གི་གཞལ་ཡས་ཁང་སྒོམ་ཚུལ་དངོས་གྲུབ་ཀུན་འབྱུང་ཞེས་བྱ་བ་བཞུགས་སོ།
胜乐金刚依智布巴身坛城之生起次第论若干疑难	བདེ་མཆོག་དྲིལ་བུ་ལུས་དཀྱིལ་གྱི་དབང་དུ་བྱས་པའི་བསྐྱེད་རིམ་གྱི་དཀའ་གནད་འགའ་ཞིག་ཅེས་བྱ་བ་བཞུགས་སོ།

胜乐金刚智布巴成就方便法·悉地生源	བདེ་མཆོག་དྲིལ་བུ་པའི་སྒྲུབ་ཐབས་དངོས་གྲུབ་ཀུན་འབྱུང་ཞེས་བྱ་བ་བཞུགས་སོ།
胜乐总摄轮圆满次第广大瑜伽·悉地生源	འཁོར་ལོ་སྡོམ་པའི་རྫོགས་རིམ་རྣལ་འབྱོར་ཆེན་པོ་དངོས་གྲུབ་ཀུན་འབྱུང་ཞེས་བྱ་བ་བཞུགས་སོ།
胜乐总摄轮之上师瑜伽·悉地生源	འཁོར་ལོ་སྡོམ་པའི་བླ་མའི་རྣལ་འབྱོར་དངོས་གྲུབ་ཀུན་འབྱུང་ཞེས་བྱ་བ་བཞུགས་སོ།
圣遍摄研磨经	འཕགས་པ་རྣམ་པར་འཐག་པ་ཐམས་ཅད་བསྡུས་པ་ཞེས་བྱ་བ་ཐེག་པ་ཆེན་པོའི་མདོ་བཞུགས་སོ།
圣摧坏略经	འཕགས་པ་རྣམ་པར་འཐག་པ་ཐམས་ཅད་བསྡུས་པ་ཞེས་བྱ་བ་ཐེག་པ་ཆེན་པོའི་མདོ་ཞེས་བྱ་བ་བཞུགས་སོ།
生圆二次第难点关要甚深诀窍	རིམ་གཉིས་ཀྱི་དཀའ་གནད་མན་ངག་ཟབ་མོ་བཞུགས་སོ།
寿主护法怙主成就方便法	མགོན་པོ་ཚེ་བདག་གི་སྒྲུབ་ཐབས་ཞེས་བྱ་བ་བཞུགས་སོ།
手印命脉增效之不共诀窍等生圆二次第之甚深关键要义	ཕྱག་རྒྱ་སྲོག་རྩོལ་གྱི་མན་ངག་ཐུན་མོང་མ་ཡིན་པ་སོགས་བསྐྱེད་རྫོགས་ཀྱི་ཟབ་གནད་ཀྱི་ཡིག་ཆུང་ཞེས་བྱ་བ་བཞུགས་སོ།
授记诀窍密封	ལུང་བསྟན་གདམས་ངག་མ་བཀའ་རྒྱ་བཏབ་པ་འཁྲིས་དང་བཅས་པ་བཞུགས་སོ།
授记秘镜之格鲁派大德正士名录·悉地生源	ལུང་བསྟན་གསང་བའི་མེ་ལོང་ལས་དགེ་ལྡན་བསྟན་འཛིན་ཇི་ལྟར་འབྱུང་བ་ཆེ་ལོང་ཙམ་གྱི་མཚན་བསྟན་པ་དངོས་གྲུབ་ཀུན་འབྱུང་ཞེས་བྱ་བ་བཞུགས་སོ།
授记秘镜之格鲁派承继大德们如何出现史事粗略授记	ལུང་བསྟན་གསང་བའི་མེ་ལོང་ལས་དགེ་ལྡན་བསྟན་འཛིན་ཇི་ལྟར་འབྱུང་བ་ཆེ་ལོང་ཙམ་གྱི་ལུང་བསྟན་པ་ཞེས་བྱ་བ་བཞུགས་སོ།
授予本寺座主至尊确觉多杰之诀窍·悉地生源	རང་གི་གདན་ས་པ་རྗེ་ཆོས་སྐྱབས་རྡོ་རྗེ་ལ་གནང་བའི་མན་ངག་དངོས་གྲུབ་ཀུན་འབྱུང་ཞེས་བྱ་བ་བཞུགས་སོ།
授予林布多杰之长寿成就方便法	ལྷུན་པོ་རྡོ་རྗེ་ལ་གནང་བའི་ཚེ་སྒྲུབ་ཞེས་བྱ་བ་བཞུགས་སོ།
授予桑丁奥塞论师之长寿成就方便法	སློབ་དཔོན་བསམ་གཏན་འོད་ཟེར་ལ་གནང་བའི་ཚེ་སྒྲུབ་ཞེས་བྱ་བ་བཞུགས་སོ།

十大心许誓愿	དམ་བཅའ་བཅུ།
十三尊大威德金刚生起次第解说	རྡོ་རྗེ་འཇིགས་བྱེད་ལྷ་བཅུ་གསུམ་མའི་བསྐྱེད་རིམ་རྣམ་པ་བཤད་པ་ཞེས་བྱ་བ་བཞུགས་སོ།
十四根本堕罪	རྩ་ལྟུང་བཅུ་བཞི་པ་ཞེས་བྱ་བ་བཞུགས་སོ།
时轮必需增补附论	དུས་ཀྱི་འཁོར་ལོའི་ཉེ་བར་མཁོ་བའི་ཟུར་འདེབས་ཞེས་བྱ་བ་བཞུགས་སོ།
时轮金刚问答书	དུས་འཁོར་གྱི་དྲི་ལན་ཞེས་བྱ་བ་བཞུགས་སོ།
时轮金刚一万二千无垢光释难分辨备忘录	སྟོང་ཕྲག་བཅུ་གཉིས་པ་དྲི་མ་མེད་པའི་འོད་ཀྱི་དཀའ་བའི་གནས་རྣམ་པར་འབྱེད་པའི་བརྗེད་བྱང་ཞེས་བྱ་བ་བཞུགས་སོ།
释迦牟尼佛成就方便法	རྒྱལ་བ་ཤཱཀྱ་ཐུབ་པའི་སྒྲུབ་ཐབས་ཞེས་བྱ་བཞུགས་སོ།
释量论广疏理路海论	རྗེ་བདག་ཉིད་ཆེན་པོའི་དགོངས་པ་ལྟར་དྲི་མ་མེད་པའི་རིགས་པའི་ལམ་སྲོལ་གསལ་བར་བྱེད་པའི་བསྟན་བཅོས་ཚད་མ་རྣམ་འགྲེལ་གྱི་ཊཱིཀ་ཆེན་རིགས་པས་རྒྱ་མཚོ་ཞེས་བྱ་བ་བཞུགས་སོ།
侍奉上师释难	བླ་མའི་བསྙེན་བཀུར་གྱི་དཀའ་འགྲེལ་ཞེས་བྱ་བ་བཞུགས་སོ།
诗镜	སྙན་ངག་མེ་ལོང་མ་ཞེས་བྱ་བ་བཞུགས་སོ།
世尊薄伽梵具德九尊喜金刚坛城之轮成就法·断舍谬误	བཅོམ་ལྡན་འདས་དཔལ་ཀྱཻ་རྡོ་རྗེ་ལྷ་དགུའི་དཀྱིལ་འཁོར་གྱི་འཁོར་ལོ་བསྒྲུབ་པའི་ཐབས་འཁྲུལ་པ་སྤོང་བ་ཞེས་བྱ་བ་བཞུགས་སོ།
世尊薄伽梵具德喜金刚成就法·断舍谬误	བཅོམ་ལྡན་འདས་དཔལ་ཀྱཻ་རྡོ་རྗེ་སྒྲུབ་ཐབས་འཁྲུལ་བ་སྤོང་བ་ཞེས་བྱ་བ་བཞུགས་སོ།
世尊薄伽梵具德喜金刚坛城供养仪轨	བཅོམ་ལྡན་འདས་དཔལ་ཀྱཻ་རྡོ་རྗེའི་དཀྱིལ་འཁོར་མཆོད་པའི་ཆོ་ག་བརྗོད་པར་བྱ་བ་བཞུགས་སོ།
世尊薄伽梵轮胜乐金刚父母现证礼赞品	བཅོམ་ལྡན་འདས་འཁོར་ལོ་བདེ་མཆོག་ཡབ་ཡུམ་ལ་མངོན་པར་བསྟོད་པའི་རབ་ཏུ་བྱེད་པ་བཞུགས་སོ།
世尊薄伽梵时轮身语意圆满坛城之轮成就法·白莲教言	བཅོམ་ལྡན་འདས་དུས་ཀྱི་འཁོར་ལོའི་སྐུ་གསུང་ཐུགས་ཡོངས་སུ་རྫོགས་པའི་དཀྱིལ་འཁོར་གྱི་འཁོར་ལོ་སྒྲུབ་པའི་ཐབས་པདྨ་དཀར་པོའི་ཞལ་ལུང་ཞེས་བྱ་བ་བཞུགས་སོ།

世尊薄伽梵时轮身语意圆满坛城之轮成就法·白莲教言	བཅོམ་ལྡན་འདས་དཔལ་དུས་ཀྱི་འཁོར་ལོའི་སྐུ་གསུང་ཐུགས་ཡོངས་སུ་རྫོགས་པའི་དཀྱིལ་འཁོར་གྱི་སྒྲུབ་པའི་ཐབས་པདྨ་དཀར་པོའི་ཞལ་གྱི་ལུང་ཞེས་བྱ་བ་འདི་ནི་སྡེ་སྣོད་དང་རྒྱུད་སྡེ་འཛིན་པ་ཆོས་འདི་ལ་ལྷག་པར་མོས་པ་དུ་མས་ཡང་ཡང་བསྐུལ་བ་ལ་བརྟེན་ནས་དཔལ་དུས་ཀྱི་འཁོར་ལོས་མངོན་སུམ་དུ་བྱིན་གྱིས་བརླབས་ཤིང་རྡོ་རྗེ་འཆང་གིས་མངོན་པར་དབང་བསྐུར་བ་འཇམ་པའི་དབྱངས་ཀྱི་སྲས་པོ་རྗེ་ཐམས་ཅད་མཁྱེན་པ་བློ་བཟང་གྲགས་པའི་དཔལ་གྱི་ཞལ་སྔ་ནས་དགྱེས་པ་ཆེན་པོས་སྩལ་བའི་གསུང་གི་བདུད་རྩི་དད་པའི་སྙིམ་པས་བླངས་ཏེ་བློ་གྲོས་ཀྱི་རོ་འཛིན་གྱིས་མྱངས་པས་དུས་ཀྱི་འཁོར་ལོའི་ཕྱི་ནང་གཞན་གསུམ་ལ་མི་འཇིགས་པའི་སྤོབས་པ་དགེ་བ་ཅན་མང་དུ་ཐོས་པའི་བཙུན་པ་དགེ་ལེགས་དཔལ་བཟང་པོས་གཙང་ཉང་སྟོད་རིག་པའི་འབྱུང་གནས་ཀྱི་སའི་ཆ་དཔལ་རི་བོ་མདངས་ཅན་གྱི་དགོན་པར་སྦྱར་བའོ།
世尊薄伽梵时轮坛城众本尊供养仪轨·普贤供云	བཅོམ་ལྡན་འདས་དུས་ཀྱི་འཁོར་ལོའི་དཀྱིལ་འཁོར་གྱི་ལྷ་ཚོགས་ལ་མཆོད་པའི་ཆོ་ག་ཀུན་ཏུ་བཟང་པོའི་མཆོད་སྤྲིན་ཞེས་བྱ་བ་བཞུགས་སོ།
殊胜本尊寿慧成就方便法十七部分别合编	ལྷག་པའི་ལྷ་ཚེ་དང་ཡེ་ཤེས་དཔག་ཏུ་མེད་པའི་སྒྲུབ་ཐབས་ཀྱི་སྐོར་རིམ་པ་ཕྱེ་བ་ཚན་པ་བཅུ་བདུན་བཞུགས་སོ།
水中摄生辟谷术心要	ཆུའི་བཅུད་ལེན་གྱི་སྙིང་པོ་ཞེས་བྱ་བ་བཞུགས་སོ།
刹那等起	དུས་ཀྱི་ཀུན་སློང་།
萨迦派	ས་སྐྱ་པ།
萨迦派的两尊护法神	གུར་ཞལ་གཉིས་སྟེ་ས་སྐྱ་པའི་ཆོས་སྐྱོང་གུར་ཞལ་རྣམ་གཉིས་སུ་གྲགས།
三恩上师	གསུམ་ལྡན་བླ་མ།
三律仪	སྡོམ་པ་གསུམ།
三事仪轨	གཞི་གསུམ་ཆོ་ག་ཕྲུག་ལེན།
三喜之礼	མཉེས་པ་གསུམ།

三学	བསླབ་གསུམ།
世尊薄伽梵心要九尊喜金刚坛城入门灌顶仪轨·大乐津梁	བཅོམ་ལྡན་འདས་སྙིང་པོ་ཀྱཻ་རྡོ་རྗེ་ལྷ་དགུའི་དཀྱིལ་འཁོར་དུ་འཇུག་ཅིང་དབང་བསྐུར་བའི་ཆོ་ག་བདེ་བ་ཆེན་པོའི་འཇུག་ངོགས་ཞེས་བྱ་བ་འདི་མདོ་སྔགས་ཀྱི་ཡོངས་སུ་རྫོགས་པའི་སྡེ་སྣོད་འཛིན་པ་ཆེན་པོ་དཀའ་བཅུ་པ་བྱང་རྒྱལ་བའི་གསུང་གིས་སྤྱི་མོ་ནས་ལན་མང་དུ་བསྐུལ་བ་དང་ཕྱིས་ལྷུང་དང་མཐོན་པར་རྟོགས་པའི་ཡོན་ཏན་རིན་པོ་ཆེའི་མཛོད་འཛིན་པའི་གནས་བརྟན་ཡོངས་ཀྱི་དགེ་བའི་བཤེས་གཉེན་ཆེན་པོ་ལེགས་པ་བའི་གསུང་གིས་ནན་ཏན་དུ་བསྐུལ་བ་དང་གཞན་ཡང་སྡེ་སྣོད་དང་རྒྱུད་སྡེ་འཛིན་པ་དུ་མས་བསྐུལ་ཏེ་རྒྱལ་བ་ཐམས་ཅད་ཀྱི་མཁྱེན་བརྩེ་གཅིག་ཏུ་བསྡུས་པའི་ངོ་བོ་རྗེ་བཙུན་ཆོས་ཀྱི་རྒྱལ་པོ་ཙོང་ཁ་པ་ཆེན་པོའི་ཞབས་ཀྱི་པདྨོ་ལ་སྤྱི་བོས་རེག་པའི་བཀའ་དྲིན་ལས་རྒྱལ་བའི་ལམ་བཟང་མཐོང་བའི་རྡོ་རྗེ་འཛིན་པ་དགེ་ལེགས་དཔལ་བཟང་པོས་གཙང་ཉང་སྟོད་རིག་པའི་འབྱུང་གནས་ཀྱི་སའི་ཆ་དཔལ་རི་བོ་མདངས་ཅན་གྱི་དགོན་པར་སྦྱར་བ་འདིས་ཀྱང་རྒྱལ་བའི་བསྟན་པ་རིན་པོ་ཆེའི་སྙིང་པོ་མཐའ་དག་ཕྱོགས་ཐམས་ཅད་དུ་རྒྱས་ལ་ཡུན་རིང་དུ་གནས་པར་གྱུར་ཅིག །
塞举法脉	སྨད་རྒྱུད།
似境相	ཡུལ་གྱི་འདྲ་རྣམ།
似境相	ཡུལ་དང་འདྲ་བའི་རྣམ་པ།
四对治力	གཉེན་པོའི་སྟོབས་བཞི།
四力	སྟོབས་བཞི།
四期	ཐུན་བཞི།
四魔	བདུད་བཞི།
四面怙主	དཔལ་མགོན་ཞལ་བཞི་པ།
四身	སྐུ་བཞི།
四座	ཐུན་བཞི།

四种极为隐秘的殊胜教授	སྦ་བཞིའི་གདམས་པ།
随教派	ལུང་གི་རྗེས་སུ་འབྲངས་པ།
随经行	ལུང་གི་རྗེས་སུ་འབྲངས་པ།
随理行	རིགས་པའི་རྗེས་སུ་འབྲངས་པ།
所持相	གཟུང་རྣམ། གཟུང་བ་ཡུལ་གྱི་རྣམ་པ།
所感之觉	འཛིན་པ་ཡུལ་ཅན་གྱི་རྣམ་པ་སྟེ་འཛིན་རྣམ།
所量唯有一自相	གཞལ་བྱ་རང་མཚན་གཅིག་ཁོ་ན།
所取行相	གཟུང་བ་ཡུལ་གྱི་རྣམ་པ་སྟེ་གཟུང་རྣམ།
善于概括四方一切佛法之道	བསྟན་པ་ཐམས་ཅད་གྲུ་བཞི་ལམ་གྱིས་འཁྱེར་ཤེས་པ།
上师怙主无别的随许灌顶	བླ་མ་མགོན་པོ་དབྱེར་མེད་ཀྱི་རྗེས་གནང་།
上师瑜伽不共三重勇士	བླ་ མའི་ རྣལ་ འབྱོར་ ཐུན་ མོང་ མིན་ པ་ སེམས་ དཔའ་ སུམ་ བརྩེགས་ཅན།
甚深和广大佛子之道	ཟབ་པ་དང་རྒྱ་ཆེ་བའི་རྒྱལ་སྲས་ཀྱི་ལམ།
甚深中观	ཟབ་མོ་ལྟ་བརྒྱུད།
胜乐金刚四座	བདེ་མཆོག་གདན་བཞི།
身寂	ལུས་དབེན།
手印派	ཕྱག་རྒྱ་པ།
授戒堪布	རབ་བྱུང་དང་བསྙེན་རྫོགས་ཀྱི་སྡོམ་པ་འབོགས་མཁན།
首始次第之甚道	རིམ་པ་དང་པོ་ཟབ་མོའི་ལམ།
十圆满	འབྱོར་བ་བཅུ།
时轮札仓	དུས་འཁོར་གྲྭ་ཚང་།
时之等起	དུས་ཀྱི་ཀུན་སློང་།
世间八法	འཇིག་རྟེན་ཆོས་བརྒྱད།
释量论专题辩论会	རྣམ་འགྲེལ་སྤྱི་སྒྲུར།
师承必有加持	བརྒྱུད་པ་བྱིན་རླབས་དང་ལྡན་པ།
实执	དངོས་འཛིན།
识之定义是明了	བློ་ཡི་མཚན་ཉིད་རིག་པ་ཡིན།
顺理派	རིགས་པའི་རྗེས་སུ་འབྲངས་པ།

漱口仪式	འདུལ་བའི་ཆབ་ཟུང་ཆུ་འདེབས་པ།
塞举密宗传承	སྲད་རྒྱུད།
三轮之难	འཁོར་གསུམ།
桑普夏季答辩会	སངས་ཕུ་དབྱར་ཆོས།
色分为土、水、火、风四种	གཟུགས་ལ་དབྱེ་ན་ས་ཆུ་མེ་རླུང་བཞི།
色系札仓木刻新版	སེར་བྱེས་གྲྭ་ཚང་གི་པར་གསར།
射箭	མདའ་བསྣུན།
摄类学	བསྡུས་གྲྭ།
摄类学辩论应用	སྦྱོར་བ་རྩེ་པ།
声明	སྒྲའི་བཤད་པ།
守护八方大象	ཕྱོགས་གླང་།
事实理路之宝剑	དངོས་སྟོབས་རིགས་པའི་རལ་གྲི།
戍陀罗种姓	དམངས་རིགས།
世间总堆大法会	སྲིད་པ་སྤྱི་མདོས་ཆེན་མོ།
水银	དངུལ་ཆུ།

T

通门巴札仓	མཐོང་སྨོན་པ།
同蒙巴札仓	མཐོང་སྨོན་པ།
托林寺	མཐོ་ལྡིང་གཙུག་ལག་ཁང་།
唐东杰布宗珠桑布	ཐང་སྟོང་རྒྱལ་པོ་བརྩོན་འགྲུས་བཟང་པོ།
天竺八十位大成就师	གྲུབ་ཆེན་བརྒྱད་ཅུ།
坛城仪轨金刚宝鬘	དཀྱིལ་འཁོར་གྱི་ཆོ་ག་རྡོ་རྗེ་ཕྲེང་བ་ཞེས་བྱ་བ་བཞུགས་སོ།
特意制定的罪过	བཅས་པའི་ཁ་ན་མ་ཐོ་བ།
通过释量论四品义理答辩授予噶	རྣམ་འགྲེལ་སྤྱི་སྐུར་གྱི་སྟེང་ནས་དཀའ་ཆེན་མཚན་བཏགས་
钦巴格西学位	བཞེས་ཚུལ།
投生恶趣的生命体	གནས་ངན་ལེན།
塔尔寺木刻版	སྐུ་འབུམ་པར་མ།

题记	མཛོད་བྱང་།
天花	འབྲུམ།

W

万玛日大食朗钦	དབེན་སྨར་སྟག་གཟིག་སླང་ཆེན།
温萨	དབེན་ས།
温萨德钦法宫	དབེན་ས་བདེ་ཆེན་ཆོས་ཀྱི་ཕོ་བྲང་།
温萨群阔卫顶寺	དབེན་ས་ཆོས་འཁོར་དབུས་སྡིངས་ཀྱི་དགོན་པ།
韦达巴	བེདཛྙ།
沃德贡杰	འོ་དེ་གུང་རྒྱལ།
沃喀绛萨	འོལ་ཁ་ཀྱུང་སར།
沃喀群隆寺	འོལ་ཁ་ཆོས་ལུང་།
沃喀仁钦岗寺	འོལ་ཁ་རིན་ཆེན་སྒང་།
乌茹上部章地	དབུ་སྟོད་འབྲང་མདའ།
瓦日译师	བ་རི་ལོ་ཙཱ་བ།
温萨巴罗桑顿珠	དབེན་ས་པ་བློ་བཟང་དོན་གྲུབ།
温萨巴索南确朗	དབེན་ས་པ་བསོད་ནམས་ཕྱོགས་གླང་།
大德瓦增巴	འདུལ་བ་འཛིན་པ་ཆེན་པོ།
文殊利器	འཇམ་དཔལ་མཚོན་ཆ།
无敌妙音对于诺桑尊	མི་ཕམ་འཇམ་པའི་དབྱངས་ཀྱིས་ནོར་བཟང་ལ།
无敌慈氏佛	རྒྱལ་བ་མི་ཕམ་པ།
无敌弥勒佛	རྒྱལ་བ་མི་ཕམ་པ།
无著	ཐོགས་མེད།
五世达赖喇嘛·阿旺罗桑嘉措	གོང་ས་ལྔ་པ་ཆེན་མོ་ངག་དབང་བློ་བཟང་རྒྱ་མཚོ།
五世班禅罗桑益西	པཎ་ཆེན་སྐུ་ཕྲེང་ལྔ་བ་བློ་བཟང་ཡེ་ཤེས།
邬金次培	ཨོ་རྒྱན་ཚེ་འཕེལ།
邬金曲培	ཨོ་རྒྱན་ཆོས་འཕེལ།
温萨巴三律仪次第受持记	རྗེ་རང་ཉིད་སྡོམ་གསུམ་རིམ་གྱིས་བཞེས་ཚུལ་བཞུགས་སོ།

温萨巴自修发心仪轨	རྗེ་རང་ཉིད་ཐུགས་བསྐྱེད་ཚུལ་བཞུགས་སོ།
闻法录	གསན་ཡིག་བཞུགས་སོ།
文殊静猛合修要义之诀窍·悉地生源	འཇམ་དབྱངས་ཞི་ཁྲོ་སྦྲགས་སྒྲུབ་ཀྱི་སྙིང་པོའི་མན་ངག་དངོས་གྲུབ་ཀུན་འབྱུང་ཞེས་བྱ་བ་བཞུགས་སོ།
文殊师利授记秘镜	ལུང་བསྟན་གསང་བའི་མེ་ལོང་ཞེས་བྱ་བ་བཞུགས་སོ།
大思想勇士常啼菩萨传·如意宝树	བྱང་ཆུབ་སེམས་དཔའ་སེམས་དཔའ་ཆེན་པོ་རྟག་ཏུ་ངུའི་རྟོགས་པ་བརྗོད་པའི་སྙན་དངགས་དཔག་བསམ་གྱི་ལྗོན་པ་ཞེས་བྱ་བ་ཤར་ཙོང་ཁ་པ་བློ་བཟང་གྲགས་པའི་དཔལ་གྱིས་མཛད་པ་བཞུགས་སོ།
威猛金刚手五鹏方便法心要诀窍圆满庄严·悉地生源	ཕྱག་རྡོར་གཏུམ་པོ་ཁྱུང་ལྔའི་སྒྲུབ་ཐབས་ཀྱི་སྙིང་པོ་མན་ངག་གིས་རྣམ་པར་བརྒྱན་པ་དངོས་གྲུབ་ཀུན་འབྱུང་ཞེས་བྱ་བ་བཞུགས་སོ།
为己劝诫·大乐宝藏等合编	རང་ལ་གདམས་པ་བདེ་ཆེན་གཏེར་མཛོད་སོགས་ཐོར་བུ་སྐོར་བཞུགས་སོ།
为释达巴仁钦洛珠所作授记	ཤཱཀྱ་པ་བློ་གྲོས་རྒྱ་མཚོ་ལུང་བསྟན་པ་བཞུགས་སོ།
无量寿佛成就方便法·悉地生源	ཚེ་དཔག་མེད་ཀྱི་སྒྲུབ་ཐབས་དངོས་གྲུབ་ཀུན་འབྱུང་ཞེས་བྱ་བ་བཞུགས་སོ།
温萨耳传	དབེན་ས་སྙན་བརྒྱུད།
闻思学院大辩论会	ཐོས་བསམ་གླིང་དམ་བཅའ་ཆེན་མོ།
加持传承体系	རླབས་ཆེན་བྱིན་བརྒྱུད།
维那师	བྱང་འདྲེན།
吾佛珍视之藏	ཐུབ་པའི་གཅེས་མཛོད།
五大因理	གཏན་ཚིགས་ཆེན་པོ་ལྔ།
五浑	རྙོག་པ་ལྔ།
五浊恶世	སྙིགས་མ་ལྔ་བདོ།
五渣	སྙིགས་མ་ལྔ།
无记性	ལུང་མ་བསྟན།
无戏论	སྤྲོས་མེད།

温萨巴耳传文风	དབེན་ས་སྙན་བརྒྱུད་ཀྱི་རྩོམ་སྲོལ།
珷玞	མཆིལ་བུ།
五面狮	པཉྩནན་སྟེ་གདོང་ལྔ།
五衣	མཐང་གོས་སམ་ཤམ་ཐབས།

X

奚卡乃俄	གཞིས་ཀ་སྣེའུ།
夏鲁寺	ཞ་ལུ།
香博陀寺	ཤངས་སྦྱོར་ཐོག
香地	ཤངས།
香朵日敖盖培寺	ཤངས་མདོ་རི་བོ་དགེ་འཕེལ།
香普	ཤངས་ཕུ།
香日敖盖培寺	ཤངས་རི་བོ་དགེ་འཕེལ།
香泽札仓	བྱང་རྩེ་གྲྭ་ཚང་།
谢通门县境内的俄日多闻子寝室	བཞད་དངུལ་རིའི་རྣམ་སྲས་གཟིམ་ཆུང་།
悉达多太子	གཞོན་ནུ་དོན་གྲུབ།
夏尔巴仁钦坚赞	ཤར་པ་རིན་ཆེན་རྒྱལ་མཚན།
夏尔巴达瓦扎巴	ཤར་པ་ཟླ་གྲགས་པ།
夏尔日甘丹嘉措	ཤར་སྐལ་ལྡན་རྒྱ་མཚོ།
夏鲁扎巴坚赞	ཞྭ་ལུ་གྲགས་པ་རྒྱལ་མཚན།
夏日喀文布	ཤར་ཁ་དབོན་པོ།
夏玛译师僧格嘉波	ཞ་མ་སེང་གེ་རྒྱལ་པོ།
夏日巴群杰仁钦坚赞	ཤར་པ་ཆོས་རྗེ་གནས་བརྟན་རིན་ཆེན་རྒྱལ་མཚན།
夏泽更庆丹曲班觉	ཤར་རྩེ་ཀུན་མཁྱེན་དམ་ཆོས་དཔལ་འབྱོར།
夏仲拉巴罗桑丹巴达杰	ཞབས་དྲུང་ལྷ་པ་བློ་བཟང་བསྟན་པ་དར་རྒྱས།
贤劫第一佛拘留孙佛	སངས་རྒྱས་འཁོར་བ་འཇིག
香巴更庆喜饶桑布	ཤངས་པ་ཀུན་མཁྱེན་ཤེས་རབ་བཟང་པོ།
香巴更庆喜饶白桑	ཤངས་པ་ཀུན་མཁྱེན་ཤེས་རབ་དཔལ་བཟང་།

香敦智美喜年	ཤངས་སྟོན་དྲི་མེད་བཤེས་གཉེན།
象雄曲旺扎巴	ཞང་ཞུང་ཆོས་དབང་གྲགས་པ།
小拉乐达	ལྷ་ལི་ཏ་ཆུང་བ།
辛饶	གཤེན་རབ།
许兰巴喜饶智	དགེ་བཤེས་ཞུ་ལྷན་པ་ཤེས་རབ་གྲགས།
喜金刚附加仪轨	ཀྱཻ་རྡོ་རྗེའི་ཟུར་འདེབས་ཀྱི་ཆོག་བཞུགས་སོ།
喜金刚供养、祈愿、吉祥颂词	ཀྱཻ་རྡོ་རྗེའི་མཆོད་བསྟོད་སྨོན་ལམ་ཤིས་བརྗོད་དང་བཅས་པའི་ཟུར་འདེབས་ཞེས་བྱ་བ་མཁས་གྲུབ་རྗེས་མཛད་པ་བཞུགས་སོ།
喜金刚供养、祈愿、吉祥颂词	ཀྱཻ་རྡོ་རྗེ་མཆོད་ཕྲེང་སྨོན་ལམ་ཤིས་བརྗོད་དང་བཅས་པ་བཞུགས་སོ།
喜金刚坛城之轮上供仪轨	ཀྱཻ་རྡོ་རྗེ་དཀྱིལ་འཁོར་གྱི་འཁོར་ལོ་མཆོད་པའི་ཆོག་བཞུགས་སོ།
夏日甘丹嘉措文集	ཤར་སྐལ་ལྡན་རྒྱ་མཚོའི་གསུང་འབུམ་ཞེས་བྱ་བ་བཞུགས་སོ།
小字合编诀窍极深唯面授方知笔受	ཡིག་ཆུང་གི་སྡེབས་མན་ངག་ཤིན་ཏུ་ཟབ་མོ་ཞལ་ཤེས་ཡི་གེར་བཀོད་པ་བཞུགས་སོ།
现观庄严论释义明解说难证明论	ཤེས་རབ་ཀྱི་ཕ་རོལ་ཏུ་ཕྱིན་པའི་མན་ངག་གི་བསྟན་བཅོས་མངོན་པར་རྟོགས་པའི་རྒྱན་གྱི་འགྲེལ་བའི་རྣམ་བཤད་རྟོགས་དཀའི་སྣང་བ་ཞེས་བྱ་བ་བཞུགས་སོ།
贤哲列巴顿珠秘传・一切悉地生源	མཁས་གྲུབ་ལེགས་པ་དོན་གྲུབ་ཀྱི་གསང་བའི་རྣམ་ཐར་གྱི་སྙིང་པོ་དངོས་གྲུབ་ཀུན་འབྱུང་ཞེས་བྱ་བ་བཞུགས་སོ།
贤哲列巴顿珠传记心要・一切悉地生源	མཁས་གྲུབ་ལེགས་པ་དོན་གྲུབ་ཀྱི་རྣམ་ཐར་གྱི་སྙིང་པོ་དངོས་གྲུབ་ཀུན་འབྱུང་ཞེས་བྱ་བ་བཞུགས་སོ།
心要关键散论次第辨析・悉地生源	སྙིང་པོའི་གནད་ཐོར་བུའི་རིམ་པར་ཕྱེ་བ་དངོས་གྲུབ་ཀུན་འབྱུང་ཞེས་བྱ་བ་བཞུགས་སོ།
心要诀窍之疑难消除	སྙིང་པོའི་མན་ངག་གི་དོགས་གཅོད་ཅེས་བྱ་བ་བཞུགས་སོ།
续藏总体广论	རྒྱུད་སྡེ་སྤྱིའི་རྣམ་པར་བཞག་པ་རྒྱས་པར་བཤད་པ་བཞུགས་སོ།
续藏至王具德密集生起次第解说・悉地大海	རྒྱུད་ཀྱི་རྒྱལ་པོ་དཔལ་གསང་བ་འདུས་པའི་བསྐྱེད་རིམ་གྱི་རྣམ་བཤད་དངོས་གྲུབ་རྒྱ་མཚོ་ཞེས་བྱ་བ་བཞུགས་སོ།

续藏至王具德二品解说・金刚空行母众秘藏	རྒྱུད་ཀྱི་རྒྱལ་པོ་ཆེན་པོ་དཔལ་བརྟག་པ་གཉིས་པའི་རྣམ་པར་བཤད་པ་རྡོ་རྗེ་མཁའ་འགྲོ་མ་རྣམས་ཀྱི་གསང་བའི་མཛོད་ཅེས་བྱ་བ་འདི་ནི་ལུང་དང་མངོན་པར་རྟོགས་པའི་ཡོན་ཏན་རིན་པོ་ཆེའི་ཚོགས་ཀྱི་མཛོད་འཛིན་པའི་གནས་བརྟན་ཡོངས་ཀྱི་དགེ་བའི་བཤེས་གཉེན་ཆེན་པོ་བླ་མ་ལེགས་པ་རྒྱལ་མཚན་པའི་གསུང་གིས་ཆེས་ཆེར་བསྐུལ་ཞིང་གཞན་ཡང་སྡེ་སྣོད་དང་རྒྱུད་སྡེ་འཛིན་པའི་དགེ་བའི་བཤེས་གཉེན་དུ་མས་ཉེ་བར་བསྐུལ་བས་མཚམས་སྦྱར་ཏེ་ཆོས་ཀྱི་རྒྱལ་པོ་སངས་རྒྱས་བཅོམ་ལྡན་འདས་ཀྱི་བསྟན་པའི་རྒྱལ་སྲིད་ཡོངས་སུ་རྫོགས་པའི་ནོར་འཛིན་གྱི་གཞིར་འདོད་དགུར་དབང་བསྒྱུར་བའི་འཁོར་ལོ་བསྒྱུར་བ་གང་གི་དབུ་ལ་རྒྱལ་བ་ཐམས་ཅད་ཀྱིས་བཅིངས་པའི་ཅོད་པཎ་དཀར་པོ་འཛིན་པ་འཕགས་པ་འཇམ་དཔལ་གྱི་བཀའ་ཡང་དག་པར་གྲུབ་པས་ཞེས་བྱ་མ་ལུས་པའི་དཀྱིལ་འཁོར་ལ་རིགས་པ་དྲི་མ་མེད་པའི་ལེགས་པར་སྦྱངས་པར་ཆོས་ཀྱིས་སྤྱན་ཐོགས་པ་མེད་པ་མངའ་བ་གྲུབ་པའི་དབང་ཕྱུག་ཐམས་ཅད་མཁྱེན་པ་བློ་བཟང་གྲགས་པའི་དཔལ་གྱི་ཞལ་སྔ་ནས་ཀྱི་ཞབས་ཀྱི་པདྨོ་ལ་སྤྱི་བོས་རེག་པས་སྡེ་སྣོད་གསུམ་དང་རྒྱུད་སྡེ་བཞིའི་དོན་མཐའ་དག་དྲི་མ་མེད་པའི་རིགས་པས་གཏན་ལ་ཕབ་སྟེ་ཐེག་པ་གསུམ་གྱི་ལམ་རྣམ་པར་དག་པ་གསལ་བར་བྱེད་པ་ལ་མཁས་པའི་མདུན་སར་ཁྲུ་མཆོག་ཆབས་པོ་ཆེའི་གནས་ཐོབ་པ་མང་དུ་ཐོས་པའི་བཙུན་པ་དགེ་ལེགས་དཔལ་བཟང་པོས་གཙང་ཉང་སྟོད་རིག་པའི་འབྱུང་གནས་ཀྱི་སའི་ཆ་དཔལ་རི་བོ་མདངས་ཅན་གྱི་དགོན་པར་སྦྱར་བའི་ཡི་གེ་པ་ནི་སྨྲ་བརྩོན་བློ་དང་ལྡན་པ་དཀོན་མཆོག་དཔལ་མགོན་ནོ།
宣法经	ཆོས་སྒྲགས་ཀྱི་མདོ་ཞེས་བྱ་བ་བཞུགས་སོ།
戏论	སྤྲོས་པ།
暇满	དལ་འབྱོར།

夏季法会	དབྱར་ཆོས།
夏居	དབྱར་གནས།
啸萨那明咒	ཤྭ་ས་ནའི་སྔགས།
香巴噶举派	ཤངས་པ་བཀའ་བརྒྱུད།
心寂喻之光明	སེམས་དབེན་དཔེའི་འོད་ཟེར།
行戒	འདུག་སྡོམ།
行戒律仪	འདུག་སྡོམ་ཆོ་ག
形如正量部众善知识	མང་པོ་བཀུར་བའི་བཤེས་གཉེན་ཚུལ་འཛིན་པ།
续流	རྒྱུད།
须弥山前如立黄金山，赐予举世无	ལྷུན་པོའི་དྲུང་ན་གསེར་རི་ལྟ་བུར་གནས། འགྲན་ཟླ་མེད་
双格列汝	པའི་དགེ་ལེགས་ཁྱོད་ལ་སྦྱིན།
夏季学期	དབྱར་ཆོས།
夏喀巴官家	ཤར་ཁ་པའམ་ཤར་དགའ་པ།
贤劫	རྫོགས་ལྡན།
香曲河	ཤངས་ཆུ།
相违	འགལ་བ།
谢普氏	ཤུད་ཕུའི་རིགས།
凶恶蝎子	སྡིག་པ་ར་ཅན།
雪豹	གསའ།
学期间的空闲时间即假期	ཆོས་བར།
学期	ཆོས་ཐོག
寻香城市	དྲི་ཟའི་གྲོང་ཁྱེར།
寻香国王	དྲི་ཟའི་རྒྱལ་པོ་ཏམྦུ་ར།

Y

雅德	གཙང་གཡག་སྡེ།
雅噶群当巴札仓	ཡ་ག་ཆོས་སྡིངས་པ།
右翼茹江边	གཡས་རུ་གཙང་འགྲམ།

岳地	ཡོལ།
雅德洛珠群迥	གཡག་སྡེ་བློ་གྲོས་ཆོས་སྐྱོང་།
雅德班钦宗主达杰	གཡག་སྡེ་པཎ་ཆེན་བརྩོན་འགྲུས་དར་རྒྱས།
雅隆巴朗喀扎西	ཡར་ལུང་པ་ནམ་མཁའ་བཀྲ་ཤིས།
雅洲桑杰白	གཡག་ཕྲུག་པ་སངས་རྒྱས་དཔལ།
雅敦桑杰白	གཡག་སྟོན་སངས་རྒྱས་དཔལ།
一切遍智根顿珠	ཐམས་ཅད་མཁྱེན་པ་དགེ་འདུན་གྲུབ།
一切遍智根敦嘉措	ཐམས་ཅད་མཁྱེན་པ་དགེ་འདུན་རྒྱ་མཚོ།
一切智罗桑顿珠	ཐམས་ཅད་མཁྱེན་པ་བློ་བཟང་དོན་གྲུབ།
一切智索南确朗	ཐམས་ཅད་མཁྱེན་པ་བསོད་ནམས་ཕྱོགས་གླང་།
医师恰普巴比丘丹曲群丹	སྨན་རྒྱལ་གཉིས་པ་ལྷ་བུར་ཕྱུར་པའི་ཨེམ་ཆི་བྲ་ཕྲུག་པ་དགེ་སློང་དམ་ཆོས་ཆོས་ལྡན།
饮光尊者	འཕགས་པ་འོད་སྲུང་།
银氏拉堆巴关却卡尔	དབྱིལ་གྱི་གདུང་རབས་ལ་སྟོད་པ་དཀོན་མཆོག་མཁར།
永增益喜坚赞	ཡོངས་འཛིན་ཡེ་ཤེས་རྒྱལ་མཚན།
优婆离	ཨུཔཱལི་སྐྱེ་ཉན་ཐོས་ཉེ་འཁོར་བཅུའི་ནང་གསེས་ཉེ་བ་འཁོར།
圆成三身果位诺桑尊	སྐུ་གསུམ་གོ་འཕང་མངོན་གྱུར་ནོར་བུ་བཟང་།
圆满之王	འབྱོར་པའི་དབང་པོ།
月称	དཔལ་ལྡན་ཟླ་བ་གྲགས་པ།
岳陀拜	ཡོལ་ཐོག་འབེབས།
岳敦确吉旺秋	ཡོལ་སྟོན་ཆོས་ཀྱི་དབང་ཕྱུག
药师王经	འཕགས་པ་བཅོམ་ལྡན་འདས་སྨན་གྱི་བླ་བཻཌཱུརྱའི་འོད་ཀྱི་སྔོན་གྱི་སྨོན་ལམ་གྱི་ཁྱད་པར་རྒྱས་པ་ཞེས་བྱ་བ་ཐེག་པ་ཆེན་པོའི་མདོ་བཞུགས་སོ།
阎罗法王朵玛食子供养仪轨 · 诸障消除法	གཤིན་རྗེ་ཆོས་ཀྱི་རྒྱལ་པོས་གཏོར་ཆོག་བར་ཆད་ཀུན་སེལ་ཞེས་བྱ་བ་བཞུགས་སོ།
阎罗法王内外实修现观朵玛食子仪轨	ལས་གཤིན་གྱི་ཕྱི་སྒྲུབ་དང་ནང་སྒྲུབ་ཀྱི་མངོན་རྟོགས་དང་གཏོར་ཆོག་ཅེས་བྱ་བ་བཞུགས་སོ།

阎摩敌源流抉择奇妙具信

གཤིན་རྗེ་གཤེད་ཀྱི་ཆོས་ཁུངས་གཏན་ལ་ཕབ་པ་ཡིད་ཆེས་ངོ་མཚར་ཅན་ཞེས་བྱ་བ་བཞུགས་སོ།

阎摩敌幻轮诀窍隐义小字系列・草乌枝叶扶疏

གཤིན་རྗེ་གཤེད་ཀྱི་འཁྲུལ་འཁོར་གྱི་མན་ངག་སྦས་དོན་ཡིག་ཆུང་གི་འཕྲེང་བ་ཧ་ལའི་སོ་འདབས་བཞུགས་སོ།

优婆塞居士戒授受仪轨

དགེ་བསྙེན་གྱི་སྡོམ་པ་འབོགས་ཆོག་ཅེས་བྱ་བ་བཞུགས་སོ།

一切续藏至王具德密集生起次第修习方便法门解说・悉地大海

རྒྱུད་ཐམས་ཅད་ཀྱི་རྒྱལ་པོ་དཔལ་གསང་བ་འདུས་པའི་བསྐྱེད་པའི་རིམ་པ་ལ་སློབ་པའི་ཚུལ་སྒྲུབ་པའི་ཐབས་རྣམ་པར་བཤད་པ་དངོས་གྲུབ་ཀྱི་རྒྱ་མཚོ་ཞེས་བྱ་བ་འདི་ནི་རྒྱལ་བ་ཐམས་ཅད་ཀྱི་བདག་པོ་རྡོ་རྗེ་འཆང་དང་དབྱེར་མ་མཆིས་པའི་གྲུབ་པའི་དབང་ཕྱུག་རྗེ་བཙུན་ཐམས་ཅད་མཁྱེན་པ་ཆོས་ཀྱི་རྒྱལ་པོ་ཙོང་ཁ་པ་ཆེན་པོའི་ཞབས་ཀྱི་པདྨོ་ལ་སྤྱི་བོས་རེག་པས་སྡེ་སྣོད་གསུམ་དང་རྒྱུད་སྡེ་བཞིའི་དོན་མཐའ་དག་དྲི་མ་མེད་པའི་རིགས་པས་རྣམ་པར་ཕྱེ་ནས་ཐེག་པ་གསུམ་གྱི་ལམ་གསལ་བར་བྱེད་པ་ལ་མཁས་པ་རྣམས་ཀྱི་མདུན་སར་འཇིགས་པ་མེད་པ་ཁྲུ་མཆོག་ཀླབས་པོ་ཆེའི་གནས་ཐོབ་པ་ཕྱི་དང་ནང་གི་གྲུབ་མཐའ་རྒྱ་མཚོ་ལྷ་བུའི་ཕ་རོལ་ཏུ་སོན་པའི་བཙུན་པ་དགེ་ལེགས་དཔལ་བཟང་པོས་གཙང་ཉང་སྟོད་རིག་པའི་འབྱུང་གནས་ཀྱི་སའི་ཆ་ཆོས་གྲྭ་ཆེན་པོ་ལེགས་བཤད་སྒྲོགས་པའི་ཚུལ་དཔལ་འཁོར་སྡེ་ཆེན་གྱི་གཙུག་ལག་ཁང་ཆེན་པོར་ལེགས་པར་སྦྱར་བའི་ཡི་གེ་པ་ནི་སྡེ་སྣོད་དང་རྒྱུད་སྡེ་མཐའ་དག་ལ་སྦྱངས་ཤིང་ཐུབ་པའི་བརྟུལ་ཞུགས་དྲི་མ་མེད་པ་ལ་གནས་པའི་སྟན་གཅིག་པ་བློ་གྲོས་ཆོས་སྐྱོང་གིས་བགྱིས་སོ།

一与异两座坛城分四期观修法论

དཀྱིལ་འཁོར་གཅིག་ཐུན་བཞིར་བྱེད་ཚུལ་དང་དཀྱིལ་འཁོར་ཐ་དད་པ་ཐུན་བཞིར་སྒོམ་ཚུལ་གྱི་རྣམ་བཞག་ཅེས་བྱ་བ་བཞུགས་སོ།

依白黄红阎罗王之息增怀三业之诀窍

གཤིན་རྗེ་དཀར་སེར་དམར་པོ་ལ་བརྟེན་པའི་ཞི་རྒྱས་དབང་གསུམ་གྱི་མན་ངག་ཅེས་བྱ་བ་བཞུགས་སོ།

依白黄阎罗王合修之息增二业悉地成就诀窍	གཤིན་རྗེ་དཀར་སེར་སྦྲགས་སྒྲུབ་ལ་བརྟེན་པའི་ཞི་རྒྱས་དངོས་གྲུབ་སྒྲུབ་པའི་མན་ངག་ཅེས་བྱ་བ་བཞུགས་སོ།
依薄伽梵不动金刚之遮障净治仪轨	བཅོམ་ལྡན་འདས་མི་འཁྲུགས་པ་ལ་བརྟེན་ནས་སྒྲིབ་པ་སྦྱོང་ཚུལ་ཞེས་བྱ་བ་བཞུགས་སོ།
依红黄文殊上师瑜伽·悉地生源	འཇམ་དབྱངས་དམར་སེར་ལ་བརྟེན་པའི་བླ་མའི་རྣལ་འབྱོར་དངོས་གྲུབ་ཀུན་འབྱུང་ཞེས་བྱ་བ་བཞུགས་སོ།
依红黄文殊之上师瑜伽	འཇམ་དབྱངས་དམར་སེར་ལ་བརྟེན་པའི་བླ་མའི་རྣལ་འབྱོར་ཞེས་བྱ་བ་བཞུགས་སོ།
依红阎罗王之怀业成就法	གཤིན་རྗེ་དམར་པོ་ལ་བརྟེན་པའི་དབང་གི་འཕྲིན་ལས་སྒྲུབ་ཚུལ་ཞེས་བྱ་བ་བཞུགས་སོ།
依俱生胜乐金刚之胜乐生起次第心要修行仪轨·悉地生源	བདེ་མཆོག་གི་བསྐྱེད་རིམ་གྱི་སྙིང་པོ་བདེ་མཆོག་ལྷན་སྐྱེས་ལ་བརྟེན་ནས་ཉམས་སུ་ལེན་ཚུལ་དངོས་གྲུབ་ཀུན་འབྱུང་ཞེས་བྱ་བ་བཞུགས་སོ།
依上师文殊大威德与三士道之护法神依止法	བླ་མ་འཇམ་དཔལ་གཤིན་རྗེའི་གཤེད་དང་སྐྱེས་བུ་གསུམ་གྱི་ཆོས་སྐྱོང་བསྟེན་ཚུལ་ཞེས་བྱ་བ་བཞུགས་སོ།
依宗喀巴所示时轮灌顶仪轨法记	དུས་འཁོར་གྱི་དབང་བསྐུར་ཚུལ་རྗེའི་གསུང་རྒྱུན་བཞིན་བཀོད་པ་བཞུགས་སོ།
依宗喀巴之防护兵器符	རྗེ་བླ་མ་བརྟེན་པའི་མཚོན་སྲུང་ཞེས་བྱ་བ་བཞུགས་སོ།
依宗喀巴授课所作笔记现量品疏	མངོན་སུམ་ལེའུའི་ཊིཀྐ་རྗེའི་གསུང་བཞིན་བཀོད་པ་བཞུགས་སོ།
忆师道歌	བླ་མ་དྲན་མགུར་ཞེས་བྱ་བ་བཞུགས་སོ།
隐秘教授黑色手册诀窍	སྦས་པའི་གདམས་ངག་བེའུ་བུམ་ནག་པོའི་མན་ངག་བཞུགས་སོ།
欲界自在母礼赞	འདོད་ཁམས་དབང་ཕྱུག་མ་ལ་བསྟོད་པ་བཞུགས་སོ།
与鸟赋诗	འདབ་ཆགས་བྱ་དང་གླེང་མོལ་མཛད་ཚུལ་གྱི་སྙན་ངག་ཅེས་བྱ་བ་བཞུགས་སོ།
圆满托付品	ཡོངས་སུ་གཏད་པའི་ལེའུ་བཞུགས་སོ།
缘起理赞	རྟེན་འབྲེལ་བསྟོད་པ་ཞེས་བྱ་བ་བཞུགས་སོ།

药师王经口授传承	སྨན་བླའི་ལུང་།
意义传承	དོན་བརྒྱུད།
一切圣教互不相违而证悟之殊胜	བསྟན་པ་ཐམས་ཅད་འགལ་མེད་དུ་རྟོགས་པའི་ཆེ་བ།
以此修习能使善慧汝	དེ་ལྟར་བསྒོམས་པས་བློ་གྲོས་བཟང་པོ་ཁྱོད།
因之等起	རྒྱུའི་ཀུན་སློང་།
引善求学的盖贵喇嘛	དགེ་བསྐོས།
语寂	ངག་དབེན།
语句传承	ཚིག་བརྒྱུད།
游戏金刚	རོལ་པའི་རྡོ་རྗེ།
有无自相察而许	རང་མཚན་ཡོད་མེད་དཔྱོད་ཕྱིར་འཐད།
优婆塞	དགེ་བསྙེན།
悦众师	བྱང་འདྲེན།
雅语	ལེགས་སྦྱར་གྱི་སྐད།
岩羊肉	རྣ་རོ།
一只三岁公羊大	ལུག་ཐོང་ཙམ།
以蠡测海	ཚེ་གུས་རྒྱ་མཚོ་གཞལ་བ།
印跋	པར་བྱང་སྨོན་ཚིག
音变语	ཨཔབྷྲམཤེད་སྐྱེ་ཟུར་ཆགས་ཀྱི་སྐད།
因法结合之论式	སྦྱོར་ངག
应成式	ཐལ་འགྱུར།
油柑	སྐྱུ་རུ་ར།
譬喻师	དཔེ་སྟོན་པ།
余甘子	སྐྱུ་རུ་ར།
月课	ཟླ་ཚེས།
期中课	བར་ཚེས།
圆劫	རྫོགས་ལྡན།
圆满时	རྫོགས་ལྡན།

Z

赞蓝达饶	ཉུབ་ཇོ་ལ་རྡྷ་ར།
藏地	གཙང་།
藏堆蓝舟嘉白俄	གཙང་སྟོད་ལྷན་དྲུག་བརྒྱ་བའི་སྡེའུ།
藏绒	གཙང་རོང་།
泽塘寺	རྩེད་ཐང་དགོན།
增默蔡寺	བཙུན་མོ་ཚལ་གྱི་དགོན་པ།
宗噶喇东	རྫོང་དགའི་ལྷ་གདོང་།
扎玛群当寺	བྲག་དམར་ཆོས་སྡིངས།
扎玛琼隆宗	བྲག་དམར་མཚོང་ལུང་ཁྲུང་གི་རྫོང་།
扎什伦布寺	བཀྲ་ཤིས་ལྷུན་པོ།
扎什伦布寺	བཀྲ་ཤིས་ལྷུན་པོ་དཔལ་གྱི་སྡེ་ཆེན་ཕྱོགས་ལས་རྣམ་པར་རྒྱལ་ བའི་གླིང་།
扎西宗噶普山沟	བཀྲ་ཤིས་རྫོང་དགའི་ཕུ།
噶日莫群宗寺	འགར་མོ་ཆོས་རྫོང་།
章松森波日山寺	དྲང་སྲོང་སྲིན་པོའི་རི་གཙུག་ལག་ཁང་།
直贡丹萨梯寺	འབྲི་གུང་གདན་ས་མཐིལ།
珠才却林寺	གྲིབ་ཚེ་མཆོག་གླིང་།
卓瓦寺	སྒྲོ་བ་དགོན།
杂弥桑杰智	ཙ་མི་སངས་རྒྱས་གྲགས།
藏巴嘉瑞	གཙང་པ་རྒྱ་རས།
藏巴喇嘛桑杰白	གཙང་པ་བླ་མ་སངས་རྒྱས་དཔལ།
藏敦贡噶白	གཙང་སྟོན་ཀུན་དགའ་དཔལ།
藏族九大望族	བོད་ན་ཆེ་བ་མི་དགུའམ་བོད་ཀྱི་ཇོ་སྲུས་མི་དགུ།
则卡巴	རྩེ་ཁ་བ།
宗喀巴罗桑扎巴	རྗེ་ཙོང་ཁ་པ་བློ་བཟང་གྲགས་པ།
自在之力护持正法的受命者戴青 绰尔济	དབང་ཕྱུག་གི་སྟོབས་ཀྱིས་བསྟན་པ་སྐྱོང་བའི་བཀའ་བབ་སེ་ ཆེན་ཆོས་རྗེ།

尊胜诸方的班智达晋美扎巴	ཕྱོགས་ཐམས་ཅད་ལས་རྣམ་པར་རྒྱལ་བའི་པཎྜི་ཏ་ཆེན་པོ་འཇིགས་མེད་གྲགས་པ།
扎普巴林周嘉措	ཀྲ་ཕུག་པ་ལྷུན་གྲུབ་རྒྱ་མཚོ།
扎西白桑	བཀྲ་ཤིས་དཔལ་བཟང་།
斋钦喜饶巴尔	འབྲི་ཆེན་ཤེས་རབ་འབར།
掌本顿珠扎西	བྲང་དཔོན་དོན་བཀྲས།
正理杜鹃长者	རིགས་པའི་ཁྱུ་བྱུག་ཆེ་བ།
智巴曲坚巴	སྒྲ་པ་ཆོས་རྒྱལ་བ།
智那班智达	ཀྲིཥྞ་པཎྜི་ཏ།
仲敦巴嘉伟迥乃	འབྲོམ་སྟོན་རྒྱལ་བའི་འབྱུང་གནས།
卓隆巴洛珠迥乃	གྲོ་ལུང་པ་བློ་གྲོས་འབྱུང་གནས།
卓弥译师释迦益西	འབྲོག་མི་ལོ་ཙྪ་བ་ཤཱཀྱ་ཡེ་ཤེས།
在那东方雪山顶上	ཤར་གངས་རི་མ་ཞེས་བྱ་བ་བཞུགས་སོ།
赠齿授记	ཚེམས་ཡིག་ལུང་བསྟན་ཞེས་བྱ་བ་བཞུགས་སོ།
宗喀巴秘传·宝穗	རྗེ་བདག་ཉིད་ཆེན་པོའི་གསང་བའི་རྣམ་ཐར་རིན་པོ་ཆེའི་སྙེ་མ་ཞེས་བྱ་བ་བཞུགས་སོ།
宗喀巴生平传记·起信津梁	རྗེ་བདག་ཉིད་ཆེན་པོ་ངོ་མཚར་རྨད་དུ་བྱུང་བའི་རྣམ་པར་ཐར་པ་དད་པའི་འཇུག་ངོགས་ཞེས་བྱ་བ་བཞུགས་སོ།
宗喀巴思想之心摄要诀窍大密续藏大海精要之心摄略耳传甚深二十一部小字注释	རྗེ་རིན་པོ་ཆེའི་ཐུགས་ཀྱི་བཅུད་ཕྱུང་བའི་མན་ངག་གསང་ཆེན་རྒྱུད་སྡེ་རྒྱ་མཚོའི་སྙིང་པོའི་བཅུད་བསྡུས་པ་སྙན་བརྒྱུད་ཟབ་མོ་ཡིག་ཆུང་ཉེར་གཅིག་ཏུ་གྲགས་པ་བཞུགས་སོ།
宗喀巴文集	རྗེ་ཙོང་ཁ་པའི་གསུང་འབུམ་ཞེས་བྱ་བ་བཞུགས་སོ།
宗喀巴自传究竟益乐	རྟོགས་བརྗོད་འདུན་ལེགས་མ་ཞེས་བྱ་བ་བཞུགས་སོ།
自在护法怙主成就方便法	མགོན་པོ་དབང་རྒྱལ་སྒྲུབ་ཐབས་ཞེས་བྱ་བ་བཞུགས་སོ།
扎什伦布寺已出及未出善知识名录授记	བཀྲ་ཤིས་ལྷུན་པོར་བཤེས་གཉེན་བྱོན་པ་དང་འབྱོན་འགྱུར་གྱི་བཤེས་གཉེན་ལུང་བསྟན་ཞེས་བྱ་བ་བཞུགས་སོ།
正法次第广论	བསྟན་རིམ་ཆེན་མོ་ཞེས་བྱ་བ་བཞུགས་སོ།
正见辨析	ལྟ་བའི་མཐའ་དཔྱོད་ཅེས་བྱ་བ་བཞུགས་སོ།

正见除暗明灯论	ལྟ་ཁྲིད་མུན་སེལ་སྒྲོན་མེ་ཞེས་བྱ་བ་བཞུགས་སོ།
正见导引	ལྟ་ཁྲིད་ཅེས་བྱ་བ་བཞུགས་སོ།
正见导引心要·悉地生源	ལྟ་ཁྲིད་ཀྱི་སྙིང་པོ་དངོས་གྲུབ་ཀུན་འབྱུང་ཞེས་བྱ་བ་བཞུགས་སོ།
正见亲训小字注释	ལྟ་བའི་ཞལ་ཤེས་ཡིག་ཆུང་ཞེས་བྱ་བ་བཞུགས་སོ།
正见小字注释	ལྟ་བའི་ཡིག་ཆུང་ཞེས་བྱ་བ་བཞུགས་སོ།
中观根本颂释明句之四边遮生纲目笔记	དབུ་མ་རྩ་བའི་འགྲེལ་པ་ཚིག་གསལ་གྱི་མཐའ་བཞིའི་སྐྱེ་བ་འགོག་པའི་སྟོང་ཐུན་ཞང་ཞུང་བ་ཕྱོགས་ལས་རྣམ་པར་རྒྱལ་བ་ཆོས་དབང་གྲགས་པའི་དཔལ་གྱིས་ཟིན་བྲིས་སུ་མཛད་པ་བཞུགས་སོ།
中观心要论	དབུ་མའི་སྙིང་པོའི་ཚིག་ལེའུར་བྱས་པ་བཞུགས་སོ།
中观心要注解·正理火焰论	དབུ་མའི་སྙིང་པོ་འགྲེལ་པ་རྟོག་གེ་འབར་བ་བཞུགས་སོ།
中观应成派所传深道中观正见引导文	དབུ་མ་ཐལ་འགྱུར་བའི་ལུགས་ཀྱི་ཟབ་ལམ་དབུ་མའི་ལྟ་ཁྲིད་ཅེས་བྱ་བ་བཞུགས་པའི་བེའུ་བུམ་མོ།
中论广疏正理大海	དབུ་མ་རྩ་བའི་ཚིག་ལེའུར་བྱས་པ་ཤེས་རབ་ཅེས་པའི་རྣམ་བཤད་རིགས་པའི་རྒྱ་མཚོ་ཞེས་བྱ་བ་བཞུགས་སོ།
止观疑难笔记	ཞི་ལྷག་གཉིས་ཀྱི་དཀའ་གནད་མཁས་གྲུབ་རྗེས་གསུངས་བཞིན་རྡོ་རྗེ་འཆང་ཞང་ཞུང་པ་ཆེན་པོས་ཟིན་བྲིས་སུ་མཛད་པ་བཞུགས་སོ།
智布巴所传薄伽梵胜乐总摄轮身之坛城的圆满次第之五次第甚深面授导引·悉地生源	བཅོམ་ལྡན་འདས་འཁོར་ལོ་སྡོམ་པ་དྲིལ་བུ་པའི་ལུས་དཀྱིལ་གྱི་རྫོགས་རིམ་རིམ་པ་ལྔའི་དམར་ཁྲིད་ཟབ་མོ་དངོས་གྲུབ་ཀུན་འབྱུང་ཞེས་བྱ་བ་བཞུགས་སོ།
智布巴所传具德胜乐总摄轮灌顶仪轨·悉地生源	དྲིལ་བུ་ལུགས་ཀྱི་དཔལ་འཁོར་ལོ་བདེ་མཆོག་གི་དབང་ཆོག་དངོས་གྲུབ་ཀུན་འབྱུང་ཞེས་བྱ་བ་བཞུགས་སོ།
智布巴所传胜乐金刚祈愿吉祥颂词	བདེ་མཆོག་དྲིལ་བུ་ལུགས་ཀྱི་སྨོན་ལམ་ཤིས་བརྗོད་ཅེས་བྱ་བ་བཞུགས་སོ།
智布巴所传胜乐金刚生起次第·悉地生源	བདེ་མཆོག་དྲིལ་བུ་པའི་ལུགས་ཀྱི་བསྐྱེད་རིམ་དངོས་གྲུབ་ཀུན་འབྱུང་ཞེས་བྱ་བ་བཞུགས་སོ།

智布巴所传坛城仪轨	དྲིལ་བུ་པའི་དཀྱིལ་ཆོག་ཅེས་བྱ་བ་རྗེ་བཙུན་ཆོས་ཀྱི་རྒྱལ་པོ་ཙོང་ཁ་པ་ཆེན་པོས་མཛད་པ་བཞུགས་སོ།
智者庄严贾曹杰达玛仁钦生平传记·功德之海	རྒྱལ་ཚབ་དར་མ་རིན་ཆེན་གྱི་རྣམ་ཐར་ཡོན་ཏན་རྒྱ་མཚོ་ཞེས་བྱ་བ་ངག་དབང་དགེ་ལེགས་དཔལ་བཟང་གིས་མཛད་པ་བཞུགས་སོ།
致予善知识官东国师之答复	དགེ་བའི་བཤེས་གཉེན་ཆེན་པོ་ཀོན་ཏིང་གུག་ཤྲི་བའི་རྩོམ་ལན་ཞེས་བྱ་བ་བཞུགས་སོ།
至尊导师罗桑顿珠本生传礼赞	རྗེ་བཙུན་བླ་མ་བློ་བཟང་དོན་གྲུབ་ལ་སྐྱེས་རབས་ཀྱི་སྒོ་ནས་བསྟོད་པ་ཞེས་བྱ་བ་བཞུགས་སོ།
至尊觉巧巴桑秘传	རྗེ་སྐྱབས་མཆོག་དཔལ་བཟང་གི་གསང་བའི་རྣམ་ཐར་ཞེས་བྱ་བ་བཞུགས་སོ།
至尊觉巧巴桑传记	རྗེ་སྐྱབས་མཆོག་དཔལ་བཟང་གི་རྣམ་ཐར་ཞེས་བྱ་བ་བཞུགས་སོ།
至尊觉巧巴桑秘传	རྗེ་བཙུན་བླ་མ་སྐྱབས་མཆོག་དཔལ་བཟང་པོའི་རྣམ་པར་ཐར་པ་ཐུན་མོང་མ་ཡིན་པའི་སྙིང་པོ་དངོས་གྲུབ་ཀུན་འབྱུང་ཞེས་བྱ་བ་བཞུགས་སོ།
至尊上师宗喀巴赞颂	བླ་མ་རྗེ་བཙུན་ཙོང་ཁ་པ་ཆེན་པོ་ལ་ཆེད་དུ་བསྟོད་པ་ཞེས་བྱ་བ་བོ་དོང་པཎ་ཆེན་གྱིས་མཛད་པ་བཞུགས་སོ།
至尊群列朗杰传记·奇妙大海	རྗེ་བཙུན་ཕྱོགས་ཐམས་ཅད་ལས་རྣམ་པར་རྒྱལ་བ་ལྷའི་ཞལ་མངའ་ནས་ཀྱི་རྣམ་པར་ཐར་པ་ངོ་མཚར་གྱི་རྒྱ་མཚོ་ཞེས་བྱ་བ་ཀུ་སུ་ལུ་པ་མི་བསྐྱོད་རྡོ་རྗེས་མཛད་པ་བཞུགས་སོ།
柱间遗嘱	རྒྱལ་པོའི་བཀའ་ཆེམས་ཀ་ཁོལ་མ་ཞེས་བྱ་བ་བཞུགས་སོ།
住心转趋往生破瓦成就方便法面授诀窍广略二篇	སྙིང་ཞུགས་འཕོ་བ་ཞལ་ཤེས་དང་བཅས་པ་རྒྱས་བསྡུས་བཞུགས་སོ།
自续	རྒྱུད།
自身心续	རྒྱུད།
自现本尊	བདག་བསྐྱེད།
自心相续	རྒྱུད།

自性随罪	རང་བཞིན་གྱི་ཉེས་པ།
佛陀未示而自然构成随罪	རང་བཞིན་གྱི་ཁ་ན་མ་ཐོ་བ།
宗系	རྫོང་ལུགས།
佐格	རྫོ་ཀི
正念知	ཡང་དག་པའི་དྲན་ཤེས།
正行供养	སྒྲུབ་པའི་མཆོད་པ།
智资粮	ཡེ་ཤེས་ཀྱི་ཚོགས།
支分遮戒	བཅས་པའི་ཉེས་པ།
知宿住随念智力	སྔོན་གནས་རྗེས་དྲན་མཁྱེན་པའི་སྟོབས།
诸法视为真实而成立	ཆོས་རྣམས་བདེན་གྲུབ་ཏུ་འཛིན།
自他双利事业	དོན་གཉིས།
日喀则宗本	གཞིས་ཀ་རྩེའི་རྫོང་དཔོན།
宗喀巴银质灵塔	རྗེ་རིན་པོ་ཆེའི་དངུལ་གདུང་།
扎西盖培寺木刻版	བཀྲ་ཤིས་དགེ་འཕེལ་གྱི་པར་མ།
掌心的庵摩罗迦鲜果一样	ལག་མཐིལ་དུ་སྐྱུ་རུ་ར་བཞིན།
执实树	དངོས་འཛིན་སྡོང་ཤིང་།
只闻水声便脱鞋	ཆུའི་སྒྲ་གོ་ནས་ལྷམ་འབུད་པ།
斋氏十三圣物	འབྲིའི་ཁྱད་འཕགས་བཅུ་གསུམ།

后 记

本课题组以辩证唯物主义和历史唯物主义为指导，立足藏汉史料，充分吸收学界已有研究成果，深刻把握历辈班禅额尔德尼转世制度形成发展的脉络，注重历辈班禅额尔德尼生平事迹的特点，理顺历辈班禅额尔德尼与中央政府之间的关系，填补历辈班禅额尔德尼传记研究中的学术空白、缺憾，疑难、热点问题的研究是本课题必须面对的问题。与此同时，这项工作既是一项学术课题，也是一项政治任务，致力于政治上、学术上的严要求和高标准，充分体现科学创新精神，以展示我们在该领域的最新研究成果。这是我们开展本研究的初心与使命。

本书具体分工如下：一世达赖喇嘛·根顿珠巴所著《克珠杰祈愿偈颂》、二世达赖喇嘛·根敦嘉措所著《克珠杰之赞》、色拉杰尊确吉坚赞所著《克珠杰秘传·起信大海》、永增益喜坚赞所著《克珠杰格列贝桑的生平传记》、四世班禅罗桑确吉坚赞所著《温萨巴索南确朗列生平传记》、克珠桑杰益喜所著《嘉瓦温萨巴罗桑顿珠略传祈愿·悉地生源》、永增益喜坚赞所著《嘉瓦温萨巴罗桑顿珠生平传记》七部(篇)，以及文首导读性的前言即《引论》、附录《一至三世班禅大事记》《人名、地名汉藏词汇对照》、文末后记等内容，由西南民族大学的夏吾李加、还格吉完成；群杰曲登饶觉所著《贤哲遍智一切克珠杰小传》、德勒所著《贤哲遍智一切克珠杰传记·贤者意乐》、七世班禅旦贝尼玛所著《克珠杰内外秘传·起信大海之月光》、四世班禅罗桑确吉坚赞所著《温萨巴罗桑顿珠小传》等四部(篇)，由西藏自治区社会科学院札细米玛次仁完成。

我们坚持唯物史观不仅是树立正确历史观的关键,而且是高质量完成这项工作的思想基础,因而以此为指引,向历史寻经验,向历史求规律,向历史探未来的治学精神,努力揭示班禅额尔德尼转世制度形成发展的客观规律。就我们自身而言,面临许多挑战,一、二、三世班禅传记翻译与研究要求课题组负责人及成员既要专精又要博通,而实际上,一个人的能力很难达到,这只是需要不断努力追求的目标。从客观条件而言,一、二、三世班禅传记研究领域还存在许多学术疑难点和空白之处,不少领域还无人涉足,这是无法回避的一个现实问题。这项研究项目委托之时,我们就意识到要高质量地完成必将面临的巨大挑战。但是,我们不可能无限期地等下去,知难而上是我们唯一的选择。在这项研究成果付梓之际,感到还有很多问题有待进一步破解并深化,在这本译著中必然存在这样或那样的不足甚至谬误之处。恳请广大读者不吝指教,以便再版时进一步补充完善,更好地嘉惠学界,以飨读者。

在本研究成果即将付梓之际,我们的感激之情油然而生,跃然纸上。首先由衷地感谢并深情怀念去世的西藏自治区社会科学院原副院长仲布·次仁多吉研究员和保罗研究员,本项目的选题、论证、委托每一个环节他们事无巨细地亲力亲为,就连《〈历辈班禅大师传记〉藏译汉的基本要求及翻译体例》和《〈历辈班禅大师传记〉藏译汉审稿会议确定的基本要求及翻译体例》等行之有效的系列文本都反复修订后逐一反馈给我们。如果没有他们的慎思笃行、臻于至善、行远自迩、踔厉奋发的担当与实干精神,这一书系不可能出炉。所以仅此而言,他们就劳苦功高、功德无量。

与此同时,更要衷心感谢西藏自治区社会科学院历任领导和相关部门对这项课题的高度重视,以及在科研经费和管理等方面给予我们的大力支持。特别要感谢普琼旺堆编审为主的西藏藏文古籍出版社领导及全体同仁,如果没有他们所付出的辛勤劳动,本书很难如期出版。还要感谢中国藏学研究中心总干事郑堆研究员、西南民族大学万果教授、西藏大学文学院旦巴才让教授、西藏社科院宗教研究所所长项智多杰研究员、毛尔盖寺善知识拉松嘉措、隆务大寺八世确瓦仁布切的经师盖登旦增等为代表的良师益友,每当请教历辈班禅大师相关问题时他们都能不厌其烦地予以解答,帮助我们提升了翻译与研究的质量。所以,如果本研究成果稍有价值,一定是他们无私帮助和不吝指教的结晶,而出现不妥甚至舛误之处必然是囿于我们的水平所致,说明我们需要"路漫漫其修远兮,吾将上下而求索"的志当存高远精神,进一步持之以恒地努力进取,渐入佳境。

夏吾李加、还格吉记于西南民族大学

2020 年 12 月